12 €
D1828221

Gerhard Fritz

Stadt und Kloster Murrhardt im Spätmittelalter und in der Reformationszeit

Forschungen aus Württembergisch Franken

Herausgegeben vom
Historischen Verein für Württembergisch Franken,
dem Stadtarchiv Schwäbisch Hall
und dem Hohenlohe-Zentralarchiv Neuenstein

Band 34

Jan Thorbecke Verlag Sigmaringen
1990

Gerhard Fritz

Stadt und Kloster Murrhardt im Spätmittelalter und in der Reformationszeit

Jan Thorbecke Verlag Sigmaringen
1990

Das vorliegende Buch wurde von folgenden Körperschaften, Banken und Firmen unterstützt:

Land Baden-Württemberg
Landkreis Rems-Murr-Kreis
Stadt Murrhardt
Ev. Oberkirchenrat
Ev. Kirchengemeinde Murrhardt
Baden-Württembergische Bank
Landesgirokasse – Stiftung Kunst und Kultur
Württembergische Hypothekenbank – Stiftung für Kunst und Wissenschaft
Kreissparkasse Waiblingen
Raiba Murrhardt
Firma Robert Bosch GmbH, Murrhardt
Firma Nolff-Küchen, Murrhardt
Firma Louis Schweizer, Murrhardt
Firma Soehnle-Waagen, Murrhardt

Die Herausgeber danken den aufgezählten Institutionen und Firmen für die Förderung des Werkes.

CIP-Titelaufnahme der Deutschen Bibliothek
Fritz, Gerhard:
Stadt und Kloster Murrhardt im Spätmittelalter und in der Reformationszeit / Gerhard Fritz. – Sigmaringen: Thorbecke, 1990
(Forschungen aus Württembergisch-Franken; Bd. 34)
ISBN 3-7995-7634-7
NE: GT

© 1990 by Jan Thorbecke Verlag GmbH & Co., Sigmaringen

Alle Rechte vorbehalten. Ohne schriftliche Genehmigung des Verlages ist es nicht gestattet, das Werk unter Verwendung mechanischer, elektronischer und anderer Systeme in irgendeiner Weise zu verarbeiten und zu verbreiten. Insbesondere vorbehalten sind die Rechte der Vervielfältigung – auch von Teilen des Werkes – auf photomechanischem oder ähnlichem Wege, der tontechnischen Wiedergabe, des Vortrags, der Funk- und Fernsehsendung, der Speicherung in Datenverarbeitungsanlagen, der Übersetzung und der literarischen oder anderweitigen Bearbeitung.

Gesamtherstellung: M. Liehners Hofbuchdruckerei GmbH & Co. Verlagsanstalt, Sigmaringen
Printed in Germany
ISBN 3-7995-7634-7 Jan Thorbecke Verlag GmbH & Co.
ISBN 3-921429-34-X Historischer Verein für Württembergisch Franken e.V.

Inhalt

Vorwort der Herausgeber

Wie schon mit seiner Untersuchung zum Früh- und Hochmittelalter unternimmt es Gerhard Fritz auch mit dem Folgeband »Stadt und Kloster Murrhardt im Spätmittelalter und in der Reformationszeit«, die Geschichte eines von der gängigen Forschung nur am Rande beachteten Bereichs zu erarbeiten. Der Arbeitsweise des Autors gemäß, die sich in einer möglichst umfassenden und ins einzelne gehenden Durchdringung der einschlägigen Quellen zeigt, verschieben sich mit den behandelten Quellen auch die thematischen Akzente; neben das Kloster tritt die Stadt.

Der zweite Band in der Reihe Forschungen aus Württembergisch Franken, der Murrhardt im Thema nennt, setzt so nicht nur den ersten chronologisch einfach fort; vielmehr erweitert er zugleich, entsprechend der dargestellten historischen Entwicklung, den Forschungsgegenstand beträchtlich. Umgekehrt dokumentiert schon die Themenerweiterung die Entwicklung selbst: Wäre für das Früh- und Hochmittelalter eine entsprechende Erweiterung einfach abwegig bzw. irreführend – und dies auch noch in der Variante Siedlung/Dorf und Kloster Murrhardt –, so ist sie für das Spätmittelalter für einen engagierten Historiker, der sich einem unausgewerteten Quellenmaterial und dringend ersehnten Forschungen gegenübersieht, eine unausweichliche Aufgabe.

Gerhard Fritz hat sich ihr gestellt, wobei nicht übersehen werden darf, daß auch dieser Band wie so viele Bände unserer Reihe ehrenamtlich neben einer vollen beruflichen Inanspruchnahme entstanden ist. Es ist dem Autor dafür zu danken, daß er sein Interesse am Gegenstand zu keiner Zeit verloren und es bis zum Abschluß des Bandes konsequent und mit der gebotenen Sorgfalt verfolgt hat.

Nur so ist der Historische Verein für Württembergisch Franken, sind die Herausgeber in der Lage, nämlich mit der Verbreitung qualifizierter Forschungen das Verständnis für die geschichtliche Entwicklung einer historisch gesehen so reichen Region adäquat zu fördern.

Für die Stadt Murrhardt und ihr Umland, nicht zuletzt für Württembergisch Franken und die landesgeschichtliche Forschung ist mit diesem Band von Gerhard Fritz ein weiterer »weißer Fleck« auf der imaginären Karte notwendiger Forschungen verschwunden, der wie die vielen anderen für unausgeführte oder dringend der Neubearbeitung harrende Themen stand. Zur Freude all derer, denen an historischer Arbeit gelegen ist, ist für Stadt und Kloster Murrhardt bis zur Reformationszeit nunmehr eine umfassende grundlegende Darstellung vorhanden.

Albert Rothmund
Historischer Verein
für Württembergisch Franken

Dr. Franz Moegle-Hofacker
Hohenlohe-Zentralarchiv
Neuenstein

Manfred Akermann
Stadtarchiv
Schwäbisch Hall

Für Caroline

Vorwort

Libelli habent sua fata: Bücher haben ihr Schicksal: Das gilt auch für das vorliegende Werk. Der Titel meiner im Jahre 1982 erschienenen ersten Monographie »Kloster Murrhardt im Früh- und Hochmittelalter« erforderte geradezu eine Fortsetzung ins Spätmittelalter und darüber hinaus. Nachdem 1984/85 die Stadt Murrhardt beschlossen hatte, 1988 ein dreifaches Stadtjubiläum zu feiern (»1200 Jahre urkundliche Ersterwähnung Murrhardts, 700 Jahre Stadt, 600 Jahre in württembergischem Besitz«), machte ich mich an die Arbeit, um bereits gesammeltes Material und schon fertiggestellte Manuskriptabschnitte zusammenzufassen, zu ergänzen und in jenen großen Textzusammenhang einzuordnen, der hier der Öffentlichkeit übergeben wird. Im Januar 1987 konnte ich das Manuskript abschließen und – rechtzeitig zum bevorstehenden Jubiläumsjahr – der Stadt Murrhardt übergeben.

Dort hatte man bezüglich des Jubiläumsjahres andere Pläne, als ein wissenschaftliches Buch zur Ortsgeschichte erscheinen zu lassen. Man gab mir das Skript, versehen mit einem stattlichen Druckkostenzuschuß, wieder zurück. Es stellte sich nun das Problem, ob das Werk überhaupt und ob es noch rechtzeitig für das Jahr 1988 erscheinen könne. Dank der unermüdlichen Mithilfe des Vorsitzenden des Historischen Vereins für Württembergisch Franken, Herrn Albert Rothmund, gelang es, die anfangs unlösbar scheinende Finanzierungsfrage zu lösen. Eine Vielzahl von Institutionen und Betrieben mußte angeschrieben und um finanzielle Hilfe gebeten werden. Tatsächlich haben sich in und um Murrhardt eine Menge Geldgeber gefunden, denen allen mein herzlicher Dank gilt. Es sind dies das Land Baden-Württemberg, der Landkreis Rems-Murr-Kreis, die Stadt Murrhardt, der Ev. Oberkirchenrat, die Ev. Kirchengemeinde Murrhardt, die Baden-Württembergische Bank, Landesgirokasse – Stiftung Kunst und Kultur, die Württembergische Hypothekenbank – Stiftung für Kunst und Wissenschaft, die Kreissparkasse Waiblingen, die Raiba Murrhardt und die Firmen von Murrhardt Robert Bosch GmbH, Nolff-Küchen, Louis Schweizer und Soehnle-Waagen.

Besonders hervorgehoben sei die Kreissparkasse Murrhardt, und es sei ausdrücklich erwähnt, daß dieses Bankinstitut auch zu meinem Buch »Die Geschichte der Grafen von Löwenstein-Habsburg« einen Druckkostenzuschuß geleistet hat, was seinerzeit durch ein Versehen leider nicht miterwähnt wurde. Zu danken habe ich auch den zahlreichen Archivaren und Bibliothekaren, die mir bei meinem jahrelangen Forschen und Suchen behilflich waren. Dr. Franz Moegle-Hofacker vom Hohenlohe-Zentralarchiv in Neuenstein gilt mein herzlicher Dank für seine Mithilfe bei der Bearbeitung des Skripts. Dr. Rolf Schweizer und Dr. Heinz Mayer waren stets interessierte Gesprächspartner und halfen mir, manches Problem im Zusammenhang mit der Materie des Buches zu klären. Die Bebilderung des Buches verdanke ich Hans-Dieter Bienert und Hans Quayzin, bei den Graphiken war mir Guido Baumann behilflich. Herr Verleger Bensch vom Thorbecke-Verlag hat durch seine verständnisvolle und entgegenkommende Haltung ein bleibendes Verdienst an der Veröffentlichung der vorliegenden Forschungen zur Murrhardter Geschichte. Den Herren vom Satz und Lektorat des Thorbecke-Verlags gilt mein Dank für die mittlerweile schon gewohnt gute, jederzeit erfreuliche Zusammenarbeit. Meine Frau und meine Kinder mußten mich wegen der Arbeit am vorliegenden Buch oft entbehren – auch ihnen sei herzlich gedankt.

Gleichwohl ist die Freude über das Erscheinen des neuen Buches nicht ganz ungetrübt. Daß das Werk nicht schon 1988 erschienen ist, sondern erst 1990, ist zu verschmerzen, bedauerlich bleibt, daß fehlende finanzielle Mittel nur einen Teilabdruck des Manuskripts ermöglichten. Die umfangreiche »Einwohnerliste Murrhardts«, auf die im Text oft Bezug genommen wird und die eine detaillierte Zusammenstellung aller Einwohner Murrhardts vom 13. Jahrhundert bis einschließlich 1561 enthält, konnte nicht mit abgedruckt werden. Ihre Veröffentlichung bleibt ein dringender Wunsch der Murrhardter ortsgeschichtlichen Forschung und darüber hinaus der genealogischen und sozialgeschichtlichen Forschung im ganzen Land. So steht am Schluß des Vorworts nicht nur Befriedigung über das Geleistete, sondern – wie es einem Forscher besser ansteht – der Wunsch, das Wissen über die Landes- und Ortsgeschichte noch mehr zu erweitern, und das Bestreben, das noch nicht Publizierte eines Tages veröffentlichen zu können.

Murrhardt, im Oktober 1989 *Gerhard Fritz*

Forschungsstand und Quellenlage

Im Jahre 1982 stellte ich in meiner Arbeit über das »Kloster Murrhardt im Früh- und Hochmittelalter« fest, daß der Forschungsstand zur Murrhardter Klostergeschichte dieser Zeit ausgesprochen schlecht ist[1]. Was sich damals auf das Früh- und Hochmittelalter bezog, gilt im wesentlichen auch für die Klostergeschichte des Spätmittelalters und der Reformationszeit, und es gilt erst recht für die Geschichte der Stadt Murrhardt. Immer noch ist für die Zeit seit dem späten 13. Jahrhundert der Kenntnisstand der Backnanger Oberamtsbeschreibung von 1871 maßgeblich[2]. Lediglich für die Reformationszeit hat Rothenhäusler mit seiner 1886 erschienenen Untersuchung Sachverhalte ans Licht gebracht, die über die Oberamtsbeschreibung hinausgehen[3]. Forschungen neueren Datums liegen nur von Deetjen vor, der 1976 die Reformation von 1535/36 und von 1552 in Murrhardt untersucht hat[4]. Außerdem gibt es einzelne Aufsätze zu den Murrhardter Bürgeraufständen von 1537 und 1564/65 sowie zur Geschichte der Murrhardter Mühlen[5]. Nachforschungen zum Bauernkrieg im Limpurger Gebiet[6] haben einiges Neue auch für Murrhardt angedeutet. Insgesamt handelt es sich jedoch bei den neueren Forschungsarbeiten – die von Deetjen ausgenommen – um nicht mehr als punktuelle Erhellungen eines insgesamt weiterhin unbekannten Sachverhaltes.

Die Untersuchungen zur Murrhardter Geschichte von etwa 1280 bis um 1550 waren durch die disparate Quellenlage in erheblichem Maße erschwert. Der Bestand A 508 im Hauptstaatsarchiv Stuttgart, der die Murrhardter Klosterakten und -urkunden enthält, ist für die Zeit vor 1525 mehr als lückenhaft. Die Zerstörung des Klosterarchivs im Bauernkrieg hat unersetzliches Material vernichtet. Wenn man bedenkt, daß der Bestand A 508 nur noch 56 Urkunden enthält, während die übrigen altwürttembergischen Klöster meist über viele Hunderte, wenn nicht gar Tausende von Urkunden verfügen, dann wird der Umfang der Verluste offenkundig. Einen besonders tragischen Aspekt erhält die Quellenüberlieferung Murrhardts durch die Tatsache, daß sich 1525 mit Georg Widman ein ausgesprochener Fachmann, ein Historiker, der Murrhardter Geschichtsschreibung angenommen hatte. Widman hatte eine ausführliche »Murrhardtische Chronik« verfaßt, deren beide handschriftliche Exemplare er wenige Wochen vor Ausbruch des Bauernkriegs dem Abt Oswald Binder schenkte[7]. Kurz darauf ging das Klosterarchiv mitsamt der Chronik in den kriegerischen Auseinandersetzungen unter. Die

1 Fritz 1982-III, S. 13 ff.
2 OAB Backnang, S. 241–261.
3 Rothenhäusler 1886, S. 117–138.
4 Deetjen 1976; das umfassende Werk Deetjen 1981 geht nicht so intensiv auf Murrhardt ein.
5 Fritz 1983-I, 1984-I.
6 Fritz 1985-I.
7 Widman, S. 8.

1550 von Widman aus dem Gedächtnis niedergeschriebene Kurzfassung seiner Murrhardtischen Chronik ist nur ein schlechter Ersatz für die 1525 verlorene ausführliche Fassung. Trotzdem ist auch die Kurzfassung von unersetzlichem Wert, sie liefert namentlich für die uns hier interessierende Epoche seit 1280 wertvolle Informationen. Für die Zeit nach 1525 ist der Bestand A 508 außerordentlich ergiebig, vor allem für die reformatorischen Ereignisse von 1534/36 und 1548/52.

Ansonsten mußten die Informationen zur Murrhardter Geschichte aus den zahlreichen anderen Beständen des Hauptstaatsarchivs Stuttgart und aus etlichen anderen Archiven zusammengesucht werden. Das war einerseits ein mühsames und zeitraubendes Unterfangen, zeigte aber andererseits auch, daß trotz beinahe vollständigen Quellenverlusts in der Murrhardter Originalüberlieferung es doch möglich ist, erstaunlich umfangreiche Informationen über die Zeit seit dem späten 13. Jahrhundert zu gewinnen. Es stellte sich heraus, daß die Überlieferung des zweiten und dritten erfolgversprechenden Archivs neben dem Klosterarchiv – des Murrhardter Stadtarchivs und des Murrhardter evangelischen Pfarrarchivs – noch schlechter ist als die des Klosters. Im Murrhardter Stadtarchiv haben sich lediglich eine Zinsliste von 1471, das Stadtrecht von 1502 und die Metzlerordnung von 1522 erhalten. Ansonsten bietet das Stadtarchiv für die Zeit bis zur Mitte des 16. Jahrhunderts nichts. Die Bestände des evangelischen Pfarrarchivs beginnen erst mit den Kirchenbüchern von 1559.

Demgegenüber erwiesen sich die Quellen des Hauptstaatsarchivs Stuttgart als bei weitem ergiebiger. Mäßig hilfreich war zwar der Murrhardter Lagerbuchbestand H 102/54 – das älteste, den Murrhardter Außenbesitz Westheim betreffende Lagerbuch stammt erst von 1539, alle übrigen Lagerbücher sind jünger als 1570 –, aber in zahlreichen Einzelbeständen fand sich eine mehr oder weniger dichte Streuüberlieferung zu Murrhardt. Wir verweisen hierzu auf die Quellenangaben am Schluß der Arbeit und heben an dieser Stelle nur hervor, daß der Bauernkriegsbestand H 54, die älteren Ämterakten des Oberrats (A 206), die Steuer- und Musterungslisten (A 54, A 28a) und die Diplomatare der benachbarten Adelsherrschaft Limpurg (H 14, Bd. 390) besonders wertvoll waren. Auf limpurgische Urkunden und Akten konnte auch im Staatsarchiv Ludwigsburg zurückgegriffen werden (B 113, B 114). Einige weitere Ludwigsburger Bestände – etwa die Haller Urkunden B 186 oder der Komburger Bestand B 375 – ergänzen das Bild[8].

Unerwartet reichhaltig war die Murrhardt betreffende Überlieferung im Stadtarchiv Schwäbisch Hall. Dort enthielten die an sich spröden Steuerrechnungen sowohl für die Murrhardter Kloster- als auch für die Stadtgeschichte sehr aufschlußreiche Nachrichten. Die Ratsprotokolle lieferten zahlreiche sehr anschauliche Informationen vor allem zur Sozialgeschichte der Murrhardter Außenbesitzungen Westheim und Ottendorf. Sogar an unvermuteten Stellen, wie etwa dem Haller Hospitalarchiv, in einem Codex des Historischen Vereins für Württembergisch Franken und in den Urkunden von St. Michael, fanden sich im Stadtarchiv Hall nicht wenige für Murrhardt wichtige Quellen. Bis zum Jahr 1480 standen die von Pietsch publizierten Urkunden des Haller Archivs zur Verfügung. Die ebenfalls bis 1480 reichenden Urkunden des Hospitalarchivs in der Edition Ulshöfers waren 1985/86, als die entscheidenden Recherchen im Haller Stadtarchiv einsetzten, gerade im Erscheinen. Dem freundlichen Entgegenkommen von Frau Beutter verdanke ich die Einsicht in die Manuskripte, so daß Ulshöfers Murrhardt-Nennungen wenigstens im großen und ganzen erfaßt werden konnten.

8 Vgl. zu den Quellen des StAL ebenfalls die umfassenden Quellenangaben am Schluß dieser Arbeit.

Zahlreiche weitere Archive enthielten Quellen zum Thema. War noch zu erwarten, daß beispielsweise die Archive der eng mit dem Kloster verbundenen Orte Großbottwar und Sulzbach, das Landeskirchliche Archiv in Stuttgart oder die für Württemberg allgemein wichtige Handschriftenabteilung der Landesbibliothek in Stuttgart Murrhardtica enthielten, so erstaunt es, daß in teilweise für Murrhardt abgelegen scheinenden Archiven, wie etwa dem Generallandesarchiv Karlsruhe, dem Hohenlohe-Zentralarchiv Neuenstein, dem Archiv des Germanischen Nationalmuseums Nürnberg und der Universitätsbibliothek Würzburg Murrhardter Quellen zu finden waren. Daß darüber hinaus auf Quellenpublikationen zurückgegriffen wurde, wo immer dies möglich war, versteht sich von selbst. Genannt seien lediglich das Württembergische Urkundenbuch, die Württembergischen Regesten und nicht zuletzt die vom Verfasser herausgegebenen Löwensteiner Regesten. Neben den Urkunden und Akten erwiesen sich architektonische und kunstgeschichtliche Quellen als ergiebig. Die verschiedenen mit dem Kloster verbundenen Kirchen enthalten eine nicht unbedeutende Zahl von Inschriften. Zudem resultierten aus der genauen Beobachtung der Gebäude und ihrer Baugeschichte nicht unwichtige Schlußfolgerungen. Bedauerlich ist, daß die Ausgrabungsergebnisse der Murrhardter Klosterkirche, die man im Jahr 1973 gewann, bis heute noch nicht publiziert sind. Insbesondere die genaue Auswertung der 1973 entdeckten Abtsgräber könnte manch zusätzliche Aussage über die Äbte ermöglichen.

Stadt und Kloster unter löwensteinischer Herrschaft (1282–1388/1395)

Murrhardt und Graf Albrecht von Löwenstein (1282–1304)

Die Lage um 1280

Das Benediktinerkloster Murrhardt konnte in der Zeit um 1280 bereits auf eine Geschichte von viereinhalb Jahrhunderten zurückblicken. Das zu Beginn des 9. Jahrhunderts gegründete Kloster[1] stand seit etwa 1230 unter der Vogtei der Grafen von Löwenstein. Nachdem das alte Grafengeschlecht, das ein Seitenzweig der besonders im 12. Jahrhundert bedeutenden Grafen von Calw war, im Jahre 1277 seine Grafschaft an das Bistum Würzburg verkauft hatte, befand sich das Kloster für wenige Jahre unter unmittelbarer bischöflicher Herrschaft. Der Würzburger Bischof war aber aus finanziellen Gründen nicht in der Lage, die Grafschaft Löwenstein zu behalten. Bereits 1281 mußte er Löwenstein einschließlich seiner Rechte an Murrhardt an König Rudolf von Habsburg und das Reich verkaufen; der König belehnte Ende 1282 seinen illegitimen Sohn Albrecht von Schenkenberg damit[2]. So hatte jenes Geschlecht seine Herrschaft angetreten, das für das nachfolgende Jahrhundert die Geschicke Murrhardts maßgeblich mitbestimmte. Albrecht von Schenkenberg nahm den Namen seiner neuen Grafschaft an und ging mit Energie daran, die einzelnen Rechtstitel seines neuen Herrschaftsbereichs in Besitz zu nehmen. Auch Murrhardt bekam die Hand des neuen Herrn bald zu spüren.

Konflikte zwischen Kloster und Vogt und die Entstehung der Stadt Murrhardt

Da von Murrhardter Seite die Quellenlage für diese Jahre dürftig ist, geben lediglich die Löwensteiner Quellen Auskunft darüber, was die politischen Veränderungen für das Kloster bedeuteten. Graf Albrecht nahm nach allem Anschein seine Rechte wesentlich schärfer wahr als seine calwischen Vorgänger. Allzu erfreut über diese Aktivitäten Albrechts, der das Amt des Vogtes über Murrhardt ausübte, waren die Mönche sicher nicht, denn jede Machtzunahme des Grafen im Klosterbereich mußte eine Machtminderung für den Abt und seinen Konvent nach sich ziehen. Tatsächlich berichten die Quellen von »großem Streit«, der zwischen dem Löwensteiner und dem Kloster ausgebrochen sei. Diese Auseinandersetzung mag auf nicht näher bekannte Bestrebungen Albrechts zurückzuführen sein. Eine genaue Wahrnehmung der Vogtrechte konnte allemal Gelegenheit bieten, dem Kloster in machtpolitischer und finanzieller Hinsicht oder auf sonstige Weise Abbruch zu tun. Es ist anzunehmen, daß ein Schritt des Grafen den besonderen Zorn des damaligen Abts Dietrich von Hohenstein hervorgerufen

1 Fritz 1982-III.
2 Fritz 1985-III.

haben wird: Im Zusammenhang mit den Kriegen, die Albrechts Vater, König Rudolf, 1285–1287 gegen die Grafen von Wirtemberg führte, baute der Graf seinen Herrschaftsbereich im Innern aus. Besonders wesentlich war, daß der Löwensteiner seiner Grafschaft durch Stadtgründungen fortifikatorische und wirtschaftliche Zentren gab. 1287 wurde der bei Albrechts namengebender Burg Löwenstein gelegene Ort zur Stadt erhoben, und zur selben Zeit muß auch die neben dem Kloster befindliche Ansiedlung den Status einer Stadt erhalten haben. Unmittelbare Quellen hierüber sind zwar nicht erhalten, trotzdem wird man an dem Sachverhalt als solchem nicht zweifeln können. Man kann sich ohne weiteres vorstellen, was die Stadtgründung für die Mönche bedeutete: Künftig mußten sie mit der Konkurrenz einer Bürgerschaft rechnen, und – schlimmer – der Graf erhielt mit der Stadt einen starken Stützpunkt in unmittelbarer Nachbarschaft, von dem aus er, noch mehr als bisher schon, in die äußeren und inneren Angelegenheiten des Klosters einwirken konnte.

Albrecht muß als harter Verfechter seiner Interessen gegenüber verschiedenen Klöstern damals bereits bei den Mönchen einen schlechten Ruf besessen haben, denn es gibt verschiedene Überlieferungen, die ihn in heftigem Konflikt mit mehreren Klöstern zugleich zeigen. Es nimmt daher nicht wunder, daß die Murrhardter Benediktiner in den Jahren um 1287 mit dem Löwensteiner das denkbar schlechteste Verhältnis und »großen Streit« hatten. So wie die Machtverhältnisse waren – hinter Albrecht standen König Rudolf und das Reich –, mußte der Konvent sich widerwillig in sein Schicksal fügen.

1289: Die Mönche und der Graf arrangieren sich

Anfang 1289 begab sich eine klösterliche Delegation zum Hof des Königs nach Weißenburg ins Elsaß, wo Rudolf von Habsburg einen Ausgleich zwischen seinem Sohn und den Murrhardtern vermittelte. Die einzelnen Bestimmungen des Arrangements sind nicht überliefert. Aus späteren Quellen und den späteren Machtverhältnissen in Murrhardt lassen sie sich aber ansatzweise skizzieren[3]. Nachdem die Stadtgründung nun einmal nicht zu verhindern war, kam es für die Mönche darauf an, aus dieser Tatsache das Beste zu machen. Mit anderen Worten: Es ging darum, dem Kloster so viele Rechte wie möglich in der Stadt Murrhardt zu sichern. Hierfür waren die Aussichten bei näherer Betrachtung gar nicht schlecht, denn schließlich nahm das Kloster als Inhaber der meisten Rechte auf dem Gebiet der neugegründeten Stadt eine sehr günstige Position ein. Graf Albrecht konnte nach dem Rechtsverständnis der Zeit – auch wenn er der Sohn des Königs war – natürlich die klösterlichen Rechtstitel nicht ignorieren, sondern mußte ihnen weitgehend Rechnung tragen. Wahrscheinlich beschränkten sich die gräflichen Rechte in Murrhardt darauf, die Vogteiherrschaft auch über die Stadt auszuüben. Albrecht durfte gewiß einen Ortsvogt als obersten Beamten einsetzen und hatte entscheidendes Mitspracherecht an der Besetzung des städtischen Gerichts und Rats. Auch die Hochgerichtsbarkeit und – besonders wichtig – die Erhebung verschiedener Steuern fielen in seine Domäne. Es ist ferner anzunehmen, daß die Murrhardter Bürger ihrem Grafen zu einer Reihe von Diensten und auch zum Kriegsdienst verpflichtet waren. Trotzdem blieben dem Kloster wesentliche Positionen.

3 Im folgenden wurde zur Entlastung des Anmerkungsapparates auf Anmerkungen dann verzichtet, wenn die Einzelbelege bereits in Fritz 1982-III und 1986-I nachgewiesen sind. Insbesondere sei auf die Regestensammlung bei Fritz 1986-I in diesem Zusammenhang verwiesen.

Die Bürger waren weiterhin Eigenleute des Klosters, was wohl nur damit zu erklären ist, daß sie sich im wesentlichen aus nichtstädtischen Eigenleuten des Klosters vor 1287 rekrutierten. Aus anscheinend allen Häusern, Mühlen, Badstuben und von fast sämtlichen Grundstücken der Stadt waren Zinsen und Gülten an das Kloster zu zahlen. Alle unbeweglichen Güter der Stadt rührten, soweit erkennbar, vom Kloster zu Lehen. Alle Zehnten standen dem Kloster zu. Fisch- und Jagdrechte in einem großen Bezirk rund um Murrhardt[4] gehörten dem Kloster und nicht dem Grafen oder der Stadt, und schließlich verfügte das Kloster über einige wichtige Rechte der niederen Gerichtsbarkeit[5]. Da Kloster und Stadt fortifikatorisch durch eine gemeinsame Mauer verbunden waren, ergaben sich auch auf diesem Wege gute Einwirkungsmöglichkeiten für die Mönche.

Insgesamt betrachtet, war also die Gründung der Stadt Murrhardt für das Kloster durchaus nicht nur von Nachteil. Wenn es gelang, die Rechte beizubehalten, mochte vielleicht sogar ein kräftiger finanzieller Zugewinn für das Kloster herauskommen – immer vorausgesetzt, die Stadt florierte wirtschaftlich und es würde gelingen, dem Grafen beständig Paroli zu bieten. Denn selbstverständlich muß man davon ausgehen, daß beide maßgeblichen Parteien der Stadt, der Graf und das Kloster, ständig dazu tendierten, ihre jeweiligen Rechte auf Kosten des anderen auszubauen. Es bestand also ein anhaltender latenter Konflikt, den das Kloster 1287/1289 durchaus bestehen konnte.

Tatsächlich schien mit dem Ausgleich von Anfang 1289 das Verhältnis zwischen Graf Albrecht I. von Löwenstein und dem Kloster fürs erste bereinigt zu sein. Noch im selben Jahr hielt sich der neue Murrhardter Abt Milo beim Löwensteiner auf und beurkundete zusammen mit vielen Rittern und Gefolgsleuten des Grafen einen Güterverkauf. Das setzt einen gewissen Konsens zwischen Graf und Abt voraus. Die Eintracht zwischen den führenden weltlichen und geistlichen Personen der Grafschaft blieb aber zerbrechlich, denn kaum hatte der Tod von König Rudolf von Habsburg 1291 dem Löwensteiner seine starke reichspolitische Rückendeckung geraubt, ging das Kloster Murrhardt bereits wieder auf Distanz zum Grafen.

Neue Mißklänge zwischen Kloster und Vogt: Der Abt beim König

Es war gewiß kein Zufall, daß auf dem ersten Hoftag des neuen Königs Adolf von Nassau im Neckarland im Februar/März 1293 in Esslingen Graf Albrecht von Löwenstein nicht, der Abt von Murrhardt aber sehr wohl anwesend war. Was der Abt vom neuen König wollte, liegt auf der Hand: eine Bestätigung der Privilegien des Klosters – der Abt erreichte das auch – und eine Stärkung seiner Eigenständigkeit gegenüber dem Grafen und Vogt. Es muß geradezu ein Affront gegenüber Albrecht I. gewesen sein, daß der König auf seinem Weitermarsch mit großem Gefolge, zu dem auch der Abt zählte, auch durch Murrhardt zog, bevor er nach Schwäbisch Hall kam. Der damalige Abt von Murrhardt – es war immer noch der bereits erwähnte Milo – hatte offensichtlich ein sehr gutes Verhältnis zum König gefunden, während Graf Albrecht I. einige eher unangenehme Kontakte mit dem König hatte: Der Löwensteiner mußte 1293 einen großen Teil seiner Grafschaft an den königlichen Getreuen Gerlach von Breuberg veräußern. 1294 mußte Albrecht sogar vor dem Richterstuhl des Königs in Frank-

4 Vgl. die ausführliche Beschreibung der Murrhardter Rechtsverhältnisse in Stadt und Kloster sowie im Wildbanngebiet im ältesten Murrhardter Lagerbuch von 1576 (HStAS H 102/54, Bd. 8).

5 Ebd. und speziell zu den Murrhardter Mühlen Fritz 1984-I.

furt erscheinen und um den rechtmäßigen Besitz seiner restlichen Grafschaft prozessieren. Diesen Prozeß gewann Albrecht allerdings.

Es bleibt unklar, in welchem Maße das Kloster 1293/94 tatsächlich mehr Freiraum gegenüber dem Vogt gewonnen hat. Nachdem Albrecht I. 1294 den Besitz seiner Grafschaft bestätigt erhalten hatte, war ein weiteres Arrangement zwischen Vogt und Kloster unumgänglich, denn die Mönche konnten nun nicht mehr hoffen, den Löwensteiner endgültig loszuwerden. Trotzdem muß es auch weiterhin Spannungen gegeben haben, und bald brach neuer Streit aus, dessen Verursacher Albrecht I. war. Er ließ sich nicht weiter bekannte Übergriffe gegen Eigenleute des Klosters zuschulden kommen und ging propagandistisch und mit anderen Aktionen gegen das Kloster vor. Anscheinend war man wieder bei dem Zustand vor 1289 angelangt. Aus dem harten Griff des Grafen Albrecht wurde das Kloster wohl nur durch dessen schlechter werdenden Gesundheitszustand erlöst. Der an Arthritis leidende und möglicherweise auch sonst kranke Graf fürchtete sein baldiges Ende und ging von seiner aggressiven Strategie zu einer Politik des Ausgleichs über, die ihm für sein Seelenheil wohl förderlicher erschien. Albrecht hat sich in diesen Jahren gegenüber einigen Klöstern eine ähnliche Mäßigung auferlegt, so daß seine Haltung gegenüber Murrhardt keine Ausnahme darstellt.

Versöhnung zum Lebensende des Grafen Albrecht I.

Anfang Januar 1300 strebte der früher so angriffslustige Graf bußfertig ein harmonisches Verhältnis mit dem Kloster an. Abt Heinrich und der Konvent von Murrhardt verziehen dem Löwensteiner alle Anfechtungen, nachdem er dem Kloster zu seinem Seelenheil eine jährliche Gült von 2 lb h angewiesen hatte. Diesmal handelte es sich – wenigstens für die restliche Lebzeit Albrechts I. – um eine dauerhafte Aussöhnung zwischen Kloster und Vogt. Der Löwensteiner, der sein Ende wohl herannahen fühlte, wünschte im Kloster Murrhardt begraben zu werden, und die Mönche erfüllten ihm den Willen. Albrecht I. wurde nach seinem Tod am 11. Juni 1304 im damals noch romanischen Ostchor der Klosterkirche St. Januarius beigesetzt, und zwar *vor unserer frauwen altare*, vor dem Marienaltar. Offenbar beabsichtigte der Habsburgersohn, mit der Wahl des Begräbnisorts der künftigen Dynastie ein altes und würdiges Kloster als Grablege zu geben und so die hohen Ansprüche seines Geschlechtes zu dokumentieren. Albrechts Tod brachte dem Kloster nicht nur ein vornehmes Grab, sondern auch – und das war für die Mönche sicher wichtiger – zusätzlich eine Seelgerätstiftung von 20 lb h jährlich. Diese Summe war hoch: Zum einen wollte der Graf damit sicher seine vornehme Stellung betonen, zum andern zeugt die Höhe des Betrages aber auch davon, daß der alte Sünder Albrecht I. ein gehörig schlechtes Gewissen gegenüber den Hütern seiner Grabstätte gehabt haben muß.

Vom Beginn des 14. Jahrhunderts bis zu den Pestepidemien um 1350

Die Zeit der Gräfin Luitgard und die badische Herrschaft (1304–1318)

Die Quellen geben keine Auskunft darüber, wie sich die Beziehungen zwischen Kloster und Stadt einerseits und dem Vogt und Stadtherrn andererseits in den Jahren nach dem Tod Albrechts I. gestalteten. Es ist aber anzunehmen, daß die junge Stadt sich konsolidierte. Darauf scheinen einige – freilich schwache – Indizien hinzuweisen: Offenbar gab das Kloster in jenen Jahren sein Spital an die Stadt ab und finanzierte aus dem Erbe des Grafen sein eigenes Siechenhaus für die Mönche[6]. Unklar ist, in welcher Weise das Kloster die Schwäche Löwensteins zwischen dem Tod Albrechts I. und dem Machtantritt seiner Söhne Rudolf und Nikolaus 1318 ausnutzte, um die eigene Position zu stärken. 1308 erwirkte das Kloster von König Heinrich VII. eine Bestätigung seiner Privilegien wie 1293 von König Adolf. Aus der Tatsache, daß das Kloster von König Albrecht, dem Halbbruder des Grafen Albrecht, keine Privilegienbestätigung erhalten hatte, mag man folgern, daß erst unter dem Luxemburger Heinrich VII. wieder eine größere Bewegungsfreiheit des Konvents möglich war. Vermutlich versuchte man 1308 wieder mehr Freiraum gegenüber der Vogtsfamilie zu gewinnen. Allzu konkret ist das Wissen um die Vorgänge jener Zeit aber nicht.

Bald nach 1308, nach den nicht weiter bekannten Äbten Konrad und Milo, könnte, wie es scheint, ein Angehöriger des Grafengeschlechts als Abt die Leitung des Klosters übernommen haben. Der 1314 erwähnte und 1320 verstorbene Abt Albrecht ist möglicherweise ein Sohn Graf Albrechts I. gewesen. Wenn dem so wäre – und diese Möglichkeit würde gut ins allgemeinpolitische Bild der damaligen Zeit passen –, dann stand das Kloster damals unter sehr starkem Einfluß der Löwensteiner. Sie hätten dann sogar die Abtswahlen kontrolliert. Wie groß der löwensteinische Einfluß im Kloster Murrhardt in jenen Jahren war, läßt sich schon daraus ermessen, daß es um 1315 Gerhard von Löwenstein, einem weiteren Sohn des Grafen Albrecht I., gelang, nicht weniger als drei klösterliche Pfarrkirchen an sich zu reißen – Murrhardt, Westheim am Kocher und Großbottwar – und bis 1325 deren Einkünfte zu genießen. Das war nach kirchenrechtlichen Kriterien geradezu skandalös, denn Gerhard war 1315 ein Junge von etwa fünfzehn Jahren und völlig ungeeignet, ein Pfarramt auszuüben. Ein Abt Albrecht von Löwenstein hätte die Machenschaften des Gerhard von Löwenstein natürlich entscheidend erleichtert. Wie immer dem auch sei – eine definitive Auskunft über die Familienverhältnisse des Abtes Albrecht läßt sich nicht gewinnen.

War der gräfliche Einfluß im Kloster zu Beginn des 14. Jahrhunderts groß, so war er dies unzweifelhaft auch in der Stadt. Die Stadt Murrhardt wurde in sämtliche Wechselfälle der bewegten löwensteinischen Familiengeschichte hineingezogen. Seit etwa 1310 warb der Markgraf Rudolf IV. von Baden um die Hand der Witwe des Grafen Albrecht I. von Löwenstein, der Gräfin Luitgard. Tatsächlich gelang es dem Badener um 1315, die nicht mehr ganz junge Löwensteinerin zu ehelichen. Die Aussicht auf den löwensteinischen Besitz – Luitgards Söhne waren noch unmündig – mochte dem Badener die Ehe versüßt haben. Daß es dem Markgrafen vor allem um die materiellen Güter der Grafen ging, zeigte sich bald: Er entzog Luitgard und ihren Söhnen ihren Besitz und nahm ihn selbst ein. Auch die Stadt Murrhardt kam auf diesem Wege unter badische Herrschaft. Ob sich damals in Murrhardt gegenüber der löwensteini-

6 Fritz 1983-II; auch: Fritz 1986-I.

schen Herrschaft tatsächlich etwas verändert hat, ist nicht zu erkennen. Jedenfalls hat der Badener die Rechnung ohne den Wirt, das heißt ohne seine löwensteinischen Stiefsöhne, gemacht. Sie setzten den Stiefvater, der zudem noch ihre Mutter Luitgard schlecht behandelt hatte, Anfang 1318 kurzerhand in Löwenstein fest und zwangen ihn in einem aufsehenerregenden Verfahren, alle löwensteinischen Besitzungen wieder herauszugeben. Murrhardt wurde wieder löwensteinisch.

Konsolidierung zur Zeit des Abtes Heinrich (1320–ca. 1354)

Die Machtverhältnisse scheinen also um 1320 recht klar gewesen zu sein. Niemand, weder Stadt noch Kloster, stellte ernsthaft in Frage, daß die Grafen von Löwenstein Vögte der Abtei und Herren der Stadt waren. Als 1320 Abt Albrecht, der mutmaßliche Löwensteiner, starb, war das Verhältnis zwischen Grafenhaus und Kloster offenbar entspannt. Graf Nikolaus war anwesend, als in Gegenwart des Bischofs Wolfram von Fleckenstein vom Dominikanerorden ein neuer Abt – Heinrich – gewählt und geweiht wurde. Der Graf regelte die Seelstiftung seines Vaters Albrecht I. neu und hat wohl auch bei der Wahl des Abtes Heinrich ein gewichtiges Wort mitgeredet. Es scheint der Beginn einer für Murrhardt relativ günstigen Zeit gewesen zu sein. Die spätmittelalterliche Wirtschaft erlebte – vor den Krisen der Jahrhundertmitte – noch einmal einige leidliche Jahrzehnte, auch wenn verschiedentlich schwere Mißernten bereits erste Vorzeichen der kommenden Katastrophe waren. Der Ausbau der Grafschaft Löwenstein machte unter dem fähigen Grafen Nikolaus einige Fortschritte. Nicht zuletzt hat sich in Murrhardt der 1320 gewählte Abt Heinrich als kompetenter Sachwalter der Abtei erwiesen. Seine Regierung läßt sich über dreieinhalb Jahrzehnte verfolgen, möglicherweise hat sie sogar über vier Jahrzehnte gedauert. Das hätten ihm seine klösterlichen Mitbrüder, die schnell bei der Hand waren, wenn ein Abt abgesetzt werden sollte, gewiß nicht erlaubt, sofern er nicht entsprechende Fähigkeiten mitgebracht hätte. Heinrichs lange Herrschaftsdauer sorgte auch für die nötige Kontinuität – ein Faktor, der im Mittelalter gar nicht hoch genug eingeschätzt werden kann.

Abt Heinrich überlebte die löwensteinischen Grafen: Der weniger bedeutende Rudolf war schon zu Beginn der dreißiger Jahre gestorben, Graf Nikolaus, der eigentlich maßgebliche Löwensteiner, folgte 1339. Es ist gut vorstellbar, daß der mittlerweile sehr erfahrene Abt ein wichtiger Berater des jungen Grafen Albrecht II. wurde. Allerdings zeigt sich in den Quellen keine allzu enge Verbindung zwischen Vogt und Abt; sie sind zusammen nicht nachzuweisen. Wenn man daraus irgendwelche Schlüsse ziehen darf, so müssen sich diese auf die Aussage beschränken, daß die Beziehungen zu Lebzeiten Abt Heinrichs im wesentlichen unproblematisch waren. Das Todesdatum von Heinrich ist nicht genau bekannt. Es ist frühestens 1354 anzusetzen, dürfte aber wahrscheinlich gegen Ende der fünfziger Jahre liegen, vielleicht sogar erst in der ersten Hälfte der sechziger Jahre. Die augenscheinlich geordneten Kontakte zum Vogt erlaubten es dem Kloster, eine unauffällige Politik im Rahmen der Normalität zu betreiben. Es scheint zwar einige Auseinandersetzungen im Kloster gegeben zu haben, wo man sich bei der Abgrenzung von Abts- und Konventsvermögen nicht einig war, nach außen hin tat sich aber nichts Nennenswertes. Der Abt stand in Kontakt mit den Nachbarklöstern, mit dem zuständigen Würzburger Bischof und dem Papst wurden einige Urkunden ausgetauscht – das war jedoch insgesamt alles klösterlicher Alltag, Besonderheiten fehlten.

Weniger beschaulich scheint das Verhältnis zwischen Graf Albrecht II. und seinen weltlichen Untertanen in Murrhardt gewesen zu sein. Allzuviel ist zwar auch hier nicht bekannt, aber immerhin weiß man, daß Murrhardter Stadtbürger versuchten, ihre eigenen Wege zu gehen. 1349 zwang der Löwensteiner einen solchen eigenmächtigen Murrhardter, der offensichtlich mit anderen Herren in Verbindung getreten war, wieder unter seine Botmäßigkeit. Mit dem Ende der Herrschaft Abt Heinrichs ging in den späten fünfziger Jahren auch die Periode des Einklangs zwischen Kloster und Vogt zu Ende. Die Umstände sind nicht klar zu erkennen, lassen sich nurmehr schemenhaft erahnen.

Die Pest bringt eine Welt in Unordnung: Mißhelligkeiten zwischen Vogt und Kloster um 1358

Im Jahr 1348 zog die erste von mehreren vernichtenden Pestepidemien über Europa hinweg. Für Murrhardt fehlen zwar die Quellen, die unmittelbar über die Auswirkungen dieser ersten und der folgenden Seuchen berichten. Man kann sich nur in ganz allgemeiner Weise ein Bild machen, wie die Menschen der Krankheit hilflos gegenüberstanden und starben. Ein starkes Erdbeben, das 1348 die Burg Löwenstein beschädigte und gewiß auch in Murrhardt seine Spuren hinterließ, mochte die weit verbreitete Angst und den Glauben an eine schreckliche Endzeit noch verstärken. Vor dem Hintergrund der Katastrophen seit 1348 werden einige Ereignisse um das Murrhardter Kloster in den folgenden Jahren leichter verständlich. Die Pestepidemien mit ihren gewaltigen Menschenverlusten brachten das bis dahin relativ gut funktionierende Wirtschaftssystem und die Gesellschaft des Spätmittelalters aus dem Gleichgewicht. Der Tod von schätzungsweise einem Drittel bis zur Hälfte der Menschen reduzierte nachhaltig die Einnahmequellen der Mächtigen. Insbesondere die weniger bedeutenden Ritter, Herren und Grafen wurden schwer getroffen.

Auch Graf Albrecht II. von Löwenstein muß bald nach 1348 die Auswirkungen der ersten Pestepidemien in Form geringerer Einnahmen und leerer Kassen gespürt haben. Es war einem Grafen nicht möglich, seine Ausgaben im selben Maße zu reduzieren, wie seine Einnahmen zurückgingen. Von einem Mann in der gesellschaftlichen Position eines Grafen erwartete die damalige Welt einen aufwendigen und repräsentativen Lebensstil. Aus diesen Gründen war Albrecht II. wohl nicht in der Lage – und wahrscheinlich auch nicht gewillt –, zu sparen. Um aber der wachsenden Kluft zwischen verminderten Einnahmen und gleichbleibenden Ausgaben zu entgehen, gab es für den Löwensteiner nur eine Möglichkeit: Er mußte versuchen, aus den noch verbliebenen Untertanen genauso viele Abgaben und Steuern herauszupressen wie vor den Pestepidemien bei einer wesentlich zahlreicheren Bevölkerung. Die Bürger der Stadt Murrhardt werden hiervon genauso betroffen gewesen sein wie andere löwensteinische Untertanen. Allzu viele Möglichkeiten zur Gegenwehr gab es nicht. Albrecht II. hat im Laufe der fünfziger Jahre offensichtlich auch versucht, aus dem von ihm bevogteten Kloster in Murrhardt höhere Abgaben zu erlangen. Die Mönche, in ihrer Mehrzahl wohl selbst Adlige, waren natürlich ganz anderer Ansicht als ihr weltlicher Schutzherr und offenbar auch gewitzt genug, sich mit geeigneten Schritten zur Wehr zu setzen. Denn das Verhältnis zwischen Kloster und Vogt war delikat. Der Vogt war keinesfalls unumschränkter Herr des Klosters. Ihm oblag im wesentlichen nur, auf Klostergebiet vorgefallene Kapitalverbrechen zu richten und das Kloster im Falle von Streit oder Krieg zu schützen. Ansonsten verstand sich das Kloster als vollkommen unabhängige Institution, und rein juristisch gesehen hatte der Graf von Löwenstein als Klostervogt kein weiteres Mitspracherecht im Kloster. Für seine Richter- und Schutztätigkeit stand ihm eine Entschädigung zu, das Vogtgeld, das Kloster und Stadt zu entrichten hatten. Im übrigen hatte das Kloster gemäß seiner Gründungsprivilegien theoretisch das Recht, den Vogt abzusetzen und einen neuen zu wählen, wenn dieser dem Kloster nicht mehr genehm sein sollte. Albrecht II. setzte dem Kloster nach allem Anschein ziemlich bald nach 1348 zum ersten Mal zu. Wahrscheinlich drängte der Löwensteiner beim Vogtgeld auf eine Erhöhung, vielleicht hat er auch versucht, klösterliche Besitzungen und Rechte in seine Verfügungsgewalt zu bekommen.

Jetzt herrschten für die Murrhardter Mönche offenbar wieder Zeiten wie bei Graf Albrecht I., die Zeichen standen auf Sturm. Von seiten des Klosters ergriff man deshalb 1358 dieselbe Maßnahme wie zuletzt 1309: Man machte dem Vogt mit einer Bestätigung der klösterlichen Gründungsprivilegien durch Kaiser Karl IV. deutlich, daß die Murrhardter Benediktiner immer noch an ihrem Recht festhielten, sich den Vogt zu wählen. Ob man gleich daran dachte, Albrecht II. als Vogt abzuwählen, bleibt offen. Aber eine deutliche Warnung für den Löwensteiner war die Maßnahme von 1358 auf jeden Fall. Möglicherweise sind auch wiederholte Versuche der Mönche, den Besitz ihrer Pfarrei Bottwar bestätigt zu erhalten[7], im Zusammenhang mit den Übergriffen Albrechts II. zu sehen. Bereits 1325 hatte ja der Löwensteiner Graf Gerhard die Pfarrei Bottwar jahrelang usurpiert, und vielleicht hat auch in den fünfziger Jahren ein Löwensteiner – Albrecht II. oder sein Bruder Rudolf – versucht, sich die Einkünfte der wohlhabenden Pfarrei zugute kommen zu lassen. Das Kloster Murrhardt ließ sich jedenfalls 1348 vom Papst Clemens VII. und 1356 erneut von Bischof Gerhard von Speyer die Pfarrei inkorporieren. Das Kloster, nun juristisch voll abgesichert, sollte so in der Lage sein, die Bottwarer Pfarrzinsen für den eigenen Bedarf voll zu nutzen.

Spätestens seit der Privilegienbestätigung von 1358 hatte das Mißtrauen zwischen Graf Albrecht II. und dem Kloster ein kritisches Maß erreicht. Es scheint, daß die Schritte von 1358 nicht nur als einfache Reaktion des Klosters gegenüber dem Vogt zu verstehen sind. Eine personale Komponente tritt hinzu: Offenbar war damals Abt Heinrich gestorben. Der Tod dieser erfahrenen, ausgleichenden Figur dürfte eine Voraussetzung für die Verwicklungen seit 1358 gewesen sein. Dem neuen Abt Konrad von Maienfels lag allem Anschein nach nicht mehr so viel daran, mit Albrecht II. in gutem Einvernehmen zu stehen. Insbesondere die Ereignisse der sechziger Jahre verdeutlichen dies zur Genüge.

Die Auseinandersetzungen um Murrhardt (1365–1369)

Der Beginn des Konflikts

Die erste Hälfte des Jahrzehnts von 1360 bis 1370 verlief in Murrhardt vermutlich recht friedlich. Es sind nur einige Pfründenangelegenheiten bekannt, in denen der Murrhardter Abt im Auftrag Papst Urbans V. 1363 und 1364 tätig werden sollte[8]. Seit 1365 überstürzten sich die Ereignisse aber geradezu. Graf Albrecht II. hatte zu Beginn dieses Jahres sein Land verlassen und eine längere Reise mit nicht mehr feststellbarem Ziel angetreten. Nach einigen Monaten verbreitete sich die Nachricht, der Löwensteiner sei auf dieser Reise ums Leben gekommen. Erst später stellte sich heraus, daß diese Information falsch war und der Graf noch lebte.

7 Murrhardter Privilegienaufzeichnungen, HStAS A 508, Bü. 1.
8 1363: Engel 1948, S. 306, Nr. 2058; 1364: RL 210.

Da Albrecht II. im Jahr 1365 kinderlos war, fielen seine Besitzungen im Todesfall nach dem Lehensrecht an Kaiser und Reich heim. Kaiser Karl IV. oblag es, die als herrenlos angesehene Grafschaft als Reichslehen einem neuen Lehensmann zu übertragen. In den Auseinandersetzungen um den Besitz der Grafschaft war Markgraf Rudolf VI. von Baden erfolgreich. Am 9. August 1365 verlieh ihm Kaiser Karl IV. in Speyer die Grafschaft und Herrschaft Löwenstein, als deren wichtigste Teile die Festen Löwenstein, Murrhardt, Gleichen und Heinriet mit Zubehör genannt wurden. Damit war Murrhardt nominell – wie schon bis 1318 für einige Zeit – badischer Besitz geworden. Tatsächlich gestalteten sich die Verhältnisse in Murrhardt aber verwickelter, als es die Lehensurkunde für den Badener erwarten läßt. Zunächst einmal unterscheidet sie nicht zwischen der Stadt und dem Kloster Murrhardt. Nur die Stadt war ja der löwensteinischen Herrschaft direkt unterworfen. Hinsichtlich des Klosters bestand nur das löwensteinische Vogteiverhältnis. Auf jeden Fall war die Nachricht vom Tod Albrechts II. für die Murrhardter Mönche ein Anlaß zu äußerster Aufmerksamkeit: Man war über Nacht – so glaubte man – einen lästigen Schutzherrn losgeworden, mit dem man seit einigen Jahren nicht mehr gut auskam. Das konnte bedeuten, daß die Reichsunmittelbarkeit, die man sich ja erst 1358 hatte bestätigen lassen, nun einen realen Gehalt bekam. Aber solche Überlegungen blieben Theorie. Das Kloster war neben seinen mächtigen Nachbarn – Wirtemberg, Baden und der Reichsstadt Hall – eine vergleichsweise bescheidene politische Größe. Angesichts dieser Machtverhältnisse mußte ein direkt vom Kaiser bevogtetes Kloster Murrhardt eine Illusion bleiben.

Urkundlich bekannt ist nämlich, daß Kaiser Karl IV. am 19. August 1365 den schwäbischen Reichsstädten gebot, den Abt und Konvent von Murrhardt und deren arme Leute – also die Untertanen – nicht zu »irren«, sondern vielmehr zu schützen. Das Kloster habe er dem Grafen Eberhard (dem Greiner) von Wirtemberg empfohlen und zu beschirmen gegeben. Drei Tage später, am 22. August 1365, verschrieben sich Abt und Konvent zu Murrhardt gegen Wirtemberg und schworen, es als erblichen Herrn und Vogt und ewigen Schirmherrn anzuerkennen. Was verbirgt sich hinter diesen Mitteilungen? Klar ist, daß das Kloster sich nach dem vermeintlichen Tod Albrechts II. mit der Bitte um Schutz, Schirm und Vogtei an den Kaiser gewandt hat. Karl IV. hatte jedoch im deutschen Südwesten keine territorialen Interessen, er konnte und wollte den Schutz deshalb nicht selbst ausüben. Er übertrug daher Schutz, Schirm und Vogtei an Wirtemberg, den bedeutendsten Machtfaktor im Neckargebiet. Ob dies im Sinne der Murrhardter Mönche war, bleibt offen, denn Graf Eberhard der Greiner war als energischer Mann bekannt, der sich Murrhardt gegenüber nicht unbedingt milder verhielt als Albrecht II. von Löwenstein. Murrhardt an Wirtemberg zu übertragen, stimmte mit der Politik Karls IV. überein. Der Kaiser arbeitete eng mit dem mächtigen Grafen zusammen, von dem er sich im Gegenzug eine Unterstützung der kaiserlichen Politik erhoffte. All dies gäbe ein unproblematisches, rundes Bild ab, wenn die Urkunde Karls IV. nicht die schwäbischen Reichsstädte erwähnte. Der Unterton, in dem dies geschieht, ist unverkennbar drohend und mahnend: Die Städte sollten das Kloster schützen und nicht »irren«. Es scheint, als hätten die Reichsstädte das Kloster vor dem kaiserlichen Befehl »geirrt«, ihm also in irgendeiner Form Schaden zugefügt. Mit den Reichsstädten, die sich dieses Vergehens schuldig gemacht hatten, dürfte am ehesten Schwäbisch Hall gemeint sein. Dort besaß das Kloster Murrhardt die Katharinenkirche, und die Haller haben anscheinend die Gelegenheit genutzt, hier an Murrhardter Rechte zu rühren, als das Kloster nach dem vermeintlichen Tod Albrechts II. schutzlos schien.

Somit war das Kloster Murrhardt 1365 unstreitig in wirtembergischer Hand. Angesichts dieser Tatsache kann man sich schwerlich vorstellen, daß die unmittelbar neben dem Kloster liegende Stadt Murrhardt unter badische Herrschaft gekommen sein soll, wie dies die Belehnungsurkunde Karls IV. für Markgraf Rudolf VI. andeutet. Nach aller Wahrscheinlichkeit blieb der badische Anspruch auf Murrhardt ein leerer Rechtstitel.

Graf Albrecht II. gewinnt Murrhardt zurück

Spätestens 1366 kehrte der totgeglaubte Albrecht II. wieder von seiner Reise heim. Er forderte die an Baden und Wirtemberg aufgeteilten löwensteinischen Besitzungen zurück und hielt sich zu diesem Zweck am 31. August 1366 am Hof Kaiser Karls IV. in Frankfurt auf. Bei den an Baden verliehenen löwensteinischen Gütern ergaben sich keine Probleme; der ebenfalls in Frankfurt anwesende Rudolf VI. mußte alle Besitztümer wieder herausgeben. Eberhard der Greiner hatte sich dagegen nicht nach Frankfurt begeben. Offensichtlich wartete der Wirtemberger erst einmal ab und dachte gar nicht daran, unnötig früh konziliant zu sein.

Beim Kloster Murrhardt war zudem die Rechtslage nicht eindeutig. Immerhin stand dem Kloster ja das Recht der freien Vogtwahl gemäß seinem 1358 bestätigten Gründungsprivileg zu. Die Wahl Wirtembergs zum neuen Klostervogt war demnach ein Vorgang, den Albrecht II. nicht ohne weiteres rückgängig machen konnte. Wie die Verhandlungen zwischen dem Löwensteiner und Eberhard dem Greiner diesbezüglich verlaufen sind, ist im einzelnen nicht überliefert. Die Herrschaft über die Stadt Murrhardt könnte aber einen Ansatzpunkt geboten haben, das gesamte Gemeinwesen wieder unter löwensteinische Botmäßigkeit zu bringen. Denn die Stadt gehörte eindeutig Albrecht II. Eberhard dem Greiner wird es nicht gelungen sein, gegen diese unanfechtbaren Ansprüche etwas zu unternehmen. Sobald aber die Stadt wieder dem Löwensteiner zu gehorchen hatte, wurde die Murrhardter Klostervogtei für den Greiner uninteressant. Wahrscheinlich hat sich der Wirtemberger von ihr dann leichteren Herzens getrennt.

Albrecht II. von Löwenstein hat Murrhardt offenbar 1367 zurückgewonnen. Anfang des Jahres verschaffte er sich die hierfür erforderlichen Geldmittel, indem er seine Herrschaft Gleichen an Limpurg verpfändete. Eberhard der Greiner war in der Murrhardter Frage 1367 auch schon deshalb zu einer nachgiebigen Haltung gezwungen, weil er im Westen Wirtembergs in einer heftigen Fehde mit den Grafen von Eberstein stand und darum im Osten zusätzliche Schwierigkeiten mit Löwenstein vermeiden wollte. Als Wirtemberg schließlich auf die Murrhardter Klostervogtei verzichtet hatte, machte das Kloster dem Grafen von Löwenstein den Erwerb der Vogtei immer noch schwer. Der Murrhardter Abt Konrad von Maienfels und sein Konvent konnten sich offenbar nicht mit der neuerlichen löwensteinischen Vogteiherrschaft anfreunden. Es kam zu einem anscheinend sehr lebhaften Streit zwischen dem Kloster und Albrecht II. Am 26. November 1367 war der Konflikt dann entschieden: Der Löwensteiner hatte gesiegt, das Kloster mußte sich unterwerfen. Die Bedingungen, die die Murrhardter Benediktiner annehmen mußten, waren hart und zeigen deutlich das Ausmaß des löwensteinischen Erfolgs. Am schwersten mußte die Mönche der Verzicht auf die noch 1358 von Karl IV. verbriefte freie Wahl des Vogts treffen. Jetzt mußte Löwenstein ausdrücklich als rechter Herr und Vogt Murrhardts anerkannt und die Wahl eines anderen Vogts ausgeschlossen werden. Außerdem mußten die Mönche versichern, in Zukunft nie wieder etwas gegen Albrecht II. oder seine Nachfolger zu unternehmen.

Eine derart weitgehende Kapitulation gegenüber dem bereits seit langem unbeliebten Löwensteiner mußte in den klösterlichen Kreisen natürlich sehr unpopulär sein. Zumal seit man 1365 einmal mehr die Reichsunmittelbarkeit ins Auge gefaßt hatte, stellte der Ausgleich von 1367 mit Albrecht II. eine als sehr hart empfundene Einengung der klösterlichen Freiheit dar. Abt Konrad und der Konvent dachten deshalb gar nicht daran, sich dem unter Druck ausgehandelten Vertrag zu fügen. Das Kloster setzte seine antilöwensteinische Politik bald wieder in aller Schärfe fort, verließ gar das diplomatische Feld und focht den Konflikt teilweise mit gewalttätigen Mitteln aus. Allerdings saß das Kloster am kürzeren Hebel; nach Aussage der Quellen nahm es Schaden an Leuten und Gütern. Eineinhalb Jahre nach der ersten Übereinkunft von 1367 war die neue Auseinandersetzung zwischen Kloster und Graf entschieden, und am 23. Juni 1369 mußten sich Abt Konrad und sein Konvent nochmals unterwerfen. Nun kannte Albrecht II. keinerlei Rücksichten mehr. Die Kapitulation des Klosters war jetzt bedingungslos. Daß Albrecht II. erneut feierlich als Herr und Vogt anerkannt werden mußte, war zu erwarten gewesen. Die Unterwerfung ging aber noch weiter: Der Löwensteiner ließ sich nun zusätzlich als Vormund und Pfleger des Klosters bezeichnen. Beide Titel bringen die noch größere Abhängigkeit des Klosters von Albrecht II. zum Ausdruck. Wie dieses Verhältnis gestaltet war, wird an einigen markanten Formulierungen des Abkommens deutlich: Die Mönche mußten schwören, alle Anordnungen des Grafen zu befolgen. Namentlich war es dem Löwensteiner erlaubt, alle Pfründen des Klosters – einschließlich der des Abtes – mit Personen seiner Wahl zu ordinieren, zu besetzen und zu entsetzen. Damit war in der Tat auch der geringsten Unabhängigkeitsbestrebung des Klosters ein Riegel vorgeschoben, denn Albrecht II. hatte damit das Recht, jeden mißliebigen Abt, ja sogar jeden mißliebigen Mönch oder Pfründner zu bestrafen. Daß dem Kloster jeder Gang zu geistlichen oder weltlichen Gerichten, wo etwa die Kapitulation angefochten werden konnte, vorenthalten war, zeigt deutlich, wie weit die gräfliche Herrschaft ging. Es mag in diesem Zusammenhang erwähnenswert sein, daß im benachbarten Stift Backnang, das seit etwa 1300 wirtembergischer Vogtei unterstand, Wirtemberg erst 1477 ähnlich weitgehende Rechte erwarb, wie sie Löwenstein 1369 gegenüber dem Kloster Murrhardt besaß[9].

Damit hatte der Versuch des Klosters, sich der löwensteinischen Vogtei 1365 zu entledigen und sich wieder dem Status der Reichsunmittelbarkeit anzunähern, in größerer Unfreiheit und größerer Abhängigkeit von Löwenstein als je zuvor geendet. Das Kloster war 1369 auf dem besten Weg, auch den letzten Rest von Eigenständigkeit zu verlieren und ein weitestgehend rechtloser Teil der löwensteinischen Herrschaft zu werden.

Die letzten Jahrzehnte unter löwensteinischer Herrschaft und der Übergang Murrhardts an Wirtemberg (1369–1388/1395)

Die Stadt Murrhardt im Besitz der Gräfin Udelhilt von Werdenberg-Löwenstein

Mit der Stadt Murrhardt scheint Albrecht II. geringere Schwierigkeiten gehabt zu haben. Als der Graf 1369 zum zweiten Mal heiratete, wies er seiner Frau, der Gräfin Udelhilt von Werdenberg, am 20. September jenes Jahres die Herrschaft über die Stadt Murrhardt als

9 OAB Backnang, S. 146 ff.

Gegenwert für insgesamt 3000 fl Heimsteuer und Morgengabe zu. Zum besseren Verständnis sei dieser Vorgang näher erläutert: Udelhilt von Werdenberg entstammte einem verarmten Grafengeschlecht und war nicht in der Lage, die übliche Mitgift beziehungsweise Heimsteuer in die Ehe mit Albrecht II. einzubringen. Graf Eberhard der Greiner von Wirtemberg, der weitläufig mit ihr verwandt war, unterstützte sie und gab ihr 2000 fl Mitgift. Graf Albrecht II. war nach dem damaligen Eherecht verpflichtet, seiner Gemahlin, die die Heimsteuer in die Ehe einbrachte, als Gegenleistung die sogenannte Morgengabe zu geben. Der Löwensteiner wies Udelhilt 1000 fl zu. Dieser Betrag gehörte der Gräfin nun ohnehin; aber auch auf die von ihr eingebrachte Morgengabe hatte sie – etwa im Falle des Todes von Albrecht II. – einen Rechtsanspruch. Graf Albrecht hatte den Gesamtbetrag von 3000 fl aber nicht bar verfügbar und wies Udelhilt zum Ausgleich dafür die Herrschaftsrechte über die Stadt Murrhardt zu. Das schloß die Verfügungsgewalt über die dort eingehenden Steuern ein, so daß Udelhilt eine eigenständige Basis zu ihrer standesgemäßen Ausstattung hatte. Udelhilts Ansprüche auf Murrhardt sollten nur gegen einen Barbetrag von 3000 fl abgelöst werden können.

Diese Regelungen entsprachen den mittelalterlichen Rechtsgepflogenheiten. Ungewöhnlich war indes, daß Udelhilt wegen ihrer Mitgift Eberhard dem Greiner 2000 fl schuldete – ein Betrag, den der Löwensteiner oder seine Gattin angesichts ihrer ständigen Geldverlegenheiten kaum jemals aufbringen konnten. Damit hatte Wirtemberg aber Ansprüche auf die Sachwerte gewonnen, die anstelle des Geldes in Udelhilts Hand waren. Mit anderen Worten: Seit 1369 besaß Wirtemberg Ansprüche auf die Stadt Murrhardt, auch wenn sie fürs erste noch nicht eingelöst werden konnten. Im Falle einer löwensteinischen Krise mußte aber jederzeit damit gerechnet werden, daß Wirtemberg – wie 1365 – wieder auf Murrhardt Anspruch erheben und den Ort unter seine Herrschaft bringen würde.

Murrhardt und die löwensteinische Krise um 1375

Vorerst allerdings war davon noch keine Rede. Im Gegenteil, nach 1369 schien sich für Löwenstein alles zum Besten zu wenden. Gräfin Udelhilt gebar dem Grafen Albrecht II. die lang ersehnten Söhne. 1371 zwang der Graf das in Murrhardt begüterte Geschlecht der Kume, das ihm seit 1365 feindlich gesinnt war, umfangreichen Besitz in und um Murrhardt herauszugeben. Damit war die löwensteinische Herrschaft über Murrhardt nach langer Zeit wieder gesichert: Das Kloster war unterworfen, aufsässige Ritter waren gedemütigt. Aber der löwensteinische Triumph hielt nur kurze Zeit an. Um 1375 geriet die Grafschaft nämlich, bedingt durch neuerliche Pestepidemien und durch den damaligen Konflikt zwischen den Reichsstädten und den Fürsten, in eine geradezu katastrophale Finanzkrise, welche die Grafschaft binnen weniger Jahre ruinierte. Nach dem Tod Albrechts II. war die Lage 1382 so verzweifelt, daß Graf Johann von Wertheim, der Vormund der unmündigen Söhne des Löwensteiners, gezwungen war, die Hälfte der Grafschaft an die Pfalz zu verpfänden – um größerem Schaden zuvorzukommen, wie die Verpfändungsurkunde drastisch mitteilt.

Wie hat man in Murrhardt auf diese Entwicklungen reagiert? Die Stadt hat, wie üblich, gewiß die weniger markante Rolle gespielt. Sie war Objekt der handelnden Herren, die Bürger hatten bei der großen Politik nichts mitzubestimmen. Es wird ihnen auch ziemlich gleichgültig gewesen sein, ob sie ihre Steuern an Graf Albrecht II. oder, wie seit 1369, an dessen Gemahlin Udelhilt zu zahlen hatten. Die verschiedenen Interessenkämpfe, die sich innerhalb der Stadt mit der Nennung der Kume andeuten, blieben zu undurchsichtig, als daß man irgend etwas

Sicheres aussagen könnte. Eher lassen sich – leider auch hier ungenau genug – die Verhältnisse im Kloster erahnen. Hier konnte Abt Konrad von Maienfels nach dem Debakel von 1369 immerhin einen gewissen Erfolg dadurch erringen, daß er trotz allem weiterhin Abt blieb. Graf Albrecht II. wagte offenbar nicht, den Abt abzusetzen, was ja nach der Kapitulation von 1369 möglich gewesen wäre[10]. Und als es um 1375 mit der Grafschaft Löwenstein rapide bergab ging, hatte unter den Murrhardter Mönchen wohl nicht eben Trauer geherrscht. Allerdings ist anzunehmen, daß auch das Kloster unter den Folgen der Seuchen und der Kriege schwer zu leiden hatte. Außerdem bedeutete die zunehmende Verschuldung Löwensteins nicht zwangsläufig, daß Albrecht II. gegen das Kloster nachlässiger geworden wäre. Als der Graf 1380/82 starb und seine Nachfolge fürs erste noch fragwürdig war, nutzte das Kloster die instabile Lage sofort aus und versuchte wieder, wie 1365, eigene Wege zu gehen. Im Juni 1381 erscheint das Kloster alleine, also ohne Vermittlung Löwensteins, in einem Bundesbrief von 41 Reichsstädten. Man machte also wieder selbständige Politik. Offenbar deuten die selbstbewußten Verhandlungen des Klosters mit den Reichsstädten an, daß es wieder völlig auf den Kurs der Reichsunmittelbarkeit eingeschwenkt war. Leider sind die Quellen zu unpräzise, um Genaueres auszusagen.

Der Streit um das Abtsamt Anfang der 1380er Jahre

Klar ist indes, daß die verworrene Situation an der Spitze der Grafschaft Löwenstein ihre Entsprechung im Kloster fand. Abt Konrad von Maienfels muß spätestens zu Beginn der achtziger Jahre gestorben oder zumindest zurückgetreten sein, und um den Murrhardter Abtsstuhl begann eine lebhafte Auseinandersetzung. Aus dem benachbarten Benediktinerkloster Komburg griff der dortige Mönch Heinrich von Enslingen ein, der sich Hoffnungen auf die Murrhardter Abtei machte. Heinrich hatte schon in Komburg vergebens versucht, Abt zu werden; jetzt scheiterte auch sein Murrhardter Unternehmen. 1381 stand er – wohl nach einer zwiespältigen Wahl – zwar vorübergehend als Abt dem Kloster Murrhardt vor, mußte dann aber seinem Konkurrenten Eckhard weichen, der sich im weiteren Verlauf der achtziger Jahre als Abt von Murrhardt behaupten konnte. Hinter dem Konflikt um die Abtsstelle stand nicht nur die zeitweilige Schwäche des löwensteinischen Hauses, das zunächst kaum mit den 1369 zugebilligten Mitteln in die Abtswahl eingriff. Das Auftauchen des Enslingers spiegelt auch das Schisma wider, das seit 1378 die abendländische Christenheit spaltete. Damals waren nach dem Tode des Papstes Gregor IX. zwei neue Päpste gewählt worden, Urban VI., der künftig in Rom residierte, und Clemens VII., der in Anlehnung an den französischen König Avignon zu seinem Sitz auserkor. Die seit 1378 über Jahrzehnte gespaltene Kirchenführung brachte Unsicherheit und Verwirrung auch in zahlreiche deutsche Bistümer. In vielen Fällen bot das Schisma Anlaß, eigene Herrschaftswünsche durchzusetzen und gegnerische zu bekämpfen. Man berief sich insbesondere im Streit um kirchliche Ämter und Pfründen je nach Bedarf auf den einen oder anderen Papst.

Heinrich von Enslingen hatte bereits in Komburg seine Ansprüche auf das Abtsamt unter Berufung auf Papst Clemens VII. durchzusetzen versucht. Das Kloster Komburg hatte sich aber mehrheitlich für den römischen Papst Urban VI. entschieden. Auch in Murrhardt mag

10 Abt Konrad ist noch 1370 und 1371 nachzuweisen, also nach der Kapitulation von 1369 (vgl. unten S. 330f. und die folgende Anm.)

sich hinter dem Konflikt zwischen den Abtskandidaten Eckhard und Heinrich von Enslingen nicht bloß individuelles Streben nach dem begehrten Abtsamt verborgen haben und nicht nur die Billigung oder Mißbilligung durch die löwensteinischen Vögte, sondern auch die Auseinandersetzung zwischen den beiden Päpsten. Abt Eckhard war wohl Anhänger Urbans VI., der Enslinger dagegen Befürworter von Clemens VII. Dieses Bild entspricht voll und ganz den sonstigen äußeren Umständen der Jahre um 1380: Seit 1382 gehörte die Grafschaft Löwenstein zur Hälfte dem rheinischen Pfalzgrafen Ruprecht I. An ihn mußten sich die jungen Löwensteiner und ihr Vormund Johann von Wertheim als Murrhardter Klostervögte zwangsläufig stark anlehnen. Ruprecht I. war aber der Gründer des Urbansbundes, der in Deutschland entschieden die Interessen des römischen Papstes Urban VI. gegen Clemens VII. verfocht.

Vor diesem Hintergrund werden die Murrhardter Ereignisse leichter verständlich. Anscheinend lagen Anfang der achtziger Jahre die Äbte Heinrich und Eckhard miteinander in Konflikt. Eckhard setzte sich 1382/83 wohl deshalb durch, weil er von den Löwensteinern beziehungsweise ihrem wertheimischen Vormund Unterstützung erhielt, die ihrerseits ideologische und machtpolitische Rückendeckung beim einflußreichen Pfalzgrafen gefunden hatten. Damit waren spätestens 1383 die Verhältnisse in Murrhardt wieder geklärt. Es herrschte Abt Eckhard, der dem Papst Urban VI. in Rom anhing und vom löwensteinischen Vormund Johann von Wertheim gemäß den Übereinkünften von 1369 toleriert wurde. Die Stadt Murrhardt gehörte weiterhin der Gräfin Udelhilt von Werdenberg, der Witwe des 1380/82 gestorbenen Albrecht II. von Löwenstein. Da es durch die Verpfändung der halben Grafschaft Löwenstein an die Pfalz 1382 außerdem gelungen war, die schlimmsten Finanznöte der Grafschaft fürs erste zu lindern, schien es, als sei die Lage im Sinne der löwensteinischen Vögte bereinigt. Murrhardt spielte wohl als wichtiges geistliches und politisches Zentrum innerhalb der Grafschaft Löwenstein dieselbe Rolle weiter, die es seit der Machtübernahme der Löwenstein-Habsburger im Jahrhundert zuvor innehatte. Als 1384 der älteste Sohn Albrechts II., Albrecht III., mündig wurde, schien sich die Geschichte dieses einen Jahrhunderts trotz der Wirren von 1365/69 und 1380/82 kontinuierlich fortzusetzen.

Das Ende der löwensteinischen Herrschaft über Murrhardt 1388/95

Dasselbe ruhige, Beständigkeit verheißende Bild ergibt sich auch aus den Murrhardter Quellen dieser Zeit. Das Kloster regelte eine Reihe von Pfründenangelegenheiten[11]. Ein völlig unvorhersehbares Ereignis im Jahre 1388 ließ aber die kaum eingekehrte Ruhe für Murrhardt schlagartig enden. Der Krieg zwischen den Reichsstädten und den Fürsten strebte in diesem Jahr seinem Höhepunkt zu. Am 23. August 1388 trafen die Heere der Städte und der Fürsten bei Döffingen aufeinander. Zwar endete die Schlacht mit einem Sieg Wirtembergs, das den

11 1381, Sept. 21 erhielt das Kloster aus dem Erbe des Magisters Werner von Horwe, Speyerer Domvikar, ein Erbteil von 10 fl (Busch/Glasschröder 1923, Bd. 1, S. 504). Die eigentlichen Pfründenangelegenheiten beginnen 1371, Okt. 1, als Abt Konrad von Murrhardt als vom Papst bestimmter Richter die Stifte Feuchtwangen und Wimpfen im Tal anwies, eine Komburger Pfründensache zu verfolgen (StAL B 375, Repertorium Bd. 1, Bll. 154, 155, Originale verbrannt). Insgesamt drei Urkunden beschäftigen sich mit der kurz zuvor neu errichteten Kapelle in Sanzenbach, die zur Murrhardter Patronatskirche Westheim am Kocher gehörte: 1383, Mai 15 gewährte das Kloster dem Haller Bürger Kraft von Heimberg das Recht, die Pfründe in der Sanzenbacher Kapelle, die Kraft erbaut hatte, zu verleihen; 1386, März 9 erbat das Kloster dafür die bischöfliche Bestätigung, die im selben Jahr Sept. 7 gewährt wurde (Pietsch U 754, 821, 822).

größten Teil des fürstlichen Heeres gestellt hatte, aber der Erfolg mußte mit dem Tod einiger prominenter Adelsherren bezahlt werden. Graf Ulrich von Wirtemberg, der Sohn Eberhards des Greiners, wurde erschlagen, und mit ihm fiel eine ganze Anzahl weiterer Adliger, darunter auch der junge Albrecht III. von Löwenstein.

Der Tod Albrechts III. bedeutete für die kaum beruhigte Grafschaft Löwenstein eine erneute, schwere Zäsur. Nach der ersten Verwirrung übernahm wieder Graf Johann von Wertheim die Vormundschaft über die noch unmündigen Brüder Albrechts III. Die Zeit der Unruhen hatte aber Eberhard der Greiner eiskalt ausgenutzt.

Was war geschehen? Obwohl durch den Tod seines Sohnes Ulrich gewiß persönlich getroffen, hatte der alte Graf noch kaltblütig erkannt, daß die Löwensteiner sich nicht mehr entschieden genug um Murrhardt kümmern konnten. Der Greiner setzte nun offenbar seine Ansprüche auf die 1369 an die Gräfin Udelhilt von Werdenberg vorgeschossenen 2000 fl als Druckmittel ein, um in den Besitz Murrhardts zu kommen. Eberhard hatte den Zeitpunkt gut gewählt, obwohl aus den erhaltenen Urkunden von 1388/89 mit ihrer nüchternen Juristensprache kaum deutlich wird, wie er sein diplomatisches Meisterstück eingefädelt hat. Seine Schritte lassen sich aber ohne Mühe nachvollziehen. Eberhard der Greiner verlangte wohl von der über den Tod ihres Sohnes Albrecht III. tief getroffenen Gräfin Udelhilt das 1369 geliehene Geld zurück. Dieser Schritt zu diesem Zeitpunkt zeugt von einer erheblichen menschlichen Kälte des Greiners und von einer beinahe erschreckenden staatsmännischen Berechnung – aber das paßt genau in das Charakterbild dieses Mannes, der ja nicht umsonst den Beinamen des Greiners, des Streitsüchtigen, trug. Udelhilt konnte das Geld natürlich nicht aufbringen, ihr Sohn Albrecht III., der vielleicht vermittelnd hätte eingreifen können, war tot, Johann von Wertheim wohl noch nicht am Ort des Geschehens eingetroffen – der Witwe blieb nichts anderes übrig, als ihren ganzen Besitz, die Herrschaft über die Stadt Murrhardt, an den Wirtemberger herauszugeben. Diese Vorgehensweise war nicht nur in menschlicher Hinsicht unschön, sie war wohl auch juristisch nicht völlig unumstritten. Schließlich war Udelhilt für 3000 fl auf Murrhardt angewiesen worden, ihre Schulden an den Greiner beliefen sich aber bloß auf 2000 fl. Wie der Wirtemberger dieses Problem gelöst hat, ist nicht bekannt. Tatsache ist, daß ihm die Stadt Murrhardt am 23. September 1388 eine Urkunde ausstellte, in der sie ihn als Vogt und Schirmer anerkannte, die Öffnung der Stadt sowie die Zahlung eines jährlichen Vogtgeldes von 20 lb h und 20 Scheffel Hafer versprach. Damit waren die Machtverhältnisse in Murrhardt klar. Löwenstein, das ein Jahrhundert zuvor die Stadt gegründet hatte, besaß hier nun keinerlei Ansprüche mehr. Wirtemberg hatte sich, 23 Jahre nach seinen ersten Bemühungen um Murrhardt, endgültig durchgesetzt.

Weniger eindeutig waren 1388 die Verhältnisse im Kloster Murrhardt, denn die Mönche huldigten dem Wirtemberger zunächst nicht. Es mag sein, daß Abt Eckhard, der ja möglicherweise als Parteigänger der Löwensteiner gewählt worden war, zunächst auf das alte Vogtsgeschlecht gesetzt hatte, vielleicht hatte man im Kloster 1388 auch wieder einmal von der Reichsunmittelbarkeit geträumt – von Eberhard dem Greiner jedenfalls wollte man nichts wissen. Nachdem der Wirtemberger aber in der Stadt Murrhardt saß, konnte auch das Kloster auf lange Sicht nicht umhin, die neuen Gegebenheiten anzuerkennen: Mit über einjähriger Verspätung huldigten Abt Eckhard und der Konvent schließlich am 16. November 1389 dem Wirtemberger. Die Stadt wiederholte in derselben Urkunde ihre Verschreibung vom Vorjahr. Eberhard der Greiner konnte die Murrhardter Angelegenheiten in seinem Sinne als erledigt ansehen.

Für Murrhardt selbst, Stadt wie Kloster, war die wirtembergische Machtübernahme zunächst wohl kein schlechtes Geschäft. Gewiß hatte man im Kloster den Gedanken der Reichsunmittelbarkeit aufgeben müssen. Aber angesichts der kriegerischen Zeiten und der Ferne des Königs bedeutete die Reichsunmittelbarkeit in jenen Jahren zuallererst Schutzlosigkeit, hieß, daß man auf sich allein gestellt war. Ein weiteres Verbleiben unter den schwachen Löwensteinern hätte ebenfalls kaum effektiven Schutz gebracht, andererseits aber aufgrund der Übereinkunft von 1369 das Kloster dem Willen der Söhne Albrechts II. ausgeliefert. Hier war der 1389 mit Wirtemberg geschlossene Vertrag vorteilhafter. Spezielle klösterliche Leistungen an den Wirtemberger werden darin nicht genannt, alles sollte mit dem Vogtgeld von 20 lb h, 20 Scheffel Hafer und der Öffnung des Orts abgetan sein. Wirtemberg wird ausdrücklich nur als Vogt und Schirmer bezeichnet, von so weitgehenden wirtembergischen Rechten, wie sie 1369 Löwenstein gewährt worden waren, ist keine Rede. Zumindest das Kloster Murrhardt hat also 1389 seine Lage verbessert. Daß Wirtemberg sich langfristig mit den Rechten von 1389 kaum zufriedengeben würde, war damals in Murrhardt zum einen wohl nicht abzusehen, zum anderen angesichts der drängenden kurzfristigen Probleme nicht relevant, und zum dritten hatten die Murrhardter, Stadt wie Kloster, 1388/89 im Grunde gar keine andere Wahl, als eben diese Entscheidung zu treffen.

Die Zeit bis 1395: Vergebliche löwensteinische Versuche, wieder in den Besitz Murrhardts zu gelangen

Eine gewisse Unsicherheit für das künftige Schicksal Murrhardts bildete der Umstand, daß die Löwensteiner bald nach 1388/89 wieder in den Besitz des Orts gelangen wollten. Gräfin Udelhilt, bis 1388 die Herrin der Stadt, fühlte sich gewiß nicht zu Unrecht von Wirtemberg übervorteilt und prozessierte gegen die Schwaben. Ihre juristische Lage war indes nicht günstig. Am 12. Februar 1393 verzichtete sie vor dem Landgericht in Rottenburg auf alle ihre Ansprüche in Murrhardt zugunsten Eberhards des Milden, eines Enkels des Greiners. Udelhilts Sohn Heinrich, der 1393 mündig wurde, akzeptierte den Verzicht seiner Mutter nicht ohne weiteres; zumindest die Vogtei über das Kloster wollte er wiederhaben. Heinrich von Löwenstein versuchte, seinem jugendlichen Alter gemäß, eine Lösung gewaltsam zu erzwingen. Er legte sich mit Wirtemberg an und geriet insbesondere mit dem Abt von Murrhardt in heftigen Streit. Abt war mittlerweile seit 1391 jener Heinrich von Enslingen, der bereits 1381 kurzfristig versucht hatte, dieses Amt zu erlangen. Der Enslinger nutzte die Möglichkeit des neuen, mächtigen Klostervogtes voll aus: Am 12. April mußte der junge Löwensteiner seine schlecht vorbereiteten und mangelhaft durchgeführten Murrhardter Pläne kläglich aufgeben. Der Vertrag, den Graf Heinrich vor dem Richterstuhl Eberhards des Milden zu unterzeichnen hatte, war eine bedingungslose Kapitulation. Jegliche löwensteinischen Ansprüche auf Murrhardt waren seitdem hinfällig geworden, und Graf Heinrich hat bis zu seinem Tod 1443 nie mehr daran gedacht, in Murrhardt Fuß zu fassen. Damit war 1395 endgültig der Trennungsstrich gezogen: Die löwensteinische und die murrhardtische Geschichte, die bislang eng verbunden und manchmal geradezu deckungsgleich gewesen waren, gingen fortan völlig getrennte Wege. Murrhardt teilte künftig – je länger, desto mehr – die Schicksale Wirtembergs.

Die wirtschaftliche Entwicklung des Klosters im 14. Jahrhundert

Die wirtschaftliche Lage des Klosters im 14. Jahrhundert läßt sich wegen fehlender Quellen nicht detailliert darstellen, die großen Linien sind aber sehr wohl erkennbar. 1314 stieß das verschuldete Kloster seine Besitzungen im Ohrntal ab, zusätzlich auch seinen Fronhof in Jagsthausen. Damit wird erstmals die Tendenz sichtbar, sich von Gütern zu trennen, die vermutlich dem klösterlichen Zugriff nicht so leicht zugänglich waren wie die nähergelegenen Besitzungen. In denselben Zusammenhang dürfte ein weiterer Güterverkauf des Klosters vom 3. Februar 1324 gehören. Damals veräußerte das Kloster um 70 lb h den Ruprechtshof bei Liebenstein[12]. Die beiden Güterverkäufe deuten, da weitere Nachrichten über Gütererwerbungen in dieser Zeit fehlen, auf eine ungünstige wirtschaftliche Lage des Klosters hin. In dieses Bild paßt auch die Inkorporation der schon lange vorher dem Kloster unterstehenden Pfarrkirche von Großbottwar im Jahre 1348[13]. Inkorporationen deuten in der Regel auf Finanzprobleme eines Klosters hin, durch sie wurden die Einkünfte der Kirche, die bislang an den jeweiligen Pfarrer gefallen waren, in die Kasse des Klosters gezogen, das Kloster erhielt also einen nicht geringen Zuwachs an jährlichen Einkünften. Zwar war das Kloster nach der Inkorporation verpflichtet, den Pfarrer von Großbottwar zu besolden, aber man wußte die Angelegenheit so zu regeln, daß das Kloster unter dem Strich in jedem Falle ein Geschäft machte. Das Kloster war nur dazu verpflichtet, dem Pfarrer ausreichenden Unterhalt zu gewähren, wobei der Abtei hier ein großer Ermessensspielraum zukam. Die Inkorporation von 1348 genügte indes nicht, das Kloster finanziell sicherzustellen. 1366 mußte ein weiterer Verkauf vorgenommen werden. Am 30. Januar jenes Jahres veräußerten Abt und Konvent um eine Summe von 450 fl jährliche Einkünfte in Höhe von 30 fl in der Bottwarer Gegend an einen Meister Werner – der genaue Ort läßt sich nicht bestimmen, da die Verkaufsurkunde ausgerechnet dort beschädigt ist, wo dieser genannt wird[14].

Die Ursache für die anhaltenden Finanzschwierigkeiten des Klosters sind nicht eindeutig zu klären. Die Pestepidemien seit 1348 können nicht allein der Grund für die wirtschaftlichen Nöte des Klosters sein, denn wie die Besitzveränderungen von 1314, 1324 und 1348 zeigen, gab es auch schon vor der katastrophalen Seuche erhebliche Schwierigkeiten. Die Pest und die aus ihr resultierende Agrarkrise mögen aber durchaus verschärfend gewirkt haben. Zusätzlich haben die Wirren in der Zeit nach 1365 das Kloster schwer getroffen. Das Hin und Her zwischen Wirtemberg und Löwenstein und die Konflikte zwischen dem Kloster und den Löwensteinern 1365/1369 haben nach ausdrücklicher Aussage der klösterlichen Unterwerfungsurkunde von 1369 der Wirtschaftskraft schweren Schaden zugefügt. Das 14. Jahrhundert endete mit denselben ökonomischen Problemen, mit denen es begonnen hatte. Man versuchte ihnen mit den bekannten Mitteln zu entgehen: 1396 ließen sich die Murrhardter Mönche die Pfarrei Westheim inkorporieren[15]. Dies mag zwar die ärgsten Sorgen gemildert haben, aber noch 1397 wird darüber Klage geführt, daß andere widerrechtlich Klostergüter in Besitz

12 HStAS A 602, U 600.

13 Inkorporationsurkunde von Papst Clemens VI. von 1348, Juli 8, Murrhardter Privilegienaufzeichnungen HStAS A 508, Bü. 1.

14 HStAS A 508, U 38.

15 Inkorporationsurkunde von Papst Bonifaz IX. vom 1396, Juli 15, Murrhardter Privilegienaufzeichnungen HStAS A 508, Bü. 1. Der Inkorporation durch den Papst war – wohl nicht allzuviel früher – die Inkorporation Westheims durch den Würzburger Bischof Gerhard (1372–1400) vorausgegangen. Die Inkorporation durch den Bischof ist in der Papsturkunde erwähnt. Wenn Papst Bonifaz IX. in der

nahmen[16]. Die Schäden, die der klösterlichen Wirtschaft entstanden, müssen erheblich gewesen sein, denn das Kloster wird zu Beginn der Herrschaft von Abt Johannes d.Ä. von Leuzenbronn 1406 noch in der späteren chronikalischen Überlieferung als verarmt bezeichnet[17]. Erst dem Leuzenbronner gelang es, die Schwierigkeiten zu überwinden.

Urkunde schreibt, er inkorporiere Westheim dem Kloster Murrhardt *de novo* (von neuem), dann dürfte sich das auf die vorausgegangene Inkorporation Gerhards beziehen. Vgl. auch Fritz 1982-III, S. 81.

16 Indult von Papst Bonifaz IX. von 1397, Feb. 7 für das Kloster *wider alle die, die des gotzhaus zu Murrhart gutter wider recht inn hand* (Murrhardter Privilegienaufzeichnungen, HStAS A 508, Bü. 1).

17 Widman, S. 134.

Die Klostergeschichte unter wirtembergischer Vogtei bis zur Vertreibung Herzog Ulrichs (1388/1395–1519)

Kloster Murrhardt 1388/1395 bis 1449: Die Zeit unangefochtener wirtembergischer Vogtei und friedlicher Entwicklung

Die Jahrzehnte nach der Übernahme der Vogtei durch die Grafschaft Wirtemberg waren für das Kloster Murrhardt eine Phase ruhiger, im wesentlichen friedlicher Entwicklung. Es zahlte sich aus, daß das Kloster mit den Wirtembergern über einflußreiche, mächtige Vögte verfügte. Das Gewicht Wirtembergs wirkte auf manchen der benachbarten kleineren Adligen abschrekkend. Größere Übergriffe ereigneten sich nicht.

Das Kloster unter Abt Heinrich von Enslingen 1391–1406

Bald nachdem Wirtemberg die Klostervogtei übernommen hatte, schied 1391 der Murrhardter Abt Eckhard wohl durch Tod aus seinem Amt. Sein Nachfolger wurde jener Heinrich von Enslingen, der als Anhänger des avignonesischen Papstes Clemens VII. 1379 in Komburg und 1381 in Murrhardt bereits einmal das Abtsamt angestrebt hatte. Es ist fraglich, ob bei der Abtswahl in Murrhardt 1391 wieder das Kirchenschisma zwischen Rom und Avignon eine Rolle gespielt hat. Der Enslinger wird schon ein Jahrzehnt zuvor weniger aus Überzeugung als aus taktischen Überlegungen auf Avignon gesetzt haben. 1396 neigte er bereits wieder dem römischen Papst zu. Jedenfalls dürfte 1391 die Abtswahl so frei wie lange nicht mehr gewesen sein. Wirtemberg hatte aufgrund der Regelung von 1389 hier kein Mitspracherecht und begnügte sich damit, den neuen Abt nach vollzogener Amtseinsetzung für das Vogtsamt huldigen zu lassen. Heinrich hatte Wirtembergs Vogteiherrschaft anzuerkennen, indem er die Verschreibung des Abtes Eckhard, des Konvents und der Stadt wiederholte[1]. Danach entwikkelten sich die Beziehungen zwischen Vogt und Kloster bestens. Als Graf Heinrich von Löwenstein 1393–1395 mit gewaltsamen Übergriffen gegen das Kloster noch einmal versuchte, das Rad der Geschichte zurückzudrehen und die Vogtei wieder an sich zu reißen, fand Abt Heinrich bei Graf Eberhard dem Milden festen Rückhalt. Der Konflikt, der für Murrhardt ohne wirtembergische Hilfe hätte gefährlich werden können, ging unter den gegebenen Umständen für das Kloster gut aus. Graf Heinrich verzichtete auf seine Ansprüche auf die Murrhardter Vogtei. Nachdem die äußeren Verhältnisse des Klosters geregelt waren, blieb die Lage über ein halbes Jahrhundert lang stabil. Die Vogtei war wirtembergisch, und das Kloster gedieh – zumindest was sein materielles Wohl betraf – unter diesen Umständen gut.

1 HStAS A 508, Repertorium Bl. 13, Original fehlt: »Als sich Abt Heinrich zu Murrhardt verschrieben, der Verschreibung Abt Eckharts nachzukommen«.

Zwar sind die erhaltenen Quellen fragmentarisch, aber sie geben doch ein ungefähres Bild der damaligen Zustände wieder.

Obwohl sich Abt Heinrich mit der wirtembergischen Vogtei abgefunden hatte, beharrte das Kloster doch auf seinen alten Privilegien. 1396/97 erhielt es insgesamt drei Urkunden vom römischen Papst Bonifaz IX., welche den Murrhardter Benediktinern alle Privilegien bestätigten und dem Grafen von Wirtemberg verdeutlichten, daß er sich gegenüber dem Kloster an die Abmachungen des Jahres 1389 halten mußte. Außerdem ließ sich das Kloster die Pfarrei Westheim am Kocher inkorporieren und erwirkte eine Urkunde *wider alle, die des gotzhaus zu Murhart gutter wider recht inn hand*[2]. Offenbar hatte also nicht einmal die wirtembergische Vogtei verhindern können, daß im Einzelfall klösterliche Güter entfremdet wurden. Vielleicht sollte die päpstliche Privilegienbestätigung Wirtemberg indirekt auch dazu veranlassen, den Schutzpflichten sorgfältiger nachzukommen.

Besitzveränderungen im ersten Drittel des 15. Jahrhunderts

Dieser Absicht scheint Erfolg beschieden gewesen zu sein, denn in den folgenden Jahren treten keinerlei Beschwerden über die Beschwerung von Klostergütern mehr auf. Im Gegenteil: Bei den wenigen Streitigkeiten, die aus dieser Zeit überliefert sind, befindet sich das Kloster eher in der Offensive. Der seit 1406 amtierende Abt Johannes von Leuzenbronn d. Ä. agierte hier mit einigem Geschick. Nach 1388/95 wurden die Rechtsverhältnisse um Murrhardt bald problematisch. Das ehemals geschlossene löwensteinische Herrschaftsgebiet von Sulzbach bis zu den Quellbächen der Murr war zersplittert, da Murrhardt wirtembergisch geworden war, Sulzbach und Fornsbach aber weiter löwensteinisch blieben. Weitere Unklarheiten ergaben sich, weil Murrhardt zuvor an beiden Orten Rechte ausgeübt hatte. Um 1410 kam es zu einem schiedsgerichtlichen Verfahren, in dem das Kloster eine ganze Anzahl von Rechten an den löwensteinischen Orten bewahren konnte[3]. Insbesondere in Sulzbach konnte das Kloster zur Hälfte das Gericht besetzen. Gegen 1430 setzte es sich gegen den Löwensteiner sogar völlig durch und bekam das Sulzbacher Gericht fast ganz in die Hand[4].

Während Murrhardt also deutliche Ambitionen zeigte, das nahegelegene Sulzbach völlig zu übernehmen, erlahmte das klösterliche Interesse an seinen Besitzungen in und um Laufen am Kocher, die wahrscheinlich zu weit von Murrhardt entfernt und andererseits zu nahe am limpurgischen Machtzentrum Gaildorf gelegen waren. 1414 verkaufte das Kloster seine Güter einschließlich des Kirchensatzes in Laufen und einigen naheliegenden Weilern um 330 fl an Limpurg[5]. Für eine in diesen Jahren nachgiebige Haltung des Klosters gegenüber Limpurg spricht auch, daß Murrhardt auf seine Rechte am Ottendorfer Gericht zugunsten der Schenken verzichtete[6]. Allerdings war dies keine dauerhafte Entscheidung. Später hatte Murrhardt neben Limpurg wieder erhebliche Anteile am Gericht. Im Falle des Gerichts handelte es sich offenbar um Rechtstitel, die für das Kloster relevant waren, und es bemühte sich bei erster Gelegenheit – wann genau, ist nicht klar, aber jedenfalls vor 1440[7] –, sie wieder

2 Murrhardter Privilegienaufzeichnungen HStAS A 508, Bü. 1.
3 RL 342.
4 Vgl. Fritz 1986-I, S. 126f.
5 StAL B 113, U 407.
6 Urkundenauszug HStAS H 14, Bd. 390, Bl. 96a.
7 Vgl. ebd., Bl. 89a/b, die Urteilsurkunde wegen des Rechtsstreits zwischen Limpurg und Vohenstein.

zurückzubekommen. Von unrentablen Gütern in Ottendorf trennte sich das Kloster dagegen sofort. 1432 verkaufte das Kloster seine Anteile an dem Adelssitz an die Herren von Vohenstein[8], weil in der dortigen Burg, die dem Kloster teilweise gehörte, kein Schankrecht vorhanden war und es auch ansonsten dauernde Besitzstreitigkeiten gegeben hatte[9]. Die Vohensteiner hatten sich übrigens weit mehr von dem Handel erwartet, gerieten bald mit Limpurg wegen der Burg in Streit, und der Murrhardter Abt konnte, als ihn die streitenden Parteien 1440 über die Rechtsverhältnisse der Burg befragten[10], selbstzufrieden feststellen, daß er eben *von söllicher gebrechen wegen* – weil gewisse Anteile an der Burg nicht lukrativ waren – sie habe loswerden wollen.

Murrhardter Alltagsgeschäfte nach 1410 und die Murrhardter Abtsbesuche in Schwäbisch Hall

Werfen wir nochmals einen Blick in das zweite Jahrzehnt des 15. Jahrhunderts. Nach den Sulzbacher, Laufener und Ottendorfer Besitzverhältnissen und -streitigkeiten um 1410/1414 war das Kloster zunächst mit weiteren, wenig spektakulären Dingen beschäftigt. 1415 und 1417 mußte Abt Johannes in Auseinandersetzungen um Pfründen der zu Murrhardt gehörenden Kirche St. Katharina in Schwäbisch Hall eingreifen[11]. 1416 läßt sich der Murrhardter Abt außerdem erstmals als Gast der Stadt Schwäbisch Hall nachweisen[12]. Solche Besuche in der nahen Reichsstadt hatte es zwar auch vorher schon häufig gegeben; da die Haller Quellen aber erst seit dem zweiten Jahrzehnt des 15. Jahrhunderts erhalten sind, können Nachweise nur von dieser Zeit an erbracht werden. Üblicherweise waren die Murrhardter Äbte mehrmals im Jahr in Hall, gewiß in erster Linie im Zusammenhang mit den Murrhardter Rechten in und um die Katharinenkirche. Im folgenden werden die Murrhardter Abtsbesuche in Hall nur dann gesondert vermerkt, wenn sie auffällig häufig erfolgten oder wenn die Besuche für einen gewissen Zeitraum ausblieben. Die Murrhardter Äbte kamen übrigens mit bescheidenem Gefolge nach Hall. Sie erhielten – von wenigen Ausnahmen abgesehen – als Begrüßungstrunk nur zwei Kannen Wein – die kleinste Weinmenge, welche die Stadt Hall ihren prominenten Gästen zukommen ließ. Für größere Gefolge waren vier, sechs, acht, ganz selten auch noch mehr Kannen Wein üblich. Man kann aus dem bescheidenen Quantum, das die Murrhardter Äbte in Hall konsumierten, und dem kleinen Gefolge schließen, daß die Aufenthalte der Klostervorsteher in der Reichsstadt Routinebesuche waren, bei denen man nur den unbedingt erforderlichen Aufwand für Repräsentation betrieb.

8 Der Verkauf ist mit kurzer Beschreibung des Sachverhalts erwähnt in der in Anm. 7 genannten Urkunde und nochmals, allerdings kürzer, in einem Urteilsspruch der Stadt Hall vom 31. Oktober 1440; ebd., Bl. 93b–98a.
9 Ebd.
10 Vgl. Anm. 7.
11 Pietsch U 1407 und 1431.
12 StadtASHA, StR 4.

Abt Johannes von Leuzenbronn d. Ä. auf dem Konstanzer Konzil

Von den Alltagsgeschäften in Sulzbach, Ottendorf und Laufen sowie den häufigen Besuchen in Schwäbisch Hall hebt sich das Jahr 1417 mit dem Konstanzer Konzil deutlich ab. Dieser großangelegte Versuch, der gespaltenen abendländischen Kirche die Einheit wiederzugeben und sie zu reformieren, machte sich auch in Murrhardt bemerkbar. Als im Kloster Petershausen bei Konstanz vom 28. Februar bis zum 19. März 1417 die Benediktiner der Kirchenprovinz Mainz darüber berieten, wie sie die Konstanzer Reformbestrebungen in eine Reform des weithin verweltlichten Ordens umsetzen könnten, war unter den Vertretern von 126 Klöstern auch der Abt von Murrhardt[13]. Wie ernst es den Murrhardtern mit einer Reform war, wie nötig sie sie überhaupt hatten – all das läßt sich aus den Quellen kaum ermessen. Abt Johannes nutzte jedenfalls seinen Aufenthalt in Konstanz sogleich dazu, beim neugewählten Papst Martin V. vorzusprechen. Von diesem Pontifex maximus ließ sich der Murrhardter am 4. März 1417 die Gründungsprivilegien des Klosters bestätigen[14]. Eine nennenswerte Abneigung gegen die Vögte Murrhardts lag diesem Vorgang vermutlich nicht zugrunde. Es war einfach die günstige Gelegenheit, den Papst unmittelbar zu treffen, die Abt Johannes den Gedanken nahelegte, die Privilegien bestätigen zu lassen, nicht der Ärger mit den Vögten.

Die Tätigkeit des Abts um 1420/1430, Kaufgeschäfte des Klosters und die Finanzierung des Klosterkirchenbaus

Nachdem Abt Johannes vom Konstanzer Konzil zurückgekehrt war, geschah in Murrhardt eineinhalb Jahrzehnte lang nichts Spektakuläres. Es handelte sich wohl um eine ruhige, relativ friedliche Zeit, wie sie für Murrhardt während der ganzen ersten Hälfte des 15. Jahrhunderts typisch ist. Der klösterliche Alltag, soweit er in den Quellen Niederschlag gefunden hat, bestand aus einer Reihe von Beglaubigungs-, Vermittlungs- und Inkorporationsgeschäften des Abtes. 1422 stellte sich Abt Johannes als Siegler für eine Jahrtagsstiftung auf der Komburg zur Verfügung[15], 1423 vermittelte er in einem Streit zwischen Wilhelm von Sachsenheim und der Stadt Hall[16]. Die Inkorporation der Pfarrkirche Erlach ins Kloster Komburg, 1422 durch eine Bulle Papst Martins V. angeordnet, wurde 1423 vom Murrhardter Abt vollzogen[17]. In päpstlichem Auftrag sollte der Abt auch 1425 bei einer Pfründenverleihung tätig werden[18]. In den Rahmen der Murrhardter Oberaufsicht über die Haller Katharinenkirche fiel die Erlaubnis des Abts im Jahr 1432 zu einem Tauschgeschäft des zu dieser Kirche gehörenden Altaristen Nyclaus Han[19].

Bemerkenswerter sind einige Finanzgeschäfte, die das Kloster in jenen Jahren tätigte. Bereits erwähnt wurde der Verkauf der unrentablen Besitzanteile an der Ottendorfer Burg 1432. Ansonsten trennte sich das Kloster aber von keinen Immobilien oder Rechtstiteln – im Gegenteil: Aus der Regierungszeit des Abts Johannes sind – abgesehen von den Verkäufen in

13 Zeller 1922, S. 51 ff.
14 Murrhardter Privilegienaufzeichnungen HStAS A 508, Bü. 1, Bl. 8a/b.
15 Pietsch U 1527.
16 Ebd., U 1552.
17 StAL B 375, U 422, 424, 428, und Engel 1948, S. 122 f., Nr. 742.
18 StAL B 375, U 87.
19 Pietsch U 1733.

Laufen 1414 und Ottendorf 1432 – nur Käufe überliefert. 1424 erwarb das Kloster um 31 fl Rechte in Weidenbach[20], 1429 um 55 fl und nochmals 1436 um 145 fl in Talheim[21], 1430 und 1432 Zehntanteile in Tullau um je 80 fl[22] und 1432 Einkünfte in Wunnenstein um 39 fl[23]. Spätestens 1438 hatte das Kloster um einen nicht bekannten Betrag den Weiler Vorderwestermurr von den Grafen von Löwenstein erworben[24], 1440 folgte der Kauf eines Hofs in Oßweil um 60 fl[25]. Für sieben der insgesamt acht Käufe wandte das Kloster die Gesamtsumme von 490 fl auf, in einem Fall ist die Verkaufssumme nicht zu belegen. Die Käufe sind in der Regel von bescheidenem oder mittlerem Umfang, der beständige Erwerb erweist indes, daß das Kloster über disponierbares Kapital in hinreichendem Umfang verfügte. Das ist um so erstaunlicher, als die Murrhardter Mönche seit etwa 1430 konkrete Überlegungen anstellten, ihre Klosterkirche durch einen Neubau zu ersetzen. Da die Bautätigkeiten viel Geld verschlangen, ist zu erwarten, daß das Kloster Güter verkauft habe, um die Finanzierung zu sichern. Genau das Gegenteil ist aber der Fall: Obwohl das Kloster riesige Summen in den Kirchenneubau steckte, blieb noch genügend Geld übrig, um eine aktive Erwerbspolitik zu betreiben! Einen deutlicheren Beweis für die wirtschaftliche Solidität des Klosters in der ersten Hälfte des 15. Jahrhunderts kann es nicht geben. Abt Johannes von Leuzenbronn d. Ä. genoß den Ruf eines guten Haushalters, der noch über ein Jahrhundert nach seinem Tod in der chronikalischen Überlieferung zu finden ist[26] und auch in den zeitgenössischen Urkunden eindrucksvoll bestätigt wird.

Womit aber finanzierte das Kloster seine Baumaßnahmen und seine Käufe? Jene 330 fl, die das Kloster 1414 am Verkauf Laufens verdient hatte, standen beim Baubeginn in Murrhardt um 1434 gewiß nicht mehr zur Verfügung. Wieviel der Verkauf der Ottendorfer Burg 1432 einbrachte, ist nicht bekannt, aber es kann sich höchstens um einen Betrag von wenigen hundert fl gehandelt haben. Weiteres Kapital in Höhe von 80 fl[27] fiel Ende 1434/Anfang 1435 an, als die Stadt Hall Zehntanteile einlöste, die an das Kloster verpfändet waren. Im Quartal um die Jahreswende 1436/37 und nochmals 1443/44 konnte das Kloster Hafer für 70 beziehungsweise 200 fl an die Stadt Schwäbisch Hall verkaufen[28]. Die übrigen Einnahmen des Klosters – zum Beispiel die regelmäßigen Einkünfte aus dem Grundbesitz, die Zehnten, die Einnahmen von den Leibeigenen und Untertanen, die Naturalienverkäufe an andere Herren oder Städte – lassen sich nicht fassen. Es bleibt bei der unbefriedigenden Aussage, daß es dem Kloster wirtschaftlich gutging, die Quellen des klösterlichen Wohlstandes indes – von den genannten Fällen abgesehen – im einzelnen unbekannt bleiben. Nur eine ganz allgemeine Aussage ist möglich: Die Krise des 14. Jahrhunderts, hervorgerufen durch die Pestepidemien seit etwa 1350, war um 1430/40 in Murrhardt und Umgebung überwunden.

20 HStAS A 508, Repertorium Bl. 191, Original fehlt.
21 HStAS A 155, U 820, 821.
22 Pietsch U 1702, 1704, 1734.
23 HStAS A 508, Repertorium Bl. 193, Original fehlt.
24 HStAS A 508, U 56.
25 HStAS A 602, U 10666 (= WR 10666).
26 Widman, S. 134.
27 StadtASHA StR 47.
28 Ebd., StR 54, 82. Wenig aussagekräftig ist ein Tauschgeschäft des Klosters: 1425 tauschte das Kloster sein Drittel am großen Zehnt in Raibach mit Kraft von Rinderbach gegen dessen Drittel am kleinen und großen Zehnt zu Rieden und gegen zusätzliche 20 fl rh (Ulshöfer Nr. 515).

Der Kirchenbau in den dreißiger und vierziger Jahren des 15. Jahrhunderts

Der Bau der Murrhardter Klosterkirche setzte im Jahr 1434 oder etwas früher ein. Zunächst wurden der romanische Westturm von etwa 1220/30, der Westchor, die Vierung und das Querhaus abgebrochen[29]. 1434 war die Vierung – und wohl auch der neue Westchor – fertig. Abt Johannes von Leuzenbronn ließ sein Wappen zusammen mit dem der wirtembergischen Schutzvögte und der Jahreszahl an einem der Vierungspfeiler anbringen. Die Arbeiten an der Klosterkirche gingen nicht bruchlos vonstatten. Man hat nachgewiesen, daß ursprünglich beabsichtigt war, eine einschiffige Kirchenanlage zu errichten. Während der Baumaßnahmen – und zwar nach Fertigstellung von Westchor und Querhaus – entschlossen sich die Bauherrn aber, das noch fehlende Längsschiff doch mit Seitenschiffen auszustatten. So entstand eine Kirchenanlage, die in ihrer dreischiffigen Konzeption der alten romanischen Kirche glich. Allerdings fehlte der gotischen Kirche, welche die alten romanischen Osttürme und den hochgotischen Ostchor behielt, die bauliche Geschlossenheit der romanischen Kirche. Ein übriges tat eine Planänderung: Entgegen der ursprünglichen Absicht, eine flachgedeckte Kirche zu bauen, fügte man nachträglich noch etwas unglücklich ein Kreuzrippengewölbe ein.

Vielleicht lassen sich die befremdenden Änderungen während des Kirchenbaus mit dem Tod von Abt Johannes von Leuzenbronn d. Ä. erklären, denn es scheint schwer vorstellbar, daß der alte Leuzenbronner zu Lebzeiten einem solchen Hin und Her zugestimmt hätte. Zu einer so schwerwiegenden Entscheidung wie der völligen Änderung des Bauplans bedurfte es nach aller Wahrscheinlichkeit der Initiative eines neuen Abtes. Falls diese Annahme stimmt, wäre das Hauptschiff erst nach dem Tod des Johannes von Leuzenbronn d. Ä. entstanden. Zwischen dem Bau von Westchor und Querschiff um 1434 und der Errichtung des Langhauses nach dem Tod des alten Leuzenbronners 1444 müßten die Arbeiten also etwa zehn Jahre lang geruht haben, und die Kirche mit ihrem gotischen Westchor und Querschiff, dem hochgotischen Ostchor, den romanischen Osttürmen und dem vermutlich noch stehenden romanischen Längs- und Seitenschiffkomplex muß ein recht eigenartiges Bild geboten haben. Die These, daß es eine Unterbrechung gegeben hat, wird übrigens durch einen weiteren baugeschichtlichen Befund bestätigt: Das Holz für den Dachstuhl der Kirche wurde 1450 geschlagen[30] und folglich im selben Jahr oder spätestens 1451 verbaut.

Der Bau der Klosterkirche, nach dem Tod von Abt Johannes von Leuzenbronn d. Ä. vollendet in den Jahren nach 1444 von dem gleichnamigen jüngeren Abt desselben Geschlechts, war das bedeutendste sichtbare Ereignis der Klostergeschichte zumindest seit den Umbauten von 1220/30. Gleichzeitig markiert der Kirchenbau das Ende der friedlichen Periode, die seit 1388 angedauert hatte. Die Jahre um 1450 brachten Krisen und Krieg.

29 Schahl 1983, S. 563 ff.
30 Ergebnisse der dendrochronologischen Untersuchung, mitgeteilt von Dr. Rolf Schweizer, Murrhardt.

Der Städtekrieg und die pfälzischen Versuche, die Klostervogtei zu übernehmen (1449–1457)

Die Vorgeschichte und der Verlauf des Städtekriegs

Bis zur Mitte des 15. Jahrhunderts waren die zahllosen Kriege an Murrhardt vorübergegangen, ohne nennenswerte Spuren zu hinterlassen. Die Hussitenkriege, die in den zwanziger und dreißiger Jahren des 15. Jahrhunderts Ost- und Mitteldeutschland und das fränkische Gebiet bis Nürnberg erschütterten, hatten das Kloster und das Städtchen ebensowenig berührt wie das Wüten der marodierenden Armagnaken, die 1444/45 das Elsaß heimsuchten. Murrhardts Lage im Innern Deutschlands und im Verkehrsschatten abseits der großen Durchgangsstraßen hatte den Ort gegen diese Gefahren geschützt. Bei einem in Deutschland ausbrechenden Krieg war dieser Vorteil freilich nicht mehr gegeben. Ungünstig wirkte sich für Murrhardt zweifellos 1442 die Teilung der Grafschaft Wirtemberg aus[31], welche die Macht des Murrhardter Vogtsgeschlechts beträchtlich schwächte. Die Vogtei über Murrhardt fiel dem Neuffen-Stuttgarter Landesteil und seinem leutseligen, aber politisch wenig glücklichen Landesherrn zu, dem Grafen Ulrich V. dem Vielgeliebten. Fürs erste waren in den Jahren nach 1442 zwar noch keine negativen Folgen der Teilung für Murrhardt zu spüren; sobald das geteilte und geschwächte Wirtemberg aber in eine Krisensituation geriet – und das war nach 1450 der Fall –, machte sich dies auch für Murrhardt bemerkbar.

Aus den vielen kriegerischen Auseinandersetzungen, die im 15. Jahrhundert an der Peripherie Südwestdeutschlands stattfanden – Hussiten-, Armagnaken- und Schweizerkrieg –, gewann seit Ende der dreißiger Jahre ein Konflikt zunehmend an Bedeutung, der große Teile Süddeutschlands um die Jahrhundertmitte in Mitleidenschaft zog. Es ging einmal mehr um den Gegensatz zwischen den Reichsstädten und den Landesherrn. Schon die Jahrzehnte zwischen 1370 und 1390 waren von dem Streit zwischen diesen Kontrahenten geprägt gewesen, und damals hatten die Landesherren den Erfolg davongetragen. Die Position der Städte war seitdem zwar geschwächt, aber sie verfügten immer noch über eine nicht zu unterschätzende militärische und wirtschaftliche Macht, die den Fürsten und der Ritterschaft durchaus gefährlich werden konnte. Seit 1439 reihte sich eine kriegerische Aktion an die andere. In der engeren Umgebung Murrhardts waren es insbesondere die mehrjährigen Auseinandersetzungen zwischen den Städten – darunter namentlich Schwäbisch Hall – und einer Reihe von Adelsgeschlechtern[32]. Die Ritter mit ihren Burgen stellten eine stete Bedrohung für den städtischen Handel dar. 1440 stürmten sie die Reichsstadt Weinsberg, in den folgenden Jahren antworteten die Städte mit der Zerstörung der Burgen Neufels und Maienfels. 1444 lenkte zwar der Armagnakenkrieg die Aufmerksamkeit für einige Zeit nach Westen – die Reichsstädte schickten den bedrohten Elsässern sogar ein Hilfskontingent –, aber der grundsätzliche Gegensatz zwischen den Städten einerseits und dem Adel sowie den Landesherrn andererseits bestand fort.

Seit 1445 mischten sich auch die Fürsten, die sich bislang abwartend verhalten hatten, in

31 Der Teilungsvertrag bei Schneider 1911, S. 38–46, Nr. 15; dazu neuerdings Maurer 1983, S. 98ff., der den Vertrag ebenfalls wiedergibt.

32 Zum Städtekrieg Blezinger 1956 allgemein, zu den hier genannten Ereignissen Wunder 1958, S. 60ff. im besonderen.

den Kampf zwischen den Städten und dem Adel ein. 1446 hatte sich eine Fürstenkoalition formiert, an deren Spitze Markgraf Albrecht Achilles von Brandenburg-Ansbach stand und in der auch Graf Ulrich der Vielgeliebte von Wirtemberg-Stuttgart vertreten war. Die folgenden drei Jahre vergingen mit kleineren Auseinandersetzungen, bevor es im Sommer 1449 zum Kriegsausbruch zwischen dem Fürstenbund und den Reichsstädten kam. Kämpfe mit Verwüstungen erheblichen Ausmaßes trafen insbesondere die engere und weitere Umgebung von Schwäbisch Hall. Graf Ulrich von Wirtemberg war in harte Auseinandersetzungen mit den Esslingern und Gmündern verstrickt, die seine Kräfte im wesentlichen beanspruchten. Für das Jahr 1450 bietet sich dem Betrachter dasselbe Bild: Weitere gegenseitige Verwüstungen im Gebiet von Hall und Esslingen bestimmten die Kampfhandlungen (die ausgedehnten Kämpfe des Markgrafen Albrecht Achilles gegen Nürnberg und andere Reichsstädte können hier außer Betracht bleiben). Nachdem die streitenden Parteien das Land und die Dörfer zerstört hatten, verhandelte man seit Anfang 1450 über einen Frieden. Von verschiedenen kleineren Kriegsaktionen unterbrochen, schleppten sich die Verhandlungen noch jahrelang hin. Seit 1450 hatte die Intensität des Kampfes aber deutlich nachgelassen, 1454 waren die letzten Nachwehen des Konflikts überstanden.

Murrhardts Rolle im Städtekrieg

Die Rolle Murrhardts im großen Städtekrieg war bislang völlig unbekannt. Die vorhandenen Quellen erlauben nicht nur, hierüber nähere Aussagen zu machen, sondern auch die Haltung der Reichsstadt Hall und der Grafschaft Wirtemberg im Städtekrieg in einigen Aspekten präziser darzustellen, als dies bisher möglich war. In den Jahren zwischen 1446 und 1449, als sich Städte- und Fürstenbund hochgerüstet und immer unversöhnlicher gegenüberstanden, war abzusehen, daß über kurz oder lang ein größerer Krieg ausbrechen mußte. Es fällt auf, daß sich in jener Zeit die Besuche des Murrhardter Abts – damals Johannes von Leuzenbronn d.J. – in Schwäbisch Hall in bemerkenswerter Weise häuften. Zwischen Ende Oktober 1446 und Ende Oktober 1447 war der Abt sechsmal in Hall, 1447/48 gar neunmal und von Ende Oktober 1448 bis Ende Januar 1449 weitere drei Male. So oft hat in dem durch Quellen belegten Zeitraum seit 1416 nie ein Murrhardter Abt in mehreren aufeinanderfolgenden Jahren die nahe Reichsstadt besucht. Ein letzter Besuch erfolgte zwischen Ende April und Ende Juli 1449, dann mied der Abt von Murrhardt Schwäbisch Hall bis April/Juli 1452 völlig[33] – auch das ist angesichts der Murrhardter Patronatskirche St. Katharina in Hall ganz ungewöhnlich, und es gibt kaum Parallelen hierfür.

Wie lassen sich die häufigen Besuche in den Jahren 1446/49 und deren völliges Ausbleiben 1449/52 interpretieren? Die zahlreichen Besuche in den Jahren vor dem Städtekrieg sind jedenfalls mit der Erledigung von klösterlichen Routineangelegenheiten nicht zu erklären. Offensichtlich war der Murrhardter Abt zusätzlich zu seinen üblichen Geschäften in anderer Mission in Schwäbisch Hall. Angesichts der allgemeinen politischen Lage ist es sehr wahrscheinlich, daß der Abt diplomatische Verbindungen zu Hall unterhalten hat, um den Ausbruch des Konflikts zu verhindern, zumindest jedoch, um ständig über die Stimmung in den maßgeblichen Kreisen der Reichsstadt informiert zu sein. Das alles hat der Abt sicher auch aus eigenem Interesse und eigenem Antrieb getan, Eigeninitiative allein wird aber kaum als Erklärung genügen. Wahrscheinlich war der Murrhardter Klosterherr im Auftrag seines

33 StadtASHA, StR 94–116.

Vogtes, des Grafen Ulrich V. von Wirtemberg, in Hall. Die Lage Murrhardts an den Grenzen Wirtembergs nach Hall prädestinierte den Abt geradezu für eine solche Aufgabe.

Das Fernbleiben des Abtes in den Jahren 1449–1452 ist leicht zu erklären. Seit Sommer 1449 herrschte Krieg, in der Umgebung der Reichsstadt wurde gekämpft. Wichtiger noch als die daraus resultierende Unsicherheit der Wege ist ein anderer Gesichtspunkt: Auch Murrhardt war in den Krieg verstrickt, und zwar als Feind der Haller. Besuche in Hall waren deshalb für den Abt unmöglich. Nicht nur, daß die Verbindungen zwischen Hall und Murrhardt unterbrochen waren: Das Kloster griff selbst aktiv in den Krieg ein. Was sich in dieser gefährlichsten Periode des Städtekriegs 1449/50 genau ereignete, ist zwar nicht mehr zu rekonstruieren, aber noch 1451 befahl der Murrhardter Abt seinen Leuten Überfälle auf reichsstädtischen Besitz und ließ den Hallern Vieh und Güter wegführen. Der Städtebund beschwerte sich beim Kaiser, der am 1. Dezember 1451 in einer in Wiener Neustadt ausgestellten Urkunde[34] dem Murrhardter Abt seine Mißbilligung übermittelte und ihn aufforderte, die Übergriffe einzustellen und den angerichteten Schaden wiedergutzumachen. Tatsächlich bemühte sich das Kloster Murrhardt daraufhin um Friedensverhandlungen mit Hall – freilich wohl weniger wegen der kaiserlichen Mahnung, sondern weil der Krieg sich ohnehin seinem Ende näherte. Auch konnte sich das Kloster ein auf Dauer gestörtes Verhältnis zum mächtigen Nachbarn Hall nicht leisten. Um die Jahreswende 1451/52 weilte der Pfarrer des Murrhardter Patronatsortes Fichtenberg in Hall[35]. Ein solcher Besuch kam ansonsten in Jahrzehnten nicht vor, insbesondere wurde ein Pfarrer ohne besonderen Anlaß nie wie ein hoher Würdenträger mit den für diese üblichen Weinkannen empfangen. Diese Ehre wurde diesmal jedoch dem Fichtenberger Pfarrer zuteil, so daß die Vermutung nicht von der Hand zu weisen ist, der Pfarrer habe sich in besonderem Auftrag in Hall aufgehalten und zwischen seinen Murrhardter Herren und den Reichsstädtern vermittelt. Einige Monate später war man wieder versöhnt. Zwischen April und Juli 1452 weilte Abt Johannes von Leuzenbronn d.J. zu Besuch in Hall, ein Vierteljahr später normalisierten sich die diplomatischen Beziehungen vollständig: Die Haller sandten einen Boten nach Murrhardt *von dez schultheissen wegen*[36].

Der Konflikt der Jahre 1449/52 zwischen Hall und Murrhardt darf nicht losgelöst von der Haltung Wirtembergs gesehen werden. Graf Ulrich der Vielgeliebte führte zwar – und darauf hat sich die Forschung bislang konzentriert – seinen Hauptkampf gegen Esslingen sowie im Fils- und Remstal, er war aber auch im Norden seiner Grafschaft nicht untätig. Der Abt von Murrhardt hätte es aus eigener Machtvollkommenheit und ohne Rückendeckung Ulrichs nie gewagt, sich mit Hall anzulegen. Die Ereignisse zwischen Hall und Murrhardt um 1450 waren offensichtlich ein Teil der wirtembergischen Gesamtkriegführung.

Murrhardt und die pfälzisch-wirtembergische Krise in den fünfziger Jahren des 15. Jahrhunderts

Das Ende des Städtekrieges 1452 brachte nicht die Ruhe der Jahre vor 1449 zurück. Jetzt allerdings war die Murrhardter Geschichte nicht mehr vom Gegensatz zwischen Landesfürsten und Reichsstädten bestimmt; Murrhardt wurde nun in die Konflikte zwischen den

34 HStAS A 602, U 5661 (= WR 5661).
35 StadtASHA, StR 114.
36 Ebd., StR 117.

Landesfürsten hineingezogen. Eine Jahrzehnte dauernde Auseinandersetzung zwischen der Grafschaft Wirtemberg-Stuttgart und der Pfalz begann. Klosterinterne Probleme um den Posten des Abtes scheinen die bereits durch diese äußeren Faktoren schwierig gewordene Lage noch verschärft zu haben. Die Entwicklung bleibt jedoch unverständlich, wenn man die Ereignisse zwischen Wirtemberg und der Pfalz außer acht läßt. Wirtemberg war seit der Landesteilung von 1442 geschwächt. Es verfügte für seine Stuttgarter Landeshälfte, die wiederum für Murrhardt maßgeblich war, in Ulrich dem Vielgeliebten über einen Landesherrn von allenfalls durchschnittlichem Format. Die Zustände verschlimmerten sich noch dadurch, daß sich Ulrichs Verhältnis zur Pfalz zu trüben begann[37]. In der Pfalz herrschte seit 1449 der fähige Pfalzgraf – seit 1451 Kurfürst – Friedrich der Siegreiche, der bald die Möglichkeit wahrnahm, sich in die wirtembergischen Verhältnisse einzumischen. 1450 starb Graf Ludwig von Wirtemberg-Urach, der mit Friedrichs Schwester Mechtild von der Pfalz verheiratet war. Zwar bestimmte man fürs erste Ulrich den Vielgeliebten von Wirtemberg-Stuttgart zum Vormund über die beiden unmündigen Grafen von Wirtemberg-Urach, Ludwig II. und Eberhard im Bart, aber Ulrich und Mechtild gerieten bald in Streit. Mechtild fand Rückhalt bei ihrem Bruder Friedrich. Seit 1452 konnte Ulrich der Vielgeliebte die Vormundschaft über seine beiden Neffen nicht mehr wahrnehmen. Statt seiner wirkte Friedrich der Siegreiche bei allen wichtigen Geschäften Wirtemberg-Urachs mit. Das ging schließlich so weit, daß Ulrich – deutlich darüber verstimmt, aus dem Uracher Landesteil verdrängt worden zu sein – in einem 1456 oder 1457 verfaßten Schreiben scharf gegen die pfälzische Politik protestierte. Außerdem fühlte sich der unglückliche »Vielgeliebte« vom Pfälzer noch auf einem weiteren Feld übervorteilt. 1453 hatte der Wirtemberger Margarete von Savoyen geheiratet, die Witwe von Friedrichs Bruder und Vorgänger, Kurfürst Ludwig. Margaretes Mitgift war zwar nominell sehr hoch, verlor aber dadurch an Wert, daß sie weitgehend von Friedrich ausbezahlt werden mußte – und Friedrich zögerte die Zahlung hinaus. 1457 fanden Ulrich der Vielgeliebte und Friedrich der Siegreiche zwar einen gewissen Ausgleich, der aber nur von kurzer Dauer war. Nach dem frühen Tod des mittlerweile mündig gewordenen Grafen Ludwig II. von Wirtemberg-Urach noch im selben Jahr brachen die Streitigkeiten zwischen Wirtemberg-Stuttgart und der Pfalz um den Einfluß im Uracher Landesteil wieder in aller Schärfe aus. Als Eberhard im Bart von Wirtemberg-Urach, dem an einem guten Verhältnis zur Pfalz gelegen war, 1459 mündig wurde und sich durch Flucht dem Zugriff seines Stuttgarter Onkels entzog, sah sich dieser einmal mehr um die Früchte seiner Bemühungen gebracht.

Die pfälzische Politik in Murrhardts Umgebung

Das Verhältnis zwischen Ulrich und der Pfalz in den fünfziger Jahren des 15. Jahrhunderts war also eine einzige Abfolge von Reibereien und Spannungen, und Murrhardt geriet als von Ulrich bevogtetes Kloster in den Sog dieser Auseinandersetzungen hinein. Murrhardt war aber nicht nur Gegenstand der allgemeinen wirtembergisch-pfälzischen Konflikte, vielmehr lieferten das Kloster und seine Umgebung selbst genügend Anlässe, um die ohnehin schon vergifteten Beziehungen noch mehr zu belasten. Schon seit 1382 hatte die Pfalz die Hälfte der

37 Zum damaligen wirtembergisch-pfälzischen Verhältnis Müller 1970, Sp. 24–40.

Grafschaft Löwenstein als Pfand inne. In Murrhardt hatte sich dies zwar nicht allzusehr bemerkbar gemacht, weil die Stadt sich ja im Besitz der Löwensteiner-Witwe Udelhilt von Werdenberg befand und deshalb dem Pfälzer Einfluß entzogen war, aber in den löwensteinischen Orten rund um Murrhardt bestimmte die Pfalz mit. Als Murrhardt 1388/89 wirtembergisch geworden war, war es weiterhin im Norden, Osten und Westen von löwensteinischem Besitz umgeben. Das stellte mehrere Jahrzehnte lang kein Problem für Murrhardt dar, weil die Löwensteiner seit 1395 weder fähig noch willens waren, irgend etwas gegen Stadt und Kloster zu unternehmen. Im Gegenteil, Murrhardt konnte sogar den löwensteinischen Einfluß in Sulzbach an der Murr zurückdrängen[38].

1441 änderte sich die Situation grundsätzlich. Die Grafen von Löwenstein verkauften ihre Grafschaft an die Pfalz. Aufgrund einiger löwensteinischer Reservatrechte begann die pfälzische Machtübernahme in der Grafschaft zwar erst nach Ablauf einiger Jahre zu greifen[39], aber es wurde bald nach dem Ende des Städtekriegs deutlich, daß Murrhardt in der Pfalz einen ganz anders gearteten Nachbarn hatte als in Löwenstein. Die Spannungen nahmen in Sulzbach an der Murr ihren Ausgang. Hier war es ja schon nach dem Ende der löwensteinischen Herrschaft in Murrhardt zu Konflikten um die Verteilung der Rechte am Ort zwischen Löwenstein und dem Kloster gekommen, und um 1410 hatte man einen Kompromiß geschlossen. In den folgenden Jahrzehnten waren den Grafen von Löwenstein aber die Fäden in Sulzbach aus der Hand geglitten. Nachdem seit 1441 die Pfalz die Grafschaft übernommen hatte, drängten nun die neuen Herren Löwensteins darauf, die alten Rechte der Grafschaft energisch wahrzunehmen. In den folgenden Jahren meldete die Pfalz auf mehrere löwensteinische Rechtstitel ihre Ansprüche an. Sulzbach stand am Beginn dieser Forderungen, vermutlich weil hier die pfälzisch-löwensteinische Rechtsposition eine vergleichsweise stabile Basis hatte.

Das pfälzische Vorgehen war konsequent: Sobald nach dem Städtekrieg das Zerwürfnis zwischen Ulrich dem Vielgeliebten und Friedrich dem Siegreichen offensichtlich geworden war, setzte man den Hebel auch in Sulzbach an. Johannes von Bretten, pfälzischer Keller zu Löwenstein, ließ 1452 durch einen kaiserlichen Notar die Rechtsverhältnisse in Sulzbach untersuchen[40]. Die Richter des Dorfes wurden befragt. Ihre Auskunft war für die Pfalz beziehungsweise Löwenstein günstig, für Wirtemberg beziehungsweise Murrhardt aber von Nachteil. Resultat der Untersuchung war, daß alle alten Richter noch vor 1413 vom Grafen von Löwenstein eingesetzt worden waren. Erst etwa um 1432 habe dann das Kloster dieses Recht an sich gezogen, allerdings unter Umständen, die den Befragten im einzelnen unbekannt waren. Damit erschien Murrhardt als Usurpator früher löwensteinischer Rechte. An den Sulzbacher Ansprüchen hat die Pfalz in der Folge noch lange festgehalten. Sulzbach war Anlaß zu einem Dauerkonflikt, dessen rechtliche Lage erst in den siebziger Jahren halbwegs dauerhaft geregelt werden konnte[41].

Aber Sulzbach stellte für die Pfalz nur einen Testfall dar. Nachdem das Verhältnis zwischen Friedrich dem Siegreichen und Ulrich dem Vielgeliebten noch eisiger geworden war, fuhr der Kurfürst im Frühjahr 1456 noch schwereres Geschütz auf. Jetzt ging es ihm nicht

38 Vgl. oben S. 37f.
39 Fritz 1986-I, S. 87ff.
40 RL 524.
41 Vgl. unten Anm. 86.

mehr nur um Detailfragen wie die Gerichtsbesetzung eines Dorfes, der Pfälzer verlangte nun die Vogtei über das gesamte Kloster Murrhardt[42]. Er griff damit die Forderungen des Grafen Heinrich von Löwenstein auf, auf die jener 61 Jahre zuvor, 1395, so kläglich hatte verzichten müssen. Jetzt war die Situation eine völlig andere: Wirtemberg, die Schutzmacht Murrhardts, war gespalten und geschwächt, anstelle der bedeutungslosen Grafschaft Löwenstein stand nun die einflußreiche Pfalzgrafschaft. Das ließ Friedrich der Siegreiche die Murrhardter bald spüren. Um seinen Forderungen Nachdruck zu verleihen, ließ er im Herbst 1456 Leute des Klosters gefangennehmen und führte Vieh weg. Die Situation hatte sich dramatisch zugespitzt.

Hinzu kam, daß die pfälzischen Gewaltakte das Kloster in einem Moment trafen, in dem die Zustände in Murrhardt ebenso verwirrt waren wie in der gesamten Grafschaft Wirtemberg. In Murrhardt ging seit etwa 1450 einiges nicht mehr den normalen Gang. Abt Johannes von Leuzenbronn d.J. legte ungefähr 1452 unter nicht genau zu klärenden Umständen – man darf annehmen, gezwungenermaßen – sein Abtsamt nieder. Ihm folgte der erstmals im Mai 1452 nachweisbare Abt Herbord, der den Beinamen Gütigott führte. Gütigott setzte sich gegen einen nur 1454 belegten Gegenabt Volkhard durch und leitete das Kloster in den kommenden anderthalb Jahrzehnten. Sein Verhältnis zur wirtembergischen Schutzmacht war von Beginn an schlecht. Es mag sein, daß Herbord und seine geistlichen Mitbrüder in Murrhardt von den Reformbestrebungen irritiert waren, die 1455 von den wirtembergischen Grafen erwogen und wohl auch – zumindest in einigen Klöstern – durchgeführt wurden[43]. Die Grafen unterstützten die Bemühungen einer Benediktiner-Reformsynode in Seligenstadt, deren Ziel es war, die vielfach im Widerspruch zu der Regel Benedikts lebenden wirtembergischen Klöster dieses Ordens wieder zu straffer Beachtung der Bräuche zu bewegen. Sogar eine Reformkommission stand schon bereit, um die Klöster zu visitieren. Zumindest von Graf Ludwig II. von Wirtemberg-Urach wurde sie ermutigt, in seinem Landesteil gegen die geistlich wenig ehrgeizigen Klöster hart durchzugreifen. Eine entsprechende Anordnung für Wirtemberg-Stuttgart ist zwar nicht erhalten, hat aber vermutlich existiert. Eine Klosterreform stieß in Murrhardt, wo man sich von allen Reformsynoden demonstrativ ferngehalten hatte, natürlich auf keinerlei Gegenliebe.

Abt Herbord ging jedenfalls auf vorsichtige Distanz zu Wirtemberg. Die obligatorische Bestätigung der Huldigung des Abts Eckhard von 1389, welche die Murrhardter Äbte nach ihrer Wahl durchführen mußten, leistete er nicht. Es ist nicht ausgeschlossen, daß Herbord Gütigott, erschrocken über die drohende Reformkommission, sogar mit dem Gedanken spielte, Kapital aus dem pfälzisch-wirtembergischen Konflikt zu schlagen und seinen Spielraum gegenüber Graf Ulrich zu erweitern. Deshalb ließ er, wie in solchen Krisensituationen üblich, einmal mehr die Gründungsprivilegien Murrhardts bestätigen. Es scheint, daß Herbord diese Bestätigung sehr rasch brauchte, denn er wandte sich nicht, wie in früheren vergleichbaren Fällen, an den Kaiser, sondern erhielt 1456 lediglich eine Bestätigung von seinem Amtsbruder, Abt Ehrenfried von Komburg[44].

42 Müller 1970, Sp. 32. Vgl. auch HStAS A 177, Bü. 1 1/2, Nr. 1.

43 31. 3. 1455: Schutzbrief Graf Ludwigs von Wirtemberg für genannte Reformatoren, die nach dem Beschluß des Provinzialkapitels in Seligenstadt die Benediktinerklöster in Wirtemberg reformieren sollen, und Anweisung an die Klöster, den Reformatoren zu gehorchen (Chronicon Murrhardtense Adam Adamis, Universitätsbibliothek Würzburg, Hs. M. ch. q. 85, Bl. 334a/b).

44 Murrhardter Privilegienaufzeichnungen HStAS A 508, Bü 1, Bl. 2b.

Als die Pfalz 1456 ihre Übergriffe gegen Murrhardt einleitete, blieb Herbord nichts anderes übrig, als sich nun doch in vollem Umfang wieder der wirtembergischen Herrschaft zu unterstellen, die allein den nötigen Schutz gewähren konnte. Mit über vierjähriger Verspätung nach seinem Amtsantritt 1452 führte er die Huldigung an Wirtemberg am 31. Oktober 1456 durch[45]. Eine Beschwerde des Grafen Ulrich an die Adresse der Pfalz wenige Wochen vorher scheint das auslösende Moment für diesen Schritt Herbords gewesen zu sein[46]. Damit waren die Verhältnisse geklärt und Murrhardt wieder fest in die wirtembergische Herrschaft eingefügt. Nun näherten sich auch die Streitigkeiten um die Klostervogtei ihrem Ende. Am 22. Februar 1457 verhandelten pfälzische und wirtembergische Räte miteinander, um den Streit um Murrhardt beizulegen[47]. Zwar trennte man sich fürs erste ohne Ergebnis, aber auf einer weiteren Tagung in Urach gelang es am 25. August 1457 dem Grafen Ludwig II. von Wirtemberg-Urach, zwischen seinem Stuttgarter und seinem Pfälzer Onkel zu vermitteln[48]. Die Pfalz verzichtete auf alle Ansprüche an die Murrhardter Vogtei; damit war das für Murrhardt wichtigste Problem aus der Welt. Offen blieb allerdings noch die Frage, wie die Machtverteilung in Sulzbach zu regeln war. Hier beharrte die Pfalz auf ihre Ansprüche, denn in der Tat hatte ja die Untersuchung von 1452 das Ergebnis gebracht, daß dort pfälzische Rechte – die von der Grafschaft Löwenstein herrührten – vom Kloster zurückgedrängt worden waren. Die Pfälzer und die Wirtemberg-Stuttgarter Räte erörterten das Problem am 26. August 1457[49], kamen jedoch nur zu dem Schluß, daß man die Entscheidung um einen Monat verschieben sollte. Was auf dieser Tagung verhandelt oder entschieden wurde, ist nicht überliefert. Die Sulzbacher Händel hielten jedenfalls an, sie waren noch in den sechziger und siebziger Jahren Gegenstand weiterer Auseinandersetzungen[50]. Mit der Übereinkunft vom 25. August 1457 kehrte für Murrhardt – trotz der weiterbestehenden Spannungen wegen Sulzbach – zunächst einmal Ruhe ein.

Weitere Aspekte der klösterlichen Politik in den fünfziger Jahren

Soweit sich die Geschichte des Klosters über den Städtekrieg und die Streitigkeiten mit der Pfalz hinaus fassen läßt, ist für das Jahrzehnt zwischen 1450 und 1460 kaum Nennenswertes zu vermerken. An erster Stelle ist die Vermittlungstätigkeit zu erwähnen, die der nur kurz amtierende Murrhardter Abt Volkhart zusammen mit Abt Ehrenfried von Komburg in einer Fehde zwischen den Grafen von Helfenstein und den Schenken von Limpurg übernahm[51]. Den beiden Äbten gelang es, von Graf Ulrich von Helfenstein eine Urkunde zu erwirken, in der er versprach, bei seinen Kriegsmaßnahmen den Weiler Hausen an der Rot zu schonen. Dort hatten Limpurg, Komburg und Murrhardt gemeinsam Rechte inne, es lag daher im eigenen Interesse der Klöster, die Kriegsereignisse von dem Ort fernzuhalten. Nur wenige Tage später bestätigte der Helfensteiner seine Urkunde nochmals, diesmal – Anfang Februar

45 HStAS A 508, U 3.
46 Müller 1970, Sp. 32.
47 Ebd.
48 Sattler, Graven, 2. Forts., S. 234.
49 HStAS A 508, U 5.
50 Vgl. unten S. 54f. und Anm. 41 S. 46.
51 StAL B 375, Bü. 64, Or. Pp.

1454 – aber bereits gegenüber dem Murrhardter Abt Herbord[52]. Ansonsten sind die Käufe und Verkäufe[53] und die verschiedenen Beurkundungs- und Beglaubigungsakte sowie Belehnungen[54], bei denen das Kloster mitwirkte, durchwegs unerheblich.

Murrhardt und der Pfälzerkrieg 1459–1462/63

Die allgemeine machtpolitische Ausgangslage zu Beginn des Kriegs

Zu Beginn der sechziger Jahre geriet das Kloster in die Auswirkungen des Kriegs zwischen Wirtemberg und der Pfalz. Dieser Konflikt war Teil einer größeren Auseinandersetzung, in der sich eine kaiserliche und eine antikaiserliche Partei gegenüberstanden[55]. In der kaiserlichen Fraktion hatte das wenig aktive Reichsoberhaupt Kaiser Friedrich III. nur nominell die Führung inne. Maßgeblich bei den Kaiserlichen war vielmehr Markgraf Albrecht Achilles von Brandenburg-Ansbach, der schon im Städtekrieg tonangebend gewesen war. Um ihn gruppierte sich ein Verband von weltlichen und geistlichen Fürsten, Grafen, Adligen und Rittern. Auch Reichsstädte waren in der kaiserlichen Allianz vertreten; eine Frontstellung der Reichsstädte gegen die Fürsten gab es seit dem Städtekrieg, in dem die städtischen Einungen letztmals wirksam geworden waren, nicht mehr. Ulrich der Vielgeliebte von Wirtemberg-Stuttgart beteiligte sich ebenfalls wieder an der Koalition und zog sogar seinen jungen Neffen Eberhard im Bart von Wirtemberg-Urach in den Konflikt hinein – was dieser seinem Onkel später sehr verübelte. Ein Vorspiel zum großen Krieg, der Streit um die Burg Widdern, war 1457/58 zwischen Wirtemberg und der Pfalz noch einmal beigelegt worden, obschon es auch hier bereits zu Kampfhandlungen gekommen war. Am Überfall des wittelsbachischen Baiernherzogs Ludwig auf die Reichsstadt Donauwörth Ende 1458 entzündete sich dann der Krieg erneut – und diesmal waren die streitenden Parteien nicht auf Wirtemberg und die Pfalz beschränkt. Die antikaiserliche Partei bestand insbesondere aus Pfalzgraf Friedrich dem Siegreichen, der sich den Zorn des Kaisers zugezogen hatte, weil er statt seines eigentlich erbberechtigten Neffen den Kurfürstentitel beanspruchte, und Herzog Ludwig von Baiern-Landshut. Das Jahr 1459 verging mit allerlei diplomatischen Bestrebungen, den großen Konflikt zu vermeiden. Namentlich Papst Pius II. war daran gelegen, in Deutschland Ruhe zu haben, da er eine Stärkung der aus Osten andrängenden Türken befürchtete. Trotz allem hatten sich im Dezember 1459 alle Friedensbemühungen zerschlagen.

52 Ebd., Or. Pp.

53 Folgende Käufe sind überliefert: 1453 (ohne Tages- und Monatsnennung) verkaufte Hanß Küenlin von Gaildorf an den Abt von Murrhardt sein Haus und seine Hofreite zu Westheim um 38 fl (HStAS A 508, Repertorium Bl. 194, Or. fehlt). Am 10. 6. 1457 überweist Contz Koch 56 lb, 4 ß h an den Bruch (?) gen Murhart (HStAS A 602, U 2614 = WR 2614), am 19. 6. 1457 derselbe an denselben 30 fl und 20 lb (ebd., U 2615). Dem stehen nur drei Verkäufe von Getreide gegenüber: Am 21. 8. 1457 verkaufte Abt Herbord an den Schorndorfer Keller Hafer für 40 fl, Ende Januar/Ende April 1460 und Ende Juli/Ende Oktober 1460 Hafer an die Reichsstadt Hall für 60 bzw. 50 fl.

54 Abt Herbord vidimierte am 27. 7. 1455 für Abt Ehrenfried von Komburg (StAL B 375, U 745). Eine ähnliche Vidimierung Herbords für Ehrenfried erfolgte am 17. 9. 1459, eine weitere am 28. 6. 1460 (ebd., U 452, und Pietsch U 2384). Am 16. 1. 1459 sollte Abt Herbord in einer komburgischen Streitsache auf Urteil des Hofgerichts in Rottweil einen Eid von Abt Ehrenfried entgegennehmen (StAL B 375, U 471). Zu den diversen Belehnungen in Tullau, Sanzenbach, Raibach und Hagenbach: Ulshöfer Nr. 616, 654, 672, 723, 741, 890.

55 Vgl. zum folgenden jeweils Stälin 1856, S. 509–548, Müller 1970, Sp. 37–47.

Murrhardt und die wirtembergische Militärhoheit bis zur Mitte des 15. Jahrhunderts

Für Wirtemberg-Stuttgart brach der Krieg Ende Februar 1460 aus. Graf Ulrich ließ in seinem Land verkünden, daß er der Feind des Pfalzgrafen geworden sei, und befahl umfangreiche Kriegsrüstungen[56]. Auch Murrhardt war verpflichtet, dem Grafen militärische Hilfe zu stellen. Da hier die klösterlichen Pflichten gegenüber Wirtemberg erstmals von Belang sind, seien sie ausführlich erörtert[57].

Ursprünglich waren reichsunmittelbare Klöster berechtigt – und als solches sah sich Murrhardt zumindest in der Theorie ja gerne an, wie die ständigen Bestätigungen der Gründungsprivilegien beweisen –, sowohl an Reichstagen teilzunehmen als auch Steuern und Dienste direkt ans Reich leisten zu lassen. Im Falle Murrhardts läßt sich nicht verfolgen, wie lange dies tatsächlich der Fall war. Die harte löwensteinische Politik gegenüber dem Kloster 1367/69 legt aber die Vermutung nahe, daß die Reichsunmittelbarkeit bereits damals praktisch nicht mehr existierte. Vielleicht waren die klösterlichen Bittgänge zum König in den späten achtziger und in den neunziger Jahren des 13. Jahrhunderts nach der Gründung der Stadt Murrhardt durch die Löwensteiner auf Jahrhunderte hin die letzten wirklich ernsten Bestrebungen, die Forderung nach Reichsunmittelbarkeit mit Substanz zu füllen. In den verschiedenen Reichsmatrikeln, die seit 1422 erhalten sind, befindet sich Murrhardt auf jeden Fall nicht. Viele andere wirtembergisch bevogtete Klöster – zum Beispiel Zwiefalten, Bebenhausen, Blaubeuren, Herrenalb oder St. Georgen – entrichteten nachweislich bis in die siebziger Jahre des 15. Jahrhunderts Steuern und Dienste ans Reich. Erst 1489/91 gelang es Wirtemberg, diese direkten Leistungen zu unterbinden. Von nun an hatten die Klöster – auch diejenigen, die Reichsunmittelbarkeit beanspruchten – alle Reichssteuern an Wirtemberg zu zahlen, das sie wiederum ans Reich überwies (wenigstens theoretisch, denn nicht selten behielt Wirtemberg die Reichssteuern einfach ein). Das Kloster Murrhardt besaß den Freiraum, den Zwiefalten und die anderen Klöster sich bis etwa 1490 bewahrten, schon 1422 nicht mehr. Wahrscheinlich hatten die Grafen von Löwenstein hier gründliche Vorarbeit geleistet, an welche die Grafen von Wirtemberg anknüpfen konnten. Die Löwensteiner hatten dem Kloster jegliche substantielle Reichsunmittelbarkeit schon im 14. Jahrhundert genommen.

Wie die Pflicht der Klöster, für Wirtemberg Militärdienste zu leisten, sich im einzelnen entwickelt hat, war bereits Gegenstand einer wissenschaftlichen Untersuchung[58], so daß wir uns hier auf eine kurze, in ihren großen Zügen gewiß auch für Murrhardt gültige Zusammenfassung beschränken können. Im Rahmen der Schutz- und Schirmvogtei waren die Klöster zu verschiedenen Fronen gegenüber Wirtemberg verpflichtet, zu denen auch die Stellung von Wagen mit entsprechendem Personal gehörte. Diese Wagen setzte Wirtemberg spätestens seit der Mitte des 15. Jahrhunderts für militärische Zwecke ein, die ursprünglich nichtmilitärische Wagengestellung wandelte sich in eine reguläre militärische Pflicht zur Reisfolge und schließlich zum Recht Wirtembergs, Musterungen auf Klostergebiet vorzunehmen. Für Murrhardt ist die Phase der aus der Vogtei abgeleiteten nichtmilitärischen Wagengestellungspflicht nicht in den Quellen zu fassen. Die Verschreibung von Abt Eckhard an Wirtemberg 1389, die ein Jahrhundert lang für alle Äbte juristische Grundlage der Beziehungen zwischen Vogt und

56 HStAS A 602, 4481, Bü. 1, Nr. 82.
57 Vgl. zum Folgenden mit ausführlichem Quellenmaterial Setzler 1979, S. 87 ff. und 109 ff.
58 Ebd., v. a. S. 110 ff.

Kloster war[59], enthält nur die obligatorische Bezahlung von jährlich 20 Pf. Geld und 20 Scheffel Hafer sowie die Öffnungspflicht. Ausführlich belegt ist aber die militärische Reis- und Musterungspflicht; dieser komplexe Sachverhalt soll in einem eigenen Kapitel erörtert werden[60].

Murrhardt und der Verlauf des Pfälzerkriegs bis zur Gefangennahme des Grafen Ulrich von Wirtemberg 1462

Murrhardt stellte im Pfälzerkrieg wiederholt Truppen[61]. Im Juni/Juli 1459 wurde dem Abt das Kontingent von 20 Fußknechten und acht Pferden abgefordert; die Pferde waren zu Spanndiensten bei der wirtembergischen Artillerie eingeteilt. In den Kampf gekommen sind die Murrhardter in diesem Jahr aber nicht mehr. Dagegen bedeutete Graf Ulrichs Mitteilung über den Kriegszustand mit der Pfalz vom 25. Februar 1460, die in allen Ämtern – und somit gewiß auch in Murrhardt – bekanntgegeben wurde, den Auftakt der Kriegshandlungen. Vermutlich hatte Murrhardt bereits vorher seine Truppenabteilung gestellt. Wahrscheinlich sind die Murrhardter Kriegsleute bei Ulrichs Operationen gegen das pfälzische Maulbronn Anfang März 1460[62], vielleicht im April und den folgenden Monaten gegen Herzog Ludwig von Baiern und gegen Heilbronn zum Einsatz gekommen. Im April war auch ein gräfliches Schreiben nach Murrhardt gegangen, für den Sieg Messen zu singen, zu lesen und zu beten. Daß Murrhardt von den Kämpfen des Jahres 1460 durchaus berührt wurde, ergibt sich auch aus der zwischen Ende Juli und Ende Oktober – vermutlich im August[63] – nach Schwäbisch Hall abgegangenen Meldung, in der dem Rat der Stadt durch *deß appts von Murhart boten* mitgeteilt wurde, *daz der krieg verricht* sei[64]. Ansonsten haben die Murrhardter den Hallern das Ende eines Feldzugs nie mitgeteilt. Die Kampagne von 1460 und ihr offenbar in Murrhardt erleichtert aufgenommener Abschluß muß den Murrhardtern eine solch außergewöhnliche Mitteilung wert gewesen sein.

Der Krieg setzte mit Beginn der warmen Jahreszeit 1461 sofort wieder ein. Murrhardt stellte diesmal 20 Soldaten und drei Wagen. Das Schwergewicht der Kämpfe lag in jenem Jahr allerdings erst im Herbst und im Winter. Noch im November und Dezember 1461 wurde gekämpft, und ohne erkennbare Unterbrechung zog sich der Krieg ins Jahr 1462 hinein[65]. Es ist anzunehmen, daß die Murrhardter auch dabeiwaren, als am 30. Juni 1462 der Sieg des Pfalzgrafen bei Seckenheim und die Gefangennahme Ulrichs des Vielgeliebten den Krieg unerwartet rasch beendete[66]. Die Inhaftierung Ulrichs in Heidelberg ließ die Grafschaft Wirtemberg-Stuttgart in einem Zustand der Unsicherheit zurück. In Stuttgart versuchte ein Regentschaftsrat unter bemerkenswerter Beteiligung der Landschaft das Schlimmste zu verhindern und den unglücklichen Grafen wieder freizubekommen[67]. Die Stuttgarter Räte boten

59 Vgl. die Zusammenstellung der Bestätigungen RL 299.
60 Vgl. unten S. 310 ff.
61 Ebd.
62 Zum Kriegsverlauf detailliert Stälin 1856, S. 521 ff.
63 Vgl. den sogenannten Vaihinger Ausgleich vom 8. 8. 1460 bei Müller 1970, Sp. 43 ff.
64 StadtASHA StR 149.
65 Einzelheiten bei Stälin 1856, S. 529–537.
66 Die weiteren Kämpfe Albrechts von Brandenburg und Eberhards im Bart von Wirtemberg-Urach gegen Baiern können außer Betracht bleiben.
67 Details bei Müller 1970, Sp. 47 ff.

schließlich 80000 fl für Ulrichs Freilassung, doch Friedrich der Siegreiche ging nicht darauf ein. Er diktierte statt dessen die für die damalige Zeit ganz ungeheure Summe von 100000 fl, die zusätzlich noch dadurch vermehrt wurde, daß Ulrichs Gemahlin Margarete von Savoyen auf ihre Wittums-Ansprüche an Friedrich verzichten mußte. Eine ganze Reihe zusätzlicher Lasten vermehrte die Hypothek Wirtemberg-Stuttgarts zu einer schier unerträglichen Höhe. Erst nachdem Ulrich auf das Diktat des Pfalzgrafen eingegangen war, kam er im April 1463 wieder frei.

Abt Herbords Kampf um die Reichsunmittelbarkeit 1462/63

In die Zeit von Ulrichs Gefangenschaft fällt ein für Murrhardt auffälliger Vorgang, der geeignet ist, die juristische Stellung des Klosters zwischen Wirtemberg und dem Reich klar zu beleuchten. Am 13. Oktober 1462 nahm Kaiser Friedrich III. das Stift Ellwangen und das Kloster Murrhardt in seines und des Reiches Schutz[68]. Als Begründung gab der Kaiser an, daß Graf Ulrich, dem Ellwangen und Murrhardt zu Schutz und Schirm anbefohlen war, diese wegen seiner Gefangenschaft nicht mehr leisten könne. Dadurch habe der Nutzen Ellwangens und Murrhardts schwer gelitten. Das Stift und das Kloster sollten bei Wahrung aller Privilegien künftig nur noch dem Reich gehorsam sein. Allerdings sollte das alte Schutz- und Schirmverhältnis in dem Moment wieder in Kraft treten, wenn Ulrich aus der Gefangenschaft entlassen werde. Ausdrücklich befahl der Kaiser aber den Statthaltern und Räten Ulrichs, daß sie den kaiserlichen Befehl *nicht anlangen noch* (sich) *deshalben besweren, sunder uns* (dem Kaiser) *und dem heyligen reich* gehorsam sein sollten.

Was bedeutet diese Urkunde, die Murrhardt ein letztes Mal in seiner Geschichte für etwa ein halbes Jahr aus der wirtembergischen Vogtei löste und ihm für diesen Zeitraum den Status eines reichsunmittelbaren Klosters verlieh? Zunächst einmal gilt es festzustellen, daß der ferne Kaiser Friedrich III., der sich selbst um größere Reichsangelegenheiten wenig kümmerte, mit Sicherheit nicht aus eigener Initiative und aus Sorge um die beiden nicht sehr bedeutenden Stifte beziehungsweise Klöster eine Schutzurkunde ausgestellt hatte. Die Anregung, diese Urkunde zu erstellen, kam von anderer Seite. Die wirtembergische Regierung in Stuttgart, die in Abwesenheit des Grafen Ulrich amtierte, scheidet aus – gegen sie wendet sich der Kaiser ja ausdrücklich mit seinem Befehl, sie solle sich nicht beschweren. Es bleiben nur zwei Initiatoren möglich: Propst Johann von Ellwangen und Abt Herbord von Murrhardt. Das verwundert nicht, denn Ellwangen war der wirtembergischen Vogtei längst überdrüssig, und tatsächlich gelang es Ellwangen auf die Dauer, die wirtembergische Herrschaft abzuschütteln. Nach etlichen Konflikten mußte Wirtemberg 1589 auf die Vogtei verzichten. Im Falle Murrhardts wurde das zwiespältige Verhältnis Herbords zu Wirtemberg bereits zu Beginn von dessen Abtszeit schon aufgezeigt. Der Zwang der Verhältnisse hatte es Herbord aber unmöglich gemacht, sich der wirtembergischen Vogtei in den fünfziger Jahren des 15. Jahrhunderts zu entledigen. Jetzt, im Pfälzerkrieg, hatte sich die Situation gewandelt. Nicht nur, daß Wirtemberg ständige Kriegsdienste vom Kloster forderte – Herbord betrachtete dies gewiß nicht mit Freude –, zusätzlich hat Herbord nach der Gefangennahme Ulrichs des Vielgeliebten sicher unmittelbar mitbekommen, wie die wirtembergischen Räte sich um die Freilassung des Grafen bemühten. Der Abt hat vielleicht selbst an einigen Beratungen in

68 HStAS A 602, U 4604 (= WR 4604).

Stuttgart teilgenommen, zumindest aber war er über die Vorgänge in Stuttgart nach dem Seckenheimer Debakel bestens informiert. Die Ereignisse in Stuttgart müssen ein weiterer Grund gewesen sein, sich von Wirtemberg zu distanzieren. Herbord, auf Wirtemberg ohnehin schlecht zu sprechen, weil es das Kloster ständig mit Gastungspflichten und Militärdiensten belastete, sah mit Entsetzen, wieviel das Land es sich kosten ließ, um die Freilassung des Grafen zu erwirken. Der Abt sah, wie die Landschaft immer höhere Beträge hierfür ausgeben wollte, und war sich natürlich im klaren, daß letztendlich das Land diese Summen zu zahlen hatte. Die Freilassung Ulrichs wäre also, so viel war Herbord klar, auch für Murrhardt eine teure Angelegenheit geworden. Es ist gewiß kein Zufall, daß die Urkunde Kaiser Friedrichs III. fast auf den Tag genau zum gleichen Zeitpunkt ausgestellt wurde, an dem die wirtembergischen Räte dem siegreichen Pfalzgrafen ihr bislang höchstes Angebot von 80000 fl unterbreiteten[69].

Angesichts dieser Umstände nimmt es nicht wunder, daß Herbord und sein Kloster das augenscheinlich sinkende wirtembergische Schiff verlassen wollten, bevor es zu finanziellen Verbindlichkeiten kam. Herbord wäre es, wie den Ellwangern, am liebsten gewesen, ganz von Wirtemberg loszukommen, jedenfalls von den finanziellen Eskapaden der *statthalter und rete.* Entsprechend muß auch seine Bitte an den Kaiser gelautet haben: Freiheit von der wirtembergischen Vogtei. Kaiser Friedrich III. ging auf die Wünsche der Ellwanger und Murrhardter nur bedingt ein. Er war dem Grafen Ulrich dem Vielgeliebten, der in seiner Eigenschaft als Feldhauptmann des Reichs in pfälzische Gefangenschaft geraten war, zu sehr verpflichtet, als daß er ihm Ellwangen und Murrhardt auf Dauer hätte wegnehmen können. Allerdings war der Argumentation der Murrhardter und Ellwanger insofern nicht zu widersprechen, als Ulrich während der Zeit seiner Gefangenschaft tatsächlich nicht als Vogt agieren konnte[70]. Deshalb entsprach die Urkunde Friedrichs III. den Wünschen der Chorherren und Mönche nur für einen eng umschriebenen Zeitraum. Sie erhielten nicht die totale Unabhängigkeit von Wirtemberg, sondern nur für die Zeit von Ulrichs Gefangenschaft. Eines allerdings konnten Ellwangen und Murrhardt durchsetzen: die wirtembergischen Räte mußten beide Orte unbehelligt lassen. Das Ringen Ellwangens und Murrhardts um Unabhängigkeit schloß nach Ulrichs Freilassung 1463 mit einem Mißerfolg ab. Jetzt war – zumindest für Murrhardt – endgültig klar, daß der Gedanke an eine Unabhängigkeit des Klosters irreal war. Es bleibt unbekannt, wie sehr Ulrich im einzelnen das Kloster Murrhardt an den Kosten für seine Freilassung beteiligt hat. Insbesondere wissen wir nicht, ob die ein halbes Jahr dauernde Befreiung von wirtembergischer Herrschaft wenigstens eine Minderung der Murrhardter Zahlungen bewirkt hat. Man darf aber mit Sicherheit davon ausgehen, daß seit 1463 auch Murrhardt einen Anteil an den 100000 fl Lösegeld zu zahlen hatte. Abt Herbords Politik war gescheitert – und es begann die lange Phase seines Abstiegs.

69 Müller 1970, Sp. 49.
70 Es ist bemerkenswert, daß hier noch die Vogtei an die Person des Vogtes gebunden war, nicht an die Institution der Grafschaft Wirtemberg.

Streitigkeiten um Pfründen in der Haller Katharinenkirche, weiterer Streit um Sulzbach und kleinere Ereignisse der Zeit um 1460

Mit dem Ende des Pfälzerkriegs und der Befreiung des Grafen Ulrich kehrte für geraume Zeit Ruhe in die Angelegenheiten des Klosters ein. Ein Blick auf die klösterlichen Aktivitäten der sechziger Jahre zeigt, daß es keineswegs nur den Krieg und die dauernden Reibereien mit Wirtemberg gab. Der Krieg war durchaus nicht so dominierend, daß er das klösterliche Alltagsleben vollständig beherrscht hätte. Zum Wesen eines Klosters gehörten – trotz aller Verweltlichung – auch der Gottesdienst und jene zahlreichen Tätigkeiten, die mit Pfründenvergaben, -streitigkeiten und -schiedsgerichtsbarkeiten zusammenhingen. Die liturgisch-gottesdienstlichen Aspekte der Jahre unter Abt Herbord werden an anderer Stelle erörtert.

Die langwierigste Angelegenheit der damaligen Zeit war ein Konflikt um Einkünfte der Kirche St. Katharina in Schwäbisch Hall, die unter Murrhardter Patronatsrecht stand. Der dortige Pfarrer Jakob Fischer[71], der zugleich auch Dekan des Haller Landkapitels und somit ein Geistlicher von nicht geringer Bedeutung war, fühlte sich mit seinen Einkünften aus St. Katharina unzureichend versorgt und klagte am 12. Oktober 1459 gegen seine Murrhardter Patronatsherren[72]. Am 3. März 1461 verbesserten Abt Herbord und der Konvent die Einkünfte Fischers[73]. Damit war der Streit fürs erste beigelegt. Er flammte dann aber unter Herbords Nachfolger Wilhelm Egen 1469 erneut auf, da Egen sich nicht an Herbords Zugeständnisse gegenüber Fischer hielt. Der vor mehreren Gerichten ausgefochtene Prozeß zog sich bis 1473 hin und endete mit einem Vergleich[74].

Außerdem beschäftigte der Streit um Sulzbach die Murrhardter Mönche. Die Kämpfe von 1460 hatten das Problem vermutlich wieder aktualisiert. Am 10. November 1461 strebte man während einer Kriegspause wieder einmal einen friedlichen, schiedsrichterlichen Austrag an[75]. Graf Eberhard im Bart von Wirtemberg-Urach versuchte, zwischen Ulrich von Wirtemberg-Stuttgart als Vogt Murrhardts und Friedrich dem Siegreichen zu schlichten, erklärte aber nach langer, vergeblicher Verhandlung, die Anwälte der jeweiligen Parteien hätten so gegensätzliche Positionen vertreten, daß er sich kein Bild von der Lage habe machen können. Resigniert stellte Eberhard fest, daß er folglich nicht zuständig sei *(haben wir uns mit unser räte raute nit konnen finden pflichtig zu sein),* und überließ die weitere Entscheidung dem bald wieder aufflammenden Krieg – der freilich für Sulzbach keine Lösung brachte.

Wie üblich wurde das Kloster Murrhardt und namentlich sein Abt Herbord auch in den Jahren während des Pfälzerkriegs wiederholt als päpstlicher Exekutor in verschiedenen Pfründensachen herangezogen – so etwa 1466 und 1467 – und besiegelte oder beglaubigte Verkäufe und Verträge[76]. Mehrfach lassen sich für diese Jahre auch Verkäufe des Klosters

71 In den Quellen trägt Fischer abwechselnd den Vornamen Jakob und Johann.

72 Pietsch U 2365.

73 Ebd., U 2396.

74 Ebd., U 2627, 2723, 2725, 2727, 2733, 2734.

75 HStAS A 508, U 6.

76 17. 9. 1466: Abt Herbord soll im Auftrag von Papst Paul II. die Statuten der an der Michaelskirche in Hall tätigen Geistlichen prüfen und bestätigen (Pietsch U 2529 = Engel 1948, S. 201, Nr. 1285). 18. 11. 1466: Johannes Grewßing, Würzburger Domherr, beauftragt Abt Herbord in derselben Sache (Pietsch U 2532). 12. 3. 1467: Abt Herbord schließt das Verfahren, das ihm von Papst Paul II. und Johannes Grewßing übertragen worden war, ab und bestätigt die Statuten der Geistlichen von St. Michael in Hall (ebd., U 2546). Ca. Juli/Oktober 1458 sandte die Stadt Hall einen Boten nach Murrhardt *von des*

feststellen. Dabei fällt auf, daß Herbord nie Grundstücke, Immobilien oder sonstige Besitzungen veräußerte, sondern stets nur die Ernte der klösterlichen Landwirtschaft, hauptsächlich Hafer[77]. Die Verkäufe stellen mithin also die üblichen Einkünfte des Klosters dar. Trotzdem muß das Kloster in den sechziger Jahren in eine finanziell und wirtschaftlich kritische Lage geraten sein. Die ungeordnete Amtsführung Herbords in seinen letzten Jahren als Abt mag hierfür verantwortlich gewesen sein. Schwerer wogen auf jeden Fall Schäden durch Krieg, Brand und Raub, die das Kloster in den Jahren vor 1474 erlitten hat[78]. Leider ist es schwierig, die Schäden mit einem konkreten Vorfall in Verbindung zu bringen; vielleicht gingen sie noch auf den Pfälzerkrieg zurück.

Die Entwicklung Murrhardts zum landständischen Kloster innerhalb Wirtembergs seit etwa 1465

Die Machtübernahme durch den pro-wirtembergischen Abt Wilhelm Egen 1469

Als Ulrich der Vielgeliebte aus pfälzischer Gefangenschaft heimgekehrt war, drückten ihn viele Probleme, die vor allem mit der Einlösung der gewaltigen Verpflichtungen gegenüber der Pfalz zusammenhingen. Abt Herbord mögen deshalb einige Monate verblieben sein, bevor sich der Unwille des Schutzherrn gegen Murrhardt wenden konnte. Es war klar, daß Ulrich mit der Haltung des Abtes 1462/63 in höchstem Maße unzufrieden sein mußte. Die Folgen machten sich in Murrhardt alsbald bemerkbar. Ulrich konnte gegen das schwache Murrhardt wesentlich härter vorgehen als gegen das 1462/63 ebenfalls unbotmäßige, aber stärkere und weiter entfernt gelegene Ellwangen. Murrhardt geriet seit etwa 1465 unter immer stärkeren wirtembergischen Druck[79]. Es gelang dem Grafen, innerhalb des Konvents, wo sich wegen des eigenartigen Führungsstils von Herbord ohnehin Widerstand regte, eine pro-wirtembergische Fraktion aufzubauen, die dem Abt das Leben und Regieren im Lauf der Jahre fast unmöglich machte. Seit 1466 mehren sich die Anzeichen, daß die klösterliche Verwaltung

fidimus wegen, also wegen einer vom Abt durchzuführenden Beglaubigung (StadtASHA StR 141); am 28. 6. 1460 vidimierte Herbord eine Urkunde des Klosters Komburg (Pietsch U 2385); um 1465 beauftragte Herbord zusammen mit dem Westheimer Pfarrer Hirss den Haller Notar Heinrich Sieder, der Bruderschaft in der Haller Katharinenkirche ihre Statuten zu bestätigen (Pietsch U 2504); am 4. 6. 1466 vidimierte Herbord dem Pfarrer Hirss zwei Urkunden betreffend die Katharinenkirche (ebd., U 1521).

77 Im Zeitraum von 1453 bis 1463 ist nur ein einziger Kauf des Klosters festzustellen: 1453 (ohne Tages- und Monatsnennung) verkaufte Hans Küenlin zu Gaildorf ein Haus und eine Hofreite zu Westheim um 38 fl (HStAS A 508, Repertorium Bl. 194, Original verschwunden). Nicht ganz klar sind zwei Geldtransaktionen von 1457: Am 10. 6. bzw. am 19. 6. dieses Jahres sandte Graf Ulrich einen Boten mit 56 lb, 4 ß h bzw. 30 fl und 20 lb. h. zum Bruch (?) nach Murrhardt (HStAS A 602, U 2614 und 2615 = WR 2614 und 2615). Dann folgten drei Haferverkäufe: Am 21. 8. 1457 quittierte Abt Herbord dem Schorndorfer Keller für 40 fl, die er für den Verkauf von Hafer erhalten hatte (ebd., U 2619); Ende Januar/Ende April 1460 verkaufte der Abt Hafer für 60 fl nach Hall, Ende Juli/Ende Oktober noch einmal Hafer für 50 fl nach Hall (StadtHSHA StR 147, 149).

78 Am 14. 3. 1474 wurden auf päpstliche Anordnung die Vikarie der Westheimer Kirche und die zur Vikarie gehörigen Einkünfte von 62 fl jährlich auf Bitten von Graf Ulrich von Wirtemberg ins Kloster gezogen, da dies *guerris, incendiis et rapinis* in den letzten Jahren sehr geschwächt worden sei (Engel 1948, S. 223 f., Nr. 1443). Vgl. dazu auch unten S. 56 ff.

79 Vgl. die Einzelheiten im Biographiekapitel unten S. 336 ff.

nicht mehr ordentlich funktionierte; sie muß 1468/69 in eine tiefe Krise geraten sein. Unter massivem Einfluß von außen wurde der sich heftig sträubende Herbord in den ersten Monaten des Jahres 1469 seines Amtes enthoben. Zu diesem Zweck und zur Neuwahl eines Abtes hatten sich sogar wirtembergische Räte nach Murrhardt begeben. Von einer freien Wahl konnte also keine Rede mehr sein.

Herbords Nachfolger wurde Wilhelm Egen, der aus einem Schwäbisch Haller Patriziergeschlecht stammte. Er hielt sich gegenüber Wirtemberg zurück und stellte die sich zusehends zur Landeshoheit entwickelnde Schutz- und Schirmvogtei der Grafen nie in Frage[80]. Seine Politik glich weit mehr der von Abt Heinrich von Enslingen oder von Abt Johannes von Leuzenbronn d. Ä., und tatsächlich war Egens Kurs gegenüber Wirtemberg wohl die einzig mögliche und realistische Politik, die ein Murrhardter Abt noch praktizieren konnte. Im übrigen wußte Egen, was er Wirtemberg schuldig war. Ohne das Eingreifen der Räte von Graf Ulrich wäre er nicht – oder zumindest nicht so früh – Murrhardter Abt geworden.

Die Politik der Äbte Wilhelm Egen und Johannes Schradin (1469–1501)

Es war nur konsequent, daß Wilhelm Egen sein Kloster nicht mehr in eine Situation wie vor 1469 bringen wollte. In seiner Abtszeit sind keine spektakulären Aktionen zu verzeichnen. Trotzdem war Egen kein schwacher oder gar passiver Abt. Die Verwaltung der Klostergüter und namentlich der Außenbesitzungen lief seit seiner Machtübernahme sofort wieder in geregelten Bahnen[81]. Anstatt im Großen klösterliche Rechte gegen den Vogt durchzusetzen und mit Wirtemberg Streit zu suchen, versuchte Egen klösterliche Rechte im Kleinen und gegen schwächere Kontrahenten zur Geltung zu bringen. Anlaß dazu hatte der Abt genug. Die erwähnten Schäden des Klosters, die noch aus der Zeit Herbords stammten, machten es dringend erforderlich, alle Rechte des Klosters zu überprüfen und Einkünfte jeder Art einzufordern. Der erste erkennbare Ansatz hierzu ist die Wiederaufnahme des Streits um die Höhe der Pfründe Jakob Fischers in der Haller Katharinenkirche. Dieser Konflikt wurde 1473 beigelegt, wohl nicht zur vollen Zufriedenheit der Murrhardter. Egen befaßte sich dann mit der Pfarrkirche in Westheim, die ebenfalls zum Kloster gehörte. Dort ließ er 1474 die Vikarsstelle kassieren und deren jährliche Einkünfte von 62 fl direkt ans Kloster überweisen, unter dem ausdrücklichen Hinweis, daß dies zur Versorgung des durch Krieg, Brand und Raub *(guerris, incendiis et rapinis)* sehr geschwächten Klosters erforderlich sei[82]. Die zur Einziehung der Vikarspfründe erforderliche päpstliche Erlaubnis hatte Egen auf Fürsprache von Graf Ulrich erhalten – auch dies ein Hinweis auf das gute Verhältnis zwischen Abt und Vogt.

Das war der Auftakt zu weiteren Bemühungen, strittigen Klosterbesitz systematisch zu sichern und juristisch zu festigen. 1474 und 1475 ließ Egen in einer ganzen Serie von päpstlichen und bischöflichen Urkunden den Besitz und die Inkorporation der Pfarreien

80 Eine Huldigung Egens an Wirtemberg ist zwar nicht erhalten, aber angesichts der Anwesenheit der wirtembergischen Räte bei seiner Wahl kann nicht daran gezweifelt werden, daß es eine solche Wiederholung der Verschreibung des Abtes Eckhard von 1389 auch durch Egen gegeben hat.

81 Seit dem Quartal von Ende April bis Ende Juli 1469 – Egens Amtsantritt – setzen sofort wieder die Besuche des Murrhardter Abts in Schwäbisch Hall ein, die unter Herbord seit 1465 abgerissen waren. Belege vgl. unten S. 336.

82 Vgl. oben Anm. 78.

Westheim und Großbottwar bestätigen[83]. Vielleicht hatte es auch in Großbottwar, wie in der Haller Katharinenkirche und in Westheim, Pfründenstreitigkeiten oder rechtliche Veränderungen gegeben, die eine definitive Klärung der Zuständigkeiten wünschenswert erscheinen ließen. Jedenfalls waren die Pfarreien für Murrhardt von nun an im wesentlichen unumstritten. Aber Egen ging noch weiter. 1475 oder wenig später ließ er sämtliche Privilegien, die das Kloster in seinem Archiv aufbewahrte, kodifizieren und in einer Sammlung zusammenstellen[84]. Auch die Gründungsurkunde und ihre zahlreichen Bestätigungen durch Päpste, Kaiser und andere Große waren enthalten. Egen hielt also nachdrücklich an den Murrhardter Rechten fest – allerdings nicht mit nach außen gekehrten Aktionen, wie es Herbord getan hatte, und nicht mit einer neuen, spektakulären Bestätigung der Gründungsprivilegien.

Auch das seit Jahrzehnten ungelöste Problem mit der Pfalz wegen Sulzbach ging Egen an. Am 8. Februar 1476 besiegelten er und der Konvent den entscheidenden, mit den Räten Pfalzgraf Friedrichs des Siegreichen ausgehandelten Vertrag[85]. Ausdrücklich wird darauf hingewiesen, daß lange Streitigkeiten und viele vergebliche Gerichtstage vorangegangen seien (*als gut zytt irrunge... gewesen sin, derhalb...* [die streitenden Parteien]... *dickermalen zu tagen geschickt*). Jetzt verzichtete Murrhardt auf seine seit etwa 1430 ausgeübten landeshoheitlichen Rechte in Sulzbach, soweit diese die Gerichtsbesetzung angingen. Zwar wurde das Gericht unter pfälzischen Gerichtsstab und unter einen pfälzischen Schultheißen gestellt, aber das Kloster bewahrte sich das Recht, die Hälfte aller Gerichtsfälle einzustreichen. Außerdem durfte es einen weiteren Schultheißen einsetzen, der dem pfälzischen in rechtlicher Hinsicht kaum nachgestellt war. Zusätzlich schloß man Verträge über eine Vielzahl strittiger Einkünfte und Rechte in Sulzbach, wobei das Kloster wichtige Positionen bewahren konnte[86]. Damit

83 Indult von Papst Sixtus IV. für Westheim und Bottwar vom 13. 5. 1474. Bestätigung der Westheim betreffenden Teile des Indults durch Bischof Rudolf von Würzburg vom 5. 4. 1475; Bestätigung der Bottwar betreffenden Teile der Urkunde durch Bischof Matthias von Speyer vom 25. 8. 1475; Urkunde Wilhelm Egens dazu vom 18. 8. 1475 (alles Murrhardter Privilegienaufzeichnungen HStAS A 508, Bü. 1.

84 Die jüngste in den Privilegienaufzeichnungen genannte Quelle stammt vom 25. 8. 1475 (Bischof Matthias von Speyer bestätigt die Rechtsverhältnisse der Pfarrei Großbottwar). Egen selbst, dessen farbig gezeichnetes Wappen auf dem Titelblatt der Privilegienaufzeichnungen abgebildet ist, starb am 2. 4. 1486 (vgl. Äbteliste, Abt Nr. 24).

85 GLA Karlsruhe Abt. 67, Bd. 890, Bl. 118a–119b, Ausfertigung Abt Wilhelms für den Pfalzgrafen; HStAS A 508 L, Bü. 1, Ausfertigung Pfalzgraf Friedrichs für den Abt. Beide Urkunden kopial.

86 In der Urkunde vom 8. 2. 1476 wurden zusätzlich noch folgende Punkte geregelt: Die *tritteyligen guter* zu Sulzbach, die bisher von den armen Leuten ohne Einwilligung des Abtes verkauft und verliehen worden waren, sollten künftig nur noch mit dessen *wissenn und willen* verkauft oder verliehen werden. Die Steuer- und Abgabenbelastung der neun Weiler (vgl. zu ihnen Fritz 1986-I, S. 121) sollte unverändert bleiben. Wegen der Hauptrechte beschloß man, daß die Hauptrechte der pfalzgräflichen Leibeigenen an den Pfalzgrafen fallen sollten, die Hauptrechte der Leibeigenen des Abts aber an den Abt. (Um 1410 hatte man noch beschlossen, die Hauptrechtsabgabe aller Leute in Sulzbach pauschal je zur Hälfte zwischen dem Grafen Heinrich von Löwenstein, dem Rechtsvorgänger der Pfalz, und dem Abt zu teilen; vgl. RL 342 und oben S. 37 f.) Bei den *tritteyligen gut*, die der Abt zu verleihen hatte, sollte der Abt beim Fall, sei es nach einem Tod oder nach einem Verkauf, sein Drittel nehmen, aber nicht mehr als 5 ß h zu Handlohn. Wollte ein armer Mann wegen eines solchen dritteiligen Guts mit dem Abt verhandeln *(uberkommen)*, so sollte der Pfalzgraf das dulden, wenn der Abt über die Verhandlungen eine Verschreibung ausstellte. Im Zusammenhang damit verzichtete der Abt auf alle umstrittenen Gefälle aus den Weinfahrten und dem Gericht aus der Zeit seit Beginn des Streits *bis uff samstag nach Vincentii in anno... LXXIII* (23. 1. 1473) und auf alle umstrittenen Einkünfte aus *öle, kes, eyer, gultte, habern oder anders, biß uff dornstag nach assumptionis Marie anno... LXXIIII* (18. 8. 1474). Künftig sollte der Abt all dies aber einziehen dürfen, *nach lut unser register undd zinßbucher*. Die vier Simri Hafer zu Bartenbach (die vorher anscheinend nach

hatten die Streitigkeiten um Sulzbach, die im Grunde seit dem Übergang Murrhardts in wirtembergischen Besitz 1388 beinahe ein Jahrhundert lang die Beziehungen zwischen Pfalz/Löwenstein und Wirtemberg/Murrhardt belastet hatten, ein Ende gefunden. Streitigkeiten um Details der klösterlichen Rechte und Pflichten schleppten sich zwar auch nach der Regelung von 1476 noch jahrhundertelang hin[87], aber die Regelung von 1476 diente immer als eine Art unangefochtenes Grundgesetz für diese kleineren Konflikte[88].

Nachdem die rechtlichen Positionen des Klosters Murrhardt solchergestalt in allen entscheidenden Bereichen geklärt und gefestigt waren, wandte sich Egen nach 1476 nur noch unauffälligen Geschäften zu[89]. Die Bürger von Schwäbisch Hall stellten ihm kein schlechtes Zeugnis aus, als sie ihn 1484 zusammen mit dem Abt von Schöntal als Reformator des heruntergekommenen Minoritenklosters in Hall ausersahen. Auch die Mitwirkung des Murrhardter Priors bei der Verlegung der Adelberger Nonnen nach Lauffen 1476 wirft ein positives Licht auf die inneren Zustände des Klosters unter Egen[90]. In der Kaufs- und Verkaufspolitik sind in dieser Zeit außer den üblichen Finanzgeschäften[91] insbesondere in einem Punkt Änderungen zu den Jahrzehnten zuvor festzustellen: Erstmals seit den dreißiger Jahren trennte sich Murrhardt wieder von Besitzungen. Am 4. April 1480 veräußerte das Kloster seinen Besitz in Talheim an der Bühler, der, nach dem Verkaufspreis zu schließen,

Murrhardt zu zahlen waren) sollten *gantz ab sin*. Weiterhin waren die Sulzbacher verpflichtet, das *ein yglich* (gemeint ist wohl nicht jede Sulzbacher Einzelperson, sondern jeder Haushalt) zweieinhalb Eimer Esslinger Maß führen sollte. Auf Wunsch des Abtes war statt dessen eine andere Leistung der Sulzbacher möglich, wohl eine Abgeltung der Weinfahrt durch eine Geldzahlung *(ob es uns gefellig ist, so mogen wir eyn yglichen derhalben mit uns uberkommen lassen)*. Die dritteiligen Güter in den Weilern, die der Pfalzgraf von Hohenlohe erworben hatte, sollten so behandelt werden, wie es *im ampt Sultzbach sonst gehaltenn wurtt*. Auf diesen Gütern scheint jedoch Hohenlohe weiterhin Gerichtsrechte behalten zu haben, da die Gerichtsgefälle nur unter den hohenlohischen Leuten, nicht aber den armen Leuten Murrhardts in diesen Weilern aufgeteilt wurden. Die Gerichtsgefälle und das Eckergeld sollten künftig anteilig aber auch auf die Murrhardter armen Leute kommen. Eine weitere Präzisierung der Rechtsverhältnisse erfolgte am 12.11.1487 (kopial HStAS A 508L, Bü. 1). Damals wurde der Vertrag von 1476 bestätigt, es wurden aber noch Einzelregelungen wegen der Weiler und Höfe Eschelbach (= heutiger Eschelhof), Grab, Schönbronn, (Hinter-) Büchelberg, Fornsbach, Köchersberg, Mettelberg, Hinterwestermurr, Siebenknie und Marhördt getroffen. Vgl. unten Anm. 97.

87 Vgl. als ein Beispiel von mehreren die Auseinandersetzungen die im Lagerbuch von 1590 *(Erneuwerung der graffschafft Lewenstein über Sultzpach)*, Gemeindearchiv Sulzbach/Murr, beschriebenen Streitigkeiten über Sulzbacher Weinfuhrpflichten gegenüber Murrhardt von 1563 und 1582/87. Für den Hinweis auf das Sulzbacher Lagerbuch danke ich Herrn Dr. Heinz Mayer, Sulzbach.

88 Vgl. ebd. Der Vertrag von 1476 wird ausdrücklich genannt.

89 Egen vidimierte am 23.2.1477 eine Lorcher Urkunde (UB Heilbronn 1 = WGQ 5, nach Nr. 490), am 15.4.1479 eine Ellwanger Urkunde (StAL B 113, U 372). Am 25.5.1478 wirkte er als Schiedsrichter bei der Schlichtung eines Streits des Klosters Lorch mit den Gmünder Augustinern mit (Nitsch 1967, Nr. 1791) und war am 12.12. 1484 Exekutor des Papstes beim Verkauf von Künzelsau von Komburg an Hohenlohe. Am 17.3.1483 hatte er den Hans Ackermann zu Brüden mit dem vorderen und hinteren Streitweiler bei Murrhardt belehnt (HStAS H 102/54, Bd. 8, Bl. 376a–377b).

90 Zur Reform der Haller Franziskaner: Bühler 1984, S. 52; vgl. auch den Quellentext hierzu bei Schäfer 1922, S. 130, Nr. 2. Zum *processus* des päpstlichen Kommissärs zur Verlegung der Schwestern von Adelberg nach Lauffen vom 8.4.1476 Zeller 1916, Beilage 3, S. 159.

91 Mehrfach verkaufte Egen Hafer an die Stadt Hall, so Ende Oktober 1473/Ende Januar 1474 um 50 fl, Ende April/Ende Juli 1475 um 62 fl, Ende April/Ende Juli 1477 77 Malter um 34 fl, Ende April/Ende Juli 1479 208 Scheffel um 52 fl plus 1 lb 6 ß Fuhrlohn, Ende Januar/Ende April 1480 300 Scheffel um 75 fl, Ende Januar/Ende April 1484 um 70 fl, 2 ort (StadtASHA StR, vgl. die Einzelbelege bei der Äbteliste, Abt Nr. 24.)

erheblich war, um 1000 fl an die Herren von Vellberg, erwarb jedoch statt der weitabgelegenen Güter in Talheim ein Drittel an Gericht und Dorf Ottendorf[92]. Dort besaß Murrhardt bereits ein Drittel, so daß der Ort seit 1480 mehrheitlich in klösterlichem Besitz war.

Die trotz aller Kriege und Belastungen während des 15. Jahrhunderts im wesentlichen stabile wirtschaftliche Lage scheint angedauert zu haben, und es zeichnet sich deutlich ein überdurchschnittlicher Finanzbedarf des Klosters ab. Unter Wilhelm Egen begann man mit der Erweiterung und teilweisen Umstrukturierung der Stadt Murrhardt, für die auch das Kloster, das in fast jeder Beziehung Stadtherr war, erhebliche finanzielle Mittel aufgewendet haben dürfte[93]. Für die Beurteilung der Gesamtpolitik Egens ist die Stadterweiterung von einiger Bedeutung. Egen war ein Abt mit machtpolitisch bescheidenen, aber doch realistischen und handfesten Vorstellungen. Nach der Sicherung der Murrhardter Rechte – unter Verzicht auf schwer haltbare Rechtspositionen wie die Reichsunmittelbarkeit – folgte eine Phase diplomatischer Ruhe und finanzieller Absicherung, die dazu diente, die Früchte der Konsolidierung einzufahren: den Ausbau des eigentlichen Zentrums der Murrhardter Klosterherrschaft, das heißt der Stadt Murrhardt, und die Stabilisierung der Herrschaft in Ottendorf. Das gute Übereinkommen mit Wirtemberg war eine Voraussetzung hierfür. Wie wenig Egen auf Abenteuer gegenüber Wirtemberg erpicht war, zeigt sich auf einem weiteren Gebiet: Er arbeitete zusammen mit den anderen Prälaten der Grafschaft loyal in der Verwaltung Wirtembergs mit. 1481 ist er erstmals, zusammen mit etwa 50 Städten und Prälaten, auf einem Landtag nachzuweisen; er beschwor dort die landesgeschichtlich bedeutende Verlängerung des Uracher Vertrags von 1473, der die beiden getrennten wirtembergischen Landeshälften wieder näher zusammenführen sollte[94].

Nach Egens Tod am 2. April 1486 setzte der neue Abt, Johannes Schradin[95], die Politik seines Vorgängers bruchlos fort. Zwar sind wir bei ihm, anders als bei Egen, nicht über die Einzelheiten seiner Wahl informiert, doch Schradin war, wie sich aus allen seinen Handlungen entnehmen läßt, voll und ganz auf der Seite Wirtembergs. Im Unterschied zu Egen hatte Schradin es zunächst nicht nötig, die Rechtsposition des Klosters gegen fremde Ansprüche zu sichern, hier konnte er an die solide Vorarbeit seines Vorgängers anknüpfen. Er schloß zunächst den Ausbau der Stadt Murrhardt ab, ja es scheint sogar, daß die Baumaßnahmen weniger in die Zeit Egens, sondern hauptsächlich in die Amtszeit Schradins fielen[96]. Besonders zu erwähnen ist in diesem Zusammenhang die weitgehende Wiederherstellung und teilweise Erweiterung der Stadtmauer und Arbeiten an den Seen und Gräben rund um die Stadt. Da Schradin sich weitgehend auf Murrhardt konzentrierte, sind ungewöhnliche Tätigkeiten außerhalb der Stadt und des Klosters zunächst nicht zu verzeichnen. Die erhaltenen Quellen aus seinen ersten Amtsjahren berichten fast nur Unbedeutendes. Die einzige Ausnahme ist ein 1487 mit der Pfalz geschlossener Vertrag, der einige Probleme regelte, die bei der großen Übereinkunft von 1476 offengeblieben waren. 1487 ging es um eine Reihe von Einzelrechten in verschiedenen Weilern in der Nach-

92 HStAS A 155, U 819.
93 Schahl 1983, S. 555.
94 HStAS A 602, U 297 (= WR 297).
95 Vgl. in der Äbteliste Abt Nr. 25, s. auch dort die Einzelbelege.
96 Schahl 1983, S. 555.

barschaft Murrhardts[97]. Murrhardt und die Pfalz kamen sich in ihren Forderungen beiderseits entgegen.

Rechtliche Vereinbarungen waren auch in Großbottwar und Oßweil nötig, wo das Kloster jeweils das Patronatsrecht und eine Reihe von Besitzungen und Einkünfte hatte. Offenbar hatte sich das Kloster bei den Baumaßnahmen in Murrhardt sehr viel zugemutet, denn als 1494 in Großbottwar Bauarbeiten an der dortigen Liebfrauenkirche und am Friedhof anstanden, wo Murrhardt sich hätte finanziell beteiligen müssen, zeigte das Kloster sich sehr zurückhaltend. Prior Philipp Renner, der sich als Sachwalter der Mönche in Großbottwar aufhielt, wurde auf Betreiben der Bottwarer Einwohner vom Offizial des Propstes von St. Wido in Speyer sogar die Exkommunikation angedroht, falls das Kloster nicht binnen weniger Tage den erhobenen Forderungen nachkomme[98]. Nach fruchtlosem Prozessieren vor dem geistlichen Gericht in Speyer zog Wirtemberg schließlich den Rechtsstreit an sich und ließ ihn 1495 durch den Lauffener Vogt Gerhard von Talheim entscheiden[99]. Sein Urteil hatte zur Folge, daß sich die Murrhardter ihren Großbottwarer Verpflichtungen wohl nicht in dem Maße entziehen konnten, wie sie dies gerne getan hätten. Auch im Streit um den Zehnten in Oßweil hatte das Kloster 1495 das Nachsehen. Dem Oßweiler Pfarrer sollte ein Viertel, dem Stift Stuttgart acht Zwölftel und dem Kloster Murrhardt nur ein Zwölftel zustehen[100]. Nichtsdestoweniger mußten sowohl Oßweil als auch insbesondere das weinreiche Großbottwar dem Kloster beträchtliche Abgaben entrichten.

Zusätzlich zum Ausbau der Stadt und der Stadtmauer ließen die Mönche unter Johannes Schradin seit etwa Mitte der neunziger Jahre in erheblichem Umfang ihre Klosterkirche schmücken. Mindestens zwei Altäre wurden um 1496 neu geschaffen, 1498 entstand ein

97 Vgl. HStAS A 508L, Bü. 1, ein 10 Seiten umfassendes Papierheft (wohl zeitgenössische Kopie der Originale) aus dem 15. Jahrhundert. In dem hier interessierenden Vertrag vom 12. 11. 1487 ging es um die folgenden Punkte: Der Abt von Murrhardt trat die Lehenschaft von Hof und Wald Eschelbach (Eschelhof, Gem. Sulzbach/Murr) und den Schweinhaber des dortigen Waldes an den Pfalzgrafen ab. Jedoch behielt der Abt das Recht der Holznutzung in diesem Wald. Der Keller zu Löwenstein mußte dem Abt auf Anforderung das verlangte Holz liefern. Ebenso blieben dem Abt die Zinsen und Gülten des Hofs Eschelbach erhalten. In Grab, Schönbronn und (Hinter-)Büchelberg, wo der Abt das Untergangsrecht beanspruchte, kam man überein, daß der Abt zwar bei allen Untergängen einen oder zwei Untergänger als Zusätze stellen dürfe, ansonsten aber der Schultheiß des Pfalzgrafen zu Böhringsweiler die Untergänger benennen sollte. Dies solle aber den Gerichtsstab des Abtes nicht beeinträchtigen. – Der Abt habe *ein stuck walds... an dem Schontal* (= Grab-Schöntal, Gem. Großerlach), *genant des Abts Buch,* dem Pfalzgrafen zugestellt. Ebenso sei dem Pfalzgrafen zugestellt worden *das gutlin, das Schontailin genant, das yez Aubelin Kubler von Grab innehat* und das 10 ß h und 3 Sommerhühner gelte und außerdem 2 fl Fall und 5 ß h Handlohn zahle. Das *ecker geld,* das der Pfalzgraf in Fornsbach, Köchersberg, Mettelberg, Hinterwestermurr, Siebenknie und Marhördt gehabt habe, soll künftig dem Kloster gehören. Das Kloster soll die genannten Orte nicht weiter beschweren und von einem Schwein nicht mehr als 8 Pfennige nehmen. Eckergeld sollte nur derjenige zahlen, der Schweine hielt, *wer es aber, das ainer so arm unnd selbs nit schwein hette,* so sollte dieser Arme kein Eckergeld zahlen. Vom Eckergeld waren auch diejenigen befreit, die nur 2 Schweine besaßen. – Güter, die in pfalzgräflichem Gebiet lagen, aber vom Kloster zu Lehen rührten, sollten im Erbfalle oder wenn sie verkauft wurden, binnen eines Jahres vom Abt als Lehen empfangen werden. Dabei war *ein drittail* zu entrichten. Wurde der Lehensempfang versäumt, so hatte der Abt das Recht, das Lehen einzuziehen.

98 StadtA Großbottwar, vgl. auch Württembergische Archivinventare 6, 1913, S. 22. Das dort erwähnte Original vom 10. 9. 1494 ist heute verschollen, nur eine Kopie ohne Signatur ist erhalten.

99 HStAS A 602. U 7384 (= WR 7384).

100 Ebd., U 12932 (= WR 12932).

aufwendiger Zyklus von zwölf Glasfenstern[101]; all dies offensichtlich Teil größerer klosterinterner Aktivitäten. Hatte Wilhelm Egen um 1475 die klösterlichen Rechte kodifiziert, so ließ Johannes Schradin kurz vor 1500 die klösterliche Schreibstube ausdrücklich mehr für den geistlichen Bereich arbeiten. Das steht gewiß im Zusammenhang mit der gesteigerten Frömmigkeit, die auch in den Altarbauten dieser Zeit sichtbar wird. Nachzuweisen ist insbesondere die Neuanlage eines Kalendariums im Kloster im Jahre 1498[102]. Dem klösterlichen Totengedenken, dem Gebet, einer konsequenten Einhaltung der Feiertage, kurz der Frömmigkeit und dem Gottesdienst kam unter Johannes Schradin so viel Bedeutung zu wie wohl kaum in den Jahrzehnten zuvor. Schradin bemühte sich auch darum, das geistliche und intellektuelle Niveau des Klosters zu heben. Er ordnete insbesondere an, daß in den Jahren um 1495 mehrere Mönche seines Konvents die Universitäten in Basel und Tübingen besuchten[103]. Bisher waren die Murrhardter Mönche den Universitäten stets ferngeblieben; diese Provinzialität wollte Schradin, wie es scheint, beenden.

Johannes Schradins Abtszeit war nicht nur auf geistlichem Gebiet bedeutend. 1498 wirkte er auch aktiv auf dem wirtembergischen Landtag mit, der die Absetzung des Herzogs Eberhard II. betrieb und durchsetzte[104]. Wenig später war Schradin einer der wenigen Prälaten, die zur Heiratsvereinbarung zwischen dem neuen Herzog Ulrich und Sabine von Baiern hinzugezogen wurden[105]. Insgesamt erweckt Schradin den Eindruck eines in weltlichen und geistlichen Dingen aktiven Mannes, der das Kloster Murrhardt auf den von Wilhelm Egen geschaffenen Grundlagen zu einer neuen Blüte, der letzten des Klosters, emporbrachte. Mit den großen Baumaßnahmen hatte Schradin vermutlich die finanzielle Leistungskraft des Klosters überfordert. Er hinterließ seinen Nachfolgern zwar einen intakten Konvent, aber – so muß man annehmen – auch einige finanzielle Verpflichtungen, die zu lösen eine starke Hand und ruhige Zeiten erfordert hätten. Beides fehlte nach Schradins Tod, der wohl im Frühjahr 1501 erfolgte.

Die Äbte Egen und Schradin als Teilnehmer an wirtembergischen Landtagen

Wilhelm Egen und Johannes Schradin lassen sich zwar nur selten auf wirtembergischen Landtagen nachweisen, aber das kann nicht darüber hinwegtäuschen, daß auch Murrhardt – wie alle anderen Mannsklöster Wirtembergs – allmählich in die entstehende ständische Bewegung integriert wurde. Die ersten Ansätze hierzu fallen bereits in die Zeit von Abt Herbord. Schon 1457 hatte Graf Ulrich der Vielgeliebte verkündet, künftig nur noch mit Rat von Ritterschaft, Prälaten und Landschaft – das heißt den bürgerlichen Vertretern der Städte – zu regieren[106]. Allerdings waren auf den ersten wirtembergischen Landtagen von 1457 bis

101 Vgl. den seit 1984 wieder aufgestellten, restaurierten Altar der Maria, Sebastian und Veit. Gleichzeitig ist vermutlich ein Altar entstanden, aus dem die Figur einer Maria Magdalena stammt, die heute – nach Verlust der Muttergottesfigur – an deren Stelle einen Platz im restaurierten Altar gefunden hat. Der Altar ist durch die Aufschrift: *Sanctus Sebastianus S(ancta) Maria Mater Dei Sanctus Vitus 1496* eindeutig datiert. Vgl. dazu OAB Backnang, S. 219. Zum Glasgemäldezyklus von 1498: Weissenberger 1942.

102 Vgl. das Kalendarfragment 13. Februar–21. März HStAS A 508, U 18, das durch die Wochentage auf 1498 datiert werden kann.

103 Vgl. Konventsliste, Konventualen Nr. 18, 19.

104 Dazu Ohr/Kober 1913, S. 23 ff., Nr. 3 vom 30. 3. 1498.

105 Ebd., S. 70 vom 18. 10. 1489.

106 Dazu Grube 1957, S. 12.

1459 die Prälaten allem Anschein nach noch nicht anwesend. Die Gefangennahme von Graf Ulrich im Pfälzerkrieg 1462/63[107] hatte zur Folge, daß die hohen Summen, die zur Freilassung des Grafen benötigt wurden, auf die Landschaft umgelegt wurden. Sie gewährte das Geld gegen Beteiligung an den künftigen politischen Entscheidungen Wirtembergs. Das ist zwar für die ersten Jahre nach 1463 noch nicht zu belegen, seit 1470 mehren sich jedoch die Anzeichen für die politische Mitwirkung zumindest von seiten des reichen städtischen Bürgertums. Die Prälaten im allgemeinen und der bis 1469 amtierende Abt Herbord von Murrhardt im besonderen traten auch jetzt noch wenig hervor. Im Falle Herbords ist das auch nicht verwunderlich: Sein gespanntes Verhältnis zu Wirtemberg und seine zerfahrenen letzten Jahre als Abt machten seine Mitarbeit in gemeinwirtembergischen Angelegenheiten unmöglich. 1472 war die Mitwirkung der Äbte und Pröpste an der wirtembergischen Politik aber bereits so geläufig, daß Eberhard im Bart von Wirtemberg-Urach seinem Onkel Ulrich von Wirtemberg-Stuttgart empfahl, er möge einen Landtag mit *sinen prelaten, ritterschaft und lantschaft* abhalten, um die hoffnungslose Lage zu beraten, die wegen der Schulden des Grafen Ulrich entstanden war[108]. Als dann 1473 die Frage anstand, wie Ulrichs Söhne Eberhard der Jüngere und Heinrich ihren Vater beerben sollten – Ulrich zog sich schließlich 1480 resigniert aus der Politik zurück –, wirkten zwar nur adlige Räte und nicht Prälaten und Städte an den Entscheidungen mit, aber ein entsprechender Trend zeichnete sich doch ab.

Begünstigt wurde der steigende Einfluß der Stände und insbesondere der Prälaten durch die Wiedervereinigungspolitik des Grafen Eberhard im Bart. Er versuchte systematisch seine politisch unfähigen Stuttgarter Verwandten auszuschalten und die beiden wirtembergischen Landesteile Urach und Stuttgart unter seiner Herrschaft wieder zusammenzufügen. Als Verbündeten gegen Ulrich den Vielgeliebten und später gegen Eberhard den Jüngeren (Graf Heinrich war 1473 auf den wirtembergischen Außenbesitz Mömpelgard abgeschoben worden) suchte Eberhard im Bart die Stände Wirtemberg-Stuttgarts zu gewinnen. Ein erster Markstein auf dem Weg zur wirtembergischen Landeseinheit war der Uracher Vertrag von 1473, in dem eine enge Zusammenarbeit beider Landesteile vereinbart wurde[109]. Bei der Verlängerung dieses Vertrages am 23. Juni 1481 in Stuttgart waren als Siegler zahlreiche adlige Räte, die Prälaten und die Städte Wirtembergs vertreten. Der Plan des Grafen Eberhard im Bart ging in Erfüllung, denn die drei Stände verpflichteten sich, nur demjenigen der beiden Grafen zu gehorchen, der den Vertrag einhielt, sofort aber den Gehorsam aufzusagen, falls einer der Grafen gegen den Vertrag verstieß. Dies war jedoch nur dem unsteten Eberhard dem Jüngeren zuzutrauen.

1481 war auch Wilhelm Egen unter den Prälaten, die diesen Vertrag besiegelten. Der ständige Machtverlust Murrhardts als einer ehemals selbständigen politischen Einheit, der spätestens mit Egens Wahl vollends deutlich geworden war, fand also eine gewisse Kompensation in der ständischen Bewegung. Zwar konnte Egen keine unabhängige Politik als Murrhardter Abt mehr betreiben – hier bestimmte Wirtemberg jeden Schritt je länger, desto mehr –, aber indem Egen in den wirtembergischen Landtagen mitwirkte, erhielt er die Möglichkeit, auf den politischen Kurs Wirtembergs Einfluß auszuüben. Hier, im Umfeld der wirtembergischen Landesherrn, lag die eigentliche politische Zukunft von Abt Egen und auch

107 Hierzu und zum Folgenden ebd., S. 19–32.

108 Ebd., S. 32ff.

109 Vgl. zum Uracher Vertrag als Vorbereitung des Münsinger Vertrags Maurer 1984.

der anderen wirtembergischen Äbte. Einem geschickten Abt war es ohne weiteres möglich, einen größeren politischen Einfluß innerhalb der Stände oder der Umgebung des Landesherrn zu gewinnen, als dies jemals im Rahmen eines unabhängigen einzelnen Klosters möglich gewesen wäre. Der Backnanger Propst Peter Jakobi von Arlun, der Erzieher des jungen Herzogs Ulrich, ist ein Beispiel dafür, was einem Prälaten möglich war.

In welchem Maße sich Wilhelm Egen nach 1481 im einzelnen um die Lenkung des wirtembergischen Staates gekümmert hat, wie groß sein Einfluß auf die Regierung war, das läßt sich nicht näher ausführen. Es ist zwar sicher, daß die Prälaten seit 1481 von den wirtembergischen Grafen bei politischen Entscheidungen nicht mehr übergangen werden konnten, aber die Quellen führen die Prälaten fast nie namentlich auf, sondern erwähnen sie nur summarisch. Demnach ist anzunehmen, daß Egen zwar sehr häufig mit wirtembergischen Staatsgeschäften befaßt war und daß er sich häufig in Stuttgart oder anderen Orten befunden hat, an denen die Stände sich berieten, ein Nachweis für Egen ist aber nicht zu erbringen. Wesentlich war in diesem Zusammenhang vor allem die Mitwirkung der Prälaten an der Vorbereitung des Münsinger Vertrags vom 14. Dezember 1482. Er regelte die Wiedervereinigung Wirtembergs unter der Führung Eberhards im Bart auf Dauer; Prälaten, Ritterschaft und Landschaft hatten ausdrücklich zu diesem Schritt geraten. Zwar waren die Prälaten an der Besiegelung des Münsinger Vertrags nicht beteiligt, aber ihnen war dennoch eine maßgebliche Rolle in der weiteren wirtembergischen Politik in Münsingen zugedacht worden: Sie sollten – zusammen mit Räten und Landschaft – bei Streitfällen zwischen den beiden Grafen entscheiden. Im Streit Eberhards im Bart mit Eberhard dem Jüngeren, der sich in Münsingen übervorteilt fühlte, festigte sich in den Jahren nach Vertragsabschluß die Position der Prälaten. Während dieser Zeit trat Johannes Schradin an die Stelle des verstorbenen Wilhelm Egen. Aus Schradins ersten Jahren als Abt ist wieder, wie bei Egen, nichts Präzises über die Rolle des Murrhardter Prälaten auf den Landtagen zu ermitteln. Dafür wissen wir über Schradins Wirken seit dem Tod Eberhards im Bart 1496 um so besser Bescheid.

Eberhard der Jüngere hatte als Herzog Eberhard II. sogleich die Regierung angetreten, nachdem Eberhard im Bart gestorben war. Zwar befand sich Johannes Schradin nicht unter den Prälaten, die dem neuen Herzog bei seinem Amtsantritt huldigten[110], aber das will nichts besagen, handelte es sich doch gewiß nur um eine zufällige Abwesenheit. Eberhard II. zeigte sich dem neuen Amt, wie erwartet, in keiner Weise gewachsen und entwickelte binnen kurzem eine maßlose Willkürherrschaft, die insbesondere die städtische Ehrbarkeit schmerzhaft zu spüren bekam[111]. Mit den Prälaten scheint Eberhard II. zwar weniger hart umgegangen zu sein, aber das Zusammengehörigkeitsgefühl von Prälaten und Städten war mittlerweile bereits so weit gediehen, daß es in kürzester Frist zu entschlossenen gemeinsamen Aktionen gegen den Herzog kam. Für Ende März 1498 wurde ein Landtag ausgeschrieben, auf dem die Übergriffe des Herzogs verhandelt werden sollten – ein unerhörter Vorgang, da sich hier erstmals ein wirtembergischer Monarch vor den Ständen zu verantworten hatte. Am 10. April kündigte man nach einigen dramatischen Sitzungstagen den Gehorsam gegenüber Eberhard II. auf; der Herzog war abgesetzt. Dies entspricht freilich keinesfalls einer Demokratie im modernen Sinne, denn die breite Masse des Volkes war ja vom Landtag ausgeschlossen, sie hatte sich sogar teilweise mit dem Herzog gegen die verhaßte Ehrbarkeit solidarisiert, aber

110 Wülk 1917, S. 16.
111 Grube 1957, S. 43ff.

allein die Tatsache, daß ein Dynast den Ständen weichen mußte, sucht in der deutschen Verfassungsgeschichte jener Zeit ihresgleichen.

Abt Johannes Schradin hatte am 19. März 1498 eine Vollmacht für die Verhandlungen auf dem Landtag erhalten, die vom Prior und vom Konvent seines Klosters ausgestellt war[112]. Daraufhin war er nach Stuttgart gereist und hatte an den Verhandlungen teilgenommen. Am 30. März war er einer der Unterzeichner der sogenannten 1. Regimentsordnung, die das Ende der Herrschaft Herzog Eberhards II. vorbereitete[113]. Die 2. Regimentsordnung, welche die Absetzung des Herzogs dekretierte, stellte Johannes Schradin nicht mit aus[114]. Das bedeutete aber nicht, daß ihm dieser Schritt zu weit gegangen wäre, denn nur die vier Äbte aus dem Regimentsrat, der in der 1. Regimentsordnung bestimmt worden war, signierten stellvertretend für die anderen die 2. Regimentsordnung. Zum Regimentsrat gehörte Schradin nicht, er zählte also nicht zu denjenigen Prälaten, die im Zentrum der Politik standen.

Kaiser Maximilian, das Reichsoberhaupt, akzeptierte die Absetzung Herzog Eberhards II. rasch. Der neue wirtembergische Herzog, der erst elfjährige Ulrich, der Neffe Eberhards II., wurde vom Kaiser systematisch für die Interessen des Hauses Habsburg eingesetzt. Da Ulrich mit einer Nichte Maximilians, der Prinzessin Sabine von Baiern, verlobt wurde, war der kaiserliche Einfluß auf Wirtemberg festgeschrieben. Dieser Angelegenheit maß man immerhin so große Bedeutung bei, daß nicht nur der Regimentsrat, der für den minderjährigen Ulrich die Regierungsgeschäfte führte, sondern auch eine Reihe weiterer Personen zum Abschluß des Verlöbnisvertrags herangezogen wurde. Darunter befanden sich auch einige Prälaten, nämlich die Äbte Blasius von Hirsau, Johannes von Murrhardt und Georg von Lorch sowie Propst Dr. Peter Jakobi von Arlun zu Backnang[115], die am 18. Oktober 1499 dazu nach Stuttgart bestellt wurden.

Betrachtet man die Beteiligung der Murrhardter Äbte an der landständischen Bewegung Wirtembergs im Überblick, dann zeigen sich Wilhelm Egen und Johannes Schradin als zwar nicht hervorragende und außergewöhnliche Prälaten, aber in dem für die Klöster üblichen Maße haben sie wirkungsvoll in den Landständen mitgearbeitet.

Der Niedergang des Klosters im ersten Jahrzehnt des 16. Jahrhunderts und die Reformversuche von 1510 bis 1519

Die näheren Umstände des Niedergangs

Nach dem Tod von Johannes Schradin wurde Lorenz Gaul neuer Abt des Klosters. Die ersten Jahre seiner Tätigkeit zeigen in den Quellen noch eine gewisse Normalität, auch wenn es bereits 1503 einen Versuch gegeben haben soll, das Kloster in ein weltliches Stift umzuwandeln[116]. Trotzdem muß es schon damals viele Streitigkeiten gegeben haben, denn als Gaul 1507

112 Ohr/Kober 1913, S. 1ff.
113 Ebd., S. 23ff., Nr. 3.
114 Ebd., S. 45, Nr. 12.
115 Ebd., S. 70.
116 Vgl. auch die Einzelbelege in der Äbteliste, Abt Nr. 26. Zum Umwandlungsversuch des Klosters in ein Stift 1503 danke ich Herrn Dr. Dieter Stievermann, der mich auf die entsprechende Stelle bei Cleß hingewiesen hat. Es könnte allerdings sein, daß die angebliche Umwandlung Murrhardts in ein Stift 1503 einfach eine Verwechslung mit dem Jahre 1508 und dem damals betriebenen Umwandlungsversuch ist.

mit Herzog Ulrich von Wirtemberg und Bischof Lorenz von Würzburg in Verbindung trat und die trostlose Lage des Klosters schilderte, konnte dies nur Resultat eines mehrjährigen Prozesses sein. 1507 beklagte Gaul den völligen Verfall des Klosters sowohl im Geistlichen als auch im Weltlichen.

Deutliche Anzeichen für den vollkommenen Niedergang des Klosters nach der Spätblüte unter Abt Schradin finden sich in den Quellen vor 1507 des öfteren. Schon in den Monaten um oder kurz nach Schradins Tod im Jahr 1501 waren die Murrhardter Mönche bei der Stadt Schwäbisch Hall verschuldet und konnten die Schulden nicht termingerecht zurückzahlen. Ähnliches war seit 1416 – seit diesem Jahr läßt sich dies anhand der Haller Steuerlisten belegen – nicht vorgekommen. 1501 wurden mehrfach Boten aus der Reichsstadt zum Abt geschickt, um über die Rückzahlung der Schulden zu verhandeln[117]. Nachdem auch Abt Gaul selbst nach Hall gereist war[118], einigte man sich anscheinend darauf, daß das Kloster seine Schulden durch die Lieferung von Hafer an die Reichsstadt ausgleichen sollte[119]. Es war auf diese Weise noch einmal gelungen, die Schulden abzutragen. Klar wird aus dieser Episode aber, daß die Schwierigkeiten, in die das Kloster unter Gaul geriet, zumindest teilweise eine Erblast aus der Zeit Schradins waren. Der Zusammenhang mit den Baumaßnahmen unter Schradin liegt nahe, doch sie allein haben das Kloster nicht an den Rand des Ruins gebracht. 1508 wird als entscheidender Grund für die klösterliche Finanznot die übermäßige Inanspruchnahme des Klosters durch wirtembergische Jäger genannt. Gastung und Jägeratzung hätten das Kloster ruiniert[120]. Hier handelt es sich bestimmt um keine bloße Schutzbehauptung: Schon Abt

Eventuell hat Cleß auch eine Murrhardter Urkunde von 1503 (HStAS A 508, U 49) ungenau gelesen, in der von Reformation die Rede ist.

117 StadtASHA StR 299, 300.

118 Ebd.

119 Vgl. die Verhandlungen um die Jahreswende 1501/02 in Murrhardt *wegen der schulden, so er* (der Abt) *aim rath schuldig ist, auch haberns halben,* den der Abt an den Rat verkaufte (ebd., StR 300).

120 Im folgenden kommen für die Reformversuche bzw. die versuchte Umwandlung des Klosters in ein Stift im wesentlichen immer wieder dieselben Quellen in Frage: Ein Brief von Abt Lorenz von Murrhardt an Bischof Lorenz von Würzburg vom 29. 5. 1507 (HStAS A 508, Bü. 2). – Das Antwortschreiben von Bischof Lorenz, ausgestellt in Konstanz, an Abt Lorenz vom 11. 6. 1507 (ebd.). – Ein Brief von Herzog Ulrich an Bischof Lorenz vom 5. 5. 1508 (ebd.). Die vom Bischof von Würzburg vorgeschlagene Ordnung eines künftigen Stifts Murrhardt vom 4. 6. 1508 (Germanisches Nationalmuseum Nürnberg, Handschrift 2° 2857, Fasz. VI, Murrhardt). – Die (wohl von Wirtemberg gebilligte) Ordnung eines künftigen Stifts Murrhardt, ohne Datum, wohl nach 4. 6. 1508 (HStAS A 508, Bü. 2). Ein Brief von Abt, Prior und Konvent von Murrhardt an Bischof Lorenz vom 5. 7. 1508 (ebd.). – Die Umwandlungsbulle des Klosters Murrhardt in ein weltliches Stift von Papst Julius II. vom 9. 7. 1509 (Druck: DAMBACHER 1860, S. 368–374). – Ein Brief von Abt Philipp von Murrhardt an Bischof Lorenz vom 7. 9. 1510 (HStAS A 508, Bü. 2). – Ein Brief von Abt Philipp, ausgestellt in Stuttgart, an Bischof Lorenz vom 19. 11. 1510 (ebd.). – Eine Ergänzung von Herzog Ulrich an Bischof Lorenz im selben Brief. Das Mandat von Bischof Lorenz zur Reformation des Klosters Murrhardt, ausgestellt in Würzburg am 30. 11. 1510 (ebd.). – Der Bericht der Reformkommission über die Vorgänge und Verhältnisse in Murrhardt vom 10. 12. 1510 (ebd.). – Ein Brief von Herzog Ulrich an Bischof Lorenz vom 21. 1. 1511 (ebd.). – Das Antwortschreiben von Bischof Lorenz an den Herzog vom 27. 1. 1511 (ebd.). – Ein Brief von Herzog Ulrich an Bischof Lorenz vom 15. 4. 1511 (ebd.). – Ein weiterer Brief von Herzog Ulrich an den Bischof vom 2. 5. 1511 (ebd.). – Die Bitte des neuen Abtes von Murrhardt Oswald Binder an den Bischof um Bestätigung im Abtsamt vom 2. 7. 1511 (HStAS A 508, U 10). – Die Urfehde des ehemaligen Priors von Murrhardt Wilhelm Kern vom 18. 12. 1512 (ebd., U 10a). – Wichtige Informationen liefert auch WIDMAN, S. 138 ff. – ROTHENHÄUSLER 1886, S. 119 f., faßt die meisten o. g. Quellen, von denen er allerdings die vom 4. 6. 1508 nicht gekannt hat, zusammen.

Herbord hatte ja erhebliche Schwierigkeiten mit den häufigen und großen wirtembergischen Jagdgesellschaften, die das Kloster als beliebten Stützpunkt für Ausflüge in die ausgedehnten, rundumliegenden Wälder nutzten.

Noch in einem weiteren Zusammenhang mag Murrhardts Abhängigkeit von Wirtemberg sich negativ auf das Kloster und seine Wirtschaftskraft ausgewirkt haben. 1504 trat Wirtemberg in den bairischen Erbfolgekrieg ein[121]. Die militärischen Auseinandersetzungen spielten sich – soweit sie für Wirtemberg von Bedeutung waren – ganz in der Nähe Murrhardts ab. Herzog Ulrich eroberte die Grafschaft Löwenstein. Murrhardt wurde, wie in den Kriegen zuvor, voll ins militärische Aufgebot Wirtembergs integriert. Das mag Murrhardt in seinem Zustand wirtschaftlicher Anspannung schwerer getroffen haben als in anderen Kriegen. Trotz des siegreichen Ausgangs dürfte der bairische Erbfolgekrieg also einen weiteren Faktor bilden, der Murrhardt belastete.

Aber Gastungspflicht und Krieg waren nicht die einzigen Belastungen, die zu Schradins Bauschulden hinzutraten. Lorenz Gaul war sich eigener Verfehlungen durchaus bewußt. Im Jahr 1507 sprach er von eigener Ungeschicklichkeit sowie von Mißbräuchen und Unordnung, die eingerissen seien. Wir können die Ungeschicklichkeit, Mißbräuche und Unordnung präziser fassen, als sie Gaul – etwas pauschal – darstellt. Der erste Mißbrauch lag in einer gewissen Großspurigkeit von Gaul selbst. Während alle seine Vorgänger in der Regel nur mit einem kleinen Gefolge unterwegs waren, reiste Gaul vornehmer und aufwendiger. Bei seinen Aufenthalten in Schwäbisch Hall läßt sich das nachweisen: Gaul verbrauchte für sich und sein Gefolge meist vier, einmal sogar sechs Kannen Wein; die früheren Äbte mit kleinerem Gefolge waren mit zwei Kannen ausgekommen[122]. Der Gefallen an Aufwand und Repräsentation wird sich kaum auf die Reisen beschränkt haben. Auch im heimischen Kloster war Gaul und seinen Mönchen die Frömmigkeit eines Johannes Schradin, die Einhaltung der strengen Benediktinerregel und die mit Mühe verbundene höhere Bildung durch Universitätsstudien längst lästig geworden. Fast keiner der Murrhardter Mönche, die um 1495 studiert hatten, war allzulange im Kloster geblieben, außer einem schlugen offenbar alle eine andere Karriere ein. Kennzeichnend ist es schließlich, daß keiner der Studierten Abt geworden ist oder sonst ein nennenswertes Amt im Kloster erhielt. Wer sich 1509 – aus diesem Jahr ist die Zusammensetzung des Konvents überliefert[123] – im Kloster befand, zählte nicht zur mönchischen Elite. Es war beinahe ausnahmslos geradezu eine Negativauswahl des Mönchtums.

Dem Abt waren schon seit etwa 1503 die Zügel, die er bereits zuvor nicht sehr straff geführt hatte, völlig aus der Hand geglitten. Er führte von diesem Jahr an nicht mehr die üblichen Reisen auf die Außenbesitzungen des Klosters durch[124]. Die Gründe dafür liegen allerdings weniger in Gauls üppigem Lebensstil, sondern in einem körperlichen Leiden. Gaul verlor sein Augenlicht und erblindete schließlich ganz; außerdem stand er 1507 bereits in *gebrechlichem allter*[125]. Gaul, der den Genüssen zugeneigt und zudem noch körperlich schwer

121 Dazu Stälin 1873, S. 52–65.

122 Erstmals hatte man Abt Schradin bei dessen Besuch in Hall im Jahre 1499 4 Kannen Wein gereicht; vgl. zu Schradin und Gaul die Einzelbelege in der Äbteliste, Äbte Nr. 25 und 26.

123 In der Umwandlungsbulle von Papst Julius II. vom 9. 7. 1509 (vgl. oben Anm. 120).

124 Das letzte Mal war Gaul im Quartal von Ende April bis Ende Juli 1503 in Hall; vgl. Belege in der Äbteliste, Nr. 26.

125 Dazu Widman (wie Anm. 120) und der Brief von Abt Lorenz an den Bischof vom 29. 5. 1507 (ebenfalls Anm. 120).

angeschlagen war, vermochte die schwierige Situation des Klosters nicht zu meistern. Sein zweiter Mann im Kloster, Prior Philipp Renner, war ebenfalls nicht fähig, ihn sinnvoll zu vertreten: Renner war nicht mehr der Jüngste, Willigste und Einsatzfähigste, 1510 wird er als alt und blöde bezeichnet[126]. In den Jahren zwischen 1503 und 1508 – im letztgenannten Jahr starb Gaul, und Renner wurde nach einer nur ganz kurzen Abtszeit von Johannes Vayh selbst Abt – war Philipp Renner lediglich zweimal in Schwäbisch Hall gewesen. Zuvor waren zwei, drei oder gar vier Inspektionsreisen der Äbte pro Jahr nach Hall die Regel gewesen. Einmal, im Jahre 1507, war Renner sogar nur in Begleitung des Murrhardter »Vogtes« (genauer: Schultheißen) in Hall gewesen[127]. Allein brachte er die Initiative dazu offensichtlich nicht auf. Als Renner schließlich Abt geworden war, überbot er Gauls Repräsentation sogar noch. Die Reichsstädter mußten zweimal je sechs Kannen Wein für die Bewirtung von Renners stattlichem Gefolge aufwenden[128].

Dem Bild, das die Äbte Gaul und Renner dem Betrachter bieten, entspricht in den Jahren nach 1500 der Zustand des Klosters allgemein. Der Exodus der qualifizierten Kräfte aus dem Konvent wurde bereits erwähnt. Die zurückgebliebenen Mönche dachten gar nicht daran, die zahlreichen Gottesdienste zu halten, die laut der Benediktinerregel tags und nachts vorgeschrieben waren[129]. Abt Renner war des geistlichen *lebens und der regel haltung nit unterricht*, er kannte also nicht einmal die Benediktinerregel. Die Pforte zwischen Kloster und Stadt stand offen, Frauen gingen im Kloster und bei den Mönchen ein und aus, und auch die Mönche ergingen sich nach Lust und Laune in der Stadt. Daß sich angesichts solcher Zustände keiner mehr an die Fastengebote hielt, liegt auf der Hand. Auch wußte man nicht mehr, welche Gegenstände – insbesondere wohl Wertgegenstände – sich im Kloster befanden, und die Finanzverwaltung und die Rechnungsführung waren in heillose Verwirrung geraten. Den Murrhardter Mönchen scheint all dies gleichgültig gewesen zu sein. Die angenehmen Seiten des verlotterten Klosterlebens nahmen sie dagegen gerne hin. Die Äußerung Abt Gauls stimmt deshalb skeptisch, daß es Sorge um *merung des gots dinsts, ouch besserung, trost und helf* für sich und seine Brüder gewesen sein soll, die ihn 1507 veranlaßte, an Herzog Ulrich von Wirtemberg und den zuständigen Diözesanbischof Lorenz von Würzburg zu schreiben[130]. Prosaischere Gründe waren ausschlaggebend: Das Kloster war mittlerweile durch Schlamperei und Mißwirtschaft so hoffnungslos verschuldet, daß es einfach kein Weiterkommen mehr gab; für das Jahr 1510 ist eine Schuldsumme von 1400 fl allein an *jarlich zins und leipgeding* überliefert. 1508 beliefen sich die Gesamtschulden auf 8000 fl[131].

Die Murrhardter Mönche wollten 1507 also eine Reform. Aber es sollte eine Neuerung sein, die zwar die Schulden beseitigte und den Mönchen wieder eine solide wirtschaftliche Basis verschaffte, andererseits aber die Annehmlichkeiten der Jahre seit 1501 unangetastet lassen sollte.

126 Bericht der Reformkommission vom 10. 12. 1510 (s. Anm. 120).
127 StadtASHA StR 303, 316, 320, 325. Der Prior war in Hall Ende April/Ende Juli 1502, Ende Juli/Ende Oktober 1505, und – in Begleitung des Murrhardter Schultheißen – Ende Oktober 1506/Ende Januar 1507. Ende Juli/Ende Oktober 1505 wurde ein Haller Bote kennzeichnenderweise nicht an den Abt von Murrhardt geschickt, den man anscheinend gar nicht mehr als Verhandlungspartner ernstnahm, sondern an den Prior.
128 Ebd., StR 329, 331.
129 Bericht der Reformkommission vom 10. 12. 1510; vgl. Anm. 120.
130 Vgl. Gauls Brief vom 29. 5. 1507 oben Anm. 120.
131 Ordnung des künftigen Stifts nach dem 4. 6. 1508; vgl. Anm. 120.

Der Verfall klösterlicher Zucht war in den Jahrzehnten um 1500 häufig anzutreffen. Mönche, die Mißfallen an den strengen Regeln empfanden, gab es allenthalben. Etliche Klöster hatten in den letzten Jahrzehnten des 15. und anfangs des 16. Jahrhunderts ähnliche Probleme wie Murrhardt. Der probate Weg, der unwillige Mönche von den meisten ihrer Pflichten erlöste, ihnen aber alle Annehmlichkeiten und Privilegien erhielt, war die Umwandlung des Klosters in ein weltliches Stift. Angehörige eines weltlichen Stifts waren insbesondere von der Residenzpflicht befreit, sie konnten ihren Wohnsitz also einnehmen, wo sie wollten. Das bedeutete zusätzlich, daß der genau geregelte Tagesablauf eines Klosters oder regulierten Stifts für Säkularchorherren nicht mehr galt. Ebenso war auch das Verbot individuellen Eigentums aufgehoben, das theoretisch für Klöster und Regularstifte immer noch in Kraft war, auch wenn in der Praxis oft dagegen verstoßen wurde. Die Säkularchorherren behielten aber das Recht, die mit ihrer jeweiligen Pfründe verbundenen Einkommen weiterhin einzuziehen. War ein Kloster erst einmal in ein weltliches Stift umgewandelt, dann sah die Praxis in der Regel so aus, daß viele Chorherren weit weg vom Stift lebten und sich allenfalls während einiger Tage im Jahr zur Feier einzelner Gottesdienste im Stift aufhielten.

In der Umgebung Murrhardts hatten bereits etliche Klöster oder regulierte Stifte den Status von Säkularstiften. Wenn Murrhardt vor 1507 keinerlei Ambitionen zeigte, diesen Schritt zu vollziehen, dann zeigt das, daß unter den Äbten des späten 15. Jahrhunderts noch ein vergleichsweise strenges und an den Regeln ausgerichtetes Regiment geherrscht haben muß, auch wenn man gewiß keine idealisierte Vorstellung vom damaligen Klosterleben haben darf. Ellwangen hatte bereits 1460 die Umwandlung des bestehenden Benediktinerklosters in ein Säkularstift durchgesetzt[132]. 1477 folgte das regulierte Augustiner-Chorherrenstift Backnang, 1488 das Benediktinerkloster Komburg[133]. Von den vielen weiter entfernten Klöstern, die den bequemen Weg zum Säkularstift antraten, sei lediglich Selz im Elsaß erwähnt, und zwar weil Selz 1481 diesen Schritt unter einem Abt durchführte, der ursprünglich Mönch in Murrhardt gewesen war[134]. Der Gedanke, auch das Kloster Murrhardt in ein Säkularstift umzuwandeln, lag also nahe. Tatsächlich verschwand der anfangs in den Briefen von Abt Gaul geäußerte Wunsch nach einer Reform sehr rasch. Eine Reform, die zurück zu den unbequemen Idealen Benedikts führte, wollte man ja gerade vermeiden.

Statt dessen taucht bereits wenige Wochen später in Gauls Briefen und in den anderen Quellen die Vorstellung einer Umwandlung auf. Georg Widman, der hällische Chronist, der wenige Jahre nach den Ereignissen in Murrhardt tätig war, kommentierte die Motive der Murrhardter Mönche kurz und zutreffend: Es sei ihnen nur darum gegangen, *wie sie aus der kutten kämen*[135]. Ohne Zustimmung des wirtembergischen Landesherrn, des Würzburger Bischofs und des Papstes konnte eine Umwandlung nicht durchgeführt werden. Die wichtigste Person bei diesem Vorhaben war Herzog Ulrich von Wirtemberg. Unter diesen Aspekten müssen alle Murrhardter Schritte seit 1507 betrachtet werden. Die Umwandlung war freilich eine langwierige Sache. Die einzelnen Schritte auf diesem Weg vollzogen sich folgendermaßen: Im Frühjahr 1507 wandte sich Abt Lorenz Gaul an Herzog Ulrich und am 29. Mai 1507 an den

132 Zeller 1910 passim, v.a. S. 344ff.

133 Ebd., S. 335, mit zahlreichen weiteren Beispielen für Klöster, die sich in Säkularstifte umwandelten.

134 Vgl. Konventsliste, Konventuale Nr. 16.

135 Widman, S. 138.

Würzburger Bischof Lorenz von Bibra[136]. Der Abt bat, daß beide Fürsten zu einer Erörterung des Murrhardter Problems ihre Räte zu einem Tag senden sollten, den Herzog Ulrich anberaumen sollte. Außerdem schilderte Gaul in drastischen Worten die heillosen Zustände im Kloster. Von der Reaktion des Herzogs auf den Murrhardter Brief ist nichts bekannt. Bischof Lorenz, ein tatkräftiger, gewissenhafter und reformwilliger Mann – 1518/19 zeigte er sogar große Sympathie für Luther –, antwortete am 11. Juni 1507 und versprach jede Hilfe, wollte sich aber wegen Murrhardt zuvor noch mit Herzog Ulrich in Konstanz besprechen[137]. Dort hielt Kaiser Maximilian vom 30. April bis zum 25. Juli einen Reichstag, auf dem es insbesondere um die Finanzierung der geplanten Italien Unternehmungen des Reichsoberhauptes ging[138]. Am Rande des Reichstags muß es dann zu dem Gespräch zwischen dem Bischof von Würzburg und Herzog Ulrich von Wirtemberg über Murrhardt gekommen sein. Leider ist das Resultat dieser Unterredung nicht unmittelbar überliefert, es läßt sich aber aus einem Brief erschließen, in dem Herzog Ulrich am 5. Mai 1508 über den weiteren Gang der Ereignisse an Bischof Lorenz berichtete[139]. Demnach hat sich der Bischof zunächst einmal zurückgehalten und die ersten Schritte dem Herzog überlassen. Ulrich versuchte dem Kloster beizustehen und es zu reformieren (er tat zu *merung göttlichs diensts... sovil vnns geburt...*, *damit sie reformiert vnnd inn merer ordnung gebracht... wurden*). Mit seinem Reformplan stieß Ulrich bei den Mönchen aber auf keine Gegenliebe: Sie haben *darein ir willigung vnnd maynung nit geben wöllen.* Vielmehr ließen die Murrhardter nun die Katze aus dem Sack: *ir will vnnd maynung...* sei vielmehr, sich *inn ain weltlichen stifft zu verendern.* Zu diesem Vorhaben waren sie bereit, die Hilfe des Herzogs anzunehmen, nicht aber zu einer Klosterreform. Ulrich war dem Anliegen der Mönche nicht von vorneherein abgeneigt, wollte aber möglichst keine finanziellen Einbußen erleiden. Deshalb bat er Bischof Lorenz, er möge den Murrhardtern *rätlich vnnd furderlich* sein, damit *sie söllich verenderung... zu den minndsten kosten... zuwegen bringen mögen.*

Damit lag die Initiative beim Bischof von Würzburg. Die Räte des Bischofs erstellten ein Gutachten über die bisherigen Rechtsverhältnisse des Klosters Murrhardt und formulierten die Bedingungen, unter denen sie ihre Zustimmung zu der von Murrhardt gewünschten Umwandlung geben würden. Dieses Gutachten wurde am 4. Juni 1508 abgefaßt[140] und dem Herzog sowie dem Kloster zugestellt. Gleich darauf dürfte ein wirtembergisches, nicht genau datiertes Gegengutachten erstellt worden sein, das die herzoglichen Bedingungen formulierte, unter denen der Landesherr in die Umwandlung einwilligte[141]. Der Murrhardter Abt hielt sich zur Beratung des Würzburger Entwurfs offenbar beim Herzog in Stuttgart auf und schrieb am 5. Juli 1508 für sich, den Prior und den Konvent an den Bischof[142], daß die *ettlichen artickel,* die die Würzburger formuliert hätten, in dieser Form nicht annehmbar seien. Vor allem hinsichtlich der Forderungen nach Landeshoheit und der finanziellen Wünsche des Bischofs

136 Vgl. Anm. 120.
137 Ebd.
138 Stälin 1873, S. 72ff.
139 Vgl. oben Anm. 120. Der Konstanzer Reichstag hatte übrigens ein Ergebnis, das man in Murrhardt mit großem Mißfallen aufgenommen haben dürfte. Herzog Ulrich verpflichtete sich, eine Steuer von 46000 fl für Maximilian aufzubringen. Davon sollten die Mannsklöster Wirtembergs fürs erste 5410 fl zahlen; dazu Stälin 1873, S. 74.
140 Vgl. oben Anm. 120.
141 Ebd.
142 Ebd.

wünschte man Abstriche, auf jeden Fall erbat man aber die bischöfliche Einwilligung zur Umwandlung. Inwieweit die divergierenden Vorstellungen von Wirtemberg, Murrhardt und Würzburg im Hinblick auf das Vorhaben einander angenähert werden konnten, läßt sich nicht genau ermessen. Jedenfalls sandte das Kloster 1509 eine aus dem Murrhardter Prior Wilhelm Kern und dem Öhringer Dekan Oswald Batzer bestehende Gesandtschaft nach Rom zu Papst Julius II. Es spricht einiges dafür, daß die Murrhardter damit vollendete Tatsachen schaffen wollten, denn die Umwandlungsurkunde, die der Papst am 9. Juli 1509 ausfertigte[143], enthält eine Rechtsposition, die sowohl von der würzburgischen als auch von der wirtembergischen in entscheidenden Punkten abweicht.

Die Rechtsstandpunkte in den drei Quellen über die geplante Stiftsverfassung aus den Jahren 1508 und 1509

Eine nähere Analyse des würzburgischen Statutenentwurfs vom 4. Juni 1508, des wirtembergischen Entwurfs von 1508 und der päpstlichen Bulle vom 9. Juli 1509 zeigt fundamentale Unterschiede und verdeutlicht, weshalb die Umwandlung des Klosters in ein Stift schließlich scheitern mußte. Würzburg ging zunächst davon aus, daß das Kloster Murrhardt dem Hochstift bereits in den ältesten Dotationen zugeeignet worden sei[144], und leitete daraus umfassende Rechte ab. Der Abt habe immer von Würzburg konfirmiert werden müssen und sei verpflichtet gewesen, die jährlichen *collecta episcopalia* und zusätzliche Zehnten – wahrscheinlich sind päpstliche Sondersteuern wie die Kreuzzugszehnten gemeint – ans Hochstift abzuliefern. Außerdem habe Würzburg stets das Recht der *atzung, reise und dienste* im Kloster gehabt. Die Zustimmung zur Umwandlung des Klosters in ein Stift machte Würzburg vom Erhalt dieser Rechte abhängig. Es ist allerdings mehr als fraglich, ob das Hochstift all diese beanspruchten Rechte in den Jahrzehnten, ja sogar in den Jahrhunderten vor 1508 in der Praxis überhaupt noch geltend machen konnte. Zumindest bei *atzung, reise und diensten* dürften große Zweifel angebracht sein. Wirtemberg wird es kaum zugelassen haben, daß Würzburg derartig umfassende, die Landeshoheit berührende Rechte im Kloster ausüben konnte.

Aber die würzburgischen Forderungen gingen noch viel weiter. Das Hochstift beanspruchte nicht mehr und nicht weniger als das Präsentationsrecht für alle Stellen des künftigen Stifts Murrhardt: für Propst, Dekan und für die Präbenden der Kanoniker und Vikare. Das Amt des Propstes sollte zudem grundsätzlich einem Domherrn des Domstifts Würzburg verliehen werden. Eine solche Regelung war für den Bischof und seine Domherren erstens in materieller Hinsicht vorteilhaft und lag zweitens im Bereich des für Würzburg Üblichen: Dem Hochstift war es 1488 gelungen, genau dieselbe Regelung auch auf der Komburg durchzusetzen[145]. Alle dortigen Pröpste waren zugleich Würzburger Domherren und übten die Funktion des Propstes nur nebenbei aus. Aber was in dem nichtwirtembergischen Komburg gelungen war, mußte unter der starken wirtembergischen Landesherrschaft zum Scheitern verurteilt sein. Würzburgische Domherren als Murrhardter Pröpste waren für Wirtemberg in keiner Weise hinnehmbar. Der Dekan sollte nach dem würzburgischen Entwurf entweder durch den

143 Ebd.
144 Damit spielen die Würzburger auf eine gefälschte Urkunde Karls des Großen von 788 und auf mehrere ottonische Urkunden zwischen 993 und 1025 an. Vgl. dazu FRITZ 1982-III, S. 37ff. und 61ff.
145 JOOSS 1971, S. 60ff.

Bischof eingesetzt oder aber gewählt werden. Endgültiges sollte die päpstliche Umwandlungsbulle regeln, jedenfalls aber sollte jeder neue Dekan 5 fl ans Hochstift zahlen. Kanonikate und Vikarien beabsichtigte das Hochstift ebenfalls in eigener Machtvollkommenheit zu besetzen und jeweils 3 oder 2 fl für eine Stellenneubesetzung einzuziehen. Darüber hinaus beanspruchte Würzburg noch das *ius primarias preces* nach dem Tod eines Bischofs. Dieses Recht der ersten Bitten hätte jedem neugewählten Bischof erlaubt, die erste nach seiner Wahl freiwerdende Pfründe des Stifts Murrhardt – Kanonikate, Vikarien, Pfarreien, Altäre, Kirchenlehen – an einen Mann bischöflicher Gunst zu vergeben. Weiterhin beanspruchte das Hochstift wie bisher alle Kollekten, die Investitur auf allen Murrhardter Pfarreien, den Gehorsam aller Murrhardter Beneficiaten gegen Würzburg und die Beachtung der Zeremonien nach Würzburger Gewohnheit. Die Realisierung all dieser Vorschläge hätte einen tiefen Einbruch Würzburgs in die wirtembergische Landeshoheit in Murrhardt bedeutet. Wirtemberg wäre nie bereit gewesen, dies hinzunehmen, und vermutlich hat Würzburg seine Pläne auch nur als Maximalvorschläge verstanden, bei denen man während der folgenden Verhandlungen auf das eine oder andere verzichten mußte.

Die wirtembergischen Vorstellungen lassen sich aus dem undatierten Gegengutachten ablesen. Nach einer einleitenden Beschreibung der Umstände des Murrhardter Niedergangs – 8000 fl Schulden und die Atzungs- und Gastungslasten des Klosters werden erwähnt – führt es die vorgesehenen künftigen Rechtsverhältnisse des Stifts Murrhardt auf. Dann folgt die Regelung der künftigen Belastung des Stifts durch Wirtemberg. Murrhardt sollte der Atzungs- und Gastungspflichten enthoben sein, aber als Gegenleistung Wirtemberg jährlich 50 fl und den Wildbann über das Hochwild abtreten. Damit sollte zugleich der wirtembergische Schutz und Schirm abgegolten sein. Lediglich das *klain weydwerck*, also die Jagd auf Niederwild, sollte dem Kloster verbleiben. Die Summe von 50 fl jährlicher Abgaben an Wirtemberg ist aufschlußreich: Wenn damit ein Äquivalent für Atzung und Gastung gegeben war, dann können die Atzungs- und Gastungspflichten allein niemals die Ursache für die klösterliche Krise und die Schulden von 8000 fl gewesen sein. Das wirtembergische Gegengutachten fährt mit dem inneren Aufbau des künftigen Stifts fort. Es sollten 15 Stellen vorhanden sein: eine Propstei, eine Dekanei, neun Kanonikate und vier Vikarien. Die jährlichen Einkünfte sollten für den Propst 100 fl, den Dekan 75 fl, für jeden Kanoniker 50 fl und für jeden Vikar 32 fl betragen. Außerdem sollte Herrenweingeld gezahlt werden. Für den Propst war festgelegt, daß er zwar – wie bisher der Abt – Mitra und Stab tragen, aber *mit dem regiment des gotzhauß oder stifft nichtz zw schicken haben* sollte, es sei denn, daß ihn das Kapitel darum bat. Damit war im Grunde zugestanden, daß der Propst ein auswärtiger Würdenträger sein konnte, der von der Murrhardter Propstei lediglich 100 fl zusätzlich einnahm. Nicht gesagt war allerdings, daß die Propstei einem Würzburger Domherrn gehören sollte. Wahrscheinlich dachte man eher an einen vornehmen wirtembergischen Kleriker. Der eigentliche Machthaber sollte das Kapitel sein, dem ausdrücklich *das regiment vnnd alle oberkayt innen vnnd außerhalb der stadt Murhart, auch alle bauren lehen, habprecht* (Hauptrecht), *hantlon vnnd alle fall, vngelt, frevel, was die gesein mocht,* zugestanden wurden. Dafür sollte das Kapitel für alle Schulden des Stifts verantwortlich sein.

Neben den bereits erwähnten 50 fl jährlicher Abgabe beanspruchte Wirtemberg noch eine Reihe wesentlicher Hoheitsrechte. Alle *beneficia,* also alle kirchlichen Pfründen, sollten von Wirtemberg verliehen werden, wie dies der Herzog *sunst allenthalb in seinem furstenthum zw Dubingen, Goppingen, Faurenda, Backnack, Stutgart twt.* Die Pfründen außerhalb des Stifts –

gemeint ist wohl insbesondere außerhalb des wirtembergischen Hoheitsgebiets in hällischem, hohenlohischem oder limpurgischem Gebiet – sollte aber das Stift weiterhin verleihen können. Die Beneficiaten sollten dem Bischof von Würzburg zur Ordination und Investitur präsentiert werden. Mit den Zeremonien schließlich sei es wie in Würzburg zu halten.

Namentlich hinsichtlich der Kirchenlehen bestanden deutliche Gegensätze zwischen der wirtembergischen und der würzburgischen Position. Wenn man die als Beispiele angeführten Stifte Tübingen, Göppingen, Faurndau, Backnang und Stuttgart sowie deren Verfassung betrachtet[146], tritt die Absicht Wirtembergs klar zutage. Das künftige Stift Murrhardt sollte durch die Umwandlung in ein Stift vollends der wirtembergischen Herrschaft eingegliedert werden, die Reste von Murrhardter Unabhängigkeit, die es etwa noch bei der Vergabe von Lehen gab, sollten dabei endgültig aufgehoben werden. Es ist in diesem Zusammenhang kennzeichnend, daß das Stift Ellwangen, das ja ebenfalls unter wirtembergischer Vogtei stand und das 1460 aus einem Kloster hervorgegangen war, hier keine Erwähnung findet, denn Ellwangen waren erhebliche Rechte gegenüber Wirtemberg verblieben.

Das Resultat, das die Murrhardter Gesandtschaft – die gewiß mit einem vorformulierten Text nach Rom gereist war – dort schließlich erwirkte, wich von beiden dargestellten Entwürfen ab. Nach Aussage der Bulle des Papstes Julius II. vom 9. Juli 1509 wurde die Umwandlung auf Bitten des Herzogs Ulrich, des Abtes Philipp und des Konvents von Murrhardt durchgeführt. Das Kloster sollte *in secularem et collegiatem ecclesiam cum sigillo ac mensa, bursa communi ac omnibus et singulis insigniis collegialibus* (in eine weltliche Kollegiatkirche mit Siegel und gemeinsamen Mahlzeiten, gemeinsamem Wohngebäude und allen zu einer Kollegiatkirche gehörigen Insignien) umgewandelt werden, und zwar nach dem Vorbild der Kollegiatkirche in Stadt und Bistum Würzburg *(ad instar ecclesiarum aliarum collegiatarum ciuitatis et diocesis Herbipolensis).* Darin lag bereits ein deutlicher Unterschied zu den Plänen Herzog Ulrichs, denn dieser hatte ja einheimische Stifte als Vorbild für das künftige Stift Murrhardt vorgesehen. Noch weniger wird Ulrich über eine andere Regelung der Bulle erfreut gewesen sein: Alle weltlichen und geistlichen Lehen sollten vom Stift verliehen werden – nicht von Wirtemberg *(omnia et singula temporalia feuda ac beneficia ecclesiastica... a preposito, decano et capitulo... recipiebantur).* Daß das Kapitel darüber hinaus auch noch die freie Wahl von Propst und Dekan festlegte – der von Ulrich beanspruchte Einfluß auf die Stellenvergabe im Stift wurde also zumindest theoretisch ausgeschieden –, mußte die Bulle von Julius II. für den Herzog endgültig inakzeptabel machen. Demgegenüber traten weitere Unterschiede zu den herzoglichen und bischöflichen Plänen von 1508 zurück. Die Zahl der Pfründen im Stift wurde 1509 reduziert: Statt, wie 1508 geplant, dem Propst, dem Dekan, neun Kanonikern und vier Vikaren – also 15 Stellen – waren 1509 nur noch Propst, Dekan und acht Kanoniker oder Vikare vorgesehen – also zehn Stellen. Die Gründe sind offensichtlich: Da die Dotierung der einzelnen Stellen im Jahr 1509 dieselbe sein sollte wie 1508 – für den Propst 100 fl, den Dekan 75 fl, die Kanoniker 50 fl pro Jahr, die 1508 mit je 32 fl angesetzten Vikare wurden 1509 nicht eigens veranschlagt –, sparte man mit der geringeren Stellenbesetzung von 1509 jährliche Ausgaben von mindestens 178 fl ein. Das war bei der katastrophalen Finanzsituation Murrhardts gewiß wichtig. Zusätzlich dürfte noch ein weiterer Faktor maßgeblich gewesen sein: Wahrscheinlich gab es 1508 noch 15 Murrhardter Mönche, die allesamt ein Anrecht auf Versorgung im künftigen Stift hatten. 1509 muß die Zahl der Mönche

146 Zu Backnang: OAB Backnang, S. 146 ff.

zurückgegangen sein: Abt Gaul war nachweislich, sein kurzfristig amtierender Nachfolger Vayh mit einiger Wahrscheinlichkeit gestorben, weitere Mönche mögen ebenfalls gestorben oder ausgeschieden sein. Die Bulle nennt die 1509 noch vorhandenen Mönche des Klosters namentlich, und tatsächlich beträgt ihre Zahl nur noch zehn.

Eine Reihe von Einzelbestimmungen in der Bulle von Julius II. regelte die Ausstattung der künftigen Stiftsinsassen. In einer stark ritualisierten Welt, wie es das frühe 16. Jahrhundert war, kam solchen Äußerlichkeiten eine größere Bedeutung zu, als man heute gemeinhin annimmt. Es war gewiß wichtig, daß der Propst von Murrhardt, wie zuvor der Abt, das Recht auf Mitra, Stab, Ring und die anderen Insignien des ursprünglichen Amtes haben sollte. Als nicht minder wichtig erachtete man auch die Kleidung der Chorherren, die sich deutlich von der der Mönche unterscheiden sollte. Alle Stiftsherren sollten statt der bei den Mönchen üblichen Kapuze eine sogenannte *almutia* tragen, eine Kopfbedeckung, die über Hals und Schultern herabreichte. Die *almutia* von Propst und Dekan sollte aus beliebigen Pelzen *(pellibus variis)* angefertigt sein, die der gewöhnlichen Kanoniker aus Eichhornpelzen und die der Vikare aus schwarzem Lammpelz. In der Bulle von Papst Julius II. sind also die spezifischen Interessen Murrhardts in sehr ausgeprägter Weise berücksichtigt. Die meisten Abstriche mußte Würzburg machen, aber auch Wirtemberg sah etliche seiner Vorstellungen in der Regelung Roms nicht verwirklicht.

Die beständig in der Bulle verwendete Formulierung, die Umwandlung sei in dieser Form auf Bitten sowohl des Klosters als auch des Herzogs geschehen, stimmt so offensichtlich nicht. Anscheinend haben die Murrhardter dem Papst die Pläne des Herzogs auf eine Weise geschildert, die mit seinen tatsächlichen Absichten kaum übereinstimmten. Die von Widman geäußerte Ansicht, Prior Kern und Dekan Batzer hätten anfangs in Rom durchaus im Sinne des Herzogs verhandelt, der Papst sei nur nicht auf die herzoglichen Wünsche eingegangen und habe diesem insbesondere die geistlichen Lehen verwehrt, darf mit Fug und Recht bezweifelt werden. Widman gibt weiter an, Kern und Batzer seien schließlich nur deshalb auf die antiwirtembergische Haltung des Papstes eingegangen, weil sie unter Zeitdruck verhandelt hätten und wenigstens irgendeine, wenn schon nicht die gewünschte, Umwandlungsbulle heimbringen wollten. Hätte Widman recht, dann wäre es ein aberwitziger Zufall, daß die unter Zeitdruck entstandene Bulle den wirtembergischen Wünschen in keiner Weise, den Interessen Murrhardts aber voll und ganz entsprach. Viel wahrscheinlicher ist, daß Kern und Batzer sehr genau wußten, was sie wollten. Sie erhielten die Bulle, die sie wünschten. Die Rechte Murrhardts wurden gestärkt beziehungsweise bestätigt, die Rechte des Herzogs dagegen eng umgrenzt. Auf die Vergabe ihrer Lehen und die freie Wahl des Propstes wollten die Murrhardter weder zugunsten des Herzogs noch zugunsten Würzburgs verzichten.

Insgesamt war das Murrhardter Vorgehen mit viel Geschick eingefädelt. Die Murrhardter schlugen einen Weg ein, auf dem sie die Umwandlung ohne allzugroße Störung durch den Herzog in die Realität umsetzen zu können glaubten: Mit der Ausführung der Bulle wurden die Stifte Öhringen und Komburg beauftragt, also außerwirtembergische Stifte, die Ulrichs Einfluß entzogen waren. Das Stift Öhringen verfocht ohnehin die Murrhardter Interessen, da der Öhringer Dekan Batzer Mitglied der Murrhardter Gesandtschaft in Rom war. Es ist fraglich, ob Ulrich die erhebliche Zurücksetzung seiner Interessen in der Umwandlungsbulle je hingenommen hätte. Vielleicht wäre die Bulle schon aus rein inhaltlichen und sachlichen Gründen am Einspruch Ulrichs gescheitert. Aber die Murrhardter erleichterten durch ihr törichtes Verhalten dem Herzog die Ablehnung der in Rom formulierten Bulle. Die Romreise von Prior Wilhelm

Kern und von Dekan Oswald Batzer nahm geradezu groteske Züge an, und es war Ulrich schließlich ein Leichtes, die Bulle aus formalen Gründen zu kassieren und die Murrhardter der Lächerlichkeit preiszugeben.

Das Scheitern der Umwandlung

Es gibt wenige Klöster um 1500, deren geplante Umwandlung in ein Stift gescheitert ist. In Südwestdeutschland scheint Murrhardt sogar das einzige Kloster gewesen zu sein, dem das nicht gelang. Wie ist das zu erklären, nachdem die Murrhardter ihr Vorhaben doch mit so viel Umsicht in die Wege geleitet hatten? Die Gründe sind einfach und stimmen mit dem Bild überein, das Murrhardt in jenen Jahren bot: Den Mönchen als den Chorherren in spe kam es ganz offensichtlich auf sinnenfreudigen Lebensgenuß an, und genau deshalb scheiterten sie auch. Wilhelm Kern und Oswald Batzer waren nach Rom gereist[147], um die Umwandlungsbulle beim Papst zu erwirken. Andererseits muß die Ewige Stadt auf die beiden geistlichen Herrn aber so faszinierend gewirkt haben, daß sie ihr eigentliches Ziel weitgehend aus den Augen verloren. Kern und Batzer genossen – ganz ungeistlich – das weltstädtische Leben in vollen Zügen (es ist amüsant, sich auszumalen, was beide in Rom getrieben haben) und taten bei ihrem süßen Leben in Rom genau das, was sie auch in Murrhardt getan hatten. Sie gaben das Geld mit beiden Händen aus, ohne darauf zu achten, wieviel eigentlich vorhanden war. Nach einiger Zeit waren die beiden in Rom finanziell am Ende. Der Chronist Widman vermerkt mit der ihm eigenen Kürze: *Die Murrhardtischen lagen zue Rom, banckhetirten, der seckhel wurde leicht.* Da die Murrhardter Gesandtschaft mit etlichen hundert Gulden, die aus der Verpfändung der Oßweiler Zehnten stammten, recht gut ausgestattet nach Rom gekommen war, muß das *banckhetiren* erhebliche Ausmaße angenommen haben. Nach dem Murrhardter Bankrott in Rom wird die Geschichte aber noch kurioser: Um wieder zu Geld zu kommen, verfielen die Geistlichen auf die absonderliche Idee, die päpstliche Bulle beim Bankhaus Fugger zu verpfänden[148], um in komfortabler und standesgemäßer Weise, aber ohne die Bulle den Heimweg antreten zu können.

Die Reaktion des Herzogs auf das Murrhardter Fiasko ist nicht überliefert, sie muß aber bei einem so cholerischen Menschen, wie es Ulrich war, fürchterlich gewesen sein. Er ließ die Bulle bei den Fuggern auslösen und war sicherlich sowohl über das liederliche Verhalten Kerns und Batzers als auch über den Inhalt der Bulle erbost. Es zeigte sich sehr rasch, daß die Murrhardter in jeder Weise zu weit gegangen waren. Batzer, der kein wirtembergischer Untertan war, setzte sich wohl schleunigst ins sichere Öhringen ab und kam ungeschoren davon; Kern wurde alsbald auf dem Hohenasperg inhaftiert und blieb dort über zwei Jahre lang. Zu seiner Verhaftung hatte der Herzog sogar die Einwilligung von Abt Renner erhalten, der vielleicht hoffte, mit dieser willfährigen Geste das erwartete herzögliche Strafgericht mildern zu können[149]. Aber die Murrhardter hatten bei Ulrich jetzt endgültig verspielt. Der Herzog unterband nun jeden Schritt, der auf eine Umwandlung des Klosters in ein weltliches Stift abzielte, ja er strafte die Murrhardter sogar noch, indem er seine alten Pläne zur Reform des Klosters nach den benediktinischen Regeln in die Tat umzusetzen begann.

147 Widman, S. 138.
148 Ebd.
149 Vgl. Abt Philipps Brief vom 7. 9. 1510 an den Herzog oben Anm. 120.

Ulrich legte den Murrhardter Mönchen sein Vorhaben im Lauf des Jahres 1510 dar. Wie Abt Philipp am 7. September 1510 an den Würzburger Bischof Lorenz berichtete, habe er mit dem Herzog und dessen Räten, die *in gut anzal versamellt* waren, beschlossen, eine Reformation des Klosters durchzuführen[150]. Es sei ein Tag festgelegt worden, an dem der Bischof ebenfalls seine Räte senden solle. Wie aus den weiteren Ereignissen hervorgeht, stand den Murrhardter Mönchen der Sinn sicher nicht nach einer Klosterreform, gegen die sie sich ja schon 1508 gesträubt hatten. Es blieb ihnen aber angesichts der Ereignisse in Rom gar nichts anderes übrig, als sich in die Pläne des Herzogs und seiner Räte fürs erste zu schicken. Offenbar muß Bischof Lorenz in positivem Sinne geantwortet haben, denn am 19. November 1510 erging ein gemeinsames Schreiben von Abt Philipp und Herzog Ulrich an den Bischof, in dem sie ihn auf den 10. Dezember nach Murrhardt zur Durchführung der Reform einluden[151]. Bischof Lorenz ging darauf ein und stellte am 30. November 1510 sein Mandat für die Abgeordneten zur Reform des Klosters Murrhardt aus[152].

Tatsächlich erschienen die Räte des Herzogs und des Bischofs am 10. Dezember in Murrhardt. Der Herzog hatte die Äbte Jörg von Zwiefalten, Johannes von Hirsau und Sebastian von Lorch, seinen Hofmeister Philipp von Nippenburg und Benedikt Pfarrer, Licentiat und Chorherr zu Stuttgart, geschickt, vom Bischof kamen die Äbte Konrad von St. Stephan und Johannes Trithemius von St. Jakob in Würzburg – er hat sich wegen seiner zum Teil manipulierten Forschungen einen fragwürdigen Ruf als Historiker erworben – sowie Klaus von Dettelbach[153]. Die Bestandsaufnahme der wirtembergischen und würzburgischen Herren in Murrhardt fiel vernichtend aus (auf das Urteil über Abt Philipp Renner und auf die Klagen über die Mißachtung der Regeln durch die Murrhardter Mönche sowie auf den lebhaften Verkehr von Frauen im Kloster und Mönchen in der Stadt wurde bereits hingewiesen)[154]. Mit Abt Philipp hatten die Kontrolleure ein Einsehen: Ihm sei *wegen seiner blödigkeit und alters... vertrostung geschehen,* er galt, obwohl nicht einmal der Regel mächtig, als nicht mehr voll schuld- und zurechnungsfähig. Den Mönchen legte man nahe, auf die Umwandlung des Klosters in ein Stift endgültig zu verzichten. Da zumindest Abt Philipp schon vom Herzog unter Druck gesetzt worden war, wollten die Murrhardter auch *frey wilkurlich und gentzlich verzyhen.* Damit war definitiv beschlossen, daß Murrhardt ein Benediktinerkloster bleiben mußte. Um den moralisch verkommenen Konvent, der allein niemals zu einer Erneuerung fähig gewesen wäre, mit frischen Kräften zu versorgen, entfernte man vier Mönche. Sie sollten zur Besserung in anderen Klöstern untergebracht werden, bevor sie nach Murrhardt zurückkehrten. An ihre Stelle traten *bruder Oswald von Lorch zu prior und bruder Conrad auch desselben convents zu ober kelerer* und zwei weitere *geistlich reformirt person,* vermutlich ebenfalls aus Lorch. Damit war nicht nur der inhaftierte Ex-Prior Wilhelm Kern ersetzt, vielmehr hatte das Kloster in dem sittenstrengen neuen Prior Oswald Binder einen Mann gefunden, der anstelle des nicht mehr arbeitsfähigen Philipp Renner das Kloster leiten sollte. Tatsächlich wurde Binder nur ein Jahr später Renners Nachfolger im Abtsamt. Mit dem

150 Ebd.
151 Vgl. den Bericht der Reformkommission vom 10. 12. 1510, oben Anm. 120.
152 Vgl. ebd.
153 Ebd.
154 Vgl. oben 64ff.

Oberkeller Konrad, über den nichts weiter bekannt ist, hatte man einen Mann nach Murrhardt geschickt, der die desolaten Finanzen des Klosters sanieren sollte.

Das war dringend nötig, denn allein an Bargeldschulden hatten sich 1400 fl angehäuft. Dieser Betrag wird aber nur einen Teil der Gesamtschuld ausgemacht haben, die 1509 bei 8000 fl lag. Die Anweisungen der Reformkommission sahen im finanziellen Bereich die Tilgung der Schulden, eine einträglichere Nutzung des Klosterhofs in Großbottwar und Einsparungen durch Heranziehen von Einkünften der Pfarrei Murrhardt ins Kloster vor. Außerdem sollte der Gottesdienst verbessert und zu diesem Zweck eine neue Visitation des Klosters auf den 14. Februar 1511 nach Murrhardt anberaumt werden. Bis dahin befahlen die Räte *bey vermeydung beder fürsten ungnad ernstlich*, sich daran zu halten, daß der Gottesdienst bei Tag und Nacht zu den vorgeschriebenen Zeiten stattfand. Da der Abt dazu nicht in der Lage sei, sollte er dem Prior es überlassen, *dasselbig mit vleyß zu handelnn und auch darwider nit handeln.* Die Klosterpforte sollte mit einem Pförtner besetzt werden, *der... sonderlich... kein fraw bild in das closter* lassen und jedem Konventualen den Ausgang in die Stadt verwehren sollte. Die Pfarrei sollte ins Kloster gezogen werden, der Pfarrer (der ein Mönch war) sollte seinen Tisch im Kloster haben. Alle Einkünfte der Pfarrei sollten ans Kloster fallen. Die Mönche sollten, *so man begengknuß hatt in der pfarr,* Messe halten, sie sollten also bei Leichenbegängnissen einen ordnungsgemäßen Gottesdienst durchführen. Abt und Großkeller verpflichtete man auf gegenseitigen gütlichen Umgang. Dem Abt billigte man zwar zu, daß er *seines alters und blödigkeit halben* von der Fastenpflicht der Ordensregel entbunden sei und Fleisch essen dürfe, er sollte aber *solichs souil muglich verborgenlich thun, damit er nymant kein beeß ebenbild und den brüdern im convent zu wider willen nit ursach gebe.* Außerdem sollte sich der Abt *aller... leichtvertiger geselschaft* enthalten. Schließlich wurde noch eingeschärft, daß die Konventualen nur im Rahmen der Regel Fleisch essen dürften und daß die alten und die neu hinzugekommenen reformierten Konventualen sich in *brüderlicher liebe gehorsam und gefellig sein* sollten.

Es ist sicher, daß die Verordnungen der Reformer auf die Beseitigung tatsächlich existierender Mißstände im Kloster abzielten. Die Frage war nur, ob den Anordnungen der Reformer auch Erfolg beschieden war. Zunächst einmal verschoben Wirtemberg und Würzburg den anberaumten Inspektionstermin am 14. Februar 1511. Herzog Ulrich führte in einem Brief an Bischof Lorenz am 21. Januar 1511 aus, er sei *mit anderen geschäften beladen*[155], Bischof Lorenz ging darauf ein und verwies darauf, daß der geplante Termin zudem in die Fastnacht falle – was wohl als weiterer Hinderungsgrund galt[156].

Die Verhältnisse in Murrhardt ließen es aber nicht zu, die Inspektion allzu lange zu verschieben. Denn Herzog Ulrich hatte schlechte Nachrichten aus Murrhardt erhalten. Am 15. April 1511 berichtete er an Bischof Lorenz[157], ihm sei durch seine Räte *glouplich berichtung zukomen,* daß das Kloster weiterhin *in mercklich unordnung vnnd abgang* stehe. Man habe dem Abt Philipp deshalb *zu fryem willenn* nahegelegt, auf sein Amt zu verzichten und *sin praelatur vnnd abbty zu resignieren.* An seine Stelle sollte Prior Oswald Binder treten. Schwierigkeiten gab es nicht nur mit dem alten Abt, den der Herzog offenbar sehr massiv zum Rücktritt gedrängt hat, sondern auch mit den verbliebenen Mönchen des alten Konvents. Sie

155 Vgl. oben Anm. 120.
156 Ebd.
157 Ebd.

hatten *die reformation in kain weg... wollen annehmen noch im gotzhuß plybenn.* Gegen diese widersetzlichen Mönche half nur eines: Der Herzog ließ sie alle mit einer Abfindung fortschicken. Nur zwei Mönche aus dem alten Konvent wollten bleiben, und von denen war *ainer von allter und schwachaitt* und scheute nur deshalb den Gang aus dem Kloster. Eine neue Visitation sah der Herzog nun als unnötig an, denn jetzt war klar, wer Herr in Murrhardt war. Herzog Ulrich hatte auf elegante Weise den neuen Tag wegen der Murrhardter Angelegenheit umgangen, weitere Verhandlungen unter Mitwirkung des Bischofs von Würzburg vermieden und das gesamte Problem allein geregelt. Damit war die Landeshoheit über Murrhardt nahezu vollständig. Bischof Lorenz akzeptierte die Zuständigkeit des Herzogs. Der Wunsch nach einem neuen Tag unter Mitwirkung der bischöflichen Räte wurde fürs erste nicht mehr laut.

Immerhin erfolgte der Ausschluß des Bischofs aus den Murrhardter Angelegenheiten nicht abrupt. Am 2. Mai 1511 fragte Herzog Ulrich noch einmal nach der bischöflichen Meinung wegen der Einbeziehung der Pfarrei Murrhardt ins Kloster[158]. Der Bischof beziehungsweise seine Räte mögen mitteilen, *wie und wölichermassen* die Pfarrei *zu versehen sey.* Diese Anfrage erfolgte aber nur noch der Form halber, denn tatsächlich hatte der Herzog sein Programm bereits in die Tat umgesetzt: Der alte, unfähige Abt war abgesetzt oder hatte, nach offiziellem Sprachgebrauch, auf sein Amt verzichtet. An seine Stelle war der erst 1510 als Reformprior nach Murrhardt gekommene Oswald Binder aus Lorch getreten. Von den neun Mitgliedern des verlotterten Konvents hatte man im Dezember vier zwangsexiliert; zwei neue Konventualen und ein Großkeller waren dafür aus Lorch gekommen. 1511 mußten auf herzoglichen Druck von den verbliebenen fünf alten Konventualen jene drei weichen, die weiterhin die Reform ablehnten. Damit war der Konvent des Klosters Murrhardt geschrumpft. Im Mai oder Juni 1511 waren nur noch der erwählte Abt Oswald Binder, der Großkeller Konrad, der 1511 auch das Amt des Priors einnahm, und zwei weitere reformierte Mönche, der abgedankte Abt Philipp Renner und zwei mehr oder weniger zur Reform bereite Mönche aus dem alten Konvent anwesend, insgesamt also sieben Personen. Das war wenig, aber der verkleinerte Konvent schien gesünder als der alte von 1507/09 mit 10–15 Personen. Am 2. Juli 1511 bat Oswald Binder um die bischöfliche Approbation, die auch bald eingegangen sein muß[159]. Mit Murrhardt schien es wieder aufwärts zu gehen. Am 18. Dezember 1512[160] durfte sogar der lange Zeit eingesperrte Ex-Prior Wilhelm Kern wieder als einfacher Mönch ins Kloster zurückkehren. Er mußte Urfehde schwören und somit auf alle Maßnahmen gegen die erlittene Strafe verzichten, außerdem mußte er sich verpflichten, sich im Kloster Murrhardt nach der reformierten Ordnung drei oder vier Jahre *redlich* (zu) *halten,* andernfalls sollte er wieder gestraft werden. Mehrere Verwandte Kerns mußten für sein Wohlverhalten mit 500 fl bürgen. Damit schien sich der Konvent auch personell wieder zu festigen.

158 Ebd.
159 Ebd.
160 Ebd.

Trotz dieser Maßnahmen besserte sich in Murrhardt wenig. Abt Oswald Binder war zwar *ein frommer, geistlicher, andächtiger, gottesfürchtiger mann,* wie der Chronist Widman berichtet[161], der den Abt selbst gekannt hat; insofern kann man davon ausgehen, daß sich der Zustand des Klosters in geistlichen Dingen zum Guten veränderte. Das half aber wenig, weil es nicht gelang, die wirtschaftlichen Nöte des Klosters zu beheben. Widman stellte Binders guten Willen nicht in Frage, meint aber, er sei *in burgerlichen sachen undt hauszhaltung* nicht *gantz lauffenlich* gewesen. Nach Widmans Bericht war Binder nicht gewillt, dem Kloster noch weitere Lasten zur Abtragung der Schulden zuzumuten. Einzelne Versuche, durch Kreditaufnahmen zu Geld zu kommen[162], blieben ohne durchschlagenden Erfolg. Das Kloster konnte die Schuldenfrage allein nicht lösen. Neue Besprechungen mit wirtembergischen Räten waren erforderlich, und Binder und sein Konvent ließen sich zu folgender Lösung überreden: Die Murrhardter Konventualen sollten für eine Übergangszeit das Kloster verlassen und in anderen Klöstern unterkommen. Während dieser Zeit fielen einerseits die hohen Personalkosten weg, da die Murrhardter Mönche keine Pfründengelder mehr kassierten. Andererseits war das unbesetzte Kloster auch nicht mehr verpflichtet, für *gasterey undt atzung* der wirtembergischen Jagdgesellschaften aufzukommen. Die Einkünfte des Klosters flossen dagegen weiter, so daß man hoffte, mit diesen rigorosen Maßnahmen die Schulden in absehbarer Zeit abzutragen, ja man war *inn zuversicht...* (daß) *ein vorrath ersparth und sie* (die Mönche) *hinwiderumb in ihr closter fürderlich eingesetzt wurdten.*

Der wirtembergische Sanierungsplan wurde in die Tat umgesetzt. Binder kehrte in seinen alten Konvent nach Lorch zurück, die übrigen Murrhardter Mönche wurden als Gäste in verschiedenen Benediktinerklöstern aufgenommen. Wann es zu diesem Exodus aus dem Kloster kam, ist nicht genau überliefert, läßt sich aber erschließen: Noch 1513 ließ das Kloster im Murrhardter Patronatsort Oberrot die dortige Kirche neu erbauen und mit Binders Wappen versehen[163], und bis zur Jahreswende 1517/18 bestand zwischen der Reichsstadt Schwäbisch Hall und dem Kloster Murrhardt der übliche Geschäftsverkehr. Der Abt oder andere klösterliche Würdenträger waren in Hall zu Besuch, Boten der Haller kamen in verschiedenen Angelegenheiten zum Abt nach Murrhardt[164]. Erst damals, Ende 1517/Anfang 1518, haben die Mönche ihr Kloster verlassen. Die Verwaltung des Klosters wurde während der Abwesenheit der Mönche von zwei Männern aus dem Laienstand *(zween laische alumni)*

161 Widman, S. 140.

162 Das Kloster nahm am 28. 2. 1513 800 fl Geld vom Stift Stuttgart auf, wofür es dem Stift jährlich 40 fl aus dem Erdmannhausener Zehnt schuldete. Dieser jährliche Zins lastete noch 1558 auf dem Kloster (HStAS H 102/72, Bd. 24, Bl. 178 ff.). Am 4. 8. 1515 bat Abt Binder die Reichsstadt Heilbronn um ein Darlehen von 100 fl, rückzahlbar an Martini. Am 24. 1. 1518 stand Binder erneut wegen Finanzgeschäften mit Heilbronn in Kontakt (UB Heilbronn, 3, Nr. 2397).

163 Vgl. die Bauinschrift: *Anno d(omi)ni 1513;* darunter befindet sich links (heraldisch rechts) das Limpurger, rechts (Heraldisch links) das Roter Wappen. Zwischen beiden ist ein Abtsstab abgebildet, der in das hochgesetzte Wappen von Abt Binder hineinragt. Über dem Limpurger und Roter Wappen sind die Buchstaben *A* und *O* eingemeißelt.

164 Zur Anwesenheit von Murrhardter Abt, Prior oder Küster in Hall: StadtASHA StR 340, 342, 343, 352, 356, 360, 362, 364 (Ende 1511–Ende 1517; letzte Anwesenheit von Abt Binder in Hall vor dem Exil: Ende Juli/Ende Oktober 1517). Haller Boten wegen verschiedener Angelegenheiten in Murrhardt: StR 342, 349, 354, 365; letzte Anwesenheit eines Boten: Ende Oktober 1517/Ende Januar 1518: *Caspar Bindern gen Murhart zum apt von wegen ainß obmanß czwischen im und ainem erbern ratt.*

versehen[165]. Allerdings funktionierte der Sanierungsplan nicht: Den beiden *laischen alumni* gelang es nicht, die Schulden des Klosters zu verringern, sie erhöhten im Gegenteil sogar die Ausstände binnen eines Jahres durch leichtsinniges Verhalten um weitere 1000 fl. Herzog Ulrich, seine Räte und die Murrhardter Mönche in ihren auswärtigen Gastklöstern erkannten, daß der eingeschlagene Weg keine Lösung bot. Offenbar war man nun ratlos, denn Herzog Ulrich wandte sich Ende 1518 an den Benediktinerabt Johannes von St. Peter in Erfurt und bat ihn auf den 9. Januar 1519 nach Murrhardt, um *ordnung und wege zu suchen,* das Kloster endlich wirkungsvoll zu reformieren[166]. Der Erfurter Abt war vom Landkapitel der Benediktiner zum Visitator der Klöster unter anderem im Herzogtum Wirtemberg bestimmt worden, so daß ihm auch die Überwachung der Ordnung in Murrhardt oblag. Johannes von St. Peter antwortete dem Herzog am 25. Dezember 1518 und entschuldigte sich: Die Reise nach Murrhardt sei ihm zu weit, auch habe er in Erfurt zuviel Arbeit, und außerdem gingen gerade Seuchen um, so daß er nicht kommen könne. Als seinen Stellvertreter bestimmte er den Abt Johannes von Hirsau, dem die Murrhardter Verhältnisse gut bekannt waren, da er sich bereits anläßlich des Reformversuchs vom Dezember 1510 in Murrhardt aufgehalten hatte. Über die neuerliche Reformtagung vom 9. Januar 1519 in Murrhardt ist nichts überliefert, ihre Beschlüsse lassen sich aber ermitteln.

Die Rückkehr der Mönche 1519

Die Reformtagung in Murrhardt fiel fast genau mit einigen anderen Ereignissen zusammen, die für die weitere Entwicklung Murrhardts und ganz Wirtembergs entscheidende Bedeutung gewannen[167]. Am 12. Januar 1519 war Kaiser Maximilian gestorben, das Reich war verwaist. Herzog Ulrich hatte in den Jahren zuvor seinen Stallmeister Hans von Hutten ermordet und sich mit seiner Gemahlin Sabine von Baiern überworfen; er war daher sowohl mit der mächtigen Familie von Hutten, mit der Ritterschaft als auch mit dem Haus Baiern bitter verfeindet. Der alte Kaiser hatte Ulrichs Exzesse noch einigermaßen in die Schranken weisen können, indem er zum Beispiel zweimal die Reichsacht über den Wirtemberger verhängt hatte. Mit Maximilians Tod kannte der Herzog jedoch keine Bedenken mehr. Unter einem Vorwand überfiel Ulrich am 21. Januar 1519 die Reichsstadt Reutlingen, deren Besitz sein Herzogtum abrunden sollte, und nahm sie nach heftiger Beschießung bereits am 28. Januar ein. Die Gegenmaßnahmen des Schwäbischen Bundes ließen nicht lange auf sich warten: In einem kurzen, energisch geführten Feldzug von Ende März bis Ende Mai 1519 nahm der Bund alle Festungen Wirtembergs ein, eroberte das Land und zwang den Herzog zur Flucht.

165 Dazu Widman, S. 140. Die Annahme von Rothenhäusler 1886, S. 125, die Mitteilung von Crusius über die Exilierung des Murrhardter Konvents sei »eine Verwechslung... mit der... Pensionierung und Entlassung der früheren Conventualen«, (Rothenhäusler meint die Vorgänge von 1510) »von denen nur zwei im Kloster blieben«, ist sicher falsch. Crusius hat recht: Er übermittelt inhaltsgetreu den Bericht Widmans, und Widman war spätestens seit etwa 1520 selbst häufig in Murrhardt und mit den dortigen Verhältnissen bestens vertraut. Widman hat also gewiß korrekte Mitteilungen über das Jahrzehnt vor 1520 gemacht. Crusius, S. 519 und 545, ist nur eine Sekundärquelle, die aus Widman schöpft. Gering ist auch der Quellenwert von Trithemius 1601, S. 434, und Trithemius 1690, S. 567. Obgleich Trithemius 1510 Mitglied der Murrhardter Reformkommission war, liefert er im Vergleich zu Widman nichts Neues.

166 Das ergibt sich aus dem Antwortschreiben von Abt Johannes an den Herzog vom 25. 12. 1518, Original HStAS A 508, Bü. 2).

167 Zum Folgenden Stälin 1873, S. 116 ff. und 157 ff.

In Murrhardt hatte die Reformtagung auf Drängen der Murrhardter Mönche beschlossen[168], beim Herzog um die Rückkehr der Mönche in ihr Kloster nachzusuchen. Um die Finanzkrise endlich zu meistern, sollte der Murrhardter Konventuale Martin Mörlin, *ein lauffenlich geschickter mensch,* dem Abt Binder als Großkeller, also als Finanzverwalter, beigegeben werden. Man schickte eine Murrhardter Gesandtschaft zum Herzog ins Feldlager vor Reutlingen, die zwischen dem 21. und 28. Januar 1519 dort eingetroffen sein muß. Herzog Ulrich, für den Murrhardt damals natürlich nur ein Randproblem darstellte, gab ohne viel Umschweife seine Zustimmung. Die Murrhardter Mönche kehrten somit Anfang 1519 wieder in ihr Kloster zurück. Sie hatten sich dort kaum heimisch gemacht, als mit Ulrichs Vertreibung eine völlig neue Phase der wirtembergischen Geschichte begann.

168 Dazu Widman, S. 140, der allerdings von der Tagung selbst nichts erwähnt.

Das Kloster zur Zeit der österreichischen Statthalterregierung (1519–1534)

Konsolidierung des Klosters unter den neuen politischen Verhältnissen

Trotz der neuen Herrschaftsverhältnisse im Herzogtum Wirtemberg waren die von den Mönchen mit Herzog Ulrich vor Reutlingen ausgehandelten Bedingungen auch weiterhin maßgebend[1]. Abt Binder, der sich seit 1518 in seinem alten Lorcher Konvent aufgehalten hatte, war wieder zurückgekehrt, kümmerte sich aber fast ausschließlich um geistliche Fragen; die Verwaltungsarbeit war weitgehend an Großkeller Mörlin übergegangen. Eine wesentliche Erleichterung hatte das Kloster durch die Neuregelung der lästigen Jägeratzungsfrage erwirkt. Künftighin entfiel die unkalkulierbare Belastung des klösterlichen Haushalts durch unerwartete Gastereien und Atzung. Als Gegenleistung hatte das Kloster eine jährliche Steuer von 100 fl an die herzogliche Kasse zu zahlen.

Es ist kaum überliefert, wie sich die klösterliche Finanzlage nach der Wiederbesiedlung der Abtei 1519 im einzelnen gestaltet hat. Der Verkauf von Zehntanteilen in Raibach an das Haller Spital erbrachte 115 fl und half, die Murrhardter Schulden geringfügig zu tilgen. Ebensowenig ist über die Haltung von Abt und Konvent zu den verwickelten staatsrechtlichen Fragen bekannt, die 1519/20 von dem in seiner Existenz bedrohten wirtembergischen Staat zu lösen waren. Wirtemberg war infolge der Politik von Herzog Ulrich hoffnungslos verschuldet, und die Landtage waren ständig mit dem Problem der Schuldenabtragung befaßt[2]. Nach altem Herkommen sollten die Schulden auf die einzelnen Ämter umgelegt werden. Es erscheint angesichts der Finanzlage Murrhardts, die noch katastrophaler war als die Wirtembergs, kaum glaublich, daß Murrhardt sich 1519/20 an der Staatsschuldentilgung wesentlich beteiligen konnte. Abt Binder hat wahrscheinlich an den verschiedenen Versammlungen der Ehrbarkeit und der Prälaten teilgenommen, die schließlich mit dem Sieg der pro-österreichischen Partei in Wirtemberg endeten. Man beschloß, das Herzogtum nicht dem erst vierjährigen Herzogssohn Christoph anzutragen, sondern dem Haus Habsburg. Das geschah Ende November 1519 zunächst im geheimen, im Februar 1520 wurden dann die neuen Machtverhältnisse öffentlich bekanntgegeben[3]. Ob Binder zur pro-österreichischen Partei gehört hat, ist unbekannt. Als betont frommem, weltlichen Dingen eher abgeneigtem Mann interessierte ihn die große Politik ohnehin kaum. Er hat sich, zusammen mit seinen Mönchen, jedenfalls klaglos in die neuen Verhältnisse geschickt und in der Folge loyal mit der österreichischen Statthalterregierung in Stuttgart zusammengearbeitet.

1 Zum Folgenden Widman, S. 140.
2 Zum Raibacher Zehntverkauf: HospAH U 1522, Juli 25. Dazu Grube 1957, S. 110 ff.
3 Ebd., S. 112 f.

Auf längere Sicht beteiligte sich Murrhardt durchaus an den verschiedenen Steuern, die im Lande eingezogen wurden[4], und wußte auch ansonsten *allerhandt schatzunngen zuertragen*[5]. Das Erstaunliche dabei ist, daß das Kloster seine Schuldenlast abtragen konnte; dies stellt der Finanzpolitik des Großkellers Martin Mörlin ein hervorragendes Zeugnis aus. Im Laufe weniger Jahre war nach 1519 die wirtschaftliche Lage des Klosters wieder *leidentlich* (leidlich) geworden[6]. Die für das Kloster erfreuliche finanzielle Entwicklung brachte für die Untertanen, die das Geld für die Sanierungsmaßnahmen der Mönche und zusätzlich noch für die Schuldentilgungspolitik der österreichischen Statthalterregierung aufbringen mußten, jedoch erhebliche Belastungen mit sich. Die wenigen Murrhardter Quellen, die aus der Zeit zwischen dem Beginn der österreichischen Herrschaft 1519/20 und dem Ausbruch des Bauernkrieges 1525 erhalten sind, zeigen zwar keine dramatischen oder gar schikanösen Maßnahmen des Klosters gegenüber seinen Untertanen – lediglich das Bemühen um die Klärung einiger Rechtspositionen und Einkünfte wird erkennbar[7] –, aber an der steigenden Unzufriedenheit der Bürger und Bauern auch in Murrhardt kann kein Zweifel bestehen. Vielleicht hat Großkeller Mörlin, der seine Bauern durchaus energisch maßregeln konnte[8], hie und da die Spannungen noch mehr verschärft. Jedenfalls zog der Bauernkrieg 1525 auch Murrhardt und das Kloster in Mitleidenschaft.

Der Bauernkrieg

Soziale Unruhen vor 1525: Der Arme Konrad 1514

Die sozialen Unruhen des frühen 16. Jahrhunderts waren an Murrhardt weitgehend vorübergegangen. Ablehnung der Ehrbarkeit, Haß auf die korrupten Vögte und einzelne Gewalttätigkeiten hatte es zwar schon seit Ende des 15. Jahrhunderts in immer spürbarerer Form gegeben[9], aber die Murrhardter Quellen geben keine näheren Auskünfte. Auch der Aufstand des Armen Konrad von 1514, die größte Erhebung vor dem Bauernkrieg, hat Murrhardt, wenn überhaupt, allenfalls am Rande erfaßt. Die im Stuttgarter Hauptstaatsarchiv aufbewahrten Akten zum Armen Konrad enthalten keinen Bericht über Ereignisse im Bereich des

4 Vgl. zum Allgemeinen ebd., S. 116–136.

5 Murrhardt beteiligte sich beispielsweise 1523 an der Abtragung der Schulden wegen des Mordes an Hutten mit 50 fl. Zum Vergleich die anderen Klöster: Hirsau, Bebenhausen, Adelberg, Herrenalb, Zwiefalten und Maulbronn je 125 fl, Alpirsbach 100 fl, Blaubeuren, Lorch und St. Georgen je 62 fl 30 x, Denkendorf 37 fl 30 x; HStAS L 5, Tomi actorum – Tomus Austriacus, S. 278.

6 Widman, S. 140.

7 So am 14. Mai 1520 wegen verschiedener Leibeigener, bei denen einzelne Rechtsfragen zwischen Murrhardt und Limpurg strittig waren (StAL B 114, Bü. 1749, Nr. 8); am 26. Januar 1521 wegen des zwischen Murrhardt und dem Stift Backnang strittigen Zehnts und der rechtlichen Zugehörigkeit des Weilers Fautspach (HStAS A 508, U 11); am 15. April 1521 wegen einer Pfandschaft und Sicherheit in Großbottwar (ebd., U 43); am 25. Juli 1523 wegen der zwischen Murrhardt und Limpurg ungeklärten Rechtsverhältnisse zu Ottendorf (StAL B 186, U 2197).

8 In einer Forststreitsache am 6. April 1524 wird beispielsweise berichtet, der *keller* habe den Ruprecht von Stöckach *angefaren..., er sol sein maull zuhaben* (HStAS A 59, Bü. 1a).

9 Vgl. etwa die Mißstände, die sich bei der Affäre des Pfeifers von Niklashausen 1476 äußerten, oder in Wirtemberg die ständigen Bitten um Abstellung der Mißstände, insbesondere aber den Aufruhr zu Lauffen 1483 und den zu Nürtingen 1498 (Fischer/Amelung/Irtenkauf 1985, S. 101–104).

Klosteramts Murrhardt. Zwar könnte es sein, daß eine eventuell früher vorhandene Nachricht heute nicht mehr erhalten ist, vielleicht hat sich 1514 aber einfach kaum Nennenswertes im Amt zugetragen. Dies ist sogar sehr wahrscheinlich, denn nur eine weitgehend ruhige Situation in Murrhardt kann das erstaunlich milde Vorgehen von Abt Binder gegen eine der zentralen Figuren des Armen Konrad im Murrhardter Patronatsort Großbottwar erklären[10].

In Großbottwar hatte der Pfarrverweser Peter Gschydlin zusammen mit elf weiteren Männern den Aufstand vorbereitet und inszeniert. Der Bottwarer Vogt Wilhelm Beltz warf Gschydlin am 19. Juni 1514 Folgendes vor: *...so ist genanter Peter Gschydlin, verweser der pfar zu Botwar, in allen ratschlegenn by den vorgenanten gestanden, si zu huß unnd hoff geladen, inen essen unnd trincken geben unnd vil widerwillens gemacht zwüschen gericht, rat unnd gemaind, das doch meins bedenckens kainem erbern priester zimpt. Ist auch in gegenwirtigkait junckher Hainrichs von Liebenstain in allen verkundungen gestanden, darob dan juncker Hainrich nit klain verdriess gehept hat...* Gschydlin habe überhaupt eine zentrale Rolle bei dem Aufruhr in Großbottwar gespielt: *Wa der pfaff nit gewest were,* stünde es jetzt besser als zuvor. Vogt Beltz und der bei den Unruhen beinahe tätlich bedrohte Junker Heinrich von Liebenstein hatten zusammen mit der Großbottwarer Ehrbarkeit beim Murrhardter Abt dringend nachgesucht, Gschydlin bis zum Johannistag (24. Juni) – also sofort – von der Pfarrstelle zu entfernen und durch einen anderen Geistlichen zu ersetzen. Erschwerend komme bei Gschydlin noch hinzu, daß er sich *ungeschicklich mit den frumen schwestern in der klußen zu Botwar in der bycht gehalten* habe. Vogt Beltz schrieb sich beim Abfassen seines Berichts an Herzog Ulrich wegen des Geistlichen so in Rage, daß er seinem Landesherrn in Stuttgart die härtesten Maßnahmen gegen Gschydlin vorschlug: Dieser gehöre auf einen Karren geschmiedet, zu seinem Vorgesetzten geschickt und dann außer Landes gejagt[11]. Besonders empörte sich Beltz über zwei Dinge: Gschydlin hatte während des Aufstands verkündet, daß der Abt von Murrhardt nicht über ihn verfügen könne, vielmehr werde ihn die Gemeinde – also nicht der Abt – behalten. Noch schlimmer war für den Vogt, daß Abt Binder sich nicht einmal von dieser direkt an seine Adresse gerichteten Anschuldigung gegen Gschydlin beeindrucken ließ. Zwar beabsichtigte Binder auf massiven Druck aus Bottwar hin, Gschydlin abzuberufen, der Abt ließ sich aber Zeit und wollte den Pfarrverweser noch ein Vierteljahr im Amt lassen. Dagegen erhob Beltz ausdrücklichen Protest beim Herzog.

Wohl auf Intervention des Herzogs entfernte der Abt Gschydlin nun tatsächlich von der Großbottwarer Pfarrstelle, verbannte ihn jedoch keineswegs ins Ausland. Vielmehr übertrug

10 Vgl. zum Folgenden die – in Details korrekturbedürftige – Arbeit von Bossert 1923/24 und 1925/26 und insbesondere den Bestand Armer Konrad (HStAS A 45), Bericht des Bottwarer Vogts Beltz (Bü. 3). Zu den Ungenauigkeiten bei Bossert 1923/24, S. 83 f., sind die folgenden Anmerkungen zu vergleichen.

11 Die Darstellung bei Bossert 1923/24, S. 84: »Die Gemeinde verlangte, die Regierung solle den Pfarrverweser auf einen Karren geschmiedet dem Bischof von Speyer zuschicken«, stimmt nicht mit HStAS A 45, Bü. 3, überein. Es war der Wunsch des Vogtes, nicht der Gemeinde. Vom Bischof von Speyer ist nicht die Rede. Auch ansonsten urteilt Bossert ungenau: Nicht die Gemeinde machte Gschydlin den Vorwurf, er habe den Aufstand angeheizt, vielmehr heißt es ausdrücklich: *mecht ich* (der Vogt) *mit vilen der erberkait wysen, wa der pfaff nit gewest were, das er gar vil baß stände dan es stat.* Gschydlins Feinde waren also nur der Vogt und die Ehrbarkeit, keineswegs die gesamte Gemeinde. HStAS A 131 (Hochstift Speyer), Bü. 1, enthält zu diesem Sachverhalt nichts. Enthalten ist nur die Antwort der wirtembergischen Räte an den Bischof, der – wohl 1516 – Gschydlin kurzfristig verhaftet hatte und nähere Auskünfte über Gschydlin begehrte.

er ihm die Murrhardter Pfarrei Erdmannhausen. Gschydlin hatte also in geradezu unglaublicher Weise Rückhalt bei seinem Abt. Hätte Abt Binder beim Aufstand von 1514 die Bedrohungen am eigenen Leibe verspürt, wie dies der Bottwarer Obrigkeit widerfahren war, er wäre mit Gschydlin sicherlich anders verfahren. Wie sehr die prominenten Bottwarer den Geistlichen haßten und verfolgten, wird aus der Tatsache deutlich, daß er auf Antrag des späteren Bauernführers Matern Feuerbacher wenig später in Erdmannhausen verhaftet und dem Bischof von Speyer zugeschickt wurde. Die anschließende Untersuchung ergab aber nicht viel, denn Gschydlin kehrte zu seiner Erdmannhausener Pfarrei zurück, die er 1516 und 1534 nachweislich wieder innehatte; nach Auskunft der Quellen war er noch 1538 am Leben. Außerdem gelang es ihm, weitere Pfründen für sich und seine Familie zu sammeln. In Erdmannhausen wurde sein Sohn Frühmesser, er selbst besaß 1525 in Oberstenfeld eine Herdstätte und wirkte dort als Pfarrverweser. Zudem scheint es, daß er auch in Großbottwar 1525 wieder Pfarrverweser war[12].

Die Anfänge des Bauernkrieges 1525

Der Bauernkrieg von 1525 hat Murrhardt wesentlich mehr in Mitleidenschaft gezogen als die Erhebung des Armen Konrad von 1514. Die Ursachen des Bauernkriegs in der Murrhardter Gegend unterscheiden sich wohl kaum von den Ereignissen andernorts, welche schließlich in die große Auseinandersetzung mündeten. Es sei hier lediglich auf die umfangreiche Literatur zum Thema[13] verwiesen, die Frage nach eventuell vorhandenen, spezifisch ausgeprägten Ursachen zurückgestellt; ihnen wäre in einer Spezialuntersuchung nachzugehen.

Die Murrhardter Geschichte des Bauernkriegs ist insofern komplizierter als andernorts, weil sich Kloster und Stadt am Rande des wirtembergischen Territoriums befanden. Während im Innern Wirtembergs die Erhebungen von 1525 in der Regel von wirtembergischen Bauernhaufen ausgingen, spielten in Murrhardt ortsfremde und auch »ausländische« – meist limpurgische – Bauern eine bedeutende Rolle. Die Kunde von den Erhebungen im Hegau im Spätsommer 1524 war schon früh nach Murrhardt gekommen, nicht zuletzt deshalb, weil die habsburgischen Landesherren von Wirtemberg zur Bekämpfung der Hegauer Unruhen starke Militärkontingente anforderten, für deren Kosten wie üblich die einzelnen Ämter aufzukom-

12 Bossert 1923/24, S. 82, 84, bestreitet die Identität des Bottwarer Pfarrers *maister Peter* von 1525 mit dem Pfarrverweser Peter Gschydlin von 1524. Bosserts Argumente entsprechen aber nicht den Quellen: Bossert geht davon aus, daß Gschydlin sich 1514 bei den Bottwarer Bürgern verhaßt gemacht habe. Davon kann aber, wie in der vorhergehenden Anmerkung gezeigt wurde, keine Rede sein. Bei der großen Mehrheit der Bevölkerung dürfte er ein höchst populärer Mann gewesen sein. Besonders bemerkenswert ist, daß Bossert eine Identität von Peter Gschydlin und *maister Peter* noch aus einem anderen Grunde ausschließt: *Maister Peter* sei ein Mann gewesen, dem man »lutherische Neigungen« zutraute. Ein gut lutherischer Pfarrer kann nach Bosserts Vorstellung – er war selbst evangelischer Geistlicher – aber keinen Aufruhr wie den von 1514 verursachen. Bosserts eigenes Glaubensverständnis und seine Einstellung zu Obrigkeit und Aufruhr scheinen die Ursache zu sein, daß er zwischen dem »Aufrührer« Peter Gschydlin von 1514 und dem »gut lutherischen« *maister Peter* von 1525 unterscheiden will. Wie gesagt: Uns scheint 1514 und 1525 eher derselbe Geistliche in Großbottwar zu amtieren, wenn auch die letzte Sicherheit hierfür fehlt. Peter Gschydlin wird im übrigen 1538 in der evangelischen Religion examiniert und als »ziemlich gut unterrichtet« befunden (Bossert, ebd.), was ja bestens mit dem lutherischen *maister Peter* von 1525 zusammenpassen würde.

13 Der Hinweis auf Blickle 1983, S. 31–139, und die darin verarbeitete Literatur soll genügen.

men hatten[14]. Tatsächlich marschierten wirtembergische Truppen in den Hegau, konnten aber nicht verhindern, daß noch im Spätherbst 1524 die Unruhen auf südwirtembergisches Gebiet übergriffen. Die Situation spitzte sich zu, als im Januar 1525 der verjagte Herzog Ulrich die bäuerliche Erhebung für seine Zwecke nutzen wollte und versuchte, mit angeworbenen Söldnern von Süden her nach Wirtemberg einzudringen und sein Herzogtum zurückzuerobern. Am 7. Februar 1525 bewilligte der Stuttgarter Landtag neue Gelder zur Aufstellung eines weiteren Heeres gegen Ulrich. Bereits am folgenden Tag wurden alle Ämter aufgefordert, *ein namliche anzal kriegsvolck zu Tuttlingen und andern besatzungen* mit Zahlungen zu unterstützen[15]. Daß das Geld gegen Ulrich gebraucht wurde, wagte man wohl nicht so klar zu sagen, denn die Stuttgarter Statthalterregierung fürchtete – zu Recht –, daß Ulrich beim Volk noch viele Sympathien genoß. Die drei Klöster Zwiefalten, Alpirsbach und Murrhardt wurden erst zwei Tage später, am 10. Februar, wegen der *löff mit den uffrurigen puren im Hegau und am wald* und wegen *des practizierens und furnemens* des Herzogs Ulrich zur Zahlung von je 400 fl aufgefordert[16]. Ob Murrhardt diesen hohen Betrag entrichtet hat, ist nicht bekannt.

Jedenfalls blieb die Lage gespannt. Herzog Ulrich marschierte in Wirtemberg ein, belagerte sogar Stuttgart und hielt erst Mitte März mit der Rückeroberung des Landes ein, weil ihm seine Schweizer Söldner davonliefen. Die einheimischen Bauern und das wirtembergische Landesaufgebot hatten sich – in völliger Verkennung von Ulrichs Charakter – geweigert, gegen ihn zu kämpfen, und ihn im allgemeinen freundlich begrüßt. Allerdings hatte die Episode um Ulrich nur für kurze Zeit den eigentlichen sozialen Konflikt überdeckt. Die Statthalterregierung hatte angesichts des anmarschierenden Herzogs und der Unruhen im Süden des Landes bereits am 25. Februar an *alle prelaten, ouch in alle amter, mans- und frowenclöster* geschrieben, man solle in den Klöstern, weil der Glaube *irrfal* erleide und *ouch sunst schwer uffrurig und embörlich löff sich anzögen und erheben*, und in den Gotteshäusern allerorten um einen guten Ausgang beten[17].

Bis zu diesem Zeitpunkt hatte man in Murrhardt angesichts der Bauernerhebung finanzielle Lasten auf sich nehmen müssen. Man sollte ferner im Kloster beten, man hatte von Herzog Ulrich und der sich ausbreitenden Bauernerhebung gehört, aber die Bauern der Umgebung hatten sich noch nicht erhoben. Gleichwohl dürfte bereits damals die Stimmung immer gereizter geworden sein. Ende März schlug die Unzufriedenheit in erste Aktionen um. Zwischen Rems und Kocher versammelten sich die Bauern aus den angrenzenden wirtembergischen und limpurgischen Gebieten, aus den verschiedenen dort gelegenen, kleineren Adelsherrschaften und aus der Reichsstadt Schwäbisch Gmünd[18]. Sie nahmen Adlige gefangen, drohten, das Kloster Lorch einzunehmen, und brachten etliche Dörfer zum Anschluß an die bäuerliche Bewegung. Besonders schwer wurde die Obrigkeit durch die Weigerung der Bauern getroffen, die Zinsen und Gefälle zu zahlen. Der Aufstand ergriff sofort wirtembergisches Gebiet, das Amt Schorndorf und das Wieslauftal, das Amt Göppingen und das Gebiet des Klosters Adelberg; das Kloster selbst wurde noch vor dem 2. April erstmals von den

14 Grube 1957, S. 137ff.
15 HStAS H 54, Bü. 1.
16 Ebd.
17 Ebd., Bü. 49.
18 Pietsch 1954, S. 139ff.

Bauern besetzt[19]. Die Reaktion der Obrigkeiten unterschied sich je nach Ort und Situation: Die wirtembergische Statthalterregierung versuchte zu rüsten und bot den Adel auf[20], den Schenken von Limpurg gelang es, ihre Bauern aus dem Auflauf zwischen Rems und Kocher herauszulösen, indem sie ihnen erlaubten, ihre Beschwerden in Artikeln schriftlich zu formulieren; sie sollten dann gutwillig geprüft werden[21]. In anderen Teilen Wirtembergs – soweit sie für Murrhardt von Belang sind – war die Unruhe Ende März/Anfang Juni noch nicht so sehr eskaliert wie im Gebiet Schorndorf–Göppingen–Lorch–Adelberg. Allerdings zeigte sich am 1. April auch in Großbottwar bereits der radikale Bauernführer Jäcklin Rohrbach, der dort agitierte[22].

Die Anfänge der Unruhen rund um Murrhardt

Die folgenden Tage verliefen gewiß in großer Spannung, doch die Quellen berichten für Murrhardt nichts Näheres. In den Murrhardt unmittelbar benachbarten limpurgischen Orten wurden Anfang April die von den Schenken genehmigten Beschwerdeartikel formuliert und abgesandt[23]. Mit den limpurgischen Orten Fichtenberg und Oberrot war Murrhardt durch vielfältige Verwandtschaftsbeziehungen eng verbunden. Namentlich der sowohl im Murrhardter Weiler Siegelsberg als auch in Oberrot ansässige und begüterte Bauer und Gastwirt Conz Bart ist in diesem Zusammenhang zu nennen. Die Situation hatte bereits am 7. April eine derartige Spannung erreicht, daß die Statthalterregierung in Stuttgart alle Klöster im Lande anwies, die Wertsachen in Burgen oder anderswohin in Sicherheit zu bringen[24]. Es scheint, daß auf diesen Befehl hin das Kloster Murrhardt mit dem chronikalisch überlieferten Abtransport der wertvolleren Archivalien ins Kloster Lorch begann[25], in dem man aus unerfindlichen Gründen mehr Sicherheit erwartete. Besonders aufmerksam wird man in Murrhardt von seiten der Obrigkeit und der Untertanen die Entwicklung im Hällischen verfolgt haben, wo sich Anfang April bereits die Bauern erhoben, Pfarrhäuser und Schlösser erstürmt hatten und auf Hall gezogen waren. Die Haller wendeten die Gefahr für ihre Stadt noch einmal ab, indem sie an der Gottwollshäuser Steige mit Kanonen auf die Bauern feuern ließen[26], aber obwohl die hällischen Bauern sich zunächst zerstreuten, schien nach diesen Vorfällen alles möglich. Die hektische Reaktion der limpurgischen Beamten, die – während sie offiziell noch mit den Bauern verhandelten – Munition aus Hall heranschaffen ließen[27], beweist dies.

In Murrhardt beobachtete man aber nicht nur aufmerksam die Geschehnisse in der Haller Gegend und im Limpurgischen. Seit Anfang April sammelte der Böckinger Gastwirt Jäcklin Rohrbach in der Heilbronner Region bewaffnete Bauern um sich, gleichzeitig liefen in Öhringen Bauern aus Hohenlohe zusammen und erhielten sogar Zuzug aus dem Taubergrund

19 All dies nach dem gedruckten Ausschreiben der Statthalterregierung an den Adel des Landes vom 2. 4. 1525, HStAS A 54, Bü. 1.
20 Ebd.
21 Pietsch 1954, S. 120ff.
22 Bossert 1923/24, S. 84f.
23 Pietsch 1954, S. 139ff., und Fritz 1985-I, S. 55ff.
24 HStAS H 54, Bü. 1.
25 Widman, S. 140.
26 Zimmermann 1856, S. 370ff.; auch: Fritz 1985-I, S. 57f.
27 Fritz 1985-I, S. 57.

und aus dem Odenwald[28]. Rohrbachs Bauern stießen zu den Verbänden in Öhringen. In den Tagen um den 10. April wurden die Grafen von Hohenlohe und die von Löwenstein zum Anschluß an die bäuerliche Bewegung gezwungen. Dann marschierte der »helle, lichte Haufen« unter der Führung Wendel Hiplers, Florian Geyers, Jäcklin Rohrbachs und des Götz von Berlichingen nach Neckarsulm und besetzte auch dieses Städtchen. In den Reichsstädten ringsum – in Schwäbisch Hall und Heilbronn – und im wirtembergischen Weinsberg fürchtete man den Angriff des auf etliche tausend Mann angewachsenen Bauernheeres. Allgemein war man schlecht gerüstet. In Weinsberg hatten Obervogt Dietrich von Weiler und der Graf von Helfenstein gerade 70 Reisige zur Verteidigung der Stadt zur Verfügung. Besser vorbereitet schien Hall. Heilbronn dagegen war von inneren Gegensätzen zerrissen und konnte kaum Truppen aufbieten. Deshalb sandte Heilbronn – vermutlich kurz nach dem 10. April – Boten aus, die Kriegsknechte zur Verteidigung der Stadt werben sollten[29]. Die Heilbronner Werber kamen auch in die Murrhardter Gegend und bis ins Rottal. Murrhardt war Sammelpunkt des Fähnleins, das aus den geworbenen Knechten gebildet werden und nach Heilbronn marschieren sollte. Aus Fichtenberg ist überliefert, daß sich dort eine Anzahl Männer anwerben lassen und nach Murrhardt begeben wollte. Es zeigte sich aber, daß die Lage auch in der Murrhardter Umgebung es nun nicht mehr zuließ, daß man hier Söldner hätte werben können, die man gegen die Bauern und deren befürchteten Angriff auf Heilbronn einsetzen konnte. Noch bevor die Fichtenberger nach Murrhardt zum Heilbronner Fähnlein ziehen konnten, trafen in Fichtenberg mehrere Männer ein, die den Heilbronner Plan durchkreuzten. Es handelte sich um den bereits erwähnten Gastwirt Conz Bart aus Murrhardt-Siegelsberg und Oberrot, dessen Schwiegersohn Claus Blind, um Martin Doderer und Claus Klenk aus Westermurr, um Jerg Ganser, Stoffel Schweinlin und Klintzig aus Murrhardt und um Jos Schwenk aus Fornsbach. Diese Murrhardter Gruppe überredete die Fichtenberger, nach Oberrot zu ziehen, wo eine Schuld – und zwar keine Privatschuld – einzufordern sei. Bevor man nach Oberrot zog, stürmte und plünderte man das Pfarrhaus in Fichtenberg. In Oberrot zeigte sich schnell, gegen wen sich die »Schuldeinforderung« wandte – gegen den Junker Caspar von Rot, den dortigen Ortsadligen und Vogt der Schenken von Limpurg in Gaildorf. Die Bauern unter Conz Bart drangen in Caspars Haus ein, fanden den Adligen aber nicht vor. So schrieb man einen Brief an den Roter, dessen Inhalt nicht bekannt ist. In Oberrot herrschte ein hektisches Treiben. Man bereitete sich unter Barts Führung darauf vor, nach Gaildorf zu ziehen, wo sich die limpurgischen Bauern versammeln wollten.

Mit den Ereignissen in Fichtenberg und Oberrot waren die Heilbronner Anwerbungspläne in Murrhardt hinfällig geworden. Tatsächlich hat Heilbronn in der Woche nach Ostern (der Ostersonntag fiel auf den 16. April) dem Bauernheer keinen Widerstand geleistet und sich, vom Haufen Rohrbachs belagert, sogar der bäuerlichen Bewegung angeschlossen[30]. Mittlerweile hatten die Bauern Weinsberg gestürmt und dort am Ostersonntag die adlige Besatzung ermordet; auch in Zentralwirtemberg begann der allgemeine Aufstand. Von großer Bedeutung für die wirtembergische Erhebung war vor allem der Großbottwarer Gastwirt Matern Feuerbacher[31]. Er stellte sich am Tag der Weinsberger Geschehnisse den Bauern nur unter

28 Zimmermann 1856, S. 381 ff.
29 StAL B 114, Bü. 1660, Aussage des Strampveit.
30 Zimmermann 1856, S. 415–422.
31 Zu ihm Bossert 1923/24 und 1925/26 passim.

Zwang zur Verfügung und war mit seinem wirtembergischen Bauernhaufen in der Folge mehr auf Mäßigung bedacht als die Heilbronner und Öhringer Bauern.

Die Züge der Bauern nach Murrhardt

Die Weinsberger Vorfälle wirkten allenthalben als Fanal. Aus verschiedenen benachbarten Ämtern ging noch an Ostern die entsetzte Meldung bei der Regierung in Stuttgart ein, daß man Kunde vom Tod des für Bottwar, Beilstein und Backnang zuständigen Obervogts Dietrich von Weiler und des Grafen Helfrich von Helfenstein erhalten habe[32]. Gleichzeitig entsandten die Bauern Feuerbachers, die sich auf dem Wunnenstein versammelt hatten, eine 300 Mann starke Abteilung ins Murrtal, um das Kloster Murrhardt zu besetzen[33]. Die Wunnensteiner und Bottwarer Bauern marschierten durch eine Gegend, die bereits in vollem Aufruhr war. Unterwegs belagerte der Bauernhaufen zusammen mit Bauern aus dem Murrtal die Burg Reichenberg, und am 18. April erkundigte sich der dort eingeschlossene ratlose Forstmeister Christoph von Gaisberg in Stuttgart, was er mit dem gefangenen Harschhans tun solle, dessen Freilassung die Bauern verlangten[34]. Zwei Tage später schrieb er erneut nach Stuttgart, die Bauern – sie hatten offenbar den Reichenberg nicht mehr oder nur noch nachlässig besetzt – hätten ihn aufgefordert, sich ihnen anzuschließen und den Harschhans mitzubringen. Widerstand sei zwecklos, er habe kein Geschütz und nur vier Mann, versuche aber, sich zu halten, solange es gehe[35]. Zu diesem Zeitpunkt, dem 20. April oder kurz vorher, nahmen 300 Bottwarer Bauern Stadt und Kloster Murrhardt ein.

Murrhardt wurde von Westen her von den wirtembergischen Bauern und von Osten her von den limpurgischen Bauern angegriffen. Die Murrhardter Bauern und Bürger scheinen sich, soweit sie an dem Aufstand beteiligt waren, mehr dem limpurgischen Bauernhaufen angeschlossen zu haben. In Gaildorf hatten sich seit dem Ostersonntag die Limpurger Bauern versammelt, sich »gemeiner, heller Haufe« genannt und den Adel und die Klöster der Umgebung zum Anschluß aufgefordert[36]. Eine 500 Mann starke Bauernabteilung[37] marschierte von Gaildorf nach Murrhardt, um das Kloster zu besetzen[38]. Man fand Stadt und Kloster aber anscheinend bereits von den Bottwarern besetzt vor. Zwischen den Bauernheeren verschiedener Herkunft entwickelten sich keine Spannungen, und vorerst verhielt man sich auch gegenüber dem Kloster friedlich. Die Limpurger Bauern waren nur gekommen, um vom Kloster eine Revolutionssteuer in Höhe von 300 fl zu kassieren, und zogen wieder ab, als man ihnen das offenbar zugesagt hatte[39]. Allgemeine Unruhe verbreitete indes der in Murrhardt

32 So meldeten etwa die Bottwarer dies noch am 16. April, die Backnanger am 17. April, HStAS A 54, Bü. 3, Bü. 1.

33 Bericht des Schorndorfer Untervogts Jerg Gaisberg vom 21. 4. 1525, HStAS H 54, Bü. 51.

34 Ebd., Bü. 5.

35 Ebd.

36 Zu den Gaildorfer Ereignissen Fritz 1985-I, S. 59 ff.

37 Zahlenangaben im Bericht des Schorndorfer Untervogts Jerg Gaisberg vom 21. 4. 1525, HStAS H 54, Bü. 51.

38 StAL B 114, Bü. 1660–32, und Fritz 1985-I, S. 61 f.

39 Ebd., S. 61. Auf denselben Sachverhalt dürfte sich auch die Mitteilung bei Kirschenesser, S. 363, beziehen: *Item die bawrn heten den munchen das closter zu Murhart umb 300 fl verkauft, aber inen were nichts darumb worden...*

von den beiden Bauernhaufen diskutierte Plan, gemeinsam Hall anzugreifen[40]. Auch das Amt Backnang fühlte sich durch die in Murrhardt versammelten Bauern bedroht und beschloß, das von Feuerbacher angeforderte Backnanger Kontingent erst am 24. April morgens in Richtung Stuttgart marschieren zu lassen, als sich die Lage in Murrhardt entspannt hatte[41].

Aber auch nach dem Abzug der Bauern hatte sich die Lage – entgegen den Backnanger Hoffnungen – nicht beruhigt. Das Kloster hielt die versprochenen 300 fl zurück, und die Hauptleute des gemeinen, hellen Haufens schrieben am 24. April aus Gaildorf, das Geld solle schleunigst gezahlt werden, andernfalls erschienen sie mit dem gesamten Haufen in Murrhardt, und zwar *dermassen, dass ich besorg, die rotten bunnen werdend uf der abtey kregen*[42]. Da Murrhardt weiterhin nicht zahlte, erschien der limpurgische Haufe tatsächlich, vermutlich schon am 25. April, in Murrhardt[43]. Dabei handelte es sich um keinen isolierten Schlag der Gaildorfer, sondern um ein geplantes Unternehmen, dem ein schriftlicher und mündlicher Befehl Feuerbachers zugrunde lag[44]. Feuerbacher stand mit seinem Heer in Stuttgart, konnte sich also um Murrhardt nicht kümmern. Bei der zweiten Einnahme kam Murrhardt nicht so glimpflich davon wie beim ersten Mal. Die Stadt blieb zwar unversehrt, aber das Kloster nahm Schaden. Zwar krähte nicht, wie angedroht, der rote Hahn auf dem Klosterdach, aber die Abtei wurde geplündert und verwüstet. Insgesamt ergibt sich folgendes Bild über die Plünderung des Klosters: Es wurden etliche Wertsachen, namentlich das Silbergeschirr, geraubt[45], die Fenster des Klosters zerschlagen – vermutlich handelte es sich um bunt bemalte Glasfenster[46] –, die Bücher und Archivalien, soweit man ihrer habhaft werden konnte, zerrissen, verbrannt oder mit Kot verunreinigt[47] oder gestohlen[48], außerdem die Wein- und Lebensmittelvorräte geplündert[49]. Der völligen Zerstörung entging das Kloster nur, weil der Feldhauptmann Pfennigmüller den Bauern riet, das Kloster als Versorgungs- und Nachschubbasis für weitere Operationen weiterbestehen zu lassen[50]. Außerdem war während der Plünderung der Bottwarer Bürger Hans Cremer als Führer einer vierköpfigen Gesandtschaft Feuerbachers in Murrhardt erschienen[51] und hatte mäßigend eingewirkt. Er hielt die Limpurger Bauern insbesondere davon ab, von Murrhardt aus nach Wirtemberg einzufallen;

40 Bericht Gaisberg wie Anm. 37.

41 Bossert 1923/24, S. 101.

42 Vogt 1880, S. 181, Nr. 255-2.

43 Brief von Bürgermeister, Gericht, Rat und verordnetem Ausschuß von Schorndorf an Matern Feuerbacher vom 27. 4., in dem sich die Schorndorfer entschuldigen, nicht die angeforderten 200 Mann zu Feuerbacher geschickt zu haben; die Gaildorfer Bauern hätten Murrhardt eingenommen und am 26. 4. auch das Kloster Lorch besetzt und wendeten sich nun einigen Schorndorfer Amtsdörfern zu; HStAS A 54, Bü. 5, Nr. 15e; Original ins StadtA Schorndorf zurückgegeben.

44 Vogt 1880, S. 206, Nr. 290.

45 Ebd.

46 StAL B 114, Bü. 1660–32; auch: Fritz 1985-I, S. 58, 62.

47 Widman, S. 8.

48 Wolfgang Kirschenesser, der Bauernkanzler, gab in seiner Urgicht an, er habe aus dem Kloster Murrhardt *ain buchlin* gebracht, *wer das narrenschiffe; het er ainem baurn genomen, der wolt es zerrissen haben.* Es handelt sich um Sebastian Brants berühmtes »Narrenschiff«. Vgl. zum Sachverhalt: Kirschenesser S. 364. Vgl. auch folgende Anmerkung.

49 Nach Hoffman, S. 299, richteten die Bauern in Murrhardt *grossen schaden an wein, viche, venstern, buchern und anderm* an.

50 Herolt, S. 202.

51 Vogt 1880, S. 206, Nr. 290.

dies sei unnötig, weil Wirtemberg ja bereits von Feuerbachers Heer überzogen werde. Außerdem rang Cremer den Bauern die Zusage ab, *sovil an silbergeschir dem gotshuß genomen worden ist, dem gotshuß wieder* (zu)*zustellen*. Die in Murrhardt versammelten Bauern unterhielten weiterhin mit Feuerbacher Kontakt, indem sie Boten nach Stuttgart sandten[52].

Cremer war anscheinend auf die dringende Bitte des Abts und Konvents vom Kloster Bottwar nach Murrhardt aufgebrochen. *Etlich priester* – unter ihnen gewiß Murrhardts Patronatsgeistliche in Großbottwar, vielleicht aber auch schon einige der Mönche – hatten Cremer um Friedensbriefe gebeten; man hoffte, auf diese Weise vor Gewalttaten der Bauern besser geschützt zu sein[53]. Am 28. April schrieben die Murrhardter Mönche einen Protestbrief wegen der im Kloster angerichteten Verwüstungen an Feuerbacher und baten um Hilfe[54]. Die Mönche müssen die Lage in Murrhardt in den folgenden Tagen als so bedrohlich empfunden haben, daß sich Abt Oswald samt seinem Konvent vor den limpurgischen Bauern absetzte und Zuflucht im Murrhardter Pfleghof in Großbottwar suchte. Von dort aus wandte sich der Abt am 5. Mai »in Sorgen, Jammer und Trübsal« an Feuerbacher, der ihm wohl konzilianter erschien als die in Murrhardt sitzenden Bauern des gemeinen, hellen Haufens. Feuerbacher »möge Fleiss anwenden, daß er (der Abt) wieder in sein Kloster komme. Es begegne ihm viel, das er nicht schreiben könne, die von Murrhardt lassen ihm nichts zukommen«[55]. Aus diesen Zeilen ist unschwer abzulesen, daß die Mönche von den Aufständischen einiges zu hören bekommen hatten, was auf die Gemüter der Benediktiner beleidigend und angsteinflößend wirkte. Schlimmer war, daß die Murrhardter ihre klösterlichen Herren regelrecht im Stich und nahezu verhungern ließen. Man weiß, daß damals angesichts der Zahlungsverweigerungen etliche Geistliche in materielle Schwierigkeiten gerieten und nun die Not selbst erlitten, die viele ihrer Untertanen zuvor hatten erdulden müssen[56].

Die weiteren Ereignisse bis zum Zusammenbruch der bäuerlichen Erhebung

In Murrhardt muß nach der Plünderung eine Anzahl bewaffneter Bauern zurückgeblieben sein, was eine Rückkehr der Mönche unmöglich machte. Zudem dürfte ein Teil der Murrhardter Bürger die Bauern kräftig unterstützt haben. Ein Großteil des gemeinen, hellen Haufens zog nach Lorch, Adelberg und zum Hohenstaufen. Die Bauern zündeten die beiden Klöster an, erstürmten die Burg und verwüsteten sie. In Lorch gingen die evakuierten Murrhardter Archivalien zugrunde. In den ersten Maitagen verließ der gemeine, helle Haufen Lorch, wo er gelagert hatte, und kehrte wieder in die Gaildorfer Gegend zurück[57].

In den folgenden Tagen trieben die Ereignisse in Innerwirtemberg auf ihren Höhepunkt zu. Feuerbacher wurde am 11. Mai von den Bauern als Führer abgesetzt, tags darauf schlug das Heer des Schwäbischen Bundes unter Georg Truchseß von Waldburg die Bauern bei Böblingen vernichtend. Damit war die Macht der Aufständischen in Wirtemberg gebrochen. Die Adligen, die von den Bauern gezwungen worden waren, sich der revolutionären Bewegung

52 Fritz 1985-I, S. 62.
53 Vogt 1880, S. 206, Nr. 290.
54 Ebd., S. 207, Nr. 292.
55 Ebd., S. 231, Nr. 349.
56 Vgl. ebd., S. 207, Nr. 293.
57 Fritz 1985-I, S. 62.

anzuschließen, sprangen nach und nach wieder ab. Merkwürdig entwickelte sich die Lage der Limpurger Bauern: Sie waren von niemandem besiegt worden, aber sie spürten freilich, daß sich die Waage allmählich zu ihren Ungunsten neigte. Man sammelte sich wieder in Gaildorf, das wohl auch schon vorher als Sammelplatz der Bauern gedient hatte[58]. Es kam nun zu ernsten Übergriffen und Plünderungen auch in der limpurgischen Residenzstadt. Die Gemüter waren durch die dramatischen Ereignisse allgemein erhitzt. Der militärisch noch intakte gemeine, helle Haufen marschierte nach Bühlertann. Beide Seiten, der Schwäbische Bund und die Bauern, drohten mit offensiven Aktionen. Am 21. Mai hatten sich die Stadt Murrhardt und die anderen Untertanen des Klosters auf Gnade und Ungnade dem Schwäbischen Bund ergeben. Der Truchseß stellte für Stadt und Kloster einen Schutzbrief aus[59]. Daraufhin drohten die Bauern von Bühlertann, die durch viele geflohene wirtembergische Bauern Verstärkung erhalten hatten, erneut gewaltsam gegen Murrhardt vorzugehen. Die Obrigkeit, die die Entschlossenheit und das gewalttätige Vorgehen des gemeinen, hellen Haufens kannte und fürchtete, nahm die Drohung ernst. Am 23. Mai wies die wirtembergische Statthalterregierung die Vögte der Ämter Schorndorf, Winnenden und Backnang an, den Murrhardtern mit allen verfügbaren Kräften zu Hilfe zu kommen, falls der erwartete Angriff tatsächlich erfolgen sollte[60]. Auch die Stadt Schwäbisch Hall wurde gebeten, Murrhardt im Falle der Gefahr Hilfe zuzusenden[61]. Die Haller warteten aber nicht so lange, sondern gingen ihrerseits zum Angriff gegen die Bauern über. Das städtische Aufgebot, verstärkt um 600 Mann des Schwäbischen Bundes, marschierte nach Bühlertann, um das limpurgische Bauernheer zu vernichten. Vom Einkorn aus beobachten die Bauern aber den hällischen Ausmarsch und zogen sich rechtzeitig aus Bühlertann zurück, so daß der Schlag der Reichsstadt ins Leere ging. Obwohl die Limpurger Bauern weiterhin unbesiegt waren, konnten sie sich nun nicht mehr zu einem schlagkräftigen Heer formieren. Nach und nach brach die bäuerliche Bewegung auch im Limpurgischen zusammen. Am 21. Juni begann eine gemeinsame Polizeitruppe der Reichsstädte und der Adligen die letzten Widerstandsnester der limpurgischen Bauern zu bekämpfen, am 23. Juni wurde in dem zu Murrhardt gehörenden Pfarrhof in Westheim der Bauernkanzler Kirschenesser gefangen, später gefoltert und hingerichtet. Damit war der Bauernkrieg für Murrhardt beendet.

Zusammenfassende Betrachtungen

Betrachtet man die Rolle von Amt, Stadt und Kloster Murrhardt im Bauernkrieg in einem Überblick, kommt man zu folgenden Ergebnissen: Die einzelnen Teile des Klostergebiets wurden in unterschiedlicher Intensität von den revolutionären Ereignissen erfaßt und entwikkelten insbesondere unterschiedliche revolutionäre Energie. Von der Stadt und ihren Weilern gingen durchaus wichtige Impulse aus, wie die von den Murrhardtern mit ausgelösten Ereignisse in Fichtenberg und Oberrot und der anschließende Marsch auf Gaildorf beweisen. Andererseits waren Stadt und Kloster kein Sammelpunkt eines Bauernhaufens, sondern Objekt und Angriffsziel der Bauern. Besonders intensiv hat der Aufstand die Murrhardter Außenbesitzungen im Osten erfaßt, also Westheim und Ottendorf, die in unmittelbarer Nähe

58 Ebd., S. 62f.
59 Gedruckt bei Hoffman, S. 327.
60 HStAS H 54, Bü. 1.
61 Ebd., Repertorium S. 51 mit Hinweis auf Bü. 25, dort aber nicht auffindbar.

von Gaildorf lagen, wo sich das limpurgische Bauernheer versammelte[62]. Westheim war noch bis zum 23. Juni in der Hand der Bauern. Ohne Rückendeckung der dortigen Bevölkerung hätte sich der Bauernkanzler Kirschenesser dort niemals so lange halten können.

Der Haß auf das Kloster muß so verbreitet gewesen sein, daß Murrhardt in die kuriose Situation kam, von zwei Bauernhaufen zugleich angegriffen zu werden: erst von Feuerbachers Leuten vom Wunnenstein und von Bottwar und zweimal von den in Gaildorf versammelten Bauern. Das Kloster war aus naheliegenden Gründen Angriffsziel der Aufständischen: Den Bottwarern war es als Inhaber der reichen Großbottwarer Pflege bekannt und verhaßt, viele Bauern des Gaildorfer Haufens lebten unter Murrhardter Patronat, hatten Murrhardter Pflegen in ihren Orten oder waren gar unmittelbare Murrhardter Untertanen, wie etwa die Einwohner von Oberrot, Fichtenberg, Westheim und Ottendorf. Die Murrhardter neigten eindeutig dem gemeinen, hellen Haufen aus Gaildorf zu. Dem wirtembergischen Bauernheer Feuerbachers schlossen sie sich nicht an, ja Feuerbacher scheint stillschweigend akzeptiert zu haben, daß das Amt Murrhardt sich den Limpurgern zugehörig fühlte. Weder war Murrhardt unter den wirtembergischen Ämtern, denen Feuerbacher nach dem 20. April befahl, Truppen nach Stuttgart zu senden, noch schickte die Stadt Anfang Mai weitere Verstärkung ab[63]. Auch in dem zahlreichen Bauernheer, das am 8. Mai vor Herrenberg lag, sucht man die Murrhardter vergebens[64], während die benachbarten Ämter allesamt vertreten waren. Da die Murrhardter im wirtembergischen Bauernheer fehlten, erlitten sie auch keine Verluste bei der Niederlage von Böblingen am 12. Mai. Daß trotzdem viele Murrhardter nach dem Bauernkrieg kompromittiert gewesen sein müssen – wohl durch ihr Mitwirken beim limpurgischen Bauernhaufen –, wird durch die Tatsache deutlich, daß die Einwohnerzahl Murrhardts bei der unmittelbar nach dem Bauernkrieg noch 1525 durchgeführten Herdstättenzählung auf einen Tiefstand gesunken war[65]. Zahlreiche Murrhardter hatten es vorgezogen, aus Furcht vor der Rache der Herren sich erst einmal zu verbergen und abzuwarten. Der kriegsbedingte Bevölkerungsschwund traf – wie nicht anders zu erwarten – das Amt Murrhardt stärker als die Stadt, und innerhalb des Amtes wiederum vor allem die östlichen Orte Westheim und Ottendorf.

Es ist davon auszugehen, daß Murrhardt – wie alle anderen von der »Empörung« betroffenen Orte – Schadensersatzzahlungen zu leisten hatte. Einzelheiten sind leider nicht bekannt. Besser belegt sind die Schadensersatzzahlungen der limpurgischen Orte[66] oder die sich endlos hinziehenden Schadensersatzstreitigkeiten nach 1525 in Wirtemberg, beispielsweise die Wiedergutmachungsforderung der Herzogin Sabina an etliche Ämter vom 11. April 1526[67] oder der Prozeß des Backnanger Propstes gegen die Stadt Backnang 1526[68]. Auch zwischen Limpurg, dem Abt von Murrhardt und der Statthalterregierung entstand 1526 ein lebhafter Streit, wieviel Strafe *die inwoner zu Ötendorff... umb ir frevenliche handlung, so*

62 Vgl. zur Rolle Ottendorfs, das sich trotz anfänglichen Zögerns und trotz einer Rückfrage bei der Reichsstadt Hall den Gaildorfer Bauern anschloß, Hoffman, S. 278 ff.

63 Bossert 1923/24, S. 101 f., 1925/26, S. 12.

64 Ebd., S. 17.

65 Vgl. unten S. 161 ff.

66 Fritz 1985-I, S. 64.

67 HStAS H 54, Bü. 25.

68 HStAS A 206 (Oberrat, ältere Ämterakten), Bü. 210.

sich in der bewrischen uffrur begebenn, zu zahlen hätten[69]. Aus den limpurgischen Steuerlisten von 1525 wissen wir, daß die Wiedergutmachungszahlungen allein in diesem Jahr etwa ein Drittel der üblichen Abgaben betrugen. Ähnlich werden die Verhältnisse auch in Murrhardt gewesen sein. Man mußte demnach nach dem Ende des Bauernkriegs nicht nur den während des Krieges verweigerten Zehnten und die Gefälle nachzahlen, sondern man hatte einschließlich der Schadensersatzgelder für 1525 Abgaben in Höhe von etwa 130–140 % des Üblichen zu entrichten. Diesen außergewöhnlichen Belastungen folgten in den Jahren nach 1525 noch diverse Schadensersatzzahlungen, die in der Hektik des Jahres 1525 nicht mehr geltend gemacht werden konnten. Außerdem wurden die Murrhardter 1525 wegen ihrer Teilnahme am Bauernkrieg noch mit einer Strafsteuer belegt. Sie sollte neun Jahre lang erhoben werden und wurde 1533, kurz vor Ablauf der Frist, sogar noch verlängert[70]. Die gescheiterte Revolution von 1525 brachte den Murrhardtern insgesamt also erhebliche finanzielle Mehrbelastungen ein. Ums Leben gekommen scheinen dagegen nach Aussage der verschiedenen Musterungs- und Herdstättenlisten nur sehr wenige Murrhardter zu sein[71]. Das Kloster Murrhardt hatte im Bauernkrieg nur auf den ersten Blick einen Sieg errungen. Abt Oswald Binder und sein Konvent, die Ende April und Anfang Mai 1525 noch in kläglichem Ton an Matern Feuerbacher geschrieben hatten und aus ihrem Kloster geflohen waren, kehrten wohl spätestens am 21. Mai dorthin zurück, versehen mit einem Schutzbrief des Bundeshauptmanns Jörg Truchseß von Waldburg[72]. Auf Betreiben der Mönche lehnte man wohl auch die Drohung des in Bühlertann versammelten Bauernhaufens vom 23. Mai strikt ab und wandte sich mit Befehlen und Bitten um Hilfe an Schorndorf, Winnenden, Backnang und Schwäbisch Hall. Aber der Triumph der Mönche war nur von kurzer Dauer. Wohl waren sie wieder zurückgekehrt, und die Murrhardter Untertanen nahmen die alten Zehnt- und Gültzahlungen wieder auf. Aber das Kloster war durch den Bauernkrieg in seiner Substanz dennoch schwer getroffen. Die Gebäudeschäden konnten relativ rasch wieder beseitigt werden. Durch den Verlust des Archivs waren zwar ideelle und historische Werte in unvorstellbarem Maße vernichtet worden, die Bauern hatten ihr eigentliches Ziel aber nicht erreicht, denn die Steuer- und Lagerbücher, um die es ihnen hauptsächlich gegangen war, mußten nur neu geschrieben werden, um die klösterliche Verwaltung wieder in Gang zu bringen. Die Schäden durch ausgebliebene Zehnt- und Gültzahlungen, durch Plünderung und Raub und wohl auch die außergewöhnlichen Ausgaben durch die verschiedenen Sondersteuern des Jahres 1525 konnten indes, allen Schadensersatzleistungen und Strafsteuern zum Trotz, nur zum Teil ersetzt werden. Es sei lediglich erwähnt, daß das Kloster bereits im Februar 1525 400 fl an die Statthalterregierung zahlen mußte; die Bauern verlangten im Mai noch einmal 300 fl – und das sind vermutlich nicht alle Zahlungen, die zu leisten waren. Es ist überliefert, daß das Kloster im Bauernkrieg, nachdem es sich kaum von der Finanzkatastrophe des Jahres 1519 erholt hatte, sich in größten Geldschwierigkeiten befand. Unter anderem half die Stadt Schwäbisch Hall der Abtei mit 410 fl aus. Nach dem Ende des Krieges war Murrhardt nicht in der Lage, diesen Betrag zurückzuzahlen, und trat deshalb am 16. Februar 1526 zum Ausgleich die Haller Katharinenkirche, die seit Jahrhunderten zum Kloster gehört hatte, samt den dortigen

69 HStAS H 54, Bü. 25.
70 Vgl. den Entscheid des Statthaltergerichts in Stuttgart vom 26. 8. 1533, HStAS A 508, Bü. 16.
71 Vgl. die Einwohnerliste.
72 Gedruckt bei Hoffman, S. 327.

Pfründen an die Reichsstadt ab[73]. Der Bauernkrieg hat das Kloster Murrhardt insgesamt sicher geschwächt. Wie groß die Schäden waren, läßt sich allerdings schwer ermessen. Handlungsunfähig ist die Abtei nicht geworden: Als Herzog Ulrich 1534 wieder ins Land kam, verfügte sie über ein stabiles Jahreseinkommen und hatte den Schlag des Jahres 1525 wieder einigermaßen verkraftet[74]. Wie aber der Verlust der Haller Katharinenkirche zeigt, war dies nur um den Preis eines Substanzverlustes möglich gewesen.

Der Bauernkrieg hat dem Kloster nicht nur in finanzieller Hinsicht Abbruch getan. Wie erschüttert die Position der Abtei war, zeigte sich bereits anläßlich der Landtagsberatungen vom Oktober/November 1525 in Tübingen[75]. Die wirtembergische Ehrbarkeit, also die Vertreter der weltlichen Städte, forderte dort nicht weniger als die Aufhebung der Klöster – wenigstens der meisten von ihnen – und die Einziehung des Kirchenguts. Erzherzog Ferdinand, der Bruder Kaiser Karls V. und seit 1520 Landesherr in Wirtemberg, lastete den wirtembergischen Ämtern die Schuld am Bauernkrieg kollektiv an, und die weltlichen Ämter waren, um ihre Haut zu retten, ohne weiteres bereit, die Prälaten und Klöster den finanziellen Forderungen Ferdinands zu opfern. Außerdem hätte die Aufhebung der Klöster in den Augen der Ehrbarkeit eine ganze Reihe weiterer Probleme gelöst: Der auch nach der Niederschlagung des Bauernkriegs noch unruhige »gemeine Mann« wäre besänftigt gewesen, und die Ehrbarkeit hätte sich als reformwillig durchaus auch im Sinne der großen Mehrheit der Bevölkerung gezeigt. Zudem hätte die Reform auf Kosten der Klöster die Position der Ehrbarkeit entscheidend gestärkt; sie wäre nach Aufhebung der Klöster und Abschaffung der Prälaten als einziger Landstand übriggeblieben. Schließlich hätte die Aufhebung der Klöster eine Annäherung an die populäre Lehre Luthers bedeutet und allein schon dadurch sozialen Sprengstoff abgebaut.

Namentlich auf dem Landtag vom Oktober/November 1525 spitzte sich der Konflikt zwischen Städtevertretern und Prälaten zu. Die Prälaten wurden sogar von den Beratungen ausgeschlossen und mußten das Schlimmste befürchten. Es war letztlich nur dem Erzherzog zu verdanken, daß die Klöster nicht aufgehoben wurden. Ferdinand verband die Rettung der Klöster vor den Plänen der Ehrbarkeit aber mit einer eindeutigen Erpressung, indem er eine Steuerforderung von 36000 fl gegenüber den Klöstern durchsetzte. Dieser Betrag belastete die Klöster weit mehr als die weltlichen Ämter, die, um das Vielfache finanzkräftiger, mit relativ glimpflichen 70000 fl davongekommen waren. Zur Eintreibung der Steuergelder führte man in ganz Wirtemberg eine Herdstättenzählung durch; der Wert der in den einzelnen Ämtern und Klöstern vorhandenen Gebäude bildete die Grundlage für die von jedem Amt und Kloster zu leistende Zahlung[76]. Da die Prälaten sich trotzdem nicht einigen konnten, wie die 36000 fl unter den einzelnen Klöstern aufgeteilt werden sollten, setzte der Erzherzog die von jedem Kloster zu zahlende Quote fest. Auf Murrhardt entfielen 350 fl, nach einer anderen Überliefe-

73 HStAS A 508, U 44.

74 Vgl. die gleich anschließenden Erörterungen und S. 99ff.

75 Zum Sachverhalt: Grube 1957, S. 144–150, v.a. 150–154. Konkrete Einzelangaben über die Rolle der Murrhardter auf den Landtagen lassen sich nicht machen. Insbesondere der Bericht eines den Prälaten nahestehenden Autors vom Landtag im Oktober/November 1525 (HStAS J 1, Bd. 37, Nr. 28) enthält keine spezifische Aussage zu den Murrhardter Vertretern. In der Regel ist nur von »den Prälaten« allgemein die Rede, ohne daß deren Identität einzeln genannt wird.

76 Die Murrhardter Herdstättenliste HStAS A 54, St 56.

rung gar 450 fl[77]. Zusammen mit den anderen Kosten, die 1525 angefallen waren, bedeutete dies eine schier unerträgliche Belastung für das Kloster – und natürlich auch für die klösterlichen Untertanen, welche die Steuern letztlich bezahlen mußten.

Letztendlich brachten der Bauernkrieg und die unmittelbar auf ihn folgenden Landtage vom Sommer und Herbst 1525 eine beträchtliche Einschränkung der klösterlichen Finanzhoheit mit sich. Auch die Selbständigkeit des Klosters Murrhardt hat 1525 und in den folgenden Jahren hierunter gelitten. Dennoch wird man den Bauernkrieg nicht als entscheidenden Markstein für den Erfolg der landesherrlichen Obrigkeit ansehen dürfen. Denn nicht die wirtembergische Landesherrschaft hatte die Bauern aus Murrhardt vertrieben, sondern die Macht des Schwäbischen Bundes. Auch fehlen – abgesehen von der Steuerfrage – alle Anzeichen, daß Wirtemberg in den Jahren zwischen 1525 und 1534 in Murrhardt stärker eingegriffen hätte als zuvor. Die wirtembergische Landeshoheit hatte sich im 15. Jahrhundert in Murrhardt allmählich durchgesetzt. Der Bauernkrieg hat ihr nicht geschadet, aber auch nicht erkennbar genützt. Die letzten Schläge, unter denen die noch verbliebene Eigenständigkeit Murrhardts zusammenbrach, waren keine Folge des Bauernkrieges, sondern der Reformation. Sie wurde seit der Rückkehr Herzog Ulrichs 1534 ins Werk gesetzt.

Die Zeit zwischen dem Bauernkrieg und der Rückkehr von Herzog Ulrich

Die Jahre zwischen dem Ende des Bauernkriegs 1525 und der Rückkehr Herzog Ulrichs 1534 verliefen im großen und ganzen ohne nennenswerte Ereignisse. Über die Nachwirkungen des Bauernkriegs und seine Folgen für Stadt und Kloster Murrhardt wurde das Wesentliche bereits gesagt. Das Kloster trieb, so gut es ging, seine Verluste wieder ein, die Bürger der Stadt und die Einwohner des Amts fügten sich notgedrungen in ihr Schicksal und nahmen das Scheitern von 1525 hin. Spätestens 1526 kamen die ein Jahr zuvor Geflüchteten wieder zurück, nachdem das schlimmste Strafgericht vorüber war. Bei der Musterung von 1536 waren die meisten Murrhardter, die auch 1523 erwähnt worden waren[78], wieder im Ort. Die finanziellen Belastungen waren, wie erwähnt, zunächst sehr groß. 1526 kam zusätzlich noch eine bislang unbekannte Abgabe auf die gepeinigten Untertanen zu. Die Türken näherten sich Wien, und das ganze Heilige Römische Reich Deutscher Nation hatte mit einer Sondersteuer die militärischen Abwehrmaßnahmen gegen den »altbösen Feind« der Christenheit zu tragen. Erstmals wurde eine Türkensteuer ausgeschrieben, die von nun an regelmäßig erhoben wurde.

77 Die Zahlen der Klöster sind nach HStAS A 54, Bü. 5c:

Bebenhausen	2300 fl	Zwiefalten	1100 fl
Hirsau	1325 fl	Denkendorf	800 fl
Maulbronn	1325 fl	Alpirsbach	650 fl
Adelberg	1200 fl	Lorch	550 fl
Herrenalb	1100 fl	Murrhardt	350 fl
Blaubeuren	1100 fl	St. Georgen	350 fl

St. Peter im Schönbuch (= Brüder des gemeinsamen Lebens in Einsiedel bei Tübingen) 100 fl. St. Peter im Schönbuch fehlt in A 139, Bü. 8, dafür erscheinen dort Lorch mit 650, Alpirsbach mit 750 und Murrhardt und St. Georgen mit je 450 fl. Vgl. zusammenfassend auch Setzler 1979, S. 133 f.

78 Vgl. die Einwohnerliste.

1526 mußte das Kloster Murrhardt insgesamt 111½ fl Türkenhilfe zahlen[79]. An den Landtagsberatungen über die Türkensteuer Anfang September 1526 hatte kein Vertreter Murrhardts teilgenommen[80], zahlen mußte man trotzdem.

Die Abtswahl von 1528

Vielleicht war Abt Binder aus gesundheitlichen Gründen nicht nach Stuttgart zu den Landtagsverhandlungen gegangen; am 19. Dezember 1527 starb er[81]. Der Konvent zählte bei seinem Tod nur noch sieben Mönche, die allerdings allesamt den Weihegrad eines Priesters besaßen; dies spricht für die geistliche Qualifikation der Murrhardter Benediktiner. Die schlimmen Zustände zu Beginn des 16. Jahrhunderts schienen überwunden, der Konvent in religiöser Hinsicht trotz der sich mittlerweile ausbreitenden Reformation relativ gefestigt. Am 3. Januar 1528 versammelte sich der Mönchskonvent in der Sakristei der Kirche – dem heutigen Treffraum –, nachdem im Chor der Kirche ein Hochamt gefeiert worden war und man kommuniziert hatte. An auswärtigen Geistlichen waren anwesend Abt Johannes von Hirsau und Abt Lorenz von Lorch, ferner Propst Jakob Lorcher von Backnang und als Notar der spätere Chronist Georg Widman. Als Zeugen fungierten zusätzlich der Adlige Jakob von Bernhausen, der Backnanger Chorherr und Kustos Johannes Aschmann und der Leutpriester Johannes Krel von Sulzbach. Laut Bericht fand die Wahl des neuen Abtes durch Inspiration statt; alle Mönche seien vom Heiligen Geist erfüllt gewesen und hätten gleichzeitig den bisherigen Großkeller Martin Mörlin zum neuen Abt gewählt. »Darnach wurde die Wahl im Kapitelsaal des Klosters laut verkündet und vom Notar die Wahlurkunde angefertigt. Nachdem der Gewählte durch Zustimmung die auf ihn gefallene Wahl angenommen hatte, führte man den neuen Abt in die Klosterkirche, wo seine Wahl den in der Kirche Anwesenden bekannt und der Abt Martin Mörlin auf dem Hochaltare in üblicher Weise inthronisiert wurde, worauf durch ein Te Deum die Feier, welche von der Prim bis 11 Uhr dauerte, geschlossen wurde«[82].

Durch die Urkunde über die Wahl Mörlins erfahren wir nicht nur aufschlußreiche Einzelheiten über den äußeren Ablauf einer Abtswahl – die Wahl von 1528 dürfte weitgehend repräsentativ auch für viele der vorhergehenden Wahlen sein –, es läßt sich auch rekonstruieren, wer auf die Wahl Einfluß nahm. Natürlich müssen der »Inspiration« durch den Heiligen Geist sehr weltliche Erörterungen ohne göttlich Mitwirkung vorausgegangen sein. So frei die Wahl auf den ersten Blick scheinen mochte, so fest hatte bei näherer Betrachtung Wirtemberg beziehungsweise

79 HStAS L 5 (Tomi actorum – Tomus Austriacus, S. 1301–1305). Dort werden folgende Zahlen angeführt: *Der praelaten türckhen hilff umbschlag anno 1526:*

Bebenhausen	624 fl	Maulbronn	222½ fl
Adelberg	445 fl	Blaubeuren	445 fl
Denkendorf	222½ fl	Alpirsbach	117½ fl
Lorch	222½ fl. (korrigiert aus 230)	Murrhardt	111½ fl
Hirsau	445 fl	St. Georgen	154 fl
Herrenalb	445 fl	Zwiefalten	(kein Eintrag!)

Die städtischen Ämter haben wesentlich höhere Anschläge, z. B. Stuttgart 1320 fl, Tübingen 897 fl, Urach 873 fl, Waiblingen 420 fl; gering veranschlagt sind Ämter wie Winnenden mit 180 fl und Backnang mit ebenfalls 180 fl.

80 Ebd., genannt sind sechs Klöster und sechzehn Städte, die ihre Abgeordneten entsandten. Murrhardt war nicht darunter.

81 Hierzu und zur Wahl Mörlins Amrhein 1906, S. 341–345.

82 Ebd., S. 342.

dessen habsburgische Statthalterregierung die Wahl unter Kontrolle. Alle anwesenden Geistlichen mit Ausnahme von Krel und Widman stammten aus wirtembergischen Klöstern oder Stiften. Das allein besagte allerdings noch wenig, denn immerhin waren diese Männer in erster Linie Kleriker und hatten deshalb eine gewisse Berechtigung, bei der Wahl anwesend zu sein. Politische Motive mußten hier nicht unbedingt eine Rolle spielen. Dagegen war die Anwesenheit des Jakob von Bernhausen ein Politikum. Er war seit 1526 ins »Regiment« – also in die Statthalterregierung – aufgestiegen, nachdem er schon zuvor hohe Verwaltungsaufgaben in wirtembergischem Dienst wahrgenommen hatte[83]. Jakob von Bernhausen gehörte demnach zur obersten Führungsspitze Wirtembergs. Der Edelmann dürfte den Murrhardter Mönchen wohl unmißverständlich klargemacht haben, welcher Mann als künftiger Murrhardter Prälat in Stuttgart erwünscht war. Nach den Erfolgen Mörlins bei der wirtschaftlichen Sanierung des Klosters konnte in den Augen der Regierung nur der bisherige Großkeller in Frage kommen. Es ist freilich davon auszugehen, daß der kleine Murrhardter Konvent auch ohne Einmischung der Stuttgarter Regierung keinen anderen Abt gewählt hätte. Die Abtswahl von 1528 war in keiner Weise strittig. Wenige Tage danach erfolgte am 17. Januar 1528 die bischöfliche Bestätigung[84]. Damit war Abt Martin in jeder Hinsicht legitimer Herr des Klosters.

Die Herrschaft von Abt Martin Mörlin bis zur Rückkehr Herzog Ulrichs

Martin Mörlin führte das Kloster mit der ihm eigenen Zielstrebigkeit. Bei der Türkenumlage 1529 gelang es ihm offenbar, in Stuttgart die Finanzlage des Klosters als so trostlos hinzustellen, daß die Murrhardter nur 28 fl zu entrichten hatten[85]. Das war der niedrigste Anschlag der wirtembergischen Mannsklöster, lediglich das Stift Backnang, das als weltliches Stift nur noch bedingt in diesen Zusammenhang gehörte, hatte mit 10 fl noch weniger zu entrichten. Im selben Jahr führte Mörlin für sein Kloster eine Auseinandersetzung mit dem Deutschordens-Komtur von Rohrdorf um Zehntanteile in Winzerhausen[86]. 1530 entschied der wirtembergische Landesherr Ferdinand für den Komtur und gegen das Kloster. Aus demselben Jahr ist auch eine Information über die weitere Tätigkeit Martin Mörlins auf den Landtagen erhalten. 1529 hatte sich die Türkengefahr wieder zugespitzt: Die Türken hatten Budapest eingenommen, und man erwartete nun den Vorstoß auf Wien[87]. Um seine Militärausgaben zu decken, aber auch um Geld für die anstehende Wahl zum römisch-deutschen König zu haben, wollte Ferdinand die wirtem-

83 Pfeilsticker §§ 1125, 2804: Jakob von Bernhausen war Obervogt in Göppingen gewesen; nach der Rückkehr Herzog Ulrichs wurde er Obervogt von Stuttgart und starb 1545 im Alter von 76 Jahren.
84 HStAS A 508, U 20.
85 HStAS L 5 (Tomi actorum – Tomus Austriacus, S. 1576 ff.). Die Klöster wurden wie folgt veranschlagt:

Bebenhausen	165 fl	Hirsau	110 fl	Murrhardt	28 fl
Adelberg	110 fl	Herrenalb	110 fl	Zwiefalten	165 fl
Denkendorf	55 fl	Blaubeuren	110 fl	St. Georgen	30 fl
Lorch	55 fl	Alpirsbach	44 fl	Backnang	10 fl

Klöster zusammen 992 fl, von Wirtemberg aufgebrachte Steuersumme insgesamt 13 106 fl.
86 Mörlin versuchte einen äußerst fraglichen Rechtstitel für sein Kloster nutzbar zu machen: Er behauptete, gewisse Anteile am kleinen Zehnt in Winzerhausen seien vom dortigen Pfarrherrn, dem Deutschordens-Komtur, nur aus Gnade des Klosters eingezogen worden, gehörten tatsächlich aber zum Murrhardter Zehnt der Markung Bottwar. Das Kloster beanspruche die Anteile jetzt wieder, da ihm auch rechtens der große Zehnt auf dem umstrittenen Winzerhausener Grundstück zustehe. Der Murrhardter Anspruch wurde vom königlichen Gericht in Stuttgart zurückgewiesen. Vgl. die ausführlichen Unterlagen HStAS A 508, Bü. 3, und den Urteilsspruch Ferdinands, ebd., U 21.
87 Dazu Grube 1957, S. 159 ff.

bergischen Stände zur Kasse bitten. Zuerst fanden im September 1530 in Tübingen Beratungen statt. Die Städtevertreter und Prälaten lehnten die Forderung Ferdinands ab und erwirkten eine Vertagung des Landtags, um sich zu Hause mit den städtischen Räten und den klösterlichen Konventen nochmals zu beraten. Ende Oktober wurde der Landtag nach Markgröningen einberufen und handelte – von einer neuerlichen Vertagung unterbrochen – den vom König ursprünglich gewünschten Betrag von 80000 fl auf 20000 fl herunter. Für diese Summe mußte die wirtembergische Landschaft 6000 fl als Kredit bei der Reichsstadt Ulm aufnehmen; der Adelberger Abt Leonhard Dürr hatte in dieser Sache mit den Ulmern verhandelt. Am 30. November 1530 verpflichteten sich die Städtevertreter und die Prälaten, unter ihnen Martin Mörlin, den Kredit zurückzuzahlen und den Adelberger Abt schadlos zu halten [88].

Die Nachrichten über die Wirtschaftslage des Klosters in den Jahren kurz vor 1534 fließen nur spärlich. Wenn die wenigen Eindrücke aber repräsentativ sind, ergibt sich ungefähr folgendes Bild: Abt Mörlin versuchte, alle Einkünfte des Klosters, die auch nur im entferntesten in Frage kamen, einzuklagen. Es handelte sich dabei um geringe Summen, die das Kloster wegen umstrittener Rechtstitel praktisch nicht mehr eingefordert hatte. Darauf deutet der Winzerhausener Streit hin, aber auch die Verlängerung der Strafsteuer für die Murrhardter Untertanen aus dem Bauernkrieg, die 1533 nochmals fortgeschrieben wurde. Zwar war es mit der Wirtschaftskraft des Klosters, wie der niedrige Türkensteueranschlag von 1529 zeigt, noch nicht zum besten bestellt, aber das Kloster befand sich in keiner akuten Krise, als der vertriebene Herzog 1534 zurückkehrte.

Abt Mörlin und seine Mönche werden der Rückkehr Ulrichs mit gemischten Gefühlen entgegengesehen haben. Es war allgemein bekannt, daß der Herzog in seinem hessischen Exil zum entschiedenen Verfechter des Protestantismus geworden war, und das ließ für die alten wirtembergischen Mönchskonvente nichts Gutes erwarten. Dabei war die Position Mörlins schon unter der streng katholischen Statthalterregierung nicht unumstritten gewesen. In den Jahren um 1530 hatte sich der Protestantismus trotz entschiedener österreichischer Gegenmaßnahmen in Wirtemberg immer mehr ausgebreitet. Die wirtembergischen Protestanten waren entschlossene Anhänger Ulrichs, so daß sich hier die religiöse Frage mit der Machtpolitik zu einer unlösbaren Einheit verband [89]. Mörlin spürte schon vor der Rückkehr des Herzogs, daß ihm und den Murrhardter Benediktinern der Wind ins Gesicht blies. Die Lage der Murrhardter Mönche war bereits vor 1534 alles andere als rosig. Aber im Vergleich zu den Ereignissen nach 1534 waren die Jahre zwischen 1528 und 1534 gewiß Mörlins angenehmste Zeit als Murrhardter Abt. Es mutet merkwürdig an, daß dem Murrhardter Prälaten ausgerechnet gegen Ende dieser Zeit, zu Fasnacht 1533, ein erfreuliches Erlebnis zuteil wurde. Die Stadt Schwäbisch Hall lud ihn als Ehrengast zur großen Haller Fasnacht ein, einem gesellschaftlichen Ereignis von offenbar so großem Rang, daß es sogar chronikalische Erwähnung fand [90]. 1534 war die Zeitdes Feierns für Mörlin und sein Kloster vorbei.

88 HStAS A 469, U 30.
89 Grube 1957, S. 158.
90 Herolt, S. 254. Die StR 426 im StadtASHA von Ende Januar bis Ende April 1533 erwähnt die Ladung des Abts nach Hall: *Clement Kercher gen Murhart und Botwar, als er meyn heren geladen hatt.* Offenbar hat sich also Mörlin nicht in Murrhardt, sondern im Pfleghof in Großbottwar aufgehalten, als die Haller ihn einladen wollten.

Das Kloster und die Reformation (1534–ca. 1552)

Die Reformation des Herzogs Ulrich (1534–1536)

Ulrichs Rückkehr aus dem Exil und seine ersten Maßnahmen gegen die Klöster

Als sich der Schwäbische Bund, das wichtigste Machtinstrument der Habsburger in Südwestdeutschland, am 2. Februar 1534 nach vielen Streitigkeiten auflöste, zeichnete sich das Ende der österreichischen Herrschaft in Wirtemberg ab[1]. Die Lage hatte sich – ohne unmittelbares Zutun des vertriebenen Herzogs – sehr zu dessen Gunsten entwickelt: Trotz heftigen Widerstands der habsburgischen Obrigkeit hatte sich die lutherische Lehre auch in Wirtemberg verbreitet. Die wirtembergischen Stände, städtische Ehrbarkeit und Prälaten, hatten sich durch ihre pro-habsburgische, katholische Haltung und mehr noch durch die harte Steuerpolitik im Auftrag des Kaiserhauses bei der Bevölkerung verhaßt gemacht.

Als Ende April 1534 bekannt wurde, daß das Heer Ulrichs und seines Freundes Philipp von Hessen im Anmarsch sei, versuchte die österreichische Statthalterregierung durch einen eilig einberufenen Krisenlandtag die unzureichenden Rüstungsmaßnahmen voranzutreiben. Da König Ferdinand nicht rasch genug Truppen schicken konnte, versuchten Ehrbarkeit und Prälaten praktisch auf eigene Faust, die Aufstellung eines Heers gegen Ulrich einzuleiten. Wegen ihrer Kollaborationspolitik mit den Habsburgern war die Ehrbarkeit bei Ulrich kompromittiert, die Prälaten mußten die Aufhebung ihrer Klöster durch den im Exil zum Protestantismus übergetretenen wirtembergischen Herzog fürchten. Beide Landstände konnten also von Ulrich nichts Gutes erwarten. Beim Volk war er dagegen aus eben diesen Gründen beliebt: Man sah der Abrechnung des Herzogs mit den Kollaborateuren mit grimmiger Freude entgegen.

Alle militärischen Maßnahmen erwiesen sich als erfolglos. Am 13. Mai 1534 schlug Ulrichs Heer die österreichischen Truppen bei Lauffen am Neckar. In den folgenden Tagen nahm der 1519 vertriebene Herzog, von der Bevölkerung begeistert begrüßt, das Land rasch in Besitz. Die prominentesten Vertreter der Ehrbarkeit flüchteten vor dem Zorn des Herzogs ins Ausland, andere traf Ulrichs Strafgericht im Lande, und sie verloren ihre bisherigen Positionen. Für Ulrich stellte sich trotz seines Sieges eine Reihe kaum lösbarer Probleme, die nachhaltige Auswirkungen auf das Land hatten. Zum einen schuldete er Philipp von Hessen für dessen militärische Hilfe einen Geldbetrag, der in die Hunderttausende ging. Zweitens war abzusehen, daß auch der unumgängliche Ausgleich mit den Habsburgern, die formell immer noch Statthalter in Wirtemberg waren, große finanzielle Lasten mit sich bringen würde. Und

1 Vgl. zum Folgenden Stälin 1873, S. 354–383, Grube 1957, S. 172ff., Brecht/Ehmer 1984, S. 195–202.

schließlich stand die zu erwartende Reformation Wirtembergs als völlig unberechenbare Größe im Raum. Ulrichs Rückkehr bedeutete für Wirtemberg also zunächst einmal, die außerordentlich hohen Verbindlichkeiten des Herzogs zu übernehmen. Die Habsburger waren mit Geldforderungen geschieden, Ulrich kam mit Geldforderungen. Der Finanzbedarf des Herzogs und seine Reformation bestimmten in besonderem Maße das Schicksal der Klöster.

Mit Ulrichs finanziellen Vorstellungen wurde die wirtembergische Landschaft gleich nach der Ankunft des Herzogs konfrontiert. Auf einem Ende Mai nach Stuttgart einberufenen Landtag erfuhren die verbliebenen oder bereits neu eingesetzten Städtevertreter und die Prälaten die horrenden Summen, die Ulrich von ihnen verlangte. In bezug auf die Klöster verfolgte er eine Doppelstrategie: Sie sollten durch hohe Geldzahlungen einerseits die herzoglichen Verbindlichkeiten begleichen helfen, andererseits hoffte der Herzog, daß die daraus resultierende Schwächung die Klöster reif für die Einführung der Reformation machte. Ulrich konnte seine Prälaten und deren Mönche nicht ohne weiteres absetzen. Immerhin waren die Klöster – trotz des Ausbaus der wirtembergischen Landeshoheit auf klösterliche Kosten – weiterhin formell von Wirtemberg unabhängige Institutionen. Sie waren noch nicht voll integrierte Teile des Landes, immer noch übte das Herzogtum lediglich die Vogtei über die Klöster aus. Es bestanden mithin juristische Bedenken, mit den Klöstern genauso rüde umzuspringen wie mit den Kollaborateuren aus der weltlichen Ehrbarkeit. Die juristischen Bedenken hätten dem Herzog aber wohl kaum Einhalt geboten, entscheidend war vielmehr ein anderer Punkt. Im Falle eines allzu harten Vorgehens gegen die Klöster mußte Ulrich mit einer scharfen Reaktion Habsburgs rechnen. Habsburg zu besänftigen, war aber angesichts der allgemeinpolitischen Lage ein wesentliches Ziel Ulrichs, das höher zu veranschlagen war als eine voreilige Reformation der Klöster. Ulrich ging also zunächst taktierend gegen die Klöster vor. Es muß eine eigentümlich gespannte Situation gewesen sein, als die Prälaten, die noch Ende April 1534 beratschlagt hatten, wie sie sich den Herzog vom Leibe halten könnten, Ende Mai 1534 eben diesem Herzog auf dem Stuttgarter Landtag persönlich gegenübertraten und ihm ihre Loyalität und Treue bekundeten.

Abt Martin Mörlins Politik gegenüber Ulrich[2]

Abt Martin Mörlin war in Stuttgart ebenfalls anwesend. Er dürfte zwar mit nicht minder gemischten Gefühlen dem zurückgekehrten Landesherrn ins Auge gesehen haben als die übrigen Prälaten, aber auf jeden Fall hatte er sich nicht so sehr diskreditiert wie die meisten anderen Äbte. Mörlin scheint auch in der Zeit der österreichischen Regierung eine nicht betont gegen Ulrich gerichtete Politik verfolgt zu haben, wie es etwa der Adelberger Abt Leonhard Dürr getan hatte, der einer der führenden Köpfe der österreichischen Partei im Lande war. Die zurückhaltende Einstellung Mörlins gegenüber der Statthalterregierung läßt

2 Anders als für die übrigen Epochen der Murrhardter Klostergeschichte liegt für die Jahre 1534–1552 eine ausgezeichnete neuere Untersuchung vor, die 1976 von Deetjen veröffentlicht wurde. Deetjens Arbeit behandelt insbesondere die Fragen der Reformation in Murrhardt auf solider Basis. Die anderen Aspekte der Murrhardter Geschichte dieser Zeit stehen bei Deetjen dagegen nur am Rande oder fehlen ganz. Wenn im Laufe dieses Kapitels nicht anders angegeben, beziehe ich mich grundsätzlich auf Deetjen. Gesonderte Quellenangaben sind überall da angeführt, wo ich detaillierter als Deetjen auf reformationsgeschichtliche Quellen eingehe. Deetjens wichtigste Quellen sind für Murrhardt: 1. ein Brief von Abt Martin Mörlin an den Bischof von Würzburg vom 16. 1. 1536 (nach Deetjens Sprachgebrauch künftig als »Abtsbrief«

sich aus den insgesamt moderaten Schritten Ulrichs gegen den Murrhardter Abt erschließen. Eben weil Mörlin sich allezeit – und wohl im Unterschied zu den anderen Äbten – loyal gegen Ulrich gezeigt hatte, behandelte dieser ihn nachsichtiger als andere Prälaten.

Mörlin war sich gewiß im klaren, daß Ulrichs Rückkehr harte Zeiten für das Kloster bedeutete. Der Abt glaubte in realistischer Einschätzung der Machtverhältnisse, daß Widerstand – zumindest in offener Form – gegen den Herzog sinnlos sei. Vielmehr versuchte Mörlin durch eine besonders willfährige Politik die Existenz des Klosters und des katholischen Konvents zu sichern. Schon bald nach dem 13. Mai 1534 hatte der Murrhardter Abt den Herzog zu dessen siegreicher Rückkehr persönlich beglückwünscht, dem Landesherrn eine erhebliche *vererung* – also ein Geldgeschenk – mitgebracht[3] und so für eine günstige Stimmung gesorgt. Ulrich soll daraufhin die klösterlichen Privilegien bestätigt haben. Als Mörlin nach Murrhardt zurückkehrte, fand er zu seinem Erschrecken einen herzoglichen Befehl und herzogliche Truppen in seinem Kloster vor, welche die Hälfte der klösterlichen Vorräte für das Heer Ulrichs wegschafften. Mörlin ließ es geschehen[4]. Nicht weniger gehorsam handelte er im Juni/Juli 1534, als der Herzog in Ausführung des Landtagsbeschlusses von Ende Mai die Hälfte des klösterlichen Jahreseinkommens nach Stuttgart einziehen ließ. All das bewegte sich, obgleich es das Kloster Murrhardt wirtschaftlich hart traf, noch im Rahmen dessen, was ein gehorsames katholisches Kloster von seiten des Landesherrn zu erdulden hatte. Mit wesentlich mehr Unbehagen wird Mörlin die zügig eingeleiteten reformatorischen Bestrebungen Ulrichs beobachtet haben.

Erste reformatorische Schritte und weitere wirtschaftliche Eingriffe Wirtembergs in Murrhardt

Zu einem nicht näher genannten Termin im Spätsommer oder Herbst 1534 verließ der altgläubige Murrhardter Pfarrer Jakob Spindler seine Pfarrei und kehrte ins Kloster Lorch zurück, von wo aus er 1525 dem Murrhardter Abt »ausgeliehen« worden war. Ohne äußeren Druck wird Spindler diesen Schritt nicht unternommen haben[5]. Einen noch härteren Eingriff ins Klosterleben brachten die ersten Dezembertage 1534: Wie in allen anderen wirtembergischen Klöstern erschien auch in Murrhardt eine herzogliche Kommission und führte eine Inventur mit noch nie dagewesener Dreistigkeit durch. Bei all den zahlreichen Eingriffen der Vögte in die Angelegenheiten des Klosters während der Jahrzehnte und Jahrhunderte zuvor hatte man – auch wenn oft nur pro forma – auf eine partnerschaftliche Zusammenarbeit mit den Mönchen Wert gelegt. Immer hatten sich im Konvent einzelne Parteigänger der Vögte

bezeichnet) und 2. eine Niederschrift von mündlichen Aussagen des in Murrhardter Auftrag in Würzburg weilenden Notars Georg Widman – des späteren Chronisten – vom 10. 2. 1536 (nach Deetjen künftig »Würzburger Protokoll«). Dem Abtsbrief sind mehrere Kopien von herzoglichen Befehlen zur Reformation oder andere wesentliche Dokumente beigegeben: Anlage A: Geplante Verschreibung des Prälaten an den Herzog von 1535; B: Antwort Martin Mörlins an die herzoglichen Räte von etwa September/Oktober 1535; C: Geplante Verschreibung der Konventualen an den Herzog von 1535; D: Ermächtigungsbrief von Hans Konrad Thumb, wirtembergischer Erbmarschall, für Jakob Hofseß vom 7. 1. 1536, als Vogt und Mitverwalter neben Abt Martin Mörlin die Verwaltung des Klosters zu übernehmen. – Abtsbrief mit Anlagen und Würzburger Protokoll befinden sich im HStAS A 508, Bü. 2.

3 Würzburger Protokoll (wie Anm. 2).

4 Die Details nach ebd. Deetjen 1976, S. 70, gibt die Ereignisabfolge hier in ziemlich verkürzter Form wieder.

5 Vgl. zu Spindler: Seiffer 1969, passim.

gefunden; mit ihrer Hilfe konnten auch die schlimmsten Eingriffe mit einem Schein der Legitimität versehen werden, konnte man den Anschein erwecken, als habe man dem Wunsch des Konvents entsprochen. Jetzt kam es nicht einmal mehr auf den Anschein an, und es war klar, daß die letzte Stunde für den katholischen Konvent geschlagen hatte. Entsprechend diskriminierend waren die Maßnahmen der Inventurkommission: Die klösterlichen Wertsachen und Archivalien (*legerbücher, briff, klainätter, kelch und was wir guts gehapt*) wurden weggeschlossen und waren somit der Verfügungsgewalt der Mönche entzogen. Damit war das Kloster juristisch und faktisch nahezu handlungsunfähig geworden[6].

Abt Mörlin hatte durch seine nachgiebige Politik praktisch nichts erreicht. Herzog Ulrich verfuhr mit Murrhardt nicht anders als mit jenen Klöstern, die renitente Äbte hatten. Die einzige Konzession des Herzogs war bescheiden genug und bezog sich nur auf die Person Mörlins, nicht auf das Kloster als Rechtsinstitution: Mörlin durfte sein privates Tafelsilber behalten. Wie wenig dieses kleine Entgegenkommen dem Abt gegenüber wert war, zeigen die Ereignisse des Jahres 1535. Gleich zu Jahresbeginn ordnete der Herzog an, die bisherigen katholischen Pfarrer auf allen Patronaten des Klosters abzusetzen und an ihrer Stelle evangelische Prediger zu ernennen. Bislang war ja erst die Murrhardter Pfarrei geräumt worden, als Jakob Spindler sich zurückgezogen hatte. Ob das Kloster Murrhardt tatsächlich alle Patronatspfarreien aufgab, ist zweifelhaft. Herzog Ulrich konnte seinem Befehl nur innerhalb der wirtembergischen Landesgrenzen den erforderlichen Nachdruck verleihen, also im Falle der Murrhardter Pfarreien Murrhardt, Erdmannhausen, Großbottwar und Oßweil, nicht jedoch in Sulzbach, Westheim, Orendelsall, Oberrot und Fichtenberg. In Murrhardt besetzte ein namentlich nicht bekannter evangelischer Prediger Anfang 1535 die nach Spindlers Fortgang freigewordene Pfarrstelle. Anderen Berichten zufolge soll der wirtembergische Reformator Erhard Schnepf, der maßgeblich mit der Neuordnung der kirchlichen Verhältnisse in den Klöstern betraut war, gar zwei evangelische Prediger nach Murrhardt entsandt haben[7].

Es ist nicht bekannt, wieviel Entgegenkommen Mörlin tatsächlich von Herzog Ulrich erwartet und erhofft hatte. So wie sich die Lage aber Ende 1534/Anfang 1535 darstellt, hatte sich für den Abt alles zum Schlimmsten hin entwickelt. Als der Herzog Anfang März 1535 einen neuen Landtag nach Stuttgart einberief, ist Mörlin vermutlich mit unguten Ahnungen dorthin gereist. Auf dem Landtag setzte Ulrich seine bisherige Strategie gegenüber den Klöstern fort[8]. Wieder stand die ungeheure Schuldenlast des Herzogs im Mittelpunkt der Erörterungen; Ulrich hatte allein an den Landgrafen von Hessen für dessen Militärhilfe noch 150000 fl abzuzahlen. Die finanziellen Forderungen sollten nochmals auf die Schultern von Ämtern und Klöstern abgeladen werden. Erneut belastete Ulrich die Klöster mit ungleich höheren Beträgen als die Vertreter der weltlichen Ämter. Wie schon 1534 sollten nach seinem Willen auch 1535 und 1536 die Klöster jeweils die Hälfte ihrer Einkünfte abliefern. Als die Äbte sich sträubten, da sie sich bereits durch die Abgaben von 1534 am Rande ihrer Zahlungsfähigkeit sahen, schlug der Herzog eine noch härtere Gangart ein und bürdete den Klöstern wegen Widersetzlichkeit der Prälaten weitere 20000 fl zusätzlich auf. Damit beraubte er die Klöster zugleich der letzten Möglichkeit, Widerstand gegen die Reformation zu leisten.

Martin Mörlin hatte keineswegs übertrieben, als er in Stuttgart auf die trostlose finanzielle

6 Die Einzelheiten nach dem Abtsbrief (wie Anm. 2).
7 Pflaumern 1636, S. 90; vgl. auch Deetjen 1976, S. 108, Anm. 110.
8 Grube 1957, S. 177 ff.

Lage seines Klosters hingewiesen hatte. Als Herzog Ulrich Mitte 1534 die Hälfte der klösterlichen Jahreseinkünfte eintreiben ließ, war das Geld nur zum Teil vorhanden. Von den geforderten 2500 fl mußte das Kloster dem Rat der Stadt Schwäbisch Hall um 1000 fl Teile des Uttenhofener und Sanzenbacher Zehnts verpfänden. Eine ebenso hoch veranschlagte Verpfändung war auch 1535 nötig, weitere 200 fl mußten von der Stadt Murrhardt geliehen werden[9]. Ulrich hatte demnach das Jahreseinkommen des Klosters mit 5000 fl veranschlagt[10]. Trotz allen Widerstands auf dem Stuttgarter Landtag nahm Mörlin die Steuerforderung des Herzogs schließlich ebenso hin wie die weitgehenden reformatorischen Schritte, die auf Ulrichs Befehl etwa Mitte 1535 erfolgten: Eine neue Klosterordnung wurde eingeführt, und die Reformatoren Hans Thumb und Erhard Schnepf untersagten alle katholischen Zeremonien. Doch der Konvent wehrte sich standhaft dagegen, die Klosterkirche für den evangelischen Prediger und den Gemeindegottesdienst zu öffnen[11].

Die Frage, weshalb Mörlin sich nicht mehr zur Wehr setzte, ist leicht zu beantworten: Er war einerseits vom energischen Vorgehen des Herzogs in Furcht versetzt und spekulierte

9 StadtASHA StR 431, Ende April–Ende Juli 1534. Herzog Ulrich wies am 21. 6. 1534 das Kloster an, Geld von Hall aufzunehmen. Der Vertrag wurde am 24. 6. 1534 geschlossen: Das Kloster erhielt 1000 fl von der benachbarten Reichsstadt und verpflichtete sich, jährlich 50 fl aus dem großen und kleinen Zehnten zu Uttenhofen und Sanzenbach an Hall zu zahlen. Diese Verpflichtung sollte erst erlöschen, wenn die 1000 fl zurückgezahlt würden. Derselbe Vorgang wiederholte sich 1535: Am 16. Juli wies der Herzog das Kloster zur Geldaufnahme an, die am 19. Juli getätigt wurde. Für die ausbezahlten 1000 fl wurden Hall jährliche Einkünfte von 50 fl aus dem Westheimer Zehnten verschrieben. – 1550 führte Abt Thomas Carlin von Murrhardt ein Umschuldungsverfahren durch: Er nahm 2000 fl vom Stift Komburg auf und zahlte diese Summe an Hall zurück. Die Komburger erhielten dafür Einkünfte in Höhe von 80 fl jährlich aus dem Zehnten von Uttenhofen, Sanzenbach und Westheim, so daß die jährliche Belastung des Klosters um 20 fl gesunken war. Noch 1577 waren die 2000 fl bei Komburg nicht ausgelöst. (Alles HStAS A 508, Bü. 15, Kopien der Verträge vom 24. 6. 1534 und 19. 6. 1534, und vom 8. 1. 1550. In letzterem sind die o. g. Urkunden Herzog Ulrichs erwähnt. Herzog Ludwig wies am 17. 6. 1577 seinen in Murrhardt tätigen Renovator Andreas Liesch an, sich um die an Komburg verpfändeten Einkünfte und um die 2000 fl zu kümmern.) Wegen der 200 fl Kredit, die die Bürger von Murrhardt dem Kloster gewährten, s. unten S. 111 ff. Bei den 200 fl läßt sich übrigens nicht klären, ob sie 1534, 1535 oder 1536 aufgenommen wurden.

10 Deetjen 1976, S. 107, Anm. 105, berechnet dagegen auf der Basis der Murrhardter Steuerzahlung von 1525 lediglich ein Jahreseinkommen von 3000 fl: »Das Kloster bezahlte, bei einer Steuer von wahrscheinlich 12 Prozent (1525) 350 Gulden. Würden wir für 1534 und 1535 ähnliche Vermögensverhältnisse zugrunde legen, so hätte Murrhardt, bei einer 50 Prozent Einkommenssteuer (sic!), jeweils etwas weniger als 1500 Gulden zu erlegen gehabt…« Mit dieser Berechnung gerät Deetjen jedoch in Widerspruch zu Martin Mörlins eigener Aussage – was Deetjen auch selbst einräumt –, da der Abt am 16. 1. 1536 im Abtsbrief an den Bischof nach Würzburg meldete, er habe gleich nach Ulrichs Ankunft in Wirtemberg 2500 fl zahlen müssen. Tatsächlich sind aufgrund der Deetjen zur Verfügung stehenden Daten die Widersprüche nicht zu klären. Zieht man jedoch die korrigierte zweite Murrhardter Steuerveranschlagung von 1525 hinzu (vgl. oben S. 94, Anm. 76), lösen sich die Schwierigkeiten wenigstens zum Teil auf. 1525 mußte Murrhardt nach der zweiten Veranschlagung nicht 350, sondern 450 fl zahlen. Bei einem zwölfprozentigen Steuersatz lassen sich 4400 fl Jahreseinkommen berechnen. Nimmt man diesen Betrag als Basis für Ulrichs Forderungen 1535, so hätte der Herzog in diesem Jahr 2200 fl verlangen dürfen. Ulrich, der auf die Klöster sowieso nicht gut zu sprechen war, scheint den Betrag gleich auf 2500 fl aufgerundet zu haben.

11 Deetjen 1976, S. 71, geht fälschlicherweise davon aus, daß dies etwa im Juli 1535 geschehen sei. Abt Mörlin meldete aber am 16. 1. 1536 an den Bischof von Würzburg, er und sein Konvent haben den *predicanten, der mir zugeschickt, alles ausserhalb des closters in der pfarrkirchen aussrichten* lassen. Auch scheint es mehr als fraglich, ob 1535 – wie Deetjen annimmt – tatsächlich ein protestantischer Lesemeister nach Murrhardt entsandt wurde, der die Aufgabe hatte, die katholischen Mönche zur Konversion zu bewegen. Mörlin hätte das in seinem ausführlichen Brief an den Bischof vom 16. 1. 1536 gewiß erwähnt.

zudem immer noch darauf, daß die Verhandlungen, die im Juli/August 1535 in Wien zwischen Herzog Ulrich und König Ferdinand wegen des Herzogtums Wirtemberg stattfanden, die Lage der Klöster verbesserten. Mörlin hoffte wohl, daß eine der Konzessionen Ulrichs, um sein Herzogtum wieder rechtlich unumstritten bestätigt zu bekommen, die Verpflichtung sei, die Klöster in ihrem alten Zustand zu belassen. Der Murrhardter Abt hatte sich aber getäuscht. Ulrichs Konzession an Ferdinand lag auf einem ganz anderen Feld: Der Herzog erhielt Wirtemberg nur als Lehen von den Habsburgern zurück, so daß künftig immer die Gefahr bestand, daß Habsburg bei einem Fehlverhalten des Herzogs das Lehen wieder einziehen konnte. Die Klöster stellten in Wien keinen entscheidenden Verhandlungsgegenstand dar.

Die versuchte Aufhebung des Klosters im Herbst und Winter 1535 und Mörlins Proteste

Auf diese Weise in seinem Reformationskurs gestärkt, ließ der aus Wien zurückgekehrte Ulrich die letzten Rücksichten fallen. Wohl etwa im September/Oktober 1535 wurde Mörlin – wie die anderen Äbte auch – nach Stuttgart vorgeladen, wo ihm die herzoglichen Räte mitteilten, daß das Kloster aufgehoben sei[12]. Die Räte argumentierten, daß das *klosterlebenn ain grewell fur gott und dem waren wort gottes zuwidder* sei. Deshalb beabsichtige der Herzog, *die closter personen, so noch in allen prelaturen und clostern weren, in ains oder zway closter zusamen zu thun.* Mörlin als Abt dagegen sollte, mit einer Besoldung versehen, das Kloster weiterhin verwalten. Eine entsprechende Verschreibung sei sogleich zu unterzeichnen[13]. Das Dokument enthielt zwar weitestgehende finanzielle Eingriffsmöglichkeiten Wirtembergs im Kloster, sagte aber über religiöse Fragen und über die Reformation nichts aus. Es gestand Mörlin sogar für die Zukunft den Status eines wirtembergischen Rats zu. Der Abt bat darum, die Sache in Murrhardt mit seinem Konvent beraten zu dürfen, aber dies wurde ihm verwehrt. Er ließ sich daraufhin mit den Räten in einen Disput ein. Die Argumentation des Abts ist in allen Einzelheiten überliefert, da die Räte ihn abschließend aufforderten, seine Einwände schriftlich zu hinterlassen – wohl damit sie der Herzog erfahren konnte[14].

Während die Räte dem Murrhardter Abt den Gegensatz zwischen dem Mönchsgelübde und dem klösterlichen Leben einerseits und dem Wortlaut der Bibel andererseits vorhielten, vermied Mörlin eine theologische Diskussion und führte ausschließlich juristische Argumente ins Feld: Das Kloster Murrhardt sei, wie *der stiffter briff... clärlich außweist,* eine kaiserliche Gründung. Zwar sei von Kaiser Karl IV. *das gotzhaus den herrn von Wirttembergk in schutz und schirm ergebenn,* aber mit der ausdrücklichen Einschränkung, daß Wirtemberg das Kloster *bey seinen alten... privilegien und freiheiten* erhalte. Er selbst, Mörlin, sei nun *disem gotzhaus... zu ainem abbt und verwalter erkist unnd gesetzt,* sei vom Bischof von Würzburg ordiniert und bestätigt und habe diesem auch geschworen, das Kloster, *wie das gestifft, in wesen zu erhaltenn, des nutz furdern, nachtaill und schaden verhuetenn, auch alle des gotzhaus altherkomen und gerechtigkait hanthabenn und nichtzit davon entziehenn und one seiner fürstlichen gnaden* (des Bischofs) *wissen verendern* (zu) *lassenn.* Alles das habe er auch nach Kräften getan und *das gotzhaus widderumb, nachdem es gantz vertorbenn unnd in abfall kommen, aufgepracht.* Zudem sei er gegenüber Wirtemberg stets gehorsam gewesen. Die

12 Wir greifen auf Mörlins eigene Schilderung im Abtsbrief vom 16. 1. 1536 zurück. Deetjens Darstellung wirkt etwas verkürzt.

13 Anlage A; vgl. oben Anm. 2.

14 Anlage B; *Antwurtt des prelatenn;* vgl. oben Anm. 2.

Forderungen des Herzogs, daß das Kloster völlig unter die finanzielle Oberhoheit Wirtembergs komme und er in *dinst unnd rads pflicht* gerate, seien ihm deshalb nicht zuzumuten, ja er könne wegen der im Stiftungsbrief enthaltenen Vorschriften gar nicht darauf eingehen. Aus demselben Grund könne er auch nicht das Ansinnen gutheißen, den Konvent andernorts unterzubringen.

Herzog Ulrich ließ sich von Mörlins Einwänden nicht beeindrucken. Er fuhr fort, den Murrhardter Konvent durch eine Vielzahl einzelner Maßnahmen zu drangsalieren. Kaum war Mörlin wieder in Murrhardt angelangt, erschien dort erneut Hans Thumb und ließ auf herzoglichen Befehl sämtliche eingeschlossenen Kleinodien nach Stuttgart abtransportieren. Dort sind die Schätze des Klosters wohl eingeschmolzen worden – ein kunsthistorischer Verlust, der sich nicht abschätzen läßt. Zugleich hatte Thumb die Mönche angewiesen, *bei der administration zu pleibenn,* also alle im Kloster anfallenden Verwaltungsgeschäfte weiterzuführen. Auch jetzt noch erfüllten Mörlin und sein Konvent die herzoglichen Befehle, weil man auf Besserung hoffte – zu diesem Zeitpunkt eine recht unbegründete Hoffnung. Wenige Wochen lang überließ der Herzog die Mönche noch ihrer Ungewißheit. Am 26. Dezember 1535 aber erschien der Schorndorfer Obervogt Friedrich von Schwarzenberg im Kloster und verlas den Mönchen einen Befehl Herzog Ulrichs über die Aufhebung der Klöster Lorch und Murrhardt. Beide Abteien hatten sich – hartnäckiger als die anderen wirtembergischen Klöster – bislang ihrer Auflösung erfolgreich widersetzt. Ulrich ließ die Murrhardter wissen, daß die meisten Prälaturen des Landes bereits aufgehoben seien. Den Murrhardter Konventualen werde folgendes Angebot gemacht: Jeder Mönch solle gegen eine jährliche Rente von 40 fl auf seine Rechtsansprüche verzichten oder aber wahlweise *semel per semper* – also mit einer einmaligen Zahlung – abgefunden werden. Als dritte Möglichkeit stehe auch die Einweisung ins Kloster Maulbronn offen: *welchen deren kains annemlich, soll er sampt seinem betgwandlin und buchern gen Maulpron ziehenn, da werd man sie mit essen und trincken, lesmaistern, predicanten nach notturft versehenn*[15]. In Maulbronn sollte also keinesfalls ein katholisches Kloster unterhalten werden, vielmehr wollte der Herzog die Mönche durch die evangelischen Lesemeister und Prediger zum neuen Glauben bekehren. Wer mit keiner der drei angebotenen Möglichkeiten zufrieden sei, solle vor das Tor geführt und nicht mehr eingelassen werden. Das war eine unüberhörbare und massive Drohung. Wer auf die Angebote des Herzogs nicht einging und auf sein Mönchtum nicht im Guten verzichtete, der sollte die Macht des Herzogs zu spüren bekommen.

Mörlin und seine Mönche, die gewiß über den Gang der Dinge entsetzt waren, versuchten Zeit zu gewinnen. Mörlin bat um eine weitere Unterredung mit dem Herzog, bevor er sich entscheide. Friedrich von Schwarzenberg hielt den Murrhardter Abt aber weiterhin kurz. Die umständliche Anberaumung eines Gesprächs ließ er gar nicht erst zustandekommen, sondern er ritt sofort mit Mörlin nach Stuttgart[16]. Kurz nach der Jahreswende 1535/36 traf Mörlin in Stuttgart ein, fand den Herzog aber nicht vor. Der Abt wurde angewiesen – wie schon einmal – seine schriftliche Beschwerde zu hinterlassen.

15 Abtsbrief; vgl. Anm. 2.
16 Würzburger Protokoll; vgl. Anm. 2.

Die Aufhebung des Klosters und die Austreibung des halben Konvents im Januar 1536

Die nun folgenden Ereignisse empfand Mörlin als besonders erniedrigend. Enttäuscht über die nicht zustande gekommene Aussprache mit dem Herzog, kehrte Mörlin nach Murrhardt heim, es wurde ihm aber bald nach dem 7. Januar 1536 – »als ob der Abt ein Bauer wäre« – jemand nachgeschickt: *sei ime gleich einer – sam er ein baur wer – nachkomen, den der hertzog Jacob Hoffsessen zu Heimpsheim nennet*[17]. Das war der Beginn der Ära Hofsess in Murrhardt. Jakob Hofsess, der als *vogt und mitverwalter* den Abt zu kontrollieren hatte, bestimmte von da an fast vierzig Jahre lang – bis zu seiner Absetzung 1574 und seiner Hinrichtung 1575 – maßgeblich die Murrhardter Geschichte, so sehr wie kaum eine Persönlichkeit vor ihm.

Mörlin versuchte sich gegen den neuen, ihm unerhört scheinenden Eingriff zu wehren und wies Hofsess *mit guten worten* ab. Hofsess kehrte fürs erste wieder nach Stuttgart zurück, doch war Mörlin sich im klaren, daß er allenfalls für einige Tage Zeit gewonnen hatte. Jetzt, als die Lage für ihn ganz aussichtslos geworden war, wagte er erstmals, sich an eine auswärtige Macht zu wenden, und schrieb am 16. Januar 1536 an den für Murrhardt zuständigen Bischof von Würzburg[18]. Er schilderte dem Bischof in dem Brief, einer der wichtigsten Quellen für die Murrhardter Reformationsgeschichte, ausführlich die Ereignisse seit der Rückkehr des Herzogs 1534 und beschrieb seine Lage mit bewegten Worten: *Also sitz ich und mein convent uff weitern beschaidt wie arm, trostloß verwiesen leut, warttenn alle Tage, wen man procedirn und uns ins ellend verschick*. Da zu diesem Zeitpunkt die Aufhebung des Klosters binnen kürzester Frist abzusehen war, hatte Mörlin bereits Anstalten getroffen, seinen etwa acht Köpfe starken Konvent der Obhut benachbarter Freunde – wir wüßten gerne welcher – anzuvertrauen. Nur für zwei bis drei Mönche hatte Mörlin keinen Unterschlupf gefunden und bat deshalb den Bischof, sie in Klöstern unterzubringen oder ihnen Kaplaneien zu übertragen.

Die erwartete Austreibung der Mönche erfolgte wenige Tage später. Etwa am 22. Januar 1536[19] erschien Jakob Hofsess erneut in Murrhardt mit dem ultimativen Befehl, *das er, abbt, zwen alter, krancker münch und der prior sulten im closter bliben biß uff fernern beschaide, die andern münch alle sulten noch vor nacht auß dem closter und niemer darein*. So wurde es auch

17 Ebd., Deetjen 1976, S. 72, datiert Hofsess' Ankunft in Murrhardt auf den 17. 1. 1536. Diese Datierung ist nicht korrekt. Das Würzburger Protokoll erwähnt ausdrücklich, daß Hofsess gleich nach Mörlins Rückkehr aus Stuttgart in Murrhardt erschienen war. Mörlin aber ist zusammen mit Friedrich von Schwarzenberg, der am Stephanstag (26. 12.) 1535 in Murrhardt angekommen war und sich dort höchstens wenige Tage aufgehalten hat, um die Jahreswende 1535/36 nach Stuttgart abgeritten. Der Aufenthalt Mörlins in Stuttgart – einschließlich An- und Abreise – wird wenige Tage gewährt haben. Andererseits kam Hofsess nicht vor dem 7. 1. 1536 in Murrhardt an, da erst an diesem Tage der wirtembergische Erbmarschall Hans Konrad Thumb in Stuttgart den Befehl (Anlage D beim Abtsbrief; vgl. oben Anm. 2) ausstellte, nach dem Mörlin Hofsess als Mitverwalter anzunehmen hatte. Hofsess dürfte am wahrscheinlichsten am 8. 1. 1536 in Murrhardt erschienen sein. – Ebenfalls nach ausdrücklicher Aussage des Würzburger Protokolls sei Hofsess auf das Zureden des Abts hin wieder nach Stuttgart zurückgekehrt, dann aber doch nach vierzehn Tagen wiedergekommen, also um den 22. 1. 1536. Deetjen setzt zwischen erster und zweiter Ankunft von Hofsess im Kloster (17. und 19. 1.) nur zwei Tage an, was dem Würzburger Protokoll eindeutig widerspricht.

18 Den Abtsbrief; vgl. Anm. 2. Deetjen 1976, S. 72 und 106, Anm. 100, datiert den Abtsbrief auf 17. 1. 1536: »Der Brief ist auf *montags nach Mauritii des heyligen abbts tag* 1536 datiert. In Frage kommt nur ›Mauri abb. cf. … Januar 15‹ und nicht ›Mauritii (militis) et soc. … Sept. 22‹«. Diese Feststellung Deetjens ist zwar korrekt, aber da der 15. Januar 1536 auf einen Sonntag fiel (Grotefend 1982, S. 194), ist der nächstfolgende Montag der 16. 1. und nicht wie bei Deetjen der 17. 1.

19 Zur Datierung oben Anm. 17.

ausgeführt: Bis auf die genannten vier Personen wurde der Konvent an jenem Tag ohne Entschädigung aus dem Kloster gewiesen: *Also weren die guten münch mit grossem weinen und clagen abgeschieden, einer hieher, der ander dorthin, wo sie gute freunde hetten*[20]. Damit war das katholische Kloster Murrhardt im Grunde aufgehoben. Erst jetzt ist die Klosterkirche vermutlich auch dem Gemeindegottesdienst geöffnet worden[21]. Die Demütigung des gnadenhalber in Murrhardt verbliebenen Abts und seiner drei restlichen Mönche ging indes noch weiter. In den ersten Februartagen erschienen zwei herzogliche Büchsenmeister in Murrhardt, zerschlugen die Klosterglocken[22] und ließen die Glockenbronze, alles Eisen, Blei und andere Metalle des Klosters nach Stuttgart schaffen – offenbar zur militärischen Verwendung.

Abschließende Betrachtungen zur geistlichen Lage des Klosters während der Reformation

Zur Reformation des Herzogs Ulrich seien noch einige Mitteilungen zur geistlichen Situation des Klosters Murrhardt Mitte der dreißiger Jahre angefügt. Noch im ersten und zu Beginn des zweiten Jahrzehnts des 16. Jahrhunderts war die Lage der Murrhardter Abtei in geistlicher Hinsicht trostlos gewesen, das Hauptbestreben der Mönche war darauf gerichtet, »aus der Kutte zu kommen«. In der Zeit um 1535 hatten sich die Verhältnisse grundlegend gewandelt. Die innerkatholische Klosterreform hatte, allen Anfangsschwierigkeiten zum Trotz, mehr Erfolg gehabt, als man gemeinhin annahm[23]. Es war aber die besondere Tragödie der Murrhardter Klosterreform, daß sie erst dann zu greifen begann, als mit der Reformation Martin Luthers die Glaubwürdigkeit der katholischen Kirche in ihren Grundfesten erschüttert wurde. Dem Kloster Murrhardt mangelte es seit den zwanziger Jahren zudem weiterhin an Mönchen – eine Folge der Reformation Luthers? –, 1525 mußte sogar der Pfarrer für die Murrhardter Pfarrei vom Lorcher Konvent »ausgeliehen« werden, weil es offenbar an einer geeigneten Persönlichkeit unter den knapp zehn Murrhardter Mönchen fehlte.

Die Mönche freilich, die noch im Murrhardter Konvent anwesend waren, ließen sich in keiner Weise mehr mit dem verlotterten Mönchshaufen von 1510 vergleichen. Unter den Äbten Binder und Mörlin, die fromme, ernsthafte Charaktere waren, erreichte der Konvent ein beachtliches Niveau. Bei der Abtswahl von 1528 waren alle Konventualen Priester. Jakob Spindler, von 1525 bis 1534 Murrhardter Pfarrer, ist als bedeutende und überzeugende katholische Persönlichkeit des 16. Jahrhunderts bekanntgeworden: Wegen ihm vor allem blieb Schwäbisch Gmünd trotz aller Reformationswirren eine katholische Reichsstadt. Der mit Murrhardt eng verbundene Georg Widman, Pfarrer in Gelbingen, öffentlicher Notar und berühmter Chronist, war ein nicht weniger bekannter, überzeugender und tiefgläubiger Katholik. Wären die Murrhardter Mönche von 1535 die charakterlosen Opportunisten von 1510 gewesen – sie hätten dankbar die Abfindungen des Herzogs Ulrich angenommen und, auf Lebenszeit versorgt, ein Leben frei von allen Zwängen der Mönchsregel führen können. Aber Opportunisten waren die Mönche von 1535 nicht mehr. Im Gegenteil: In einer Epoche, in welcher der Zeitgeist gegen sie war, als der wirtembergische Staat mit allen Mitteln gegen sie mobil machte, haben sie mit einer auch noch nach Jahrhunderten beeindruckenden Würde an

20 Alles nach dem Würzburger Protokoll; vgl. Anm. 2.

21 Deetjen 1976, S. 71, vgl. auch oben Anm. 11.

22 Nicht alle, eine blieb sicher für die Verwendung der nunmehr evangelischen Gemeinde erhalten. Vgl. dazu unten S. 126ff.

23 So redet z. B. Deetjen 1976, S. 69, nur vom »begrenzten Erfolg« der Reform von 1510/11.

ihren klösterlichen Idealen festgehalten und waren bereit, für ihre Überzeugungen Nachteile in Kauf zu nehmen. Nichts kann dies besser illustrieren als Mörlins eigene Worte: Er und sein Konvent seien nicht bereit, die ihnen angetragenen wirtembergischen Angebote anzunehmen, die wider die kaiserliche Stiftungsurkunde und wider den Eid seien, den man dem Bischof von Würzburg geleistet habe. Er und sein Konvent wollten auf wirtembergischen Druck hin auch nicht akzeptieren, *was uns sunst gegen got... nit verantwurtlich sein mag, ...sondern vilmer und ehe wir widder ere, trew und aide handeln, ungnad und des elends gewertig sein wollenn. Got verleihe sein gnad und barmherzigkait!*[24] Mörlins Ankündigung folgte das konsequente Verhalten der Konventualen, und man hat – zumindest was die ausgewiesenen Mönche angeht – tatsächlich *ungnad und elend* auf sich genommen und dem Mönchtum nicht abgeschworen.

Die Lage des Klosters zwischen der Reformation Ulrichs und der Restitution im Rahmen des Interims (1536–1548)

Bemühungen von Abt und Konvent zur Aufhebung der Reformation zwischen 1536 und dem Beginn des Schmalkaldischen Kriegs 1546

Mörlin unternahm nach der Vertreibung eines Teils seiner Mönche und der Amtsübernahme durch Vogt Jakob Hofsess einen weiteren Versuch, den Gang der Dinge umzukehren. Anfang Februar 1536 gelang es ihm, ohne Wissen von Hofsess, der eine strenge Kontrolle über den Abt und seine drei verbliebenen Mönche ausübte, eine weitere Botschaft zum Bischof von Würzburg zu schicken. Da es dem Abt weder möglich war, persönlich nach Würzburg zu gelangen noch einen Brief unbemerkt abzusenden, schickte der Murrhardter Prälat Georg Widman, den Vertrauten des Klosters, an den bischöflichen Hof. Am 10. Februar 1536 traf Widman dort ein und berichtete mündlich vom Gang der Ereignisse in Murrhardt. Außerdem bat er darum, den Abt zu unterstützen und zwei der verjagten Murrhardter Konventualen zu versorgen. Die bischöflichen Räte schrieben Widmans Bericht mit, so daß wir über eine weitere, ausführliche Quelle zur Murrhardter Reformation verfügen[25]. Widman konnte in Würzburg jedoch keine Hilfe für Murrhardt erwirken. Die Antwort des Bischofs war enttäuschend gewesen: Zwar ließ der Würzburger Oberhirte ausrichten, daß er alles *mit leiden gehert* habe, und versprach auch, sich um die beiden Konventualen zu kümmern. In der Hauptsache könne er aber Mörlin nicht helfen: Man habe früh genug dem *abbt... sovil warnung... zukomen (lassen), het er sich woll zu erinnern gehabt.* Mörlin hätte rechtzeitig seine Urkunden an einen sicheren Ort bringen lassen und mit seinem Konvent nach Würzburg flüchten sollen. Die Hilfe des Bischofs sei ihm hierbei sicher gewesen. Da dies jedoch nicht geschehen sei, sehe der Bischof als einzigen Ausweg, daß das Recht des Abts *bey key(serlicher) m(ajestä)t und irem camergericht gesucht werden solt.*

Es war Martin Mörlin schon beinahe unmöglich gewesen, mit dem Bischof überhaupt Kontakt aufzunehmen – ein Verfahren am kaiserlichen Kammergericht gegen Herzog Ulrich war für den Abt, der in Murrhardt beinahe wie ein Gefangener unter der Aufsicht von Vogt Hofsess lebte, völlig aussichtslos. Dazu kam noch, daß Mörlin aus Furcht einen solchen Schritt unterließ. Schon die vom Bischof erwähnte rechtzeitige Flucht nach Würzburg war,

24 Abtsbrief; vgl. Anm. 2.
25 Gemeint ist das Würzburger Protokoll; vgl. Anm. 2.

wie Widman am 10. Februar 1536 in der Bischofsstadt zur Antwort gab, vor allem wegen Bedenken vor Herzog Ulrichs Gewalttätigkeit unterblieben. Zwar waren Mörlin die Hände gebunden, aber diejenigen Murrhardter Mönche, die auf Hofsess' Befehl um den 22. Januar 1536 aus dem Kloster verjagt worden waren, waren dem wirtembergischen Einfluß entzogen. Sie betrachteten ihre Vertreibung als Unrecht und wandten sich am 11. September 1536 von unbekanntem Ort aus an König Ferdinand[26]. Sie schilderten zunächst die Geschichte und die Rechtslage des Klosters bis zu Ulrichs Rückkehr und dessen reformatorische Maßnahmen mit der endgültigen Auflösung des Klosters 1536. Die am weitesten gehende Forderung der Mönche lautete: Das Herzogtum Wirtemberg rühre vom Erzhaus Österreich zu Lehen, folglich sei es die Aufgabe von König Ferdinand, *das bemellt kayserlich closter Murrhardt bey alltem herkhomen, kayserlichen privilegien unnd freyhaitten unbetrübt pleiben zu lassen, unnd was sein fürstlich genad* (d. h. Herzog Ulrich) *darvon entwanndt, wider zu restituiren unnd uns forter darob als romischer konig unnd oberster schirmherr unnsers closters* zu beschützen. Der Vertrag von Kaaden von 1534, nach dem das Herzogtum Wirtemberg nicht mehr Reichslehen sein sollte, sondern als Afterlehen Österreichs vergeben wurde, bildete also den Ansatzpunkt für die Argumentation der Mönche. Es obliege König Ferdinand als Lehensherrn, den Lehensmann Herzog Ulrich zur Rechenschaft zu ziehen wegen der Verletzung der von den Kaisern gewährten klösterlichen Privilegien. Sie forderten nicht weniger als die völlige Restitution des Klosters und künftigen Schutz durch König Ferdinand anstelle des vertragsbrüchigen Ulrich.

Nun unterliegt es zwar keinem Zweifel, daß König Ferdinand eine Wiederherstellung des Klosters Murrhardt und der anderen wirtembergischen Klöster bevorzugt hätte, doch waren ihm seit den Wiener Verhandlungen im Juli/August 1535 die Hände gebunden; er hatte dem Herzog die Klöster mehr oder weniger ausgeliefert und die Reformation ermöglicht. Im Grunde ging die nachgiebige Haltung Ferdinands und auch die seines Bruders, des Kaisers Karl V., gegenüber den deutschen Protestanten auf die immer noch ungünstige Lage an der Türkenfront zurück: Die Habsburger brauchten die militärische Hilfe der Protestanten und waren deshalb zu Konzessionen genötigt. Diese weltpolitischen Dimensionen mögen den Murrhardter Mönchen nicht einmal völlig fremd gewesen sein, denn im weiteren Verlauf ihres Schreibens gingen sie implizit davon aus, daß die Restitution nicht durchgeführt werden könne. Sie schlugen eine moderate Lösung vor, mit der sie ebenfalls zufrieden seien: Das Kloster Murrhardt verfüge über etliche Einkünfte und Rechte außerhalb des Herzogtums Wirtemberg, namentlich in den Herrschaften Hohenlohe und Limpurg und im Gebiet der Reichsstadt Hall. Der König möge diesen drei Herrschaften befehlen, alle Einkünfte aus dem dort gelegenen Murrhardter Besitz nur den Konventualen zukommen zu lassen. Dabei beriefen sich die Mönche auf ein Präjudiz, das im Zusammenhang mit dem Kloster Adelberg geschaffen worden war: Dort hatte König Ferdinand den gesamten außerwirtembergischen Besitz für die Versorgung der vertriebenen Adelberger Konventualen zugewiesen.

Das Bittschreiben der Murrhardter Mönche an den König wirft eine Reihe von Fragen auf. So ist zum Beispiel nicht bekannt, ob es mit Abt Mörlin abgesprochen war; es scheint eher, daß dem nicht so war. Die Mönche hätten das vom Würzburger Bischof empfohlene Verfahren vor dem Reichskammergericht einleiten können, zumindest hätten sie dies – wenn es ihnen an dem dazu nötigen Geld fehlte – versuchen oder im Brief an den König andeuten

26 Der Brief befindet sich ebenfalls im HStAS A 508, Bü. 2.

können. Das Schreiben enthält aber keinerlei Hinweise auf das Reichskammergericht. Anscheinend war der Kontakt zwischen dem Abt und seinen vertriebenen Konventualen so nachhaltig unterbrochen worden, daß sie nicht einmal über die Ergebnisse von Widmans Reise nach Würzburg und über die juristischen Empfehlungen des Bischofs von Würzburg informiert waren. Die Chance einer baldigen Restitution des Klosters scheinen die Mönche – trotz ihrer Forderung – eher skeptisch beurteilt zu haben. Es existieren auch keine Nachrichten, ob ihre Forderung nach Einweisung in die außerwirtembergischen Einkünfte des Klosters Erfolg hatte. Nicht nur die Mönche von Adelberg hatten sich mit diesem Anliegen durchgesetzt – worauf die Murrhardter den König hingewiesen hatten –, sondern auch die Mönche von Alpirsbach, Bebenhausen, Blaubeuren und St. Georgen[27]. Unrealistisch war die Forderung der Murrhardter Mönche in diesem Punkt also nicht. Zumindest bei den Murrhardter Gütern im hällischen Westheim war den Mönchen aber kein Erfolg beschieden: Am 13. November 1536 ließ Herzog Ulrich die Einkünfte der drei Murrhardter Pfarreien Murrhardt, Großbottwar und Westheim erfassen[28]. Im Falle der beiden ersten Pfarreien verwundert das nicht, denn sie unterstanden wirtembergischer Landeshoheit, Westheim aber war hällisch. Tatsächlich wurden, wie das 1539 verfaßte Lagerbuch der Klosterpflege Westheim ausweist[29], alle dortigen Murrhardter Einkünfte vom Kloster genutzt und keineswegs an die Konventualen abgeführt, wie diese es gefordert hatten. Offenbar hat das reformationswillige Schwäbisch Hall sämtliche Wünsche der exilierten katholischen Mönche abgewiesen.

Über die Murrhardter Einkünfte aus limpurgischem und hohenlohischem Besitz liegen keine Informationen vor. Auch hier liegt eher nahe, daß die Ansprüche der Mönche erfolglos blieben, denn es fehlt jeder Hinweis, daß die Mönche in den Jahren nach 1536 sich dort aufgehalten hätten. Im Gegenteil: Von den vier Mönchen, die 1536 den Brief an König Ferdinand verfaßten, kam einer auf einer Pfarrstelle nahe Würzburg unter, ein weiterer läßt sich – wohl nach 1548 – auf einer Pfarrei bei Gaildorf nachweisen, von zweien fehlt jede weitere Spur, und einer, der 1536 den Brief nicht unterzeichnet hatte, gleichwohl jedoch dem Konvent angehört haben dürfte, erhielt eine Pfarrei in Österreich[30]. Somit dürfen 1536 nicht nur die Versuche von Abt Mörlin zur Restitution des Klosters, sondern auch die Anstrengungen der vertriebenen Mönche erfolglos geblieben sein. Die Verhältnisse von 1536 stabilisierten sich. Mörlin war mit den Zuständen sicher unzufrieden, wagte es aber nicht, irgend etwas zu unternehmen. Wie sehr er unter wirtembergischer Kuratel stand, zeigte sich 1542, als der Würzburger Bischof an den Abt geschrieben und ihn »aus Ursachen, das ganze römische Reich betreffend« auf den 4. Mai nach Würzburg bestellt hatte[31]. Hinter der verklausulierten Formulierung steckte wohl der Versuch des Bischofs, von Würzburg aus endlich die Klage vor dem Reichskammergericht einzuleiten. Ähnliche Verfahren der Klöster St. Georgen und

27 Vgl. Deetjen 1976, S. 110, Anm. 144, der sich außer auf Rothenhäusler 1886 auf diverse Archivuntersuchungen beruft.

28 HStAS A 508, Bü. 2.

29 HStAS H 102/54, Bd. 48. Das Lagerbuch führt das Klostereinkommen in der Pflege Westheim seit 1536/37 auf. Vgl. auch unten S. 249 ff.

30 Nikolaus Kaib hatte die Pfarrstelle bei Würzburg, Bartholomäus Dettinger war Interimspriester in Michelbach an der Bilz, Jakob Haismair war Pfarrer in Österreich. Vgl. die Konventualen Nr. 36, 37 und 40. Der Brief der Mönche von 1536 ist unterschrieben von Nicolaus Kayb, Joannes Schrof, Bartholomeus Tettinger und Georgius Fuchs.

31 HStAS A 508, Repertorium Bl. 5, Original fehlt.

Maulbronn hatten einen für Herzog Ulrich ungünstigen Verlauf genommen[32], so daß der Bischof sich auch für Murrhardt Entsprechendes ausrechnete. Aber Mörlin hatte keine Möglichkeit, die Reise nach Würzburg anzutreten. Der bischöfliche Brief geriet wohl in die Hände von Vogt Hofsess, der sofort den Herzog informierte. Ulrich ließ unverzüglich einen schriftlichen Befehl an den Abt abschicken, in dem er ihm jeden Kontakt mit dem Bischof bis auf weiteres verbot. Nachdem auch dieser Versuch zur Restitution des Klosters gescheitert war, blieb die Lage ruhig, bis der Schmalkaldische Krieg Ende 1546 die Machtposition Herzog Ulrichs ins Wanken brachte.

Der Bürgeraufstand von 1537 und die Reformation aus der Perspektive des Volkes

Die Geschichte Murrhardts zur Zeit der Reformation bestand nicht nur aus den vielfältigen Konflikten zwischen Herzog Ulrich und Abt Mörlin. 1537, ein Jahr nach Aufhebung des Klosters, war ein weiterer Faktor wirksam, der andernorts seit der Katastrophe des Bauernkriegs 1525 in den Hintergrund getreten war – das Volk. In Murrhardt endeten die offen ausgetragenen sozialen Konflikte nicht 1525, sondern setzten sich in mehreren spektakulären Erhebungen und Aktionen 1537, 1550 und 1564/65 fort[33]. Wie oben erwähnt, war das Kloster Murrhardt durch die finanziellen Forderungen Herzog Ulrichs 1534–1536 an den Rand des Ruins geraten und hatte durch verschiedene Kreditaufnahmen das vom Herzog verlangte Kapital aufbringen müssen[34]. Einen Teil des Geldes beschaffte sich Abt Mörlin bei den Bürgern der Stadt Murrhardt, insgesamt 200 fl. Der Betrag sollte mit fünf Prozent verzinst wieder zurückerstattet werden. Die Vertreibung der Mönche und die Machtübernahme des Vogtes Hofsess Anfang 1536 machten aber diese Verpflichtungen zur Makulatur. Martin Mörlin mochte durchaus die Absicht haben, den Bürgern das geliehene Geld fristgerecht zurückzuzahlen, doch Jakob Hofsess hielt davon nichts, und die Murrhardter erhielten kein Geld. Das traf sie hart: Die Türkenschatzungen hatten bereits für Unwillen gesorgt, die 1533 erfolgte Verlängerung der Strafsteuer von 1525 hatte weiteres böses Blut gemacht. Mit der Rückzahlungsverweigerung von 1534/36 war das Maß voll. Zwar sind über die folgenden Ereignisse keine Einzelheiten überliefert, aber die Untertanen führten 1537 einen »Aufruhr« durch, um »Abt, Bürgermeister, Gericht und Rat« zu zwingen, das geliehene Geld zu den vereinbarten Konditionen zurückzuzahlen. Es muß sich um eine offene Erhebung gehandelt haben, wobei nach allem Anschein keineswegs das gesamte Gericht und der gesamte Rat auf der Seite der Obrigkeit standen. Mindestens ein Angehöriger dieser Gremien, der reiche Michel Zügel, war maßgeblich am Aufruhr beteiligt.

Wenn auch der Ablauf des Aufstands im dunkeln bleibt, so ist doch das Resultat bekannt: Die Obrigkeit siegte, und die Murrhardter Bürger haben ihre 200 fl vermutlich nie wiedergesehen, sie traf die Strafe des Herzogs. Michel Zügel wurde *umb verschult sachen* in Ulrichs Gefängnis in Lauffen am Neckar gesperrt und blieb dort bis zum 5. September 1538. Erst dann wurde er auf Bitten von Abt Mörlin und einiger Freunde, gegen Stellung von Bürgen, Übernahme der Verpflegungskosten während der Haft und nach dem Schwur der Urfehde

32 Dort waren die Äbte vor dem wirtembergischen Zugriff rechtzeitig geflohen. Vgl. Stälin 1873, S. 425.

33 Zu 1537 und 1564/65: Fritz 1983-I, zu 1550 unten S. 128f.

34 Vgl. oben S. 101ff. und 104f.

wieder freigelassen[35]. Der Bürgeraufstand ist eine unmittelbare Folge der von Herzog Ulrich eingeleiteten Reformation und legt die Frage nahe, wie die einfachen Bürger und Bauern die Ereignisse von 1534 bis 1536 empfunden haben. Ohne Zweifel hatte man Herzog Ulrichs Rückkehr herbeigesehnt, doch freilich in erster Linie in der Erwartung, der Herzog werde mit der verhaßten Ehrbarkeit und den Klöstern abrechnen. Eng verflochten damit war eine weit verbreitete Sympathie für den Protestantismus – ob aus religiös-theologischen Gründen oder wegen der erwähnten Haltung Ulrichs gegenüber Ehrbarkeit und Klöstern, muß offenbleiben.

Dies waren in etwa die Erwartungen des Volkes. Als Ulrich wieder ins Land kam, entsprach er nur teilweise den Hoffnungen der Bevölkerung. Die alte Ehrbarkeit verlor tatsächlich ihre beherrschende Position, die Klöster wurden abgeschafft. Sicherlich hat kaum jemand jedoch damit gerechnet, welche finanziellen Lasten die Rückkehr Ulrichs mit sich brachte. Die Steuerforderungen des Herzogs waren keineswegs milder als zu österreichischer Zeit, im Gegenteil, sie waren noch größer. Daß der Herzog die Klöster besonders stark belastete, mochten die Bewohner weltlicher Ämter mit einer gewissen Sympathie zur Kenntnis genommen haben. Für die Murrhardter Klosterhintersassen war das aber durchaus kein Anlaß zur Freude, denn diese Maßnahme Ulrichs gereichte ihnen eher zum Schaden. Über die Haltung der Murrhardter zu den Mönchen und zu Abt Mörlin ist kaum etwas bekannt. Selbst wenn die Antipathien gegenüber den Mönchen weit verbreitet gewesen sein sollten, konnten die Murrhardter weder dem Konvent den Vorwurf machen, er nehme sein Mönchtum nicht ernst, noch konnten sie die Amtsführung des persönlich untadeligen letzten katholischen Pfarrers Spindler kritisieren. Es scheint, daß etliche Murrhardter dem Katholizismus mehr verbunden waren, als man bislang angenommen hat. Die Abschaffung der altgewohnten katholischen Messe, die mit ihrer Farbigkeit Gefühle des Volkes in höherem Maße als der schlichte protestantische Wortgottesdienst angesprochen hatte, wurde in weiten Kreisen Wirtembergs lebhaft bedauert[36]. Dies hat wohl auch für Murrhardt gegolten, ja die hiesige Bevölkerung zeigte in noch weit größerem Maße Sympathien für den katholischen Ritus: Obwohl nun protestantisch, behielt man die katholische Wallfahrt zum Walterichsgrab alljährlich zu Ostern bei; bis mindestens in die Zeit des Dreißigjährigen Krieges trieb man mit bunten Prozessionen einen Aufwand, der nichts mit dem Protestantismus gemein hatte[37]. Die Wallfahrt war – unerhört für einen evangelischen Ort und von der Kirchenführung heftig bekämpft – bis ins 19. Jahrhundert Brauch und hat sich in letzten Resten sogar noch bis heute gehalten.

So betrachtet, bedeutete die Reformation von 1534/36 für die Bevölkerung eine Zäsur bei vielen Gewohnheiten, auf die man zwar geschimpft haben mochte, die einem aber doch lieb geworden waren. Beeindruckender für die Bevölkerung war ein anderes Ereignis: Die Vertreibung der Mönche muß ein unerhörter Vorgang für das Städtchen gewesen sein, der wohl teils Zustimmung, teils aber auch Abscheu hervorgerufen hat. Mochten hier die Gefühle des Volkes noch geteilt sein, so ist die Zerschlagung der Glocken und der Abtransport aller Metalle aus dem Kloster ziemlich einhellig auf Ablehnung gestoßen. Denn nun wurde deutlich, daß die Reformation für Murrhardt nicht unbedingt einen Gewinn bedeutete.

35 HStAS A 44, U 2616. Vgl. zur Person Michel Zügels auch S. 180 ff. und die Einwohnerliste.
36 Press 1984, S. 128.
37 Vgl. Chronicon Murrhardtense von 1642, UB Würzburg, M. ch. q. 85.

Bislang war der Ort dank seines Klosters in gewisser Hinsicht immer ein Zentrum gewesen, auch ein geistig-kultureller Mittelpunkt. Das war nun offensichtlich vorbei. Vielleicht empfand man es so, daß Stuttgart Murrhardt mittels der Reformation ausplünderte. Murrhardt verlor an Bedeutung. Murrhardt erlitt also Einbußen, während das Kloster ein Faktor blieb, der die Bevölkerung belastete. Die Abgaben, die zu leisten waren, kamen infolge der Reformation in keiner Weise der Bevölkerung zugute. Die evangelische Klosterführung unter Hofsess knüpfte in allen Wirtschafts- und Finanzfragen bruchlos an die katholischen Vorgänger an. Daß das Geld sofort in die herzogliche Kasse nach Stuttgart floß und nicht in der Klosterkasse verblieb[38], konnte auch der reformationsfreudigste Murrhardter nicht als erstrebenswert empfinden. Denn aus der Klosterkasse mochten manche Beträge wieder den Murrhardter Bauern und Handwerkern in Form von Aufträgen zugeflossen sein, aus Stuttgart war das hingegen nicht zu erwarten.

Wie wenig die Reformation die finanziellen und wirtschaftlichen Mißstände beseitigt hat, zeigt der Aufstand von 1537 in aller Deutlichkeit. Der Aufruhr traf den Abt, der das Geld nicht zurückzahlen konnte. Inwieweit die Bürger den Herzog als den Verursacher der Entwicklung erkannten, steht dahin. Jedenfalls hat die Erhebung das Verhältnis zwischen Mörlin und den Bürgern nicht nachhaltig beeinträchtigt. Gerade Mörlin war es ja, der sich um die Freilassung von Zügel beim Herzog verwandte, während der Herzog beziehungsweise dessen Bürokratie unnachsichtig den Aufstand niedergeschlagen und die Strafen verhängt hatte.

Das Verhältnis zwischen Vogt und Abt in Murrhardt seit 1536

Der Abt und sein noch verbliebener Konvent hatten seit Ende Januar 1536 praktisch keine Kompetenzen mehr. Die Konzession des Herzogs, Mörlin unangetastet zu lassen und drei Mönchen eine Art Gnadenbrot zu gewähren, war das einzige Resultat von Mörlins Verzichtpolitik. Nachdem der Abt sich fast bis zur Selbstverleugnung gehorsam gezeigt hatte, hätte ein noch härteres Vorgehen Ulrichs wohl ein allzu schlechtes Bild an den benachbarten Höfen abgegeben. Außerdem erhielt sich der Herzog mit Mörlin einen vortrefflichen Wirtschaftsfachmann, der seine Qualitäten bei der Sanierung Murrhardts wiederholt unter Beweis gestellt hatte.

Insgesamt spekulierte Ulrich darauf, daß die Mitglieder des Murrhardter Restkonvents nach und nach starben. Tatsächlich scheinen die beiden alten, kranken Mönche, die 1536 im Kloster hatten bleiben dürfen, im Laufe der folgenden Jahre gestorben zu sein. Es blieben Martin Mörlin und sein Prior Thomas Carlin, die – weiterhin angetan mit dem Mönchshabit, was zweifellos ein gewisser Gunstbeweis war[39] – als Verwalter die fortbestehende Wirtschaftseinheit des Klosters mit versehen durften. Ihre Unabhängigkeit gehörte der Vergangenheit an. Zunächst durfte selbst die unbedeutendste Urkunde und das kleinste Rechtsgeschäft nicht vom Abt allein ausgestellt oder durchgeführt werden. Grundsätzlich siegelten Abt und Vogt seit 1536 immer gemeinsam, faktisch war natürlich der Vogt der maßgebliche Mann. Die klösterliche Buchführung scheint sogar, wie das Lagerbuch der Murrhardter Pflege Westheim

38 Deetjen 1976, S. 72.
39 Widman, S. 141. Widman führt auch an, daß der benachbarte Adel sich für Mörlin eingesetzt habe. Dem Abt Lukas von Herrenalb war dagegen das Tragen der Ordenstracht ausdrücklich verboten worden; vgl. Deetjen 1976, S. 110, Anm. 137.

von 1539 andeutet, fast vollständig in die Kompetenz von Hofsess gefallen zu sein[40]. Erst aus dem Jahr 1544 ist eine Urkunde erhalten, in der Mörlin allein, ohne Mitwirkung des Vogtes, siegeln durfte – aber da handelt es sich um einen vom Abt ausgeführten Schiedsspruch zwischen den Schenken von Limpurg und den Herren von Vellberg, also um eine Angelegenheit, die Wirtemberg nicht im entferntesten betraf[41]. Wie sehr das Ansehen Mörlins zurückgegangen war, wird aus der Tatsache deutlich, daß er nicht mehr der Ansprechpartner war, an den sich auswärtige Herrschaften wandten. Als Anfang 1537 der Rat der Stadt Hall in Murrhardt zwei Urkunden beglaubigt haben wollte, ließ er diese Tätigkeit nicht, wie bis dahin immer üblich, durch den Abt ausführen, sondern durch den Vogt. Immerhin achteten die Haller Mörlin noch so, daß sie ihm 1539/40 und 1541/42 vergoldete Trinkbecher und Trinkgeschirr schenkten[42]. Nach der Hektik der Jahre 1534–1537 kehrte seit 1537 Ruhe in Murrhardt ein. Es ereignete sich kaum Nennenswertes. Ein Viehtriebsstreit zwischen dem Murrhardter Ort Ottendorf und verschiedenen limpurgischen Nachbardörfern, der bereits seit mehreren Jahrzehnten währte, fand in der Zeit um die Reformation ein vorläufiges Ende. Die einzelnen Regelungen sind zwar von allenfalls lokalem Interesse, aber es wird deutlich, daß sich der Abt bis 1535 aus eigener Machtvollkommenheit mit den Ottendorfer Ortsproblemen befaßt hatte[43], seit 1536 mischte sich dagegen Herzog Ulrich wegen seines *gotzhauß Murrhart hindersessen bemelter fleckhen Ottendorf und Niderndorff* in die Händel ein[44]. Noch 1537 und 1538 beschäftigten die Ottendorfer Viehtriebsnöte den Herzog, den Abt und die Schenken von Limpurg, ohne daß ein greifbares Ergebnis herauskam[45]. Von ähnlich bescheidener Bedeutung war ein Viehtriebsstreit in Murrhardt 1538. Auch ihn durfte der Abt nicht allein entscheiden, sondern er mußte zusammen mit Hofsess siegeln.

Das Alltagsleben der Bevölkerung scheint nach dem Aufstand im wesentlichen ruhig und unverändert verlaufen zu sein. Die Murrhardter zahlten in den dreißiger und vierziger Jahren die mehrfach eingeforderten Steuern, um die Abwehrkämpfe gegen die Türken zu finanzieren. Die Listen der Steuererhebung von 1542 und 1545 sind erhalten, sie bilden wichtige Quellen zur Sozialgeschichte der Stadt[46]. Nachdem die Steuer von 1545 eingesammelt und in Stuttgart abgeliefert worden war, endete mit dem Beginn des Schmalkaldischen Kriegs 1536 die Periode relativer Ruhe.

40 Das Lagerbuch wurde von Hofsess geführt, wie etliche Einträge auf den einleitenden Seiten ausweisen.

41 StAL B 113, U 590.

42 StadtASHA StR 442, 453 und 461. *Dem schultheis von Murhart, als er zwen brieff hat abgefidimirt zwischen ainem erbern rath und schenck Asmusen, II gulden.* – In Hall hatte man offenbar noch nicht registriert, daß der führende Beamte in Murrhardt seit Hofsess nicht mehr den Titel eines Schultheißen, sondern den eines Vogts führte.

43 Vgl. den Ottendorfer Streit 1498, 1523, 1535–1538 HStAS A 508, Bü. 8.

44 HStAS A 508, U 44.

45 Vgl. den Briefwechsel ebd., Bü. 7, 8.

46 Vgl. S. 182ff., 185ff.

Seit Jahrzehnten war der Konfessionsgegensatz das zentrale politische Problem in Deutschland gewesen. Kaiser Karl V. sah es seit seinem Regierungsantritt als ein Hauptziel an, den Protestantismus zu vernichten. Die Protestanten kannten die Einstellung des Kaisers und hatten zum Schutz vor den befürchteten militärischen Maßnahmen Karls V. schon 1531 den Schmalkaldischen Bund gegründet, dem Wirtemberg 1536 beigetreten war[47]. Wahrscheinlich hat die Protestanten weniger der Schmalkaldische Bund geschützt als die ständigen außenpolitischen Schwierigkeiten des Kaisers, der jahrzehntelang mit den Türken und mit den Franzosen im Krieg lag und nie seine innerdeutschen Ziele mit der nötigen Energie verfolgen konnte. Nachdem mit Frankreich der Friede von Crépy geschlossen war und sich auch die Lage an der türkischen Front beruhigt hatte, war der Kaiser auf dem Speyrer Reichstag von 1544 entschlossen, das Religionsproblem in naher Zukunft notfalls gewaltsam zu lösen[48], auch wenn er seine Meinung fürs erste zu verbergen suchte. Der Unwille des Kaisers wurde zusätzlich durch die Weigerung der Protestanten verstärkt, das auf Ende 1545 in Trient einberufene Konzil anzuerkennen. Mit dem Konzil hatte Karl V. die Hoffnung verbunden, vielleicht doch noch zu einem gütlichen Ausgleich zwischen den Konfessionen zu kommen. Die Verstimmung zwischen dem Kaiser und dem Schmalkaldischen Bund hatte im Frühjahr 1546 ein solches Ausmaß angenommen, daß die im Bund vereinten Fürsten sich weigerten, den nach Regensburg einberufenen Reichstag zu besuchen. Karl V. verkündete dort, daß er sich mit Gewalt Gehorsam verschaffen wolle, und begann ein Heer zu sammeln. Der Schmalkaldische Bund reagierte rasch und stellte ebenfalls ein Heer auf. Unter dem berühmten Landsknechtsführer Sebastian Schertlin von Burtenbach schlugen die Schmalkalder bereits am 10. Juli 1546 zu und sperrten die Ehrenberger Klause bei Reutte in Tirol. Damit war einerseits das Konzil in Trient bedroht, andererseits hätte man nun die Möglichkeit gehabt, den Kaiser von seinen aus Italien anmarschierenden Truppen – vor allem Spanier – abzuschneiden. Karl V. wäre dadurch in eine gefährliche Lage geraten. Der uneinige Bund verschenkte aber alle militärischen Vorteile durch Entschlußlosigkeit und widersprüchliches Handeln der politischen Führung. Der Kaiser erhielt aus Italien und den Niederlanden erhebliche Verstärkung, und der Herbst 1546 verging mit verschiedenen, ergebnislosen Kämpfen an der Donau im Gebiet Ingolstadt–Ulm. Die Entscheidung fiel auf einem andern Kriegsschauplatz. König Ferdinand marschierte am 30. Oktober 1546 in Kursachsen ein, worauf Kurfürst Johann Friedrich von Sachsen Mitte November 1546 seine Truppen vom Heer des Bundes in Süddeutschland abzog, um sein Land zu retten. Damit hatte sich die Situation mit einem Schlage zugunsten Karls V. verändert. Das restliche Heer des Schmalkaldischen Bundes in Süddeutschland war dem Kaiser nicht mehr gewachsen, und die Bundesfürsten ersuchten um Frieden. Der Kaiser ging auf dieses Angebot vorerst nicht ein, sondern wartete ab, bis er Süddeutschland ganz in seiner Hand hatte. Dann wandte er sich den schwäbisch-fränkischen Reichsstädten zu. Vom 16. bis 24. Dezember 1546 hielt er sich in Schwäbisch Hall auf. Seine Truppen unter Sulmona und Herzog Alba marschierten in Wirtemberg ein und nahmen das Land – von wenigen Festungen abgesehen, die sich zunächst erfolgreich verteidigten – rasch in Besitz.

Herzog Ulrich hatte angesichts des allgemeinen Zusammenbruchs schon seit dem

47 Vgl. Brecht/Ehmer 1984, S. 271.
48 Zum Folgenden insgesamt Stälin 1873, S. 424–453.

11. Dezember 1546 um Frieden nachgesucht. Der Kaiser hielt Ulrich aber hin und ließ die vorläufige Versöhnung erst am 3. Januar 1547 zustande kommen. Der Friede kostete Ulrich einen gewaltigen Preis. Daß der Kaiser wirtembergische Militärhilfe gegen Hessen und Sachsen forderte, die weiterhin Widerstand leisteten, war zwar unangenehm, bedeutete aber noch keine existenzielle Bedrohung Wirtembergs. Unangenehmer war die Verpflichtung, in den Festungen Asperg, Schorndorf und Kirchheim auf unbestimmte Frist spanische Truppen des Kaisers einzuquartieren. Damit hatte Wirtemberg bis auf weiteres regelrecht das Messer am Hals; auch nur der geringste unvorsichtige Schritt gegen Habsburg mußte verhängnisvoll sein. Die finanziellen Lasten des Ausgleichs vom 3. Januar waren enorm. Der Kaiser verlangte nicht weniger als 300 000 fl, zahlbar binnen 25 Tagen – eine Summe, die sowohl bezüglich ihrer Höhe als auch kurzen Frist, in der sie entrichtet werden mußte, unerhört war. Am gefährlichsten erwies sich schließlich die Klausel der Übereinkunft vom 3. Januar, daß sich Herzog Ulrich wegen seines Herzogtums vor König Ferdinand verantworten sollte. Ob Ulrich in der Hektik der Ereignisse gleich in vollem Maß erkannte, worauf er sich hier eingelassen hatte, ist schwer abzuschätzen. Jetzt begann sich das seit dem Kaadener Vertrag von 1534 gültige Afterlehensverhältnis verhängnisvoll auszuwirken. Ulrich war seit damals habsburgischer Lehensmann und damit König Ferdinand zur Treue verpflichtet. Im Rahmen der militärischen Aktionen des Schmalkaldischen Bundes bei Reutte hatten sich auch wirtembergische Truppen am Angriff auf das König Ferdinand gehörige Tirol beteiligt und somit eindeutig gegen die Treuepflicht verstoßen. Die Klausel vom 3. Januar 1547 gab Ferdinand ein Mittel in die Hand, das die politische Existenz Ulrichs zerschmettern mußte: Ferdinand konnte einen Felonieprozeß wegen Verletzung der Lehenspflichten durch Ulrich einleiten, mit dem Ziel, dem schwäbischen Fürsten das Herzogtum Wirtemberg zu entziehen. Dieser Prozeß bestimmte die letzten Lebensjahre Ulrichs, und alle Trumpfkarten schienen in Ferdinands Hand. Die Wiederkehr der habsburgischen Herrschaft in Wirtemberg, wie sie von 1519 bis 1534 bestanden hatte, schien unmittelbar bevorzustehen.

Mit anderen Worten: Herzog Ulrich schien seit Anfang 1547 in politischer Hinsicht am Ende zu sein, sein Verbleiben in Wirtemberg schien eine Frage der Zeit, all seine politischen Aktivitäten glichen verzweifelten Rückzugsgefechten. Der Herzog mußte dulden, was die spanische Besatzung im Lande anrichtete – und das war viel. Noch Ende 1546 hatten Sulmonas Truppen Marbach verwüstet und geplündert und damit gleich klargestellt, wie die realen Machtverhältnisse im Lande aussahen. Der Ruf der Spanier besserte sich auch beim Übergang zum vertraglich festgelegten Besatzungsalltag nicht. Die spanischen Soldaten, kulturell und religiös aus einer ganz anderen Welt, übten während der gesamten Zeit ein hartes Regiment in Wirtemberg aus, das durch viele Übergriffe gegen die Zivilbevölkerung gekennzeichnet war und gelegentlich Züge einer regelrechten Terrorherrschaft annahm.

Die Auswirkungen des Kriegs für Murrhardt

Die sich überstürzenden Ereignisse 1546/47 wurden in Murrhardt mit Aufmerksamkeit registriert. Mörlin, bislang ein entmachteter, unwillig geduldeter und mißliebiger katholischer Abt, boten sich nun mit einem Male neue Möglichkeiten, und er konnte für Murrhardt seinen Einfluß gegen Übergriffe der spanisch-katholischen Soldaten des Kaisers geltend machen. Wir sind über die Ereignisse in Murrhardt im ersten Jahr der spanischen Besatzung aus erster Hand informiert, da Abt, Vogt, Bürgermeister und Gericht der Stadt auf Anfrage Herzog Ulrichs am 24. Dezember 1547 einen Bericht über das zurückliegende Jahr erstatten mußten[49]. Murrhardt machte Bekanntschaft mit dem kaiserlichen Heer, als es im Dezember 1546 in und um Hall lagerte. Mörlin, einerseits erfreut über die Ankunft des katholischen Monarchen, andererseits besorgt über die zu befürchtenden Repressalien der kaiserlichen Soldateska, eilte umgehend nach Hall zum Kaiser und erwirkte am 20. Dezember 1546 einen Schutzbrief, eine sogenannte *salvaguardia,* in dem der Kaiser seinen Soldaten auf Bitten Mörlins nachdrücklich Übergriffe gegen das Kloster und die Stadt untersagte[50]. Damit war Murrhardt fürs erste vor dem Schicksal Marbachs geschützt. Vogt Hofsess, der eigentliche Machthaber in Murrhardt, scheint sich in dieser kritischen Zeit taktisch klug im Hintergrund gehalten zu haben. Mörlin fungierte nach außen hin wieder als Vertreter Murrhardts.

Trotz der *salvaguardia* kam Murrhardt nicht ungeschoren davon. Man hatte wegen der Kriegsgefahren den größten Teil der Naturalvorräte, die im Murrhardter Klosterpfleghof in Westheim gelagert waren, nach Hall führen lassen, wo man im Schutz der starken Stadtmauern Sicherheit zu finden hoffte. Ausgerechnet Hall war aber dann das Ziel des Kaisers geworden. Beim Aufenthalt Karls V. in Hall wüteten die kaiserlichen Truppen in der protestantischen Stadt. Durch die Übergriffe wurde namentlich der von Westheim nach Hall gebrachte Hafervorrat *vertrogen und verschwendt.* Das war der unmittelbare Anlaß für Mörlins Gang zum Kaiser und für die Erwirkung der *salvaguardia* gewesen. Tatsächlich blieben dank der *salvaguardia* die übrigen Murrhardter Wein- und Fruchtbestände, die sich noch in Schwäbisch Hall und Westheim befanden, vor den Übergriffen der kaiserlichen Truppen bewahrt. Auch die in Murrhardt eingelagerten Vorräte blieben unangetastet. Die *salvaguardia* nützte aber nichts, als am 29. Dezember 1546 spanische Truppen Großbottwar einnahmen und im dortigen Klosterkasten schwere Schäden an den Dinkel-, Hafer- und Weinvorräten anrichteten. Geringere Einbußen gab es außerdem bei spanischen Übergriffen auf den Murrhardter Klosterkasten in Erdmannhausen. Insgesamt waren die Murrhardter Verluste an Frucht und Wein Ende 1546 zwar erheblich, trotzdem blieb der weit überwiegende Teil aller Vorräte erhalten[51]. Murrhardt war also noch relativ günstig weggekommen, was nicht zuletzt der Tatsache zu verdanken war, daß dem Ort weiterhin ein katholischer Prälat vorstand, der schon aus religiösen Gründen mit Kaiser Karl V. und den spanischen Truppen auf gutem Fuß stand.

Die Lage blieb das ganze Jahr 1547 hindurch freilich kritisch, da kaiserliche Truppen in der Nähe Murrhardts auf hällischem Gebiet, insbesondere auch unmittelbar in Westheim lagerten.

49 HStAS A 508, Bü. 2.

50 Ebd., kopial.

51 Der Bericht von Heiligabend 1547 gibt folgende Daten an: In Hall gingen verloren 142 Malter, 1 Simri Hafer. Die Verluste in Großbottwar betrugen 59 Malter, 5½ Simri Dinkel, 102 Malter Hafer, 8 Eimer, 5 Imi Wein, in Erdmannhausen 4 Malter, 5 Simri Hafer, alles Stuttgarter Meß und Esslinger Eich. Bei der anschließenden Addition nennt der Bericht folgende Verluste: 59 Malter, 5½ Simri Dinkel; 248 Malter, 2 Simri Hafer; 8 Eimer, 5 Imi Wein. Bemerkenswert ist, daß nicht nach Murrhardter, sondern – 10 Jahre vor Herzog Christophs landeseinheitlicher Maßordnung – nach Stuttgarter Meß abgerechnet wurde. – Im Klosterkasten unversehrt vorhanden waren zu Weihnachten 1547 145 Malter, 3 Simri Dinkel, 1867 Malter Hafer und 446 Eimer Wein. Leider läßt sich aus dem Restbestand im Klosterkasten und den Verlusten nicht durch Addition der Gesamtbestand der ursprünglich vorhandenen Klosternaturalien ermitteln. Dazu müßten wir den Umfang der Ernten von 1546 und 1547 kennen. Die Ernten konnten in extremer Weise voneinander abweichen; vgl. dazu die Westheimer Quellen von 1536–1538 unten S. 249 ff. Zur Berechnung der ursprünglichen Gesamtmenge der Naturalien müßten wir außerdem wissen, wieviel aus den eingelagerten Beständen zwischen Dezember 1546 und Dezember 1547 verkauft worden war.

Nur durch das beständige Vorweisen der *salvaguardia,* heißt es am 24. Dezember 1547 in einem Bericht nach Stuttgart, sei man halbwegs vor den Soldaten sicher. Man könne deshalb auch nicht – wie der Herzog es gewünscht hatte – das Original des kaiserlichen Schutzbriefs nach Stuttgart senden, da man es dringend selbst benötige. Im übrigen beruhigten die Murrhardter den Herzog: Zu juristisch bedeutsamen Akten hinsichtlich der Landeshoheit sei es nicht gekommen, man habe namentlich dem Kaiser nicht gehuldigt, was dieser aber auch nicht verlangt habe.

Die Zeit des Interims (1548–1552)

Der Schmalkaldische Krieg hatte die Verhältnisse in Wirtemberg von Grund auf verändert. Die in religiöser Hinsicht wichtigste Konsequenz des Kriegs, die Einführung des Interims, gab Abt Mörlin und seinem durch Tod stark geschrumpften Konvent die Möglichkeit, das alte Klosterleben wieder zu erneuern. Die Restitution des Klosters Murrhardt im Zuge des Interims, die unten Gegenstand ausführlicher Erörterung ist[52], wurde bereits mehrfach dargestellt[53], doch fanden die äußeren Umstände, unter denen die Einführung des Interims in Murrhardt stattfand, bislang kein wissenschaftliches Interesse. Da die kirchlichen Veränderungen in Murrhardt ohne die Kenntnis der teilweise dramatischen äußeren Ereignisse aber kaum richtig eingeschätzt werden können, sei die Beschreibung der äußeren Umstände vorangestellt.

Die wirtschaftliche Krise Murrhardts durch Einquartierungen und Ablieferungspflichten 1548–1550

Murrhardt hatte zwar dank des kaiserlichen Schutzbriefs vom 20. Dezember 1546 das erste Jahr der spanischen Besatzung Wirtembergs einigermaßen unbeschadet überstanden, je länger aber die Besatzungszeit andauerte, desto weniger bot die *salvaguardia* Schutz gegen die spanischen Truppen. Eine Reihe bislang unbeachtet gebliebener Briefe aus den Jahren 1549 und 1550 ermöglicht es, die Geschichte Murrhardts seit Ende 1547 zu beschreiben[54]. Wie aus diesen Briefen hervorgeht, muß Murrhardt 1548 schwere Beeinträchtigungen erlitten haben. Es sei *im kaiserlichen ynfall* (also Ende 1546) *und zu anderm mehrernden malen* (zum Beispiel nach Weihnachten 1547, als ja noch keine weiteren Schäden zu vermelden gewesen waren), *durch der Hispanier furziehenn... trefenlicher schaden* angerichtet worden[55]. Besonders beklagt der Murrhardter Abt, daß er *unnd die armen zu Murhart... etlich wochen mit dem hispanischen kriegsvolck überlegt* gewesen seien[56].

52 S. 123ff.

53 Erstmals Widman, S. 141f., dann Pflaumern 1636, S. 98, OAB Backnang, S. 253f., Deetjen 1976, S. 74f.

54 Alle Quellen zur wirtschaftlichen Krise Murrhardts durch Einquartierungen befinden sich im HStAS A 87, Bü. 16.

55 Brief von Abt Carlin, ebd., vom 4. 7. 1549. Die Schilderung bezieht sich auf Ereignisse, die vor dem Winter 1548/49 stattgefunden haben müssen.

56 Brief Carlins, ebd., vom 11. 12. 1549. Carlin meint offensichtlich eine Einquartierung 1548. Vgl. auch die folgenden Anmerkungen.

Die Einquartierung spanischer Truppen in Murrhardt – und in den benachbarten Ämtern beziehungsweise Orten Winnenden, Backnang und Rudersberg – ist nach aller Wahrscheinlichkeit auf den Sommer 1548 zu datieren und dürfte mindestens ein Vierteljahr gedauert haben[57]. Der Lebensmittelbedarf der in Murrhardt liegenden Spanier war so hoch, daß das Kloster allein dafür nicht aufkommen konnte. Das benachbarte Amt Backnang hatte unter anderem dem Kloster längere Zeit Zufuhr zu leisten[58]. Bereits durch die Ereignisse des Jahres 1548 hatte Murrhardt *dermaßen ain schaden erliten, das mir daran noch viel jar einzubueßen haben*[59]. Vielleicht fallen die zahlreichen Gebäudeschäden, die Abt Carlin seit etwa 1550 durch Neubauten beseitigen ließ[60], in die Einquartierungsphase von 1548.

Im Jahr 1549 besserten sich die Verhältnisse in keiner Weise. Zwar befanden sich die nächsten größeren Einquartierungen zu Beginn des Jahres eine gewisse Wegstrecke entfernt, in Winnenden und Schorndorf[61], eine wirkliche Entlastung bedeutete das aber kaum. Nach Lebensmitteln suchende Gruppen spanischer Soldaten zogen – wie für den Januar 1549 überliefert ist – weiterhin umher und überfielen insbesondere *die armen leutt uff den ainödenhöfen oder weyllern*[62], denen sie Fleisch und Proviant abnahmen. Im Amt Backnang wurde ein Reisender ermordet, nach allen Indizien durch marodierende Spanier[63]. In den ummauerten Städten war man vor solchen Übergriffen zwar sicher, aber bereits im Winter 1548/49 kam eine neue Belastung auf die Murrhardter zu: Auf Anordnung Herzog Ulrichs wurde Murrhardt zur Unterhaltung der in Winnenden liegenden spanischen Truppen herangezogen[64]. Zunächst war nur die Lieferung eines Wagens Heu pro Woche nach Winnenden verlangt worden, doch forderten die Spanier bereits von der zweiten Woche an zwei Wagen zu je 10 Zentner Heu. Da die Murrhardter Heuvorräte bereits durch die Einquartierungen des Jahres 1548 gelitten hatten, konnte man den Forderungen der Spanier schon nach wenigen Wochen nicht mehr nachkommen. Der Murrhardter Abt klagte, daß die Spanier statt des Heus seit Ende März 1549 die Lieferung von wöchentlich 8 Scheffel Hafer und zehn Rindern befohlen hätten. Zwar habe die spanische Besatzung versprochen, diese Ersatzlieferung zu bezahlen, doch hätten sie die Beträge etliche Male nicht einmal zur Hälfte geleistet, so daß den Murrhardtern in den vierzehn Wochen zwischen Ende März und Anfang Juni 1549 ein

57 Brief von Bürgermeister, Gericht und Rat von Backnang an Herzog Ulrich, ebd., vom 22. 5. 1549. Darin teilen die Backnanger mit, sie hätten im vorhergehenden Sommer selbst 13 Wochen lang Einquartierungen im Amt – anscheinend nicht in der Stadt selbst – gehabt.

58 Ebd.

59 Brief Carlins vom 11. 12. 1549; vgl. oben Anm. 56. Die Verwüstungen in Murrhardt werden auch erwähnt im Aufsatz von K. M. (nur Initialen!) 1927, in dem gesagt wird, daß die Spanier sich – offenbar 1548 – halfen, »indem sie Murrhardt, Marbach und das benachbarte Krähwinkler Amt mit Raub und Plünderung heimsuchten.«

60 Dazu S. 138–142. Auch Widman erwähnt die Schäden an der Gebäudesubstanz, gibt aber nur eine sehr vage Datierung: Abt Carlin habe... *auch stattlich das closter wider zu bawen und die kirch zu zihren anngefangen. Dann zu vorigem unfall verbronnen auch inn der zeith, alsz die conventuales exulirten, dieszes closters dormitorium undt beste scheuren* (S. 142).

61 Brief der Backnanger an Herzog Ulrich vom 21. 1. 1549. HStAS A 87, Bü. 16.

62 Brief des Reichenberger Forstmeisters Pancratius von Urbach und des Backnanger Untervogts Johann Sattler vom 29. 1. 1549 an Herzog Ulrich, ebd. Für Murrhardt haben zweifellos ähnliche Verhältnisse gegolten.

63 Ebd.

64 Brief Carlins vom 4. 7. 1549; vgl. oben Anm. 55. Der Cannstatter Vogt Jakob Hofstetter hatte den Befehl des Herzogs nach Murrhardt überbracht.

wöchentlicher Schaden von je 20–30 fl entstanden sei[65]. Die Lieferungen nach Winnenden müssen Murrhardt in der Tat schwere Verluste zugefügt haben. Die Ablieferung von 140 Stück Vieh – wenn auch teilweise gegen Bezahlung – beeinträchtigte die Wirtschaftskraft Murrhardts auf jeden Fall erheblich. Viehverluste dieses Ausmaßes mußten langfristige Einbrüche in der Fleisch- und Milchproduktion nach sich ziehen. Da die spanischen Truppen mit ihrem enormen Lebensmittelverbrauch weiterhin im Lande lagen, war an eine Wiederaufstockung des Viehbestandes für die Dauer der Besatzungszeit nicht zu denken.

Doch es blieb nicht allein bei den Lieferungen der Murrhardter nach Winnenden. Um den 10. April 1549 kam Nachricht, daß bei Lauffen, Kirchheim und Weinsberg etwa 500 neue spanische Besatzungssoldaten die wirtembergische Grenze überschritten hätten. Wenig später, auf jeden Fall noch vor dem 13. April, erschienen spanische Reiter, unter ihnen der *comisarius* von Schorndorf, mit einem ausdrücklich Murrhardt und Backnang nennenden Befehl des Kaisers, begehrten mit Drohung Einlaß in die beiden Städte und ritten durch alle Gassen. Nachdem sie auf diese Weise die Orte auf ihre Eignung als Truppenquartiere inspiziert hatten, kündigten sie ihre baldige Rückkehr an und ritten weiter. Die beunruhigten Bürger erstatteten umgehend Meldung an Herzog Ulrich und erbaten Verhaltensmaßregeln, falls die Spanier wiederkämen[66]. Der Herzog war offensichtlich über die Pläne der Spanier nicht im Bilde, denn er wies seine Untertanen zunächst an, ihre Städte *in guter huot unnd verwarung* zu halten und den Truppen allenfalls einen Lagerplatz außerhalb der Stadtmauern zuzuweisen[67]. Gleichzeitig mit dem herzoglichen Antwortbrief erschienen aber bereits am Palmsonntag, dem 14. April, erneut Spanier vor den Mauern Backnangs und kündigten die Ankunft von 400 bis 500 Mann für den folgenden Montag an. Erst verweigerte man den Spaniern den Eintritt in die Stadt, dann gelang es ihnen – noch am Sonntag –, *listiger weyss... durch verwarlosung der thor warten unnd geordnetten hüettern* in die Stadt einzudringen. Nachdem die Spanier die Nacht in Backnang verbracht hatten, zogen sie am Montagmorgen weiter – wohl nach Murrhardt –, nicht ohne den Backnangern schlimme Konsequenzen angedroht zu haben, falls man die Tore den Soldaten nicht öffne. Noch zweimal jagten Boten von Backnang nach Stuttgart, um neue Verhaltensmaßregeln vom Herzog zu erhalten. Ulrich bestätigte zunächst am 15. April seinen Befehl, niemanden einzulassen, mußte aber, kaum daß seine Order nach Backnang abgegangen war, sich eines Besseren belehren lassen. Vermutlich auf direkte Anweisung des Kaisers tat Ulrich noch am 15. April seinen Räten kund, daß die spanischen Hakenschützen, die in Lauffen lägen, in Murrhardt und Backnang einquartiert werden müßten. Die beiden Städte sollten sich umgehend mit den Hakenschützen in Verbindung setzen, um die Modalitäten der Einquartierung und Fouragierung zu klären. Auch müsse den Spaniern der Proviantkauf gestattet werden[68].

65 Brief Carlins vom 4. 7. 1549; vgl. oben Anm. 55.
66 Brief von Untervogtsverweser und Gericht zu Backnang an Herzog Ulrich vom 13. 4. 1549, ebd. Darin werden die Murrhardter mehrfach erwähnt.
67 Brief Ulrichs an die Backnanger vom 13. 4., ebd. Die Anweisungen an Murrhardt müssen entsprechend gelautet haben.
68 Briefe von Untervogtsverweser und Gericht zu Backnang an Herzog Ulrich, undatiert (14. 4. 1549), eingegangen in Stuttgart am 15. 4., morgens 7 Uhr; Bitte der Räte an den Herzog, die Backnanger Eingabe schnell zu beantworten, vom 15. 4.; Antwort des Herzogs an die Backnanger vom 15. 4., ja niemanden einzulassen; erneuter Brief der Backnanger an den Herzog vom 15. 4.; Anweisung des Herzogs an die Räte, vom 15. 4., Murrhardt und Backnang müßten die Spanier nun doch aufnehmen; alles HStAS A 87, Bü. 16.

Am 16. April erhielten Murrhardt und Backnang die tags zuvor den Räten übergebene Mitteilung, daß die Spanier nun doch aufzunehmen seien[69]. Die Spanier müssen um dieselbe Zeit in den beiden Städten eingetroffen sein, gewiß zum Entsetzen aller Einwohner. Ihnen blieb aber nichts anderes übrig, als die Soldaten aufzunehmen und zu versuchen, die Situation so ungeschoren wie möglich zu überstehen. Wie sich für Murrhardt die Verhältnisse im einzelnen gestalteten, ist schwer festzustellen. Am 27. April teilte Herzog Ulrich seinen Räten mit, daß die Hakenschützen auf kaiserlichen Befehl nach Murrhardt einquartiert werden sollten[70]. Dabei wird nicht deutlich, ob nun Murrhardt als einziger künftiger Einquartierungsort vorgesehen war – also ohne Backnang – oder ob Murrhardt vielleicht noch zusätzliche Truppen aufnehmen sollte. Ungeachtet der Einquartierungspläne vom 27. April hatte sich bis Anfang Juli 1549 die Lage für Murrhardt nicht ungünstig entwickelt. Damals waren offenbar keine Spanier mehr im Städtchen, dagegen waren spätestens seit Ende Mai 300 Soldaten und 200 Pferde in Backnang stationiert[71]. Das frühzeitige Abrücken der Spanier aus Murrhardt ist wohl nur damit zu erklären, daß die Besatzungstruppen in Murrhardt ungünstige Zustände vorfanden, die ihr Verbleiben am Ort unzweckmäßig erscheinen ließen. Vermutlich hatte bereits die Besatzung von 1548 so schlimm in Murrhardt gehaust, daß ihre Nachfolger von 1549 das ausgeraubte und auch in seiner Gebäudesubstanz geschädigte Städtchen bald wieder verließen.

Ungeachtet aller Einquartierungsfragen hatten die Ablieferungspflichten der Murrhardter an die spanische Garnison in Winnenden weiterbestanden. Am 4. Juli 1549 hatte die Erschöpfung des Städtchens einen Grad erreicht, der den Murrhardter Abt bewog, an Herzog Ulrich zu schreiben: Die Murrhardter seien durch die bisher erlittenen Kriegs- und Einquartierungsfolgen dermaßen ruiniert, daß man dringend um Befreiung von allen weiteren Ablieferungs- und Zufuhrpflichten nachsuche[72]. Der Abt bat den Herzog insbesondere darum, selbst mit dem spanischen Obersten in Schorndorf verhandeln zu dürfen, um eine Lockerung der Zufuhrbestimmungen zu erwirken. Herzog Ulrich erteilte seine Erlaubnis. Der Abt verhandelte mit dem Schorndorfer Obersten und erhielt tatsächlich die Bewilligung, die Zufuhr nach Winnenden einzustellen[73]. Die Erleichterung hielt freilich nicht lange an, denn Anfang Dezember 1549 befahlen die wirtembergischen Kommissare bei den spanischen Besatzungstruppen, Dr. Jeronimus Gerhard und Alexander Demler, daß Murrhardt der Garnison in Backnang wöchentlich 5 Malter Hafer und vier Wagen Heu zuzuführen habe[74]. Sofort erhob der Abt am 11. Dezember heftigen Protest und wies erneut auf die schweren Schäden hin, die Murrhardt bisher erlitten habe[75]. Die Lage Murrhardts muß so dramatisch gewesen sein, daß

69 Ebd. Erhalten ist nur Ulrichs Anweisung an Backnang. Es muß aber auch eine Anweisung an Murrhardt existiert haben.

70 Ebd., Herzog Ulrich an seine Räte, vom 27. 4.

71 Der Brief von Carlin vom 4. 7. 1549 (s. oben Anm. 55), der ansonsten alle möglichen Einzelheiten und Belastungen der Murrhardter durch die Spanier nennt, erwähnt eine spanische Besatzung in Murrhardt mit keinem Wort. Dagegen führen am 22. 5. 1549 Bürgermeister, Gericht und Rat von Backnang lauthals Klage über die Lasten der spanischen Einquartierung (Brief an Herzog Ulrich, ebd.).

72 Brief Carlins vom 4. 7. (s. Anm. 55).

73 So ausdrücklich im Schreiben Carlins an den Herzog vom 11. 12. 1549; s. oben Anm. 56.

74 Undatiertes Ablieferungsverzeichnis (Dezember 1549) mit *Zufuor gen Lauffen* und *Zufuor gen Backnang;* HStAS A 87, Bü. 16. Nach Backnang hatten die folgenden Orte abzuführen: Murrhardt, Rietenau, Allmersbach (wohl am Weinberg) und Leonberg.

75 Brief Carlins vom 11. 12.; s. oben Anm. 56.

der Abt zwei Tage später, ohne eine Antwort abzuwarten, einen weiteren Protestbrief absandte: Zwar seien auch andere wirtembergische Klöster – Bebenhausen, Maulbronn, Steinheim und Oberstenfeld werden genannt – zu Zahlungen aufgefordert worden, aber erstens habe keines von ihnen bisher so gelitten wie Murrhardt, und zweitens seien sie viel leistungsfähiger als Murrhardt[76]. Offenbar blieben die Abtsbriefe nicht ohne Wirkung, denn für den Rest der spanischen Besatzungszeit bis Herbst 1551 fehlen alle Nachrichten über weitere Belastungen Murrhardts[77]. Allerdings wandte sich der Abt nochmals im Jahre 1552 an die wirtembergische Regierung *des hispanischen kriegsvolks halber*. Am 8. Juli 1552 entschieden die wirtembergischen Räte jedoch, daß *dieweil seither ein umschlag geschehen* – weil sich also die Verhältnisse grundlegend gewandelt hätten –, es unnötig sei, die neuerliche Beschwerde des Abts über die im Krieg erlittenen Schäden zu beantworten[78].

76 Brief Carlins vom 13. 12. 1549; HStAS A 87, Bü. 16.

77 Demgegenüber wurde Backnang noch bis Mitte 1550 aufs schwerste belastet. Die vorhandenen Quellen vermögen übrigens das Klischee von den räubernden und plündernden spanischen Besatzungstruppen zu differenzieren. Wir fassen die Aussagen von HStAS A 87, Bü. 16 kurz zusammen: Backnang hatte seit Mitte April 1549 an der Einquartierung von etwa 300 Spaniern und 200 Pferden schwer zu tragen. Den Spaniern kam es aus naheliegenden Gründen vor allem darauf an, Proviant für Mensch und Tier zu erhalten. Deshalb wurden an Herzog Ulrich entsprechende Forderungen gestellt, die dieser über seine Kommissare Gerhard und Demler auf die einzelnen Ämter umlegte. Es ist auf jeden Fall falsch, die Spanier als marodierende, undisziplinierte Soldatenhorde darzustellen. Insbesondere ein Brief von Alonso de Vargas, dem spanischen Hauptmann in Backnang, von Sonntag Quasimodogeniti (28. 4.) 1550 trägt viel zur Ehrenrettung der Spanier bei. Alonso stellt fest, daß er nun seit über einem Jahr mit seinem Kriegsvolk in Backnang liege und daß weder ...*wein, dinkel, flaisch oder andere nottürfftige profiant*... mehr vorhanden sei. Dies sei aber nicht Schuld der Backnanger, vielmehr sei bei denen wirklich nichts mehr zu bekommen. Alonso gesteht den Backnangern zu, daß sie selbst... *zu underhaltung dero weyb unnd kinden gantz notturftig*... seien und... *wenige narung* haben. Er und sein *kriegsvolckh* (seien aber) *nit genaigt oder willens, die arme leut gar zu verderben oder das die jungen, unvernünfftige kinder umb des willen hunger erleiden solten, sonder geneigt, sollichs zu verhuetten.* Alonso fordert Herzog Ulrich deshalb auf, für Proviantzufuhr zu sorgen, die auch ordnungsgemäß mit alsbald auszugebendem Geld bezahlt werde. Nur falls keine Zufuhr erfolge, sei Alonso gezwungen, sich auf eigene Faust auswärts – *es sey in gutten oder andere weg* – Proviant zu verschaffen. Man scheint angesichts der ritterlichen Haltung des spanischen Hauptmanns auch einigermaßen klaglos voneinander geschieden zu sein, als die spanischen Truppen schließlich Ende April/Anfang Mai 1550 von Backnang abzogen: Am 23. 4. 1550 hatte der kaiserliche Truchseß Nikolaus von Könritz aus Backnang an den herzoglichen Rat in Stuttgart gemeldet, daß *der hispanische hauptman und seyne kriegsleute menigklich alhie claglo*ß *gemacht und ziemlich gute bezalung gethan haben.* Er bitte wegen des Mangels an Wein und Frucht aber um Zufuhr von 2–3 Fuder Wein und 100 Malter Dinkel. Insgesamt erscheinen in diesen Quellen die Spanier als eine eher disziplinierte Truppe. Übergriffe kamen zwar vor, aber diese lagen im Jahre 1548 und Anfang 1549, während in der Besatzungsperiode des Alonso de Vargas 1549/50 die Spanier zwar – was leicht einsichtig ist – Wert darauf legten, selbst einigermaßen ordentlich verpflegt zu werden, andererseits aber unredliche Übergriffe gegen die Bevölkerung vermieden. Im Gegenteil: Alonso de Vargas erscheint mit seiner redlichen Haltung gegenüber den Backnangern als höchst positiv zu bewertende Persönlichkeit. Dagegen kam Backnang 1548 anscheinend wesentlich schlechter weg. Nach Aussage von K. M. 1927, der leider keine Quellenangaben und keine genaue Datierung nennt, seien »120 Soldaten mit 187 Pferden, ein Troß vom 130 Männern und 15 ›unzüchtigen Weibern‹, 15 Marketender und Schuhmacher« in Backnang gelegen. Die Spanier seien »gewaltsam in den Kornkasten des Stiftsverwalters eingedrungen und haben 230 Malter Haber geholt, ebenso aus dem herrschaftlichen Kasten 401 Malter.« Der angerichtete Gesamtschaden in der Stadt habe sich auf 5063 fl belaufen, in Stadt und Amt zusammen auf 9949 fl.

78 HStA A 508, Repertorium, Bl. 55, Original verloren.

Die Einführung des Interims in Wirtemberg

Der Krieg und seine materiellen Folgen bestimmten in den Jahren seit 1546 das Leben der Menschen in Murrhardt. Alle religiösen Änderungen, die hinter den Klostermauern stattfanden, müssen – so bedeutend sie für heutige Historiker scheinen mögen – von der Bevölkerung der damaligen Zeit als zweitrangiges Problem angesehen worden sein. Dies muß man sich stets vor Augen halten, wenn im folgenden die religiösen Ereignisse in Murrhardt dargestellt werden.

Abt Martin Mörlin konnte nur noch sehr bedingt die neuen, die Katholiken begünstigenden Machtverhältnisse nutzen. Am 1. September 1547 hatte Kaiser Karl V. nach seinem endgültigen Sieg über die Protestanten in Augsburg einen Reichstag eröffnet[79], auf dem hauptsächlich die Religionsfrage erörtert werden sollte. Eine gemischte Kommission altgläubiger und protestantischer Theologen erarbeitete einen Kompromißentwurf, der für beide Konfessionen so lange gelten sollte, bis das Konzil von Trient die Glaubensfrage endgültig geklärt hatte. Im wesentlichen bedeutete die als »Interim« bezeichnete Kompromißformel die Rückkehr zu den alten, katholischen Verhältnissen, lediglich die Priesterehe und der Laienkelch waren Konzessionen, die man den Protestanten gewährt hatte. Im Frühjahr 1548 hatte die Theologenkommission die Interimsformel ausgearbeitet, und am 15./16. Mai 1548 ließ Karl V. sie in Augsburg den Ständen verkünden. Herzog Ulrich, der durch das Fiasko des Schmalkaldischen Kriegs, durch die spanische Besatzung und durch den Felonieprozeß wegen des gebrochenen Lehenseides in einer mehr als prekären Lage war, mußte sich, wenn auch widerstrebend, den Anordnungen des Interims beugen. Zunächst glaubte Ulrich, daß er den Kaiser mit einigen kleinen Schritten in Richtung auf die interimistische Ordnung – etwa durch Wiedereinführung des katholischen Fleischverbots für bestimmte Wochentage – besänftigen könne. Karl V. beharrte aber auf der konsequenten Durchsetzung aller Interimsvorschriften, insbesondere auf die Wiederzulassung der Meßfeier und die Entlassung aller Geistlichen, die sich dem Interim nicht beugen wollten. Auf kaiserlichen Druck hin mußte Ulrich am 11. November 1548 diesen Forderungen nachkommen.

Der Tod Abt Mörlins und die Einsetzung Carlins als neuer Abt 1548

Martin Mörlin hat, wie bereits angedeutet, die entscheidenden Schritte zur Anbahnung des Interims zwar noch erlebt und zweifellos mit Befriedigung verfolgt, starb aber am 13. Juni 1548, noch bevor Herzog Ulrich sich im November angesichts der kaiserlichen Forderungen endgültig geschlagen gab[80]. Obwohl Mörlins Position sich seit Ende 1546 erheblich gebessert hatte, war bis zu seinem Tode eine Rekatholisierung des Klosters noch nicht durchgeführt worden. Das Ableben des Abtes fiel in eine für Ulrich höchst komplizierte Zeit, und man konnte gespannt sein, wie der Herzog gegenüber dem Kloster Murrhardt verfuhr. Präzedenzfälle in anderen Klöstern hatte es gegeben: Dort hatte Ulrich beim Tod des Abts jeweils eine scharf gehandhabte Generalinventur durchführen lassen, um eventuell noch vorhandene Reste klösterlichen Besitzes zu kassieren[81]. In Murrhardt konnte der Herzog angesichts der völlig

79 Hierzu und zum Folgenden: Brecht/Ehmer 1984, S. 293ff.

80 Ursprünglichste Quelle zum Todesdatum Mörlins: Widman, S. 141, ferner die bei Crusius, Annales suevici, Bd. 2, S. 670, überlieferte Inschrift von Mörlins Grabstein.

81 Deetjen 1976, S. 110f., Anm. 151.

veränderten Lage ein derart provozierendes Vorgehen nicht riskieren – man muß immerhin bedenken, daß zur Zeit von Mörlins Tod kaiserlich-spanische Truppen in der Umgebung Murrhardts, mit einiger Wahrscheinlichkeit auch im Städtchen selbst einquartiert waren.

Nachdem Vogt Hofsess den Herzog vom Tod Mörlins unterrichtet hatte, beschränkte sich Ulrich darauf, am 16. Juni 1548 die Inventarisation von Mörlins privater Hinterlassenschaft anzuordnen. Jerg Johann Winzer und Alexander Demler sollten sich nach Murrhardt begeben, Mörlins Besitz überprüfen und in die herzogliche Rentkammer nach Stuttgart abliefern. Von Mörlins Silbergeschirr, das dem Abt 1535 ja belassen worden war, wünschte Ulrich zudem eine genaue Aufstellung. Nach erfolgter Inventarisation sollten Winzer und Demler den letzten in Murrhardt überlebenden Konventsangehörigen, den Prior Thomas Carlin, und den Vogt Jakob Hofsess anweisen, bis auf weiteren Bescheid die Klosterverwaltung weiterzuführen[82]. Auch Ulrichs weiteres Vorgehen Murrhardt gegenüber trägt im religiösen Bereich relativ gemäßigte Züge. Die Landeshoheit und die politischen Rechte Wirtembergs betreffend, machte Ulrich aber keinerlei Zugeständnisse: Zu einem nicht genau bekannten Zeitpunkt, auf jeden Fall vor dem 17. September 1548, bestimmte der Herzog den Prior Carlin zum neuen Abt. Zwar ist der zwischen Ulrich und Carlin abgeschlossene Vertrag nicht mehr erhalten[83], aber man kann den Inhalt des Vertrags genau ermitteln[84]. Demnach mußte Carlin den Herzog als Erbschirmherrn, Kastvogt und Landesfürsten anerkennen und die Huldigung der Klosteruntertanen an den Herzog versprechen. Außerdem hatte Carlin den Status eines herzoglichen Rates inne und verpflichtete sich, auf allen Landtagen zu erscheinen, die herzogliche Obergerichtsbarkeit anzuerkennen und die Anwesenheit herzoglicher Vertreter bei künftigen Abtswahlen zu dulden. Schließlich mußte Carlin auf alle Regreßforderungen an Wirtemberg, die insbesondere wegen der Reformation von 1535/36 hätten geltend gemacht werden können, grundsätzlich verzichten[85]. Das Abkommen zwischen Herzog und Abt nahm etliche Punkte wieder auf, die 1535/36 und teilweise schon vorher im Gespräch waren. Bereits 1535 hatte Ulrich ja Wert darauf gelegt, den Murrhardter Abt formalrechtlich zu einem wirtembergischen Rat zu machen – was der Abt faktisch spätestens seit dem Ende des 15. Jahrhunderts ohnehin geworden war. 1535 war Ulrichs Vorhaben noch von Mörlin mit dem Hinweis auf die alten Freiheiten des Klosters abgelehnt worden. Auch die Anerkennung Wirtembergs als Erbschirmherr, Kastvogt und Landesfürst war ein Punkt, der bei Ulrichs Reformation gefordert worden war, der im übrigen aber wesentlich älter war und letztlich bis auf die wirtembergische Machtübernahme in Murrhardt 1388 zurückzuführen ist.

Die Vereinbarung von 1548, daß künftige Abtswahlen nur in Gegenwart wirtembergischer Vertreter stattfinden sollten, war nichts grundsätzlich Neues, sondern nur die juristisch verbindliche Fixierung einer bereits seit langem geübten Praxis. Insoweit wird man die Übereinkunft nicht als umwälzende Neuerung ansehen dürfen. Es gab 1548 aber auch andere

82 Konzept Ulrichs, HStAS A 508, Bü. 2.

83 HStAS A 508, Repertorium, Bl. 52, Original fehlt.

84 Der Grund hierfür liegt darin, daß im Zuge des Interims Ulrich entsprechende Verträge auch mit den anderen Äbten abschloß. Diese Verträge sind zum Teil noch erhalten. Vgl. DEETJEN 1976, S. 105, Anm. 83. Außerdem gibt PFLAUMERN 1636, S. 234, die *obligatio Thomae Abbatis Murhartensis nova* auszugsweise wieder.

85 Ob im Vertrag Ulrichs mit Carlin auch die andernorts übliche Klausel vorhanden war, nach der der Abt sich verpflichtete, anfallende Leibgedinge von seit 1535 ausgeschiedenen und abgefundenen Mönchen zu bezahlen, steht dahin, da in Murrhardt keine Mönche freiwillig ausgeschieden waren und sich hatten abfinden lassen.

Punkte, die nicht als Festschreibung bereits bestehender Verhältnisse gedeutet werden können. Neu war die Anerkennung der wirtembergischen Gerichtshoheit, denn bislang war der Abt die höchste Gerichtsinstanz gewesen[86]. Mit der Ablehnung aller Murrhardter Regreßansprüche aus den reformatorischen Ereignissen wollte der Herzog den wirtembergischen Staat vor unwägbaren Prozessen vor dem Reichskammergericht absichern. Vom Standpunkt des Herzogs aus war das verständlich, vom Standpunkt Carlins aus sind die beiden letzten Punkte – Gerichtshoheit und Regreßansprüche – zweifellos als Konzession zu betrachten. Carlin ging darauf aus mehreren Gründen ein: Erstens kam es ihm darauf an, das alte katholische Kloster wiederaufzubauen. Angesichts der Interimsregelung war dies nur noch eine Frage der Zeit, und er wollte sein Hauptziel nicht durch kleinliches Beharren auf letztlich sekundären Rechtspositionen gefährden. Gab es erst einmal wieder ein reguläres Benediktinerkloster Murrhardt, so vermutlich Carlins Überlegung, ließen sich auch alle anderen Fragen klären. Zum zweiten enthielt der Vertrag von 1548 durchaus nicht nur Konzessionen von seiten des Abtes. Indem Ulrich den Abt als Rat annahm und ihm die Anwesenheit auf allen Landtagen vorschrieb, erhielt Carlin ein seit 1534 außer Kraft gesetztes Recht. Seit damals hatte der Herzog die Äbte als landständischen Faktor liquidiert und von allen Landtagen und ähnlichen Versammlungen ausgeschlossen.

Die Haltung des Murrhardter Konvents und des Würzburger Bischofs zur Einsetzung Carlins

Gleichwohl blieb der Vertrag zwischen Herzog Ulrich und Thomas Carlin eine juristisch nicht unproblematische Angelegenheit. Normalerweise war die Wahl eines neuen Abtes Sache des Mönchkonvents; die Einsetzung eines Abtes durch den Landesherrn war formalrechtlich nicht vorgesehen. Zwar konnte Herzog Ulrich sich darauf berufen, daß es in Murrhardt außer Carlin gar keinen Mönch mehr gegeben hatte, Schwierigkeiten bereitete aber die Tatsache, daß außerhalb Murrhardts, im Würzburgischen und im Österreichischen, noch zwei in den Jahren 1535/36 verjagte Murrhardter Mönche lebten[87]. Sie bildeten theoretisch, da sie nie auf ihre Rechte verzichtet hatten, zusammen mit Carlin immer noch den Murrhardter Konvent und erhoben wegen dessen unkanonischer Einsetzung auch sofort Protest[88].

In dieser Lage mußte der Haltung des Würzburger Bischofs, der als zuständiger Diözesan die kirchenrechtlich wichtige Bestätigung des neuen Abtes vornahm, besondere Bedeutung zukommen. Herzog Ulrich, dem wegen der Interimsbestimmungen und wegen der geschilderten mißlichen Verhältnisse an einer Besänftigung der katholischen Seite gelegen sein mußte, wandte sich deshalb am 17. September 1548 mit der Bitte um Konfirmation Carlins an Bischof Melchior von Würzburg[89]. Ulrich stellte den Sachverhalt so dar, als sei die Initiative zur Abtserhebung von Carlin ausgegangen. Er, Ulrich, habe diesem Ersuchen nachgeben müssen, weil Carlin *ain aufrichtiger, frommer man* sei, *der des closters nutz zu furdernn begirig, auch ain convent... zu versamlen erbittig* und *zu der prelatur* deshalb *taugennlich* erscheine, weil *er allain* in Murrhardt *verharret*. Ob Bischof Melchior von Würzburg Ulrichs treuherziger, dem Katholizismus anscheinend über die Maßen wohlgesonnener Begründung der Bitte um Konfirmation Carlins geglaubt hat, darf mit Fug und Recht bezweifelt werden. Zu bekannt

86 Dazu S. 146ff.
87 Vgl. Konventsliste, Konventualen Nr. 36 und 39.
88 Ebd.
89 HStAS A 508, Bü. 2, Schreiben Ulrichs an Bischof Melchior; s. auch DEETJEN 1976, S. 111, Anm. 154.

war Ulrichs wahre, protestantische Gesinnung. Indessen wog auch der Würzburger Bischof Vor- und Nachteile ab und stimmte Ulrichs Bitte schließlich zu. Bischof Melchior wird ebenso gedacht haben wie Carlin: Die Lage für den Katholizismus war 1548 außerordentlich günstig, und es mußte zunächst darum gehen, das Kloster Murrhardt als benediktinische Einrichtung wieder zu stabilisieren. Dazu schien der integre Thomas Carlin nicht ungeeignet, umgekehrt hätte jedes Widerstreben gegen Herzog Ulrichs Wünsche den Stabilisierungsprozeß nur unnötig gestört. Bischof Melchior ignorierte also die formal stichhaltigen Einwände der auswärtigen Murrhardter Konventualen und fällte eine politische Entscheidung. Nur wenige Tage nach Ulrichs Bitte um Bestätigung reiste Carlin zusammen mit Georg Widman nach Würzburg und wurde dort zu St. Stephan am 26. September vom Würzburger Weihbischof Georg Flach geweiht, womit der vom Herzog bestimmte neue Abt nun mit Billigung auch von seiten des Bischofs eingesetzt war[90].

Der Neuaufbau und die Stabilisierung des Klosters unter Abt Carlin 1548–1552

Die weitere Entwicklung verlief zunächst im katholischen Sinne. Im November mußte Herzog Ulrich das Interim in Kraft setzen und alle am Protestantismus festhaltenden Geistlichen entlassen. Die 1535/36 aufgehobenen Klöster lebten wieder auf; auch Murrhardt existierte wieder als benediktinisches Kloster im alten Sinne. Abt Carlin begann, Novizen aufzunehmen und einen neuen Konvent aufzubauen[91]. Dabei arbeitete der Murrhardter Abt eng mit dem Bischof von Würzburg zusammen. Zumindest einer der neuen Murrhardter Mönche erhielt seine Weihen und gewiß auch einen Teil seiner Ausbildung nicht in Wirtemberg, sondern im altgläubigen Würzburg[92]. Teilweise rekrutierte Carlin seine Mönche aus der Murrhardter Gegend, teilweise wurden sie ihm in einem Akt benediktinischer Solidarität von auswärts zugewiesen, so etwa vom Abt des Klosters Elchingen[93]. Insgesamt ließ sich Carlins Aufbauarbeit erfolgversprechend an. Bis 1552 hatte er fünf neue Mönche und drei Novizen angeworben; dazu kamen noch die beiden alten, auswärts sitzenden Konventualen, so daß der Murrhardter Konvent 1552 einschließlich des Abtes auf elf Personen angewachsen war. Die Mitgliederzahl entsprach damit derjenigen vom Beginn des 16. Jahrhunderts.

Auch ansonsten stabilisierten sich die Verhältnisse. Zwar brachte das Jahr 1549 noch einmal schlimme Kriegslasten – wir haben sie oben beschrieben –, aber auf klösterlichem Gebiet setzten sich die Regelungen des Interims durch. Abt Carlin hatte noch im Dezember 1548 der Wahl des Abtes Rebstock im Nachbarkloster Lorch beigewohnt und konnte davon ausgehen, daß alle Gefahren für das Mönchsleben beseitigt waren. So ruhig schienen die Verhältnisse, daß Carlin Muße fand, bei Georg Widman, der 1525 eine gleich darauf im Bauernkrieg verlorengegangene »Murrhardtische Chronik« geschrieben hatte, um eine Neufassung dieses Werks anzuhalten. Deutlich wird hier Carlins Bestreben erkennbar, historische

90 HStAS A 508, Bü. 2, Schreiben Bischof Melchiors vom 27. 9. 1548 an Herzog Ulrich betreffend die Konfirmation Carlins; auch: Deetjen 1976, S. 74 und 111. Deetjen gibt allerdings irrtümlich an, der Weihbischof sei nach Murrhardt gereist und die Weihe Carlins habe dort stattgefunden. Das steht im Brief Melchiors nicht; den eindeutigen Sachverhalt – nämlich die Reise Carlins und Widmans nach Würzburg und die Weihe dort – überliefert Widman selbst (S. 373).

91 Vgl. Konventsliste, Konventualen Nr. 40–43. Außerdem Pflaumern 1636, S. 220 ff.

92 Konventsliste, Konventuale Nr. 40.

93 Ebd., Nr. 42.

Kontinuität zu schaffen und an die Traditionen des alten Klosters anzuknüpfen. Insoweit ist die Bitte Carlins an Widman mehr als nur eine Privatangelegenheit, sie ist durchaus als Politikum anzusehen. Widman kam Carlins Wunsch gern nach und schrieb die uns heute noch erhaltene Kurzfassung seiner »Murrhardtischen Chronik«. Auch für Widman schienen die Dinge klar: Nach einigen Jahrzehnten der lutherischen Wirrnis waren nun endlich wieder Verhältnisse geschaffen, die eine Rückkehr zur alten, als gottgewollt gesehenen Ordnung ermöglichten. Widmans eigene Worte drücken die damaligen Erwartungen am besten aus: *Der Allmächtige verleihe seinen gn(aden)* (= Abt Carlin) *langwührige gesundheit, und teutscher nation, dasz sie, auch erleuchtet, zue fried und einigkeit gesinnet werde. Setze ich keinen zweiffel, dieser abtt Thoma werdte dermaszen hauszen, dasz zu Murrhardt wider clösterlich leben nach willen desz ersten stiffters keyszer Ludwigs werde grünnen, und alles unglückhs erhohlen*[94].

Carlin ordnete das Kloster nicht nur im geistlichen Bereich neu. Noch bevor die Spanier aus dem Land waren, begann er umgehend mit dem Wiederaufbau der wichtigen, wohl 1548 infolge der Einquartierung abgebrannten Gebäude, namentlich des Dormitoriums und *der besten scheuren*[95]. Bereits 1551 konnten wesentliche Baumaßnahmen abgeschlossen werden[96]. Offenbar hatten die äußeren Wiederherstellungsmaßnahmen des Klosters schon 1549 eingesetzt, also noch während der spanischen Besatzungszeit. Carlin hatte sich 1549 wegen der Klosterglocken an den Herzog gewandt. Der Landesherr hatte bekanntlich 1536 die Glocken der Abtei abhängen und zerschlagen lassen[97]. Der Abt beschwerte sich nun, daß ihm nur eine einzige Glocke im Kloster verblieben sei, und beklagte, daß dies angesichts der unruhigen Zeiten zum Sturmläuten nicht ausreiche. Dieser rein sachbezogenen, die Religionsfrage aussparenden Argumentation konnte sich der Landesherr nicht entziehen. Herzog Ulrichs Räte wandten sich am 2. Februar 1549 an die Stadt Großbottwar mit der Aufforderung, eine Glocke nach Murrhardt abzugeben. Die Bottwarer folgten diesem Befehl, stellten dem Abt für die Glocke aber 35 fl in Rechnung[98].

Die wirtschaftliche Gesundung des durch den Schmalkaldischen Krieg geschädigten Ortes Murrhardt scheint rasch Fortschritte gemacht zu haben. Carlin, der sich schon 1549 energisch für seine Untertanen eingesetzt und ihnen in direkten Verhandlungen mit den Spaniern oder durch eindringliche Briefe an den Herzog manche Härte erspart oder gemildert hatte[99], unterstützte den Bau einer Glashütte im Murrhardter Weiler Weidenbach[100]. Außerdem erreichte es Carlin 1550, durch ein Umschuldungsverfahren eine jährliche Last von 100 fl, die wegen der 1534/35 von Hall erhaltenen 2000 fl auf dem Kloster lag, auf 80 fl jährlich zu reduzieren[101]. Nicht minder tatkräftig ging Carlin die Frage der Rechtsstellung des Klosters an. Obwohl er 1548 Herzog Ulrich als Erbschirmherrn, Kastvogt und Landesfürsten anerkannt hatte, wurde er schon knapp zwei Jahre später beim Kaiser vorstellig und erwirkte am

94 Widman, S. 141 f.
95 Ebd. – S. auch oben Anm. 60.
96 Vgl. S. 141 f. Auch stammen verschiedene noch erhaltene Wandmalereien in Klosterkirche und Refektorium aus dieser Zeit.
97 Oben S. 118 ff.
98 StadtA Großbottwar, Urkunde vom 2. 2. 1549 mit Dorsalnotiz über den Kaufpreis (keine Signatur).
99 HStAS A 508, Bü. 3, kopial.
100 HStAS H 102/54, Bd. 2, Bl. 607. Urkunde von Abt Thomas Carlin für den Glashüttenmeister Hans Greiner vom 31. 5. 1550.
101 Vgl. dieses Kapitel, Anm. 9.

16. September 1550 in Augsburg eine Bestätigung der Gründungsprivilegien von 817[102], die das Recht der freien Vogtswahl enthielten. Das hatte seit 1444 kein Abt mehr gewagt[103]. Zwar kann Carlin kaum daran gedacht haben, sich aus der Abhängigkeit Wirtembergs zu lösen, wahrscheinlich hatte er das auch gar nicht vor, aber dennoch wird eine klar strukturierte Politik deutlich: Soweit es unter den obwaltenden Umständen überhaupt möglich war, verschaffte sich der Abt Bewegungsfreiheit gegenüber Wirtemberg. Die Bestätigung der Gründungsprivilegien relativierte alle Konzessionen, die er 1548 dem Herzog gemacht hatte. Wären die allgemeinpolitischen Verhältnisse in der Folgezeit stabil geblieben, hätte sich das Kloster Murrhardt als zwar an Wirtemberg gebundenes, aber doch in gewissem Grade unabhängiges katholisches Kloster ohne weiteres halten können. Carlins Politik war erfolgversprechend. So sehr scheinen sich die Verhältnisse bereits normalisiert zu haben, daß Carlin wieder die alten Schiedsrichterämter wahrnahm, die die Murrhardter Äbte in vorreformatorischer Zeit so oft ausgeübt hatten. 1551 vermittelte Carlin in einem Streit zwischen Graf Albrecht von Hohenlohe und dem Forstmeister von Böhringsweiler[104].

Die Huldigungsverweigerung von 1550

Als Herzog Ulrich am 6. November 1550 gestorben war und dessen Sohn Christoph die Regierung übernahm, mochten die katholischen Prälaten im Land zunächst aufatmen. Mit Ulrich war der offenkundige Feind des alten Glaubens und der Klöster gestorben. Christophs konsequente Hinwendung zum Protestantismus war Ende 1550 noch nicht allgemein bekannt, mancher erhoffte wegen der katholischen bairischen Verwandtschaft des jungen Herzogs eine Rückkehr zur alten Lehre[105]. Schließlich hätte eine Hinwendung zum Katholizismus die Lage Christophs, der den von seinem Vater übernommenen Felonieprozeß gegen König Ferdinand weiterzuführen hatte, entscheidend verbessert. Kaiser Karl V. und König Ferdinand waren geneigt, den Prozeß abzubrechen, wenn Christoph sein Land wieder dem Katholizismus geöffnet hätte.

Der Regierungsantritt Christophs sorgte in Murrhardt für unerwartete Unruhen. Als die Huldigung der Klosteruntertanen für den neuen Herzog verlangt wurde, weigerte sich die Bevölkerung, den Eid zu leisten[106]. Offenbar war es zu diesem spektakulären Schritt gekommen, weil nach altem Herkommen die Murrhardter Untertanen immer nur dem Abt gehuldigt hatten. Das war erst im Jahr zuvor gegenüber dem neuen Abt Carlin geschehen. Dem wirtembergischen Landesherrn, der ja nur Vogt des Klosters war, hatte man nie gehuldigt. Erst bei seinem Amtsantritt 1548 hatte der Murrhardter Abt Carlin die Huldigungspflicht der Klosteruntertanen gegenüber dem Landesherrn anerkannt. Die Verweigerung der Murrhardter von 1550, die ausdrücklich mit der erst ein Jahr zuvor geleisteten Huldigung an den Abt

102 Kopie HStAS A 508, Bü. 3.

103 Vgl. Murrhardter Privilegiensammlung, ebd., Bü. 1.

104 Vgl. den Brief des Hohenloher Vogts Philipp von Wolmershausen zu Amlishagen vom 7. 5. 1551 an Abt Carlin, ebd., Bü. 14, bei den »unregistrierten und unwichtigen Akten«.

105 Grube 1957, S. 197 ff.

106 Sattler, Herzoge 4, S. 4: Alle Klosteruntertanen huldigten Christoph problemlos, »nur des Abts zu Murhard, Thomas Karlin, Unterthanen machten Schwürigkeiten, weil sie erst vor einem Jahr diesem [dem Abt] gehuldigt hätten. Als sie aber von demselben belehrt wurden, daß das Kloster Murhard von allen Zeiten in Würtenbergischen Schutz gestanden und die ihnen angesonnene Huldigung der ihm schuldigen Pflicht nicht entgegen stünde, so legten sie auch solche willig ab.«

begründet wurde, zeigt aber, daß eine Huldigung an Herzog Ulrich zwischen 1548 und 1550 nicht mehr stattgefunden hatte. Denn wenn die Murrhardter vor 1550 bereits einem Herzog gehuldigt hätten, hätten sie diesen Akt Christoph gegenüber kaum verweigert.

Die Huldigungsverweigerung stellte einen durchaus schwerwiegenden Schritt dar. Es wurde damit kundgetan, daß man die staatliche Hoheit nicht oder nicht vollständig anerkannte. Als es 1564/65 in Murrhardt erneut zu einer Huldigungsverweigerung von verschiedenen Bürgern kam – 1550 scheint es sich dagegen um eine allgemeine Verweigerung gehandelt zu haben –, reagierte die Obrigkeit entschlossen und ließ die Verweigerer sogleich verhaften[107]. 1550 ging die Angelegenheit glimpflicher vonstatten. Abt Carlin klärte seine Untertanen über den 1548 mit dem Herzog geschlossenen Vertrag auf. Erst daraufhin leisteten die widerspenstigen Murrhardter die Huldigung an Herzog Christoph. Zusammen mit dem Bauernkrieg von 1525 und den Bürgeraufständen von 1537 und 1564/65 stellt die Huldigungsverweigerung von 1550 ein bemerkenswertes Zeichen bürgerlichen Selbstbewußtseins, ja Eigensinns dar. In wenigen anderen Orten Wirtembergs kam die Bevölkerung im 16. Jahrhundert in solch regelmäßiger Folge in Konflikte mit ihrer Obrigkeit wie in Murrhardt.

Abt Carlins Rolle auf den Landtagen Herzog Christophs seit 1550[108]

In dem vielfach erwähnten Vertrag zwischen Herzog Ulrich und Abt Thomas Carlin vom Jahre 1548 war bestimmt worden, daß der Abt den Rang eines herzoglichen Rates erhalten sollte. Das war mit der Pflicht beziehungsweise dem Recht verbunden, allen wirtembergischen Landtagen beizuwohnen. Herzog Ulrich hatte nach seiner Rückkehr aus dem Exil nur noch einen einzigen Landtag im Jahre 1535 einberufen. Ansonsten leitete er – zutiefst mißtrauisch, die Macht teilen zu müssen – sein Herzogtum bis zu seinem Tod 1550 bewußt ohne die Mitwirkung der Landschaft. Nur einige Ausschußtage der Städtevertreter ließ Ulrich nach 1535 noch zu; die Prälaten waren grundsätzlich von diesen Versammlungen ausgeschlossen. Solange Ulrich lebte, wohnte der Murrhardter Abt also keinem Landtag mehr bei.

Der Regierungsantritt Herzog Christophs 1550 veränderte die Lage von Grund auf. Da auch über Christoph noch die Drohung des von König Ferdinand angestrengten Felonieprozesses schwebte, mußte dem jungen Herzog daran gelegen sein, in Wirtemberg den größtmöglichen Rückhalt zu bekommen. Bereits vom 6. bis 10. Januar 1551 fand ein von allen Städtevertretern und – erstmals seit 1535 – von den Prälaten besuchter Landtag in Stuttgart statt. Der Landtag stellte sich einschließlich der Äbte voll hinter Christoph und lehnte sämtliche Bestrebungen Ferdinands ab, die darauf abzielten, dem Herzog sein Land wegen Felonie zu entziehen. Abt Thomas Carlin dürfte die Versammlung vom Januar 1551 besucht haben, spielte aber keine hervorgehobene Rolle[109]. Jener Landtag bildete einen Ausschuß, der

107 Vgl. Fritz 1983-I.

108 Grube 1957, S. 197–211.

109 In den Akten zu den beiden Landtagen vom Januar und April 1551 fehlen komplette Zusammenstellungen der teilnehmenden Äbte, während die Details der stattgefundenen Verhandlungen genau überliefert sind; s. dazu HStAS A 34, Bü. 13a; L 5, Tomi Actorum, Bd. 1. Mit Sicherheit erhielt Carlin die Einladung zu den Landtagen, auf mindestens einem Landtag war er auch anwesend: In einer Liste der wirtembergischen Mannsklöster in A 36, Bü. 1, in der auch Murrhardt vorhanden ist, heißt es: Auf dem *landt tag zue Stuttgardt de anno 1551* (Welcher? Der Januar- oder der April-Landtag?) seien alle Prälaten ... *gehorsamlich erschienen.* Bei der Eröffnung des April-Landtages am 6./7. 4. 1551 waren dagegen nur die

die laufenden Geschäfte in den nächsten Monaten weiterführte. In dieses Gremium ließ Carlin sich nicht wählen, dort waren nur die Äbte von Hirsau, Bebenhausen und St. Georgen vertreten[110].

Herzog Christoph beabsichtigte, König Ferdinand durch Zahlung von 130000 fl und Abtretung der Festung Hohentwiel dazu zu bewegen, den Felonieprozeß einzustellen. Hierfür – insbesondere zur Geldbewilligung – war die Einberufung eines weiteren Landtags erforderlich, der vom 5. bis 13. April 1551 erneut in Stuttgart zusammentrat. Carlin war zumindest während der ersten Tage nicht anwesend[111]. Die Landschaft übernahm die 130000 fl und bekam im Gegenzug von Christoph den Tübinger Vertrag von 1514 – den Herzog Ulrich nach 1535 nicht mehr anerkannt hatte – bestätigt. Auch dieser Landtag endete mit der Einsetzung eines Ausschusses, der die Geschäfte weiterführen sollte. Diesmal bestand das Gremium aus acht Prälaten und vierundzwanzig Städtevertretern. Thomas Carlin war auch diesmal nicht im Ausschuß vertreten. Offenbar nahmen ihn die heimischen Probleme, vor allem die Wiederherstellung des geschädigten Klosters und der Stadt sowie der Neuaufbau des Konvents, zu sehr in Anspruch, als daß er in der Landespolitik sich aktiv hätte beteiligen können[112].

Zur Klärung der Schuldentilgung Herzog Christophs an König Ferdinand und wegen anderer Zahlungen Wirtembergs ans Reich wurden 1552 drei Landtage einberufen. Da Seuchen umgingen, fanden sie nicht in Stuttgart statt, sondern in Böblingen und Herrenberg – Städte, die man als weniger gefährdet einschätzte. Von den drei Landtagen sind für uns nur die beiden ersten von Interesse, nämlich die Versammlungen von Anfang Januar 1552 in Böblingen und von Ende März 1552 in Herrenberg. Der zweite Böblinger Landtag vom Oktober 1552 fällt in die Zeit nach dem Tode Carlins und ist somit nicht mehr Gegenstand unserer Untersuchung. In Böblingen und Herrenberg erörterte man Finanzfragen und leitete auch jene bedeutenden Maßnahmen zur Vereinheitlichung des wirtembergischen Rechts ein, die Herzog Christoph wenige Jahre später mit dem einheitlichen Landesrecht abschloß und damit die verwirrende Rechtsvielfalt der einzelnen Städte und Ämter beseitigte.

Abt Thomas Carlin trat 1552 wesentlich mehr in den Vordergrund als auf den Landtagen von 1551. Seine Teilnahme am Böblinger Landtag im Januar ist gesichert[113]. Nach Abschluß dieser Versammlung ließ er sich in den geschäftsführenden Landtagsausschuß aufnehmen, der diesmal aus vier Prälaten und den Vertretern von zwölf Städten bestand und Ende Februar 1552 in Tübingen tagte[114]. Möglicherweise hatte Carlin in Murrhardt 1552 weniger Verpflichtungen, so daß er sich intensiver landespolitischen Aufgaben zuwenden konnte. Ob Carlin noch auf dem Herrenberger Landtag vertreten war, ist unbekannt[115]; vor Beginn des zweiten Böblinger Landtages war Carlin verstorben (am 21. Juli 1552).

Prälaten von Hirsau, Blaubeuren, Lorch, Maulbronn und Adelberg und die Städtevertreter anwesend (A 34, Bü. 12a).

110 Sattler, Herzoge 4, S. 13 ff.

111 Vgl. Anm. 110.

112 Zum Ausschuß: Sattler, Herzoge 4, S. 13 ff.

113 Rothenhäusler 1886, S. 133.

114 Ebd.

115 Grube 1957, S. 208.

Das Ende des katholischen Klosters 1552

Die Veränderung der Lage durch die reichspolitischen Ereignisse 1552[116]

Hatten sich die letzten Lebensmonate von Abt Mörlin 1548 für den Murrhardter Prälaten insofern erfreulich gestaltet, als infolge der Siege Kaiser Karls V. mit dem Wiederaufleben des Katholizismus zu rechnen war, so belasteten Abt Thomas Carlin, der den Wiederaufbau des Klosters Murrhardt erfolgreich vorangetrieben hatte, in seinen letzten Monaten schwere religionspolitische Sorgen.

In Deutschland war man weithin mit dem Regiment Kaiser Karls V., das er nach dem Sieg im Schmalkaldischen Krieg errichtet hatte, in hohem Maße unzufrieden. Die Regelungen des Interims befriedigten nahezu niemanden, insbesondere war man über den Einsatz spanischer Soldaten innerhalb der deutschen Grenzen erbost. Eine entscheidende Rolle kam im Jahre 1552 Kurfürst Moritz von Sachsen zu. Dieser protestantische Fürst hatte sich 1546 gegen die anderen Protestanten mit dem Kaiser verbündet und so maßgeblich zu dessen Sieg beigetragen. Moritz wurde seines Bündnisses mit Karl V. aber nicht froh. Seine Glaubensgenossen sahen ihn als Verräter an, zudem hatte er unter der Rekatholisierungspolitik des Kaisers kaum weniger zu leiden als andere protestantische Fürsten. Seit Ende 1551 schmiedete Moritz deshalb, nachhaltig unterstützt vom stets habsburgerfeindlichen Frankreich, ein Komplott gegen den Kaiser. Anfang April 1552 schlug Moritz zu: Er stieß mit seinen Truppen überraschend nach Augsburg vor und brachte den Kaiser in eine schwierige Lage. Karl V. war fürs erste so sehr bedrängt, daß er einen Waffenstillstand mit Moritz eingehen mußte. Dieses Übereinkommen, das am 2. August 1552 geschlossen wurde und als Passauer Vertrag Berühmtheit erlangte, war in religionspolitischer Hinsicht vor allem deshalb von Bedeutung, weil es die ungestörte Religionsausübung erlaubte. Das lief in der Praxis auf die Abschaffung des Interims hinaus.

Carlin ist zwar noch vor dem Abschluß des Passauer Vertrags gestorben, aber es blieb ihm trotzdem nicht erspart, in seinen letzten Lebenswochen das Interim und den Katholizismus in Wirtemberg grundlegend gefährdet zu sehen. Bereits am 30. Juni 1552 hatte Herzog Christoph die katholische beziehungsweise interimistische Messe wieder untersagt; die Klöster blieben allerdings zu Lebzeiten Carlins noch verschont. Hier wagte Christoph die Abschaffung der Messe erst am 15. August. Es war Carlin dennoch sehr wohl klargeworden, wohin der Weg ging, denn am 11. Juli hatte der Herzog den Klöstern befohlen, keine Novizen mehr aufzunehmen und die bereits in den Klöstern lebenden jungen Mönche nicht wider die »Confessio Virtembergica« zu erziehen.

Abt Carlins Tod

Das benediktinische Mönchtum hätte in jenen ereignisreichen Sommermonaten des Jahres 1552 in Murrhardt nur dann noch eine Chance gehabt, wenn ein voll einsatzfähiger Abt an der Spitze des jungen Konvents gestanden hätte. Aber die Bemühungen um den Wiederaufbau des Klosters waren mit einem Schlag in Frage gestellt, als Abt Carlin am 21. Juli 1552 im Alter von 56 Jahren starb. Zwar hätte angesichts der reformatorischen Politik Herzog Christophs das

116 Brecht/Ehmer 1984, S. 311 ff.

Kloster langfristig keine Überlebenschance gehabt – 1556 führte Christoph seine Klosterordnung ein, welche die Neuaufnahme von Mönchen endgültig verbot und ein langsames Aussterben der Konvente zur Folge hatte –, aber zweifellos hätte das katholische Kloster Murrhardt noch etliche Jahre oder gar Jahrzehnte länger existiert, wäre Carlin nicht so früh gestorben.

1552 konnte es Christoph, dessen Position im Lande sich eben erst zu konsolidieren begann, noch nicht wagen, so entschlossen gegen die Klöster vorzugehen wie 1556. 1556 stand Kaiser Karl V., nachdem er im seit 1552 tobenden deutschen Religionskrieg sich nicht hatte durchsetzen können, vor den Trümmern seiner Religionspolitik. Alle Erfolge des Schmalkaldischen Krieges waren verloren; im Augsburger Religionsfrieden von 1555 hatte der Kaiser die Gleichberechtigung des Protestantismus anerkennen müssen. So weit war man 1552 noch lange nicht. Karl V. war noch nicht endgültig besiegt, Christoph mußte in allen Religionsfragen vorsichtig agieren. Deshalb konnte er nicht einfach die Aufhebung des durch Carlins Tod verwaisten Klosters Murrhardt verfügen, sondern mußte zumindest den Schein fürs erste aufrechterhalten.

Dem Herzog kam dabei die Lage in Murrhardt entgegen. Mit Carlin war der einzige Mönch gestorben, der noch das vorreformatorische Kloster erlebt hatte. Zwar gab es auf Pfarreien im Österreichischen und Würzburgischen zwei weitere alte Mönche, im Kloster selbst waren aber nur fünf junge Konventualen zwischen 19 und 22 Jahren und drei vermutlich noch jüngere Novizen vorhanden. Mit diesen unerfahrenen Leuten hatte Herzog Christoph leichtes Spiel. Hauptverhandlungspartner in Murrhardt war nicht der Klosterkonvent, sondern Vogt Jakob Hofsess. Er hatte sich bereits 1536 mit der damaligen Vertreibung der Mönche in bemerkenswerter Weise eingeführt, war während der Zeit Abt Mörlins der eigentliche Machthaber am Ort gewesen und hatte sich nur seit dem Schmalkaldischen Krieg und während der Amtszeit Carlins taktisch klug im Hintergrund gehalten. Hofsess hatte religiöse Indifferenz oder gar Opportunismus gezeigt; Religion war für ihn nur Mittel zum Zweck. In den Jahren Abt Carlins gab er seinen Sohn Otto Leonhard Hofsess als katholischen Mönch ins Kloster; nach Carlins Tod trat der junge Hofsess – zweifellos auf Anweisung seines Vaters – sofort zum Protestantismus über, sobald dies politische Vorteile versprach. Religion diente für Jakob Hofsess offensichtlich nur dem einen Ziel – zur politischen Macht und zur persönlichen Bereicherung.

Die Einsetzung von Otto Leonhard Hofsess als neuer Abt und die erste Gesandtschaft nach Würzburg

Alsbald nach Carlins Tod[117] faßte Herzog Christoph – offenbar auf Rat von Jakob Hofsess – den Entschluß, den höchstens 19jährigen Konventualen Otto Leonhard Hofsess zum neuen Abt zu erheben. Es hätte nun allen Rechtsnormen widersprochen, wenn der Herzog allein eine förmliche Abtserhebung vorgenommen hätte. Noch galt es für Christoph, politische Rücksichten zu nehmen und zumindest die äußere Form einigermaßen zu wahren. Um sich über die Lage in Murrhardt genau zu informieren und den geeigneten Weg zu den Zielen des Herzogs herauszufinden, erschienen am 8. August 1552 die herzoglichen Beauftragten Johan-

117 Zum Folgenden als Hauptquelle Pflaumern 1636, S. 219ff.; vgl. auch die sehr detaillierten Darstellungen von Rothenhäusler 1886, S. 133ff., ferner die OAB Backnang, S. 254, und Deetjen 1976, S. 75.

nes Landschad von Steinach und Sebastian Hornmold, Vogt zu Bietigheim[118]. Die beiden vernahmen zunächst ausführlich die im Kloster anwesenden fünf jungen Mönche, die allesamt zwischen 19 und 22 Jahre alt waren[119]. Für die weiteren Ereignisse waren die übrigen im Kloster anwesenden Personen – drei Novizen, ein katholischer Schulmeister und ein Haller Syndikus, bei dem es sich wohl um den Priester und Chronisten Georg Widman gehandelt haben dürfte – ohne Bedeutung. Die fünf Mönche erhielten dürftige, teilweise geradezu vernichtende Beurteilungen, wobei tatsächliche moralische Mängel (einer der jungen Mönche sprach dem Alkohol zu und neigte, ganz unmönchisch, zu sexueller Freizügigkeit) und Anhänglichkeit an die alte Religion gleichermaßen als Negativum in die Beurteilung miteinflossen. Jedenfalls war man sich bald einig, den jungen Hofsess – der übrigens der jüngste der Mönche war – zum neuen Abt zu ernennen.

Nun begann ein eigenartiges Doppelspiel: Während Otto Leonhard Hofsess in einer zunächst geheimgehaltenen Urkunde dem Herzog seinen und seiner Mitmönche Übertritt zum Protestantismus verbriefte[120], wurde zunächst gegenüber dem katholischen Bischof von Würzburg der Schein aufrechterhalten, es habe sich um einen ganz normalen Abtswechsel gehandelt. Dem Bischof von Würzburg kam besondere Bedeutung zu, denn nur mit seiner Einwilligung zur Abtseinsetzung war dieser Akt juristisch völlig abgesichert. Hierauf mußte es aber dem immer noch um seine Anerkennung ringenden Herzog Christoph unbedingt ankommen. Im Laufe einer Woche nach der Ankunft Landschads und Hornmolds hatten sich die Verhältnisse geklärt. Am 15. August 1552 meldete der wirtembergische Hofmeister Balthasar von Gültlingen im Auftrag des Herzogs an Bischof Melchior von Würzburg, daß nach dem Tode Abt Carlins der Murrhardter Konvent den Otto Leonhard Hofsess zum neuen Abt gewählt habe. Er werde hiermit dem Bischof präsentiert, und für ihn bitte der Herzog um Investitur und Bestätigung[121]. Otto Leonhard Hofsess fügte einen Tag später dem herzoglichen Brief ein weiteres Schreiben bei, in dem er »bittet, der Bischof möge ihn bestätigen und seine Jugend nicht als Hindernis gelten lassen; er bedauert, wegen eines Fiebers nicht selbst kommen zu können, wie er hätte sollen und verspricht, Alles zu leisten, was er schuldig sei, seine Jugend in Thun und Lassen dahin zu richten, daß des Klosters und der Conventualen Nutzen und Wohlfahrt künftig sich zeigen werden«[122].

Johannes Landschad und Vogt Jakob Hofsess begaben sich mit den Briefen nach Würzburg, hatten mit ihrem Anliegen aber keinen Erfolg. Am 18. August beschied der Bischof, daß er *dise präsentation nit angenomen* habe, *in ansehung, das der vermeint electus von einem convent nit eligiert, noch cum decreto electoris, wie gepreuchlich, presentiert* worden sei. Der Bischof monierte zudem, daß Otto Leonhard weder Weihen habe noch erwachsen sei. Nur falls Otto Leonhard diese Mängel durch einen päpstlichen Dispens entschuldigen könne, sei der Bischof geneigt, seine Haltung zu ändern[123].

118 Zu ihm Bentele 1981.
119 Vgl. Abt Nr. 32, Konventualen Nr. 41–43.
120 Einzelheiten s. u. S. 135 ff.
121 StAL B 539, U 26. Die bei Rothenhäusler 1886, S. 133, befindliche Angabe, diese Präsentation habe bereits am 2. 8. 1552 stattgefunden, ist falsch.
122 Ebd., S. 134, Original nicht mehr auffindbar.
123 Dorsalnotiz StAL B 539, U 26. Vgl. auch die in einigen Schreibvarianten ungenaue Wiedergabe des gesamten Antworttextes bei Rothenhäusler 1886, S. 133 f. Die Dorsalnotiz ist heute wegen zerflossener und verblaßter Tinte kaum noch leserlich. Falsch ist in jedem Fall Rothenhäuslers frühe Datierung (vgl. oben Anm. 121).

Die von Herzog Christoph inszenierte Scheinwahl des neuen Abtes vom 25. August 1552 und die zweite Gesandtschaft nach Würzburg

Nachdem Landschad und der ältere Hofsess mit der wenig befriedigenden Antwort aus Würzburg zurückgekehrt waren, unternahm man sogleich neue Aktivitäten, um den Bischof zur Annahme des jungen Hofsess geneigter zu machen. Zwar dachte der Herzog nicht daran, der bischöflichen Forderung nach einem päpstlichen Dispens nachzukommen – das wäre der religiösen Haltung Christophs völlig zuwidergelaufen –, aber immerhin ließ der Herzog den Wahlvorgang, der bislang gar nicht stattgefunden hatte, nun unter Hinzuziehung eines erfahrenen Benediktiners regulär inszenieren[124]. Hierfür war Abt Benedikt Rebstock aus dem Kloster Lorch ausersehen, doch konnte er wegen Krankheit nicht selbst erscheinen. Rebstock schickte seinen Prior Johann Hieronymus[125]. Unter Mitwirkung von Hieronymus, Landschad und Hornmold[126] fand die Wahl statt, und man stellte zwei Urkunden aus, die in erster Linie für den Bischof von Würzburg bestimmt waren. Die von den Wahlkommissaren Landschad, Hornmold und Hieronymus und den vier Konventualen des Klosters Murrhardt namens Stock, Lutz, Ganser und Lösch ausgestellte Konventsurkunde beschrieb die Einzelheiten des Wahlverfahrens: Die Konventualen entschuldigten sich zunächst für ihr bisheriges Vorgehen. Sie hätten wegen ihrer Jugend und Unerfahrenheit den Herzog gebeten, es möge ein neuer Abt *verordnet und verwölt* werden. Der Herzog habe daraufhin die drei genannten Wahlkommissare nach Murrhardt geschickt, welche die Wahl durchgeführt hätten. Daß tatsächlich die Ablehnung des Bischofs die Ursache für die Wahl vom 25. August war, erwähnt die Konventsurkunde wohlweislich nicht.

Die andere Urkunde ist von dem neuen Abt Otto Leonhard Hofsess ausgestellt. Sie entspricht inhaltlich im wesentlichen dem Vertrag, den Thomas Carlin 1548 mit Herzog Ulrich geschlossen hatte: Wenn künftig ein Murrhardter Abt stürbe, sollte dies sofort dem Landesherrn gemeldet werden. Erst auf Anordnung des Herzogs sollte die neue Abtswahl unter Anwesenheit herzoglicher Räte – worunter ein Benediktinerabt sein mußte – stattfinden. Falls die Wahlen kein Ergebnis zeitigten, sollten die Räte den Ausschlag geben. Der neue Abt mußte die wirtembergische Landeshoheit anerkennen und war dem Bischof von Würzburg zur Konfirmierung zu präsentieren. Nach der Amtseinführung des Abtes sollten die Klosteruntertanen ihm huldigen, aber nur in Gegenwart eines wirtembergischen Rats, der den Untertanen nochmals die Tatsache der wirtembergischen Landeshoheit einzuschärfen hatte. In seiner Amtsführung sollte der Abt zu jährlicher Rechnungsoffenlegung gegenüber den Räten verpflichtet sein. Der Murrhardter Abt sollte wirtembergischer Rat sein und auf Landtagen erscheinen. Schließlich regelte die Urkunde noch die Kompetenzen des Murrhardter Stadtgerichts[127].

Zwar sollten die Konvents- und die Abtsurkunde vom 25. August 1552 in erster Linie zur Beruhigung des Würzburger Bischofs dienen, aber die Abtsurkunde enthält auch eine Reihe

124 Zum Folgenden HStAS A 508, U 13 (= Konventsurkunde) und U 15 (= Abtsurkunde), beide vom 25. 8. 1552.

125 Die Wahl im Beisein des Lorcher Priors hat nach ausdrücklicher Aussage der Konventsurkunde tatsächlich erst nach der Rückkehr von Landschad und Jakob Hofsess aus Würzburg stattgefunden, und zwar am 25. 8. 1552.

126 Hornmold stellt die Konventsurkunde als Notariatsinstrument aus, Landschad bezeugt sie.

127 Vgl. S. 146ff.

von Mitteilungen über die Murrhardter Rechtsverhältnisse. Es bestand keinerlei Notwendigkeit, Aussagen über die Landeshoheit und die Frage der Gerichtskompetenzen zu fälschen. Hier entsprechen die Informationen der Urkunden zweifellos der Realität der Jahre seit 1548 beziehungsweise seit 1552. Alle jene Teile der Urkunden, die sich dagegen mit der Fortdauer des Benediktinerklosters in Murrhardt befaßten, waren – wie noch zu zeigen ist – nicht ernst gemeint. Mit den beiden Urkunden versehen, begab sich Vogt Jakob Hofsess am 15. September 1552 erneut nach Würzburg, diesmal in Begleitung des wirtembergischen Rats Dr. Hieronymus Gerhard, um endlich die Bestätigung für Otto Leonhard Hofsess als neuen Murrhardter Abt zu erhalten[128]. Bischof Melchior lehnte es aber weiterhin ab, dem jungen Hofsess die Konfirmation zu erteilen, da man *nit... finden* habe können, *daß* dieser *clericus oder professus ordinis* sei. An eine Bestätigung sei nur zu denken, wenn sich Otto Leonhard auf den nächsten Quatember (= 14.–17. Dezember 1552) nach Würzburg begebe, wo er *sich ordiniren und qualificiern lassen, auch des ordens regell sich gemessen erzeigen und halten* soll und in eigener Person schließlich um Konfirmation nachsuchen sollte[129]. Damit war der zweite Versuch gescheitert, vom Würzburger Bischof die Anerkennung des jungen Hofsess als Abt zu erhalten. Einen dritten Versuch unternahm man nicht mehr, der neue Murrhardter Abt blieb ohne bischöfliche Konfirmation. Damit war seine Position juristisch nicht abgesichert. Wegen der sich ständig zugunsten des Protestantismus verändernden reichspolitischen Lage kam in der Folge der kirchenrechtliche Makel an Otto Leonhards Abtsamt aber faktisch keine Bedeutung mehr zu.

Das Ende des katholischen Klosters aufgrund des Geheimvertrags zwischen Herzog und Abt vom 16. August 1552

Im übrigen dachte man in Wirtemberg gar nicht daran, auf die Forderungen Bischof Melchiors einzugehen und den jungen Hofsess zur katholischen Ordination, Ausbildung und Priesterweihe nach Würzburg zu schicken. Denn Herzog Christoph und seine nach Murrhardt entsandten Beauftragten hatten von Anfang an ein doppeltes Spiel getrieben und den Bischof hintergangen. Bereits am 16. August 1552 war ein Geheimvertrag zwischen dem Herzog und Otto Leonhard Hofsess abgeschlossen worden[130], also noch bevor der Bischof das erste Mal um Bestätigung des neuen Abtes gebeten worden war.

Im einzelnen enthielt der Vertrag folgende Regelungen: Abt Otto Leonhard stellte fest, daß ihn der Herzog *zu einem abpte des closters Murhart geordnet* habe. Das dürfte auch den wahren Machtverhältnissen entsprochen haben. Eine reguläre Abtswahl hatte bis zum 16. August sicher noch nicht stattgefunden (obwohl Otto Leonhard sich im Geheimvertrag als *erwellter abpte* bezeichnet), vielmehr hatte es eine Einsetzung durch den Herzog gegeben. Hieraus ergibt sich eindeutig, daß die auf Protest des Bischofs schließlich am 25. August inszenierte Wahl, bei der man formal auf die Einhaltung der Regeln achtete, reine Spiegelfechterei gewesen war, um die erwünschte bischöfliche Konfirmation zu erlangen. Am 16. August hatte Otto Leonhard des weiteren versprochen, *die abgottischen ceremonien* abzuschaffen, also den katholischen Ritus und die Benediktinerregel zu beseitigen. Statt dessen sollte im

128 Vgl. dazu die Urkundenauszüge bei ROTHENHÄUSLER 1886, S. 135f.; Originale nicht auffindbar.
129 Dorsalnotiz auf der Konventsurkunde StAL B 539, U 27. Erwähnt auch bei ROTHENHÄUSLER 1886, S. 134f.
130 Ebd., Original HStAS A 508, U 12.

Kloster nach Herzog Christophs *cristenlicher confession, so im jungsten trientischen concilio ubergeben,* gelebt werden. Mit der *cristenlichen confession* Christophs ist die sogenannte *Confessio Virtembergica* gemeint, die der Herzog 1551 von Johannes Brenz hatte erarbeiten und – einzig für einen protestantischen Staat – dem katholischen Konzil in Trient hatte vorlegen lassen[131]. Obwohl die *Confessio Virtembergica* in ihrem Grundton versöhnlich war und lobende Worte auch für den alten Glauben fand, war sie in ihrer Grundaussage doch durch und durch protestantisch und mit dem Katholizismus unvereinbar. Weiterhin gelobte Otto Leonhard, sich niemals zum Priester ordinieren zu lassen – es sei denn mit Herzog Christophs Billigung – und gegenüber seinen Konventualen nicht auf der Einhaltung der Mönchsgelübde zu bestehen, falls einer aus dem Kloster austreten wollte. Bei diesem Punkt wird besonders deutlich, daß eine Einigung mit dem Würzburger Bischof unmöglich war. Herzog Christoph hatte dem neuen Abt faktisch verboten, katholische Weihen zu erwerben. Die Regelung bezüglich der Konventualen machte die Benediktinerregel zur Makulatur und ermöglichte ein Auseinanderlaufen des Konvents.

In einer weiteren Regelung wurde dem jungen Hofsess zudem noch eindringlich eingeschärft, keinen austrittswilligen Mönch zurückzuhalten. Vielmehr sollten die Mönche, wenn sie dies wünschten, in aller Form abgefertigt werden und auf ihre Rechte im Kloster verzichten. Die nächste Verpflichtung des Abts betraf die vom Kloster zu verleihenden Pfarreien und Kaplaneien. Die Pfarreien sollten nur noch auf Befehl der herzoglichen Räte und *mit evangelischen dienern* besetzt werden. Allerdings sollte die Besoldung der Geistlichen weiterhin dem Kloster obliegen. Alle Kaplaneien waren aufzulösen und ihr Einkommen *in irer fürstlichen gnaden gemeinen kirchencasten* einzuziehen, so wie dies schon Abt Thomas gestattet habe[132]. *Die jetzigen und kunfftigen conventuales* sollten an der theologischen Fakultät der Universität Tübingen studieren, und auch Abt Otto Leonhard mußte sich verpflichten, sich dort *ein zeytlang bey solchem studio* aufzuhalten, um mit der Konfession des Landesherrn vertraut zu werden. Hinsichtlich der neuen weltlichen und geistlichen Ordnungen des Herzogs – Christoph bereitete ja ein umfassendes, säkulares Reformwerk vor –, verpflichtete sich Hofsess, *die landts-, casten-, forst- und ander ordnungen* in allen Klosterorten anzuwenden.

In dem Geheimvertrag vom 16. August 1552 treten die Absichten Herzog Christophs und die tatsächlichen Machtverhältnisse klar zutage. Es ging um nichts anderes als die Einführung des Protestantismus im Kloster. Das Vorgehen gegenüber Bischof Melchior, dem mehrfach die katholische und benediktinische Rechtgläubigkeit des neuen Murrhardter Abtes vorgeheuchelt wurde, kann man angesichts des Vertrages vom 16. August nur als scheinheilig bezeichnen, als nüchternes religionspolitisches Kalkül. Denn die neuerliche Einführung der Reformation im Kloster Murrhardt nach der ersten Reformation des Herzogs Ulrich war ein Akt der Politik, und in der Politik zählten Recht, Anstand und allgemeingültige moralische Normen schon immer nur bedingt, wenn es um den Erfolg ging.

Für das Benediktinerkloster Murrhardt waren damit die Würfel gefallen. Die siebeneinhalb Jahrhunderte der katholischen Abtei waren zu Ende. Daran änderte auch nichts, daß Abt Otto Leonhard noch mehrere Jahre nach 1552 als Abt des Benediktinerordens bezeichnet wurde. Das war reine Formsache, um den katholischen Kritikern nicht unnötige Angriffsflächen zu

131 Brecht/Ehmer 1884, S. 305–316.

132 Dies ist von seiten Abt Thomas Carlins zwar nicht überliefert, aber durchaus glaubhaft.

bieten, solange die Religionsfrage noch nicht umfassend und definitiv geklärt war. Der kleine Konvent schwand schnell dahin, die meisten der fünf 1552 im Kloster vorhandenen Mönche wurden evangelische Geistliche und versahen Pfarreien; nur einer blieb, protestantisch geworden, bis 1572 im Kloster[133]. Otto Leonhard Hofsess war der erste evangelische Abt von Murrhardt. Sein Lebensweg nach 1552 soll hier nicht im einzelnen weiterverfolgt, sondern anhand einiger Daten lediglich skizziert werden: 1558 heiratete Hofsess junior, der schon zuvor Herzog Christoph Anlaß für etlichen Verdruß gegeben hatte. Otto Leonhard war ein Geschöpf seines machthungrigen Vaters, in dessen Auftrag er katholischer Mönch geworden war – nicht aus religiösem Eifer, sondern weil es Vorteile brachte. Auf Betreiben von Jakob Hofsess trat Otto Leonhard ins evangelische Lager über – erneut nur deshalb, weil es Vorteile brachte und politisch opportun war. Als Geistlicher erwies sich Hofsess junior als Versager. Ob er je Studien in Tübingen aufgenommen hat, wie er 1552 versprochen hatte, ist nicht sicher. Jedenfalls war er als Murrhardter Abt so unfähig, daß der Herzog ihm einen Prediger beigeben mußte. Otto Leonhard Hofsess war zur Seelsorge und Predigt völlig ungeeignet.

Als Verwalter hatte der junge Hofsess nichts zu sagen, sein Vater führte das Regiment. Dies hatte zur Folge, daß der alte Hofsess schließlich schamlos in die eigene Tasche wirtschaftete. 1574 kam der Skandal ans Licht – Wirtemberg entledigte sich des verbrecherischen Vogts durch Hinrichtung, des unfähigen Abts durch Amtsenthebung bei Gewährung einer jährlichen Rente. 1607 starb Otto Leonhard Hofsess, ein Mann, der neben seinen markanten Vorgängern Thomas Carlin und Martin Mörlin eine jämmerliche Figur geboten und den Protestantismus in Murrhardt in der schlechtestmöglichen Weise eingeführt hatte. Am Beispiel des Otto Leonhard Hofsess wird auf fast peinliche Art deutlich, wie sehr im Einzelfall durch die Reformation – bei aller religiösen Ernsthaftigkeit Herzog Christophs – fragwürdige Gestalten zu Macht und Ansehen gelangen konnten. – Es bleibt der zukünftigen landes- und ortsgeschichtlichen Forschung vorbehalten, die völlige Durchsetzung des Protestantismus in Murrhardt zu untersuchen. Die schillernden Gestalten der beiden Hofsess, ihr Aufstieg, ihr Sturz und die Neuorganisation des Klosters versprechen bei einer insgesamt guten Quellenlage reizvolle Ergebnisse.

133 Vgl. Konventuale Nr. 43.

Die Sozialgeschichte der Stadt Murrhardt

Die bauliche Entwicklung der Stadt

Umstände der Stadtentstehung

Obwohl sich aus dem Schriftgut und aus dem Archiv der Stadt Murrhardt Quellen erst seit 1471 erhalten haben, sind die fast zwei Jahrhunderte Stadtgeschichte vor diesem Zeitpunkt keine terra incognita. Aus der zufälligen, nur ganz punktuellen Überlieferung in den Urkunden des Klosters und maßgeblicher Adelsgeschlechter – insbesondere der Grafen von Löwenstein und von Wirtemberg – ist es möglich, zusammen mit archäologischen und baugeschichtlichen Befunden wenigstens in Umrissen ein Bild der Stadtgeschichte seit dem Ende des 13. Jahrhunderts zu entwerfen.

Es darf als sicher gelten, daß schon Jahrhunderte vor der eigentlichen Stadtgründung eine Ansiedlung neben dem Kloster bestand, deren Anfänge nachweislich bis ins 7. Jahrhundert zurückreichen[1]. Die genauen Umstände, unter denen kurz vor 1290 – vermutlich in den Jahren 1287/1289 – die bisherige Ansiedlung den Schritt zu Markt und Stadt vollzog, und die daraus resultierenden Konflikte zwischen den Grafen von Löwenstein und dem Kloster wurden bereits erläutert[2]. Zwar verlieh eine königliche Urkunde in diesen Jahren Murrhardt einen neuen rechtlichen Status, doch die äußere Umwandlung der bestehenden Ansiedlung in eine Stadt war ein längerfristiger Prozeß, dessen Dauer gewiß ein bis zwei Jahrzehnte umfaßte. Es ist durchaus vorstellbar, daß Graf Albrecht I. von Löwenstein gleich nach seiner Machtübernahme Ende 1282/Anfang 1283 mit den ersten Vorbereitungen für eine Erhebung der beiden Hauptorte seiner Grafschaft zu Städten – Löwenstein und Murrhardt – begann. Ein beschleunigender Impuls dürfte der Krieg gewesen sein, den der Vater Albrechts I., König Rudolf, von 1285 bis 1287 gegen Wirtemberg führte und den der König im November 1287 mit einem Besuch in Löwenstein abschloß. In dem Krieg, der mit einem beide Seiten nicht befriedigenden Resultat endete und der jederzeit wieder ausbrechen konnte, war deutlich geworden, daß der König seine Positionen rund um Wirtemberg – und dazu gehörte die Grafschaft seines Sohnes Albrecht – verstärken mußte. Der Ausbau der bestehenden Ansiedlungen in Städte, die durch ihre Mauern automatisch den Charakter von Großfestungen gewannen, war hierfür ein probates Mittel[3].

Bis in Murrhardt Mauern standen, sollten aber noch etliche Jahre vergehen; wahrscheinlich

1 Dazu Fritz 1982-III, S. 47; Cichy 1963, S. 30ff.; Schahl 1983, S. 551ff.
2 S. 18ff.
3 Maschke 1977, S. 59ff.

wurde der Mauerring erst in den Jahren um 1300 fertiggestellt. Zunächst versetzte der Graf die Ansiedlung durch einen Graben – und, wie man ergänzen kann, durch zusätzliche Erd- und Holzverschanzungen – in einen halbwegs verteidungsfähigen Zustand. Das mag schon vor 1290 geschehen sein. Der Mauerbau erfolgte schließlich zur Zeit der Nachfolger von Abt Dietrich von Hohenstein, also vermutlich unter den Äbten Milo und Heinrich, im anschließenden Jahrzehnt[4].

Möglichkeiten zur Rekonstruktion der frühen Stadtanlage

Die Stadt schloß sich östlich an das Kloster an, mit dem sie durch eine gemeinsame, Stadt und Kloster umfassende Mauer verbunden war. Über den Grundriß und die Ausmaße der Siedlung des späten 13., des 14. und des frühen 15. Jahrhunderts sind mehrere Denkmodelle möglich. Sie sollen hier vorgestellt werden; welches der Realität am nächsten kommt, muß sich bei künftigen archäologischen Ausgrabungen erweisen.

Ausgangspunkt ist der älteste erhaltene Stadtplan, der den Grundriß der im Jahre 1765 abgebrannten Stadt mitsamt dem Kloster wiedergibt[5]. Der Stadtgrundriß von 1765 entspricht im wesentlichen dem der Reformationszeit. Deutlich erkennbar ragt im Norden ein Vorsprung der Stadtmauer aus dem ansonsten kompakten und geschlossenen Bild der gemeinsamen Stadt- und Klostermauer heraus. Dieser Teil der Stadt, der die untere Hälfte des Marktplatzes und die ihn umgebenden Häuser umfaßt, ist ganz offensichtlich nachträglich an den bereits bestehenden Komplex von Kloster- und Stadtmauer angefügt worden (vgl. Abbildung). Kloster und Stadt ohne den Bereich des unteren Marktplatzes scheinen auf den ersten Blick also rund und in sich geschlossen zu sein. Man hat aber angenommen[6], daß auch der östlichste, der Murr zugewandte Teil der Stadt eine nachträgliche Erweiterung sei. Die älteste Stadtmauer wäre nach diesem Modell im Bereich der Mittelgasse verlaufen. Demnach hätte sich die ursprüngliche Stadt auf ganzer Länge an die Ostmauern des Klosters angelehnt und hätte nur aus der heutigen Hauptstraße als Längsachse und wenigen Häuserreihen links und rechts davon bestanden. Die Gesamtlänge der ursprünglichen Stadt hätte etwa 175 m betragen, die Breite von der östlichen Klostermauer bis zur anzunehmenden Mittelgassen-Stadtmauer etwa 100 m.

Ein gewichtiges Indiz spricht aber gegen die Annahme, die Stadt sei in voller Länge nach der Klostermauer gebaut worden, die 1765 vorhanden war: Am Südende des Langen Baues befinden sich – rechtwinklig von der Klostermauer abbiegend – noch heute Schießscharten, die aus einer Zeit wesentlich vor 1530/40 stammen müssen[7]. Bis ins 16. Jahrhundert hinein, auf jeden Fall einige Jahrzehnte vor 1530/40 als spätestmöglichem Termin, muß demnach am Südende des Langen Baues das Kloster geendet haben. Daraus könnte man folgern, daß das Südende, das heißt das obere Ende auch der ursprünglichen Stadt, sich im selben Bereich befunden haben könnte. Die Stadtmauer wäre dann hier etwa dem Verlauf der heutigen Brandgasse und deren Verlängerung zum Südende des Langen Baues gefolgt. Demzufolge hätte die Stadt geradezu winzige Ausmaße gehabt, nämlich knapp 100 m von Nord nach Süd

4 So in Widmans Chronik; vgl. Fritz 1985-IV.
5 Schahl 1983, S. 554.
6 Ebd., S. 555 f.
7 Damals wurde in wenigen Metern Entfernung vor den Schießscharten eine Scheuer erstellt, die die Benutzung der Schießscharten sinnlos machte. Vgl. zur Datierung der Scheuer Schahl 1983, S. 614 f.

und dieselbe Ausdehnung von der Klostermauer bis zur hypothetischen Mittelgassen-Stadtmauer. Noch verwickelter wird der Sachverhalt dadurch, daß bei Erdarbeiten ein wohl als alte Südbegrenzung des Klosters zu interpretierender Graben entdeckt wurde[8], der ungefähr vom heutigen Hexenturm auf die Mitte des Langen Baues zuläuft. Dieser wäre demnach ursprünglich nur etwa halb so lang wie heute gewesen, das Kloster hätte also einen ungefähr quadratischen Grundriß gehabt. Vermutlich geht diese gegenüber dem Zustand von 1765 deutlich kleinere Klosteranlage aber weit in vorstädtische Zeit zurück und sagt über die Baugeschichte der Stadtanlage nichts aus. Hier wird besonders deutlich, wie wichtig in diesem Bereich Grabungen wären, um die komplizierte Geschichte der Klostererweiterungen genauer kennenzulernen.

Es herrscht also erhebliche Unklarheit über die Größe der ursprünglichen Stadtanlage. Doch ein drittes Denkmodell verdient noch Erwähnung. Es spricht einiges dafür, die frühe Stadtanlage als jenes ungefähre Oval zu sehen, das sich östlich ans Kloster anschließt. Insbesondere wäre demnach die heutige Mittelgasse nicht als Linie einer ursprünglichen Stadtmauer anzusehen. Diese wäre nach der dritten These identisch mit der von 1765, mit einer einzigen Ausnahme: Nur der untere Marktplatz mit seinen umstehenden Gebäuden und den dort mit deutlichem Knick aus dem Mauerverlauf vorspringenden Stadtmauern wäre dann eine nachträgliche Stadterweiterung. Dies scheint meines Ermessens den Umfang der Stadtanlage aus dem späten 13. Jahrhundert mit der größten Wahrscheinlichkeit korrekt wiederzugeben, und zwar aus folgenden Gründen: Die hypothetische Mittelgassen-Stadtmauer wäre ganze 20–25 m von der nachweisbaren Stadtmauer von 1765 entfernt, die im Bereich der Grabenstraße noch heute teilweise erhalten ist und in den letzten Jahren an einzelnen Stellen wieder freigelegt wurde. Es hätte also einen unverhältnismäßigen Aufwand bedeutet, die Mittelgassen-Stadtmauer zu beseitigen und nur um wenige Meter nach Osten versetzt neu zu errichten. Die gewonnene neue Stadtfläche hätte in keinem Verhältnis zu den gewaltigen Abbruch- und Neubauarbeiten gestanden, die dafür nötig gewesen wären. Wir sehen schon aus diesem Grund die Existenz einer ursprünglichen Stadtmauer im Verlauf der Mittelgasse als äußerst wahrscheinlich an. Diese Ansicht läßt sich durch eine weitere Beobachtung erhärten: Bis zum Stadtbrand von 1765 befand sich genau an der Stelle, wo die den unteren Marktplatz umfassende Stadtmauer vom alten Mauerverlauf abknickt, das sogenannte Alte Steinhaus. Es handelte sich um ein auffälliges, über den Mauerverlauf nach außen vorspringendes Gebäude, dessen besonderer Charakter in den Abbildungen von Gadner, Kleinsträttl und Kieser aus dem 16. und 17. Jahrhundert[9] deutlich zu erkennen ist. Vielleicht diente es als früherer Sitz des Ortsadels[10]. 1576 wird das Gebäude als altes Rathaus bezeichnet[11]. Wie dem auch sei: Sicher ist, daß das Gebäude nur dann einen fortifikatorischen Sinn hatte, wenn man es als Eckbastion betrachtet. In dem Winkel des Stadtmauerverlaufs von 1765 ist es geradezu unsinnig postiert. Da das Alte Steinhaus aber eindeutig n i c h t in der Flucht der Mittelgasse steht, sondern – wenn auch über diese hinausragend – in der Flucht der 1765 überlieferten und noch heute erkennbaren Stadtmauer an der Grabenstraße, ist nur ein Schluß möglich: Das Alte Steinhaus war tatsächlich die ursprüngliche nordöstliche Eckbastion der Stadtbefestigung, die Stadt-

8 Mitteilung von Dr. Rolf Schweizer, Murrhardt.
9 Kleinsträttl und Kieser bei Schahl 1983, S. 551 f., Gadner.
10 Schweizer 1965-I.
11 HStAS H 102/54, Bd. 8, Bl. 82a.

mauer des späten 13. Jahrhunderts entsprach deshalb in ihren Dimensionen ganz der von 1765, ohne den Vorsprung um den unteren Marktplatz. Unklar bleibt allein der genaue Verlauf der Kloster- und Stadtmauer im Bereich des Südendes des Langen Baues.

Zusammenfassung

Wir schlagen – im vollen Bewußtsein, daß nur Grabungen den Sachverhalt endgültig klären können – folgende Baugeschichte der Stadt- und Klosterbefestigung vor:
1. Phase (vor ca. 1287/1289): Ummauertes Kloster mit grob quadratischem Grundriß, östlich davon lockere Siedlungsbebauung.
2. Phase (seit ca. 1287/1289): Umfassung von Kloster und Stadt mit Gräben und vorläufigen Befestigungen (Holz/Erde?).
3. Phase (neunziger Jahre des 13. Jahrhunderts): Ummauerung der Stadt in den Dimensionen, die 1765 überliefert sind, mit Ausnahme des unteren Marktplatzes. An dieser Stelle muß die ursprüngliche Stadtmauer vom Bereich des Alten Steinhauses quer über den heutigen Marktplatz zur Klostermauer verlaufen sein, an die sie nahtlos anschloß. Das untere Stadttor wäre dann etwa an der Stelle des heutigen Marktbrunnens gelegen. Wohl im Anschluß an diese Bauphase hat man – was zeitlich nicht genau überliefert ist – die Klosteranlage im Bereich des Langen Baues systematisch in die Befestigung einbezogen. Hier sind aber noch die meisten Fragen zu Einzelheiten der Klosterummauerung offen.
4. Phase (unter den Äbten Wilhelm Egen [1469–1486] und Johannes Schradin [1486–1501], vermutlich vor allem die achtziger und neunziger Jahre des 15. Jahrhunderts): Erweiterung der Stadtanlage um den unteren Marktplatzbereich, Neuordnung der unregelmäßigen Bebauung im Bereich zwischen östlicher Klostermauer und westlicher Hauptstraße[12]. Der Bereich östlich der Hauptstraße bis zur Stadtmauer hat seine ungeordnete Bebauung ohne deutliche Straßen- oder Gebäudefluchten bis 1765 beibehalten. Unter Egen und Schradin dürfte auch die südliche Klostermauer, die nun am Hexenturm in einem Winkel von etwa 45° abknickte, ihren endgültigen Verlauf erhalten haben. Insgesamt muß damals die gesamte Mauer gründlich erneuert worden sein. Ein neuer Turm am unteren Tor mußte nach der Stadterweiterung in diesem Bezirk ohnehin gebaut werden, und auch der letzte noch heute erhaltene Befestigungsturm, der Hexenturm, stammt aus dieser Zeit. – Schon 1576 waren mit der unteren und oberen Vorstadt etliche Häuser vorhanden, die außerhalb der Stadtmauer lagen[13], und zwar in so großer Zahl, daß es kaum glaubhaft erscheint, daß diese Vorstädte erst nach der Stadterweiterung des späten 15. Jahrhunderts entstanden sind. Wahrscheinlich waren die Vorstädte spätestens im 15. Jahrhundert vorhanden, und nur fehlende Geldmittel haben verhindert, daß man sich zu einer großen Erweiterung der Stadtmauer entschlossen hat. Sie wäre dann etwa doppelt so lang geworden wie unter Abt Egen.
5. Phase (seit etwa 1550): Die Stadt erhielt ihr bis 1765 gültiges Gesicht durch den Wiederaufbau nach der Zerstörung durch die Spanier 1547. Dabei wurde aber der Stadtplan nicht mehr grundlegend geändert, lediglich die zerstörten Gebäude errichtete man wieder.

12 Vgl. zur Neuordnung Schahl 1983, S. 554f.
13 Wie Anm. 11, passim.

Durch Inschriften sind die Jahre 1551, 1553, 1558 und 1568 als Baujahre belegt[14]. Der Wiederaufbau muß sich also über zwei Jahrzehnte lang hingezogen haben.

Seen, Gräben und schriftlich überlieferte, besondere Bauteile

Es läßt sich nur in Ansätzen fassen, wann die Seen und Gräben rund um die Stadt entstanden sind. Ausdrücklich ist überliefert, daß unter Abt Schradin kurz vor 1500 in den Seen gegraben wurde[15], aber es dürfte sich kaum um die völlige Neuanlage aller Seen und Gräben gehandelt haben, sondern allenfalls um die Neuanlage des heute nicht mehr vorhandenen Walterichssees zwischen Kloster und Walterichskirche. Denn schon 1468 lieferte ja Abt Herbord ein Faß Fische, von denen das Kloster im Überfluß hatte, an Graf Eberhard im Bart[16]. Das setzt die Existenz ausgedehnter Seen voraus. Es ist anzunehmen, daß das Seen- und Gräbensystem spätestens aus der Zeit der Stadtgründung stammt, da ja auch die Quellen Grabtätigkeit erwähnen. Veränderungen an Seen und Gräben können in Einzelfällen natürlich noch in den folgenden Jahrhunderten vorgekommen sein, in der Regel dürfte es sich dabei aber um Ausbaggerungsarbeiten gehandelt haben, die auch heute noch in regelmäßigen Abständen nötig sind, um ein Verlanden des Feuersees (früher: Großer See) zu verhindern. Schriftliche Quellen zur baulichen Entwicklung der Stadt über das Mitgeteilte hinaus fehlen fast völlig. Lediglich die Existenz des oberen Tores ist bereits für das Jahr 1371 ausdrücklich belegt[17]. Ansonsten gibt es nur spätere chronikalische Aussagen meist sehr allgemeinen Charakters über die Bautätigkeit zur Zeit der Äbte Hohenstein und Nachfolger im 13. und der Äbte Egen und Schradin im 15. Jahrhundert. Es bedarf keiner weiteren Erläuterung, daß Murrhardt hinsichtlich seiner Größe, fortifikatorischer Stärke und seines baulichen Eindrucks nur ein bescheidenes Städtchen war.

Zum rechtlichen Status der Stadt Murrhardt

Methodische Überlegungen

Die Entstehung der Stadt Murrhardt gegen Ende des 13. Jahrhunderts war mit etlichen Konflikten zwischen dem Kloster Murrhardt und dem Stadtherrn, dem Grafen Albrecht I. von Löwenstein-Habsburg, verbunden[18]. In welcher Weise man sich im einzelnen zwischen Kloster und Graf wegen der Rechte in der neugegründeten Stadt verständigte, ist aus zeitgenössischen Quellen nicht überliefert. Einblick in die juristischen Verhältnisse der Stadt erhält man erst aus wesentlich jüngeren Quellen. Von relativ bescheidenem Wert ist eine städtische Zins- und Gültliste von 1471. Ein mit *Daß new statt recht alhye zu Mürhart* überschriebenes Schriftstück aus dem Jahr 1502 enthält keineswegs die aufgrund des Titels zu

14 1551: Inschrift am Langen Bau; 1553: Inschrift am Gasthaus Engel; 1558: Inschrift ehemals am Rathaus, heute Abguß am Carl-Schweizer-Museum; 1568: Inschrift ehemals angeblich am Fruchtkasten bzw. Dormitorium (?) des Klosters; nach 1870 ans Gasthaus Engel gekommen.

15 Widman S. 143.

16 Vgl. Abt Nr. 23 (Herbord, gen. Gütigott).

17 RL 235.

18 Vgl. S. 18ff.

erwartende Gesamtdarstellung der städtischen Rechtsverhältnisse, sondern regelt im wesentlichen nur das Erbrecht innerhalb der Stadt. Lediglich auf einen Teilaspekt geht auch die Metzlerordnung von 1522 ein[19]. Eine komplette Darstellung des rechtlichen Status der Stadt Murrhardt existiert erst mit dem Klosterlagerbuch von 1576[20], stammt also aus einer Zeit, die im Rahmen dieser Untersuchung nicht behandelt werden kann. Es ist immer problematisch, die Aussagen einer Quelle in die Vergangenheit zu projizieren, also hier im konkreten Fall aus den Verhältnissen von 1576 auf Zustände in früheren Jahrhunderten rückzuschließen. Dennoch ist dies im Einzelfall unter folgenden Voraussetzungen möglich: Die Beschreibung des rechtlichen Zustandes der Stadt gilt nur für das Entstehungsjahr des Lagerbuchs, also für 1576. Bereits 1565 hatte es nachweislich Änderungen in den juristischen Verhältnissen Murrhardts gegeben, als man nach einem Bürgeraufstand das alte Rechtsbuch der Stadt zerschnitt und verbrannte und die städtischen Rechte neu zusammenstellte[21]. 1565 hat man aber nur relativ wenige, im Laufe des Bürgeraufstandes umstrittene Punkte neu formuliert. Im großen und ganzen dürften die Rechtsverhältnisse von 1576 denen von vor 1565 durchaus entsprochen haben. Es ist anzunehmen, daß die Bestimmungen von 1576 im wesentlichen das Stadtrecht, wie es auch im 16. und wohl ebenso im 15. Jahrhundert galt, korrekt wiedergegeben. Geht man ins späte 13. und ins 14. Jahrhundert zurück, so ist die zeitliche Distanz zur Quelle von 1576 zwar groß, und eine Reihe von Einzelregelungen mag in dieser Zeit anders ausgesehen haben. Das Stadtrecht dürfte aber im späten 13. und im 14. Jahrhundert nicht wesentlich anders gelautet haben als 1576. Zu zäh hat man im Spätmittelalter an überlieferten Rechten festgehalten, als daß zwischen etwa 1290 und 1576 eine völlige Umkehrung der rechtlichen Verhältnisse hätte stattfinden können. Gewiß mochte es – wie das Beispiel Sulzbachs zeigt, wo die Oberhoheit zwischen Murrhardt und Löwenstein beziehungsweise der Pfalz strittig war – hie und da einmal substantielle Änderungen im juristischen Status eines Ortes gegeben haben, aber das war dann mit jahrzehntelangem Rechtsstreit verbunden und hat sich in den Quellen ausführlich niedergeschlagen. Für Murrhardt ist ein solch fundamentaler Streit wie in Sulzbach nicht vorstellbar und in den Quellen nicht einmal ansatzweise vorhanden.

Das Verhältnis von Kloster, Stadt und Amt am Beispiel Murrhardts im Rahmen der wirtembergischen Geschichte

Das Kloster Murrhardt nahm unter allen Mannsklöstern Wirtembergs eine Sonderstellung ein hinsichtlich seiner Beziehung zur benachbarten Stadt. Es war grundsätzlich selten, daß sich neben einem Kloster im Mittelalter überhaupt eine Stadt entwickelte. Gelegentlich gab es für Jahrhunderte überhaupt keine Ansiedlung neben den Klöstern – so etwa in Bebenhausen, lange auch in Maulbronn[22]. Die Regel war vielmehr, daß neben Klöstern dörfliche Siedlungen

19 Vgl. unten Anhang, Einwohnerliste zu den drei genannten Quellen.

20 HStAS H 102/54, Bd. 8. Nur am Rande eingegangen wird hier auf die rechtlichen Verhältnisse der Flecken unmittelbar um Murrhardt (H 102/54, Bd. 2 von 1575), auf die zum Amt Murrhardt gehörigen Orte Westheim am Kocher und Ottendorf (ebd., Bd. 48 von 1539, 50 von 1574, 51 von 1575, alle Westheim betreffend; Bd. 60 von 1582 Ottendorf betreffend) und auf die Murrhardter Pflegen bzw. Patronatsorte, die nicht zum Amt Murrhardt gehörten (Sulzbach/Murr, Oberrot, Fichtenberg, Großbottwar, Oßweil, Bibersfeld; vgl. die Lagerbücher in H 102/54, die sämtlich nicht älter als 1574/75 sind).

21 Zum Murrhardter Bürgeraufstand von 1564/65: Fritz 1983-I.

22 Vgl. die jeweiligen Oberamtsbeschreibungen.

existierten, so beispielsweise in Adelberg, Alpirsbach, Denkendorf, Herrenalb, Hirsau, Lorch, St. Georgen, Zwiefalten und später auch in Maulbronn. Wenn diese Siedlungen Stadtrechte erwarben, so geschah dies erst sehr spät: Alpirsbach, Herrenalb, Lorch, Maulbronn und St. Georgen wurden in der zweiten Hälfte des 19. Jahrhunderts zur Stadt erhoben, teilweise sogar erst kurz vor 1900. Wo sich hingegen schon im Mittelalter Städte neben den Klöstern bildeten, rückten die Klöster gegenüber den Städten oft in den Hintergrund. In Winnenden spielte die dortige Deutschordenskommende im Vergleich zur Stadt eine ebenso untergeordnete Rolle wie in Backnang das Augustiner-Chorherrenstift. Namentlich in Backnang läßt sich der Niedergang des Stifts seit der zweiten Hälfte des 15. Jahrhunderts eindeutig nachweisen[23]. Seit etwa 1500 spielten nur noch die weltlichen Ämter Winnenden und Backnang eine Rolle, die geistlichen Ämter Winnenden-Winnental und Stift Backnang wurden zusehends unwichtig.

Mehr Erfolg war dem Kloster Blaubeuren beschieden. Dort existierte zwar früh eine Stadt, aus der auch ein selbständiges Amt hervorging, das Kloster und das aus ihm entstandene Klosteramt Blaubeuren blieben aber ein Faktor von hohem Gewicht, sie standen immer gleichrangig neben der Stadt. Die Position Murrhardts war in Wirtemberg einzigartig, außerhalb Wirtembergs gab es allerdings einige mit Murrhardt vergleichbare Fälle[24]. Zwar war in Murrhardt vor 1290, also sehr früh, eine Stadt entstanden, aber sie wurde vom Kloster förmlich in den Hintergrund gedrängt. Man sucht in allen wirtembergischen Quellen des Spätmittelalters vergebens nach einer Nennung der Stadt Murrhardt – im Unterschied etwa zu den Städten Backnang, Winnenden oder Blaubeuren. Die Stadt Murrhardt war offensichtlich nie der Ansprechpartner der wirtembergischen Grafen. So war es nur folgerichtig, daß Murrhardt nie als weltliches Amt zu Musterung und Steuererhebung herangezogen werden konnte. Murrhardt blieb immer ein klösterliches Amt, die Stadt und ihr Bezirk waren voll und ganz der Macht und den Interessen des Klosters untergeordnet. Dies war in ganz Wirtemberg einzigartig: Kein Kloster verfügte in solchem Maße über eine Stadt – sofern es überhaupt eine neben sich hatte –, umgekehrt erwies sich keine Stadt gegenüber dem jeweiligen Kloster so schwach wie Murrhardt.

Das Rechtsverhältnis zwischen Stadt und Kloster Murrhardt

Aus allen städtischen Quellen geht die dominierende Rechtsposition des Klosters eindeutig hervor. Am klarsten und umfassendsten ist dies im Lagerbuch von 1576 zu erkennen. Das Kloster verfügte über folgende Rechte in der Stadt:

23 Dieser Vorgang war zwar gewiß dadurch beschleunigt worden, daß das Backnanger Stift 1477 in ein Säkularstift umgewandelt worden war. Die nachgeordnete Stellung des Stifts wird aber schon zu Beginn des 14. Jahrhunderts deutlich, als im Reichskrieg gegen Wirtemberg die Stadt Backnang als Siegler hervortritt, nicht aber das Stift.

24 Vgl. die jeweils parallele Nennung von Kloster Blaubeuren und städtischem Amt Blaubeuren in den Musterungslisten und Mobilmachungsplänen des HStAS, als ein Beispiel von vielen etwa A 602, Nr. 4331 *Verzeichnus der wagen im lande* vom Ende des 15. Jahrhunderts. Sydow 1983, S. 20, nennt an außerwirtembergischen Beispielen für Städte unter Klosterherrschaft Radolfzell, den Markt der Abtei Reichenau am Nordufer des Bodensees, Säckingen am Hochrhein, ferner Ellwangen und Ottobeuren. Sydows Feststellung zu diesen Städten deckt sich mit unseren Feststellungen zu Murrhardt: »Allerdings sind diejenigen Klostermärkte und Klosterstädte, über welche Klöster ihre Herrschaft dauerhaft festigen konnten, im allgemeinen nicht über das Stadium der Kleinstadt hinausgekommen.«

Dienste und Fronen[25]

Die Bürger in *statt oder vorstatt* – also nicht die Einwohner der Teilorte vom Klosteramt Murrhardt – waren insbesondere bei Bautätigkeiten des Klosters zu unentgeltlicher Fron verpflichtet, das Kloster hatte aber für Essen und Trinken aufzukommen. Allerdings war die Fronpflicht eingeschränkt: Wenn ein Lager- oder Hauptbau *(leger oder hauptbaw)* des Klosters errichtet wurde und dessen Bauzeit sich lange hinzog, mußten die Bauarbeiten ohne Fronpflicht der Murrhardter auf Kosten des Klosters finanziert werden. Mit dem Hauptbau scheinen insbesondere umfangreichere Maurerarbeiten gemeint zu sein, denn wenn man einen *newen baw ufrichten* ließ – also wohl die Zimmermannsarbeiten bis zum Richtfest abschloß – und wenn diese Aufrichtarbeiten nicht länger als drei bis vier Tage dauerten, mußten die Bürger sehr wohl Fronarbeit leisten. Ganz ohne zeitliche Beschränkung waren sie beim Hauptbau auch dazu verpflichtet, den Erdaushub aufzuladen und zu transportieren. Wieder mit einer zeitlichen Begrenzung auf drei bis vier Tage bestand die Pflicht zur Fron, wenn das Kloster einen Fischteich anlegen oder instandhalten *(ein weiher ufschlagen)* wollte. Trafen diese Fronen alle Bürger, so galt eine Sonderfron nur für die *kübler zu Murrhardt* und *des closters vorstknecht*. Sie mußten helfen, im Bedarfsfalle Sägbäume zu Brettern und Latten zu verarbeiten. Eine weitere Fron scheint ebenfalls nicht alle Bürger betroffen zu haben, sondern nur die Taglöhner, hier freilich die Taglöhner des Amts, nicht nur diejenigen der Stadt Murrhardt.

Taglöhner waren jährlich zu zwei Tagen Fronarbeit verpflichtet, zu denen noch vier Tage Fronarbeit an den *hagen* kamen. Mit *hagen* könnten ganz allgemein die Zäune auf Murrhardter Markung gemeint sein, wahrscheinlich ist aber, daß es sich um einen Verhau rund um das Murrhardter Gebiet handelte, der ähnlich angelegt war wie die Haller Häg oder die verschiedenen wirtembergischen Landgräben[26]. Wohl weil die *hagen* gegen Ende des 16. Jahrhunderts an Bedeutung verloren, ging Herzog Ludwig von Wirtemberg 1576 auf die Bitte verschiedener Klosterhintersassen ein und wies seine Murrhardter Beamten an, nur noch in ganz dringenden Fällen auf den vier Tagen Fron an den *hagen* zu bestehen[27]. Die zwei Tage allgemeine Fron wurden dagegen bestätigt. – Ausdrücklich wird im Zusammenhang mit den genannten Baufronen der Bürger festgestellt, daß diese *von allter herkommen* seien und ansonsten keine Fronen bestünden.

Lehengüter[28]

Das Kloster verfügte in der Stadt über zahlreiche Lehengüter, die beim Tod des alten Lehensinhabers an das Kloster die *weglösin* zu zahlen hatten. Die Weglöse wurde ergänzt durch den *hanndtlohn*, eine Abgabe, die der neue Lehensinhaber zu entrichten hatte, wenn er das Lehen übernahm. In der Regel handelte es sich um Erblehen, das heißt, die Erben des alten Lehensträgers übernahmen das Lehen. Solche Lehen konnten vom Kloster nur dann eingezogen werden, wenn ein Lehensträger ohne Erben verstarb.

Wie groß der Umfang der klösterlichen Lehengüter war, wird deutlich, wenn man sie mit denen der Stadt Murrhardt vergleicht. Leider ist das städtische Lagerbuch von 1572, das mit

25 HStAS H 102/54, Bd. 8, Bl. 13a–14b.
26 Vgl. zu den Befestigungen rund um Murrhardt im Rahmen der *hagen*: Braun 1956, S. 39–43.
27 Der herzogliche Entscheid ist im Lagerbuch von 1576 (wie Anm. 25) enthalten.
28 Ebd., Bl. 15a.

dem Klosterlagerbuch von 1576 aufgrund der geringen Zeitdifferenz gut vergleichbar wäre, seit den Jahren nach 1956 im Stuttgarter Hauptstaatsarchiv nicht mehr auffindbar[29], so daß die beste Vergleichsmöglichkeit klösterlichen und städtischen Lehensbesitzes entfällt. Wir können den klösterlichen Lehensbesitz von 1576 nur mit dem vorangehenden und darauffolgenden städtischen Gült- und Zinsbuch vergleichen, also mit der Zins- und Gültliste von 1471 und dem Gültbuch von 1705[30]. Gewisse Verzerrungen sind bei einem Vergleich zeitlich nicht zusammengehöriger Quellen nicht auszuschließen, aber die Größenordnung wird dennoch deutlich. 1576 verfügte das Kloster über 126 lb 8 ß 1¾ h jährlicher Einkünfte aus verliehenen Häusern, Scheuern, Hofraiten, Gärten, Äckern, Neugereuten, Wiesen, Baum- und Schorgärten, wilden Feldern, Halden und Reuten, aus Mahl- und Sägmühlen und aus den Badstuben[31]. All diese Einnahmen bezogen sich nur auf Stadt und Vorstadt Murrhardt. Erfaßt waren dabei – von den klösterlichen Eigengebäuden abgesehen – fast alle Gebäude Murrhardts; nur ganz wenige waren nicht Lehen des Klosters und diesem nicht zinspflichtig. Die Stadt Murrhardt nahm demgegenüber 1471 aus ihren verliehenen Wiesen, Heumaden und Gärten 12 lb 18 d und 2 böhmische Groschen ein[32]. Nur ein einziges Gebäude war Lehen von der Stadt, nämlich die Ziegelhütte.

Auch wenn aufgrund der Inflation, die sich zwischen 1471 und 1576 in erheblichem Maße bemerkbar machte, das Verhältnis der von Kloster und Stadt aus ihren Lehen eingezogenen Gülten nicht ganz so ungünstig für die Stadt ausfallen mochte, wie sich das aus unserem Vergleich ergibt, eines ist deutlich: Das Kloster verfügte über ungleich mehr Lehensgüter als die Stadt. Insbesondere bei den Immobilien waren Stadt und Bürgerschaft fast vollständig vom Kloster abhängig. Das hatte sich nicht einmal im Jahr 1705 wesentlich geändert. Damals zinste immer noch kein einziges Gebäude innerhalb der Stadtmauern an das Kloster; die Stadt hatte lediglich über wenige Hütten und Scheunen außerhalb der Mauern die Lehenshoheit erworben. Vermutlich handelte es sich um solche Gebäude, die zwischenzeitlich auf städtischem Grund erbaut worden waren.

Gerichtshoheit

Für die Gerichtsverhältnisse in der Stadt ist das Lagerbuch von 1576 nicht die einzige Quelle. Das Murrhardter Stadtrecht von 1502 und einzelne Urkunden gestatten zusätzliche, wesentliche Einblicke[33]. Es gilt aber, eine Reihe grundsätzlicher Überlegungen vorauszuschicken[34]. Die Kompetenzen wirtembergischer Stadtgerichte während des ausgehenden Mittelalters und der Reformationszeit umfaßten zahlreiche Rechtsgebiete: das Strafrecht, die bürgerlichen Streitsa-

29 Braun 1956 hat das städtische Gültbuch von 1572 noch benutzt. Im Repertorium H 102/54 ist es als fehlend verzeichnet und hat auch keine eigene Signatur mehr erhalten.

30 Zur Gültliste von 1471 das Vorwort zur Einwohnerliste. Das Gültbuch von 1705 im StadtA Murrhardt B 142, F 2700. Es nimmt Bezug auf ein älteres, nicht mehr erhaltenes Gültbuch von 1597.

31 Lagerbuch 1576 (wie Anm. 25), Bl. 386a/b. Weggelassen sind die Gülten, die nicht regelmäßig fielen und wechselnde Beträge erbrachten. Die klösterlichen Gesamteinkünfte aus dem Murrhardter Lehensbesitz müssen also wesentlich höher gewesen sein als die angegebenen 126 lb 8 ß 1¾ h.

32 Die Addition in der Zinsliste ergibt andere Beträge, stimmt aber offensichtlich nicht. 12 lb 18 d und 2 böhmische Groschen sind das Ergebnis meiner eigenen Nachprüfung.

33 Lagerbuch 1576 (wie Anm. 25), Bl. 16a/b; Murrhardter Stadtrecht von 1502 im StadtA Murrhardt, ohne Signatur; Ottendorf betreffende Urkunde von 1523, StAL B 186, U 2197.

34 Vgl. hier und in der Folge, wenn nichts anderes angegeben, grundsätzlich immer Fischer/Amelung/Irtenkauf 1985, S. 87 ff., sowie ausführlicher Seigel 1983, S. 2–13 und die daran anschließend abgedruckte Diskussion S. 22 ff., ferner Grube 1975, S. 21 f., und für den Einzelfall Leonbergs Trugenberger 1984, S. 95 ff.

chen und die bürgerlichen nichtstreitigen Fälle. Das Strafrecht bestand aus der niederen Gerichtsbarkeit, die sich mit den sogenannten Freveln, also kleineren Straftaten, befaßte, und aus der hohen Gerichtsbarkeit, die schwere Straftaten ahndete. Die niedere Gerichtsbarkeit verhängte wegen begangener Frevel in der Regel Geldbußen, die hohe Gerichtsbarkeit verhängte körperliche Strafen bis hin zur Todesstrafe. Bürgerliche Streitsachen betrafen Viehtriebskonflikte, Zehnt- und andere Steuerstreitigkeiten, Lehensangelegenheiten und ähnliches. Nichtstreitige Sachen waren Beurkundungen von Verkäufen, Testamenten usw. Etwa seit der Mitte des 16. Jahrhunderts wurde die Zuständigkeit der Stadtgerichte für die hohe Gerichtsbarkeit allmählich dadurch eingeschränkt, daß alle sie betreffenden Urteile von Juristen der Universität Tübingen geprüft werden mußten oder daß man jene gleich von Anfang an konsultieren mußte. Es ist zu prüfen, in welchem Maße diese für Wirtemberg allgemein geltenden Regelungen auch für Murrhardt zutrafen.

Im Stadtrecht von 1502 ist – neben erbrechtlichen Bestimmungen, auf die unten eigens eingegangen wird – festgelegt, welche Fälle vor dem Murrhardter Stadtgericht ohne Revisionsmöglichkeit verhandelt werden konnten, welche Fälle revisions- beziehungsweise appellationsfähig waren und wer als Revisionsinstanz in Frage kam: Wenn in einer Streitsache ein Urteil erging, das einen Streitwert von unter 6 lb h betraf, wurde dies ohne Revisionsmöglichkeit vom Stadtgericht allein verhandelt. Lag der Wert über dieser Summe, sollte jeder vom Urteil Betroffene in Erb-, Eigentums-, Ehr- und Benehmensangelegenheiten *(erb vnd aigen, eer vnd gefüre)* grundsätzlich nach dem Urteil zehn Tage Bedenkzeit nehmen. Dann war die Gegenpartei zu informieren, man hatte vor dem Amtmann zu erscheinen und zu sagen, ob man das Urteil annehmen oder in die nächste Instanz gehen wolle *(ob man by der gesprochen vrtaill plyben oder appellieren woll)*. Wollte eine der streitenden Parteien in die nächste Instanz gehen, so hatte sie sich an den Abt als Appellationsinstanz zu wenden. Nahm der Abt die Appellation an, mußte der Kläger ihm einen Gulden zahlen und geloben, den Urteilsspruch des Abtes anzuerkennen. Der Abt war hier also die letzte Instanz. Er konnte die Appellation aber auch verweigern und die Parteien statt dessen an ein Gericht seiner Wahl verweisen. In diesem Falle war der Kläger verpflichtet, zu dem vom Abt gewählten Gericht zu gehen. Um allzu viele Appellationen zu verhindern, stand dem Stadtgericht das Recht zu, den Streitwert einer Sache zu vermindern.

Im erstinstanzlichen Verfahren vor dem Stadtgericht spielte der Abt also keine Rolle, hier stand dem Gericht der Bürger volle Autonomie zu. Kam es dagegen zur Revision, war der Abt die alles entscheidende Person. Wirtemberg verfügte demnach im Appellations- oder Revisionsfalle 1502 über keine Möglichkeiten, ein Murrhardter Gerichtsverfahren direkt zu beeinflussen. Denn der Abt war ja – selbst wenn er ein Revisionsverfahren nicht übernehmen wollte – keineswegs gezwungen, die Appellation nur an solche Gerichte zu verweisen, die dem Herzog von Wirtemberg unterstanden. Geistliche Gerichte, von denen vor allem Würzburg und ihm unterstellte Gerichte in Frage kamen, oder weltliche Gerichte – etwa solche der Reichsstadt Hall oder der Herrschaft Limpurg – waren dem Abt ebenso zugänglich wie die Gerichte des Stuttgarter Landesherrn. Wichtiger ist insbesondere, daß keinem Murrhardter der Weg zu einem herzoglichen Gericht offenstand, wenn der Abt dies nicht wollte und selbst Recht sprach. Hier war die Landeshoheit Wirtembergs noch deutlich eingeschränkt. Appellationen an die herzoglichen Obergerichte in Tübingen und Stuttgart, die anderswo grundsätzlich möglich waren, wenn ein Urteilsspruch nicht einstimmig ergangen war, kamen in Murrhardt nach dem Stadtrecht von 1502 nur mit dem Einvernehmen des Abtes in Betracht.

Im Zuge der Reformation änderten sich 1548/1552 die Verhältnisse grundlegend[35]. Bei *den unndern gerichten* war weiterhin das Murrhardter Stadtrecht erste Instanz. In zweiter Instanz hatte man sich nun aber nicht mehr an den Abt zu wenden, sondern an das Gericht des Amtes Marbach, und in der dritten und letzten Instanz an das herzogliche Hofgericht. Der Abt war also im Zuge der Reformation um ein entscheidendes weltliches Recht ärmer geworden. Erstaunlich an der neuen Instanzenregelung ist, daß keines der unmittelbar benachbarten weltlichen Ämter, etwa Backnang oder Schorndorf, zur Revisionsinstanz für das Murrhardter Stadtgericht wurde, sondern das weiter entlegene Marbach. Vermutlich wollte man mit der Wahl des eine gute Tagesreise von Murrhardt entfernten Ortes die Lust der Murrhardter auf Revisionsverfahren zügeln. Trotzdem gab es Fälle, die bis zur letzten Instanz ausgefochten wurden, und zwar, wie es scheint, unter Auslassung der zweiten Instanz: 1559 ist ausdrücklich ein Fall überliefert, in dem ein Urteil des Murrhardter Stadtgerichts gleich vor dem Tübinger Hofgericht angefochten wurde[36].

Zweifelsfrei bezieht sich das bisher Ausgeführte auf bürgerliche Streitsachen. Bei nichtstreitigen Sachen waren Appellationen ohnehin unnötig. Ob sich die beschriebenen Kompetenzen von 1502 auch auf das Strafrecht bezogen, wird an keiner Stelle ausdrücklich gesagt. Man stößt hier auf ein Problem, das näherer Erörterung bedarf. In Wirtemberg war es üblich, Strafrechtsfälle einzig und allein vor den Stadtgerichten zu verhandeln. Appellationen bei Strafrechtsfällen gab es nicht; die Stadtgerichte waren erste und letzte Instanz. Will man für Murrhardt nicht völlig andere Verhältnisse annehmen, kann man daraus nur folgern, daß die Appellationsmöglichkeiten, wie sie im Stadtrecht von 1502 beschrieben werden, nicht für das Strafrecht, sondern nur für die bürgerlichen Streitsachen galten. Damit ist aber die Frage nach der Murrhardter Hoch- und Niedergerichtsbarkeit noch nicht beantwortet.

Hier finden sich Informationen im Lagerbuch von 1576. Eindeutig geregelt ist die Niedergerichtsbarkeit, die dem Stadtgericht zustand; allerdings wurden die angefallenen Strafgelder meist zwischen den städtischen Richtern und dem Kloster geteilt[37]. Anderswo fielen sie dem Stadtgericht ganz zu. An erster Stelle der Frevelfälle in der Niedergerichtsbarkeit stand der große Frevel: hier handelte es sich um Lüge, üble Nachrede und Körperverletzung in handgreiflichen Auseinandersetzungen. Die Strafe für den großen Frevel betrug 2 fl 10 b, die zu drei Viertel ans Kloster, zu einem Viertel ans Stadtgericht fielen. Ein kleiner Frevel, der nicht genauer definiert wird, wurde mit 20 b geahndet, die im selben Verhältnis wie beim großen Frevel zwischen Kloster und Stadt verteilt wurden. Hinsichtlich des Friedensbruchs gab es 1576 keine eigene Murrhardter Rechtsvorschrift mehr. Er war nach der Landesordnung zu strafen, die 1555 von Herzog Ulrich eingeführt worden war. Kleinere Vergehen waren der Frauenfrevel (5 b) und das kleine Unrecht (5 b), die der wirtembergische Amtmann in Murrhardt, also der Vogt, kassieren und einbehalten durfte.

35 Für 1548 liegen allerdings nur Quellen aus dem 17. Jahrhundert vor: Pflaumern 1636, S. 105–112. Dagegen besitzen wir noch die Originalquelle von 1552, nämlich die von Abt Otto Leonhard Hofsess am 25. 8. für Herzog Christoph ausgestellte Wahlurkunde (HStAS A 508, U 15; vgl. auch S. 134). Die Urkunde vom 25. 8. 1552 greift offenkundig detailliert und bis in einzelne Formulierungen auf die verlorene Urkunde von 1548 zurück. Insgesamt bestätigt die Urkunde von Hofsess die Darstellung Pflaumerns.

36 Zu 1548: Kap. IV.3b, zu 1559: Rechtsstreit des Hans Schwarz und der Maria, geb. Klenk, gegen Agnes, Veltin Klenks Wwe., wegen der Mühle in Klingen (HStAS A 206, Bü. 3897).

37 Lagerbuch 1576 (wie Anm. 25), Bl. 16a/b. Ein großer Frevel liegt vor, wenn man sich folgender Vergehen schuldig macht: ... *ligenn oder uber denn anndern vonn leder zuckhen, wundt schlagen, ainanander sonnsten mit feusten schlagen.*

Das Kloster mußte von seinen Gerichtsgefällen dem städtischen Gericht und dem Stadtknecht zu deren *verehrung* jährlich 4 fl geben. Diese Regelung scheint 1576 aber neu gewesen zu sein, da hier nach einem Befehl des Vogtes von 1575/76 verfahren werden sollte. Sonderregelungen galten für alle Verstöße, die *deß closters grundtsgerechtigkheitten, zinnß- unnd gültbaren güettern, frondiensten, zinnß unnd gültenn oder anndern einkhommens wegen* bestanden. Hier durfte das Kloster alle Straf- und Bußgelder einstreichen. Bei Feld- und Waldrügen fielen zwei Drittel der Bußgelder ans Kloster und ein Drittel an den, der gerügt, also angezeigt hatte. Damit ist zwar die niedere Gerichtsbarkeit hinreichend definiert, über die hohe Gerichtsbarkeit wird indessen nichts ausgesagt. Diesbezüglich heißt es 1576 nur, daß die hohe Gerichtsbarkeit bei Wirtemberg liege. Über formelhafte Redewendungen hinaus sind aber keine weiteren Einzelheiten angeführt[38]. Allgemein nimmt man an, daß einem Kloster die Hochgerichtsbarkeit nicht zustand. Im außerwirtembergischen Kloster Komburg wurden die Hochgerichtsfälle von der Reichsstadt Schwäbisch Hall und Limpurg verhandelt. Die Verhältnisse der innerwirtembergischen Klöster sind dagegen schlecht erforscht. Es gilt die Regel, daß die Hochgerichtsbarkeit von den Gerichten benachbarter weltlicher Ämter wahrgenommen wurde. Für das Klosteramt Alpirsbach übten abwechselnd die weltlichen Ämter Sulz, Dornhan und Dornstetten die Hochgerichtsbarkeit aus, für das Klosteramt Adelberg das weltliche Amt Schorndorf. Auch im Falle Murrhardts soll ein benachbarter Vogt die Strafverfolgung bei Hochgerichtsfällen übernommen haben, nämlich der Vogt des Amtes Marbach. Allerdings soll diese Regelung erst gegen Ende der katholischen Zeit, im Jahre 1548, eingeführt worden sein[39]. Vorher, so heißt es in einer jedoch nicht unproblematischen Quelle aus dem 17. Jahrhundert, sei die Hochgerichtsbarkeit dem Kloster zugestanden. In der Tat läßt sich für das Jahr 1552 nachweisen und für 1548 wahrscheinlich machen, daß *in malefiz sachen,* also in Fällen, die in die Kompetenz der hohen Gerichtsbarkeit fielen, die Murrhardter *zu Marppach oder in andern würtembergischen halßgerichten... verrechnet* werden sollten[40].

Ist es zutreffend, daß vor 1548 die Hochgerichtsbarkeit dem Kloster zugestanden hat? Hier gilt es zu berücksichtigen, daß die oben genannten Klosterämter von Murrhardt in einem entscheidenden Punkt abwichen: Sie hatten, wie alle anderen Klosterämter mit Ausnahme Murrhardts, keine Stadt in ihrem Gebiet. Die Tatsache, daß Murrhardt aber ein Kloster war, das über eine Stadt verfügte, macht die Verhältnisse bezüglich des Hochgerichts komplizierter, denn Städten und ihren Gerichten stand die Hochgerichtsbarkeit zu. Es gibt in weiteren substantiellen Details Unterschiede zwischen Murrhardt und den anderen Klosterämtern. Im Falle von Alpirsbach war es beispielsweise üblich, Todesurteile grundsätzlich außerhalb des Klosteramtes im Amt Dornstetten zu vollstrecken. Für Murrhardt aber ist ein Hochgericht,

38 Ebd., Bl. 2a. Wirtemberg war des Klosters *lanndtsfürst, patron, castvogt, erb-, schuz- unnd schürmherr, ...rechter unnd ainiger herr zu Murrhardt der statt* und hatte innerhalb der Murrhardter Markung den (Gerichts-)*staab, alle gebott und verbot, daß gelaidt, ...die ober und herrligkeit, gericht, zwang, groß unnd klein frevel, onnrecht, straffen, rüegungen unnd buossen.*

39 Vgl. zum Vorhergehenden – außer der in Anm. 34 genannten Literatur – Jooss 1971, S. 119f. Zur Murrhardter Hochgerichtsbarkeit Pflaumern 1636, S. 105, 107, 112, zusammengefaßt unter der falschen Identifizierung Pflaumerns als Besold in OAB Backnang, S. 243. Man wirft Pflaumern allgemein prokatholische Tendenz vor. Er habe den 1636 amtierenden katholischen Prälaten von Murrhardt durch historische Entstellungen, die die Position des Abtes aufwerteten, gegen die Ansprüche des evangelischen Landesherrn unterstützen wollen.

40 HStAS A 508, U 15, vgl. auch oben Anm. 35.

also eine Hinrichtungsstätte, ausdrücklich nachgewiesen[41]. Man scheint die Verhältnisse anderer Klosterämter also nicht auf Murrhardt übertragen zu dürfen; es muß vielmehr davon ausgegangen werden, daß vor 1548 das Murrhardter Stadtgericht tatsächlich hochgerichtliche Kompetenzen hatte.

Bei der engen Verbindung von Stadt und Kloster und insbesondere bei der großen Abhängigkeit der Stadt vom Kloster stellt sich immer noch die Frage, ob dem Kloster damit nicht eine faktische Hochgerichtsbarkeit zukam. Selbstverständlich hat nie der Abt oder einer seiner Mönche durch persönliche Anwesenheit in eine Gerichtsverhandlung eingegriffen; das tat wohl immer der Vogt beziehungsweise der Schultheiß. Das Kloster hätte aber auf indirekte Weise sehr massiv in ein Gerichtsverfahren eingreifen können, wenn ihm das Recht der Gerichtsbesetzung zugekommen wäre. Auch zu diesem wichtigen Punkt verfügen wir nur über unklare Informationen. In der bereits erwähnten Quelle aus dem 17. Jahrhundert heißt es, der Abt habe die zwölf Murrhardter Richter mit Leuten seiner Wahl besetzen dürfen, und nur mit seiner Erlaubnis sei das Gericht zusammengetreten. Tatsächlich war dies während des Dreißigjährigen Krieges seit 1636, als der Katholizismus die Oberhand gewann, üblich[42], ob aber dieses Verfahren in die vorreformatorische Zeit verlegt werden darf, bleibt fraglich. Die Art und Weise, wie die Grafen von Löwenstein Ende des 14. und die Grafen von Wirtemberg Ende des 15. Jahrhunderts mit dem Kloster umgegangen sind, spricht eher gegen die Gerichtsbesetzung durch den Abt. Letztlich muß man sich mit einer freilich unbefriedigenden Zusammenfassung bescheiden: Das Murrhardter Stadtgericht übte bis 1548 die Hochgerichtsbarkeit aus. Wer indes das Gericht besetzen durfte, der Abt oder der wirtembergische Landesherr, läßt sich nicht entscheiden. In nachreformatorischer Zeit scheint die Gerichtsbesetzung auf dem für Wirtemberg üblichen Wege erfolgt zu sein, wonach jedes Jahr alle Richter vom Amt zurücktraten. Der wirtembergische Vogt ernannte dann den ersten Richter, dieser den zweiten, die beiden gemeinsam den dritten usw.

Eine gewisse Beachtung verdient die Stellung des Murrhardter Stadtgerichts innerhalb des Amtes. In einem wirtembergischen Amt war es die Regel, daß das Gericht der Amtsstadt in bürgerlichen Streitsachen Appellationsinstanz für die Dorfgerichte des Amts war[43]. Im engeren Amt Murrhardt gab es jedoch keine selbständigen Dörfer mit eigenem Gericht. Erste Instanz war also von vornherein das Stadtgericht, zweite Instanz war bis 1548/52 der Abt, und er konnte, wenn er dies wollte, auch letzte Instanz sein. Einen gewissen Sonderfall bildete lediglich Ottendorf, das als Außenbesitzung ein weitgehend von Murrhardt besetztes Dorfgericht besaß und das der auf Murrhardter Rechten basierenden wirtembergischen Landeshoheit unterstand. 1523 wurde nochmals bestätigt, daß Murrhardt das Ottendorfer Gericht zu zwei Dritteln, Limpurg es zu einem Drittel zu besetzen hatte. Weitere Einzelheiten des damals ausgehandelten Vergleichs interessieren in diesem Zusammenhang nicht. Es bedürfte noch einer detaillierten Untersuchung, um festzustellen, inwieweit das Ottendorfer Dorfgericht vom Murrhardter Stadtgericht abhängig war. Für die Zeit bis zum 16. Jahrhundert fehlen Aussagen, ob das Murrhardter Stadtgericht Revisionsinstanz für das Ottendorfer Dorfgericht war. Hinsichtlich der Blutgerichtsbarkeit unterstand

41 Flur Galgen hinter der heutigen Jugendherberge an der Markungsgrenze zu Siegelsberg; nicht erwähnt bei Braun 1956.

42 Fritz 1929, S. 69. Vgl. auch die Anm. 37.

43 Insbesondere Grube 1975, S. 21 f.

Ottendorf Ende des 16. Jahrhunderts abwechselnd den Schenken von Limpurg und den Herzögen von Wirtemberg – in deren Eigenschaft als Murrhardter Vögte[44].

Leibeigenschaft[45]

Die Murrhardter Bürger waren in der Regel Leibeigene des Klosters. Dieser Zustand galt 1576 *von alter her,* ist also in frühe Zeiten zurückzudatieren, in seinen Grundzügen wohl bis weit vor 1290. Die Leibeigenschaft wurde in weiblicher Linie weitervererbt: Alle Kinder einer in der Stadt oder Vorstadt ansässigen Bürgerin waren Leibeigene des Klosters, es sei denn, die Bürgerin war Leibeigene eines anderen Herrn. Frauen, die von auswärts in die Stadt gezogen waren und niemandem leibeigen waren, blieben frei. Sogar ihre mitgebrachten oder in Murrhardt geborenen Kinder wurden *nit gleich des closters leibeigen.* Erst wenn die Töchter der zugezogenen Frau in Stadt oder Amt Murrhardt heirateten, wurden deren Kinder – also die Enkel der Zugezogenen – Leibeigene des Klosters. Zugezogene Frauen, die Leibeigene fremder Herren waren, blieben mit ihren Kindern Leibeigene jener Herren. Die Bürgerschaft Murrhardts setzte sich also zum überwiegenden Teil aus Leibeigenen des Klosters, zum geringen Teil aus Leibeigenen auswärtiger Herren und aus einzelnen Freien zusammen[46].

Zwar galt somit in Murrhardt das Schlagwort von der Stadtluft, die frei mache, im juristischen Sinne gewiß nicht, aber faktisch war die Leibeigenschaft der Murrhardter Bürger eine Worthülse fast ohne Bedeutung und Inhalt, die Murrhardter Einwohner waren also durchaus frei: Denn die Bürger in Stadt und Vorstadt waren ausdrücklich von beinahe allen Leistungen und Abgaben befreit, die ansonsten das Wesen der Leibeigenschaft ausmachten. Männer mußten nicht die zur Leibeigenschaft gehörige Mannsteuer zahlen und die Frauen keine jährliche Leibhenne entrichten. Ausdrücklich waren die Bürger im Falle des Todes auch von der Hauptrechtsabgabe befreit. Nur in einem Punkt machte sich die Leibeigenschaft bemerkbar: Alle Vergünstigungen galten lediglich, solange man in Stadt oder Vorstadt lebte. Zog ein Murrhardter in einen der Flecken des Amts oder nach außerhalb des Amts, so mußte er so lange Mannsteuer oder Leibhenne und das Hauptrecht leisten, bis er sich wieder in der Stadt niederließ. Folglich waren die Bewohner der Weiler und Flecken, die zwar zum Amt, nicht aber zur Stadt Murrhardt gehörten, wesentlich schlechter gestellt als die Stadtbürger. Die Einwohner der Flecken waren nicht nur juristisch, sondern auch faktisch der Leibeigenschaft und ihren Lasten unterworfen: Jeder männliche Einwohner hatte Mannsteuer zu entrichten, außerdem war im Falle seines Todes *dem closter das besst hauptvich zu hauptrecht verfallenn,* jede weibliche Einwohnerin mußte jährlich eine Leibhenne zahlen, im Falle ihres Todes kassierte das Kloster *ir bests claid.* Die Hauptrechtsabgabe, die jeweils mit dem Verlust des besten Stücks Vieh oder des besten Kleids verbunden war, muß für die Leibeigenen sehr unangenehm gewesen sein. Namentlich kleinere Bauernhöfe hatten am Verlust eines Stücks

44 Vgl. dazu S. 224 ff.

45 Lagerbuch 1576 (wie Anm. 25), Bl. 17a–18b. Vollständiger Wortlaut der dortigen Kapitelüberschrift: *Hauptrecht unnd fell, vonn ußleutten, auch eingesessenen leibeigenen leutten, mansteuren unnd leibhennen in gemain betreffendt.*

46 In anderen Gegenden Deutschlands mußte die Leibeigenschaft von beiden Eltern herrühren, manchmal genügte auch nur der Vater, um die Kinder leibeigen werden zu lassen. »Einige Regelungen sahen vor, daß die Töchter der Mutter und die Söhne dem Vater folgten.« (F.-W. Henning, Leibeigenschaft. In: HRG 2, Sp. 1761–1772). Von den Freien in Murrhardt lassen sich nur wenige identifizieren, beispielsweise der in den zwanziger Jahren des 16. Jahrhunderts in Murrhardt lebende Junker Ludwig von Lomersheim. Vgl. zu ihm unten S. 209.

Vieh beim Tod des jeweiligen Bauern schwer zu tragen. Das Hauptrecht schlug um so mehr zu Buche, als die überwiegende Zahl der Bauern ihre Güter vom Kloster zu Lehen trug. Zusätzlich zum Hauptrecht hatten sie bei einem Todesfall dann auch noch Weglöse und Handlohn zu zahlen. Das Hauptrecht war auch von denjenigen ehemaligen Stadtbürgern zu leisten, die sich auf den Flecken niedergelassen hatten. Man sollte demnach annehmen, daß es in hohem Maße attraktiv gewesen wäre, in der Stadt zu wohnen. Merkwürdigerweise ist aber von einem Drang in die Stadt in den Quellen nichts zu bemerken. Man muß außerdem feststellen, daß die Hauptrechtsabgabe die Einwohner des Amtes Murrhardt nicht ärmer gemacht hat als die Stadtbewohner. Die Vermögensmittelwerte von Stadt und Amt sind praktisch gleich. Auch der Rechtsstatus der Murrhardter Bürger als Leibeigene ist nicht so ungewöhnlich, wie er auf den ersten Blick wirken mag. Für wirtembergische Städte war es die Regel, daß die Bürger Leibeigene waren – allerdings im Normalfall Leibeigene Wirtembergs, nicht klösterliche Leibeigene wie in Murrhardt[47].

Besondere Abgaben und Vergünstigungen der Stadtbürger:
Rauchgelt oder feurzoll[48] *und Martinswein.*
Oder: Die gegenseitige Verbundenheit von Herrschaft und Untertanen

Angesichts der erheblichen Vorteile, die das Wohnen in der Stadt mit sich brachte, war eine spezielle Steuer, die die Stadtbürger betraf, von der die Einwohner der Weiler aber verschont blieben, leicht zu ertragen. Das Kloster bezog jedes Jahr zu Martini (11. November) von jedem *ehegemecht,* also von jedem Haushalt, in Stadt oder Vorstadt einen Kreuzer. Diese Steuer wurde als Rauchgeld oder Feuerzoll bezeichnet. Rauch oder Feuer steht hier stellvertretend für den gesamten Haushalt. Von der Haushaltssteuer des Rauchgeldes waren die Torwächter, die Hirten und die Bedürftigen *(die ihenigen, so das allmusen empfahenn)* sowie das gesamte Klostergesinde befreit.

Im Zusammenhang mit dem Rauchgeld ist noch 1576 in Murrhardt eine bemerkenswerte Erscheinung festzustellen, die zeigt, daß in einem Feudalsystem die Leistungen keineswegs nur in einer Richtung, vom Untertan zum Herrn, flossen. Das Kloster reichte als Gegenleistung für das Rauchgeld jedem *ehegemecht* zum Martinstag ein Maß Wein. Der Wein war auch jenen zu erstatten, die aus den genannten Gründen von der Zahlung des Feuerzolls entbunden waren. 1576 hatten sich die Murrhardter beschwert, daß das Kloster den Martinswein *etlich iarlang nit mehr* gereicht habe, und verweigerte deshalb die Zahlung des Rauchgeldes. Der als Schiedsrichter angerufene Herzog Ludwig legte daher 1577 fest, daß das Kloster wieder den Wein zu geben, die Bürger aber den Feuerzoll zu zahlen hätten, *weil es ein allter prauch und herkhommen.* Der Brauch des Martinsweins muß, weil man ihn vor 1576 lange Zeit abgeschafft hatte, der nüchtern gewordenen Vorstellungswelt der Juristen und Verwaltungsfachleute des 16. Jahrhunderts überflüssig und altertümlich vorgekommen sein. Seine Entstehung datiert auf jeden Fall in eine Zeit, die etliche Jahrhunderte zurücklag, mindestens ins Hochmittelalter, vielleicht sogar ins Frühmittelalter und somit in eine Zeit, in der Murrhardt noch gar nicht existierte. Tatsächlich trägt der Martinswein archaische Züge: Hier sorgte der Herr – das Kloster – in patriarchalischer Manier für das leibliche Wohlergehen seiner unmittelbar benachbarten Hintersassen. Es mag sich ursprünglich wohl um ein Fest-

47 Dazu allgemein Herding 1952, S. 175, für den Einzelfall Leonbergs Trugenberger 1984, S. 9f.
48 Lagerbuch 1576 (wie Anm. 25), Bl. 19a–20a.

mahl oder Trinkgelage gehandelt haben, zu dem der Abt seine Untertanen einlud; erst später wurde es dann durch die mehr Distanz wahrende Abgabe von Wein an die Untertanen ersetzt. Es ist übrigens bemerkenswert, daß der Martinswein an genau dem Tag gereicht wurde, an dem die Murrhardter dem Kloster einen großen Teil ihrer Abgaben zu entrichten hatten. Die meisten Zehnten und Zinsen waren am 11. November fällig, und bei diesem Termin waren die Untertanen ohnehin im Kloster anwesend.

Der Zusammenhang zwischen Rauchgeld und Martinswein läßt noch weitere Rückschlüsse zu. In früherer Zeit – vermutlich als man beide Bräuche eingeführt hat – müssen Rauchgeld und Martinswein in einem angemessenen Verhältnis zueinander gestanden haben, auf den das Rauchgeld festgesetzt war. Es läßt sich in den Quellen aber gar nicht fassen, wann ein Maß Wein diesen geringen Preis kostete; dies muß sehr weit zurückliegen. Vergleichszahlen liegen aus Schwäbisch Hall vor: Dort kostete beispielsweise bereits 1416/17 eine Kanne Wein, die wohl ein Maß faßte, 1 ß 11½ h, 1517 schon 3 ß, also das Vielfache eines Kreuzers[49]. Mit anderen Worten: der eine Kreuzer war 1576 und schon viele Jahrhunderte zuvor längst nicht mehr kostendeckend, der Martinswein für das Kloster damit ein defizitäres Geschäft. Es lag deshalb nahe, daß man von seiten des Klosters den Martinswein vor 1576 stillschweigend hatte abschaffen wollen.

Zehntabgaben der Murrhardter Bürger

Die Zehnten, die die Murrhardter Bürger zu leisten hatten, lagen im Unterschied zum Martinswein eher im Rahmen dessen, was im 16. Jahrhundert üblich war[50]. Auch auf diesem Gebiet wird die überragende Bedeutung des Klosters klar. Den Fruchtzehnt oder großen Zehnt, der von *weizen, rockhen, dinckhel, habern, gerssten, emer, haidenkorn unnd allem andern, waß der halm tregt,* genommen wurde, hatten die Bürger ganz ans Kloster zu entrichten, und zwar in der üblichen Art: Nach der Ernte war auf dem Feld jeweils die zehnte Garbe ans Kloster abzuliefern[51]. Weiterhin ging der Weinzehnt von dem auf Murrhardter Markung angepflanzten Wein ans Kloster. Es beanspruchte ferner vom Druck und Vorlaß der Murrhardter Kelter ein Zehntel des neugepreßten, lauteren Weins für sich – allerdings sind die 1576 überlieferten Bestimmungen in sich widersprüchlich[52]: Denn während einmal nachdrücklich die Erhebung des Zehntels frischgepreßten Weins unterstrichen wird, heißt es an anderer Stelle, daß 1576 nur wenige Weingärten in Murrhardt existiert hätten, und diese seien erst unter Vogt Jakob Hofsess am Hofberg angelegt worden. Das ebenfalls zu Hofsess' Zeiten im Kloster eingerichtete *kelterlin* wurde von den wenigen Weingärtnern selbst betrieben; einen klösterlichen Kelterknecht, der eine Kelterweinabgabe gerechtfertigt hätte, gab es nicht; deshalb, so die Quelle, werde auch kein Kelterwein gefordert. Es scheint, daß der Anspruch auf das Zehntel neugepreßten, lauteren Weins formelhaft ist. Sie mag der Vollständigkeit halber einfach vom herzoglichen Renovator Liesch 1576 ins Lagerbuch aufgenommen worden sein, noch bevor er die örtlichen Verhältnisse in Murrhardt genau kannte; nachdem er die

49 StadtASHA StR 4 von 1416/17 und StR 364 von 1517.

50 Vgl. etwa zu den Zehnten in Oberrot: Fritz 1985-I, S. 45 ff.

51 1576 gab es hier einen gewissen Konflikt: Die Bürger wollten von neu angelegten Gärten und Ettern keinen Fruchtzehnt entrichten. Herzog Ludwig ordnete aber 1577 an, daß dieser doch zu leisten sei. Vgl. Lagerbuch von 1576 (wie Anm. 25), Bl. 21b.

52 Die pauschale Bestimmung, das Kloster dürfe den Weinzehnt einziehen, ebd., Bl. 22a. Die gegenteilige Position Bl. 64a/b.

Verhältnisse erfragt hatte, ließ er sie hinten ins Lagerbuch eintragen. Wie dem auch sei, ob das Kloster nun den Weinzehnt erhielt oder nicht, von nennenswertem Umfang war er jedenfalls nicht.

Dem Kloster gehörte auch vollständig der Heuzehnt, der von Wiesen, Mahden, Reuten und Lichtungen *(wisenn, mödern, rüeth unnd holtzwisenn)* zu entrichten war[53]. Dagegen waren alle Gras- und Baumgärten sowie die eingezäunten Ettergärten von alters her vom Heuzehnt frei; auch einige wenige Tagwerke eigens genannter Wiesen mußten keinen Heuzehnt entrichten. Der Heuzehnt wurde vom getrockneten und aufgehäuften Heu auf den Feldern genommen und war in den Fruchtkasten des Klosters abzuliefern. Auch der kleine Zehnt *(erbsen, leinsen, bonen, rüeben, obs, hanff und flachs)* stand dem Kloster zu; zehntfrei waren seit jeher Kraut und Setzlinge. Der lebendige Zehnt – er lastete auf den Tieren – wurde 1574 von Herzog Ludwig aufgehoben[54]. Zuvor galt die Bestimmung, daß das Kloster als Gegenleistung für den lebendigen Zehnt Hammel und Eber für Stadt und Amt Murrhardt halten mußte[55].

Getränkesteuern: Ungeld und Täfergeld[56]

Eine wesentlich größere Rolle als der unklare Weinzehnt spielte die Steuer, die beim Ausschank von alkoholischen Getränken – Bier und Wein – in Murrhardt anfiel. Auch wenn der Weinbau am Ort unbedeutend war, so wurde in den Wirtschaften der Stadt doch viel Wein ausgeschenkt, der von auswärts kam. Auf ihn und auf das in dem entsprechenden Kapitel des Lagerbuches viel seltener erwähnte Bier erhob das Kloster eine durchaus ins Gewicht fallende Abgabe[57]. Von jedem in Murrhardt ausgeschenkten Eimer Landeich (267,2 l)[58] mußten 8 Maß (13,36 l) als Ungeld je zur Hälfte ans Kloster und an die Stadt abgeführt werden. Allerdings war die Beteiligung der Stadt am Ungeld vergleichsweise jüngeren Datums: Erst unter Abt Oswald Binder (1511–1527) hatte das Kloster der Stadt die Hälfte des Ungeldes im Tausch gegen die fischrechtliche Nutzung des Stadtgrabens abgetreten. Zuvor war das Ungeld ganz ans Kloster gefallen[59]. Normalerweise wurde das Ungeld vierteljährlich mit den Wirten

53 Ebd., Bl. 23a–24a.

54 Zum kleinen Zehnt ebd., Bl. 25b/b; zur Aufhebung des lebendigen Zehnts 1574 ebd., Bl. 26a–27b.

55 In Orten außerhalb Wirtembergs, wo das Kloster den lebendigen Zehnt innehatte, wurde dieser 1574 nicht aufgegeben; vgl. ebd.

56 Nach den zahlreichen Zehntabgaben folgen im Lagerbuch von 1576 auf den Bll. 27a–63b umfangreiche Beschreibungen des klostereigenen Grundbesitzes auf Murrhardter Markung. All dies kann hier außer Betracht bleiben. Erst auf Bl. 64a setzt wieder die Beschreibung der Rechtsverhältnisse des Klosters und der Stadt ein.

57 Ebd., Bl. 65a–66b.

58 Dazu Spiegler 1977, S. 50. In Murrhardt galten wie in ganz Wirtemberg seit 1557 die einheitlichen Maße der *Gemeinen Land-Maaß und Eichordnung* Herzog Christophs. Die oben genannten Zahlen sind nach dem sogenannten Schenkeich bemessen.

59 Die Abtretung des halben Ungelds an die Stadt im Tausch gegen die Nutzung der Fischrechte im Stadtgraben unter Abt Oswald Binder ist an einer ganz unerwarteten Stelle überliefert: als 1599 und 1602 die Stadt Murrhardt beim Herzog die Abhaltung eines ständigen Wochenmarktes beantragte, ließ der Herzog u. a. auch klären, weshalb in Murrhardt – anders als in Backnang – das Ungeld nicht ganz, sondern nur halb ans Kloster und somit an den Staat falle. Die Backnanger, denen die Entstehung eines Wochenmarktes in Murrhardt sehr unlieb war, versuchten mit diesem Argument die Murrhardter beim Herzog anzuschwärzen. Abt Johannes Hummel ließ deshalb 1602 den ehemaligen Abt Otto Leonhard Hofsess befragen, wie es zu der Murrhardter Ungeldteilung gekommen war. Hofsess berichtete, er wisse Näheres von seinem Vater, dem Vogt Jakob Hofsess, der ihm die Geschichte von Abt Binder erzählt habe

abgerechnet. Belief sich die Ungeldsumme jedoch auf mehr als 10 Batzen, dann war öfter zu bilanzieren. Ermittelte man aber häufiger als festgelegt die Höhe des Ungelds, erhielt der Wirt für je 10 b 2 x Skonto zurückerstattet. Um sogar 4 x verminderte sich das Ungeld, wenn es nicht in Naturalien, sondern im entsprechenden Geldwert abgeliefert wurde. Der Grund hierfür liegt auf der Hand: Es war dem Kloster und der Stadt wohl nicht immer ohne weiteres möglich, die anfallenden Mengen an Wein oder Bier zu lagern. Zahlte ein Wirt bar, entfielen die Lagerprobleme und die damit verbundenen Kosten.

Fiel das Ungeld – ob in bar oder in natura – seit Abt Oswald an Kloster und Stadt gemeinsam, so hatte die Stadt in anderen Bereichen des Schank- und Wirtschaftswesens weiterhin nichts zu bestimmen. Das Kloster hatte allein die Befugnis, die Schankerlaubnis an einen Bürger zu erteilen. Die Schankerlaubnis belief sich auf mindestens ein Jahr, offenbar um zu verhindern, daß unqualifizierte und somit für das Kloster wirtschaftlich wenig interessante Wirte Wein und Bier ausschenkten. Wer vorher seinen Ausschank aufgab, mußte die sehr hohe Strafe von 10 fl zahlen. Erschwert wurde der Ausschank durch ein weiteres Privileg des Klosters: Dort fielen alljährlich erhebliche Mengen an Wein an – fast ausnahmslos von den Klosterbesitzungen außerhalb Murrhardts –, von denen das Kloster pro Jahr 3 Fuder (4810 l) ausschenken durfte. Diesen sogenannten Bannwein mußten die Murrhardter Wirte im Auftrag des Klosters feilbieten. Solange der Bannwein nicht verkauft war, machten die Wirte mit ihrem eigenen Wein kein Geschäft, denn der Bannwein war – da das Kloster auf ihn kein Ungeld schlug – billiger als der herkömmliche Wein. Als kleine Gegenleistung für den Vertrieb des Bannweins erhielt jeder Wirt je verkauftem Eimer (267,2 l) Bannwein vom Kloster 8 ß als Lohn.

Die Murrhardter Ungeldbestimmungen von 1576 weisen ältere und jüngere Bestandteile auf. Relativ jung war gewiß die Möglichkeit, einzelne Leistungen in bar zu begleichen, ebenso die Rabatt- beziehungsweise Skonto-Verrechnungen und die Beteiligung der Stadt am Ungeld. Auf frühere Zeiten gingen wohl nicht nur all jene Regelungen zurück, die unmittelbar mit dem Naturalientausch und den Verkaufsdiensten für den Bannwein zusammenhingen, sondern auch die Tatsache, daß alle entscheidenden Schankrechte vom Kloster ausgingen. Schankrecht war ein Hoheitsrecht, und dieses datiert eindeutig in die vorstädtische Zeit vor 1290. In der Praxis gelang es den Murrhardter Wirten freilich oft, das Kloster zu übervorteilen. Das Problem lag darin, daß sich schlecht überprüfen ließ, wieviel Bier oder Wein tatsächlich ausgeschenkt wurde. Nach dem Ende des Murrhardter Bürgeraufstands 1565 setzte man deshalb eine Regelung in Kraft, die genau bestimmte, daß jeder Weinkauf durch den Wirt beim Abt anzuzeigen sei. Eine klösterliche Schätzkommission hatte den Wein dann zu schätzen, so daß das Ungeld vorherberechnet werden konnte. Mit einer Fülle von Detailbestimmungen sollte die Überwachung der Wirte vervollständigt werden; unter anderem mußten die Wirte den Einkaufspreis ihres Weines beim Kloster melden und durften immer

(HStAS A 206, Bü. 3899). – Übrigens ist die Abtretung der Fischnutzungsrechte von der Stadt ans Kloster wohl ein entscheidendes Element beim Entstehen des Murrhardter Bürgeraufstands von 1564/65: Damals hatte sich das hartnäckige Gerücht verbreitet, die Bürger hätten in früheren Zeiten mehr Fischrechte gehabt, die dann vom Kloster an sich gerissen worden seien. Wahrscheinlich erinnerten sich 1564/65 noch einige Bürger an die alten Fischrechte im Stadtgraben, kannten aber nicht mehr die Einzelheiten. Damit wird ein neues Licht auf die Ursachen des Bürgeraufstands geworfen. Vgl. dazu Fritz 1983-I.

nur ein Faß angestochen haben[60]. Ob mit diesen Maßnahmen der Findigkeit der Wirte auf Dauer ein Riegel vorgeschoben war, bleibt zweifelhaft.

Regelungen des Bürgerrechts und der Freizügigkeit[61]

In die Stadt Murrhardt durfte jeder ziehen, also auch ein nichtwirtembergischer Untertan und ein Leibeigener jeder beliebigen Herrschaft. Der Erwerb des Murrhardter Bürgerrechts war einfach: Man zahlte 2 fl, die je zur Hälfte an Stadt und Kloster fielen. Eine eventuell bestehende Leibeigenschaft wurde vom Erwerb des Bürgerrechts nicht berührt. Ebenso mußte man 2 fl zahlen, wenn man aus dem Herzogtum Wirtemberg fortzog. Wegzüge innerhalb des Amtes Murrhardt waren kostenlos, bedurften aber klösterlicher Erlaubnis. Grundsätzlich durfte kein Murrhardter am Verlassen der Stadt und des Amts gehindert werden, hier galten ausdrücklich die Regelungen des Tübinger Vertrags von 1514, in dem das Recht des freien Zugs allen wirtembergischen Untertanen zugebilligt worden war. Für die wirtembergischen Klosterämter, also auch für Murrhardt, galten die Bestimmungen des Tübinger Vertrags uneingeschränkt freilich erst seit den Landtagen Herzog Christophs 1551[62]. Im Detail sind diese Regelungen sicher nicht bis zur Gründung der Stadt zurückzuverlegen, denn sie setzen die Existenz eines geschlossenen wirtembergischen Territorialstaates und die feste Einbindung des Klosters Murrhardt in denselben voraus. In der 1576 überlieferten Form können die Bestimmungen also erst seit der zweiten Hälfte des 15. Jahrhunderts gegolten haben. Die Substanz der Bürgerrechtsregelung dagegen ist unzweifelhaft älter: Man konnte sich um einen gewissen Geldbetrag wohl schon immer das Murrhardter Bürgerrecht erwerben und mußte, falls man es aufgab, denselben Betrag leisten. Wie das Problem der Freizügigkeit vor der Inkraftsetzung des Tübinger Vertrags 1551 in Murrhardt geregelt war, entzieht sich unserer Kenntnis; es ist aber bekannt, daß bei den Überwachungsmitteln der damaligen Zeit ein Untertan schlechterdings kaum am Verlassen und Fortzug gehindert werden konnte.

Erbrecht[63]

Die spärliche Überlieferung des Murrhardter Stadtarchivs enthält im Rahmen des Stadtrechts von 1502 ausführliche Regelungen des lokalen Erbrechts. Die erste Bestimmung betrifft das Erbrecht der Enkel gegenüber ihren Großeltern *(altuetter und altmütter)* und beinhaltet, daß die Enkel zusammen mit anderen Kindern erben sollten. Das ist folgendermaßen zu verstehen: Wenn die Eltern gewisser Kinder vor den Großeltern gestorben waren, so hatten deren Enkel beim Tod der Großeltern dieselben Erbansprüche an das großelterliche Erbe wie eventuell noch vorhandene weitere Kinder der Großeltern (also Onkel oder Tanten der verwaisten Enkel). Anscheinend war diese Ordnung 1502 neu eingeführt worden, denn es heißt, daß alle Erbfälle vor diesem Jahr davon nicht berührt würden. Ob Enkel allerdings vor 1502 eher benachteiligt waren, läßt sich nicht sagen. Neu festgesetzt wurde 1502 auch folgender Fall: Starb einer von zwei Eheleuten *(wann die handt zwuschen eelutten gebrochenn wurt)* und

60 Die Urkunde Herzog Christophs vom 12. April 1565 befindet sich im Original im Stadtarchiv Murrhardt (ohne Signatur), in Abschrift im Lagerbuch 1576 (wie Anm. 25), Bl. 72a.

61 Ebd., Bl 74a–75a zur Freizügigkeit, 76a/b zum Bürgerrecht.

62 Ebd. Ein ebd. erwähnter Landtag von 1565 hatte den Tübinger Vertrag allerdings dahingehend ergänzt, daß mit nichtwirtembergischen Herrschaften erbrechtliche Probleme der Abziehenden geklärt werden sollten. Vgl. zum Tübinger Vertrag für Klosteruntertanen Grube 1957, S. 200.

63 Stadtarchiv Murrhardt, ohne Signatur; vgl. Einwohnerliste.

blieben unmündige Kinder zurück, so sollte, wenn der überlebende Elternteil sich wieder verheiraten wollte, die Angelegenheit grundsätzlich vor den Amtmann – also wohl den Schultheiß – und das Gericht von Murrhardt gebracht werden. Amtmann und Gericht sollten die Erbmodalitäten klären. Wurden – das ist der dritte Fall – eheliche Kinder von Vater und Mutter ausgesteuert, waren darüber hinaus aber auch noch unausgesteuerte eheliche Kinder vorhanden, dann sollte im Erbfall das noch verbleibende Erbe so verteilt werden, daß die unausgesteuerten Kinder ebensoviel erhielten wie die bereits ausgesteuerten. Sollte das noch verbleibende Erbe aber zu klein sein, so waren die bereits ausgesteuerten Kinder den nicht ausgesteuerten Kindern nichts schuldig. Vermutlich blieb das Murrhardter Erbrecht auch nach den Rechtsvereinheitlichungen in Wirtemberg unter Herzog Christoph in den fünfziger Jahren des 16. Jahrhunderts in Kraft. Die Tatsache, daß das Stadtrecht von 1502 noch nach dem Bürgeraufstand von 1564/65 und der Rechtsneufestsetzung des Herzogs von 1565 Geltung besaß, deutet darauf hin.

Das Stadtrecht von 1502 war ausdrücklich ein *new stattrecht.* Als Rechtsneufestsetzung steht es in der damaligen Zeit nicht isoliert; das gilt insbesondere für die erbrechtlichen Bestimmungen von 1502. In den Jahren um 1500 wurden die Stadtrechte zahlreicher wirtembergischer Gemeinden neu festgelegt: so 1492 in Stuttgart, 1493 in Tübingen, 1499 in Weilheim, 1510 in Asperg und zu nicht genau bestimmbaren Terminen Urach, Markgröningen, Bottwar, Kirchheim u. T., Böblingen, Sindelfingen, Leonberg, Herrenberg und Sulz[64]. Die neuen Rechtsbestimmungen scheinen stark beeinflußt von der Nürnberger Stadtrechtsreformation von 1479, die Graf Eberhard im Bart kennengelernt hatte, als er für Nürnberg 1491/92 als Schlichter in verschiedenen Streitigkeiten tätig war. Außerdem sind diese Stadtrechte maßgeblich vom Einfluß römischer Rechtselemente in den deutschen Rechtsbrauch während der gesamten zweiten Hälfte des 15. Jahrhunderts geprägt. Beim 1502 aus Murrhardt überlieferten Erbrecht tritt dies besonders deutlich zutage: Nach altem germanisch-deutschem Rechtsverständnis waren Kindeskinder vom Erbe ausgeschlossen, wenn noch Geschwister der Kinder – also Onkel oder Tanten der Kindeskinder – lebten. In Wirtemberg war das Erbrecht der Kindeskinder erstmals 1477 eingeführt worden, doch dauerte es Jahrzehnte, bis sich diese Regelung in den einzelnen Städten Wirtembergs allgemein durchsetzte. In der Regel war das erst bei den neuen Stadtrechten seit den neunziger Jahren des 15. Jahrhunderts der Fall[65].

Rechtsverhältnisse des Murrhardter Handwerks: Die Metzlerordnung von 1522[66]

Die Rechtsverhältnisse des Murrhardter Handwerks sind in den Quellen mit einer Ausnahme überhaupt nicht überliefert. Nur über die Murrhardter Metzger läßt sich Näheres aussagen, und auch dies ist nur möglich, weil die Metzlerordnung von 1522 zufällig auf den Gegenblättern des Hefts stand, auf dem das Stadtrecht von 1502 niedergeschrieben war. Die Metzlerordnung bestimmt, daß *yeder metzler, der metzgen will,* verpflichtet war, der Stadt *anfengklich ... ain jar lang* 1 fl zu geben; die Erlaubnis zur Berufsausübung war also im ersten Jahr mit 1 fl zu erkaufen. Damit ist keineswegs gesagt, daß jeder beliebige Murrhardter den Beruf des Metzgers hätte ausüben dürfen. Angesichts der Tatsache, daß gerade der Metzgerberuf einer der am frühesten und besten organisierten zünftischen Handwerkszweige war, wird wohl

64 Vgl. Schanz 1963: zu Tübingen passim, zu Stuttgart S. 27ff., zu Urach S. 41–52, zu den übrigen Städten S. 70–85.
65 Ebd., S. 15f.
66 Wie Anm. 63.

auch in Murrhardt ein entsprechender Zusammenschluß der Metzger bestanden haben. Leider sagt die Metzlerordnung darüber nichts aus; wir wissen also nicht, ob und in welchem Maße die Murrhardter Metzger eine feste, in sich abgeschlossene Zunft bildeten.

Weiter wurde vorgeschrieben, daß *yeder metzler... gutt kauffmans gut* herstellen sollte. Wer gegen diese allgemein formulierte Qualitätsvorschrift verstieß, konnte vom Bürgermeister und dessen Helfern *(gesellen)* zu 5 ß Strafe verurteilt werden. Dieser Strafsatz galt auch bei Verstößen gegen andere Artikel der Metzlerordnung. Insgesamt drei Wochentage waren als Verkaufstage festgesetzt, nämlich Samstag, Dienstag und Mittwoch. Das Angebot sollte an diesen Tagen aus *ryndt flaisch, kalb flaisch oder sunst bratt flaisch* bestehen. Es ist anzunehmen, daß die andern Wochentage – den Sonntag natürlich ausgenommen – Schlachttage waren und an ihnen wohl oft kein Verkauf stattfand. Das Fleisch mußte – vermutlich aus Hygienegründen und um das Fleisch leichter öffentlich kontrollieren zu können – unten am Haus verkauft werden. Ein Verkauf im Haus war ausdrücklich untersagt. Ebenso war es verboten, das *flaisch hynder sich* (zu) *legen oder* (zu) *hencken* – auch dies gewiß zur leichteren Kontrolle. Es geht aus den Quellen nicht klar hervor, wo der Fleischverkauf genau stattzufinden hatte: Gab es im Erdgeschoß eines Metzgerhauses einen Verkaufsraum oder eine Verkaufsbude? An einem Verkauf auf Fleischbänken vor den Häusern mag man nicht so recht glauben, da dies bei nassem und kaltem Wetter unmöglich gewesen wäre. – Klarer ist die Bestimmung, daß man *das flaisch thod vnd lebennig schetzen* lassen mußte. Im Zweifelsfall konnte einer der Bürgermeister oder ein anderer Bürger zusätzlich zu den Fleischschätzern hinzugezogen werden.

Sehr anschaulich ist das Verfahren des Verkaufs geregelt. Zuerst war in jedem Fall *vnserm gnedigen hern,* dem Abt, Fleisch zu geben, wobei der Abt sicherlich nicht selbst eingekauft hat, sondern irgendwelche Klosterbedienstete. Dann waren schwangere Frauen und der Schultheiß, der oberste wirtembergische Beamte in der Stadt, von den Metzgern zu bedienen. Anschließend folgte die übrige Kundschaft, wobei den Bürgern der Vorrang vor Auswärtigen gebührte. Der Verkauf war so zu regeln, daß keiner zuviel kaufte und ein anderer dadurch Mangel leiden mußte. Die Verkaufsreihenfolge stellt eine merkwürdige Mischung von hierarchischem Denken und Fürsorge dar. Schwangere genossen eine erstaunliche Bevorzugung, sie waren sogar noch über die weltliche Obrigkeit gestellt! Die Bürger setzten sich selbst zwar mit gesundem Egoismus vor die Auswärtigen (dazu gehörten auch die Einwohner der einzelnen Weiler rund um Murrhardt), aber innerhalb der Bürgerschaft war eine soziale Komponente in hohem Maße dadurch vorhanden, daß Mangel unter den Bürgern unter allen Umständen zu vermeiden war[67]. Zu beachten ist endlich, daß noch 1522 der Schultheiß mit deutlichem Abstand der zweite Mann am Ort war; führend war unbestritten immer noch der Abt. Wirtembergs Einfluß gegenüber dem Kloster dominierte noch nicht auf allen Gebieten.

67 Die Tatsache, daß Mangel bei der Fleischversorgung von vornherein einkalkuliert war, wirft zudem ein helles Licht auf den Wohlstand bzw. die Armut der Bürger Murrhardts um 1500: Überfluß war nicht vorhanden, unzureichende Versorgung durch die Metzger eine Gegebenheit, die dem Denken der Menschen selbstverständlich war.

Sonstige rechtliche Einzelregelungen zwischen Kloster und Stadt[68]

Das Lagerbuch von 1576 bezeichnet mehrere Komplexe rechtlicher Einzelregelungen verschiedenen Inhalts ausdrücklich als altes Herkommen. Sie seien hier, analog zum Lagerbuch, ebenso ungeordnet aufgeführt. Ein wichtiger Faktor war die Schweinehaltung. Zur Mast wurden die Schweine in umfriedete Gebiete im Wald getrieben, in einen »Eckerich« oder »Geeckerich«. Auch hier war das Kloster bevorrechtet. In seine Wälder durften Schweine nur nach vorheriger Anfrage getrieben werden, und es war als Nutzungsgebühr das »Geeckerich-Geld« zu zahlen. Klostereigene Schweine durften dagegen jederzeit und kostenlos zum Geäckerich in städtische oder private Waldungen getrieben werden. Ebenso stand es dem Kloster zu, aus den städtischen Wäldern nach Bedarf Bau- und Brennholz zu entnehmen. Das Kloster durfte auch seine eigenen Grundstücke acht Tage vor und nach Georgi (23. April) für jeden Durchzug nichtklösterlichen Viehs sperren. Schließlich besaß es bei allen privaten Güterveräußerungen in Murrhardt das Vorkaufsrecht.

Weniger diskriminierend für die Murrhardter Bürger waren andere Bestimmungen. Wenn ein Holz- oder Feldfrevel festgestellt wurde, stand immerhin ein Drittel des anfallenden Rügegeldes demjenigen zu, der an seinem Wald oder Feld Schaden erlitten und die Rüge beantragt hatte[69]. Zwei Drittel der Summe fielen ans Kloster. Wollte ein einheimischer oder auswärtiger Schäfer die Murrhardter Winterweide pachten, so teilten sich Kloster und Stadt das vom Schäfer zu zahlende Weidegeld je zur Hälfte. Dagegen war für klösterliche und städtische, also nicht in Privatbesitz befindliche Schafe die Benutzung der Weide frei. Relativ ausgewogen war auch die Regelung, daß Stadt und Kloster an der gemeinsamen Stadtmauer jeweils für den Teil der Baulast und für Erhaltungsarbeiten zuständig waren, der an die Stadt beziehungsweise an das Kloster angrenzte. Für die Kosten zur Erhaltung des städtischen Straßenpflasters und aller Brücken, Wege und Stege um Murrhardt kam dagegen allein die Stadt auf. Eine entfernt mit dem Martinswein vergleichbare Regelung gab es an Weihnachten: Hier reichte das Kloster *jedem erwöhlten burgermaister unnd richter* sowie dem Stadtschreiber eine alte Henne.

Im Murrhardter Bürgeraufstand von 1564/65 hatten die Bürger versucht, eine Reihe ihrer Rechte gegenüber dem Kloster auszudehnen. Die Rechtsneufestsetzung durch Herzog Christoph am 11. April 1565, die im Lagerbuch von 1576 enthalten ist[70], befaßte sich deshalb nochmals mit der Klärung einiger strittiger Punkte. An erster Stelle standen die Fischrechte, die 1564 den Anlaß zu Auseinandersetzungen gebildet hatten. Unstrittig waren zwar die Fischrechte des Klosters in zahlreichen Gewässern in und um Murrhardt[71], beim Fischen in der Murr beanspruchten die Bürger jedoch mehr Rechte, als ihnen das Kloster zugestehen wollte. Herzog Christoph vertrat 1565 dagegen voll und ganz den Rechtsstandpunkt des Klosters. In früheren Zeiten hatten die Bürger ausgedehntere Rechte, namentlich stand ihnen das Fischrecht im Stadtgraben zu, das 1511/27 um das halbe Ungeld ans Kloster abgetreten worden war. Seit 1565 galt, daß die Bürger nur bei Hochwasser in der Murr *vischen unnd*

68 Lagerbuch 1576 (wie Anm. 25), Bl. 67a–69b.

69 Es gibt dazu – wie beim Weinzehnt – zwei einander widersprechende Aussagen im Lagerbuch von 1576. Einmal heißt es – offensichtlich ungenau –, daß die Rügegelder dem Geschädigten allein zufielen (Bl. 67b), das andere Mal wird die Aufteilung zu zwei Dritteln ans Kloster, zu einem Drittel an den Rügenden genannt (Bl. 78a).

70 Ebd., Bl. 70a–73b. Vgl. zum Original Anm. 60.

71 Fritz 1983-I.

straiffen durften. Wann dieser Fall eintrat, war an einer 1565 am Pfeiler der Murrhardter Murrbrücke angebrachten Hochwassermarke ersichtlich. Ansonsten bestätigte Herzog Christoph die bereits bekannten Pflichten und Fronen der Bürger[72].

Die einzige 1565 eigens erwähnte und 1576 nicht mehr genannte Information betraf das Standgeld, das sich auf die von den einzelnen Marktständen an Markttagen zu entrichtenden Abgaben bezog. Hier ist erstaunlich, daß das Kloster an den Märkten überhaupt keinen Anteil hatte. Das gesamte Standgeld fiel an die Bürger, und zwar zu zwei Dritteln an die Stadt, zu einem Drittel an den Stadtknecht. Das ist bemerkenswert, denn aus dieser Tatsache läßt sich erschließen, daß es Märkte in Murrhardt noch nicht gab, als nur das Kloster – also ohne Stadt und ohne Bürger – existierte. Wären vor etwa 1290 bereits Märkte abgehalten worden, hätte das Kloster die Standgelder eingestrichen. Das war aber nach der Mitteilung von 1565 eindeutig nicht der Fall. All dies deckt sich mit den Mitteilungen Widmans über die Entstehung von Markt und Stadt Murrhardt.

Zwischen der Stadt und den Weilern des Amtes Murrhardt kam es wiederholt zu Streitigkeiten, die die Holzrechte, den Viehtrieb, die Überfahrts- und Wassernutzungsrechte, die Haltung der Schweine und die Verpflichtung von Schweinehirten und ähnliches betraf. Verträge aus den Jahren 1503/06, 1509, 1510, 1538, 1561 und 1567 geben hierüber nähere Auskunft[73]. Es würde aber zu weit führen, auf die darin außerordentlich detailliert geregelten Sachverhalte genauer einzugehen (beispielsweise wird öfters für jeden Weiler im einzelnen angegeben, welche Brunnen und Quellen und welche Überfahrtsrechte benutzt werden dürfen).

72 Im einzelnen: Die Rinnen zwischen Stadtgraben und Bächen waren instandzuhalten; alle Frondienste wurden bestätigt, insbesondere die Pflicht, den Stadtgraben zu erhalten; ebenso bestätigt wurden die klösterlichen Holzrechte im Stadtwald und die Ungeldregelungen, wobei die erwähnten Präzisierungen bis ins Detail bestimmt wurden, um die Wirte schärfer zu kontrollieren.

73 1. Spruch des Triebs zwischen denen von Murrhardt und den dahin gehörenden Weilern von 1503/06, HStAS A 508, Bü. 2.

2. Vertrag vom 19. Mai 1509, HStAS H 152/54, Bd. 8, 79a–81b, zwischen der Stadt Murrhardt einerseits und Aberlin Röser uf dem Hoffeld. Für die Stadt beschwört diesen Vertrag Bürgermeister Jakob Geiglin, für die Gegenpartei Röser selbst. Der Eid wird vor Georg Renner, Schultheiß zu Murrhardt, geschworen. Siegler: Philipp Abt zu Murrhardt und Valentin Lesch, Propst zu Bruchsal.

3. Vertrag vom selben Datum, ebd., 81b–83b, zwischen der Stadt Murrhardt einerseits und Hans Hueber am Hofberg andererseits. Dieselben Eidleistenden (statt Röser: Hueber) und Siegler.

4. Vertrag vom 1. Oktober 1538, ebd., 83b–89b, Original im StadtA Murrhardt, ohne Signatur, zwischen der Stadt Murrhardt und zahlreichen Murrhardter Weilerschaften. Für die Stadt beschwört den Vertrag Bürgermeister Michel Schroff, für die Weilerschaften wird kein Eidleistender namentlich erwähnt. Aussteller und Siegler der Urkunde sind Abt Martin zu Murrhardt und Vogt Jacob Hofsess zu Murrhardt.

5. Vertrag vom 9. Januar 1561, ebd., Bl. 89b–92a, von genannten Einwohnern zu Steinberg, Siegler: Vogt Jakob Hofsess.

6. Vertrag vom 1. Oktober 1567, ebd., Bl. 92a–99b, zwischen der Stadt Murrhardt und der *gemeindt zu Siegelsperg*. Aussteller und Siegler: Abt Otto Leonhard Hofsess und Vogt Jakob Hofsess zu Murrhardt. Der Vertrag nimmt Bezug auf einen Vertrag gleichen bzw. ähnlichen Inhalts vom 25. August 1520, »gemacht« von Abt Philipp zu Murrhardt, Propst Valentin Lesch zu Bruchsal und Schultheiß Philipp Renner zu Murrhardt.

Die Bevölkerung von Murrhardt

Die Bevölkerungszahl

Die zahlenmäßige Erfassung der spätmittelalterlichen oder frühneuzeitlichen Bevölkerungszahl Südwestdeutschlands ist ein ebenso vieldiskutiertes wie letztlich nicht definitiv gelöstes Problem[74]. Bekannt ist zwar in aller Regel die Zahl der damals vorhandenen Haushalte, umstritten ist aber, mit welchem Faktor die Zahl der Haushalte zu multiplizieren ist, um so die Bevölkerungszahl zu ermitteln. Man nimmt Multiplikatoren von mindestens 3 bis etwa 5 an – selten mehr – oder hat Modelle entwickelt, die für vollständige Haushalte im Durchschnitt vier, für Witwenhaushalte drei und für Haushalte von Kindern, Pflegschaften und Erben je zwei Köpfe berechnen. Auf dieser Grundlage soll die Einwohnerzahl Murrhardts im 16. Jahrhundert eruiert werden. Die Berechnung der Bevölkerungszahl aus den Musterungslisten ist weniger geläufig, doch soll anhand einer der zahlreichen Murrhardter Musterungslisten des 16. Jahrhunderts hier auch dieser Versuch unternommen werden. Ungeeignet zur Ermittlung der Bevölkerungszahl ist die städtische Zins- und Gültliste von 1471/1513, denn sie enthält nur einen Teil aller Bürger. Deshalb sei als zeitlich nahestehendes Dokument die Musterungsliste von 1523 zur näheren Betrachtung herangezogen. Sie erfaßt alle Murrhardter Männer zwischen 17 und 60 Jahren[75]. Es erweist sich aber als höchst problemtisch, aus der Zahl der Männer dieser Altersspanne die Gesamtbevölkerung zu ermitteln: In Murrhardt wurden 1523 insgesamt 112 Männer gemustert, in der *weylerschafft* des Amtes 77 Männer. In den Dörfern Westheim und Ottendorf fanden keine Musterungen statt, so daß sich eine Aussage zur Gesamtbevölkerung des Amtes Murrhardt von vornherein verbietet. Besser verwertbar scheint indes das Material für die Stadt Murrhardt, allerdings erweisen sich auch hier die Schwierigkeiten als praktisch unlösbar.

Die Altersstruktur der Bevölkerung von 1523 ist nicht bekannt. Wenn 112 Männer zwischen 17 und 60 Jahren alt waren, wie viele Männer waren dann älter als 60, wie viele Kinder und Jugendliche jünger als 17? Wir setzen voraus, daß die Zahl der männlichen Personen unter 17 Jahren die Hälfte der zwischen 17 und 60 Jahren alten Murrhardter ausmachte, nehmen also an, daß es etwa 60 (rechnerisch 56) männliche Murrhardter unter 17 Jahren gab. Für die Männer über 60 Jahren nehmen wir den Faktor ein Viertel, gehen also von rund 30 Personen aus. Demnach hätte die männliche Bevölkerung Murrhardts im Jahre 1523 etwa 200 Köpfe betragen. Zusammen mit der weiblichen Bevölkerung ergäbe sich somit eine Einwohnerzahl von etwa 400. Dazu mögen ungefähr ein Dutzend Mönche und eine bescheidene Zahl nichtgeistlicher Klosterbewohner gekommen sein. Insgesamt hätten nach

74 Wunder 1980, S. 186 f., lehnt es ab, einen Multiplikationsfaktor anzugeben. In Schwäbisch Hall betrug nach Wunder um 1800/1810 die durchschnittliche Kopfzahl pro Haushalt 3,7, in Bayreuth dagegen zur selben Zeit 10 (!). Der Bayreuther Multiplikationsfaktor dürfte aber eine extreme Ausnahme sein. Bull 1974 nimmt dagegen die oben im Text verwendete Differenzierung nach vollständigen Männerhaushalten, Witwenhaushalten usw. vor. Es sei ausdrücklich darauf hingewiesen, daß unsere folgenden Ausführungen über die Bevölkerungszahl sich nur auf Stadt und Amt Murrhardt beziehen. Die territorial eng mit dem Amt verzahnten löwensteinischen Orte Sulzbach und Fornsbach mit Weilern und der zum Amt Böhringsweiler gehörige Ort Hinterbüchelberg sind ausgeklammert. Eine flächendeckende Bearbeitung des Gebiets um Murrhardt ist vom Verfasser zu einem späteren Zeitpunkt geplant. Erst sie könnte ein umfassendes Ergebnis zur Bevölkerungsdichte liefern.

75 Vgl. Einwohnerliste.

dieser Berechnung in Stadt und Kloster Murrhardt 1523 allenfalls etwa 450 Personen gelebt. Aber diese Methode ist zu unsicher und kann nicht als hinreichend sicher gelten. Gab es nicht vielleicht doch wesentlich mehr Kinder und Jugendliche unter 17 Jahren? War die Zahl der Einwohner über 60 Jahren möglicherweise nicht doch größer? Der entscheidende Einwand gegen eine Bevölkerungsberechnung auf der Basis der Musterungsliste von 1523 im besonderen und anderer Musterungslisten im allgemeinen ergibt sich aber aufgrund einer anderen Überlegung: Wurden wirklich alle männlichen Einwohner zwischen 17 und 60 gemustert? In der Quelle heißt es nur: *Zu Murhart uffgeschriben personen under sechzig und sibenzehen jarnn.* Es läßt sich nicht entscheiden, ob *uffgeschriben personen* mit *alle personen* gleichzusetzen ist. Man sieht, daß die Berechnung der Bevölkerungszahl Murrhardts für das Jahr 1523 eine Operation mit zu vielen Unbekannten ist. Wir erhalten nur ein grobes Ergebnis, das als Annäherungswert aufzufassen ist. Demnach hätten in der Stadt (einschließlich der Vorstadt) Murrhardt damals ungefähr 500 Personen gelebt, es könnten aber auch 100 mehr oder weniger gewesen sein. Genauere Zahlenangaben sind aus methodischen Gründen nicht zu erbringen. Fast völlig ungeeignet zur Ermittlung der Gesamtbevölkerung erscheinen die Musterungslisten noch aus anderen Gründen: Vergleicht man beispielsweise die Musterungslisten von 1553, 1558 und 1560 mit den Kirchenbucheinträgen seit 1559, dann zeigt sich, daß in den Kirchenbüchern eine unerwartet große Zahl von Personen auftaucht, über deren Existenz die Musterungslisten gar keine Auskunft geben. Es gab demnach keinesfalls eine alle Männer umfassende Militärpflicht im Sinne der modernen Wehrpflicht. Bevölkerungsberechnungen allein aufgrund der Musterungslisten dürften zu niedrige Ergebnisse zeitigen.

Gewöhnlich ermittelt man die Bevölkerungszahl aus der Anzahl der Haushalte. Für Murrhardt kommen die Herdstättenliste von 1525, die Türkensteuerlisten von 1542 und 1545 sowie ergänzend das Lagerbuch von 1576 in Betracht, obgleich das Lagerbuch außerhalb des engeren Untersuchungszeitraums dieser Arbeit liegt[76]. Eine tabellarische Aufstellung der aus diesen vier Quellen gewonnenen Zahlen ergibt folgendes Bild:

76 Ebd.; das Lagerbuch von 1576 HStAS H 102/54, Bd. 8.

Bevölkerungszahl ermittelt aufgrund:				
Multiplikationsfaktor 3 (= niedrigste Bevölkerungszahl)	Multiplikationsfaktor 5 (= höchste Bevölkerungszahl)	Aufgeschlüsseltes Berechnungssystem nach K. O. Bull:		
Stadt: 128 Haushalte, ferner 26 Scheuern				
384 Pers.	640 Pers.	106 vollständige Haushalte	× 4 =	424 Pers.
		12 Frauen- bzw. Witwenhaushalte	× 3 =	36 Pers.
		ohne eigene Behausung		26 Pers.
		(von diesen aber nachweislich einige verheiratet, deshalb vermutlich auch mit Kindern. Multiplikation deshalb mit Faktor 2. Zu addieren also nochmals:)		26 Pers.
				502 Pers.
		Nicht berechnet werden konnten 10 Häuser, die als Zweithäuser im Besitz reicher Bürger waren. Teilweise wurden diese 10 Häuser wohl von den Personen ohne eigene Behausung bewohnt.		
Amt (mit den Murrhardter Untertanen in Ottendorf und Westheim): 95 Haushalte, ferner 39 Scheuern				
285 Pers.	475 Pers.	83 vollständige Haushalte	× 4 =	332 Pers.
		7 Frauen- bzw. Witwen-Haushalte	× 3 =	21 Pers.
		20 ohne eigene Behausung	× 2 =	40 Pers.
				393 Pers.
		Nicht berechnet 5 Häuser, Grund s. o.		
Stadt und Amt zusammen: 223 Haushalte, 65 Scheuern				
669 Pers.	1115 Pers.			895 Pers.

Bevölkerungszahl ermittelt aufgrund:				
Multiplikationsfaktor 3 (= niedrigste Bevölkerungszahl)	Multiplikationsfaktor 5 (= höchste Bevölkerungszahl)	Aufgeschlüsseltes Berechnungssystem nach K. O. Bull:		

Stadt: 168 Steuerveranlagungen insgesamt, davon 159 Vermögens-Veranlagungen und 9 Jahrlohn-Veranlagungen (diese umfassen 1–2 Personen)

477 Pers.	795 Pers.	137 vollständige Haushalte	× 4 =	548 Pers.
11 Pers.	11 Pers.	15 Frauen- bzw. Witwenhaushalte	× 3 =	45 Pers.
488 Pers.	804 Pers.	7 Kinder, Pflegschaften usw.	× 2 =	14 Pers.
		5 Knechte	=	5 Pers.
		6 Mägde	=	6 Pers.
				618 Pers.

Amt (mit den Murrhardter Untertanen in Ottendorf und Westheim): 199 Steuerveranlagungen insgesamt, davon 162 Vermögens-Veranlagungen und 37 Jahrlohn-Veranlagungen (diese umfassen 1–2 Personen)

486 Pers.	810 Pers.	148½ vollst. Haushalte	× 4 =	594 Pers.
43 Pers.	43 Pers.	9½ Frauen- bzw. Witwenhaushalte	× 3 =	29 Pers.
523 Pers.	853 Pers.	1 Kinderhaushalt	× 2 =	2 Pers.
		1 Erbenhaushalt	× 2 =	2 Pers.
		27 Knechte	=	27 Pers.
		11 Mägde	=	11 Pers.
		5 Hirten	=	5 Pers.
				670 Pers.

Stadt und Amt zusammen: 367 Steuerveranlagungen insgesamt, davon 321 Vermögens- und 46 Jahrlohn-Veranlagungen

1011 Pers.	1657 Pers.	1288 Pers.

1545 (Türkensteuerliste)

Bevölkerungszahl ermittelt aufgrund:

Multiplikationsfaktor 3 (= niedrigste Bevölkerungszahl)	Multiplikationsfaktor 5 (= höchste Bevölkerungszahl)	Aufgeschlüsseltes Berechnungssystem nach K. O. Bull:		

Stadt: 163 Steuerveranlagungen insgesamt, davon 156 Vermögens-Veranlagungen und 7 Jahrlohn-Veranlagungen

468 Pers.	780 Pers.	134 vollst. Haushalte	× 4 =	536 Pers.
7 Pers.	7 Pers.	19 Frauen- bzw. Witwenhaushalte	× 3 =	57 Pers.
475 Pers.	787 Pers.			
		3 Kinder, Pflegschaften usw.	× 2 =	6 Pers.
		6 Knechte	=	3 Pers.
		4 Mägde	=	4 Pers.
				606 Pers.

Amt (mit den Murrhardter Untertanen in Ottendorf und Westheim): 163 Steuerveranlagungen insgesamt, davon 139 Vermögens-Veranlagungen und 24 Jahrlohn-Veranlagungen

417 Pers.	695 Pers.	131 vollst. Haushalte	× 4 =	524 Pers.
24 Pers.	24 Pers	3 Frauen- bzw. Witwenhaushalte	× 3 =	9 Pers.
441 Pers.	719 Pers.	4 Kinder, Pflegschaften usw.	× 2 =	8 Pers.
		12 Knechte	=	12 Pers.
		12 Mägde	=	12 Pers.
				565 Pers.

Stadt und Amt zusammen: 326 Steuerveranlagungen insgesamt, davon 295 Vermögens- und 31 Jahrlohn-Veranlagungen

916 Pers.	1506 Pers.	1171 Pers.

1576 (Lagerbuch)

Stadt (keine Angaben zum Amt enthalten): 143 Haushalte insgesamt, keine Angaben über Knechte und Mägde

429 Pers	715 Pers.	122 vollst. Haushalte	× 4 =	488 Pers.
		13 Frauen- bzw. Witwenhaushalte	× 3 =	39 Pers.
		8 Kinder, Pflegschaften, usw.	× 2 =	16 Pers.
				543 Pers.

Den Zahlen dürften ca. 10 Knechte und Mägde hinzuzuzählen sein =

439 Pers.	725 Pers.	553 Pers.

Auch bei der Berechnung der Gesamtbevölkerung auf der Basis der Zahl der Haushalte gibt es zweifellos viele Unsicherheitsfaktoren. Mit Bestimmtheit läßt sich aber sagen, daß die Stadt Murrhardt im 16. Jahrhundert eine Bevölkerung in der Größenordnung von etwa einem halben Tausend hatte, eher wohl etwas mehr. Im Amt lebten, grob gerechnet, noch einmal so viele Menschen. Es ist nicht ganz auszuschließen, daß es sich bei den Bevölkerungsschwankungen, die bei den Untersuchungsjahren 1525, 1542, 1545 und 1576 festzustellen waren, um Ungenauigkeiten handelt, die im Berechnungssystem begründet sind. Nimmt man aber an, die ermittelten Bevölkerungszahlen kämen der Wahrheit nahe, wie sind die festgestellten Schwankungen dann zu erklären? Wir wählen hier der Einfachheit halber nur die nach dem System Bulls ermittelten Zahlen. Würden die nach andern Systemen gewonnenen Werte[77] miteinbezogen, ergäbe sich hinsichtlich der Bevölkerungsschwankungen im Prinzip dasselbe Ergebnis. Nach Bulls Berechnungsschlüssel hätte die Stadt Murrhardt 502 Einwohner gezählt, 1542 618, 1545 606 und 1576 553. In den 17 Jahren zwischen 1525 und 1542 hätte die Stadtbevölkerung also, bezogen auf das Jahr 1525, um rund 25 % zugenommen, hätte bis etwa 1545 stagniert und wäre bis 1576, bezogen auf den um 1540 erreichten Wert, um knapp 10 % zurückgegangen.

Mehr als Deutungsversuche können hierfür nicht erbracht werden. Das Wachstum zwischen 1525 und 1542 fällt so sehr aus dem Rahmen, daß es mit Geburtenüberschüssen nicht erklärt werden kann. Auch der normale Zuzug dürfte damals nicht groß gewesen sein – im Gegenteil, der rasante Machtverlust des Klosters und der Zerfall des Konvents gerade zwischen 1525 und 1542 und der damit verbundene Rückgang an klösterlichem Luxusbedarf müßte eher dazu geführt haben, daß qualifizierte und spezialisierte Handwerker abwanderten. Wir neigen deshalb dazu, die auffällig niedere Bevölkerungszahl von 1525 in einen ganz anderen Zusammenhang zu rücken. Die Herdstättenliste von 1525 wurde unmittelbar nach dem Bauernkrieg erstellt. Vermutlich hatten sich damals zahlreiche Murrhardter, die in den Krieg verstrickt gewesen waren, aus Furcht vor Repressionen außer Landes geflüchtet oder waren untergetaucht. Von anderen Orten im Schwäbisch Haller Gebiet ist dies ebenfalls bekannt, auch der neuerdings für Leonberg untersuchte Bevölkerungsrückgang 1525 ist unter diesem Aspekt zu betrachten[78]. In der Haller Gegend sind die Geflüchteten aber meist schon 1526 wieder zurückgekehrt.

Die These, daß der niedere Bevölkerungsstand von 1525 mit dem Bauernkrieg zu tun habe, läßt sich durch die Betrachtung des außerstädtischen Amts Murrhardt erhärten. Dort stieg die Einwohnerzahl von 1525 bis 1542 sprunghaft um 65 % an (von 393 auf 670)! Ein solches Wachstum ist mit der natürlichen Bevölkerungsbewegung erst recht nicht zu erklären, sogar wenn die Zahl 670 aufgrund von Zufällen etwas überhöht sein mag (1545 lassen sich nur noch 565 Einwohner für das Amt ermitteln). Wie es scheint, fürchtete die Bevölkerung auf dem Lande die Rache der Herren noch viel mehr als die Einwohner der Stadt, und der prozentuale

77 Steinle 1963, V. 1., versucht bereits für die Römerzeit, das 14. und 15. Jahrhundert und nochmals für das 16. Jahrhundert Einwohnerzahlen für Murrhardt zu errechnen. Alle Aussagen vor dem 16. Jahrhundert – namentlich die Ableitung der Bevölkerungszahl aus der ummauerten Stadtfläche – sind zu unsicher. Auch erscheint Steinles Annahme für die Klosterbelegung mit 120 Personen überhöht. Bei seinen Aussagen zum 16. Jahrhundert geht Steinle von den in den obigen Tabellen ebenfalls zugrunde gelegten Quellen von 1525, 1542 und 1545 aus und verwendet als Berechnungsgrundlage den Multiplikator 5, so daß sich seine Schätzungen wohl an der Obergrenze der tatsächlichen Bevölkerungszahl bewegen dürften.

78 Mitteilung von Herrn Prof. Wunder. Zu Leonberg Trugenberger 1984, S. 13, der als Ursache des dortigen Bevölkerungsrückgangs zwischen 1495 und 1525 den Stadtbrand von 1498 annimmt.

Anteil der Flüchtenden ist dort wesentlich höher. Das ist insbesondere für die Murrhardter Außenbesitzungen Westheim und Ottendorf leicht verständlich. Dort – in der Gaildorfer Gegend – hatte ja ein Zentrum der bäuerlichen Aktivitäten gelegen. In Westheim hatte sich sogar der Bauernkanzler Kirschenesser noch nach dem Zusammenbruch der Bauernbewegung verborgen – er wurde schließlich im dortigen Pfarrhof gefangengenommen. Ohne aktive Mithilfe der Bevölkerung hätte sich Kirchenesser niemals versteckt halten können. Die ländliche Bevölkerung des Amts Murrhardt hatte also allen Grund, sich vor den Herren in Sicherheit zu bringen. Wenn jeder fünfte Murrhardter Bürger und mehr als jeder dritte Einwohner des Amts 1525 geflüchtet war, dann wäre das ein wichtiger Hinweis darauf, daß die Bevölkerung in einem sehr hohen Maße in den Bauernkrieg verstrickt gewesen war.

Wesentlich undramatischer stellt sich die weitere Bevölkerungsbewegung des 16. Jahrhunderts dar. Die Schwankungen zwischen 1542 und 1545 sind gering und lassen nichts Erwähnenswertes erkennen. Dagegen fällt das Absinken der Bevölkerungszahl in der Stadt bis 1576 wieder mehr auf. Etliche Faktoren mögen dazu beigetragen haben: Zum einen hat die teilweise Zerstörung Murrhardts durch die Spanier 1548 wohl dazu geführt, daß Teile der Bevölkerung abwanderten, insbesondere jene, die in der Stadt nichts besaßen und beim Wiederaufbau über kein eigenes Hab und Gut verfügt hätten. Zweitens hat Murrhardt nach der endgültigen Aufhebung des Kloster seit 1552 für Handwerker vermutlich an Attraktivität verloren. Es gab keine Mönche mehr, die als Kunden handwerklicher Spezialfertigungen in Frage kamen. Und drittens schließlich wütete um 1570 eine Hungersnot, die Murrhardt nachweislich schwer traf[79], schwerer wohl als die reichen Städte Zentralwirtembergs. Der gescheiterte Bürgeraufstand von 1564/65 scheint dagegen nur zu einer geringen Abwanderung geführt zu haben; lediglich einer der Aufständischen hat bald nach dem Ende der Unruhen Murrhardt den Rücken gekehrt und sich in Beilstein niedergelassen[80].

Insgesamt läßt sich feststellen, daß die Murrhardter Bevölkerung im Untersuchungszeitraum von etwa 1525 bis 1576 nicht zugenommen hat. Der Tiefstand von 1525 war ja, so scheint es, auf außergewöhnliche Ursachen zurückzuführen. Murrhardt hatte also am allgemeinen Bevölkerungswachstum des 16. Jahrhunderts[81] keinen Anteil. Da aber die Geburten- und Sterberate Murrhardts kaum von der Quote anderer Orte abgewichen sein wird, ist die Murrhardter Bevölkerungsentwicklung vermutlich insbesondere damit zu erklären, daß eine ständige Abwanderung aus Murrhardt stattgefunden hatte. Auf der anderen Seite war Murrhardt kein Ort, in dem jede Zuwanderung und jeder sonstige geographische Bevölkerungsaustausch ausgeblieben wäre. Ein Blick in die drei ersten Jahrgänge der Murrhardter Kirchenbücher zeigt, daß durchaus häufig über die Grenzen der Pfarrei Murrhardt hinaus geheiratet wurde: 1559 sind 23 Heiraten verzeichnet (1560: 21; 1561: 33). Dabei stammten bei drei Heiraten jeweils beide Partner von auswärts. Aus welchen Gründen diese Paare in der für sie fremden Pfarrei Murrhardt heirateten, ist unbekannt (1560: zwei Ehen rein auswärtigen Charakters; 1561: ebenfalls zwei). Von den 1559 verbleibenden 20 Heiraten wurden nicht

79 HStAS A 508, Bü. 2 weltlich: 1571 wollten die Murrhardter *ihrn wald Hoffmarsberg wegen hunger* verkaufen.

80 Jonas Geiger, der sich 1565 in Beilstein niederließ; vgl. HStAS A 44, U 3240.

81 Abel 1971, S. 386 ff., gibt Ergebnisse des Thüringer Forschers Fritz Koerner wieder, der für die Zeit von 1520 bis 1600 ein jährliches Bevölkerungswachstum von 0,33 % errechnet hat und dies zumindest für Thüringen auch empirisch absichern konnte. Bull 1974 berechnet für Wirtemberg zwischen 1545 und etwa 1610 ein Bevölkerungswachstum von 215 000 auf 312 000 Einwohner.

weniger als 16 zwischen einem Murrhardter Einwohner und einem auswärtigen Partner geschlossen. Nur bei vier Ehen stammten beide Partner aus Murrhardt (1560: 13 Ehen mit je einem auswärtigen Partner; 1561: 16 Ehen). Insgesamt herrschte also ein lebhafter Heiratskontakt über die Grenzen hinweg. Daß insgesamt die Eheschließungen in die nähere Umgebung diejenigen in weiterer Entfernung überwiegen, liegt auf der Hand[82]. Trotz der lebhaften Heiratsverbindungen nach außerhalb war Murrhardt im 16. Jahrhundert eine Gegend mit Wanderungsverlust. Das Städtchen lieferte – wie anscheinend auch die Nachbargemeinde Oberrot, für die sich ähnliche Ergebnisse abzeichnen – jenen Bevölkerungsüberschuß, von dem die größeren Städte lebten und aus dem sie ihre Vitalität bezogen[83].

Die Altersstruktur der Murrhardter Bevölkerung im 16. Jahrhundert

Wie wir gesehen haben, steht bereits die Bestimmung der Bevölkerungszahl in den Städten des Spätmittelalters und der frühen Neuzeit oft auf recht unsicherem Grund. Noch weit weniger konkrete Daten besitzt man über das Lebensalter der damaligen Bevölkerung[84]. Man geht im allgemeinen von einer geringen Lebenserwartung aus, wobei aber die Schätzungen angesichts des Fehlens empirischer Einzeluntersuchungen oft spekulativen Charakter haben[85]. Statistisch abgesicherte Daten sind natürlich auch aus den Murrhardter Quellen nicht zu ermitteln. Dazu ist die zur Verfügung stehende Zahl verwertbarer Nennungen zu klein. In der Regel hat man für die Zeit vor der Führung der Kirchenbücher, in Wirtemberg also vor 1558/59, nur in Ausnahmefällen schriftliche Informationen über das Lebensalter einer Person. Das gilt im allgemeinen auch für Murrhardt, doch meherere Quellen enthalten Altersnennungen. Insbesondere ist hier der Streit um Viehtriebsrechte zwischen der Stadt Murrhardt und den Weilern des Amtes in den Jahren 1503/06 zu nennen, in dem mehrere Dutzend als Zeugen befragte Personen einigermaßen aussagekräftige Daten zu ihrem Alter lieferten[86]. Meist teilten die Leute mit, wie weit sie sich zurückerinnern konnten.

Ab wann kann ein Mensch denken und sich an Dinge wie Viehtriebsrechte erinnern? Wahrscheinlich dürfte das dazu erforderliche Lebensalter irgendwo zwischen fünf und zehn Jahren liegen. Um keine überhöhten Alterswerte zu bekommen, sei im folgenden ein eher niedrig angesetztes Erinnerungsalter von fünf Jahren zugrunde gelegt. Wir addieren demnach zu den Jahren, die sich der jeweilige Zeuge zurückerinnern konnte, jeweils fünf Jahre hinzu,

82 Auswertung des Ehe- und Taufbuchs, ev. Pfarrarchiv Murrhardt. Die Ehepartner aus den entferntesten Orten stammten 1559/61 aus Rottenburg/Neckar, Stuttgart, Hall, Beilstein, Mühlhausen, Welzheim, Gaildorf, Thannenberg (?).

83 Es ist in diesem Zusammenhang von Interesse, daß der Wanderungsverlust sogar noch in der aktuellen kommunalpolitischen Diskussion Murrhardts ein Thema von Brisanz ist. Einige politische Gruppierungen wollen ihn mit forcierten Industrieansiedlungsmaßnahmen und neuen Wohngebietserschließungen in Wanderungsgewinn umwandeln. Die Konsequenzen solcher Bestrebungen – wären sie erfolgreich – für die Ballungszentren wären bemerkenswert.

84 Keine Angaben beispielsweise bei Ennen 1985 oder in den verschiedenen Arbeiten von Wunder (vgl. Literaturverzeichnis).

85 Neuere Untersuchungen haben beispielsweise für das frühe Mittelalter ergeben, daß die damalige Säuglings- und Kindersterblichkeit sehr viel geringer war, als man das im Parallelschluß von der Kindersterblichkeit heutiger sogenannter unterentwickelter Länder her bislang angenommen hat. Für das 6.–8. Jahrhundert geht man in der Gegend des heutigen Württemberg von einem statistischen Durchschnittsalter von 39 Jahren aus (Czarnetzki 1982, S. 10ff. und 27).

86 Vgl. genauere Quellenangaben bei der Einwohnerliste im Anhang.

um sein Lebensalter zu erschließen. Am ältesten war 1503/06 Lorenzen Claus, der angab, er könne sich bis in die Zeit 26 Jahre vor dem Städtekrieg, der 1449 begann, zurückerinnern. Dieser Mann hat also behauptet, sich bis ins Jahr 1423 entsinnen zu können. Man hielt ihm vor, dann sei seine Aussage für diese Zeit wenig wert, weil er damals ein Kind gewesen sei. Das bestätigt unsere Einschätzung, daß das Erinnerungsvermögen zu immerhin nicht ganz unkomplizierten Angelegenheiten wie Viehtriebsrechten etwa zwischen fünf und zehn Jahren einsetzen dürfte. Lorenzen Claus muß also jedenfalls vor 1420, wahrscheinlich um das Jahr 1415, zur Welt gekommen sein. 1503/06 stand er demnach im Alter von etwa 90 Jahren. Hans Semet erinnerte sich etwa 60 Jahre zurück, das heißt bis ungefähr 1445. Er muß demnach um 1440 geboren sein und zählte 1503/06 etwa 65 Jahre. Ähnlich alt, vielleicht etwas jünger, waren drei Angehörige der Familie Geiger, die angaben, sich 50-60 Jahre weit zurückerinnern zu können. Eine Übersicht über diese und die anderen 1503/06 befragten Zeugen ergibt folgendes Bild:

Anzahl der Personen	Erinnerungszeitraum		errechnetes Geb.-Datum	1503/06 ungefähr erreichtes Alter in Jahren
1	etwa 80 Jahre	= 1423	1415/20	knapp 90
1	etwa 60 Jahre	= 1445	um 1440	65
3	etwa 50–60 Jahre	= 1445/55	um 1440/50	55–65
1	über 50 Jahre	= 1450	um 1445	60
6	etwa 50 Jahre	= 1455	um 1450	55
2	etwa 45 Jahre	= 1460	um 1455	50
1	über 40 Jahre	= 1460/65	um 1455/60	45–50
7	etwa 40 Jahre	= 1465	um 1460	45
1	etwa 35 Jahre	= 1470	um 1465	40
1	34 Jahre	= 1469/72	um 1465	40
5	etwa 30 Jahre	= 1475	um 1470	35
1	20–30 Jahre	= 1475/85	um 1470/80	25–35
1	28 Jahre	= 1475/78	um 1470	35
3	etwa 20 Jahre	= 1485	um 1480	25
1	etwa 16–17 Jahre	= 1487/91	nach 1480	über 20
1	etwa 15 Jahre	= 1490	um 1485	20

Darüber hinaus lassen sich aus anderen Zeugenaussagen ebenfalls einige Daten zum Alter der jeweils befragten Personen ermitteln: Lienhards Hans wurde noch von Abt Herbord, also vor 1469, belehnt. Er muß damit zumindest 1450/55 geboren sein und stand 1503/06 im Alter von 50–55 Jahren. Schicken Martin diente bereits zur Zeit des Städtekriegs, also um 1450, er muß demnach spätestens etwa 1440 geboren sein und war 1503/06 ungefähr Mitte 60. Wydenhans hatte 1503/06 seinen Hof seit 35 Jahren inne, sein Vater hatte in 40 Jahre lang bewirtschaftet. Es läßt sich errechnen, daß Wydenhans den Hof etwa 1468/71 übernommen hatte, und das konnte frühestens im Alter von etwa 20 Jahren geschehen sein, wahrscheinlich sogar noch später, 1503/06 hatte Wydenhaus also ein Alter von etwa 55 Jahren. Jacob Wirt war 1503/06 27 Jahre lang Knecht im Kloster gewesen und diente dort seit zwölf Jahren nicht mehr. Mit weniger als 15 Jahren wird er kaum Knecht geworden sein, er muß demnach 1503/06 zumindest Mitte 50 gewesen sein. Mit diesen und den vorher aufgeführten Daten ergibt sich für 1503/06 ungefähr folgende Altersschichtung:

80–90 Jahre:	1 Person	40–50 Jahre:	10 Personen
70–80 Jahre:	0 Personen	30–40 Jahre:	7 Personen
60–70 Jahre:	8 Personen	20–30 Jahre:	5 Personen
50–60 Jahre:	8 Personen		

Ein ähnlich umfangreiches Material liefert der Prozeß, den der Besitzer des Stöckenhofs, Wendel Plapp, 1556/57 gegen Abt Otto Leonhard Hofsess führte[87]. Eine Zusammenstellung zeitigt folgende Ergebnisse:

Anzahl der Personen	errechnetes Geburtsdatum	ungefähres oder genaues Alter
2	um 1475	über 80, davon 1 an die 90
2	um 1480/85	über 70
1	um 1485	etwa 70
2	um 1495	etwa 60
1	um 1501	56
1	um 1502	55
1	um 1503	54
4	um 1505	etwa 50
1	um 1507	48
1	um 1508	47
3	um 1516	etwa 40
2	um 1521	35
2	um 1522	34
1	um 1530	27

Umgesetzt in die Altersschichtung des obigen Modells sieht der Befund des Prozesses zwischen Plapp und Hofsess folgendermaßen aus:

80–90 Jahre:	2 Personen	40–50 Jahre:	5 Personen
70–80 Jahre:	3 Personen	30–40 Jahre:	4 Personen
60–70 Jahre:	2 Personen	20–30 Jahre:	1 Person
50–60 Jahre:	7 Personen		

Die Altersschichtungen von 1503/06 und 1556/57 sind nicht repräsentativ, denn man hatte natürlich nicht junge, unerfahrene Leute befragt, sondern entweder alte, erfahrene Hirten oder Knechte, die die früheren Viehtriebsverhältnisse kannten, oder solche Personen, denen die Rechte des Stöckachhofs geläufig waren. Die Altersangaben können auch deshalb nicht verallgemeinert werden, weil Frauen unter den Zeugen fast völlig fehlten. Im übrigen gibt die Tabelle von 1503/06 ein im Durchschnitt eher um einige Jahre zu niedriges Alter an. Wir hatten ja oben den Lebensabschnitt, in dem die Erinnerung einsetzt und der für unsere

87 HStAS A 508, Bü. 17.

Berechnung wesentlich war, bewußt sehr tief mit fünf Jahren angesetzt. Eine Reihe von Einzelnennungen außerhalb der Quellen von 1503/06 und 1557/58 bestätigt die teilweise relativ hohen Alterswerte: 1561 war die Klostermagd Zacher Ann 50 Jahre im Kloster, sie dürfte also mindestens 65–70 Jahre alt gewesen sein. Um die 70 waren auch Gregorius Hecker und seine Frau, die 1561 als Pfründner im Kloster lebten. Von den Einwohnern des zum Amt Murrhardt gehörigen Fleckens Ottendorf, die 1573 in einer Streitsache befragt wurden, war Jacob Henner über 80 Jahre alt, Mathis Geckenbach über 70. Peter Traubs Alter wurde mit 70 angegeben, alt Seyfer Sanwald war 60, Lienhard Geckenbach 50, Peter Schreyer 40. Trotz aller methodischen Mängel ist eines deutlich: Es war im 16. Jahrhundert nichts Außergewöhnliches, weit über 50 Jahre alt zu werden. Auch ein Alter bis 70 und über 70 war nicht eben selten.

Die vornehmen Murrhardter lebten nicht länger und nicht kürzer. Stadtschreiber Michael Ziegler war 1529 etwa 50 Jahre alt, Nicodem Zügel ist wohl mit etwas über 60 Jahren gestorben. Der Mönch Andreas Nothaft war 1472 ungefähr 50 Jahre alt und mit einer Krankheit geschlagen, die Äbte Mörlin und Carlin erreichten ein Alter von 58 beziehungsweise 56 Jahren. Abt Otto Leonhard Hofsess ist 1607 mit 72 Jahren gestorben, Abt Lorenz Gaul bezeichnete sich 1507 als alt und gebrechlich, Abt Philipp Renner war 1510 »alt und blöde« – aber »alt« konnte man schon mit 50 oder 60 Jahren sein, über das tatsächliche Alter sagt das wenig aus.

Die Murrhardter Bevölkerung vor etwa 1470

Aussagen zu der Frage, wer jenes halbe Tausend Menschen in der Stadt und die anderen 500 Personen im Amt Murrhardt waren, sind fast nur seit dem späten 15. und 16. Jahrhundert möglich. Für die frühere Zeit verfügen wir nur über einige völlig unzulängliche Zufallsnennungen. Dennoch lohnt es sich, auch diese näher zu betrachten. Den Murrhardter Ortsadel kann man dabei außer Betracht lassen[88]. Mit absoluter Sicherheit gehörte ihm nur der 1258 und 1261 erwähnte Ritter Ulrich von Murrhardt an, der zusammen mit seinem Herrn, dem Hochadligen Bertold von Schauenburg, an den unteren Neckar bei Heidelberg gezogen war. Spätestens zu Beginn des 14. Jahrhunderts verschwand das Geschlecht.

Einige Männer mit dem Herkunftsnamen Murrhardt, die im 13. und 14. Jahrhundert außerhalb von Murrhardt genannt werden, dürften wohl nicht zum Rittergeschlecht von Murrhardt gehören, sondern zu den Nichtadligen. Wahrscheinlich handelt es sich um Murrhardter, die auswärts zu Ansehen gekommen waren: Heinrich von Murrhardt, der 1231 in einer Backnanger Urkunde auftaucht[89], die Brüder Hartmann und Bertold von Murrhardt, die 1301 und 1321 Geschworene in Backnang beziehungsweise Bürger in Marbach waren, und der Wirt Sibot von Murrhardt, der 1345 als Richter in Backnang amtierte. Personen, die ausdrücklich als Bürger von Murrhardt bezeichnet werden, sind in dieser Zeit selten: 1338 sind es Heinrich Battenburg und Burglin, 1349 ist es Hartmann der Obermann, dessen Name an den Hartmann von 1301 und 1321 erinnert. Schließlich erscheinen noch ein Heinrich Gebe von Murrhardt, der 1364 eine Hube in Fornsbach kaufte – er muß also zumindest wohlhabend gewesen sein –, und ein Chuntz Ekhart von Murrhardt, der 1388/89 Heiligenpfleger der

88 Fritz 1982-III, S. 104 ff.

89 Hier und im folgenden werden Quellenbelege für die angegebenen Murrhardter nicht genannt. Die Quellen sind jeweils in der Einwohnerliste nachgewiesen.

Murrhardter Patronatskirche St. Katharina in Schwäbisch Hall war. Mit einiger Wahrscheinlichkeit handelt es sich bei allen im 13. und 14. Jahrhundert genannten Murrhardtern um Angehörige der besser situierten Murrhardter Bevölkerung; sonst wären diese Personen nie einer Nennung in Urkunden für würdig befunden worden. Eher zufällig ist die Nennung von Angehörigen der Familie Hoffmann 1376 im Murrhardter Weiler Steinberg.

Zeitweilig waren adlige Familien in Murrhardt von Bedeutung, so insbesondere die Kume, die 1364 in Fornsbach begütert waren und 1371 mit ihrer antilöwensteinischen Politik in Murrhardt scheiterten. Sie mußten zum Ausgleich für den Schaden, den sie dem Grafen Albrecht II. von Löwenstein angetan hatten, als er im Streit um Murrhardt lag, diesem die Weiler Vorderwestermurr, Streitweiler, Trailhof, ihre Rechte in Ebersberg und eine Hofraite in Murrhardt am oberen Tor abtreten. Die Kume erscheinen auch auf verschiedenen Pfarreien im Haller Gebiet. Weitere Aussagen über die Bedeutung des Niederadels in Murrhardt im 14. Jahrhundert sind nicht möglich, die Quellenlage ist zu dürftig. Deutlich ist nur eines: Niederadlige Familien spielten damals noch eine maßgebliche Rolle in und um Murrhardt. Das hat sich in den folgenden Jahrhunderten jedoch geändert.

Was die Dichte der Belege angeht, ergibt sich hinsichtlich der Murrhardter Bürger oder Einwohner im 15. Jahrhundert zunächst noch keine erkennbare Änderung. Auf lange Jahre sind eine Mechtild von *Murrhart* und eine *Adelheid bi ir* die einzigen Personen, die direkt mit der Stadt in Verbindung stehen. Mechtild ist mit dem 1396/1400 genannten Haller Bürger Heinz Witzig genannt Ehinger verheiratet. Sie überlebt ihn 1401/02 als Witwe. Noch bis 1471 treten uns nicht in erster Linie Murrhardter Bürger entgegen, sondern vor allem Personen, die auswärts tätig waren: Ein Peter Schüchlin war 1462 mit dem Spital in Hall in Streit geraten und zog in dem Konflikt den Kürzeren. In Gmünd erscheint 1469 ein Hermann von Murrhardt in einem Streitfall, den Markgraf Albrecht von Brandenburg schlichtete. Schüchlin und Hermann gehörten mit Gewißheit zu den reicheren Leuten, denn weder hatte jeder beliebige Murrhardter auswärtigen Besitz in Steinbach bei Hall, wegen dem man mit dem Spital in Händel geraten konnte, noch hätte ein gewöhnlicher Murrhardter je in einer Streitsache den brandenburgischen Markgrafen als Beurkundungsperson bemüht – sogar wenn Hermann nur eine von insgesamt acht Personen war, mit denen sich Markgraf Albrecht in der Urkunde beschäftigte. Deneben erfährt man beiläufig von Personen, die 1445, 1452 und 1469 in den Murrhardter Weilern Steinberg und Siegelsberg begütert waren: Geiger, Büch, Schreiner, Komel, Schüchle – Namen, die teilweise auch noch im 16. Jahrhundert vorkommen.

Mit Butze dem Pfeilsticker von Murrhardt und dem Schaufelhersteller Michel Schmid, die 1466–1472 ihre Waren nach Schwäbisch Hall lieferten, gewinnen die Nennungen der Murrhardter im 15. Jahrhundert allmählich einen anderen Charakter. Man erfährt wirtschaftliche Details, auf die noch zurückzukommen ist. Etwa zur selben Zeit wird auch erstmals nichtgeistliches und nichtadliges Führungspersonal in Murrhardt selbst in den Quellen erwähnt: Michael Metzler, der einmal als »von Plintheim«, das anderemal als »von Murrhardt« bezeichnet wird, erscheint 1466 und 1467 als Zeuge in Murrhardter Abtsurkunden. Er war gewiß ebenso wichtig wie der 1467 gleichfalls genannte und aus dem Murrhardter Patronatsdorf Westheim stammende Heinrich Vierkorn, der 1502 noch einmal als Schultheiß von Murrhardt vorkommt.

Vor dem späten 15. Jahrhundert ist nur in wenigen Einzelfällen behannt, wer in Murrhardt die weltliche Obrigkeit neben dem Kloster repräsentierte[90]. 1191 wird ein Vogt Ulrich angeführt, wohl ein Untervogt der damaligen Kastvögte des Klosters, der Grafen von Wolfsölden. Ulrich könnte zum Geschlecht der Murrhardter Ritter gehört haben und wäre dann als Ahn des 1258 und 1261 erwähnten Ritters Ulrich von Murrhardt zu betrachten. In löwensteinischer Zeit war 1288 ein Mann, dessen eigentlicher Name nicht verborgen bleibt, der aber den Beinamen Schreiber führte, Vogt des Grafen Albrecht I. in Murrhardt. Für die wirtembergische Zeit fehlen in Murrhardt lange Zeit alle Nachrichten. Als sie dann um 1470/80 einsetzen, werden Vögte nicht erwähnt, sondern ausschließlich die Schultheißen. Das weicht von dem in Wirtemberg üblichen Brauch ab, denn normalerweise stand an der Spitze eines wirtembergischen Amtes ein Vogt[91]. Weshalb die obersten wirtembergischen Beamten in Murrhardt von etwa 1490 bis beinahe 1530 stets den Titel eines Schultheißen führten – im benachbarten Backnang sind in derselben Zeit konsequent Vögte genannt[92] –, läßt sich nicht ermitteln. Substantielle Unterschiede zwischen den Aufgaben eines Vogts und eines Schultheißen sind nicht festzustellen, und eine ununterbrochene Tradition hatte der Schultheißentitel in Murrhardt ebenfalls nicht; 1191 und 1288 sind ja ausdrücklich *advocati,* Vögte, genannt. Wie dem auch sei: Man muß sich mit der Feststellung zufriedengeben, daß es in Murrhardt zu Beginn des 16. Jahrhunderts Schultheißen und keine Vögte als herzogliche Amtswalter gab, ohne den Titel hinreichend erklären zu können.

Ausdrücklich genannt ist ein Murrhardter Schultheiß erst im Stadtrecht von 1502, über einen ca. 1470/80 amtierenden Schultheißen Durdenbach weiß man fast nichts. Der 1502 amtierende Heinrich Vierkorn könnte das Schultheißenamt schon 1467 bekleidet haben, als er – gewiß offiziell als Amtsinhaber – als Zeuge für Abt Herbord auftrat. Bemerkenswert ist, daß Wirtemberg damit nicht – wie später üblich – einen Ortsfremden als Schultheiß eingesetzt hatte. Heinrich Vierkorn stammte aus Westheim und somit aus dem unmittelbaren Einflußbereich Murrhardts. Es scheint, daß das Kloster zu Zeiten von Heinrich Vierkorn noch ein entscheidendes Wort mitzureden hatte, wenn es in Murrhardt um die Bestellung des Schultheißen ging. Vierkorns Herkunft weist nämlich nicht nur wegen des Heimatorts auf enge Beziehungen zum Kloster hin, auch seine Verwandtschaft stand schon lange in Kontakt mit den Murrhardter Mönchen: Von 1430 bis 1464 war ein Heinrich Vierkorn Pfarrer zu St. Kathrin in Schwäbisch Hall. Seit 1395 ist die Familie als Inhaber der Bürgerrechte von Schwäbisch Hall in unmittelbarer Nachbarschaft von St. Kathrin nachzuweisen. 1433–1438 erscheint ein weiterer Heinrich Vierkorn – wohl der bereits erwähnte Pfarrer von St. Kathrin – als Dechant in Künzelsau[93]. Hier zeichnet sich klar ab, daß die Vierkorn nachweislich schon seit dem späten 14. Jahrhundert mit dem Klosterbesitz aufs engste in Verbingung standen, daß sie im 15. Jahrhundert sozusagen sogar zum klösterlichen Klerus gehörten. Das Kloster nahm

90 Vgl. zu den Belegen dieser frühen Vögte Fritz 1982-III.

91 Grube 1975, S. 10ff.

92 Vgl. die zahlreichen Nennungen von Backnanger Vögten HStAS, Repertorium A 473 und in den WR. Der erste Murrhardter Schultheiß 1489: Abt Johannes, Prior und Konvent, auch Schultheiß, Richter, Bürger und Gemeinde bestätigen die Verschreibung des Abtes Eckhard von 1389 (HStAS A 508, Bü. 1, kopial).

93 Wunder/Lenckner 1956, Nr. 2177-2182.

sich also einen Schultheißen aus jenen Kreisen, die auch seine Geistlichkeit bildeten. Der Murrhardter Schultheiß Heinrich Vierkorn war auf jeden Fall mit den gleichnamigen Klerikern verwandt. Es ist sogar nicht einmal ausgeschlossen, daß er ein Sohn des Pfarrers Heinrich Vierkorn von St. Kathrin war. Pfarrerskinder waren damals bekanntlich – trotz Zölibat – nichts Außergewöhnliches, und ebensowenig war es etwas Besonderes, daß diese an sich illegitimen Kinder zu Amt und Würden gelangten.

Völlig veränderte Verhältnisse zeigen sich beim nächsten Murrhardter Schultheißen. 1509 und 1510 ist Georg Renner als Schultheiß erwähnt. Die Renner hatten, anders als die Vierkorn, keine alten Verbindungen zum Kloster. Vielmehr dienten zahlreiche Mitglieder ihrer Familie vom frühen 15. bis zum 18. Jahrhundert den Grafen beziehungsweise Herzögen von Wirtemberg[94] und hatten dabei meist höhere Ämter inne: Schultheiß, Küchenmeister oder Keller am gräflichen Hof, Amtmann oder Vogt. In außerwirtembergischem Dienst erscheinen die Renner seltener. Bemerkenswert ist aber ein Jörg Renner, der in den siebziger Jahren des 15. Jahrhunderts Schultheiß in Löwenstein war, also in pfälzischem Dienst stand, und eine Person gleichen Namens, die um 1575 Keller in Weinsberg war[95]. Vielleicht gehören sie als unmittelbarer Vorfahre beziehungsweise Nachkomme zum Geschlecht des Murrhardter Schultheißen von 1509/10. Auffällig ist, daß Philipp Renner zu jener Zeit das Abtsamt bekleidete, als Georg Renner Schultheiß in Murrhardt war. Zufall ist das gewiß nicht, beide gehören sicher in dieselbe Familie. Hier wird eine rechte Vetternwirtschaft sichtbar, die wohl kennzeichnend für die damalige Zeit und ihr Machtverständnis war. Georg Renner müßte demnach, zusammen mit seinem Verwandten Philipp Renner, entscheidend an der Umwandlung des Klosters in ein weltliches Stift mitgewirkt haben. Über diese Angelegenheit mag er, genau wie Abt Philipp, 1511 gestürzt sein.

1511 hatte ein gewisser Benedikt Eisengrein Georg Renner als Schultheiß von Murrhardt abgelöst. Auch die Eisengrein waren eine Familie mit langer Tradition in wirtembergischen Diensten[96]. Ein Martin Eisengrein »der Schöne«, der 1480/90 starb, war am Hofe des Grafen Eberhard im Bart in Tübingen, ein weiterer Martin Eisengrein übte 1534/35 das Amt des Lichtkämmerers bei Herzog Ulrich aus, war Bürger in Stuttgart und verfügte über ein stattliches Vermögen von 1700 fl. Weitere Mitglieder der Sippe Eisengrein dienten dem Land Wirtemberg als Hofgerichtsassessoren und Doktoren. Noch klarer läßt sich der 1528 und 1529 als Murrhardter Schultheiß genannte Melchior Häberlin fassen[97]. Er war 1508–1511 Burgvogt auf Schloß Honberg im wirtembergischen Amt Tuttlingen und übte gleichzeitig die Funktion eines Kellers in Tuttlingen aus. 1516 hatte er es zum Vogt im Amt Dornhan gebracht, 1518 zum Vogt in Backnang. An Melchior Häberlins Biographie wird auch deutlich, daß die wirtembergischen höheren Beamten oft nicht allzulang an einem Ort blieben und häufig versetzt wurden. Zu dem 1521 erwähnten Murrhardter Schultheißen Heinrich Vas finden sich keine weiteren Informationen. Dennoch ist eines deutlich geworden: Seit dem Beginn des 16. Jahrhunderts bestimmte einzig und allein Wirtemberg, wer in Murrhardt Schultheiß wurde. Hier scheint die harte Handschrift Herzog Ulrichs erkennbar, der auf alte Gepflogenheiten und klösterliche Rechte bei der Besetzung des Amtes keine Rücksichten mehr nahm. Die österreichische Statthalterregierung führte nach 1519 Ulrichs Gepflogenheiten fort.

94 Vgl. Pfeilsticker §§ 509, 2134, 2404, 2634, 2965, 2970, 3208.
95 HStAS H 102/54, Bd. 8, Bl. 326.
96 Pfeilsticker §§ 495, 1274, 1304, 1346.
97 Ebd., §§ 2150, 2307, 2928, 2934.

Als Ulrich 1534 wieder nach Wirtemberg zurückkehrte, änderte sich das höchste Amt in Murrhardt auch dem Titel nach. Jakob Hofsess, der Mann des Herzogs in Murrhardt, wurde nicht mehr als Schultheiß, sondern als Vogt bezeichnet. Damit hatte auch in formaler Hinsicht eine Gleichschaltung Murrhardts mit den anderen Ämtern stattgefunden. Hofsess stammte aus Heimsheim; er war in den vierzig Jahren seiner Amtszeit ein fast unumschränkter Herrscher in Murrhardt. Auf ihn gehen die wiederholten Anläufe zur Aufhebung des Klosters zurück, ihm gelang es 1522, sogar das geistliche Leben Murrhardts in die Hand seiner Familie zu bekommen, indem er seinem minderjährigen Sohn Otto Leonhard das Abtsamt verschaffte. Ohne Jakob Hofsess wurde seit den dreißiger Jahren des 15. Jahrhunderts in Murrhardt lange Zeit keine einzige Klosterurkunde mehr ausgestellt. Aus Hofsess' gestrenger Kontrolle über Kloster und Städtchen zog nicht nur der Herzog seinen Nutzen; auch für Hofsess selbst fiel genügend ab. 1542 und 1545 versteuerte er jeweils 600 fl. Das war zwar nicht das Vermögen eines armen Mannes, es scheint aber für einen Vogt doch etwas niedrig gegriffen. Angesichts der später offen zutage tretenden Qualitäten von Hofsess im finanziellen Bereich darf man annehmen, daß er sich 1542 und 1545 sehr vorteilhaft – das heißt zu niedrig – einschätzen ließ und in Wahrheit über ein viel höheres Vermögen verfügte. Das ist schon deshalb wahrscheinlich, weil Hofsess nicht nur in Murrhardt Besitz hatte. 1571/72 gehörte ihm auch eine Scheuer an der Stuttgarter Ziegelhütte. Im Laufe seiner Amtsführung gelang es ihm, in Murrhardt immer mehr Geld und Güter zu erwerben. Vermutlich hat er nach der Zerstörung der Stadt durch die Spanier 1548 günstig eine ganze Reihe ruinierter Gebäude aufgekauft. Insbesondere die großen Gasthäuser »Engel« und »Hirsch« scheinen damals in seinen Besitz gekommen zu sein. Seine Besitzliste im Klosterlagerbuch von 1576 ist imponierend. Man wird ihn mit Fug und Recht als ebenso cleveren wie rücksichtslosen Boden- und Grundstücksspekulanten ansehen können. Hofsess' Bereicherung in Murrhardt wurde dem Herzog aber erst zu dem Zeitpunkt zuviel, als offenkundig wurde, wie sehr der Vogt auch in Amtsangelegenheiten in die eigene Tasche gewirtschaftet hatte. Zwar ist der zum Teil überlieferte Betrag von 70 000 fl, den Hofsess unterschlagen haben soll, ein Schreibfehler – eine solche Summe wäre ja das Mehrfache des städtischen Gesamtvermögens gewesen –, aber, auf die nachweisbaren 7000 fl reduziert, war der angerichtete Schaden ebenfalls beträchtlich. Leider sind die Prozeßakten zum Fall Hofsess heute unauffindbar. Im Jahre 1886 wurden sie ein letztes Mal systematisch ausgewertet und treffend zusammengefaßt: »Soviel man erfahren konnte, entwendete er [Hofsess] über 7000 fl und verleitete seinen Unteramtmann Hans Koner, Schultheißen zu Westheim, daß er von den Klostergefällen 2169 fl unterschlug. Zugleich mißbrauchte er seinen Gegenschreiber Augustin Hitzler zur Urkundenfälschung. Er war insbesondere angeklagt: ›daß er, ohnerachtet er keinen Theil am Zehnten hätte nehmen sollen, er doch oft solchen selbst allein und dann auch neben andern bestanden habe, item, daß er in Erstattung des Zehenthabers von wegen vorgegebenem Mißwachs sich selbst einen Nachlaß gethan und weniger in die Rechnung gebracht, item, daß er von den gelieferten Zehentfrüchten in sein eigenes Haus führen lassen u. drgl., da ihm sein Sohn, der Abt, Alles übersehen; item vieles sonst veruntreuet, falsa in Urkunden, Rechungen u. s. w. begangen, die Untertanen übernommen.‹ Im Jahre 1574 kamen von Stuttgart einige Räthe, um die Verwaltung zu untersuchen. In Folge dessen wurde der Vogt verhaftet und peinlich processirt, der Schultheiß ergriff die Flucht, der Schreiber wurde ebenfalls peinlich processirt. Der Proceß endigte mit der Verurtheilung des Vogts Hofseß zum Tode durch den Strang; auf eingelegte Fürbitte wurde er zum Tode durch das Schwert begnadigt und a. 1575 hingerichtet. Noch heute geht in

Murrhardt die Sage, der Vogt Hofseß gehe um Mitternacht in gewissen Straßen der Stadt umher, nach den einen als Kalb, nach andern als großer schwarzer Pudel«[98].

Der Bruch zwischen den Hofsess-Nachkommen und dem wirtembergischen Herrscherhaus war tief. Der Abt wurde zu einer Rente begnadigt – sie war freilich nicht sehr hoch – und lebte bis 1607 in Murrhardt. Das war, nachdem er 1574 zusammen mit seinem Vater auf dem Hohenneuffen inhaftiert worden war und angesichts des Schicksals von Jakob Hofsess, ein mildes Geschick. Der Enkel des Vogtes, der ebenfalls Jakob Hofsess hieß, wagte es aufgrund des Skandals um seine Familie aber nicht mehr, an der wirtembergischen Landesuniversität Tübingen zu studieren. Am 12. April 1575, vier Tage vor seines Großvaters öffentlicher Hinrichtung, immatrikulierte er sich in Freiburg im Breisgau, wo die Hofsess-Affäre wohl weniger bekannt war[99]. Immerhin muß später Gras über die ganze Angelegenheit gewachsen sein, denn ein weiterer Enkel des Vogtes Hofsess machte doch noch Karriere in wirtembergischen Diensten. Hans Leonhard Hofsess war 1608 Untervogt in Lauffen[100]. Pikanterweise wiederholte sich – in freilich abgewandelter Form – das Schicksal des alten Vogtes Hofsess bei dessen Urenkelgeneration: Gegen Otto Leonhard Hofsess d. J., geistlichen Verwalter in Lauffen, wurde ein Prozeß angestrengt »wegen unredlich Handlungen während der Kriegszeiten« 1637–1651[101]. Ebenso bemerkenswert ist, daß der Komplize des jüngeren Otto Leonhard Hofsess ein Nachkomme jenes Stadtschreibers August Hitzler war, der vor 1574 an den schmutzigen Geschäften von Vogt Jakob Hofsess beteiligt war. Die kriminelle Energie der Tätergemeinschaft Hofsess–Hitzler hat offensichtlich über mehrere Generationen hin angehalten.

Das Privatleben von Jakob Hofsess scheint, soweit dies aus den Quellen hervorgeht, unauffälliger gewesen zu sein. Er war mit Margareta Hoch aus Heimsheim verheiratet, mit der er vier Söhne und zwei Töchter hatte[102]. Der jüngste Sohn Hans Jakob starb am 2. Januar 1540, Margareta starb an einer Geburt am 6. Juni 1542. Hofsess hat sich danach erneut verheiratet, und zwar mit einer Elisabeth, über deren Identität vorerst nichts bekannt ist.

Die Verwaltungsfachleute seit 1470: Stadtschreiber

Während sich die Reihe der Murrhardter Schultheißen beziehungsweise Vögte seit dem Ende des 15. Jahrhunderts zwar nicht vollständig, aber doch in erheblichem Umfang nachweisen läßt, ist die Quellenlage für die Stadtschreiber wesentlich dürftiger. Die Stadtschreiber standen zwar in der Amtshierarchie unter den Schultheißen/Vögten und befanden sich auch weniger im Blickfeld der Öffentlichkeit als jene, sie waren aber allein durch die Tatsache, daß sie oft etliche Jahrzehnte lang Dienst taten, am besten mit den Verwaltungsinterna vertraut und bildeten jene bürokratisch-technokratische Elite, die für jede wirtembergische Stadt von maßgeblicher Bedeutung war. Mehr Einfluß als die jährlich wechselnden Bürgermeister hatten die Stadtschreiber allemal, und auch für den Schultheiß/Vogt war es ratsam, sich mit ihnen gutzustellen.

98 Zu Hofsess insbesondere ebd., § 3475. Das Zitat nach ROTHENHÄUSLER 1886, S. 136f.

99 MAYER 1907, S. 548. Dagegen hatte sich Josephus Hofsess Murrhartensis noch am 17. April 1568 in Tübingen eingeschrieben; s. HERMELINK 1906, S. 479.

100 Er schreibt als Untervogt zu Lauffen wegen seines eben verstorbenen Vaters Otto Leonhard Hofsess an den Herzog am 1. März 1608, HStAS A 508, Bü. 3.

101 So HStAS A 206, Nr. 3050 im Repertorium.

102 So der Grabstein der Margaretha Hoch (»Höchin«) in der Walterichskirche zu Murrhardt.

In Murrhardt sind für den hier vorgegebenen Untersuchungszeitraum nur drei Stadtschreiber nachgewiesen. 1502 und 1522 übte Peter Ziegler aus Kirchheim dieses Amt aus, 1520 Michael Bechtlin, 1549–1574 Augustin Hitzler[103]. Alle drei gehören – in dieser Beziehung durchaus den Schultheißen oder Vögten vergleichbar – Familien an, die lange Zeit in wirtembergischem Dienst standen. Ein Georg Ziegler war 1492 Klosterhofmeister im Frauenkloster Reutin. Peter Ziegler d. Ä. war 1532–1547 Stadtschreiber in Wildberg, 1547–1551 Vogt in Alpirsbach und 1551–1564 Untervogt und geistlicher Verwalter in Hornberg; außerdem wirkte er 1545 als Schulmeister in Wildberg. Sein Sohn Peter Ziegler d. J. war Klosterschreiber in St. Georgen, 1574 Stadtschreiber und Schulmeister in Dornhan, ein weiterer Sohn Karl Untervogt in Hornberg. Zahlreiche Mitglieder der Familie lassen sich vor und nach dem Murrhardter Stadtschreiber in Diensten Wirtembergs nachweisen[104]. Die Namensgleichheit legt die Vermutung nahe, daß der Murrhardter Peter Ziegler eng mit Peter Ziegler d. Ä. und d. J. verwandt war; es könnte sich um drei Generationen derselben Familie handeln.

Für den Murrhardter Peter Ziegler läßt sich ein erstaunlich präzises Bild rekonstruieren. Er wurde um 1480 geboren, und zwar, wie er selbst ausdrücklich zu Protokoll gab, in Kirchheim am Neckar. Dort erhielt er auch seine Erziehung. 1502 war er Murrhardter Stadtschreiber; in diesem Amt erscheint er noch 1522. Da aber 1520 bereits Michael Bechtlin Stadtschreiber war, scheint Ziegler sein Amt in Murrhardt nur noch nebenberuflich ausgeübt zu haben. Sicher ist, daß er das Murrhardter Bürgerrecht besaß und eigenen Besitz in Murrhardt hatte. Wohl vor 1520 hat Peter Ziegler sich aber zudem außerhalb Murrhardts engagiert, denn 1529 sagt er von sich, er sei Diener des Burkhard Sturmfeder. Gemeint ist Burkhard Sturmfeder d. Ä. († 1534), nicht dessen 1525 im Bauernkrieg in Weinsberg erschlagener Sohn Burkhard der Jüngere[105]. Peter Ziegler war nicht nur Schreiber bei der Stadt Murrhardt und bei den Sturmfeder in Oppenweiler. Seiner Aussage von 1529 zufolge – er sei bei Besprechungen des Abts von Murrhardt anwesend gewesen – war er vermutlich auch Klosterschreiber. Das Amt des Klosterschreibers und die Tätigkeit als Stadtschreiber waren offenbar miteinander verbunden. Es ist deshalb fraglich, ob in Murrhardt – wie in anderen wirtembergischen Städten – die Stadt das Recht hatte, ihren Schreiber selbst zu bestellen[106]. Eher dürfte das Kloster bestimmt haben, wer Stadtschreiber wurde. Von Interesse ist schließlich, daß Ziegler zweimal nur als Peter Schreiber bezeichnet wird. Hier liegt der eindeutig belegte Fall vor, daß die Berufsbezeichnung den Familiennamen in den Hintergrund drängte.

Nicht ganz so gut bezeugt ist Michael Bechtlin. Er dürfte in eine Familie gehören, deren Mitglieder – wie die Ziegler – als Stadtschreiber Tradition hatten. Mit ihm verwandt – vielleicht handelte es sich sogar um seinen Vater – war Thomas Bechtlin, der 1504 ein Studium in Tübingen aufnahm, 1537–1556 als Stadtschreiber in Sindelfingen nachzuweisen ist und 1562 starb[107]. Michael Bechtlin wurde 1547 Bürgermeister in Wildbad und erhielt im selben Jahr als Erblehen von Herzog Ulrich einen Hof des Stifts Herrenberg in Enzklösterle. Wann Bechtlin Murrhardt verlassen hat, ist nicht überliefert.

103 Pfeilsticker § 3480 zu beiden. Allerdings weist Pfeilsticker Hitzler nur bis 1568/69 nach. Er war aber nachweislich bis 1574 in Murrhardt; vgl. Rothenhäusler 1886, S. 136 f.

104 Pfeilsticker §§ 2309, 2326, 2473, 2475, 2662, 3036, 3503.

105 Schoen 1890, S. 95.

106 Vgl. Trugenberger 1984, S. 132 f.

107 Pfeilsticker §§ 2297, 2794, 3480. Michael Bechtlin d. J. war 1591/94 geschworener Substitut in Cannstadt, 1595–1635 Schreiber in Murrhardt.

Hitzlers Anfänge in Murrhardt lassen sich nicht näher fassen. Sicher überliefert ist dagegen seine zwielichtige Rolle im Bürgeraufstand von 1564/65[108]. Schon damals stand Hitzler in enger Verbindung mit Vogt Hofsess. Mit ihm war er dann in den Bestechungsskandal von 1574 verstrickt, wurde mit Hofsess auf der Folter verhört und seines Amtes enthoben[109]. Hitzler war durch Heirat mit der Murrhardter Ehrbarkeit versippt: Seine Frau war eine Tochter des mehrfachen Bürgermeisters Lorenz Maich. Ein späterer Nachkomme Hitzlers, Johann Ludwig Hitzler, brachte es im Dreißigjährigen Krieg zum Untervogt in Lauffen und war, wie oben erwähnt, zusammen mit dem Hofsess-Sprossen Otto Leonhard d.J. an weiteren dunklen Geschäften beteiligt. Aus der Ehe mit der Tochter von Lorenz Maich ging Laurenz Hitzler hervor, der – ungeachtet der Skandalgeschichten in Murrhardt – am 5. August 1574 sein Studium in Tübingen aufnahm[110]. Daraus wird man schließen können, daß Augustin Hitzler 1574 glimpflicher davonkam als Vogt Hofsess.

Bürgermeister, Gericht und Rat seit 1470: Die Murrhardter Ehrbarkeit

An der Spitze einer wirtembergischen Stadt standen als höchste städtische, das heißt aus der Bürgerschaft hervorgegangene Beamte zwei Bürgermeister[111]; Vogt beziehungsweise Schultheiß entstammten üblicherweise nicht der Stadt, sondern waren als Auswärtige vom Landesherrn eingesetzt. Die Bürgermeister mußten hauptsächlich die städtischen Rechnungen führen, sie sind also trotz desselben Titels nur bedingt mit den heutigen Bürgermeistern vergleichbar. Wesentlich war insbesondere, daß die Bürgermeister jeweils nur für ein Jahr amtierten.

Das eigentliche Exekutivorgan war das Stadtgericht, das in den Städten gewöhnlich aus zwölf Richtern bestand, nur in größeren Städten traf man hin und wieder 24 Richter an. Das Gericht hatte alle Verwaltungsakte auf der Stadtmarkung durchzuführen, erfüllte darüber hinaus aber auch die Aufgabe, die man angesichts seines Namens eigentlich in erster Linie erwartete: Es sprach Recht. Im speziellen Fall Murrhardts wurde dieser Aspekt bereits ausführlich erörtert[112]. Von einer Gewaltenteilung im modernen Sinne konnte jedenfalls keine Rede sein. Das Stadtgericht übte sowohl exekutive als auch judikative Funktion aus, ja man darf ihm auch in gewissem Maße legislative Tätigkeit zuschreiben. Ein neues Stadtrecht wurde zwar in erster Linie vom Landesherrn eingeführt, aber eine erhebliche Beteiligung an der Formulierung des neuen Rechts kam dem Gericht gewiß zu.

Seit etwa 1450 kennt man in Wirtemberg zusätzlich zum Gericht den zwölf-, manchmal auch nur achtköpfigen städtischen Rat, der eher die Belange der bürgerlichen Gemeinde im Hinblick auf die Selbstverwaltung wahrnahm, während das Gericht eine von der Herrschaft eingesetzte, obrigkeitliche Institution war. Eine solche Unterscheidung von Gericht und Rat erscheint aber nicht selten fast spitzfindig. Denn die Kompetenzen von Gericht und Rat sind für das 15. und 16. Jahrhundert noch nicht im einzelnen untersucht und klar getrennt worden. Wahrscheinlich wäre ein solcher Versuch auch müßig. Es gab sicher viele Überschneidungen

108 Fritz 1983-I.
109 Rothenhäusler 1886, S. 136f., s. auch oben.
110 Hermelink 1906, S. 534: Baccalareus artium 23. 3. 1575 (Maulbronn). Stip. 12. 1. 1576. Alb. stip. Januar 1577 Provisor in Hagenau im Elsaß.
111 Grube 1975, S. 11ff. Auch Trugenberger 1984, S. 95ff.
112 Vgl. S. 146ff.

bei den Gerichts- und Ratskompetenzen, ja man hat häufig den Eindruck, daß es sich um zwei Bezeichnungen für dieselbe Institution handelt. Dies wird schon in dem formelhaften Ausdruck »Bürgermeister, Gericht und Rat« deutlich, der nicht selten noch um den Vogt als Vertreter der Obrigkeit ergänzt wird. Am wichtigsten erscheint in diesem Zusammenhang, daß Gerichts- und Ratsherren oft dieselben Personen waren. Sie gingen in Wirtemberg aus der sogenannten Ehrbarkeit hervor, die man im allgemeinen mit den reichen Stadtbewohnern und jenen Bürgern gleichsetzt, die an den städtischen Organen Gericht und Rat beteiligt waren. In welchem Maße treffen diese Verhältnisse auch für Murrhardt zu?

Eine komplette Liste aller Gerichts- und Ratsherren Murrhardts besitzen wir für den vorgegebenen Zeitraum nur aus dem Jahr 1536. Darüber hinaus werden jedoch Bürgermeister noch etliche Male zusätzlich genannt. In Murrhardt gab es im 16. Jahrhundert immer nur einen Bürgermeister, niemals treten – wie andernorts oft üblich – zwei Bürgermeister gleichzeitig auf. Der älteste bekannte Murrhardter Bürgermeister ist Hans Müller, der in diesem Amt 1491 erscheint. Möglicherweise ist Bürgermeister Michel Schinnacher noch älter, aber über ihn liegen keine exakten Daten vor. Hans Müller muß, da er in einer Abtsurkunde 1483 als maßgeblicher Bürger genannt wird, schon vor 1491 zur örtlichen Prominenz gehört haben und dürfte bis 1523 gelebt haben. Zwar ist der Name – oder die Berufsbezeichnung? – Müller in Murrhardt relativ häufig, es ist aber sehr wahrscheinlich, daß jener Philipp Müller, der zwischen 1523 und 1545 häufig in Murrhardt vorkommt, zu Hans Müllers Verwandtschaft gehört. Philipp Müller war mindestens einmal, 1536, Murrhardter Bürgermeister. Im selben Jahr gehörte er auch dem Gericht und dem Rat an und war 1542 mit 1000 fl Vermögen der drittreichste Murrhardter überhaupt. Die Tatsache, daß er 1542 einer der vier Bürger war, die die Türkensteuer einzutreiben hatten, weist ebenfalls auf seine herausgehobene Stellung innerhalb der Bürgerschaft hin. Möglicherweise hat der Türkensteuerschätzer Philipp Müller auch das Vermögen des Steuerzahlers Philipp Müller günstig, das heißt zu niedrig, eingeschätzt, und ihm damit bei der Steuerveranlagung von 1542 Vorteile verschafft. Sicher ist jedenfalls, daß die Murrhardter Familie Müller spätestens seit 1483 im Ort begütert und einflußreich war. Hinsichtlich der beruflichen Zugehörigkeit Philipp Müllers ist von Interesse, daß er 1525 nachweislich den Beruf des Müllers ausübte. Ungeklärt bleibt, ob er außerdem vielleicht noch einen anderen, »echten« Familiennamen führte.

Annähernd ebenso reich war auch die Familie Zügel[113], die 1522 mit Nicodem Zügel einen Murrhardter Bürgermeister stellte. Nicodem, seltener auch Nicodemus genannt, war, nach der Häufigkeit seiner Nennungen in den Quellen zu schließen, der bedeutendste Murrhardter Bürger. Er war nach aller Wahrscheinlichkeit nicht nur 1522, sondern wesentlich häufiger Murrhardter Bürgermeister; Gerichts- und Ratsherr dürfte er etliche Jahrzehnte lang gewesen sein, auch wenn sich das nur 1536 nachweisen läßt. 1542 und 1545 war er Türkensteuereinnehmer, er wurde das letzte Mal 1546 gemustert. Zu diesem Zeitpunkt dürfte er also höchstens 60 Jahre alt gewesen sein. Sein Vermögen lag 1542 und 1545 nach eigenen Angaben bei 900 beziehungsweise 800 fl. Damit gehörte Nicodem Zügel zu den reichsten Bürgern Murrhardts. Die Quellen seines Wohlstandes sind ansatzweise zu erkennen: Einige gewichtige Indizien deuten darauf hin, daß Zügel den Beruf des Schmieds ausübte[114], in einer agrarisch geprägten Stadt gewiß einer der wichtigsten Berufe. Nicodem Zügels Nachkommen leben noch heute in

113 Dazu Fritz 1983-III.
114 Vgl. Fritz 1983-III.

Murrhardt. Angehörige dieser Familie bestimmten als Ratsherren für Jahrhunderte maßgeblich das Schicksal des Städtchens.

Neben Nicodem war 1536 noch ein weiterer Zügel mit dem Vornamen Michel Mitglied von Gericht und Rat. Er muß ebenfalls eine der führenden Personen Murrhardts gewesen sein, wenn er auch nicht ganz so häufig in Erscheinung tritt wie Nicodem. Michel Zügel war noch wohlhabender als Nicodem; er besaß 1542 1200 fl und hatte – da er wie Nicodem Steuereinnehmer war – diese Summe selbst festgesetzt. 1545 lebte Michel Zügel bereits nicht mehr, seine Witwe zahlte aber eine Steuersumme, der sogar 1250 fl Vermögen entspricht. Michel Zügel war ursprünglich Schmied, übte diesen Beruf aber schon 1538 nicht mehr aus. Statt dessen war er Gastwirt geworden. Eine nicht näher bekannte Affäre dürfte damals seine Karriere als Gerichts- und Ratsherr abrupt beendet haben: Er wurde wegen eines Vergehens gegen Herzog Ulrich in Lauffen eingesperrt und mußte nach seiner Freilassung Urfehde schwören. Michel und Nicodem Zügel waren allem Anschein nach nicht näher miteinander verwandt. Mit der Nennung eines Auberlin Zügel 1483 und eines Martin Zügel 1489 als Zeugen in Klosterurkunden ist bewiesen, daß Teile der in Murrhardt weitverzweigten Zügel-Sippe schon lange vor ihnen zur Ehrbarkeit gehörten. Der 1552 und 1556 genannte Bürgermeister Hans Fuchs verfügte über ein Vermögen von 650 fl und war im selben Jahr auch Türkensteuereinnehmer gewesen.

Die bisher genannten Bürgermeister beziehungsweise Gerichts- und Ratsherren zeichnen sich durch einen für Murrhardter Verhältnisse großen Reichtum aus. Der Eindruck, daß die städtischen Ämter nur unter den Wohlhabendsten aufgeteilt wurden, läßt sich so aber nicht aufrechterhalten. Zwar kann man zu den Vermögensverhältnissen Jacob Geiglins, der 1509 und 1513 als Bürgermeister nachgewiesen ist, nichts sagen, die Familie Geiglins oder Geiger gehörte aber in den Jahrzehnten nach Jacob Geiglin zu den weniger bemittelten Murrhardtern, ja einige Geiglin waren sogar ausgesprochen arm. Angehörige dieser Familie leben noch heute in Murrhardt.

Ebenfalls weniger wohlhabend war Kilian Caspar, der 1512 in Murrhardt das Bürgermeisteramt innehatte. Zwar ist nicht sein Gesamtvermögen, sondern nur sein Immobilienbesitz von 1525 überliefert; wenn man aber hiervon auf sein Gesamtvermögen rückschließen will, dann dürfte sich für Kilian ein etwas über dem Durchschnitt liegender Betrag ergeben. Anders als die Müller, Zügel oder Geiger spielen die Caspar in Murrhardt schon im 16. Jahrhundert unmittelbar nach Kilian Caspar keine Rolle mehr. Ein Zweig von ihnen war bereits im späten 15. Jahrhundert in Schwäbisch Hall ansässig geworden, andere – wohl die Nachkommen Kilian Caspars – traten in den geistlichen Stand ein. 1595 kehrte ein Angehöriger der Sippe, Felix Caspar, als evangelischer Abt wieder nach Murrhardt zurück. Er starb aber bereits nach wenigen Monaten.

Murrhardter Bürgermeister gingen im frühen 16. Jahrhundert außerdem noch aus den Familien Maich und Schroff hervor. Lorenz Maich d. J. war nachweislich 1551 Bürgermeister, er dürfte aber insgesamt mehrfach das Amt bekleidet haben. Dies könnte auch bei seinem Vater, Lorenz Maich d. Ä., der Fall gewesen sein. Von Interesse ist jedenfalls, daß weder der alte noch der junge Maich wohlhabend war, im Gegenteil: Ihr Vermögen lag um 1542/45 mit 100 beziehungsweise 150 fl deutlich unter dem städtischen Durchschnitt. Beide Maich waren von Beruf Schlosser.

Michel Schroff, der 1538 Bürgermeister war und schon um 1527 dem Gericht angehörte, zählte 1542 mit 400 fl und 1545 mit 500 fl Vermögen zwar zu den besser situierten Murrhardtern, ein ausgesprochen reicher Mann war er damit aber nicht. Schroff und Maich waren beide 1545 Türkensteuereinnehmer.

Für die Jahre 1560 und 1561 ist mehrfach ein Claus Schmid als Bürgermeister belegt; er dürfte mit dem gleichzeitig auftauchenden Bürgermeister Claus/Nicolaus Stiefel identisch sein. Stiefel war demnach von Beruf vermutlich Schmied. Nicolaus Stiefel erscheint erstmals 1536 in den Musterungslisten, ist also spätestens kurz vor 1520 geboren. Sein Vermögen von 450 beziehungsweise 400 fl in den Jahren 1542/45 weist ihn in dieselbe Schicht wie Michel Schroff.

Es hat sich bisher gezeigt, daß zwar einige der reichen Murrhardter in den führenden Ämtern der Stadt vertreten waren, daß andererseits aber durchaus auch materiell weniger gut gestellte Murrhardter zu Amt und Würden gelangen konnten. Dies bestätigt sich, wenn man zusätzlich eine Liste der Gerichts- und Ratsmitglieder von 1536 erstellt. Dieser Personenkreis hatte folgende Zusammensetzung:

Gericht und Rat in Murrhardt 1536 (in Klammern Vermögen in fl für 1542/45, für 1545 aus Steuersumme errechnet)

Philipp Müller, Bürgermeister	(1000/1000)
Nicodem Zügel	(900/800)
Martin Bader Wwe.	(360/300)
Michel Zügel	(1200/1250)
Hans Bader	(300/300)
Michel Schroff	(400/500)
Cunrat Bachmetzer	(400/400)
Lorenz Maich d.J.	(150/150)
Nicolaus Schreiner	(400/400)
Linsen Martin	(60/60)
Lienhard Metzger	(320/300)
Schweizer	(?/?)
Gabriel Blind	(?/?)
Hans Schwarz	(150/30, unsicher, ob 1542 und 1545 ders.)
Peter Ottlin	(100/900) (!)
Michel Ulmer	(240/200)
Veit Rumann	(220/220)
Philipp Wolfschmid	(150/?)
Hans Stolz	(320/400)

Da insgesamt 19 Mitglieder von Gericht und Rat nachgewiesen sind, müssen etliche Personen nur in einer von beiden Institutionen vertreten gewesen sein. Zu den Murrhardter Personen, die öffentliche Ämter bekleideten, muß man außerdem noch Hans Fuchs zählen, der 1545 Türkensteuereinnehmer und 1552 und 1556 Bürgermeister war. Er versteuerte 1545 ein Vermögen von 650 fl.

Insgesamt beläuft sich die Zahl der nachgewiesenen städtischen Amtsträger bis 1561 auf ungefähr zwei Dutzend – Bürgermeister, Gerichts- und Ratsherren und Türkensteuereinnehmer. Von fünfen – Kilian Caspar, Jacob Geiglin, Hans Müller, Schweizer und Gabriel Blind – kennen wir die Vermögensverhältnisse nicht oder nur unzureichend. Nimmt man die Vermögenswerte von 1542 und 1545 als Berechnungsgrundlage, so besaßen die Amtspersonen ein Durchschnittsvermögen von 375 beziehungsweise 459 fl. Dieser rechnerische Wert sagt für den Einzelfall aber wenig aus. Zwar waren einige für Murrhardter Verhältnisse ausgesprochen reiche Bürger unter den Amtsträgern, andererseits traten in Gericht und Rat jedoch auch durchaus weniger Wohlhabende und sogar Ärmere auf. Es ist demnach auf jeden Fall falsch, zu behaupten, die Führung des reformationszeitlichen Städtchens sei ausschließlich die Domäne einiger reicher Familien gewesen und ein durchschnittliches oder geringes Vermögen habe den Zugang zur Führungsspitze von vornherein unmöglich gemacht. Eines jedoch läßt sich sehr wohl sagen: Auch wenn es hin und wieder Ärmeren gelang, in Gericht und Rat vorzudringen, war dies doch nicht die Regel. Insbesondere die Bürgermeister- und Steuereinnehmerposten waren vornehmlich den Reichen vorbehalten. Ohne das Einverständnis eines Nicodem Zügel, Philipp Müller oder Hans Müller konnte in Murrhardt sicher nichts Nennenswertes geschehen. Dennoch war Reichtum nicht zwangsläufig mit einem politischen Amt verbunden. Die reichsten Murrhardter von 1542 (Zahlen für 1545 in Klammer) gelangten nur teilweise zu Amt und Würden:

Philipp Klenk (Harbach)	1250 fl	(1200 fl)
Caspar Müller	1200 fl	(seine Witwe 800 fl, sein Tochtermann Barthlin 200 fl)
Michel Zügel	1200 fl	(seine Witwe 1250 fl)
Philipp Müller	1000 fl	(1000 fl)
Nicodem Zügel	900 fl	(800 fl)
Cunrat Bart (Siegelsberg)	800 fl	(sein Tochtermann Claus Blind 600 fl)
Lorenz Zan	650 fl	(650 fl)
Martin Beyrin	600 fl	(600 fl)
Hans Fuchs	?	(650 fl)
Wolf Dauwer	600 fl	(300 fl)
Lienhard Hübsch	600 fl	(600 fl)
Jakob Hofsess, Vogt	600 fl	(600 fl)
Kilian Wurst (Hausen)	600 fl	(sein Kind 500 fl)
Jakob Junghans (Siegelsb.)	600 fl	(600 fl)
Paulin Sesler (Ottendf.)	600 fl	(600 fl)

Alle Bewohner der Amtsflecken waren indes von vornherein von politischer Mitsprache ausgeschlossen. Sie konnten nicht in die städtischen Gremien gewählt werden. Aber auch von den reicheren Bürgern der Stadt hatte ein Großteil keinerlei Ambitionen auf einen Posten in der städtischen Verwaltung.

Die Zuverlässigkeit der Vermögensschätzungen in den Murrhardter Türkensteuerlisten von 1542 und 1545

Die wichtigsten Quellen zur Vermögensschichtung der Murrhardter Bürger sind die Türkensteuerlisten, von denen in Murrhardt – anders als in den meisten andern Orten Altwirtembergs, wo nur noch eine erhalten ist – zwei Exemplare vorhanden sind, nämlich aus den Jahren 1542 und 1545. Beim Vergleich der Steuerlisten fällt auf, daß die zu versteuernde Vermögenssumme 1542 und 1545 stark schwankt. Die Stadt versteuerte 1542 insgesamt 26 767 fl, 1545 dagegen nur 25 319 fl. Für das Amt lauten die entsprechenden Zahlen 27 422 fl (1542) und

25156 fl (1545). Dabei sind die jeweiligen Jahreslöhne für Knechte, Mägde und Hirten sowie die Heiligen- beziehungsweise Kircheneinkommen nicht berücksichtigt. Die Zahlen verweisen auf einen Vermögensverlust von 5,4 % für die Stadt, von 8,3 % für das Amt in nur drei Jahren. Ein derartiger Einbruch in so kurzer Zeit erscheint nahezu unmöglich, zumal es zwischen 1542 und 1545 keine dramatischen Ereignisse gab, welche diese Einbußen beim Murrhardter Vermögen hätten bewirken können. Eine Verminderung des Vermögens in diesen Dimensionen wäre allenfalls mit der Einquartierung spanischer Truppen und den Zerstörungen erklärbar, die Murrhardt während des Schmalkaldischen Krieges nach 1546 über sich ergehen lassen mußte. Ein vergleichbarer Schicksalsschlag hat Murrhardt aber 1542–1545 nicht heimgesucht.

Folglich müssen die Gründe für die auffallenden Vermögensunterschiede zwischen 1542 und 1545 auf einem anderen Feld liegen. Das tatsächliche Gesamtvermögen wird in beiden Jahren ungefähr gleich hoch gewesen sein. Wenn in den Steuerlisten diese Diskrepanz auftritt, so dürfte sie damit zu erklären sein, daß man 1545 bei der Steuereinschätzung weniger strenge Maßstäbe anlegte als 1542. Das läßt sich belegen. Besonders aufschlußreich ist in diesem Zusammenhang, daß man 1545 nicht in allen Vermögensklassen die Steuersumme gleichmäßig reduziert hat. Die Gruppe der ganz Armen mit weniger als 20 fl Besitz wurde 1545 zu einem großen Teil gar nicht mehr in die Steuerliste aufgenommen. Das mag damit zu erklären sein, daß einige dieser Personen aus Stadt und Amt Murrhardt abgewandert sind, aber dies dürfte nur auf eine beschränkte Anzahl zutreffen. Die meisten 1545 nicht mehr in der Steuerliste genannten Einwohner mit unter 20 fl Vermögen wurden offenbar wegen ihrer Armut nicht mehr aufgeführt; man wollte ihnen eine neue Steuerbelastung nach nur drei Jahren ersparen. Von den 1545 wiederum angeführten Leuten dieser Vermögensklasse blieb der Besitz der meisten nahezu unverändert, nur in wenigen Fällen gelang es einigen von ihnen, nennenswerten Besitz hinzuzuerwerben, ebenso selten waren auch Besitzverluste[115]. Die Tendenz, Bürger und Einwohner von Stadt und Amt 1545 niedriger zu veranschlagen, ist auch bei den übrigen Vermögensgruppen zu beobachten. Ein kurzer tabellarischer Überblick soll dies verdeutlichen:

Vermögens-gruppe:	Zahl der Personen 1542:	davon 1545 noch nachweisbar	Vermögen gleich-geblieben	Vermögen gewachsen	Vermögen vermindert
bis 19 fl	48	20	15	3	1
20– 99	100	62	18	16	28
100–199	60	46	12	4	12
200–299	46	40	5	5	30
300–399	26	23	6	3	14
400–499	16	13	5	5	3
500–599	6	5	1	–	4
über 600 fl: vgl. vorhergehender Abschnitt					

115 1542 wurden in Stadt und Amt 48 Personen mit weniger als 20 fl Vermögen gezählt. Von diesen tauchen 1545 nur noch 20 wieder auf. Davon blieb bei 15 das Vermögen ungefähr gleich (Zuwachs oder Verlust von 3 fl), 4 hatten einen größeren Vermögenszuwachs als 3 fl, eine einen größeren Verlust als 3 fl.

Besonders ausgeprägt ist das Bemühen, die Steuerzahler in den Vermögensgruppen bis 400 fl zu entlasten. Hier überwiegen 1545 die niedriger eingeschätzten Vermögen deutlich die höher veranschlagten. Bei höherem Besitz gab es zwar auch einige geringer taxierte Summen – bei den Vermögen von 500 fl überwiegen die Abstufungen sogar –, aber insgesamt erkennt man klar, daß die reichen Murrhardter sich 1545 nicht herabstuften wie die Ärmeren oder mittelmäßig Begüterten. Die Motive liegen auf der Hand: Den Armen und durchschnittlich Begüterten wollte man eine erneute Steuerlast ersparen oder sie wenigstens vermindern. Den Reichen bürdete man dieselbe Steuerlast auf wie 1542, sie konnten diese Bürde ja ohne weiteres tragen. Das mag erstaunen, denn die Steuerkommission aus je vier Bürgern, die 1542 und 1545 die Steuern erhob, bestand ja mehrheitlich aus Reichen. Aber sie sind offensichtlich keine raffsüchtigen Egoisten gewesen; die soziale Tendenz, den Besitz zugunsten der weniger Begüterten zu schätzen, ist unverkennbar. Daß ausgesprochen soziale Erwägungen der niedrigeren Steuereinschätzung von 1545 zugrunde lagen, geht noch aus einem anderen Tatbestand hervor: Bei allen Witwen, die 1542 und 1545 zur Steuer veranlagt wurden, ist eine Verminderung der Vermögenseinschätzung festzustellen, häufig wurden die Witwen 1545 sogar ganz eklatant niedriger taxiert als drei Jahre zuvor[116]. Die Witwen, deren soziale Stellung als besonders gefährdet angesehen wurde, sollten offenbar in noch höherem Maße als die übrigen Murrhardter vor finanziellen Belastungen durch den Staat geschützt werden.

Die Beobachtungen zur Steuerbemessung von 1542 und 1545 erweisen nicht nur, daß die Murrhardter in erstaunlichem Maße sozial dachten. Sie zeigen auch, wie es um die Zahlungsmoral der Bürger stand. Damit kann ein wichtiger Beitrag zu der in der Forschung wiederholt diskutierten Frage geliefert werden, wie objektiv die Steuereinschätzung jener Jahre war. Auf der einen Seite hat man angenommen, die Bereitschaft zu zahlen sei mäßig gewesen und die Bürger hätten ihr Vermögen allgemein zu niedrig veranschlagt[117]; dieser Ansicht wurde entgegengehalten, daß die Steuerschätzung 1545 im Gegenteil sehr streng durchgeführt worden sei[118]. Es ist zwar nicht bekannt, wie zuverlässig die Angaben der Murrhardter 1542 waren, sicher ist aber, daß sie 1545 in erheblichem Maße tiefgestapelt haben. Objektiv und streng war die Steuereinschätzung von 1545 gewiß nicht. Es wäre in diesem Zusammenhang interessant, zu überprüfen, ob es sich hier um eine Murrhardter Eigenheit handelt oder ob man es 1545 im ganzen Land mit der Steuermoral weniger genau nahm als 1542. Die wenigen Orte, in denen noch die Listen sowohl von 1542 als auch von 1545 erhalten sind, müßten daraufhin eingehend untersucht werden.

Das Murrhardter Gesamtvermögen im Vergleich zu anderen Städten

Wie steht Murrhardt bezüglich seines Steueraufkommens im Vergleich zu anderen Städten und Ämterm in den vierziger Jahren des 15. Jahrhunderts da? Was die Summe aller Vermögen anging, war Murrhardt eine der ärmeren und unbedeutenderen Städte im Herzogtum Wirtem-

116 Vgl. z.B. die Vermögen von Heinrich Kleibs Wwe. 130/80, Alt Conzlins Wwe. 200/100, Philipp Sulgin Wwe. 200/150, Margreth, Hans Hermanns Wwe. 200/100 (erste Zahl jeweils Vermögen 1542, zweite Zahl Vermögen 1545 in fl).

117 Wunder 1970, S. 97.

118 Bull 1974, S. 6f.

berg. Mit seinen 26767 fl im Jahr 1542 (25318 fl 1545) rangierte es ungefähr in einer Größenordnung wie die Städte Beilstein (23000 fl), Blaubeuren (35000 fl), Böblingen (30000 fl), Güglingen (28000 fl), Lauffen (27000 fl), Möckmühl (31000 fl), Münsingen (32000 fl), Oberriexingen (32000 fl), Wildbad (32000 fl) oder Wildberg (23000 fl)[119]. Es gab durchaus noch weniger zahlungskräftige Städtchen im Herzogtum: Asperg hatte nur ein Gesamtvermögen von 13000 fl, Dornhan 12000 fl, Dornstetten 16000 fl, Gammertingen 12000 fl, Hoheneck 16000 fl, Hornberg 8000 fl, Heimsheim 16000 fl, Nagold 19000 fl, Neuenbürg 10000 fl, Rosenfeld 7000 fl und Neubulach 8000 fl. Dagegen war Murrhardt im Vergleich zu Stuttgart (416306 fl)[120] selbstverständlich ein armer Ort und konnte auch mit Schorndorf (171213 fl), Waiblingen (112160 fl) oder mit Winnenden (48000 fl), Backnang (57000 fl) und Großbottwar (79000 fl) nicht mithalten. Die Gesamtsumme des städtischen Vermögens allein sagt freilich über die Murrhardter Wirtschaftskraft noch nichts aus. Ein halbwegs vergleichbares Ergebnis ergibt sich erst, wenn man den Klosterbesitz zu dem Vermögen der Stadt addiert. Den Klosterbesitz zu quantifizieren, ist im einzelnen zwar schwer, immerhin weiß man aber, daß das klösterliche Einkommen in den dreißiger Jahren des 15. Jahrhunderts etwa 3000–5000 fl jährlich betrug[121]. Der tatsächliche Umfang des Klosterbesitzes hängt davon ab, wie hoch man seine jährliche Verzinsung anschlägt. Meist geht man von einer jährlichen Rate von 5 bis 10 % aus. Das ergäbe eine Summe von 30000 bis 100000 fl. Zwar ist dieses Ergebnis wegen seiner hohen Schwankungsbreite ungenau, immerhin wird aber die Größenordnung ungefähr deutlich. Das Gesamtvermögen von Stadt und Kloster Murrhardt muß demnach in jedem Falle das Doppelte bis Dreifache des städtischen Vermögens betragen haben. Im Folgenden ist aber ausschließlich der städtische Besitz von Interesse.

Die Vermögensverteilung innerhalb der Bevölkerung 1542/45

Wie angedeutet, sagt der Reichtum eines Ortes noch nicht viel über die Vermögenslage des einzelnen Bürgers aus, denn selbstverständlich konnte es auch in einer Stadt mit relativ niedrigem Gesamtvermögen reiche Bürger geben. Über die wohlhabenderen Murrhardter Stadtbewohner haben wir bereits einige Daten angeführt. Jetzt gilt es, die Wohlhabenderen in Relation zu den ärmeren Bürgern zu setzen. Es gibt verschiedene Ansätze, »reich« und »arm« zu definieren. Einerseits gliedert man einfach aufgrund des absoluten Vermögens[122]. Nach diesem Modell gehören alle Personen mit unter 20 fl Vermögen zur »Unterschicht«, alle mit unter 100 fl Besitz zur »gehobenen Unterschicht«, alle mit unter 500 fl Vermögen zur »Mittelschicht«, alle mit unter 1000 fl zur »gehobenen Mittelschicht« und alle mit über 1000 fl schließlich zur »Oberschicht«. In Zahlen ergibt sich für Murrhardt im Jahr 1542 folgendes Bild:

119 Vgl. dazu Bull 1975, der jeweils nur die auf volle Tausender gerundete Vermögenszahl angibt.
120 Diese und die folgenden Zahlen nach Wunder 1971, S. 95.
121 Vgl. oben S. 103, Anm. 10.
122 So in den Arbeiten von Bull 1974 und 1975.

Stadt Murrhardt

9 Jahrlohn-Veranlagungen

	Vermögens-Veranlagungen	Vermögenssumme zus.	
23	bis 19 fl	327 fl	= Unterschicht
53	20– 99 fl	2370 fl	= gehobene Unterschicht
35	100– 199 fl	4410 fl	
19	200– 299 fl	4350 fl	
8	300– 399 fl	2690 fl	
10	400– 499 fl	4220 fl	
2	500– 599 fl	1050 fl	
5	600– 699 fl	3050 fl	
–	700– 799 fl	–	
–	800– 899 fl	–	
1	900– 999 fl	900 fl	
1	1000–1099 fl	1000 fl	
–	1100–1199 fl	–	
2	1200–1299 fl	2400 fl	

168 Veranlagungen insgesamt, davon 159 Vermögensveranlagungen, Gesamtsumme 26767 fl. Von den Veranlagungen sind 137 männliche Schatzungspflichtige, 15 weibliche Schatzungspflichtige (meist Witwen) sowie 7 Kinder, Pflegschaften usw. betroffen. Die neun Jahrlohn-Veranlagungen beziehen sich auf sechs Mägde und fünf Knechte. Vermögensmittelwert 1542: 168 fl (1545: 162 fl).

Amt Murrhardt

37 Jahrlohn-Veranlagungen

	Vermögens-Veranlagungen	Vermögens-Summe zus.	
25	bis 19 fl	342 fl	= Unterschicht
48	20– 99 fl	2140 fl	= gehobene Unterschicht
26	100– 199 fl	3390 fl	
27	200– 299 fl	5990 fl	
18	300– 399 fl	5730 fl	
7	400– 499 fl	2980 fl	
6	500– 599 fl	3000 fl	
3	600– 699 fl	1800 fl	
–	700– 799 fl	–	
1	800– 899 fl	800 fl	
–	900– 999 fl	–	
–	1000–1199 fl	–	
1	1200–1299 fl	1250 fl	

199 Veranlagungen insgesamt, davon 162 Vermögens-Veranlagungen, Gesamtsumme 27422 fl. Von den Veranlagungen sind 143½ männliche Schatzungspflichtige, 9½ weibliche Schatzungspflichtige (meist Witwen), ein Kind (Pflegschaft) sowie ein Erbe betroffen. Die 37 Jahrlohn-Veranlagungen beziehen sich auf elf Mägde, 27 Knechte und fünf Hirten. Vermögensmittelwert 1542: 169 fl (1545: 162 fl.).

Die Einteilung der Einwohner in Besitzgruppen nach dem absoluten Vermögen hat den Vorteil, daß man landesweit über vergleichbare Zahlen verfügt. Nach diesen für ganz Wirtemberg gültigen Maßstäben hat es eine Oberschicht und reiche Leute im eigenlichen Sinne in Murrhardt fast nicht gegeben. Bemerkenswert ist, daß die Zahlen, in Prozente umgerechnet, für Stadt und Amt nicht nennenswert voneinander abweichen. In der Stadt gehörten 14,4 % aller Einwohner zur Unterschicht, im Amt 15,4 %. 33,3 % der Einwohner in der Stadt gehörten zur gehobenen Unterschicht, im Amt waren dies 29,6 %. Die Mittelschicht zählte in der Stadt 45,2 %, im Amt 48,1 % aller Einwohner. Zur gehobenen Mittelschicht zählten in der Stadt 5,0 %, im Amt 6,1 %, und die Oberschicht umfaßte in der Stadt rechnerisch 1,9 %, im Amt 0,6 %. Man kann also nicht behaupten, daß die Stadtbürger reicher als die Amtsbewohner gewesen wären. Bei den mittleren und unteren Vermögensgruppen ist festzustellen, daß die Mittelschicht in den Siedlungen und Dörfern des Amtes stärker ausgeprägt war als in der Stadt. Andererseits gab es in der Stadt etwas mehr Ärmere als im Amt. Allerdings ergeben sich gewisse Verschiebungen, wenn man die Jahrlohn-Veranlagungen hinzunimmt. Die Knechte und Hirten, die meist zur untersten Vermögensschicht gehörten, waren im Amt viermal so zahlreich wie in der Stadt. Das verschob die Vermögensstruktur zuungunsten des Amtes. Dennoch zeigen Amt und Stadt Murrhardt im wesentlichen ähnliche Strukturen in der Vermögensverteilung.

Vergleicht man die Stadt Murrhardt mit den anderen wirtembergischen Städten, so fällt der Mangel an Reichen in Murrhardt deutlich auf. Die Oberschicht war in Murrhardt prozentual nicht einmal halb so stark vertreten wie in allen Städten zusammen (Murrhardt 1,9 %, wirtembergische Städte 4,3 %). Auch die gehobene Mittelschicht war in Murrhardt im Vergleich zu den Städten des Herzogtums unterrepräsentiert (5,0 % : 7,7 %). Deutlich stärker vertreten als im städtischen Durchschnitt war dagegen die Mittelschicht (45,2 % : 40,7 %), während die gehobene Unterschicht Murrhardts dem Durchschnitt der anderen Städte entsprach (33,3 % : 33,7 %). Die Unterschicht war dagegen in Murrhardt etwas zahlreicher als im städtischen Durchschnitt (14,4 % : 13,6 %). Ein Schaubild verdeutlicht die Unterschiede (s. S. 188).

Bei einem Vergleich der Murrhardter Amtsorte außerhalb der Stadt mit allen nichtstädtischen Dörfern, Weilern und Höfen Wirtembergs ergibt sich ein ähnliches Bild. Auch in den Murrhardter Amtsorten fehlte es an Reichen (Oberschicht 0,6 % : 1,1 %). Dagegen war die gehobene Mittelschicht im Amt Murrhardt stärker vertreten als ansonsten im Land (6,1 % : 4,9 %). Ganz auffällig ist der Unterschied bei der Mittelschicht; sie war im Amt Murrhardt sehr viel stärker als bei der wirtembergischen Landbevölkerung (48,1 % : 41,7 %). Zahlenmäßig unterrepräsentiert war im Amt Murrhardt die gehobene Unterschicht (29,6 % : 13,5 %). Im Schaubild sieht dies folgendermaßen aus (s. S. 189).

Eine Interpretation dieser Befunde ergibt, daß sowohl die Stadt als auch das Amt Murrhardt im Vergleich zu den Städten und den nichtstädtischen Amtsgebieten des Landes eine deutlich schmalere Vermögensspitze und eine größere Zahl an mittleren Bürgern aufwiesen. Auffällig ist, daß die ganz Armen in Stadt und Amt Murrhardt zahlreicher vertreten

Vermögensstruktur des Amts Murrhardt 1542 (in %)

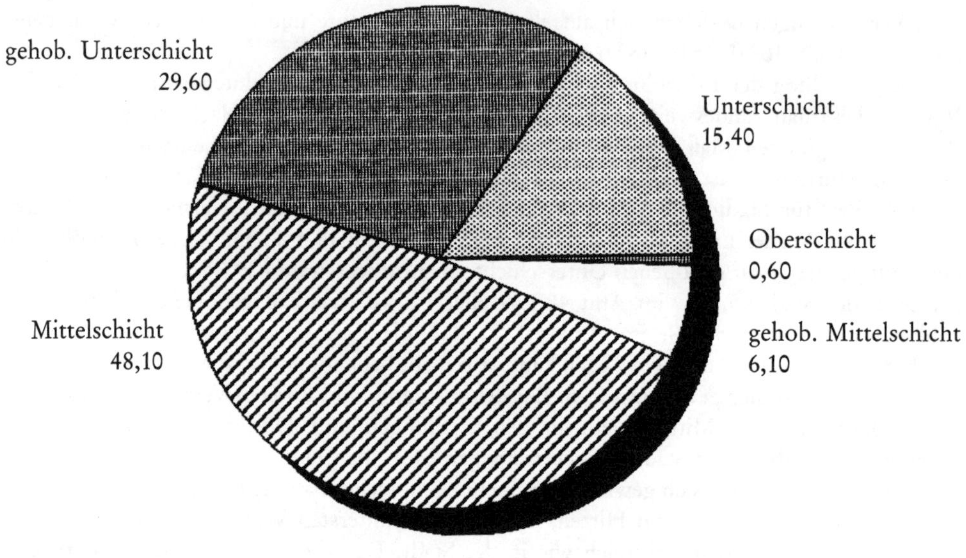

Vermögensstruktur der württ. Städte im Landesdurchschnitt (in %)

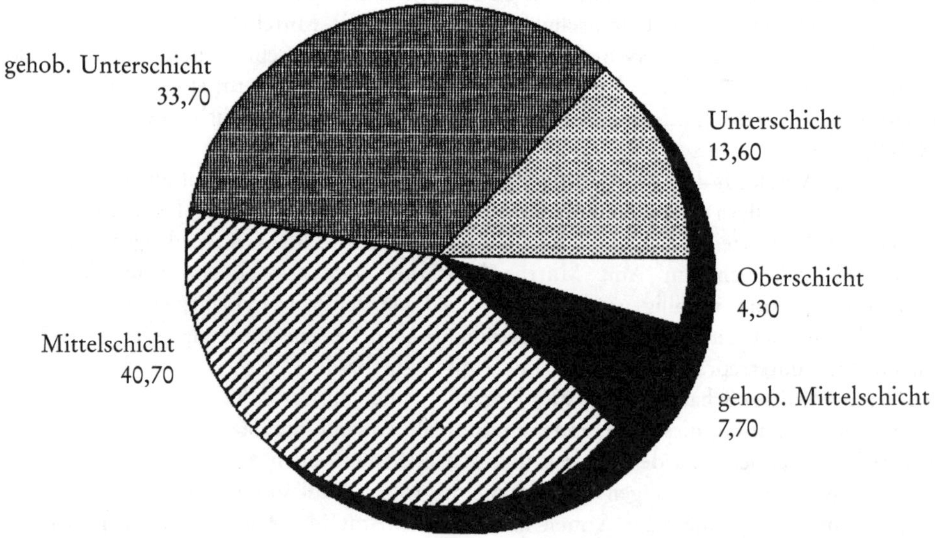

Vermögensstruktur der Stadt Murrhardt 1542 (in %)

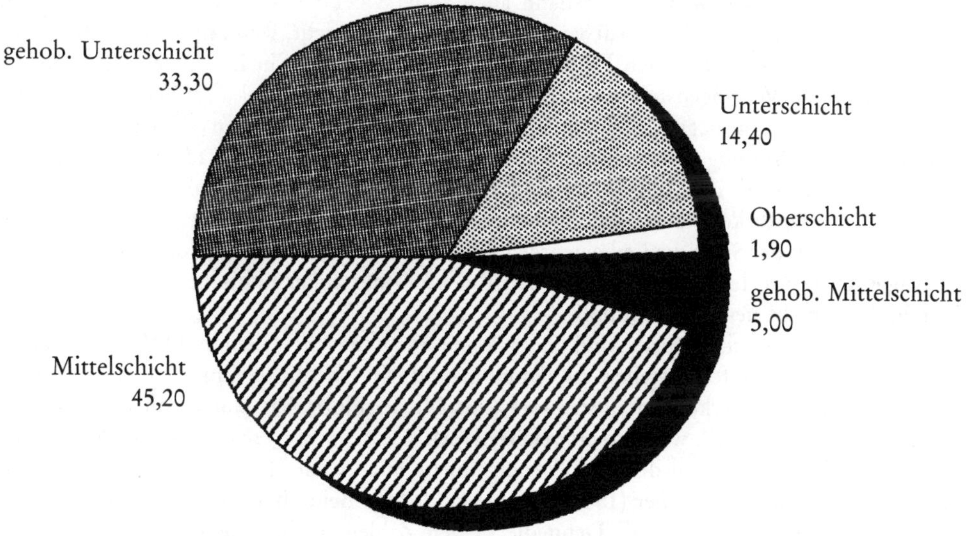

Vermögensstruktur der württ. nichtstädtischen Amtsorte im Landesdurchschnitt 1545 (in %)

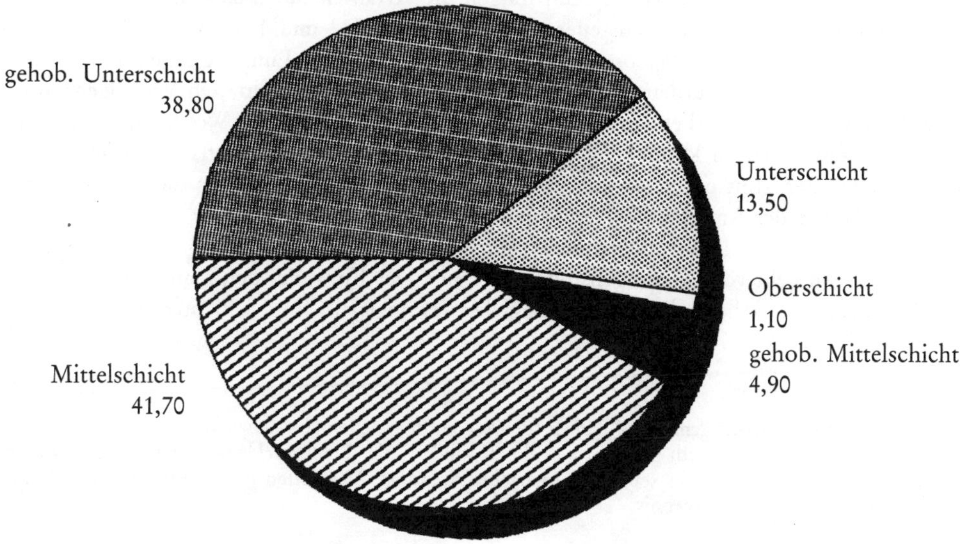

waren als im Landesdurchschnitt. Mit den in den obigen Berechnungen nicht berücksichtigten Knechten, Mägden und Hirten dürfte die Schicht der Armen in Murrhardt noch umfangreicher gewesen sein, allerdings müßte dann auch anderswo im Land die Schicht der Armen größer sein. In der Stadt Murrhardt würde sich die Unterschicht, wenn man diesen Bevölkerungsteil mitzählte, um etwa ein Drittel, im Amt um etwa das Eineinhalbfache vergrößern. Nimmt man den Vermögensmittelwert, also das arithmetische Mittel aller Vermögen, in die Betrachtung auf, dann liegt Murrhardt im Vergleich zum Land fast genau im Durchschnitt. 1545 betrug der Vermögensmittelwert für Wirtemberg 171 fl, für die Stadt Murrhardt 1542 168 fl (1545 162 fl), für das Amt 169 fl (1545 162 fl). Diese Zahlen zeigen, daß zwischen Stadt und Amt Murrhardt kein merkliches Wohlstandsgefälle bestand[123]. Das ist besonders bemerkenswert, weil in der Stadt die Leibeigenschaft de facto nicht existierte (vgl. oben S. 151 f.). Die Leibeigenschaft auf dem Lande hat also den Reichtum der außerstädtischen Bevölkerung im Durchschnitt nicht negativ beeinflußt.

Wenn auch zwischen Stadt und Amt keine ins Gewicht fallende Diskrepanz beim Vermögensmittelwert festzustellen ist, kann man doch erhebliche Unterschiede zwischen einzelnen Amtsorten erkennen. Ottendorf (mit Niederndorf) hat einen hohen Mittelwert (1542: 253 fl; 1545: 238 fl), war also ein reiches Dorf. Westheim war, soweit es nach Murrhardt Steuer entrichtete – ein Teil der Bevölkerung dürfte auch nach Hall oder Limpurg Steuern gezahlt haben –, deutlich ärmer (1542: 54 fl; 1545: 161 fl). Beide Beispiele zeigen aber bereits die Grenzen dieser Statistik auf. Denn die beiden Zahlen für Westheim suggerieren einen starken Vermögensanstieg für das Jahr 1545. Dem ist aber nicht so, denn der erhöhte Mittelwert für 1545 resultiert vor allem daraus, daß man aus den bereits erwähnten Gründen etliche ärmere Leute, die 1542 noch Steuer zahlen mußten, 1545 nicht mehr veranlagt hatte. Wenn aber die ärmeren Steuerzahler wegfallen, dann steigt der durchschnittliche Vermögenswert. Die Fragwürdigkeit der Statistik wird noch deutlicher, wenn man die Beträge von 1539, die für Ottendorf und Westheim im damaligen Lagerbuch der Murrhardter Pflege Westheim erhalten sind, hinzunimmt. 1539 kommen Ottendorf und Niederndorf auf einen Mittelwert von 200 fl, Westheim auf 125 fl[124]. Nun mögen die Kriterien des Lagerbuchs etwas anders gewesen sein als bei den Türkensteuererhebungen von 1542 und 1545, namentlich sind im Lagerbuch auch diejenigen Personen erfaßt, die hinter Hall und Limpurg saßen und 1542/45 gar nicht veranschlagt wurden, aber die innerhalb eines Ortes ermittelten Vermögensunterschiede sind doch zu erheblich, um mehr als die relative Armut Westheims gegenüber Ottendorf feststellen zu können. Wegen der Fragwürdigkeit von statistischen Aussagen zu den Murrhardter Amtsorten sei auf weiterführende Bemerkungen über die verschiedenen kleineren Weiler des Amtes daher verzichtet.

Ein zweites Modell zur Berechnung der Sozial- und Besitzstruktur frühneuzeitlicher Bevölkerungen geht vom Vermögensmittelwert aus. Der Einwand, den man aufgrund dieses Modells gegen die schematische Einteilung der Vermögen in fünf Schichten erheben kann,

123 Die in unserer Arbeit genannten Zahlen für Murrhardt weichen von denen Bulls ab. Bull 1975 hat nicht Stadt und Amt Murrhardt getrennt berechnet, sondern die »Stadt, incl. Harbach, Hausen, Vorderwestermurr etc.«, ferner jeweils separat Fornsbach, Ottendorf, Neustetten und Westheim, und kommt deshalb zu einem anderen Ergebnis.

124 HStAS H 102/54, Bd. 48.

lautet folgendermaßen: Ein Mann, der im Landesdurchschnitt zur oberen Mittelschicht oder gar nur zur Mittelschicht gehörte, konnte in einem armen Ort durchaus als reich gelten. Auch der umgekehrte Fall war vorstellbar: Beispielsweise hätten die drei reichsten Einwohner von Stadt und Amt Murrhardt mit 1200 beziehungsweise 1250 fl Vermögen im reichen Schwäbisch Hall (Vermögensmittelwert 440 fl!) nicht einmal zu den 30 reichsten Bürgern gehört, sie hätten irgendwo im Mittelfeld rangiert[125]. Das zweite Modell zur Berechnung der sozialen Verhältnisse versucht dieser relativen Reichtums- und Armutsgrenze gerecht zu werden, indem es ein Vielfaches oder einen Bruchteil des Mittelwertes als Grenze für Reichtum beziehungsweise Armut annimmt[126]. Dabei geht man davon aus, daß alle diejenigen Bürger als reich anzusehen sind, die das Zehnfache des örtlichen Vermögensmittelwertes besitzen, als ausgesprochen arm gelten diejenigen, die weniger als ein Zehntel des Mittelwerts ihr eigen nennen[127]. Für Stadt und Amt Murrhardt ergibt sich auf dieser Grundlage für das Jahr 1542 folgendes Bild (s. Tabelle auf S. 192).

Die mit diesem Modell gewonnenen Ergebnisse weichen nicht wesentlich von den bereits zuvor ermittelten Resultaten ab. Die starke Position der mittleren Vermögensgruppen wird unterstrichen. Reiche im eigentlichen Sinne hätte es demnach nicht gegeben; die Ärmeren sind zwar mit nicht geringer Zahl vertreten, fallen aber weit weniger ins Gewicht als in Schwäbisch Hall und sind etwa gleichstark wie in Waiblingen, Schorndorf und Göppingen[128]. Besonders auffällig ist, daß die Wohlhabendsten in Murrhardt es nur auf das Achtfache des Vermögensmittelwertes brachten, während in Göppingen der Reichste das Fünfzehnfache des Mittelwertes besaß, in Waiblingen und Schwäbisch Hall das Dreiundzwanzigfache und in Schorndorf gar das Neununddreißigfache[129].

Land- und forstwirtschaftliche Berufe: Bauern, Köhler, Förster, Forstknechte, Jäger, Fischer, Hirten, Schäfer, Knechte, Mägde, Taglöhner

Die Quellen vor 1561 teilen zwar einiges über die Berufe der Murrhardter mit, sie enthalten aber dürftigere Nachrichten als die hier nicht herangezogenen Lagerbücher, Steuer- und Musterungslisten nach 1561. Die ergiebigeren jüngeren Quellen wurden nur ausnahmsweise berücksichtigt, weil es zum einen die Fülle von Informationen zu beschränken gilt, zum andern zu bedenken ist, daß beispielsweise zur Entstehungszeit des Lagerbuchs (1576), das einige Hinweise zu den Berufen der Murrhardter enthält, das katholische Kloster nicht mehr vorhanden war. Dies könnte durchaus die Berufsstruktur des Städtchens beeinflußt haben. Es könnte zu verzerrten Ergebnissen führen, wenn man die Verhältnisse des späten 16. Jahrhunderts in die katholische Zeit projiziert. Murrhardt war in erster Linie ein landwirtschaftlich geprägter Ort; die Agrikultur hat den Charakter der Stadt noch bis weit ins 20. Jahrhundert hinein bestimmt. Es bedarf keiner näheren Erläuterung, daß die Landwirtschaft für die Weiler noch viel bedeutender war als für die Stadt. Aber gerade der Bauernstand in und um Murrhardt findet in den Quellen kaum einmal Erwähnung: Was selbstverständlich ist, braucht nicht genannt zu werden. Auch die Art und Weise der Feldbestellung und des Ackerbaus war

125 Vgl. die verschiedenen Arbeiten Wunders, so z. B. Wunder 1980, S. 190.
126 Ebd. und Wunder 1971, S. 98f.
127 Ebd., S. 99, 109. Zum Teil rechnet Wunder auch mit den dem Faktor 5.
128 Wunder 1971 und 1980.
129 Ebd.

	Stadt		Amt	
Gruppe	Steuerzahler (in Klammer in %)	Vermögen in fl (in Klammer in %)	Steuerzahler (in Klammer in %)	Vermögen in fl (in Klammer in %)
bis 0,1 M	23 (14,4%)	327 (1,2%)	25 (15,4%)	342 (1,2%)
bis 0,2 M	25 (15,7%)	540 (2,0%)	18 (11,1%)	410 (1,4%)
bis 0,3 M	7 (4,4%)	310 (1,1%)	16 (10,0%)	680 (2,4%)
bis 0,4 M	7 (4,4%)	420 (1,5%)	2 (1,2%)	120 (0,4%)
bis 0,5 M	13 (8,1%)	1010 (3,8%)	12 (7,4%)	930 (3,4%)
0,1–0,5 M	52 (32,7%)	2280 (8,5%)	73 (45,1%)	2482 (8,8%)
bis 0,6 M	16 (10,0%)	1590 (5,9%)	11 (6,7%)	1100 (4,0%)
bis 0,7 M	1 (0,6%)	110 (0,4%)	–	–
bis 0,8 M	6 (3,8%)	750 (2,8%)	1 (0,6%)	120 (0,4%)
bis 0,9 M	8 (5,0%)	1200 (4,5%)	9 (5,6%)	1330 (5,4%)
bis 1 M	2 (1,2%)	320 (1,2%)	3 (1,9%)	480 (1,8%)
0,6–1 M	33 (20,8%)	3970 (14,8%)	24 (14,8%)	3030 (11,6%)
bis 2 M	25 (15,7%)	5820 (21,7%)	41 (25,3%)	10010 (40,5%)
bis 3 M	16 (10,0 %)	6470 (24,2%)	19 (11,7%)	8050 (29,4%)
bis 4 M	6 (3,8%)	3600 (13,4%)	3 (1,9%)	1800 (6,6%)
bis 5 M	–	–	1 (0,6%)	800 (2,9%)
1–5	47 (29,5%)	15890 (59,3%)	64 (39,5%)	20660 (79,4%)
bis 6 M	2 (1,2%)	1900 (7,1%)	–	–
bis 7 M	–	–	–	–
bis 8 M	2 (1,2%)	2400 (9,1%)	1 (0,6%)	1250 (4,6%)
6–10 M	4 (3,2%)	4300 (16,2%)	1 (0,6%)	1250 (4,6%)
Summe	159	26767	162	27422

kaum eine Notiz wert. Aus den geologischen, biologischen und klimatischen Verhältnissen läßt sich jedoch mit Gewißheit folgern, daß der Wald und die Verarbeitung von Holz entscheidende Bedeutung hatten. Getreide- und Ackerbau sowie andere Zweige der Landwirtschaft traten demgegenüber zurück[130].

Die Daten zur Forstwirtschaft sind kümmerlich. Der häufig vorkommende Name Köhler deutet darauf hin, daß die Köhlerei lebhaft betrieben worden sein muß, ohne daß man dies in irgendeinem Fall ausdrücklich belegen könnte. Wie intensiv die Bauern sich der Forstwirtschaft zugewandt haben, läßt sich ebenfalls nicht ermessen; doch kann man davon ausgehen, daß dies in hohem Maße der Fall war. Da Stadt und Kloster ausgedehnte Waldungen besaßen, die städtischen Wälder zudem als Allmende genutzt wurden, besaßen sowohl Stadt als auch

130 Dazu Steinle 1963, der allerdings sein Hauptgewicht auf die Jahrhunderte nach 1700 legt.

Kloster vermutlich Förster oder Forstknechte. Städtisches Forstpersonal läßt sich indes nicht namhaft machen. Auch in der Personalliste des Klosters von 1561 ist kein klösterlicher Forstknecht ausgewiesen. Allerdings heißt es, daß Hans Hecker, der klösterliche Jäger, neben dem Forstknecht die Aufsicht führen solle; wer der Forstknecht war, wird jedoch nicht erwähnt. Dagegen sind die Forstknechte aus früherer Zeit relativ gut belegt. Ein Baurs Hans war bis etwa 1550 über vierzig Jahre lang Forstknecht des Klosters. Seine Vorgänger sind in langer Reihe bis etwa 1470 bekannt, freilich meist ohne genauere Datierung: Hans und Jerg Weber, Gogel Hans, Herren Hans und ein gewisser Clemens; lediglich von den Forstknechten Veit Hermann, Hans Schweinlin und Hans Gruber weiß man, daß sie in den Jahren um 1504, 1520 und 1557 amtiert haben.

Sogar das Aufgabenfeld der klösterlichen Forstknechte ist zu erkennen. In einem Prozeß, den Wendel Plapp von Stöckach 1556/58 gegen Abt Otto Leonhard Hofsess führte, wird vor allem Baurs Hans immer wieder ausführlich erwähnt. Es ergibt sich aus den Prozeßakten, daß der Forstknecht den Holzverkauf für das Kloster zu regeln hatte. Ob er selbst Holz schlug oder ob er sich dazu gewisser Helfer bediente – Taglöhner oder Fronarbeiter –, wird nirgends ausdrücklich gesagt. Sicher ist aber, daß der Forstknecht ständig Inspektionen im Wald durchführte. Er kontrollierte, ob jemand unberechtigterweise den klösterlichen Forst zur Schweinemast oder zum Holzhauen nutzte. Baurs Hans zum Beispiel hatte wiederholt heftige Zusammenstöße mit den Bewohnern des Stöckachshofs, die das Retzenholz für sich beanspruchten. Die Forstknechte waren anscheinend keine armen, unbedeutenden Leute: Baurs Hans besaß Haus und Scheuer, Hans Schweinlins Sohn Alexander ist als wohlhabender Mann bekannt und auch Hans Gruber war mit 400 fl wohlsituiert.

Mit dem Jäger Hans Hecker ist eine weitere hauptberufliche Forstperson nachgewiesen. Die Jagd diente zeitweilig durchaus für einige Murrhardter zum Lebensunterhalt. Allerdings waren die Murrhardter Jäger oder Jagdknechte stets in fremdem Auftrag tätig – das Jagdrecht war ja ein hoheitliches Privileg, das dem Kloster zustand, aber auch von den wirtembergischen Jagdgesellschaften im Kloster kräftig wahrgenommen wurde. Der Abt von Murrhardt hat den Wildreichtum seiner Wälder hin und wieder versilbert und Wildbret in die Reichsstadt Schwäbisch Hall verkauft – und gewiß auch anderswohin. Die Haller Steuerrechnungen überliefern die Besuche einiger Murrhardter Jäger, die zum Beispiel 1461, 1463, 1489 oder 1536 Rehe und anderes Wildbret gebracht haben[131]. Die Jäger dürften jedoch noch viel häufiger in Hall gewesen sein, weil dort bei Wildbretaufkäufen die Verkäufer meist nicht namentlich angegeben wurden. Oft heißt es, es seien wirtembergische Lieferanten gewesen – wohl meist Murrhardter.

Eine geringe Rolle spielte in Murrhardt die Fischerei. Die Fischrechte der Bürger waren bescheiden[132], lediglich das Kloster verfügte über so ausgedehnte Fischwässer, daß sich ein eigener Fischer lohnte[133]. Genauer läßt sich hingegen die bäuerliche Weidewirtschaft erfassen. Sie war so organisiert, daß die wichtigeren Murrhardter Weiler und die Stadt Murrhardt jeweils einen oder mehrere Hirten anstellten, die für einen Jahrlohn von 4 bis 5 fl (um 1540) das Vieh beaufsichtigen mußten[134]. Bei den Hirten gab es soziale und berufliche Abstufungen:

131 StadtASHA, StR 151, 159, 260, 437. In StR 437 schenkt der Abt dem Rat von Hall *1 seukopff und 1 rehbock*.
132 Vgl. S. 159f.
133 Vgl. unten S. 214f.
134 Vgl. die Einwohnerliste, Stichwort »Hirt«.

Unter den eigentlichen Hirten rangierten die Viehbuben[135] und die »Zecher« (dieses heute in diesem Zusammenhang nicht mehr gebräuchliche Wort bedeutet »Helfer«). Außerdem scheint es zeitweilig oder an einzelnen Orten eigens Kuh- und Schweinehirten gegeben zu haben. Es ist fraglich, ob die Gemeindehirten auch für die Schafhaltung zuständig waren. Die Personen mit dem Namen Schäfer bringen hier keine Klärung. Man nimmt allgemein an, daß die gemeindliche Schafhaltung in sehr frühe Zeiten zurückgeht. Demnach hätten Gemeindehirten auf Allmendgebiet – und mit erheblichen Privilegien auch auf Privatgebiet – Schafe halten dürfen[136]. Von einer Murrhardter Gemeindeschafhaltung ist bis zum 16. Jahrhundert indessen ebensowenig bekannt wie von einem klosterbediensteten Schäfer. Es scheint sogar eher so zu sein, daß das Kloster keinen eigenen Schäfer besaß. Man weiß nur, daß es 1576 ein klostereigenes Schafhaus gab[137]. Nicht geklärt bleibt fürs erste, wie die klösterliche Schafhaltung organisiert war – ob als sogenannte Transhumanz (Wanderschafhaltung) oder als dauernde Standschäferei.

Die Regelung der Viehhaltung ist dagegen klar. Man gab bei den Gemeindehirten, gelegentlich aber auch bei einzelnen Bauern sein Vieh in Obhut, so daß man der Sorgen um seine Tiere ledig war[138]. Der Viehtrieb der Hirten gab Anlaß zu ständigem Streit, der alle paar Jahrzehnte durch ausführliche Urteilssprüche entschieden werden mußte[139]. Der wichtigste Rechtsentscheid kam nach über dreijährigen Zeugenbefragungen 1503/06 zustande[140]. Die darin enthaltenen, sehr ausführlichen Beschreibungen der einzelnen Viehtriebsrechte sind weniger interessant als die farbigen Schilderungen über den Umgang der Bauern und Hirten untereinander. Man gewinnt auf diese Weise Einblick in das von den Quellen sonst kaum beleuchtete Alltagsleben und in die Rechtswirklichkeit der Landbevölkerung. Zwar stand hinter dem oder den Murrhardter Hirten die Autorität der Stadt und ihrer Bürger, wenn aber der städtische Hirt mit seinem Vieh irgendwohin unterwegs war und der Bauer, über dessen Besitz Hirt und Herde ihren Weg nehmen wollten, damit nicht einverstanden war, dann half die städtische Autorität nichts: Um das Jahr 1500 verwehrte Klenk von Klingen dem städtischen Hirten den Durchzug, indem er mit Stangen auf ihn losschlug. Ein weiterer Zusammenstoß lief etwas später sogar noch dramatischer ab: Klenk schoß nach einigem Geschrei sogar auf den Hirten. Dies zeigt, daß das Leben jener Zeit mit einer friedlichen, ländlichen Idylle nichts gemein hatte, im Gegenteil: Es herrschte Roheit, Sturheit und ein hohes Maß an Selbstjustiz, die ans Faustrecht erinnert. Nimmt man die Rechtsvorschriften allein als Grundlage, entsteht ein völlig schiefes Bild von der damaligen Realität. Theoretisch war die Gewalttätigkeit Klenks ein Vergehen, das mindestens als großer Frevel, wenn nicht gar als ein in die Kompetenz der Hochgerichtsbarkeit fallendes Delikt geahndet hätte werden müssen. Tatsächlich geschah überhaupt nichts: Die Prügeleien Klenks waren lediglich Anlaß für eine Untersuchung der Viehtriebsrechte. Offenbar dachte kein Mensch daran, ihn strafrechtlich zu verfolgen. Mit anderen Worten: Das anscheinend so penibel geregelte Strafrecht hatte in der Lebenswirklichkeit von 1500 wenig zu bedeuten, es stand zunächst einmal nur auf dem Papier. Und was soll man von der Macht einer Obrigkeit halten, die nicht in der Lage

135 Ein solcher im *Verzeichnus alles gesinds im closter* von 1561, HStAS A 508, Bü 3.
136 Vgl. Jacobeit 1961, S. 128 ff.
137 Dasselbe ist vorerst nicht lokalisierbar; vgl. HStAS H 102/54, Bd. 8, Bl. 59b.
138 Vgl. die in der Einwohnerliste bei den Hirten genannten Quellen.
139 Vgl. S. 160, Anm. 73.
140 Vgl. die genauen Belege im Einleitungsteil der Einwohnerliste.

war, ihren Hirten vor der Gewalttätigkeit eines einzelnen, wildgewordenen Bauern zu schützen? Es gab aber auch andere Landbewohner. Man ging anscheinend an den Sonn- und Feiertagen zur Kirche nach Murrhardt und nahm klaglos die weiten Wege von den Weilern in Kauf. Andererseits war die feiertägliche Weihe kein Hindernis für die Landarbeit und nicht einmal für den schlimmsten Streit, denn die Episode mit dem Bauern Klenk geschah ausgerechnet an einem Feiertag und wurde von einem aus der Kirche nach Köchersberg zurückkehrenden Bauern beobachtet[141].

Wesentlich trockener wird die Materie, wenn man sich einer weiteren Gruppe von Personen zuwendet, die mehrheitlich in den agrarischen Bereich gehört, nämlich den Knechten und Mägden. Sie sind hauptsächlich dort anzutreffen, wo landwirtschaftliche Arbeit anfiel, also außerhalb der Stadt in den Dörfern und Weilern des Amts. 1542 wurden in der Stadt fünf Knechte und sechs Mägde gezählt, im Amt 27 Knechte und elf Mägde. 1545 sind drei Knechte und vier Mägde in der Stadt verzeichnet, zwölf Knechte und zwölf Mägde im Amt. Mit ziemlicher Sicherheit kommen die Zahlen von 1542 der Realität näher, 1545 hat man etliche ärmere Knechte und Mägde, die keine Steuer zahlen mußten, einfach nicht berücksichtigt. Auch die in der Stadt lebenden Knechte und Mägde dürften vor allem landwirtschaftlich tätig gewesen sein, lediglich bei den Mägden kommt zusätzlich hauswirtschaftliche Arbeit in Betracht. Es entsprach dem bescheidenen Wohlstand Murrhardts, daß die meisten Haushalte keine Knechte oder Mägde besaßen. Wenn dies einmal doch der Fall war, stand pro Haushalt meist nur ein Knecht oder eine Magd im Dienst. Innerhalb der Stadt werden 1542 nur zwei Personen mit je zwei Dienstleuten erwähnt: Hans Obermüller und Michel Zügel, beide mit 400 beziehungsweise 1200 fl Vermögen überdurchschnittlich reich, hatten je einen Knecht und eine Magd. Außerhalb Murrhardts waren die Herren von Knechten und Mägden nicht gerade arm, aber auch nicht unbedingt reich: Veltin Fallenbach aus Neustetten (Vermögen 340 fl) hatte gleich drei Knechte, je einen Knecht und eine Magd hatten Claus Klenk aus Klingen (240 fl), Jakob Müller aus Murrhärle (300 fl), Claus Klotz aus Karnsberg (300 fl), Wendel Plapp aus Stöckach (500 fl) und Philipp Klenk aus Harbach, der Reichste im Amt (1250 fl). Es erstaunt, daß etliche der wohlhabendsten Städter und Amtsbewohner nur einen oder gar keinen Dienstboten hatten. Das mag damit zusammenhängen, daß viele Personen, die in den Steuerlisten mit ihrem Vermögen erschienen, noch nebenher als Knechte, Mägde, Putzfrauen usw. tätig waren, ohne daß dies aus den Listen hervorgeht. In wenigen Einzelfällen deutet sich dies an: Beispielsweise bezog Semats Witwe 1542 aus Hördt Jahrlohn, sie war also, ohne daß dies explizit erwähnt wird, als Magd beschäftigt. Es ist auch schlechterdings nicht vorstellbar, daß viele der wohlhabendsten Murrhardter ohne Dienstboten ausgekommen sind.

Wie waren nun die Lebensverhältnisse der Knechte und Mägde beschaffen? Hier stößt man auf das prinzipielle Problem, daß sich ihre Jahrlohnabgaben nicht ohne weiteres mit der Vermögenssteuer von anderen Personen vergleichen lassen. Wenn aber ein Murrhardter mit 150–200 fl Vermögen in Stadt und Amt weder außerordentlich reich noch besonders arm war, dann ist anzunehmen, daß er nicht mehr als ein Zehntel seines Vermögens pro Jahr hinzuverdiente, eher weniger. Wer also etwa 15 fl pro Jahr erhielt, war für Murrhardter Verhältnisse nicht arm. Ein solcher Betrag lag weit über dem Lohn von Knechten und Mägden. Allerdings hatte Hans Birklin aus Hausen – der freilich nicht ausdrücklich als Knecht bezeichnet wird – 20 fl Jahrlohn. Verhältnismäßig wohlsituiert waren zwei Knechte in Käsbach mit 10 fl Jahr-

141 Ebd.

lohn. Ferner sind auch Knechte mit 7 oder 8 fl Jahrlohn erwähnt. Häufiger waren Beträge von 3 bis 4 fl, manchmal sogar noch wesentlich weniger. Es ist nicht möglich, die Jahrlöhne von Knechten und Mägden exakt zu trennen, denn häufig wird für beide ein gemeinsamer Lohn veranschlagt, ohne daß eigens angeführt wird, wer wieviel erhalten hat[142]. Einen besonderen Status hatten jene Knechte und Mägde, die in Diensten des Klosters standen. Die Klosterbediensteten sind erst in nachreformatorischer Zeit genau überliefert, es hat sie aber selbstverständlich schon vorher gegeben, wie am Beispiel des Jacob Wirt deutlich wird, der um 1460 Knecht im Kloster geworden sein muß und 27 Jahre lang dort blieb. Die Klosterknechte und -mägde sollen nicht an dieser Stelle, sondern unten zusammen mit den anderen nichtgeistlichen Personen des Klosters gesondert behandelt werden.

Zweifellos waren Knechte und Mägde keine reichen Leute, jedoch muß man sich davor hüten, in ihnen ein auf Lebenszeit armes und verelendetes Landproletariat zu sehen. Aus der Biographie verschiedener Bauern des 16. Jahrhunderts wissen wir, daß es für junge Leute nicht unüblich war, irgendwo in fremde Dienste zu treten und dort als Knecht zu arbeiten. Diese Knechtzeit konnte lange dauern – vielleicht so lange, bis zu Hause der Vater starb oder sich aufs Altenteil zurückzog und das Erbe anfiel. Als markantestes Beispiel ist hier der um 1485 geborene Claus Blind zu nennen, der in reiferen Jahren 1545/57 einer der reichsten Bauern im ganzen Murrhardter Amt war. Er hatte Anfang des 16. Jahrhunderts zehn Jahre lang als Knecht auf einem Hof in Hinterbüchelberg gearbeitet. Auch Paul Wurst, der 1542 ein nicht armer Bauer war, berichtet, daß er um 1500 als Knecht gedient habe. Die Länge der Dienstzeit als Knecht war unterschiedlich: Die zehnjährige Dienstzeit von Claus Blind wurde schon erwähnt, jedoch scheinen kürzere Dienstperioden häufiger gewesen zu sein. Auf dem Stöckachhof dienten Hans Engelhart, Lienhart Klenk und Steffan, der Sohn des alten Beni, ein Jahr; zwei Jahre lang Conrat Klenk; fünf Jahre lang Jerg Gogelin und Bartlin Sigmund.

Erwähnt sei noch eine weitere Gruppe der ländlichen Unterschichten, die freilich in den Quellen nur selten auftaucht, aber nicht klein gewesen sein dürfte: die Taglöhner. Es handelte sich bei ihnen wohl um Klein- oder Kleinstbauern, die auf zusätzlichen Erwerb angewiesen waren, oder um völlig Besitzlose. Oft rangierten die Taglöhner vermutlich noch unter den Knechten, denn diese hatten wenigstens ihren festen Arbeitsplatz und ein während ihrer Dienstzeit gesichertes Einkommen, das zumindest das Existenzminimum garantierte. Allerdings sind die Übergänge zwischen Knechten und Taglöhnern fließend: Aus der Familie Engelhart in Fornsbach sind 1556/57 drei Personen als Taglöhner bekannt. Einer von ihnen war früher einmal Knecht gewesen, aber wieder aus dem Dienst geschieden, ein anderer hielt die häuslichen Unkosten dadurch gering, daß er – offenbar unverheiratet – noch mit 34 Jahren bei seiner Mutter lebte. Taglöhner waren nicht nur durch ihre Armut schlecht gestellt: Das Kloster griff zudem gerade auf sie zurück, wenn Fronarbeiten zu verrichten waren (vgl. S. 145).

142 Vgl. dazu auch Bull 1974 und 1975, der ebenfalls deutliche Unterschiede im Einkommen von Knechten und Mägden feststellt.

Lebensmittelverarbeitende Berufe: Müller, Bäcker, Metzger, Köche

Von den Bauern, Hirten, Schäfern, Knechten und Mägden wurden Lebensmittel produziert, welche die Müller, Bäcker, Metzger und Köche zum Verzehr verfeinerten. Am besten ist der Müllerberuf in Murrhardt dokumentiert[143]. Im 16. Jahrhundert gab es in oder unmittelbar bei der Stadt vier Mühlen, von denen allerdings eine, die Klostermühle, zwischen 1560 und 1576 stillgelegt wurde. 1583/84 wurde die Burgermühle als fünfte Mahlmühle gebaut, doch kann das hier außerhalb unserer Betrachtungen bleiben[144]. 1525 gab es in der Stadt vier Müller: Ruman Gret, Claus Schreiner, Stephan Witwe und Philipp Müller, alle mit einem überdurchschnittlich hohen Gebäudebesitz im Wert zwischen 130 und 210 fl. Außerhalb der Stadt existierten damals Mahlmühlen in Klingen, ferner in Westheim und Ottendorf. Die Ottendorfer Mühle ist allerdings erst 1539 ausdrücklich belegt, die Westheimer Mühle 1490[145]. Sie haben jedoch schon lange vorher bestanden. Der Klingener Müller Claus Klenk stand mit 80 fl Gebäudebesitz seinen Murrhardter Berufsgenossen deutlich nach.

1539/42 lassen sich die Vermögensverhältnisse der Müller genau belegen. Während die Murrhardter und Ottendorfer Müller zumindest deutlich über dem Vermögensmittelwert lagen oder gar ausgesprochen reich waren, trifft dies für den Westheimer Müller nicht zu. Die Murrhardter Müller von 1542 waren Hans Obermüller (Obermühle, 200 fl) sowie Hans Müller und Martin Rumann (260 beziehungsweise 450 fl, beide gemeinsam die Rümelinsmühle). Der Untermüller ist nicht bekannt. Der Klingener Müller von 1542 war noch derselbe Claus Klenk, der die dortige Mühle auch 1525 besessen hatte. 1542 besaß er ein Vermögen von 230 fl. In Westheim hatte die Mühle an der Bibers 1539 Hans Müller inne (170 fl), in Ottendorf kommen als Müller Bernhart Rucker (300 fl mit 51 fl fahrender Habe) und Ursula, Hans Bachen Witwe, (500 fl mit 50 fl fahrender Habe) vor. Abgesehen von Westheim warf der Mühlbetrieb also Einkünfte ab, die ein recht gutes Auskommen ermöglichten. Der ausgesprochene Wohlstand des Michel Zügel dürfte aber nicht im Mühl-, sondern im Gaststättengewerbe begründet gewesen sein[146]. Von Interesse ist, daß die Murrhardter Müller spätestens um 1580 eng miteinander verwandt und verschwägert waren, was ihnen geradezu den Ruf einer Mühlen-Mafia eintrug[147]. Die Müllersfamilien versuchten ihre Kunden zu übervorteilen; ihre Mühlen waren zudem in technischer Hinsicht nicht einmal auf dem laufenden. – Außer den Mahlmühlen gab es noch andere Mühlen in Stadt und Amt, die jedoch an anderer Stelle erörtert werden sollen[148].

Von den Murrhardter Metzgern ist kein einziger namentlich bekannt, obwohl die Metzlerordnung von 1522 den hohen Organisationsgrad des Gewerbes ausdrücklich belegt. Ob es sich bei einigen Personen, die mit dem Namen Metzger oder Metzler erwähnt werden, um Leute mit Berufs- oder Familiennamen handelt, läßt sich nicht entscheiden. Über die allgemein bekannte Pflicht für wirtembergische Metzger, nebenberuflich Post- und Botendienste auszuüben, ist in Murrhardt nichts überliefert. Von Interesse zur Beurteilung der

143 Vgl. zum Folgenden grundsätzlich Fritz 1984-I.

144 Zur Burgermühle: Fritz 1984-II.

145 Vgl. HStAS H 102/54, Bd. 48, Bl. 105, 171 ff. für 1539; für 1490: Margretha Gronmüller in der Einwohnerliste.

146 Fritz 1983-III.

147 Fritz 1984-II.

148 Vgl. unten S. 198 ff., zu den örtlichen Sägmüllern, Eisenschmiedmüllern, Schleifmüllern und Lohmüllern.

Murrhardter Wirtschaftsstruktur und der Metzger ist schließlich noch, daß auch auswärtige Metzger für längere Zeit in Murrhardt tätig waren. Ausdrückliche Informationen liegen hierüber fürs Amt Murrhardt vor, für die Stadt selbst fehlen entsprechende Nachrichten. Nach Aussage des Oswald Steckenmayer von 1557 haben um 1535 drei Metzger – *nemlich ainer vonn Mundalsa, Pauli genannt, Melchior von Brackenhaim und ainer vonn Bennigkhaim, wisse nit, wie derselbig gehaissen* – ein oder mehrere Jahre lang auf dem Stöckachhof Schweine gehalten und ins Eckerich getrieben. Das ist in mehrfacher Hinsicht bemerkenswert: Erstens zeigt dieser Fall, daß das dicht besiedelte Neckargebiet um Mundelsheim, Brackenheim und Bönnigheim nicht in der Lage war, die Fleischversorgung aus der eigenen Landwirtschaft sicherzustellen. Dazu war Schweinezulieferung aus dem weiteren Umland nötig, in unserem Fall aus Murrhardt. Zum zweiten zeigt sich, daß die Neckarländer die Schweinezulieferung – zumindest im Fall der drei genannten Metzger – vom Produktionsgebiet an selbst in die Hand nahmen. Und zum dritten wird deutlich, wie wenig die genannten Metzger auf den ihnen eigentlichen Beruf festgelegt waren: Man müßte sie eigentlich als Schweinehalter auf gepachtetem Land, als Schweinehändler und erst in dritter Linie als Metzger bezeichnen.

Auch bei den Murrhardter Bäckern ergibt sich die Schwierigkeit, daß man oft zwischen der Berufs- und Familienbezeichnung nicht unterscheiden kann. Eine ganze Reihe von Personen mit den Namen Beck, Brotbeck oder dem alten Namen Pfister ist bekannt. Bei zweien der Pfister ist ausdrücklich ein anderer Beruf überliefert – nämlich Bader und Müller –, so daß es sich in diesen beiden Fällen gewiß um Familiennamen handelt. Ein einigermaßen konkretes Indiz, daß unter den Beck, Brotbeck und Pfister sich tatsächlich Bäcker befanden, gibt es nur in einem Fall, bei Jakob Brotbeck aus Käsbach, der einmal mit seinem eigentlichen Familiennamen Jakob Koll genannt wird. Er war ein armer Mann. Es verbietet sich aber, von diesem Einzelfall Rückschlüsse auf sämtliche Bäcker Murrhardts zu ziehen. Zum Backbetrieb ist ergänzend zu sagen, daß die Bäcker wohl kaum allein gebacken haben. Einen guten Teil der benötigten Backwaren stellte man selbst her – das war noch allgemein bis weit ins 20. Jahrhundert hinein üblich –, allenfalls den fertigen Teig mag man in manchen Fällen in den Backofen des Bäckers gegeben haben.

Metzger und Bäcker dürften in Murrhardt relativ zahlreich gewesen sein. Sie boten ihre Dienste und Produkte allen Bevölkerungsgruppen an. Köche waren im Städtchen deutlich seltener, denn ein normaler Murrhardter Haushalt ließ selbstverständlich nicht für sich kochen, sondern bereitete die Mahlzeiten selbst. Es gab nur einen einzigen, herausgehobenen Personenkreis am Ort, der sich den Luxus eines eigenen Koches leisten konnte: der Mönchskonvent im Kloster. Wir gehen weiter unten im Zusammenhang mit dem Klosterpersonal auf den Klosterkoch ein.

Holzverarbeitende Berufe: Sägmüller, Schreiner, Zimmerleute, Kübler, Drechsler, Pfeilsticker und Spießmacher

Holz war die Grundlage der Murrhardter Wirtschaft. Noch im 19. Jahrhundert waren das Städtchen und seine Umgebung hauptsächlich als Produzenten von Weinbergpfählen und hölzernen Wäscheklammern bekannt, sie wurden deshalb abschätzig »Klämmerlesgäu« tituliert. Das Holz wurde lange Zeit in weitgehend unbearbeitetem Zustand nach Murrhardt geflößt und von dort weiter murrabwärts transportiert. Nähere Einzelheiten sind weitgehend unbekannt[149]; insbesondere die Anfänge des Flößens liegen noch im dunkeln. Auf jeden Fall hatte das Flößen von »Sägblöcken« 1576 bereits eine lange Tradition und wurde mit größter Wahrscheinlichkeit schon 1489 ausgeübt. Damals hatte der Murrhardter Obermüller große Mengen Holz um seine Mühle gelagert, das zweifellos dorthin geflößt worden war[150].

Damit ist bereits erwiesen, daß die Murrhardter Sägmüller zumindest teilweise mit den Mahlmüllern identisch waren. Die Obermühle besaß noch 1576 ihren Sägegang, die Sägmühlen jedoch, die neben der Unter- und der Rümelinsmühle bestanden hatten, waren lange vor 1576 abgegangen, möglicherweise weil in den stark übernutzten Wäldern im Laufe des 16. Jahrhunderts die Menge verfügbaren Holzes immer knapper wurde[151]. Bereits für das Jahr 1471 ist überliefert, daß in Murrhardt Holz gesägt wurde; der in diesem Zusammenhang genannte Mühlbesitzer Pfister könnte in die Obermühle gehören. Außerhalb der Stadt gab es im Amt während des 16. Jahrhunderts noch mindestens vier Sägmühlen: die Klingener Mühle, die Lutzensägmühle, oberhalb Murrhardt auf halbem Wege zwischen der Stadt und dem Weiler Hausen gelegen, die Lauckenmühle (die heutige Eisenschmiedmühle zwischen Hausen und Fornsbach) und viertens die Sägmühle am Hörschbach. Außerdem wird noch *Pfister Hannsen seegmühlin* genannt. Mit ihr ist entweder die Obermühle oder aber die Lutzensägmühle gemeint. Der Besitzer der Klingener Sägmühle wurde bereits als Mahlmüller erwähnt. Die Lauckenmühle gehörte 1536 zur Hälfte dem Hans Plapp, doch verkaufte er damals seinen Besitzanteil an Philipp Klenk von Harbach, den reichsten Einwohner des Amtes, um 18 fl[152]. Für die Lutzensägmühle sind vor 1576 keine Besitzer bekannt, 1576 war die Mühle in geteiltem Besitz.

Das Holz, das in die Sägmühlen gelangte, wurde von verschiedenen anderen Handwerkern weiterverarbeitet. Sowohl für die Murrhardter Schreiner und Zimmerleute als auch für die Murrhardter Kübler, die insbesondere Fässer herstellten, liegen kaum verwertbare Nachrichten vor. Zwar lassen sich etliche Namen Schreiner oder Kübler feststellen – Zimmermann kommt dagegen nur einmal vor –, aber es dürfte sich dabei in den meisten Fällen um Familiennamen handeln. Nur einmal scheint es sich halbwegs sicher um eine Berufsbezeichnung zu handeln: Hans Mans Sohn, der eigentlich Stoffel Man heißen sollte, erscheint mit seiner Berufsbezeichnung als Stoffel Schreiner. Daß die Kübler im spätmittelalterlichen und reformationszeitlichen Murrhardt ein häufiger und wichtiger Beruf waren, geht insbesondere aus den Regelungen des Murrhardter Stadtrechts hervor, das ihnen besondere Pflichten bei der Fronarbeit aufbürdete[153].

Die Überlieferung zu den Zimmerleuten fällt aus dem örtlichen Rahmen heraus. Als 1552 das Haus des Wendel Plapp im Stöckachhof abgebrannt war, wandte sich der Geschädigte an Wendel Algewer aus Fichtenberg, der auf Plapps Bauauftrag hin *gar vil gezimert* hat[154]. Plapp hat sich deshalb an einen Fichtenberger Zimmermann gewandt, weil Stöckach näher bei

149 Häfele 1984 bringt nur relativ allgemeine Ausführungen.

150 Vgl. die Urkunde von 1489 (HStAS H 102/54, Bd. 8, Bl. 103 ff.) und die Mitteilungen über den Sägegang und die Flößereirechte der Obermühle ebd.

151 Fritz 1984-I.

152 Vgl. Zum Sägegang der Klingener Mühle HStAS H 102/54, Bd. 2, Bl. 17 ff.; zur Lutzensägmühle ebd., Bd. 8, Bl. 53b; zur Lauckenmühle ebd., Bd. 2, Bl. 215 ff. Die Lauckenmühle, die unter diesem Namen heute nicht mehr bekannt ist, wird im selben Lagerbuch im Inhaltsverzeichnis eindeutig mit der heutigen Eisenschmiedmühle gleichgesetzt.

153 Vgl. oben S. 145.

154 Vgl. die in der Einleitung zur Einwohnerliste genannten Quellen von 1556/577.

Fichtenberg als bei Murrhardt liegt. Wenn es in einem Dorf wie Fichtenberg Zimmerleute gab, dann muß es auch in Murrhardt Angehörige dieses Berufs gegeben haben.

Der Dreher oder Drechsler war eine Variante des Schreinerberufs. Der Murrhardter Bürgermeister Hans Fuchs, der um 1501 geboren wurde und noch 1557 lebte, bezeichnete sich als Dreher. Dieser Beruf deutet darauf hin, daß es auch in Murrhardt Bedarf an Schmuckwerk und verfeinertem Holzgerät gab. Immerhin scheinen die Murrhardter nicht so arm gewesen zu sein, daß ein Drechsler nicht auf seine Kosten kam.

Ein holzverarbeitender Beruf besonderer Art war die Tätigkeit des Pfeilstickers und Spießmachers. Der Pfeilsticker stellte keineswegs fertige Pfeile mit Metallspitzen her, sondern produzierte lediglich die hölzernen Pfeilschäfte, die allenfalls mit Einkerbungen und Federn am Unterteil des Geschosses versehen waren. Eine Waffenproduktion in nennenswertem Umfang hat es in Murrhardt nicht gegeben, so differenziert war die städtische Wirtschaft nicht. Immerhin läßt sich zwischen 1466 und 1469 am Beispiel von Butz dem Pfeilsticker feststellen, daß in der Stadt Halbfertigprodukte aus Holz ausgeführt wurden. Butz lieferte mehfach Pfeilschäfte nach Schwäbisch Hall, dort wurden sie in den städtischen Waffenkammern wohl zu schußfertigen Pfeilen weiterverarbeitet. Da man Pfeil und Bogen zu jener Zeit längst nicht mehr als Kriegs- oder Jagdwaffen verwendete, wird man annehmen können, daß es sich bei Butzens Pfeilschäften um Armbrustpfeile handelte. Butz hat bei insgesamt fünf Verkäufen etwas mehr als 15 fl eingenommen – kein geringer Betrag, aber doch eher bescheiden, wenn man in Rechnung stellt, daß es fast der einzige Murrhardter Export war. Reichtum konnte Butz mit seinem Pfeilhandel kaum erlangen – dazu war der Handel viel zu sporadisch und offenbar nur von der momentanen Nachfrage in Hall abhängig. Da der Bedarf an Pfeilschäften in Murrhardt vermutlich gering war, wird der Murrhardter Pfeilsticker wohl in den Städten und bei den Herren der Umgebung umhergezogen sein und seine Ware dort angeboten haben. Ein fliegender Händler mit Holzstäbchen für Pfeile – das war beinahe das einzige Exportgeschäft, das die Murrhardter Wirtschaft nach außen abwickelte. Die Nachfrage nach Pfeilen muß mit dem Verschwinden der Armbrüste zu Beginn des 16. Jahrhunderts fast erloschen sein. 1512/13 lieferte ein namentlich nicht bekannter Spießmacher 63 Spieße nach Schwäbisch Hall. Es ist nicht bekannt, ob es sich um fertige Spieße oder nur um Spießschäfte handelte, aber die zweite Möglichkeit ist die wahrscheinlichere. Es erhebt sich die Frage, ob die betreffenden Personen als Pfeilsticker und Spießmacher hauptberuflich tätig waren. Es ist ohne weiteres vorstellber, daß irgendein Murrhardter Bauer oder Handwerker im Nebenerwerb Pfeil- oder Spießschäfte herstellte und sich so etwas dazuverdiente.

Eisenverarbeitende Berufe: Eisenschmiedmüller, Schleifmüller, Schmiede, Schlosser und Wagner

Obwohl auch bei den eisenverarbeitenden Berufen keineswegs alle Aspekte bekannt sind, weiß man von ihnen doch etwas mehr als über den Lebensmittel- und Holzsektor. In einzelnen Murrhardter Mühlen wurde Eisen bearbeitet. Von der Lauckenmühle ist im Jahre 1575 überliefert, daß sie zusätzlich noch die Bezeichnung Eisenschmiedmühle führte[155]. Allerdings wurde die Lauckenmühle damals nicht mehr als Eisenschmiedmühle benützt[156].

155 Vgl. Anm. 152 oben.
156 So ausdrücklich im Lagerbuch von 1575 (wie Anm. 152).

Vor 1575 muß es hier jedenfalls einen wassergetriebenen Eisenhammer gegeben haben, der kleineres und mittleres Eisengerät produzierte und schmiedete. Ob die Lauckenmühle auch mit einer Schmelzhütte verbunden war, in der die Bauern der Umgebung ihren Eisenschrott einschmelzen konnten, um neues Gerät zu erhalten, ist nicht bekannt[157].

Von wesentlich geringerer Bedeutung war eine Schleifmühle, die am Kehbach unmittelbar bei Murrhardt existierte, aber 1576 als längst abgegangen erwähnt wird[158]. In der Schleifmühle, einer in technischer Hinsicht bei weitem nicht so aufwendigen Anlage wie eine Eisenschmiedmühle, konnte alles landwirtschaftliche oder handwerkliche Eisengerät geschärft werden. Die Eisenschmied- und Schleifmüller sind namentlich selten überliefert. Wir kennen nur Philipp Klenk und Hans Plapp als Eisenschmiedmüller im Jahr 1523.

1575/76 war die Nutzung der Wasserkraft zur Eisenbearbeitung außer Gebrauch gekommen. Das ganze 16. Jahrhundert über gab es dagegen einfache Schmiede. Sie scheinen in Murrhardt wichtige Leute gewesen zu sein; der bedeutende Nicodem Zügel war Schmied, ebenso Michel Zügel[159]. Bei den Personen mit dem Namen Schmied läßt sich in mehreren Fällen zweifelsfrei ermitteln, daß es sich um Berufsbezeichnungen handelte. Murrhardter Schmiede waren neben ihrer Arbeit am Ort auch im Ausfuhrgeschäft tätig. Auch ihre Außenhandelsaktivitäten muten zwar nicht imponierend an, aber es ist aufschlußreich, welche Güter nach auswärts geliefert wurden. Verschiedene Schmiede verkauften 1471, 1472, 1520, 1529 und 1530 Schaufeln nach Schwäbisch Hall. Es handelte sich hier also – wie bei dem Pfeilsticker und dem Spießmacher – um Waren, die zum großen Teil aus Holz bestanden und nur mit einzelnen Eisenteilen versehen waren. Irgendwelche mechanisch komplizierten Geräte führte Murrhardt nicht aus. Die Fertigkeiten der örtlichen Schmiede und der anderen Handwerker dürften gerade ausgereicht haben, um anspruchsvolleres Gerät, das gewiß nach Murrhardt eingeführt wurde, zu reparieren. Immerhin fällt auf, daß die Schmiede bereits in der ersten Hälfte des 16. Jahrhunderts in den Musterungslisten mit den damals kompliziertesten Waffen, den Büchsen, ausgerüstet waren: Claus Schmid und Nicodem Zügel waren Büchsenschützen. Wegen ihrer technischen Fertigkeiten waren Schmiede besonders dazu geeignet, die Wartung dieser Waffen zu besorgen.

Von ähnlich herausragender Bedeutung ist der Beruf des Schlossers. Von den beiden Männern, die den Namen Schlosser führen, war zumindest einer von Beruf tatsächlich Schlosser, nämlich Lorenz Maich. Der Schlosserberuf wurde innerhalb dieser Familie, die in Gericht und Rat saß und Bürgermeister stellte, weitervererbt. Die Tätigkeit der Schlosser läßt sich in einem Fall näher belegen: Zur Ablieferung der in Murrhardt 1542 eingesammelten Türkensteuer mußte einer der Murrhardter Schreiner einen Schrein anfertigen, der dann vom Schlosser – wahrscheinlich Maich – beschlagen wurde[160].

Wagner, die hölzerne Wagen anfertigten und deren Räder mit Eisen beschlugen, mag es in Murrhardt zwar gegeben haben, doch außer einer Namensnennung ist nichts Genaueres festzustellen. Es ist ohne weiteres vorstellbar, daß die Eisenbearbeitung, für die eigentlich ein Wagner zuständig gewesen wäre, den Schmieden überlassen wurde.

157 Vgl. zur Arbeitsweise einer Eisenschmiedmühle: Schmidt 1984.

158 HStAS H 102/54, Bd. 8, Bl. 211b: Eine *wisenn am Käbach, so vor alter ein schleiffmülin darauf gestanden.*

159 Vgl. Einwohnerliste.

160 Vg. die Schlußbemerkung in der Türkensteuerliste; Quellennachweis in der Einleitung der Einwohnerliste.

Berufe des Baugewerbes: Ziegler, Steinmetzen, Baumeister, Maurer

Jeder Ort hat nicht nur einen ständigen Bedarf an lebensmittel-, holz- und eisenverarbeitenden Berufen, sondern auch an den verschiedensten Baugewerben. Bereits 1471 hat es nachweislich eine Ziegelhütte in Murrhardt gegeben[161]. Sie lag oberhalb oder im Bereich des heutigen Mönchsrains, der noch Mitte des 19. Jahrhunderts Ziegelgasse hieß. Um 1840 befanden sich dort mehrere Ziegelhütten[162]. Es ist fraglich, ob zwischen dem in Murrhardt häufigen Familiennamen Zügel und der Ziegeleitätigkeit irgendwelche Beziehungen bestehen. In Murrhardt gab es zwar den Namen Ziegler, doch wurde er – soweit dies aus den Kirchenbüchern nach 1559 und vereinzelt aus früheren Quellen hervorgeht – scharf vom Namen Zügel geschieden.

Von den übrigen Bauberufen weiß man kaum mehr. Ob ein 1553 erwähnter Bastion Steinmetz diesen Beruf tatsächlich ausübte, ist nicht geklärt. Ein wenig klarer sind die Verhältnisse bei den Baumeistern. Hans Baumeister, 1542 in den Quellen angeführt, kann angesichts seines kümmerlichen Vermögens von 14 fl kein Baumeister von Beruf gewesen sein. Sicher überliefert sind dagegen verschiedene Baumeister im Kloster, die zusammen mit dem Klosterpersonal gesondert vorgestellt werden sollen. – Von den Maurern, die es in Murrhardt unzweifelhaft gab, ist nur der Name festzustellen. Nicht ganz klar ist, inwieweit Baumeister und Maurer identisch waren.

Berufe des Bekleidungsgewerbes: Lohmüller, Gerber, Weber, Schneider und Schuhmacher

Es mag erstaunen, wenn Lohmüller und Gerber hier beim Bekleidungsgewerbe aufgeführt sind. Ihre Produkte bilden aber die Grundlage für Lederbekleidung und Schuhe, und so erscheint diese Zuordnung berechtigt. Das Gerbmittel Lohe, das durch Zerstampfen von Baumrinde gewonnen wird, wurde im 16. Jahrhundert im Amt Murrhardt offenbar nur in der mehrfach erwähnten Lauckenmühle hergestellt. Sie hat die verschiedenen Gerber der Umgebung, die nur vage durch den Familiennamen nachgewiesen sind, wohl mit der nötigen Lohe versorgt. Weber, Schneider und Schuhmacher hat es gewiß in Murrhardt gegeben; Schuhmacher waren gelegentlich sogar auf kleineren Weilern fest ansässig[163]. Dennoch sind Details nur selten zu erkennen. Einige Personen mit den Familiennamen Weber, Schneider und Schuhmacher haben diese Berufe sicherlich auch ausgeübt. Ausdrückliche Berufsnennungen kennt man nur in Ausnahmefällen, etwa bei Hans Schweinlin, der 1560 ausdrücklich als Weber bezeichnet wird. Ein einziges Beispiel ist bekannt, das Aufschluß über die Versorgung der Landbevölkerung mit Kleidern gibt. In der Stadt Murrhardt hat es sicher fest ansässige Schneider gegeben, in den Weilern des Amtes dagegen wohl nicht. Für die Landbevölkerung blieben deshalb nur zwei Möglichkeiten, sich Kleider zu besorgen: Entweder mußte man sie selbst herstellen, oder man mußte in die Stadt gehen und dort Kleider bei einem Schneider in Auftrag geben. Offenbar reichte das aber nicht aus, um die Nachfrage nach Kleidern zu befriedigen. Deshalb quartierten sich umherziehende Schneider gelegentlich bei den größeren Bauern ein und schneiderten und nähten unmittelbar vor Ort. Wie Margaretha Klenk aus Fornsbach 1557

161 Vgl. Quellennachweis für 1471 in der Einleitung der Einwohnerliste.

162 StadtA Murrhardt, B 244 »Beschreibung der in der Stadt und den dazu gehörigen, auserhalb gelegenen Parzellen befindlichen Gebäuden« von 1841.

163 Vgl. den 1520 in Wolfenbrück ansässigen Schuhmacher (Fritz 1985-I, S. 35 f.).

berichtet, sei etwa vierzig Jahre zuvor – also um 1517 – *ain schneyder uff dem Steckenhoff gewest, Jos genannt.* Er stellte offensichtlich nicht nur Kleider her. Da er ständig – vermutlich alle paar Wochen – seinen Arbeitsplatz wechselte und weiterzog, war er außerdem ein wichtiger Nachrichtenübermittler. Darüber hinaus muß er sich auf seinen Wanderungen Fähigkeiten erworben haben, die auf dem Lande nicht allzusehr verbreitet waren: Er konnte nämlich lesen. Dem interessierten Gesinde des Stöckachhofs las er eine Urkunde vor, in der die Rechtsverhältnisse des Hofes genau aufgeschrieben waren und die von der Stöckenbäuerin – die selbst anscheinend des Lesens unkundig war – in einem ledernen Beutel verwahrt wurde[164].

Glashüttenmeister und Glashüttenpersonal

In der Gegend um Murrhardt gab es schon im 13. Jahrhundert Glashütten[165], deren Zahl bis ins 16. Jahrhundert ständig zunahm. Der Grund für die auffällige Konzentration dieser in einer ländlichen Umgebung exotisch anmutenden, beinahe industriellen Betriebe liegt in den natürlichen Gegebenheiten des Schwäbischen Waldes: »Die reich bewaldeten Keuperberge boten fast alles, was die Glashütten brauchten: viel sonst kaum oder gar nicht nutzbares und deshalb billiges Holz für die Schmelzöfen und zur Pottaschenbereitung, Quarz in Form von Sand und Kieseln als Rohmaterial und Wasser für den Betrieb der Stampfmühlen. Die Hochflächen sind von vielen Flüßchen und Bächen durchzogen, die der Landschaft einen eigenen Reiz geben. Fast unzugängliche, enge und wilde Klingen hemmen den Schritt des Wanderers, der abseits der Straße seinen Weg quer durch den Wald nimmt. Noch heute ist die Holzabfuhr auf diesen Klingen eine saure Arbeit; bei den Wegverhältnissen früherer Zeiten mußten oft große Waldgebiete ungenutzt bleiben. In solchen Wäldern richteten sich die Glasmacher ein; sie holten ihr Holz nicht von weit her, sondern zogen ihm nach«[166].

Für Stadt und Amt Murrrhardt lassen sich Glashütten erst seit dem 16. Jahrhundert belegen, obgleich es schon zuvor welche gegeben haben dürfte. Gerade im 16. Jahrhundert gab der Wald aber in der engeren Umgebung Murrhardts weniger Holz her als zuvor[167]. Die Verkehrsverbindungen im Murrtal waren, insbesondere seitdem die Murr zum Flößen genutzt wurde, für den Abtransport des noch vorhandenen Holzes wohl so günstig, daß größere Waldflächen für den extrem holzverbrauchenden Glashüttenbetrieb kaum übrigblieben. Tatsächlich zeigt ein Blick auf die Landkarte, daß die heute bekannten Glashütten sämtlich in abgeschiedenen Seitentälern oder auf öden Hochflächen mehrere Kilometer abseits von Murrhardt und fast alle außerhalb des Amtes gelegen waren[168]. Dies trifft nur auf wenige Glashütten nicht zu, nämlich in Mettelbach, in Weidenbach und eine in der Nähe der Stadt Murrhardt. Eine weitere Glashütte befand sich in dem zwar nicht zum Amt, wohl aber zur Pfarrei Murrhardt gehörigen Weiler Fautspach südlich der Stadt. Die Murrhardter Glashütte war bislang nicht bekannt. Sie ist nachgewiesen in der Türkensteuerliste von 1542, wo ein *Hitmeister in der Kren* unter den Murrhardter Steuerzahlern auftaucht. Wo das Flurstück

164 Vgl. die Quellen von 1556/57 in der Einleitung der Einwohnerliste.
165 Zusammenfassend dazu: Greiner 1971, S. 3–14.
166 Ebd., S. 3.
167 Vgl. die Schließung verschiedener Sägmühlen oben S. 199.
168 Greiner 1971, S. 2 (Karte).

Kren liegt, hat die Forschung bislang nicht nachweisen können[169]. Nach 1542 wird die Glashütte in der Kren nicht mehr genannt. Sie wurde vermutlich aufgegeben, nachdem das Holz der Umgebung entweder verbrannt war oder es für andere Zwecke benötigt wurde – in der Nähe der Stadt ein sehr plausibler Grund. Die beiden anderen Glashütten wurden folgerichtig in weit größerer Entfernung von der Stadt gegründet. Mettelbach und Weidenbach liegen am Südostrand des Amtsgebiets, abseits aller nennenswerten Verkehrswege. Beide Hütten wurden 1550 gegründet[170]. Die Motive, die den Abt von Murrhardt bewogen, seine Einwilligung zur Errichtung der Glashütten zu geben, liegen auf der Hand: Allein für die Weidenbacher Hütte mußte der Glashüttenmeister Hans Greiner dem Kloster einen jährlichen Zins von 10 fl entrichten. Glashütten auf Klosterbesitz waren also ein gutes Geschäft fürs Kloster, und auch die Weidenbacher Bauern dürften nicht schlecht am ausdrücklich erwähnten Grundverkauf zum Bau der Glashütte verdient haben.

Die Glashüttenmeister standen in keiner verwandtschaftlichen Beziehung mit den ortsansässigen Bauern. Im Murrhardter Gebiet spielte insbesondere die Hüttenmeisterfamilie Greiner eine große Rolle. Die Weidenbacher Hütte wurde von Hans Greiner, genannt Schmack, betrieben, der außerdem in der lorchischen Cronhütte eine Glashütte unterhielt, die nicht weniger als 150 Menschen ernährte – angesichts des runden halben Tausends von Murrhardter Stadtbürgern eine erhebliche Zahl! An der Cronhütte waren bereits 1533 Murrhardter Bürger – Martin Zügels Witwe Katharina Frieß – mit einer Bürgschaft von 200 fl beteiligt. Hans Greiner erwarb und betrieb noch eine Reihe weiterer Hütten außerhalb Murrhardts, er war also ein ausgesprochener Großunternehmer, und zwar gewiß nicht nur nach damaligen Maßstäben, sondern auch nach heutigen. Leider ist über sein Vermögen nichts bekannt. Er stammte aus der Glashütte Fautspach, wo er auch geboren war[171]. In der Türkensteuerliste des Amtes Backnang 1545, zu dem Fautspach gehört, ist in dem Ort aber nur ein einziger Greiner – Alexander – nachzuweisen, der lediglich über das bescheidene Vermögen von 50 fl verfügte[172]. Er kann mit Hans Greiner kaum enger verwandt gewesen sein. Vorstellbar ist auch, daß der Murrhardter Hüttenmeister in der Kren ein Greiner war. Ob Hans Greiner, der Weidenbacher Hüttenbesitzer, die Weidenbacher Glashütte ebenfalls gegründet hat, ist nicht sicher. 1583 war sie jedenfalls im Besitz zweier Greiner.

Die Fautspacher waren Murrhardt durch ihre kirchliche Zugehörigkeit eng verbunden, zumal der Ort keine 5 Kilometer vom Städtchen entfernt war; Fautspach liegt wesentlich näher bei Murrhardt als etwa Weidenbach oder Mettelbach. Deshalb kam der Fautspacher Glashütte für Murrhardt seit der ersten Hälfte des 16. Jahrhunderts besondere Bedeutung zu. Peter Greiner, nach 1550 Hüttenmeister in Fautspach, erscheint seit 1559 wiederholt als Gevatter (Taufpate) in den Murrhardter Kirchenbüchern. Er wurde in erster Linie von Fautspachern – wahrscheinlich seinen Arbeitern – zu Gevatter gebeten, aber auch Murrhardter sahen es als Ehre an, den wichtigen Unternehmer als Paten zu haben. Auch die früheren Fautspacher

169 Braun 1956, Register.

170 Zu Mettelbach, das damals unter dem Namen Mettelchristbach erscheint, Greiner 1971, S. 6, zu Weidenbach ebd. Zu Weidenbach genauer auch die Urkunde von Abt Thomas Carlin vom 31. 5. 1550 abschriftlich im HStAS H 102/54, Bd. 2, Bl. 607a–609a.

171 Greiner 1957, S. 88, zur genealogischen Einordnung auch S. 95. Vgl. außerdem Greiner 1928 und 1971.

172 HStAS H 54, St 122; vgl. jedoch auch die verschiedenen Greiner in der Einwohnerliste der vorliegenden Arbeit.

Hüttenunternehmer lassen sich fassen: Sie gehörten in die Familie Kölin und Kirschenesser. Wir wissen über die Besitzer der Glashütten also recht viel, über die Arbeiter dagegen um so weniger. Man kann nur vermuten, daß eine Anzahl der in Mettelbach und Weidenbach ansässigen Personen Glasarbeiter waren.

Pläne zur Salzgewinnung

Bislang war man der Ansicht, daß Salinenversuche in Murrhardt erst in nachreformatorischer Zeit stattfanden[173]. Einen ersten Vorstoß, aus salzführenden Quellen in der Nähe der Murrhardter Lutzensägmühle Salz zu gewinnen, habe es 1594–1600 gegeben, fünf weitere Unternehmungen dieser Art erfolgten im 18. und frühen 19. Jahrhundert. Tatsächlich waren die Pläne, durch Salzgewinnung dem Städtchen zu Wohlstand zu verhelfen, aber wesentlich älter. Im Frühjahr 1536 wandten sich *ettliche burger von Murhartt* an den Backnanger Obervogt mit der Bitte, der Herzog solle wegen des Salzbrunnens bei Murrhardt etwas unternehmen[174]. Ulrich reagierte erst auf wiederholte Nachfragen des Obervogts und befahl der in Salinen erfahrenen Stadt Sulz, sie solle zwei des Salzsiedens kundige Leute schicken. Sulz sandte schließlich sogar drei Brunnenmeister. Was die Sulzer Sieder in Murrhardt unternahmen, ist leider nicht überliefert. Zu einem nennenswerten Erfolg kann es nicht gekommen sein, sonst hätten wir davon Kenntnis. Immerhin behielt man in Murrhardt den Salzbrunnen im Auge. Ein 1581 als Knappe bezeichneter Murrhardter, den man bisher als Bergmann angesehen hat, hat sich nach neuerer Erkenntnis als Tuchproduzent erwiesen[175].

Dienstleistungsberufe: Hebammen, Bader und Wirte

In Murrhardt hat es im 16. Jahrhundert eine Hebamme gegeben, Els Schradelin; außerdem ist eine Hebamme bekannt, die aus dem Amt stammte, Anna Grienmüller aus Westheim, die zur selben Zeit zusammen mit mehreren Kolleginnen bei der Stadt Schwäbisch Hall angestellt war. Bei der hohen Geburtenquote konnten sich Hebammen über Arbeitsmangel nicht beklagen. In den Jahren 1560 und 1561 sind im Gebiet der Pfarrei Murrhardt nicht weniger als 120 beziehungsweise 134 Kinder getauft worden[176]. Wir wollen nicht die Qualifikation spätmittelalterlicher oder frühneuzeitlicher Hebammen diskutieren – die Ansichten reichen von der Einschätzung als geheimnisumwitterte, kunstreiche »weise Frauen« bis hin zum Vorwurf, es habe sich um miserabel ausgebildete Kurpfuscherinnen gehandelt[177] –, sondern uns auf die wenigen Daten zu den örtlichen Hebammen beschränken. Anna Grienmüller war offenbar immer nur Hebamme in Hall, nie in Westheim. Els Schradelin dagegen war Hebamme in Murrhardt. Hier muß sie einen sehr guten Ruf gehabt haben, denn sie wurde 1525 nach Hall

173 Vgl. zum folgenden Thema allgemein: CARLÉ 1960.
174 Vgl. zum Folgenden den Brief des Obervogts Ludwig von Ruckershausen an Herzog Ulrich vom 31. 5. 1536, den erneuten Brief des Obervogts an den Herzog vom 25. 8. 1536 und den Brief von Hans Herter von Herteneck und Vergilius Breuninger, Ober- und Untervogt zu Sulz, an den Herzog vom 1. 9. 1536, HStAS A 508, Bü. 17.
175 HStAS A 508, U 53.
176 Vgl. die Kirchenbücher der evangelischen Pfarrei Murrhardt.
177 Als Kurpfuscherinnen beurteilt – im Unterschied zur feministischen Literatur – SCHUBERT 1983, S. 237, die Hebammen.

gerufen, vermutlich weil dort in einer Ratsherrenfamilie eine schwierige Geburt bevorstand. Die Reputation der Murrhardter Hebamme blieb gut. Der Werdegang von Els Schradelin hat sich in der Murrhardter Geschichte häufig ereignet: Sie wurde von dem Städtchen abgeworben und fand als qualifizierte Kraft auswärts bessere Möglichkeiten vor als zu Hause. 1533 wurde sie mit dem hohen Jahreslohn von 10 fl in den Dienst der Stadt Hall genommen.

Wenn eine Geburt bevorstand, gab es in Murrhardt eine Hebamme. Wenn man aber erkrankte, stand kein durch ein Studium ausgebildeter Arzt zur Verfügung. In diesem Falle waren die Murrhardter Bader zuständig, die mit ihrer handwerklichen Heilkunst bei Krankheiten recht und schlecht helfen konnten. Die Bader waren zwar nicht die einzigen in Heilberufen tätigen Personen, aber über die Menschen, die im Murrhardter Spital wirkten, ist bis 1561 nichts bekannt[178]. Die Bader waren nicht nur im medizinischen Bereich aktiv; in erster Linie waren sie für die Hygiene der Bürger zuständig. Es gab in Murrhardt zwei Badstuben, die aus Gründen des Brandschutzes beide außerhalb der Stadtmauern gelegen waren. In den Badstuben wurde zum Erwärmen des Badewassers viel Holz verbraucht, so daß ein Brandunglück leicht möglich war. Die untere Badstube lag vor dem unteren Tor an der Murr, die obere Badstube vor dem oberen Tor direkt neben der Obermühle[179]. Beide Badstuben sind erstmals 1489 nachgewiesen[180], sind aber tatsächlich viel älter. Nach den Regelungen, die 1489 anläßlich eines Rechtsstreits des oberen Baders erwähnt werden, die aber noch 1576 galten, waren beide Murrhardter Bader bei 4 lb h Strafe *schuldig, zwei bad zu haltenn,* also an zwei Tagen in der Woche ihre Badedienste anzubieten. Allerdings beschwerte sich 1489 Martin Bader, der obere Bader, sein Kollege in der unteren Badstube schädige ihn, weil er öfter als zweimal pro Woche Badetag halte. Dabei war der untere Bader indes keineswegs der hauptsächliche Konkurrent von Martin Bader. Er fühlte sich vielmehr von Fritz Pfister übers Ohr gehauen, von dem er einige Jahre vor 1489 die obere Badstube gekauft hatte und der ihm angeblich falsche Angaben über die Rechtsverhältnisse der Badstube gemacht hatte.

Eine Angelegenheit traf Martin Bader existentiell: Beim Kauf der Badstube sei vereinbart worden, daß der benachbarte Obermüller an Badetagen ausreichend Wasser in die Badstube geben sollte. Offenbar wurde Wasser von der Murr genommen, das über einen Kanal oder eine Leitung von der Obermühle in die Badstube floß. Aus nicht näher genannten Gründen weigerte sich der Obermüller nun, genügend Wasser an den Bader abzugeben, obwohl verabredet gewesen sei, daß der Bader als Gegenleistung den Müller und sein Gesinde umsonst zu bedienen habe. Zusätzlich verlegte der Müller den Weg zur Badstube auch noch mit gelagertem Holz. Benachteiligt fühlte sich Martin Bader schließlich, weil er nicht, wie beim Kauf abgesprochen, Holz aus dem klösterlichen und städtischen Wald holen durfte und weil der Abt eine Urkunde präsentiert habe, wonach das Kloster die Leibeigenschaft über jeden Bader beanspruchte. Martin Bader, der demnach kein Leibeigener des Klosters gewesen sein kann, lehnte dies offenbar strikt ab. All jene Punkte seien ihm beim Kauf der Badstube von Fritz Pfister verheimlicht worden. Aus Pfisters Entgegnung werden weitere Einzelheiten zum Badewesen der Stadt deutlich. Zwei Badetage pro Woche, so antwortete er, seien zwar vorgeschrieben, es sei aber keinem Bader verwehrt, mehr Badetage anzubieten. Gegen den

178 Vgl. unten S. 308.
179 HStAS H 102/54, Bd. 8, Bl. 100a und 102a.
180 Ebd., Bl. 103a ff., Urkundenabschrift von 1489.

Obermüller möge Martin Bader, wenn ihm Unrecht geschehe, vor Gericht sein Recht suchen. Was die Holzrechte angehe, so habe er, Pfister, immer Brennholz holen dürfen. Mit der Leibeigenschaft der Bader verhalte es sich so, daß ein gewisser Mantel, der die Badstube noch vor Fritz Pfister besessen habe, ohnehin Leibeigener des Klosters gewesen war. Deshalb könne Pfister nichts dazu sagen. Das Murrhardter Stadtgericht gab im wesentlichen Martin Bader recht. Er sollte Brennholz zumindest aus den städtischen Wäldern holen dürfen. Nur hinsichtlich der Leibeigenschaft war das Gericht wegen der übergeordneten Rechte des Abtes machtlos. Immerhin sollte Pfister schwören, daß er nichts von der klösterlichen Urkunde gewußt habe. Pfister bestätigte dies unter Eid und konnte so Regreßansprüche Martin Baders vermeiden.

Beide Badstuben waren Erblehen der jeweiligen Bader und wurden vom Kloster als Lehensherrn vergeben. Die lehensrechtlichen Regelungen glichen im wesentlichen denen der Murrhardter Mühlen: Jeder Bader hatte zu Martini einen Lehenszins in Höhe von 1 lb h und zwei Pfund Wachs zu entrichten. Verkaufte oder vererbte der Bader seine Badstube, so hatte er 1 fl Weglöse, der Käufer oder Erbe 1 fl Handlohn an das Kloster zu zahlen. Darüber hinaus waren die Bader verpflichtet, ihre Badstuben in gutem Zustand zu halten, ohne daß dem Kloster irgendwelche Kosten entstanden.

Der 1489 in den Rechtsstreit verstrickte Martin Bader ist noch mehrere Jahrzehnte lang nachzuweisen. Er ist zwischen 1525 und 1536 gestorben und hinterließ seine Witwe Katharina und einen Sohn, der ebenfalls Martin hieß. Beide betrieben die Badstube weiter. Bei dem älteren und jüngeren Martin Bader ist ersichtlich, daß hier die Berufsbezeichnung den Familiennamen verdrängt hat. Es gibt einige Hinweise, die es erlauben, den tatsächlichen Familiennamen zu ermitteln: 1576 war die Badstube im Besitz eines Martin Gebhardt[181] – wohl derselbe, der 1559 geheiratet hatte und dessen Vater den Namen Martin Gebhardt trug. Nachdem vor 1489 die obere Badstube ihren Besitzer recht rasch gewechselt hatte – von Mantel über Fritz Pfister zu Martin Bader –, blieb sie von 1489 an bis mindestens 1576 in der Hand derselben Familie. Das ist gewiß ein Indiz dafür, daß die Badstube einen ausreichenden Lebensunterhalt gewährte. Tatsächlich verfügte Katharina, die Witwe des ersten Martin Bader, 1542 über ein für Murrhardter Verhältnisse ansehnliches Vermögen von 360 fl, zu dem noch weitere 130 fl kommen, die ihr Sohn Martin damals bereits geerbt beziehungsweise erworben hatte. Das gesamte Vermögen der Badstube betrug also 490 fl. Wir stellen hier die drei Bader-Generationen nochmals zusammen:

> Martin Bader, erwirbt vor 1489 die obere Badstube, † 1525/36, heiratet Katharina, die noch 1545 lebt
> Martin Gebhardt/Bader, † 1545/59
> Martin Gebhardt der Bader, heiratet 1559 Anna Beichlin, hat 1576 die obere Badstube

Die Besitzer der unteren Badstube treten nicht so deutlich in Erscheinung. Der Baderhans, der von 1523 bis 1545 genannt wird, muß die untere Badstube betrieben haben. Auch er war mit 300 fl in den Jahren 1542 und 1545 überdurchschnittlich wohlhabend und saß 1536 sogar im Rat. Vermutlich hatte Baderhans ebenfalls einen anderen Familiennamen. Vielleicht hieß er Schwarz, denn 1576 war die untere Badstube im Besitz eines Hans Schwarz. Badstuben gab es

181 Ebd., Bl. 100a.

nicht nur in der Stadt Murrhardt; gewöhnlich verfügte jedes Dorf über seine eigene Badstube. Eine Badstube kann aber nur für Westheim belegt werden, nicht dagegen für Ottendorf. Vielleicht zinste der Ottendorfer Bader nur an Limpurg und erscheint deshalb nicht in den Murrhardter Quellen. In Westheim kommt die Badstube erstmals 1525 vor, 1539/45 war ein Jerg Schwan Bader, der mit 200 fl Vermögen (1542 und 1545) für die Verhältnisse des armen Ortes nicht unbegütert war.

Von ganz besonderer Bedeutung waren die Wirte, die namentlich leider fast überhaupt nicht faßbar sind. Es gab bis ins 20. Jahrhundert hinein in Murrhardt noch etliche Gasthäuser, deren Tradition nachweislich bis ins Mittelalter zurückreicht. Teilweise existieren diese Gasthäuser sogar noch heute. Die Wirtshäuser in den Orten außerhalb Murrhardts, namentlich in Westheim und Ottendorf, bleiben hier unberücksichtigt. In Murrhardt existierten folgende Wirtschaften mit alter Tradition: die drei nach den Tierzeichen der Evangelisten bezeichneten Gasthäuser Ochsen (Attribut des Evangelisten Lukas) vor dem unteren Tor, Engel (Attribut des Evangelisten Matthäus) am Marktplatz und Löwen (Attribut des Evangelisten Markus) vor dem oberen Tor, ferner die Gasthäuser Lamm (Symbol des Lamm Gottes) am Marktplatz, Rose (Mariensymbol) am Marktplatz direkt vor der Klosterpforte, Stern (Heilssymbol Christi) an der Hauptstraße nach des Marktplatzes, Hirsch (Christus-Symbol) an der Hauptstraße und Krone (Mariensymbol) vor dem oberen Tor[182]. Wer die Wirte waren, läßt sich nur in Einzelfällen und oft nur auf Umwegen ermitteln. Einer der reichsten Murrhardter des Jahres 1542, Michel Zügel, war auch Gastwirt; zuvor war er Schmied gewesen[183]. Conz Bart, der 1523–1542 in Siegelsberg saß, war 1504–1525 in Oberrot Wirt gewesen. Er mag auch in Siegelsberg diese Tätigkeit fortgeführt haben. Bart war, wie Michel Zügel, ein wohlhabender Mann. Nicht minder vermögend war wohl der Glashüttenunternehmer Hans Greiner. Von ihm weiß man, daß der Vertrag über die Gründung der Weidenbacher Glashütte 1550 einen Passus enthielt, der die Modalitäten eines künftigen Ausschanks in Weidenbach regelte. Man rechnete also damit, daß Greiner ausschenken würde.

Aus dem Murrhardt benachbarten Oberrot ist die Art und Weise des Ausschanks genau bekannt[184]. Dort wurde quartalsweise ausgeschenkt und das Ungeld – die Schanksteuer – pro Quartal abgerechnet. Etliche der dortigen Wirte, die für das kleine Dorf erstaunlich zahlreich waren, haben nur wenige Monate im Jahr ausgeschenkt. Ihre Gaststuben sind am ehesten modernen Besenwirtschaften vergleichbar, die nur kurz nach der Weinleise öffnen. Andere Wirte – darunter Conz Bart – schenkten praktisch dauernd aus. In Murrhardt war, obgleich ebenfalls quartalsweise das Umgeld abgerechnet wurde, ein nur quartalsweiser Ausschank verboten. Die Mindestdauer des Ausschanks war auf ein Jahr festgesetzt[185]. Man wurde in Murrhardt also nicht so leicht Wirt wie im limpurgischen Oberrot. In Murrhardt waren von vornherein diejenigen Personen vom Wirtsberuf ausgeschlossen, die nicht über ein gewisses Mindestkapital verfügten, um wenigstens ein Jahr überbrücken zu können. Obwohl demnach ganz Arme vom Wirtsberuf ausgeschlossen blieben, waren gewiß nicht alle Wirte so wichtige Persönlichkeiten wie Michel Zügel, Conz Bart oder Hans Greiner. Allerdings scheinen die drei in gewisser Weise symptomatisch zu sein, denn Wirte waren häufig führende Köpfe am Ort. Sie waren nicht selten ausgesprochen reich. Typisch für sie scheint auch zu sein, daß sie

182 Lipfert 1975, die jeweiligen Stichworte.
183 Fritz 1983-III; vgl. auch die Einwohnerliste.
184 Fritz 1985-I, S. 36 ff.
185 Vgl. oben S. 154 f.

nebenher – oder war Wirt nur der Nebenberuf? – noch eine Reihe anderer Tätigkeiten ausübten: Bart war Bauer, Zügel war Schmied, Greiner Glashüttenunternehmer. Daß der Weg zu weiteren Aktivitäten – Vieh-, Getreide- oder Holzhändler, Mehl- oder Weinhändler, Glashändler – nicht weit war, liegt auf der Hand, auch wenn diese Tätigkeiten nicht ausdrücklich nachzuweisen sind. Der Wirtsberuf machte die Männer zu den besten Kennern des Landes und seiner Verhältnisse. In den Wirtschaften fand die gesamte Kommunikation statt. Wirte kannten die einheimischen Verhältnisse sowieso bestens; über die Kaufleute und Händler, die in den Wirtschaften abstiegen, waren sie aber auch mit allem Auswärtigen vertraut, das von Belang war. Sie hatten somit die besten Beziehungen. Es ist gewiß kein Zufall, daß die Wirte im Bauernkrieg eine so wesentliche Rolle gespielt haben und oft die großen Bauernführer stellten. Man hat ja – etwas überspitzt – den Bauernkrieg geradezu als Gastwirtskrieg bezeichnet.

Adel in Murrhardt

Inmitten der Stadt lebte im 16. Jahrhundert eine Person, die nicht in das bescheidene Gesamtbild Murrhardts zu passen scheint: Junker Ludwig von Lomersheim, ein Adliger, dessen Familie aus einem Teilort des heutigen Mühlacker stammt. Adlige in Murrhardt sind indessen nicht so außergewöhnlich, wie es auf den erste Blick wirken mag. Bis zum Ende des 13. beziehungsweise Anfang des 14. Jahrhunderts hatte es ein Adelsgeschlecht gegeben, das sich nach Murrhardt nannte (diese Ritter von Murrhardt sind bereits ausführlich untersucht worden[186]). Mit der Stadt hatten die Murrhardter Ritter schließlich nichts mehr zu tun, sie tauchen vielmehr am unteren Neckar im Umkreis der hochadligen Herren von Schauenburg auf.

Im 14. Jahrhundert waren in und um Murrhardt Niederadlige aus dem Geschlecht der Kume begütert[187]. Die Ritter von Murrhardt und die Kume spielten eine nennenswerte Rolle am Ort. Ihnen muß ausgedehnter Besitz gehört haben; die Kume legten sich zwischen 1365 und 1371 sogar mit dem Murrhardter Vogt, Graf Albrecht II. von Löwenstein, an. Junker Ludwig von Lomersheim hatte mit den Rittern von Murrhardt und den Kume nur den juristischen Stand gemein; auch er war Adliger. Hinsichtlich seines Besitzes und seiner tatsächlichen sozialen Stellung unterschied er sich jedoch nicht von den nichtadligen Murrhardtern. Der »Junker Ludwig« oder der »Lomersheimer«, wie er in den Quellen hin und wieder bezeichnet wird, lebte als Bürger unter Bürgern. Leider war er bei den Vermögenserhebungen von 1542 und 1545 bereits gestorben, so daß man nicht weiß, wie reich – oder wie arm – er tatsächlich war. 1525 besaß er ein Haus im Wert von 70 fl – nicht wenig für Murrhardter Verhältnisse, aber auch nicht außergewöhnlich viel. Neun Jahre später wurde er im Murrhardter Aufgebot mit Rücken, Krebs, Goller und Langspieß als Ausrüstung gemustert. Er hatte im Kriegsfalle also zu Fuß zu kämpfen; ein standesgemäß zu Pferd sitzender Ritter war er demnach nicht. Die Bewaffnung läßt immerhin darauf schließen, daß der Junker nicht ganz verarmt war. Träger von Langspießen bildeten seinerzeit die schwere Infanterie; die Panzerung aus Rücken, Goller und Krebs war nicht gerade billig, sie setzte einen gewissen finanziellen Besitz voraus. Aber all dies zeigt, daß der Lomersheimer nicht mehr der allgemeinen Vorstellung von einem Adligen und seiner äußeren Erscheinung entsprach.

Welche Motive hat es für einen Adligen gegeben, sich in der ersten Hälfte des 16. Jahrhun-

186 Fritz 1982-III, S. 104 f.
187 RL 211, 235.

derts in Murrhardt niederzulassen? Der Ort lag fernab von allen größeren Städten und Verkehrsverbindungen im Schwäbischen Wald. Allenfalls die Tätigkeit als Vogt oder Mönch hätte für einen Adligen finanzielle Anreize gegeben, sich in Murrhardt aufzuhalten. Ludwig von Lomersheim wirkte aber weder als Schultheiß beziehungsweise in der Verwaltung, noch besaß er als Mönch eine Klosterpfründe. Diese Posten wurden in Murrhardt im 16. Jahrhundert nicht an Adlige, sondern an Bürgerliche vergeben. Bürgerliche übertrafen demnach im Ort den Junker bei weitem. Es ist nicht bekannt, welches Schicksal den Lomersheimer nach Murrhardt verschlagen hat. Sicher dürfte sein, daß er niemals gekommmen wäre, wenn er anderswo eine Tätigkeit gefunden hätte, die einem Edelmann angemessen war. Junker Ludwigs Geschlecht war alt und hatte einst eine große Rolle gespielt: Ein Ahn hatte 1138 das Kloster Maulbronn gestiftet[188]. Im frühen 16. Jahrhundert ließ sich der zweifellos verarmte Ludwig in Murrhardt nieder. Aufgrund seines Standes war er einer der wenigen Personen am Ort, die keine Leibeigenen waren, er war aber so bedeutungslos, daß er nicht einmal dem Gericht oder dem Rat Murrhardts angehörte. Auch sonst hatte er keine auffällige Rolle in Murrhardt gespielt. Junker Ludwig von Lomersheim ist ein markantes Beispiel dafür, wie tief ein Adliger im 16. Jahrhundert sinken konnte, wenn es ihm nicht gelang, in die Dienste eines Landesherrn zu treten. Adlige Herkunft allein sicherte längst nicht mehr den Lebensunterhalt oder auch nur das Prestige, das über das Niveau durchschnittlicher Bürger oder Bauern hinausging.

Die Inhaber des Wolkensteins

Auf halber Höhe am Nordabhang des Murrtales liegt, einige hundert Meter von Stadt und Kloster entfernt, der Wolkenhof, der bis zum Beginn des 18. Jahrhunderts Wolkenstein hieß und der Stammsitz des Murrhardter Ortsadels gewesen sein dürfte[189]. Der befestigte Wolkenstein hatte noch jahrhundertelang eine Sonderstellung inne, selbst nachdem der Murrhardter Ortsadel längst ausgestorben war. Noch im Dreißigjährigen Krieg soll die Anlage intakt gewesen sein, daß der damalige Murrhardter Bürgermeister vor Plünderungen dorthin flüchtete[190].

Eng mit dem Wolkenstein verbunden war offenbar ein Wirtschaftshof, der weit oberhalb des eigentlichen Wolkensteins auf der Hochfläche über Murrhardt liegt und den Namen Hoffeld führt. In den Quellen wird nicht immer genau getrennt, ob ein Bauer (oder Bürger?) auf dem Wolkenstein oder auf dem Hoffeld saß: Conrat Gleych, der 1545 in Hoffeld erwähnt wird, ist 1561 *vom Wolckenstein* aufgeführt. Insofern sind alle Wolkenstein-Nennungen nicht unproblematisch; vielleicht war der eine oder andere Wolkensteiner tatsächlich nur Bauer auf dem Hoffeld. Immerhin finden sich einige bemerkenswerte Familien im Besitz des Wolkensteins oder haben zumindest dort gewohnt. Claus Ecker, der als erster im Zusammenhang mit dem Wolkenstein genannt wird, ist noch wenig aussagekräftig. Seine Familie war aber bereits seit dem späten 14. Jahrhundert in Murrhardt ansässig und spielte – mit der Namensform Eckhard – bis ins 17. Jahrhundert hinein eine bedeutende Rolle: Der 1634 auf den Wolkenstein geflohene Bürgermeister hieß Melchior Eckhart. Allerdings haben die Ecker/Eckhard den

188 Vgl. Alberti 1889/1916, S. 567, und die Mitteilungen über die Gründung des Klosters Maulbronn in der OAB Maulbronn.

189 Dazu Braun 1956, S. 28–34, und Fritz 1982-III, S. 104f.

190 Braun (wie Anm. 189).

Wolkenstein nicht dauerhaft, zumindest nicht alleine besessen. Vor Claus Ecker (1523 und 1525) mag ein Hans Hueberer, *am Hofberg gesessen,* Inhaber des Wolkenstein gewesen sein, denn der Berg, an dem der Wolkenstein liegt, heißt Hofberg. Andererseits ist Hofberg keine Ansiedlung. Zur Familie Huber läßt sich aber wenig sagen.

Etwas Klarer sind die Verhältisse der Familie Frieß. 1560 hatte Mathis Frieß den Wolkenstein inne. Die Frieß scheinen insbesondere in der ersten Hälfte des 16. Jahrhunderts nicht unwichtig gewesen zu sein, auch wenn sie erstaunlich selten namentlich zu fassen sind (vielleicht verbergen sie sich hinter einer Berufsbezeichnung?). Eine Catharina Friesin war 1533 Witwe des Martin Zügel und hatte sich mit dem für Murrhardter Verhältnisse erheblichen Betrag von 200 fl an der Cronhüttener Glashütte beteiligt. Mathis Frieß ist gewiß mit dieser Friesin verwandt. Auf den ob seiner exklusiven Position inmitten von Weingärten – eine Zeitlang schienen sogar Feigengärten vorhanden gewesen zu sein[191] – sicher sehr schön gelegenen Wolkenstein hatte es später auch der Vogt Jakob Hofsess abgesehen, der 1564/65 im Besitz des Wolkensteins gewesen zu sein scheint[192]. Leider entziehen sich der Wolkenstein und seine Bewohner einer genaueren Betrachtung. Sicher ist nur, daß der Wolkenstein etwas Besonderes war, daß sich mit ihm die Namen einiger markanter Familien verbinden. Unbeantwortet muß die Frage bleiben, ob ausschließlich reiche Familien den Wolkenstein erhielten oder ob mit dem Wolkenstein hoheitliche, offizielle Aufgaben verbunden waren.

Murrhardter Studenten

Seit dem späten 15. Jahrhundert, als der wirtembergische Landesherr Eberhard im Bart die Landesuniversität Tübingen gründete, war der Universitätsbesuch nicht mehr nur einer verschwindend kleinen Gruppe von Personen vorbehalten. 1477, im Gründungsjahr der Universität Tübingen, ist der erste Student aus Murrhardt überliefert – ein Johannes Franck, der sich allerdings nicht in der wirtembergischen Universität immatrikulierte, sondern im fernen Leipzig. Die übrigen Murrhardter Studenten bis 1561 sind rasch genannt (die Murrhardter Mönche, die studiert haben, werden im Zusammenhang mit der Klostergeschichte berücksichtigt): 1496 Wolfgang Virkorn in Tübingen, 1500 Caspar Preconis (latinisiert für deutsch Bote, Herold o. ä.?) in Heidelberg, 1512 Bartholomäus Ruman in Wien, 1514 Petrus Caspar in Heidelberg und im selben Jahr Petrus Ziegel in Wien, 1523 Nicolaus Mauch in Wien.

Zunächst fällt auf, daß die Landesuniversität Tübingen nicht sehr hoch im Kurs stand. Nur einer der sieben Murrhardter Studenten hat sich dort eingeschrieben. Das ist für eine wirtembergische Stadt ein erstaunlicher Befund. In Leonberg besuchten beispielsweise von 51 Studenten zwischen 1541 und 1560 insgesamt 34, also genau zwei Drittel, die Universität Tübingen[193]. Nun ist allerdings die Gesamtzahl der Murrhardter Studenten viel zu klein, um irgendwelche statistischen Rückschlüsse ziehen zu können, doch sind Erklärungen für die Wahl der Studienorte gleichwohl möglich. Daß Murrhardter nach Heidelberg zogen, um dort zu studieren, ist mit der relativen geographischen Nähe dieser pfälzischen Universitätsstadt zu erklären. Erstaunlich ist die Wahl der Studienorte Leipzig und Wien, wobei insbesondere in

191 Ebd.
192 Fritz 1983-I, S. 70, Anm. 24.
193 Trugenberger 1984, S. 176 ff.

Wien sich gleich drei Murrhardter einschrieben. Es ist anzunehmen, daß in den Jahren zwischen 1512 und 1523 Wien durch Erzählungen des ersten Murrhardter Studenten an der Donau, Bartholomäus Ruman, einen so guten Ruf bekam, daß noch zwei weitere Murrhardter den Weg in den Südosten des Reiches antraten. Hier liegen einige wenige konkrete Fälle vor, die andeuten, daß der Horizont des Städtchens im Schwäbischen Wald vielleicht manchmal doch nicht so eng war, wie das die übrigen Quellen nahelegen. Leider läßt sich nicht erkennen, was die Murrhardter Studenten nach ihrem Studium getan haben – mit Ausnahme von Peter Caspar, der Pfarrer in Lorenzenzimmern wurde, also nicht allzuweit von seiner Heimatstadt entfernt tätig war. In Murrhardt selbst ist jedenfalls keiner geblieben. Hier gab es für einen Akademiker – von den geistlichen Ämtern abgesehen, die aber stets in der Hand von Auswärtigen waren – keine Möglichkeiten, einer adäquaten Beschäftigung nachzugehen.

Die soziale Schicht, aus der die Murrhardter Studenten hervorgingen, ist nur manchmal zu eruieren. Wolfgang Virkorn dürfte der Sohn des Murrhardter Schultheißen Heinrich Vierkorn gewesen sein, Bartholomeus Ruman, Petrus Caspar, Petrus Ziegel und Nicolaus Mauch gehörten in ehrbare Familien, die Rats- und Gerichtsherren sowie Bürgermeister gestellt hatten. Nichts Genaues läßt sich zu Johannes Franck und Caspar Preconis sagen. Die Franck gibt es zwar noch bis in die Jahre nach 1520 in Murrhardt, sie scheinen aber damals nicht mehr sonderlich bedeutend gewesen zu sein. Um 1477 könnten sie vielleicht noch zu den wichtigeren Familien gehört haben. Eine Familie Both, in die Caspar gehören könnte, ist Anfang des 16. Jahrhunderts in Murrhardt zwar vorhanden, spielt aber keine erwähnenswerte Rolle. Sollte Caspar wirklich hierher gehören, mag hier vielleicht nicht der ganz seltene Fall vorliegen, daß auch begabte junge Leute aus armen Familien hin und wieder an der Universität studieren konnten[194].

Murrhardter Einwohner im Dienste des Klosters

Stadt und Kloster Murrhardt waren zwar juristisch voneinander getrennte Körperschaften, dennoch bestanden angesichts ihrer unmittelbaren Nachbarschaft und angesichts der relativ niedrigen Bevölkerungszahl im Ort beiderseitige enge Verflechtungen. Im Kloster lebten – zumindest im 15. und 16. Jahrhundert – keineswegs nur Mönche. Ob irgendwann in den früheren Jahrhunderten lediglich Personen geistlichen Standes das Kloster bewohnt hatten, muß offen bleiben. Die monastischen Reformen Hirsaus aus dem späten 11. Jahrhundert, die den Mönchen oder wenigstens den Laienbrüdern und Religiosen auch einfache körperliche Arbeiten wie etwa Feldarbeit oder Küchendienst verschrieben, hatten jedenfalls längst keine Gültigkeit mehr. Eine komplette Übersicht über die Menschen im Kloster besitzen wir erst aus sehr später Zeit, aus dem Jahre 1561, als das Kloster längst reformiert war. Insofern sind die Verhältnisse von 1561 nur mit Vorbehalten auf frühere Zeiten zu übertragen. Es ist aber bekannt, welche Veränderungen mit der Einführung der Reformation im Kloster im wesentlichen eintraten: Die Mönche verschwanden, mit Abfindungen versorgt, mehr oder weniger rasch. An ihre Stelle traten Schüler, die im Kloster eine voruniversitäre Ausbildung erhalten sollten. Der Abt blieb, auch wenn er jetzt evangelisch war. Besonders wichtig ist in diesem Zusammenhang, daß das gesamte nichtgeistliche Klosterpersonal zwischen katholischer und protestantischer Zeit in hohem Maße Kontinuität bewahrte. Neben den Geistlichen war im

194 Ebd.

Kloster im wesentlichen derselbe Personenkreis wie viele Jahre zuvor. Allzu weit ins 15. Jahrhundert wagen wir allerdings das Bild des Jahres 1561 nicht zurückzuprojizieren.

Wie sahen die Verhältnisse im Kloster 1561 aus, wie in den Jahrzehnten zuvor, welche Möglichkeiten gibt es, die klösterliche Realität auch für die Laienbrüder und Religiosen in den früheren Jahrzehnten zu erfassen? Die Reformation hatte 1561 einige Leute ins Kloster geführt, die es in katholischer Zeit dort nie gegeben hatte. Um den Abt Otto Leonhard Hofsess gruppierte sich seine Familie und deren unmittelbare Bedienstete: seine Ehefrau Anna *(ein hausfrau)* und sein ältester Sohn Jakob (getauft am 27. Mai 1560, *ein jung kind*), ferner *ein magt* und *ein kinds medlin.* Es ist erstaunlich, daß der oberste weltliche Machthaber Murrhardts, Vogt Jakob Hofsess, der Vater des Abtes, ebenfalls im Kloster genannt wird, obwohl er auch außerhalb des Klosters mit Besitz gut versorgt war. Seltsam ist, daß die Frau des Vogtes, Elisabeth Hofsess, nicht unter den Klosterinsassen erscheint. Wie der oberste weltliche Beamte, der im Kloster lebte oder zumindest dort gezählt wurde, diente auch der Stadtschreiber Augustin Hitzler dem Kloster. Die Verwaltungsgeschäfte von Stadt und Kloster waren leicht überschaubar, so daß sie von einer Person bewältigt werden konnten. Der evangelische Pfarrer und Schulmeister Johannes Rößler hatte mit einer Gruppe *elf junger schulknab* das Erbe des ehemaligen Mönchskonvents angetreten[195]. Ein merkwürdiges Relikt des alten Konvents stellte 1561 der immer noch im Kloster verbliebene Mönch Jacob Ganser dar, der zwar die neue Lehre angenommen, aber – vielleicht aus Mangel an hinreichender theologischer Bildung – noch keine geistliche Stelle außerhalb des Klosters angetreten hatte[196].

Mit Matis Müller, dem Organisten, beginnt die Reihe jener Personen, die zum eigentlichen nichtgeistlichen Hilfspersonal zählten. Mit Müllers Person ist zugleich erwiesen, daß im Kloster eine Orgel vorhanden war. Sie stammte sicher aus der katholischen Zeit. Ein nichtgeistlicher Organist dürfte zumindest in den letzten Jahren des katholischen Klosters angestellt gewesen sein. Unter den jungen Mönchen, die Thomas Carlin seit 1548 um sich sammelte, kann allein schon wegen deren geringen Lebensalters kein ausgebildeter Organist gewesen sein. Ob vor der ersten protestantischen Reform Murrhardts 1535 ein Mönch das Orgelspiel im Kloster ausübte, ist nicht bekannt. Bei der auch damals relativ bescheidenen Zahl der Mönche möchte man aber eher vermuten, daß dies nicht der Fall war. Das Vorhandensein eines nichtgeistlichen Organisten zumindest im 16. Jahrhundert ist also nicht unwahrscheinlich. Der Organist Matis Müller übte 1561 neben dem Orgelspiel noch andere Tätigkeiten aus. Er hatte die Laienwache und Botenpflicht *(leinwach und bott)* wahrzunehmen, also eine Art Aufsichtspflicht über die Gemeindeglieder Murrhardts. Die *leinwach und bott* dürfte sich wohl insbesondere auf die Zeit der Gottesdienste bezogen haben, denn außerhalb der Kirche hatte Müller noch eine weitere Aufgabe zu erfüllen, die einen erheblichen zeitlichen Einsatz erforderte – er war Küchenmeister des Klosters. Auch in katholischer Zeit wird man – zumindest in den letzten Jahren und Jahrzehnten – einen nichtgeistlichen Küchenmeister annehmen dürfen. Er hatte die Oberaufsicht über die Klosterküche und dürfte sich insbesondere mit der Beschaffung und dem Einkauf der benötigten Lebensmittel befaßt haben. Unmittelbar als Koch tätig war er vermutlich nicht.

Diese Aufgabe oblag 1561 dem Koch Jorg Laub und dem *kuchinbub*. Laub hatte erst 1560 in Murrhardt geheiratet und stammte aus Klaffenbach bei Rudersberg, etwa 10 km südlich von

195 Die evangelischen Geistlichen sind in der Einwohnerliste enthalten.

196 Bei Fritz 1983-IV ist irrtümlich statt elf Schülern nur einer genannt.

Murrhardt. Ob er mit Jerg dem Klosterkoch von 1545 identisch ist, läßt sich nicht ermitteln. Wenn dem so wäre, dann dürfte es sich 1560 um eine Wiederverheiratung gehandelt haben. Das leibliche Wohl der führenden Klosterinsassen war 1561 keineswegs allein dem Küchenmeister, dem Koch und dem Küchenbuben überlassen. Backwaren wurden in der Küche ebensowenig erzeugt, wie die Verwaltung der klösterlichen Getränke Aufgabe der Küche war. Das Backen war Sache zweier Bäcker, des Bartlin Müller und des Hans Mack. Müller war *pfister*, Mack war *pfister knecht*. Gebacken wurde in erster Linie feineres Gebäck, denn unter *pfister* versteht man häufig nicht einen Bäcker allgemein, sondern einen Weißbäcker. Bartlin Müller war mindestens seit 1545, vielleicht sogar schon seit 1542 im Kloster. Auch er übte mehrere Tätigkeiten aus: Als *casten knecht* war er für Arbeiten aller Art im Klosterkasten, also in den Wirtschaftsgebäuden, zuständig.

Die Verwaltung des Klosterkellers war Mathis Hubers Aufgabe, der als *küeffer und kheller* bezeichnet wird. In Hubers Hand lagen Einzug, Kontrolle und Lagerung des Weinzehnten, des Ungelds und der diversen anderen Getränkeabgaben aus den Murrhardter Wirtschaften, die ja nicht nur in Geld, sondern auch in Naturalien abgeliefert werden konnten. Huber befaßte sich neben den technischen Arbeiten der Getränkelagerung und -verwaltung vermutlich auch mit dem Verkauf der überschüssigen Weinmengen. Der Keller hatte also Finanzgeschäfte zu tätigen, deren Umfang erheblich sein konnte. In früheren Jahrhunderten nahm gewiß ein Mönch die Aufgabe des Kellers wahr. Erst als neben diesen Mönch ein Laie trat, wurde es erforderlich, den Mönch von dem Laien durch einen gesonderten Titel zu unterscheiden. Der Mönch konzentrierte sich mehr auf den Verkauf des Weins, schließlich auf die Finanzgeschäfte des Klosters schlechthin. Er erhielt den Titel des Großkellers, der ihn vom einfachen (Laien-)Keller unterschied. Ein Großkeller wird erstmals im Zusammenhang mit der Klosterreform von 1510/11 in Murrhardt genannt. Es ist aber unwahrscheinlich, daß es erst seit diesem Zeitpunkt einen Laien-Keller im Kloster gegeben hat. Mit den einfacheren Küfer- und Keller-Arbeiten haben sich die Mönche gewiß schon lange vorher nicht mehr abgegeben. Zum Küfer und Keller Matis Huber von 1561 ist sonst praktisch nichts bekannt. Vielleicht könnte der Name Huber ein Hinweis darauf sein, daß Mathis einer der bedeutenderen Familien am Ort angehört hat: Ein Huber/Hueberer war, wie erwähnt, 1509 möglicherweise Eigentümer des Wolkensteins. All dies bleibt aber unsicher.

Die vorstehend genannten, 1561 im Kloster tätigen Personen hatten im weitesten Sinne mit der Lebensmittel- und Getränkeversorgung zu tun. Daneben befaßten sich etliche Leute mit den übrigen Geschäften, die im Kloster und auf seinen Besitzungen anfielen. Dabei ist bei vielen dieser Klosterbediensteten die relative Unbestimmtheit und Vielfalt ihrer Aufgaben bemerkenswert. Balthus *der vischer* sollte nicht nur fischen sowie für die vielen klösterlichen Fischseen und den Stadtgraben sorgen, er sollte sich *auch sunst zu anderem teglichen geschefft prauchen lassen*. Jos Mang *der baumeister* war mit seinen Bautätigkeiten keineswegs ausgelastet, er war gleichzeitig auch *fuorknecht*. Unter seiner Baumeistertätigkeit wird man sich nicht allzu Großartiges vorzustellen haben, auch wenn er sich am Wiederaufbau so wichtiger Gebäude wie des heutigen Langen Baues (Baudatum 1553) oder des heute nicht mehr vorhandenen Fruchtkastens (Baudatum 1567) beteiligt war. Mangs alltägliche Beschäftigung bestand aus kleineren Maurer- und Instandsetzungsarbeiten und eben – auf ganz anderem Gebiet – in seiner Tätigkeit als Fuhrmann. 1545 war Jos Mang mit der Mindeststeuersumme von 3 x noch ein armer Schlucker gewesen, aber das muß nicht unbedingt etwas über sein späteres Vermögen aussagen. Vielleicht war er 1545 ein junger Mann, der noch nichts geerbt hatte. Ein früher Vorgänger Mangs war der Klosterbaumeister Riet Jacob von 1470/80. Neben Mang gab es 1561 noch einen zweiten Fuhrknecht, Hans Viser (= Fischer?), der wie Mang ebenfalls eine weitere Aufgabe hatte: Viser war außerdem noch *vuder knecht,* mußte sich also um das Futter der klösterlichen Tiere kümmern. Welche Tiere das waren und wo sie gehalten wurden, wird nicht in vollem Umfang deutlich. Aber immerhin läßt sich feststellen, daß das Kloster über Jagdhunde, Pferde und anderes Vieh verfügt haben muß: Es gab im Kloster einen *vich bub* und *zwo vich mägt* und einen *hunds bub,* deren Namen nicht überliefert sind, ferner Hainrich Biler *den reitknecht und sein bub.* Wenn tatsächlich der *vich bub* und die *vich mägt* innerhalb des Klosters tätig waren, wie das die Gesindeliste von 1561 nahelegt, dann würde das bedeuten, daß im Kloster Vieh gehalten wurde. Als Stallung kämen insbesondere einige Teile des Langen Baues in Frage.

Die Existenz eines *hunds bub* weist auf eine besonders originelle Eigenschaft des Klosters hin. Bereits unter Abt Herbord Gütigott hatte es ja Klagen über die Hunde gegeben, die von den wirtembergischen Jägern im Kloster gehalten wurden und die so laut bellten, daß die Mönche nicht einmal mehr recht singen konnten. Jagdhunde spielten also schon Mitte des 15. Jahrhunderts eine gewisse Rolle. Allerdings waren die Hunde damals für die Mönche Anlaß zum Ärger und wurden nicht gern gesehen. Im 16. Jahrhundert änderte sich das; Murrhardts Kloster hatte in weitem Umkreis den Ruf, eine gute Aufbewahrungsstätte für Jagdhunde zu sein. Sogar der Rat der Stadt Hall gab seine Hunde um 1530/40 nach Murrhardt zur Pflege und Aufsicht oder lieh sich Hunde des Murrhardter Jägers aus[197]. Es überrascht nicht, daß im Kloster ein Reitknecht mit einem Gehilfen vorhanden war. Sowohl für die protestantische Klosterführung von 1561 – Abt, Vogt, Schreiber, Pfarrer, Konventuale – als auch für die Mönche der vorreformatorischen Zeit war das Reiten die standesgemäße Fortbewegungsweise schlechthin.

Da das Kloster über ausgedehnte Wälder verfügte und die Jägerei früh einer der Hauptanziehungspunkte des Klosters für wirtembergische Gäste war, hatte es einen eigenen Jäger, Hans Hecker. Seine Aufgabe war aber nicht nur die eigentliche Jagd – denn die wurde entweder von den wirtembergischen Gästen oder, wenn diese abwesend waren, als Zeitvertreib wohl auch hin und wieder von den Mönchen selbst betrieben –, Hans Hecker hat auch die Aufgabe eines Försters wahrgenommen. Dabei gab es eine nicht näher erkennbare Kompetenzteilung zwischen ihm und dem eigentlichen Forstknecht, denn Hecker sollte *inn welden neben dem vorstknecht sein uffsehen haben.* Ein solcher Forstknecht fehlt 1561 merkwürdigerweise. Er ist für viele Jahrzehnte vorher aber ausführlich belegt, ja im Falle des Forstknechts läßt sich sogar erkennen, seit wann es dieses Amt gab. Nach Aussagen im Prozeß des Wendel Plapp gegen Abt Hofsess 1556/58 habe man noch um 1504 nicht immer einen Forstknecht gehabt[198]. Über die 3 Morgen Weingärten des Klosters waltete 1561 Ulrich Wingarter, dessen eigentlicher Familienname offenbar durch die Berufsbezeichnung verdrängt ist. Lenhart Schlenck, der Torwart, sorgte dafür, daß das Kloster gegen die Stadt hin verschlossen werden konnte. Er hatte freilich, seit der katholische Mönchskonvent aufgehoben war, keine Aufgabe mehr, denn eine strenge Absperrung der engeren Klausur oder der Klosterkirche, die nun zur Stadtkirche geworden war, war nun nicht mehr nötig. Erst recht

197 StadtASHA: 1527 Str 404; 1531 StR 414, 419; 1540 StR 455; 1541 StR 460.

198 Vgl. oben S. 193 und die Aussage des Paulin Wurst 1557, Quellennachweis s. Einleitung zur Einwohnerliste. Vielleicht hat der Forstknecht zur Reichenberger Forst gehört. Vgl. zum nicht ganz klaren Verständnis von Reichenberger und Murrhardter Forst: Kiess 1958, S. 34.

erübrigte es sich, den Wirtschaftsteil des Klosters abzusperren. Hier waren ohnehin dauernd zahlreiche Leute von außerhalb des Klosters tätig. Daß es Schlencks Vorgänger mit ihren Geschäften nicht immer allzu genau nahmen, wird aus dem Visitationsbericht von 1510 deutlich, in dem die Reformkommission das ständige Ein- und Ausgehen im Kloster monierte. Wahrscheinlich erstreckten sich Schlencks Aufgaben nicht auf bloße Torwächterdienste. Man kann ihn vielleicht am ehesten als eine Art klösterlichen Hausmeister bezeichnen.

Neben den bisher genannten Personen, die allesamt in irgendeiner Form für den wirtschaftlichen Nutzen des Klosters arbeiteten, existierte eine Personengruppe, die nicht für das Kloster arbeitete, sondern von dessen Wohltätigkeit lebte. Es handelt sich um insgesamt sieben Leute. Davon hatten zwei – der etwa 70jährige Gregorius Hecker und seine gleich alte Frau – auf ihre alten Tage um 300 fl eine Pfründe, also eine Altersversorgung mit Wohnrecht, im Kloster erstanden. Die Kaufsumme war erheblich. Den beiden Hecker wird ansonsten nicht mehr viel Geld verblieben sein, sie dürften ihr Vermögen im wesentlichen in ihre Altersversorgung investiert haben. Es erstaunt, daß Hecker über eine solche Summe verfügte, denn in den Jahren 1542 und 1545 besaß er nur bescheidene 60 beziehungsweise 67 fl. Das alte Ehepaar Hecker dürfte mit dem Jäger Hans Hecker verwandt gewesen sein. Vielleicht war Gregor Hecker Hansens Vater und Vorgänger als klösterlicher Jäger. Die übrigen fünf Personen unter den Versorgungsberechtigten des Klosters zählten zu einer Bevölkerungsgruppe, die man heutzutage als Sozialfälle bezeichnen würde: Zacher Ann, *ein allte arme frau,* die 50 Jahre lang Magd im Kloster gewesen war und der die beiden letzten katholischen Äbte Martin und Thomas eine Altersversorgung versprochen hatten; Peter Eberhardt, der ebenfalls *sein lebenlang im closter khaust* hatte und dem – wohl für Knechtdienste – eine Pfründe versprochen worden war; der Krüppel Henck Hans, der Irre Bastian und ein junger Stummer. Die letzten drei waren zum Teil noch von den katholischen Äbten *inn das closter eingenommen* worden. Natürlich machten sich auch die Alten und Kranken nützlich, soweit es ihnen möglich war. Die Liste von 1561 erwähnt dies mit ebenso knappen wie rührenden Worten: Zacher Ann *brennt noch ein und thut, was sie khan,* der Stumme, der aus einer kinderreichen Murrhardter Familie stammte, *mus holtz tragen und was er schaffen kan.* Wo die sieben Pfründner im Kloster hausten, geht aus den Quellen nicht hervor. Es hatte zwar einmal ein 1191 nachgewiesenes Klosterspital gegeben, aber ob es 1561 noch existierte und wo es zu suchen ist, bleibt fraglich.

Insgesamt lebten im Jahr 1561 47 Personen – Geistliche, Schreiber, Schüler, Klosterbedienstete und Pfründner – im Kloster. Diese Zahl dürfte, zumindest als Größenordnung, auch einen Eindruck davon vermitteln, wie viele Leute in katholischer Zeit das Kloster bevölkerten. Damals fehlten zwar vermutlich die Schüler, aber an ihrer Stelle war eine wenigstens im 16. Jahrhundert vergleichbare Zahl von Mönchen vorhanden. Es herrschte demnach im Kloster ein recht buntes Durcheinander aus Mönchen, Klosterbediensteten des Laienstandes sowie Knechten und Mägden. Zacher Ann war *ob funffzig jaren* Klostermagd gewesen, ist also spätestens um 1510 ins Kloster gekommen. Auch Peter Eberhart war sein Leben lang im Kloster gewesen, mag also zu einem ähnlichen Zeitpunkt eingetreten sein. Mit dem Klosterknecht Jacob Wirt kommt man gar bis in die Zeit um 1460. Es stellt sich angesichts des Durcheinanders von Männern und Frauen im Kloster die Frage nach der klösterlichen Moral. Grundsätzlich signalisiert die ständige Anwesenheit von Laien ein Abrücken von den Idealen des heiligen Benedikt. Die Präsenz von Frauen im Kloster paßte mit den Vorschriften erst recht nicht zusammen. Andererseits ist es wohl verfehlt, von vorneherein eine Art Verfall der klösterlichen Moral anzunehmen. So konnten beispielsweise die Knechte und Mägde durchaus auf den äußeren Teil des Klosters mit seinen Wirtschaftsgebäuden beschränkt sein. In der eigentlichen Klausur war dann immer noch ein ordnungsgemäßes Mönchsleben möglich. Es hing gewiß zu einem Gutteil vom jeweiligen Abt ab, in welchem Maße die Mönche die Regeln des Klosterlebens tatsächlich befolgten. Im ersten Jahrzehnt nach 1500 taten die Mönche das sicher nicht, vor 1500 vielleicht etwas mehr, aber allzu strikt und engherzig wird es auch im 15. Jahrhundert nicht zugegangen sein[199].

Eigenartigerweise wird 1561 unter den Leuten im Kloster kein Mesner genannt. Es hat aber durchaus Mesner gegeben, und sie gehörten in der Spätzeit des Klosters zweifellos dem Laienstand an. 1536 wird – im Zusammenhang mit der Feststellung der Einkünfte der Pfarreien Murrhardt, Großbottwar und Westheim durch Herzog Ulrich – auch das Einkommen des Murrhardter Mesners genannt. Dieser Erhebung zufolge muß der Mesner ein Mann gewesen sein, der nicht schlecht gestellt war[200]. Sein Name wird 1536 nicht genannt; 1553 war ein Meister Assumus Mesner. Der Titel »Meister« zeigt, daß die Mesner recht angesehene Leute waren. Ansonsten ist über sie leider nichts zu erfahren. Insbesondere bleibt offen, ob ein 1542 genannter Meister Wolf ebenfalls als Mesner tätig war.

Wirtschafts- und Sozialstruktur: Zusammenfassende Betrachtungen

In der Stadt und im Amt vorhandene Berufe im Überblick

Der Überblick über die Murrhardter Bevölkerung hat eine Vielzahl von Eindrücken zur Wirtschaftsstruktur von Stadt und Amt gebracht. Diese zahlreichen Einzelbeobachtungen sollen nun im Zusammenhang dargestellt werden. Unumstritten nahm die Land- und Forstwirtschaft eine führende Position ein. In enger Verbindung hiermit standen die vor allem in der Stadt, zum kleinen Teil auch im Amt ansässigen Handwerker. Soweit die in der Land- und Forstwirtschaft erzeugten Produkte im Gewerbe nicht unmittelbar weiterverarbeitet wurden – etwa das Getreide in den Mühlen, das Holz in den Sägmühlen usw. –, arbeitete das Gewerbe doch mehrheitlich den Bedürfnissen der Agrarwirtschaft zu. Als Beispiele seien nur die Eisenschmied- und Schleifmüller oder die Schmiede genannt, die in erster Linie landwirtschaftliches Gerät erzeugten. Falls das Handwerk nicht unmittelbar für den Agrarbereich produzierte, so stellte es fast ausnahmslos Artikel für den lebensnotwendigen Grundbedarf her: Kleidung (zum Beispiel Weber, Schneider, Schuhmacher), Behausung (etwa Maurer, Zimmerleute, Schreiner, Ziegler) und Ernährung (so die Bäcker, Metzger und Köche). Gehobener Bedarf deutet sich nur durch einen Drechsler an. Auch Hebammen, Bader und Wirte können durchaus im Zusammenhang elementarer Bedürfnisse genannt werden, obgleich es sich hier um Dienstleistungsberufe handelt. Daß es ferner ein nicht unwichtiges produzierendes Gewerbe – die verschiedenen Glashütten – gab, wurde ebenso deutlich wie das Vorhandensein einer zahlenmäßig allerdings sehr kleinen Bürokratie und einer wenig größeren Gruppe geistlichen Hilfspersonals (Organisten, Mesner, Schulmeister).

Offen blieb aber bisher im wesentlichen die Frage, in welchem Maße die Murrhardter

199 Sydow 1984, S. 94f., nennt für Bebenhausen ähnliche Verhältnisse.
200 Vgl. unten S. 253.

Wirtschaft, insbesondere natürlich die Land- und Forstwirtschaft, nur für den Bedarf von Stadt und Amt produzierte, inwieweit sie Waren ausführte und inwieweit sie die örtlichen Bedürfnisse nicht zu befriedigen vermochte und Waren eingeführt werden mußten. Die Quellen aus dem 16. Jahrhundert – die aus den früheren Jahrhunderten sowieso – lassen uns hier leider fast ganz im Stich. Erst einige Aktenstücke aus den Jahren 1599–1602 gehen auf diesen wichtigen Fragenkomplex ein[201]. Wegen ihrer großen Bedeutung und weil sie Rückschlüsse auch auf frühere Zeiten ermöglichen, gehen wir auf diese Akten ein.

Einfuhr, Ausfuhr, Warenumschlag. Murrhardt als Marktort und der Murrhardter Wirtschaftsraum

Am 8. Februar 1599 baten die Murrhardter Herzog Friedrich in Stuttgart um die Genehmigung eines wöchentlichen Viktualienmarktes. Bislang sei man auf den Haller Viktualienmarkt angewiesen gewesen, man erleide aber dort aus Währungsgründen schwere Nachteile. Die Murrhardter Eingabe muß im benachbarten Amt Backnang lebhafte Unruhe ausgelöst haben, denn noch bevor eine Entscheidung über die Bitte der Murrhardter gefallen war, wandten sich am 16. März 1599 Vogt, Bürgermeister und Gericht zu Backnang an den Herzog und protestierten gegen des Murrhardter Anliegen: Die Murrhardter hofften, Früchte aus dem Gebiet der hällischen Landwehr zu bekommen, aber das würden die Haller nie erlauben. Weiter sei fraglich, ob die Haller in Murrhardt eine andere Währung annehmen würden. Überdies käme ein Murrhardter Viktualienmarkt eher dem Ausland, vor allem Limpurg, zugute, nicht aber Wirtemberg. Außerdem seien die Murrhardter bislang immer zum Backnanger Viktualienmarkt gekommen, wo im übrigen das gesamte Ungeld und alle Frevel, die man bei den Märkten kassierte, dem Herzog zukämen, während in Murrhardt nur die Hälfte der Frevel und des Ungeldes dem Herzog anheimfiele (die Backnanger meinten, der Herzog erhielte dies als Herr des Klosters), die andere Hälfte aber die Stadt. Schließlich seien die Murrhardter, die drei Jahrmärkte hätten, bisher ja auch ohne Wochenmarkt ausgekommen, und so solle es bleiben.

Die Angelegenheit zog sich hin. Erst am 13. Januar 1602 nahmen die Murrhardter zu den Vorwürfen Stellung. Man habe bislang in Murrhardt die Früchte aus dem Hällischen, Limpurgischen, Hohenlohischen und sogar aus dem Rothenburgischen bezogen, was teuer und umständlich gewesen sei. Der Ackerbau in Murrhardt selbst sei gering. Im Gegenzug liefere man vor allem *pfehl, taugen, britter unnd anders holtz*. Auch sei in Murrhardt *alhie… nit ain ainige chramerei oder kaufmanschafft*, und da der Herzog zudem allen ausländischen Krämern und Hausierern außerhalb der drei Jahrmärkte den Handel verboten habe, sei es höchst mühsam, sich *mit gewurtz und anderer täglicher notturft* zu versorgen. Man hoffe, daß der Wochenmarkt Zoll und Ungeld erhöhe und die Wohlfahrt steigere. Den Nachbarstädten Murrhardts werde durch den Wochenmarkt gewiß kein Abbruch getan. Die Backnanger wiederholten am 6. April 1602 ihren Protest. Sie fürchteten, daß viele Bauern ihr Getreide in Zukunft nach Murrhardt brächten, weil das für sie nur halb so weit sei wie der Weg nach Backnang. Alles werde dann von Murrhardt aus außer Landes verkauft und gereiche dann Wirtemberg zum Schaden. Nach einer weiteren Stellungnahme des Murrhardter Abtes und Vogtes vom 4. Juni 1602, in der sie schwere Beschuldigungen wegen einiger eigennütziger

201 HStAS A 206, Bü. 3899.

Praktiken der Backnanger auf deren Wochenmärkten erhoben, stimmte der Herzog schließlich der Einrichtung des gewünschten Murrhardter Wochenmarktes zu[202].

Mit dem Schriftwechsel von 1599/1602 wird klar, wo die Stärken und Schwächen der Murrhardter Wirtschaft lagen: Früchte, insbesondere Getreide, mußte man einführen, der Anbau in Murrhardt reichte nicht zur Deckung des Eigenbedarfs aus. Ausführen konnte man lediglich diverse einfachste Holzprodukte und Fleisch – insbesondere Schweine[203]. Aufschlußreich ist ferner die weitgehende Orientierung Murrhardts zu außerwirtembergischen Gebieten hin, vor allem nach Hall und sogar bis ins Rothenburgische, eine wirtschaftliche Ausrichtung, die den heutigen Verhältnissen, wo Murrhardt eindeutig auf die Stuttgarter Region fixiert ist, vollkommen entgegengesetzt ist. Lediglich der Backnanger Wochenmarkt scheint eine gewisse Rolle für die Murrhardter gespielt zu haben, aber seine Bedeutung war geringer als die des Haller Wochenmarktes. Die ökonomische Orientierung Murrhardts nach Norden und Osten hin hat noch bis mindestens ins späte 18. Jahrhundert angedauert: Anläßlich des Murrhardter Stadtbrandes von 1765 baten die Bürger Herzog Carl Eugen um die Genehmigung einer Brandhilfskollekte auch außer Landes, *dazumalen die Stadt Murrhardt auf den Gränzen des Landes liegt und mit den ausländischen Herrschaften wegen ihres täglichen Gewerbes in besserer Bekanntschaft steht als mit den mehrsten Stätt und Ämtern des Landes*[204].

Angesichts der Tatsache, daß Murrhardt Getreide von auswärts beziehen mußte, dürfte die Frage zu beantworten sein, an wen das Kloster Murrhardt seine erheblichen Getreidevorräte, die als Fruchtzehnt jährlich von den Bauern gereicht werden mußten, verkaufte. Aus den Steuerrechnungen der Stadt Schwäbisch Hall geht hervor, daß das Kloster nur relativ selten Getreide – meist Hafer, ganz selten Dinkel – an die Reichsstadt veräußerte[205]. Noch seltener wurde anderswohin geliefert, etwa nach Schorndorf[206]. In die getreidereichen Gebiete des Neckarlandes wird das Kloster nicht verkauft haben; dort wäre das Murrhardter Getreide schon wegen des langen Transports nicht konkurrenzfähig gewesen. Die Vermutung liegt deshalb nahe, daß das Kloster sein Zehntgetreide auf den nächstgelegenen Umschlagplätzen – also Hall, vielleicht auch Backnang – zum Verkauf anbot. Die Käufer werden nicht selten eben

202 Vgl. zu dem gesamten Komplex auch Steinle 1963, Kap. V, der allerdings den Sachverhalt auf den Kopf stellt, indem er behauptet: »Der Antrag (der Murrhardter auf Errichtung eines Wochenmarkts) wurde vom Vogt, Bürgermeister und Gericht in Backnang unterstützt.«

203 Dazu oben S. 198ff.

204 Schweizer/Fritz 1985.

205 StadtASHA Str 54 von 1436/37: Hafer für 70 fl; StR 82 von 1443/44 (200 fl); StR 147 von 1460 (50 fl); StR 149 von 1460 (50 fl); StR 160 von 1463 (237 Scheffel, 2 Viertel Hafer, 17½ Viertel für 1 fl, macht 54 fl, 8 ß, 4 h); StR 200 von 1473/74 (50 fl); StR 105 von 1475 (62 fl); StR 209 von 1476 (77 Malter Hafer um 34 fl); StR 220 von 1479 (208 Scheffel Hafer um 52 fl; Fuhrlohn 1 lb, 6 ß); StR 223 von 1480 (300 Scheffel Hafer um 75 fl); StR 239 von 1484 (78 fl, 2 ort); StR 256 von 1488 (320 Scheffel Hafer um 80 fl); StR 272 von 1492 (98 fl); StR 286 von 1496 (155 fl); StR 303 von 1502: *Item den korenmessern von dem habern, so man von meim hern von Murhart hat kawfft, davon zu messen 12 ß, 10 h;* StR 338 von 1511: *Item meim hern von Murhart fur habern, den er unß von Hans wegen hatt,* 24 fl; ebd.: *Item meinem hern von Murhart fur habern, den man zu Westen hat kaufft 100 fl, haben geben 17 fuder fur 1 fl;* ebd.: *Item von habern, den mann umb mein hern von Murhart hatt kaufft, rein zu furen 6 lb, 1 ß, 8 h;* StR 374 von 1520 (379 Scheffel Hafer um 100 fl); StR 443 von 1537 (137½ Scheffel Dinkel, 137½ Scheffel Hafer, 11 Viertel zu 1 fl, zusammen 100 fl).

206 Am 21. 8. 1457 quittiert Abt Herbord dem Keller von Schorndorf den Erhalt von 40 fl aus einem Haferverkauf (HStAS A 602, U 2619).

jene Bauern gewesen sein, die das Getreide dem Kloster als Zehnt hatten abgeben müssen. Natürlich ist es auch möglich, daß sich das Kloster den Umweg über die Getreidemärkte sparte und aus seinen Scheuern und Fruchtkästen direkt an die Bauern verkaufte. Nur in mageren Jahren, wenn die finanzkräftige Reichsstadt Hall höhere Preise zahlte als die einheimische Bevölkerung oder andere Privatleute, verkaufte das Kloster an Hall. Jedenfalls trug das gesamte System von Grund auf bereits Mißstimmungen in sich: Natürlich mußte es jedem Bauern sauer aufstoßen, das von ihm zwangsweise abgelieferte Zehntgetreide wieder zurückzukaufen. Auch dies mag unter anderem die Verbitterung erklären, die schließlich in den Bauernkrieg mündete.

Die Ereignisse von 1599/1602 zeigen indessen auch, was in Murrhardt fehlte: Nicht nur, daß man im »ausländischen« Hall und anderswo Getreide einkaufen mußte und dabei Währungsschwierigkeiten auftauchten, je mehr sich die wirtembergische Landeshoheit auch im Münzbereich geltend machte[207]. In Murrhardt fehlte es außerdem – und das deckt sich mit den Befunden aus der Zeit vor 1561 – an solch alltäglichen Berufen wie Krämern und Kaufleuten. Es gab keinen ortsansässigen hauptberuflichen Händler, der die Bevölkerung mit all jenen kleineren und größeren Gütern des gehobenen Bedarfs versorgte, die das Leben angenehm machen. Damit war Murrhardt in dieser Hinsicht auf jeden Fall provinzieller als manche andere wirtembergische Amtsstadt[208]. Man konnte in Murrhardt diesen Mangel nur durch – meist nichtwirtembergische – Hausierhändler einigermaßen ausgleichen, aber seit herzogliche Verbote diese fernhielten, war man in der Stadt beinahe von der Außenwelt abgeschnitten. Außer an den Jahrmarkttagen war in Murrhardt nichts zu bekommen, wenn man einmal von den Grundprodukten absieht, die die Murrhardter Handwerker selbst herstellten. Es bedarf keiner weiteren Ausführungen, um sich die Weltabgeschiedenheit Murrhardts vor Augen zu führen. Daß die Backnanger Nachbarn 1599/1602 eifersüchtig an einer Fortdauer der bestehenden Verhältnisse interessiert waren, ist verständlich; die Einrichtung eines Murrhardter Wochenmarktes mußte tatsächlich das Einzugsgebiet des Backnanger Marktes erheblich verkleinern.

Über die Murrhardter Jahrmärkte lassen sich noch einige zusätzliche Informationen ausfindig machen. Sie fanden am Donnerstag vor Fasnacht, am Dienstag nach Quasimodogeniti – also acht Tage nach Ostern – und am Dienstag nach Mariä Geburt statt. Der Wochenmarkt nach Mariä Geburt, der in die Woche nach dem 8. September fiel, war mit der Kirchweih verbunden. 1724 beantragten Vogt, Bürgermeister und Gericht von Murrhardt bei Herzog Eberhard Ludwig, den ersten der drei Jahrmärkte auf den 6. Sonntag nach Trinitatis zu verlegen – also die Monate Juni und Juli –, weil der Fasnachtstermin mit dem Welzheimer Jahrmarkt zusammenfalle und weil deshalb die Händler aus der Gmünder Gegend nach Welzheim gingen und Murrhardt nicht besuchten. Der Herzog genehmigte die Murrhardter Bitte 1725[209]. Die Murrhardter Jahrmärkte waren also im Osten für Händler und Krämer bis

207 Klein 1984 geht auf diesen wichtigen Aspekt nur ansatzweise ein.

208 Trugenberger 1984, S. 162 nennt für Leonberg mehrere Handelsleute und Krämer. Auch für Stuttgart ist diese Berufsgruppe gesichert, für Waiblingen, Geislingen und Schorndorf ist ihre Existenz anzunehmen; dazu Wunder 1971 und 1974.

209 HStAS A 206, Bü. 3915. – Es ist noch zu klären, seit wann Murrhardt das Recht hatte, Jahrmärkte abzuhalten: Spätestens seit der Murrhardter Markt- und Stadterhebung um 1287; wahrscheinlicher besaß das Kloster aber bereits Anfang des 12. Jahrhunderts gewisse (Jahr-?) Marktrechte, denn nur so ist die nachgewiesene Münzprägung im Kloster verständlich (dazu Fritz 1982-III, S. 92ff.). Nach neueren

Gmünd attraktiv – wenn nicht gerade der Welzheimer Markt mit Murrhardt konkurrierte. Ähnlich weit wird das Einzugsgebiet der Jahrmärkte auch in die andere Himmelsrichtung gewesen sein. Aber die Jahrmärkte waren singuläre Ereignisse, die mit Sicherheit viel weiter ausstrahlten als die seit 1602 eingerichteten Wochenmärkte.

Außerhalb der Jahrmärkte verfügte Murrhardt vor 1602 über keine Märkte, mittels derer sich das Murrhardter Wirtschaftsgebiet erschließen ließe. Man kann angesichts der fehlenden Wochenmärkte lediglich eine Art Negativmuster des Murrhardter Wirtschaftsraumes ermitteln: Eine Bedeutung als Handelszentrum hatte Murrhardt, abgesehen von den drei Jahrmärkten, nicht, es gehörte vielmehr zum engeren Marktgebiet sowohl von Schwäbisch Hall als auch von Backnang. Die Wirtschaftshistoriker verfügen über zusätzliche Instrumentarien, um den Wirtschaftsraum einer Stadt außer dem Einzugsbereich der Märkte zu eruieren[210]. Als besonders wichtig sieht man das Verbreitungsgebiet der jeweiligen örtlichen Maße an. Hier ergibt sich nun in der Tat eine eigene Murrhardter Wirtschaftsregion. Sie ging über das Gebiet des Amtes Murrhardt kaum hinaus; die Murrhardter Maße galten offiziell nur in Kloster und Stadt Murrhardt und den Amtsweilern sowie Ottendorf[211], sie wurden darüber hinaus aber auch in den Murrhardter Pflegen außerhalb des eigentlichen Amtes neben anderen, auswärtigen Maßen verwendet[212]. Mitte der fünfziger Jahre des 16. Jahrhunderts verschwanden die Murrhardter Maße wie alle anderen lokalen Maße Wirtembergs; sie wurden, nachdem Vogt Jakob Hofsess eine genaue Vergleichung durchgeführt hatte, 1557 durch das neue Landmeß des Herzogs Christoph ersetzt[213].

Soziale Rangordnung im Überblick

Das Leben in Murrhardt wurde nicht nur durch die berufliche Schichtung und die Eigenarten des Wirtschaftssystems bestimmt. Als nicht minder wichtig empfanden die Zeitgenossen die Frage des Sozialstatus. Die Murrhardter Gesellschaft war wegen der Trennung des Ortes in Stadt und Kloster zweigeteilt; nimmt man die Amtsbewohner hinzu, die keine Stadtbürger waren, muß man sogar von einer Dreiteilung sprechen. An der Spitze der Murrhardter Gesellschaft stand ursprünglich ohne Zweifel der Abt und, ihm nachgeordnet, sein Konvent. Das war formal noch bis zum Ende des katholischen Klosters 1535/52 so. Aber spätestens seit Anfang des 16. Jahrhunderts gewann der höchste weltliche Beamte am Ort, der Schultheiß, eine Bedeutung, die der des Abtes immer mehr gleichkam. Seit dem Amtsantritt von Vogt Jakob Hofsess und der Reformation Herzog Ulrichs 1534/36 war der Vogt die entscheidende Person am Ort. Veränderungen im Sozialgefüge der Stadt ergaben sich seit diesem Zeitpunkt zusätzlich noch durch den Wegfall des Mönchskonvents. Die protestantischen Geistlichen, die

Theorien dürften Märkte aber grundsätzlich bis mindestens in karolingische Zeit zurückreichen. Jüngere Markterhebungen wären demnach nur als das Herauslösen neuer Marktbezirke aus älteren zu verstehen (Mitterauer 1964), vielleicht haben die Murrhardter Jahrmärkte gar antike Wurzeln, was in dem Kastellort Murrhardt ohne weiteres vorstellbar wäre (vgl. Mitterauer 1967).

210 Vgl. dazu Kiessling 1977, S. 844–848, Ammann 1963, v. a. S. 286–291.

211 So Lutz 1938, S. 11, 24, 30f., 43, 68, 86, 97, 105, 118.

212 Belegen läßt sich das für Westheim, wo sowohl Haller als auch Murrhardter Maß verwendet wurde (HStAS H 102/54, Bd. 48 von 1539).

213 Vgl. außer Lutz 1938 v. a. das große, undatierte Blatt von ca. 1555 über das Verhältnis der Murrhardter Maße zu den neuen Landmaßen. Vgl. auch diese Arbeit, den Anhang über Murrhardter Maße.

an dessen Stelle traten, kamen in ihrem Sozialprestige den Mönchen zumindest gleich, dürften jedoch eher noch angesehener gewesen sein als diese, weil sie mit der Gemeinde in engerem Kontakt standen.

Nach dem Schultheißen beziehungsweise Vogt war der Stadt- und Klosterschreiber der wichtigste Mann. Innerhalb der Gemeinde hatten, von ihrem Amt her, die Gerichts- und Ratsherren und die aus deren Kreis gewählten Bürgermeister, die Ehrbarkeit, das höchste Ansehen. Von Interesse ist die Frage, ob die Zusammensetzung der Ehrbarkeit in Murrhardt Parallelen zur Zusammensetzung der Ehrbarkeit in anderen wirtembergischen Städten aufweist. Dort konnten drei große Gruppen innerhalb der Ehrbarkeit beobachtet werden[214]:

1. Führend war eine Gruppe, die jung in Gericht und Rat gelangte und diese Ämter über Generationen hin quasi weitervererbte. Dieser Spitzenkreis bestand aus Angehörigen sehr reicher Familien, war mit vergleichbaren ehrbaren Familien in anderen südwestdeutschen Städten aufs engste versippt und hatte außer den wichtigsten städtischen Ämtern auch hohe Ämter in landesherrlichem Dienst (als Vögte, Schreiber usw.) inne. Adels- und Wappenbriefe, prunkvolle Grabdenkmäler und, relativ häufig, ein Jurastudium waren weitere Charakteristika.
2. Die zweite Gruppe der Ehrbarkeit glich der ersten weitgehend, war aber weniger reich und hatte keine landesherrlichen Ämter inne. Auch fehlen hier die Verwandtschaftsbeziehungen in andere Städte des Landes, das Jurastudium, die Adels- und Wappenbriefe und die Selbstdarstellung auf Grabdenkmälern.
3. Die dritte Gruppe der Ehrbarkeit vererbte keine städtischen Ämter, ihre Mitglieder kamen erst in relativ gesetztem Alter in die städtischen Gremien und stammten meist aus Handwerkerberufen ohne großes Vermögen. Von ihrer sozialen Herkunft her war die dritte Gruppe kaum von den nicht ehrbaren Familien getrennt.

In Murrhardt ist die Ehrbarkeit einfacher strukturiert. Die andernorts vertretene Führungsgruppe fehlte, allenfalls die Vögte und Schreiber, die aber von auswärts stammten, sind ihr zuzurechnen. Innerhalb der eigentlichen Murrharder Bürgerschaft ist die zweite Gruppe führend. Vielfältige Verwandtschaft mit angesehenen Personen auswärtiger Städte hatte die Murrhardter Ehrbarkeit kaum, landesweite Beziehungen fehlten. Dies mag mit der relativen Randlage Murrhardts zu erklären sein, könnte aber auch damit zusammenhängen, daß es den Murrhardter Bürgern nicht wie anderen Stadtbürgern Wirtembergs erlaubt war, Landtage zu besuchen. Dieses Recht stand ausschließlich dem Murrhardter Abt zu. Bei den wichtigsten Geschäften des Landes war die Murrhardter Ehrbarkeit also nicht vertreten, stand abseits und entbehrte so gewiß auch der Eheabreden und Kontakte, die ansonsten die wirtembergische Ehrbarkeit eng zusammenschweißten.

Lediglich die Zan, die um die Mitte des 16. Jahrhunderts in Murrhardt ansässig waren und mit 650 fl Vermögen zu den besser situierten Bürgern zählten, scheinen nach dem derzeitigen Forschungsstand wichtige auswärtige Verwandtschaften gehabt zu haben. Die führenden und reichsten Murrhardter Familien, die Zügel und Müller, kommen anderwärts nicht in nennenswerten Positionen vor[215]. Sie lassen sich aber seit dem späten 15. Jahrhundert dauerhaft an

214 Zum Folgenden: Trugenberger 1984, S. 197ff.

215 Ders. weist in seiner Prosopographie Nrn. 381 und 382 zwei Zan im Leonberg des 16. Jahrhunderts nach, die von einiger Bedeutung waren. In der Bürgerschaft der wirtembergischen Städte Waiblingen, Schorndorf, Backnang, Göppingen, Beilstein und Stuttgart tauchen im 16. Jahrhundert keine Familien auf, die in Murrhardt von Bedeutung waren. Zu Waiblingen und Schorndorf: Wunder 1971; zu Beilstein:

herausragenden Stellen nachweisen. Der überwiegende Teil der Murrhardter Ehrbarkeit und der städtischen Gremien gehört in die nicht übermäßig reiche, wenn auch nicht eben arme Handwerkergruppe. Man kann aber auch bei dieser Gruppe die Murrhardter Verhältnisse nur bedingt mit denen anderer Städte vergleichen. Lorenz Maich d.J., der spätestens 1536 in Gericht und Rat saß, hat bereits in nicht allzuhohem Alter Zugang zu diesen Gremien erhalten. Zudem müssen in der nicht sehr begüterten Familie Maich städtische Ämter seit dem 15. Jahrhundert weitervererbt worden sein, denn anders ist es nicht zu erklären, daß die Maich seit 1483 als Zeugen in den anfangs raren städtischen Quellen auftauchen.

Es war in manchen Fällen also durchaus möglich, zur engeren städtischen Führungsschicht zu gehören, auch wenn man nicht vermögend war. Das mag damit zu erklären sein, daß die Maich in mehreren aufeinanderfolgenden Generationen tüchtige Männer hervorgebracht haben. Solche Leute mußten es in der zahlenmäßig kleinen Murrhardter Bevölkerung fast zwangsläufig zu etwas bringen. Und nach etlichen Jahrzehnten zeichnete sich noch ein weiterer Aufstieg der Maich ab: Die Heirat der Maich-Tochter Rosina mit Stadtschreiber Hitzler ist der Beweis, daß die Familie nun auch in Kreisen akzeptiert war, in denen ansonsten eigentlich reichere Familien als Heiratspartner in Frage kamen. Der große Anteil der Handwerkergruppe in der Murrhardter Ehrbarkeit hängt ursächlich mit der Vermögensstruktur des Städtchens zusammen. Es gab eben nur sehr wenige Reiche, während die Mittelschicht stärker vertreten war als anderswo.

Der Übergang von der Mittelschicht nach unten ist fließend. Auch sind die Quellen für die Unterschicht am wenigsten aussagekräftig, so daß man mit näheren Angaben zu dieser wenig angesehenen Gruppe zurückhaltend sein muß[216]. Die Bevölkerung des Amtes Murrhardt besaß zwar weniger politische Rechte als die Stadtbürger – sie konnte nicht in Gericht oder Rat vertreten sein (Ottendorf, wo es ein eigenes Dorfgericht gab, hatte eine Sonderstellung) –, aber ansonsten waren die Amtsbewohner weder in ihren Vermögensverhältnissen noch in ihrem sozialen Status wesentlich anders gestellt als die Stadtbürger.

Ehmer 1983; zu Backnang: Mitteilung von Sabine Reustle, die an einer Untersuchung über die Backnanger Bevölkerung des 16. Jahrhunderts arbeitet. Ebenso sieht es in der nicht wirtembergischen Stadt Schwäbisch Hall aus: Vgl. Wunder/Lenckner 1956 und Wunder 1980.

216 Trugenberger 1984, S. 199, kommt für Leonberg zu präziseren Aussagen: 50 % der Bevölkerung nichtehrbare Mittelschicht, 5 % ausgesprochen Arme unter dem Existenzminimum.

Die wesentlichen Rechte und Besitzungen des Klosters Murrhardt

Das Murrhardter Territorium und die Murrhardter Gerichtsrechte

Zur territorialen Herrschaft verdichteten sich bis zum 16. Jahrhundert, wie das vorhergehende Kapitel zeigte[1], die Herrschafts- und Besitzrechte des Klosters Murrhardt nur in der Stadt Murrhardt, in den zur Stadt gehörigen Weilern und im abseits liegenden Ottendorf. In den Jahrhunderten zuvor hatte das Kloster noch über wesentlich ausgedehntere Güter und Rechte verfügt, die allerdings noch nicht die Geschlossenheit eines abgegrenzten Territoriums erreicht hatten. Eine geradlinige Entwicklung des Besitzstandes der früheren Jahrhunderte vorausgesetzt, hätte das im 16. Jahrhundert formierte Murrhardter Territorium wesentlich größer sein müssen. Die Territorialherrschaft beziehungsweise Landeshoheit entwickelte sich in hohem Maße aus der Gerichtsherrschaft. Nicht zufällig war Murrhardt im 16. Jahrhundert dort Landesherr geworden, wo ihm die Gerichtsherrschaft zustand. Über dieses vornehmste aller Rechte verfügte das Kloster vor dem 16. Jahrhundert auch andernorts.

Orte, an denen Murrhardt die Gerichtsherrschaft vor dem 16. Jahrhundert eingebüßt hat

Der erste Verlust einer Gerichtsbarkeit des Klosters Murrhardt scheint bereits ins 12. Jahrhundert zu fallen. Als 1182 der Ort Kirchenkirnberg schuldenhalber vom Kloster Murrhardt an das Prämonstratenser-Stift Adelberg abgetreten wurde[2], waren unter den veräußerten Rechten möglicherweise auch die Gerichtsrechte[3]. Etwas genauer läßt sich der Verlust der Murrhardter Gerichtsherrschaft in Orendelsall fassen. Auch in diesem Falle waren es wirtschaftliche Schwierigkeiten, die das Kloster 1314 nötigten, das zur Hälfte in Murrhardter Besitz befindliche Ortsgericht an die Zisterziensermönche von Schöntal zu verkaufen. Über weitere Murrhardter Gerichtsrechte in dieser Gegend läßt sich nichts Genaues sagen. In derselben Urkunde, die den Verkauf des halben Gerichts in Orendelsall zum Gegenstand hat, wird auch ein Murrhardter Gericht erwähnt, das mit Rossach in Verbindung zu stehen scheint. Dieses Gericht wurde offenbar 1314 beibehalten, da es später aber nicht mehr in Murrhardter Besitz war, muß es bald darauf doch verlorengegangen sein[4]. Vom territorialen Standpunkt aus muß der Verlust der Kirchenkirnberger

1 Vgl. S. 143f. und 144f., insbesondere S. 144–160.

2 WUB 2, S. 221f., Nr. 432. Dazu Fritz 1982-III, S. 94f., und Ders. 1982-II, passim.

3 Die Urkunde von 1182 geht nicht näher auf die Murrhardter Rechte in Kirchenkirnberg ein. Später bildete Kirchenkirnberg zusammen mit Kaisersbach einen adelbergischer Hoheit unterstehenden Gerichtsbezirk; vgl. OAB Welzheim, S. 162.

4 RL 115 = StAL B 503, U 540. Vgl. auch oben S. 34. Die andere Hälfte des Orendelsaller Gerichts erwarb Schöntal 1372 von Fritz von Bieringen (HZAN Gem. Hausarchiv, Schublade 57, Orendelsall).

Rechte für das Kloster schmerzlicher gewesen sein als der Verlust von Orendelsall. Orendelsall war so weit von Murrhardt entfernt, daß dort sogar die Gerichtsherrschaft schwerlich ausgereicht hätte, eine territoriale Herrschaftsdichte aufzubauen. Kirchenkirnberg dagegen war nahe bei Murrhardt gelegen und grenzte unmittelbar an andere Murrhardter Weiler an.

Das Scheitern des Ausbaus der Gerichtsrechte und damit das Scheitern der Murrhardter Territoriumsbildung läßt sich sehr konkret am Beispiel Sulzbachs an der Murr verfolgen. Der Ort lag noch näher bei Murrhardt als Kirchenkirnberg. Anders als in Kirchenkirnberg, wo das Kloster sich bereits 1182, also sehr früh, zurückziehen mußte, schienen die Verhältnise in Sulzbach für Murrhardt lange Zeit günstig zu sein. Zwar lassen sich die Murrhardter und Sulzbacher Gerichtsverhältnisse für die löwensteinische Zeit bis 1388/95 nicht genau eruieren, um so deutlicher werden die Informationen aber bald nach 1400. Murrhardt hatte erhebliche Rechte in Sulzbach[5]. Um 1410 besetzte das Kloster das Sulzbacher Gericht zur Hälfte, die andere Hälfte gehörte den Grafen von Löwenstein. Das Kloster setzte einen Schultheißen, der Graf einen Vogt ein. Um 1430 zog das Kloster die Gerichtsherrschaft in Sulzbach ganz an sich. Damit schien sich Murrhardt in Sulzbach durchgesetzt zu haben. Was gegen die schwachen Grafen von Löwenstein gelungen war, ließ sich jedoch gegen die neuen Herren Löwensteins seit 1441, die rheinischen Pfalzgrafen, nicht mehr halten. Die Pfalzgrafen machten spätestens seit 1452 ihre Ansprüche auf das Sulzbacher Gericht wieder geltend[6]. 1476 mußte Murrhardt nach jahrzehntelangem Hin und Her ganz auf das Sulzbacher Gericht verzichten, auch wenn weiterhin ein Schultheiß – der nun sicher eingeschränkte Rechte hatte – vom Kloster eingesetzt werden durfte und das Kloster weiterhin die Hälfte der Gerichtsgefälle kassierte[7]. Das Kloster hat seine Gerichtsrechte in Sulzbach in den Jahren nach 1452 deshalb verloren, weil die allgemeinpolitischen Verhältnisse ungünstig waren. Die gesamten Konflikte um Sulzbach waren Teil des großen pfälzisch-wirtembergischen Konflikts jener Jahrzehnte, in denen Wirtemberg sich in einer schwierigen Situation befand.

Orte, an denen sich die Murrhardter Gerichtsherrschaft im 16. Jahrhundert zur vollen Territorialherrschaft entwickelte

Das Kloster Murrhardt zog die volle Herrschaft über die Stadt Murrhardt und die Weiler rings um die Stadt an sich. Die genaueren Umstände sind unklar, jedenfalls dürften in löwensteinischer Zeit die klösterlichen Rechte in der Stadt ziemlich eingeschränkt gewesen sein[8]. Für das 16. Jahrhundert, als die Gerichtsherrschaft sich bereits zur Territorialherrschaft entwickelt hatte, ist oben bereits eine ausführliche Beschreibung der Rechtsverhältisse in und um Murrhardt geleistet worden[9].

Die Verhältnisse in Ottendorf seien dagegen noch einmal dargestellt. Es ist bekannt, daß die Murrhardter Gerichtshoheit in Ottendorf alt gewesen sein muß. Die Anfänge liegen im dunkeln,

5 Zum Folgenden oben S. 37f. Quellengrundlage RL 342.

6 Vgl. oben S. 45ff., RL 524. Löwenstein akzeptierte immer nur die halbe Murrhardter Gerichtsherrschaft, 1441 und noch 1475 wurde von seiten Löwensteins festgehalten, daß die Hälfte des Gerichts der Grafschaft gehörte (RL 479 und HStAS H 127, Bd. 102, Bdl. 30b).

7 Vgl. oben S. 56ff. und Anm. 86, S. 57. Vgl. auch das löwensteinische Lagerbuch für Sulzbach von 1544, HStAS H 158, Bd. 6.

8 Dazu Fritz 1985-III.

9 Vgl. oben S. 143f. und 146ff.

aber jedenfalls veräußerte Murrhardt seine Rechte am Ottendorfer Gericht im Jahre 1414[10]. Immerhin liegt Ottendorf wesentlich weiter von Murrhardt entfernt als Sulzbach, so daß es plausibel scheinen mag, daß sich das Kloster in den Jahren nach 1414 mehr um Sulzbach kümmerte und Ottendorf ohne weiteres aus der Hand gab. Aus Gründen, die nicht genau zu durchschauen sind, faßte Murrhardt aber wieder im Ottendorfer Gericht Fuß, ja auf lange Sicht gelang es dem Kloster sogar, die Mehrheit am Ottendorfer Gericht zu bekommen, womit die Basis für die Territorialherrschaft des 16. Jahrhunderts geschaffen war: 1440 war das Ottendorfer Gericht je zu einem Drittel von Murrhardt, von den Schenken von Limpurg und von den Herren von Münkheim zu besetzen[11]. Die Dreiteilung des Gerichts zwischen Murrhardt, Limpurg und Münkheim bestand noch 1467[12]. Anfang des 16. Jahrhunderts waren die Münkheimer als Gerichtsherren in Ottendorf verschwunden. Murrhardt hatte den münkheimischen Anteil an Gericht und Dorf 1480 um 1000 fl gekauft[13]. Die nunmehr alleinigen Ottendorfer Gerichtsherren, Murrhardt und Limpurg, gerieten um 1520 in Streit mit der Reichsstadt Hall; Gegenstand waren die Ausdehnung des Ottendorfer Gerichtsbezirks und eine Reihe weiterer Einzelfragen. Unter Vermittlung eines aus Gmünder und Heilbronner Bürgern bestehenden Schiedsgerichts konnten die Meinungsverschiedenheiten am 25. Juli 1523 grundsätzlich geregelt werden[14].

10 Erwähnt in Urkunde von 1440 HStAS H 14, Bd. 390, Bl. 96a. Vgl. zu den Ottendorf Gerichtsverhältnissen hier und im folgenden grundsätzlich auch Müller 1923, der ausführlich auf die Ottendorfer Zustände eingeht und sie auch juristisch interpretiert.

11 Ebd., Urkunde vom 24. 4. 1440, Bl. 100a–101a. Limpurg hatte seinen Anteil 1407 und 1413 von der Tochter und der Witwe des letzten Ottendorfer Ortsadligen Arn aufgekauft; vgl. ebd., Bl. 83a, 82b.

12 Pietsch U 2553.

13 HStAS A 155, U 819.

14 StAL B 186, U 2197: Es geht um den Gerichtszwang und andere Obrigkeit *der zwen flecken Otenndorff und Niderndorff, auch das gut zu Westhaim gelegen, des Judennhuts gute genannt.* Man habe in dem Rechtsstreit Aussagen beider Parteien gehört und schlage jetzt zu gütlichem Vergleich vor:

1. Weil Murrhardt zu zwei Drittel und Limpurg zu einem Drittel das Gericht gehört, sollen beide einen gemeinen Gerichtsschultheiß bestimmen und das Gericht besetzen und entsetzen. Wer als Richter gewählt wird, soll Recht sprechen, das komburgische Gütlein ausgenommen, das die Haller gekauft haben. Den Besitzer dieses Gütleins sollen die Haller verrechten, wo sie wollen.
2. Die Haller Hintersassen zu Otten- und Niederndorf sollen dem Gericht in Ottendorf unterstehen, doch soll den Haller Rechten an den Hintersassen wie Schatzungen, *raysen*, Steuern, *grabengelt* und anderes kein Nachteil entstehen.
3. Murrhardt und Limpurg sollen gemeinsam Frevel oder Bußen, die auf den hällischen Gütern begangen werden, zufallen.
4. Die Haller können ihren Hintersassen Gült, Dienst, Handlohn, Weglöse und dergleichen gebieten.
5. Murrhardt und Limpurg sollen wegen des Untergangs Macht haben, aber es soll ein hällischer Untertan daran teilnehmen.
6. Bei Meinungsverschiedenheiten beim Untergang sollen die Untergänger entscheiden, doch soll die jeweilige Herrschaft ihnen beistehen dürfen.
7. Bei Meinungsverschiedenheiten beim Untergang mit äußeren Nachbarn soll mit diesen gemeinsam ein unparteiischer Untergang durchgeführt werden, doch sollen die Haller ihren Hintersassen beistehen dürfen.
8. *Wegen der newgepawen guter, nemlich das inn der zarge unnd Kochenschneiders gut:* Die Besitzer sind nach Ottendorf verrechtet.
9. Wegen des Judenhuts Gut: Soweit diese Güter pfälzische Lehen sind, soll der Besitzer Hall unterworfen sein; die in den letzten Jahren von Murrhardt gemachten Güter sollen Murrhardt unterstehen.
10. Alle bisher in dem Rechtsstreit gemachten Aussagen sollen hinfällig sein.

Die Zuständigkeiten des Ottendorfer Gerichts sind schon früh, nämlich für die Jahre 1440 und 1442, überliefert[15]. 1442 heißt es, das Gericht sei zuständig für *erb, eygen, schlege, worte, fließende wunden, dieppstal, undergenge, marckstein, die ere, falsche geczeugnüß, stösse und umb alle schulde, pfant czu geben und czu erlauben,* ferner für Gebot, Verbot und Stab von Gerichts wegen, ausgenommen nur, *das es kein halß gerichte nit ist.* Das Ottendorfer Gericht war also ein typisches Niedergericht. Im 15. Jahrhundert tagte es unter einem von Murrhardt, Limpurg und Münkheim, seit 1480 nur noch von Murrhardt und Limpurg gemeinsam zu setzenden Schultheißen. Wie die Blutgerichtsbarkeit im 15. Jahrhundert im einzelnen geregelt war, ist nicht überliefert. 1593 legte man fest, daß sie abwechselnd von Wirtemberg (als Vogt des Klosters Murrhardt) und von Limpurg ausgeübt werden sollte. Dem hatte man eine Befragung der Einwohner vorausgehen lassen. Sie konnten sich aber nicht mehr erinnern, wie die Blutgerichtsbarkeit früher gehandhabt worden war, weil schon lange kein die Blutgerichtsbarkeit betreffender Fall mehr in Ottendorf vorgekommen war[16].

Der Murrhardter Wildbann, Jagd- und Fischrechte

Der Wildbannbezirk des Klosters war wesentlich weiter ausgedehnt als die Gerichtsbezirke Murrhardts und Ottendorfs. Die Beziehungen zwischen Wildbann und Territorium sind deshalb von Interesse, weil man den Wildbann als eine wesentliche Wurzel der späteren Territorialherrschaft ansieht[17]. Im Falle Murrhardts ist aber eindeutig, daß das Territorium des Klosters nicht mit dem Wildbannbezirk identisch ist, sondern daß die Beziehungen zwischen beiden indirekter Art sein müssen: Das Murrhardter Territorium bildet lediglich den Kern des Wildbanngebiets, der Ottendorfer Teil des Herrschaftsgebiets liegt sogar ganz außerhalb des Wildbanns und hat keinerlei Beziehung zu demselben. Beachtung verdient ein Vergleich des Murrhardter Wildbanns des 16. Jahrhunderts mit dem Murrhardter Wildbann von 1027[18]. Bei den Wildbanngebieten von 1027 und von 1555/76 sind, wie ein Blick auf die Karte zeigt, an manchen Stellen die Grenzen von 1027 und 1555/76 völlig identisch, aber an anderen Stellen ist der Wildbann von 1555/76 gegenüber dem von 1027 stark geschrumpft, namentlich im Nordwesten und Norden, aber auch im Südosten. Die Erforschung der Ursachen ist indes eine Aufgabe, die über den Rahmen der Untersuchung »Stadt und Kloster Murrhardt in Spätmittelalter und Reformationszeit« hinausgeht.

Die beigefügte Karte zum Wildbannbezirk gibt den ungefähren Umfang der Wildbänne von 1027 und 1555/76 an. Zur Problematik des genauen Grenzverlaufs von 1027 sei auf meinen 1982 erschienenen Band über das Kloster Murrhardt im Früh- und Hochmittelalter verwiesen. Der Grenzverlauf von 1576 verarbeitet alle in den topographischen Karten 1:25 000 enthaltenen Flurnamen. Bei intensiver Nachforschung in sämtlichen in Frage kommenden Lagerbüchern sind Korrekturen des in der Karte eingetragenen Grenzverlaufs an Details ohne weiteres möglich, im großen und ganzen ist der Grenzverlauf jedoch korrekt. Eine gewisse Unsicherheit bietet ein Abschnitt im Süden des Wildbanngebiets von 1555/76,

15 HStAS H 14, Bd. 390, Bl. 88a–89a und 90a/b.
16 OAB Gaildorf, S. 202.
17 Kiess 1958, S. 133–142.
18 Vgl. dazu Fritz 1982-III, S. 71–80 und 152.

wo die in der Wildbannbeschreibung genannten Flurnamen kaum einmal ermittelt werden konnten. Die Markierungspunkte des Grenzverlauf sind weiter auseinandergerückt.

Innerhalb des Wildbannbezirks von 1576 stand dem Kloster in den meisten Bächen das Fischrecht zu. Diese Bäche seien hier aufgeführt (die Nummern beziehen sich auf die Numerierung auf der Karte): In der Rot kein Fischrecht, aber in den folgenden Seitenbächen der Rot: 1. Morbach, 2. Windbächlein, 3. Flinschbächlein, 4. Fronbach, 5. Wiesenbach. In der Murr Fischrecht vom Salzbronnen ob Hausen bis hinab nach Schleißweiler, von dort an hat Löwenstein das Fischrecht. Das Murrhardter Fischrecht gilt aber nur bei Normalwasser. Bei Hochwasser haben es in Murrhardt die Bürger inne. Außerdem gehört dem Kloster das Fischrecht in folgenden Seitenbächen der Murr: 6. Klingenbach, 7. Mettelbach, 8. Neustetter Bach, 9. Fornsbach, 10. Stöckenbach, 11. Steidelsbach (= heutiger Beilsbach), 12. Fehlbächle, 13. Trauzenbach, 14. Siegelsbach, 15. Hörschbach, 16. Harbach und 17. Schleißweiler Bach (= heutiger Eschelbach).

Text der Wildbanngrenzbeschreibungen von 1027, 1555 und 1576

Der Murrhardter Wildbannbezirk von 1027 (MGH DD Konrad II., Nr. 105)

...ab ortu rivi qui dicitur Wisilaffa usque ad montem Sassenberch et sic per medium duorum rivorum Heroltosbach et Wizzaha et ita ad montem Eicheneberch et de eodem monte in fluvium qui vocatur Murra et per ascensum eius, quoad influat Lutiraha eandem Murram, et sic in sursum per Luttiraha usque Siuerenesbach et per ascensum eius usque ad medium montis Hochburc et sic in directum usque ad semitam, quae ducit per Meginhart, et sic per illam semitam usque ad fontem fluminis Scamnirote et per decursum eius usque Chohinaha et per ascensum eius Steigirisbach et sic per confinia Francorum et Suuevorum usque ad supra dictum fontem Wisilaffa... (...vom Ursprung des Flusses, der Wieslauf genannt wird, bis an der Berg Sechselberg, und von da zwischen den beiden Flüssen Hörschbach und Weissach, und von da an den Berg Eichelberg, und von diesem Berg an den Fluß, der Murr heißt und flußaufwärts denselben bis dahin, wo die Lauter in die Murr einmündet, und von da aufwärts die Lauter entlang bis an den Siebersbach, und dessen Lauf aufwärts bis zur Mitte des Berges Höchberg, und von da in Richtung auf den Fußweg, der durch Mainhardt führt, und von da bis an die Quelle des Flusses, der *Scamnirotis* heißt (»kurze Rot«, einer der Quellbäche der Rot, vermutlich der Rötenbach), und dessen Lauf abwärts bis an den Kocher, und dessen Lauf aufwärts bis zum Steigersbach, und von dort die Grenze zwischen Franken und Schwaben entlang bis an die obengenannte Quelle der Wieslauf...).

Der Murrhardter Wildbann nach dem Reichenberger Forstlagerbuch von 1555 (HStAS H 107/14, Bd. 2, Bl. 8a/b)

Zu Murhart im closter, wiewol dasselbige usserhalb vorsts gelegen, so hat doch unnser gnediger fürst unnd herr, so der reichenbergisch vorst bejagt würt, drin az mit jeger und hunden.

Abt zu Murhart hat ain jagen vom Schirwald oder Wiestenberg genannt, welliche gehilz der abt bejagt als weyt herfür wie der zirckh unnd begriff gegen der pfarkirchen Ober Bryden zu, so am berg daselbst stet, begreift, unnd dann von gemelter kirchen an gestracks daselbsten am berg herumb, der Aichelberg genannt, biß ghen Waltenweiler zur cappel, daselbsten vonn gemelter abermals für und für, an der hochstrassen hinuß bis gehn Kaiserspach. Daselbsten ann ihrer fürstlichen gnaden vorst Schorndorff stet unnd der vorst der enden nit weiter get.

Und was also für gehilz ihenseits disenn gemerckhen, als namlich der pfarkirchen, kapel unnd der hochstraussen gelegen, dieselben der prelat vonn alter herr und noch bejagt.

Der Murrhardter Wildbannbezirk im Klosterlagerbuch von 1576 (HStAS H 102/54, Bd. 8, Bl. 395a–396b)

Verzaichnuß des bezürchs, closter Murrharth jagens grechtsame betreffendt.

Erstlich: im weiller Barttenbach steet ein jagtstain im dorff allernechst des bachs, der weist den bach aus und aus, bis in das weiller Zwerenbergh, alda stehet wider ob dem weiler ein stain, schaiden dieselbe stain und der bach beede jagen, das closter Murhardt und die graffschafft Lewenstain.

Von vorgemeltem anderm stain den weg hinaus dem weiller Franckenweiler zu steet wider ein stain am weg, der weist neben gedachtem weiler den weg hinaus, wider ainem stain zu, der stehet am weg gen den lüncken hand, selbiger stain weisst hinüber in die clingen, so zwischen denn Franckenweiler velder und dem Hohenbracht, dem Clingenbach zu, gehet, bis zu einem stain, so uf der höhth in gemeltem Clingebach steet. Von dannen / hinaus bis uf das Maurpacher velth, steet wider ein stain, der steet am velth daran, der weisst hinüber uff den hoff Maurhördt zu, bis dahero schaidt es meines gnedigen fürsten und herens Beringersweiler und des closter Murhartes vorst, und seynt vorgemelte stain allesampt gewapnet.

Von gedachtem hoff Maurhördt an geet es der Hewstaig zu uf die ebene, da abermal ein stain stehet, von selbigem stain vör sich hinab bis an das wasser die Roth, stehet wider ein jagstain, welcher stain meins gnedigen fürsten und herens, der herrn von Limpurgh, die stadt Hall und das closter Murharth scheidet.

Von erstgedachtem stain das wasser, die Roth genannt, ab und ab bis zu Glattenzanbach under deer Vichberger brückhen, disen bach uf und uf, bis under Kürnberg in die Mühlin daselbsten. In der mauren steet wider ein stain, welcher hinuf weiset bis zu der Kürnberger kirch in einen stain, welcher in der kirchmauren steet.

Von dannen an bis oben uf den Hengstbergh, steet abermals ein stain. Nachgehens von disem stain ligt ein jagstain, so usgefallen ist, allernechst an der strassen, so Geilndorff zugeet. / Von demselben über die straaß gen der lüncken hand bei einem alten aichen stock steet wider ein stain. Von selbigem stain die straaß herein, so auf Kayserspach zugeet, uf der rechten hand, steet wider ein stain, der versunken, ist ein eckstain, der meins gnedigen fürsten und herns Schorndorpffer, item der hern von Limpurg und des closters Murharth vorst scheidet, aber ob vermelte stain alle, ausserhalb dessen, der an der Roth steet und die vier darbei benannte vörst scheidet, die scheidet der herschafft Limppurg und des closters Murharths vorst.

Von angeregtem versunkenen eckstain die straaß uf den höhsten hinuß bis oben, da sich das Schneckenclinglin anfähet, welches allerdings in des closters Murharts jagensgerechtigkeit ligt, und die wäldt uf dero rechten hand in meines gnedigen fürsten und herens Reichenberger forst gehörig ligen, öberhalb gemelten Schneckenclinglins wider der straaß nach uf den höchsten hinuß, bis an den Fratzenacker. Von disem acker hinab in das Stainbächlin, bis wider in die straaß, da sich der Schorndorffer vorst endet, und meines gnedigen fürsten und herrn iagen im Reichenberger vorst gehörig, uf die lüncken hand anfahen, dan die straaß uß und uß hin, bis gen / Walttenweiller zu dem capellin, von Walttenweiller an, stracks den berg hinumb, der

Eichelberg genant bis zu der pfarrkirch, gen Oberbrüthen gehörig. Von erstgemelter kirchen den pfath, so durch den Wüstenberg hinuf bis ufs höhst, dem höhsten nach hinumb bis in die Wolffsclingen, von diser clingen vör hinüber in die Wüstenclingen, dise clingen ab und ab bis an die Murrh, die Murrh uf und uf, bis gen Bartenbach zu dem erst beschribbenen jagstain, so im weiler Barttenbach steet. Und ist die Murr von der Wüstenclingen an, wie sie in die Murh fleusst, zwischen beeden denn lewenstainischen und murrhartischen jagen bis zu ermeltem bach das hinderzähll.

Und ligen in sölchem bezürckh volgende höltzer, nemblichen: im ersten jagen Barttenbach; im anderen jagen deren zu Drautzenbach; im dritten jagen deren zu Maurbach; im virten jagen der Ofenberg; im fünften jagen der Wisenbach; im sexten der Horberg; im sibenten die Bruch; im achten das Schan; im neunten das Tieffenthal; und dan im zehenten der Schnörhaw. Und ligen gleichwol neben disen höltzern im erstbeschribenem bezirckh noch mehr köpff, clingen und lehen, die vilerlei nahmen haben, so von knöchten zu beschreiben oder zuvermelden.

Vom Kloster eigenbewirtschafteter Besitz

Der weitaus größte Teil der dem Kloster Murrhardt gehörigen Besitzungen wurde im Spätmittelalter und in der Reformationszeit nicht von den Mönchen – Laienbrüder kamen hier vor allem in Frage – oder von Klosterknechten selbst bewirtschaftet. Die meisten Besitztümer gab das Kloster als Lehen aus. Dennoch war die Zahl der restlichen Güter, die das Kloster in Eigenwirtschaft betrieb, nicht unerheblich. Vollständige Informationen zum Klosterbesitz liegen erst aus den verschiedenen Lagerbüchern des 16. Jahrhunderts vor, und von allen Lagerbüchern stammt nur ein einziges, das der Pflege Westheim von 1539, aus der Zeit vor der Reformation Herzog Christophs. Allerdings erlauben die Lagerbücher und ältere Einzelquellen auch Einblicke in die Wirtschaftsstruktur früherer Jahrhunderte.

Vom Kloster genutzte Höfe und Gebäude

Die wichtigsten Immobilien des Klosters waren die Klostergebäude. Für eine wirtschaftliche Nutzung[19] kam natürlich die Klausur nicht in Frage, sondern nur die Wirtschaftsgebäude im äußeren Teil des Klosters[20]. Noch aus romanischer Zeit stammte der später vielfach umgestaltete Lange Bau, der in den Jahren um 1540 durch zwei weitere Klosterscheuern ergänzt wurde, die vielleicht ältere Vorgänger hatten. Ob die ebenfalls im äußeren Bezirk des Klosters liegende Klostermühle[21] jemals vom Kloster bewirtschaftet wurde, ist nicht bekannt. Die Art der in den Ökonomiegebäuden betriebenen Wirtschaft ergibt sich aus den Berufen der im Kloster beschäftigten Personen[22]. Außerhalb des Klosters, jedoch innerhalb der Stadt gelegen, gehörten dem Kloster 1576 das Pfarrhaus[23], das als Amtshaus verwendete Steinhaus am

19 HStAS H 102/54, Bd. 8, Bl. 36–41.
20 Zum Folgenden: Schahl 1983, S. 605 ff.
21 Ebd., S. 614; vgl. auch oben S. 198 ff.
22 Oben S. 212–216.
23 Nicht identisch mit dem Vorgängerbau des heutigen Pfarrhauses! Der Vorgängerbau des heutigen Pfarrhauses war das Abtsgebäude (»Neue Abtei«). Das Pfarrhaus von 1576 lag dagegen *usserthalb des closters, obenn ann der statt mauren, zwischen deß closters mauren und der gassen* (HStAS H 102/54,

Marktplatz[24] und ein weiteres Haus am Marktplatz[25]. Das letztgenannte Haus war aber erst um 1574 aus dem Nachlaß des hingerichteten Vogtes Jakob Hofsess ans Kloster gefallen, war also kein alter Besitz der Abtei.

Die klösterlichen Gebäude außerhalb Murrhardts hingen in der Regel eng mit den Murrhardter Pfarreien zusammen. Gelegentlich fällt eine Trennung zwischen eigentlichem Klosterbesitz und Pfarreibesitz schwer. Die in wirtschaftlicher Hinsicht wichtigsten Zentren der Murrhardter Herrschaft in auswärtigen Orten waren die Klosterhöfe in Großbottwar und Westheim. 1572 gehörten dem Kloster in Großbottwar an eigenbewirtschafteten Gebäuden eine Behausung, eine Kelter, zwei Scheuern, Schweineställe, ein »Bindhaus« (heutiges Gebäude lange Gasse/Pfarrgasse), ein alter Keller, ein neuer Keller unterhalb des Pfarrhauses und eine Bindscheuer mit Hundeställen[26]. Den alten Keller, der unter Stadtschreiber Vaihingers Haus lag, hatte das Kloster zwischen 1508 und 1561 erworben, der neue Keller war im selben Zeitraum erbaut worden[27]. Der Murrhardter Pfleghof in Großbottwar war so bedeutend, daß sich der Abt oder Teile des Konvents oft hier aufgehalten haben[28]. Bottwar war sicher nicht zuletzt wegen seines relativen Wohlstandes und seines Weinreichtums ein beliebter Aufenthaltsort für die Murrhardter Mönche, die im waldwirtschaftlich geprägten Murrhardt Vergleichbares zweifellos vermißten[29]. Wie wichtig der ausgedehnte Murrhardter Hof in Großbottwar für das Kloster war, wurde auch während des Bauernkriegs 1525 deutlich, als der gesamte Konvent aus Murrhardt flüchtete und in Bottwar Schutz suchte[30].

Der Murrhardter Hof in Westheim war von ähnlicher Bedeutung. Er bestand 1539 aus einem Haus, einer Kelter und zwei Scheuern[31]. Obwohl auch in Westheim eine Kelter vorhanden war, hat der Westheimer Wein wohl weder an Menge noch an Güte mit dem Bottwarer konkurrieren können. Zur Pflege Westheim gehörte die Pfarrei Bibersfeld. Hier unterstanden dem Kloster unmnittelbar allerdings keine Gebäude, sondern nur der Pfarrei. Ihr gehörte das Pfarrhaus und eine Scheuer[32].

In Ottendorf, das im 16. Jahrhundert seine ehemals selbständige Pfarrei eingebüßt hatte und von Westheim aus versehen wurde, waren die Immobilien des Klosters umfangreich, doch wird nicht immer klar, ob diese Gebäude eigenbewirtschaftet waren oder ob sie verliehen wurden. Besonders erwähnenswert ist der Murrhardter Besitzanteil an der neben der Kirche gelegenen Ottendorfer Burg. 1440 besaß das Kloster exakt beschriebene, ausdrücklich als älter erwähnte Bauteile der Burg[33]. Allem Anschein nach war die Burg damals noch voll intakt, wurde dann aber vernachlässigt. 1582 befand sie sich zwar immer noch zu zwei Dritteln im

Bd. 8, Bl. 28a), das Pfarrhaus von 1576 müßte also mit dem späteren Helferhaus identisch sein, welches am oberen Ende der noch heute vorhandenen Helfergasse zu suchen ist.

24 Ebd., Bl. 28b.

25 Genannt *des Fayhingers hauß*, ebd.

26 Kleiner 1964, S. 16f. nach Lagerbuch 1572, HStAS H 102/54, Bd. 30.

27 StadtA Großbottwar, Stadtdokumentenbuch, Urkunde Herzog Christophs von 1561.

28 Vgl. etwa Abt Herbords Besuche in Großbottwar nach Widman. Auch Anfang 1533 muß sich der Murrhardter Prälat in Großbottwar aufgehalten haben. Der Rat der Stadt Hall schickte einen Boten nach Großbottwar, um den Abt zur Fasnachtsfeier in die Reichsstadt einzuladen; vgl. StadtASHA, StR 426.

29 In Großbottwar war der Vermögensmittelwert relativ hoch, er betrug 230 fl. gegenüber 170 in Murrhardt; vgl. Bull 1975 und hier S. 182–191.

30 Vgl. oben S. 82–94.

31 HStAS H 102/54, Bd. 48, Bl. 1.

32 Ebd., Bl. 8a.

33 Vgl. oben Anm. 11.

Das Murrhardter Wildbanngebiet

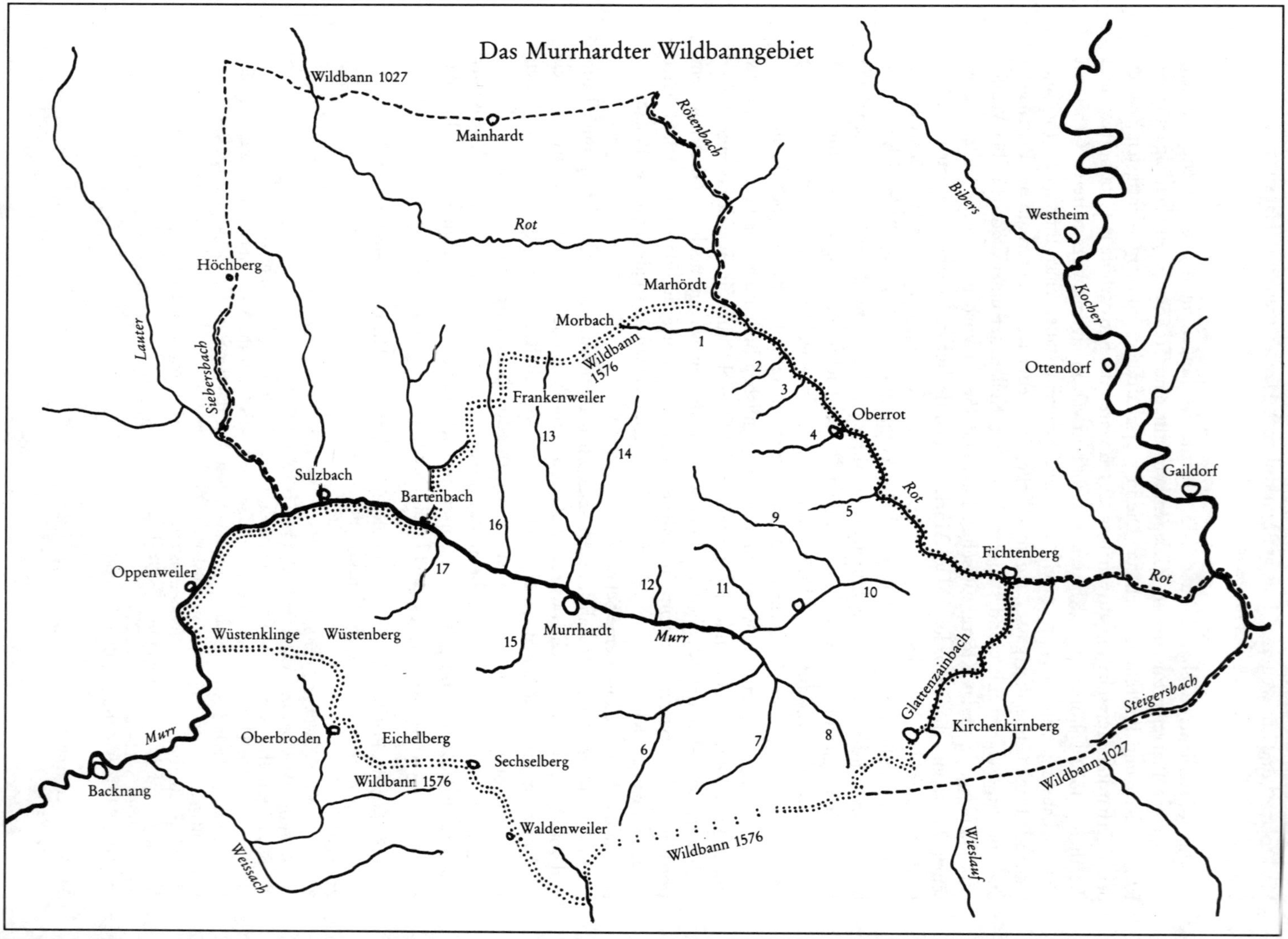

Klosterbesitz, wurde jedoch nur noch als *ein alltt zerbrochen und abgangen schloß oder burgstall* bezeichnet[34]. Von wirtschaftlichem Interesse waren im späten 16. Jahrhundert lediglich noch einige Obstbäume, die zur Burg gehörten[35]. Neben der Burg besaß das Kloster eine Zehntscheuer und eine Kelter[36].

Bei der Schwäbisch Haller Pfarrei St. Katharina gab es keinen eigenen Pfleghof des Klosters. Der Baukomplex der Kirche mit den dazugehörigen Gebäuden wie Pfarrhaus und Nonnenklause war dagegen umfangreich. In Fichtenberg muß es einen dem Kloster unmittelbar gehörigen »Kasten«, also eine Scheuer, gegeben haben, der von der Pfarrscheuer getrennt war[37]. Selbstverständlich gab es auch – dem Kloster nur mittelbar unterstehend – ein Pfarrhaus, hinter dem 1575 zusätzlich noch eine alte *katte* stand, eine Hütte[38]. Eigene, dem Kloster gehörende Gebäude gab es in dem Fichtenberg benachbarten Ort Oberrot im 16. Jahrhundert nicht. Es existierte nur das dem Kloster mittelbar unterstehende Pfarrhaus[39]. Ähnlich war es um die Murrhardter Gebäude in Sulzbach/Murr bestellt. Hier enthalten die Lagerbücher keinerlei Angaben über dem Kloster unmittelbar gehörende Gebäude[40]. Die Pfarrei verfügte allerdings über ein Haus, eine Scheuer und einen Schweinestall. Ob ein im Jahre 1562 wegen Baufälligkeit eingestürztes Haus, dessen abgeräumtes Grundstück 1575 zur Pfarrei gehörte, ursprünglich dem Kloster direkt zustand, ist mehr als zweifelhaft[41]. In Erdmannhausen muß es einen Klosterkasten gegeben haben. Beim Einfall der Spanier im Schmalkaldischen Krieg 1546 erlitt er einige Schäden[42]. Da Erdmannhausener Lagerbücher aus dem 16. Jahrhundert nicht mehr vorhanden sind, verfügen wir über keine weiteren Informationen[43]. Über eventuellen Gebäudebesitz des Klosters in den früh verlorenen Orten Kirchenkirnberg und Laufen ist nichts bekannt. Auch in Orendelsall scheint das Kloster keine eigenen Gebäude besessen zu haben, es gab nur das Pfarrhaus mit zugehörigen Wirtschaftsgebäuden[44].

Äcker und Wiesen

Das Kloster besaß an mehreren Orten Äcker und Wiesen, die in Eigenwirtschaft bebaut wurden. Maßgeblich war offenbar, ob ein eigener Klosterpfleghof existierte. Selbstverständlich gehörte auch zu jedem Pfarrhaus ein gewisser Grundbesitz, der meist zusammen mit den Pfarrhäusern als Widumgut bezeichnet wurde. Diese Güter, die der Eigenwirtschaft der jeweiligen Pfarrer unterstanden, sollen hier nicht eingehender betrachtet werden. Wir

34 HStAS H 102/54, Bd. 60, Bl. 38b/39a.

35 Ebd. Die Ernte wurde im Verhältnis 2:1 zwischen Murrhardt und Limpurg geteilt.

36 Ebd., Bl. 38a, 40a.

37 Der Fruchtzehnt wurde 1575 erst im Kasten des Klosters gesammelt *unnd volgendtz in die pfar scheuren zusamengefürt;* HStAS H 102/54, Bd. 5, Bl. 6.

38 Ebd., Bl. 11.

39 Lagerbuch von 1575, HStAS H 102/54, Bd. 38, Bl. 36.

40 Lagerbuch des Amts Sulzbach von 1509, HStAS H 101, Bd. 38a; von 1544, HStAS H 158, Bd. 6; Pfarrlagerbuch von 1575, HStAS H 102/54, Bd. 41.

41 HStAS H 102/54, Bd. 41, Bl. 8a.

42 Vgl. oben S. 116ff.

43 Vgl. den Bestand HStAS H 102/54, der nichts über Erdmannhausen enthält. Auch der Bestand A 374 (Geistliche Verwaltung Marbach, Teil Erdmannhausen) enthält nichts zum Thema.

44 Die Orendelsaller Quellen im HZAN lassen keine Rückschlüsse auf den Gebäudebestand in der Murrhardter Zeit zu.

beschränken uns auf die unmittelbar vom Kloster genutzten Äcker und Wiesen. In Murrhardt bewirtschaftete das Kloster im Jahr 1576 58 Morgen, 140 Quadratruten (= ca. 18,39 ha) Äcker[45] und 46 Morgen, 70¼ Quadratruten (= ca. 14,56 ha) Wiesen[46]. Zum Großbottwarer Pfleghof gehörten 1572 111 Morgen (= ca. 34,98 ha) Äcker und 15¾ Morgen (= ca. 4,96 ha) Wiesen[47], zum Pfleghof in Westheim 1539 8 Tagwerk (= ca. 3,78 ha) Wiesen; Äcker fehlten hier[48]. Über die Zelg »Abtsgrund« in Erdmannhausen ist nichts Genaues bekannt[49]. Sie dürfte aber eher verliehenes als eigenbewirtschaftetes Gebiet gewesen sein. Die Lagerbücher weisen nirgends Felder aus. Demnach baute das Kloster selbst kein Getreide an, sondern bezog seine umfangreichen Getreideeinkünfte ausschließlich aus den verschiedenen Abgaben der dem Kloster zins- oder zehntpflichtigen Bauern.

Weinberge, Baum- und Krautgärten und Wälder

Vom Kloster bewirtschaftete Weinberge gab es in Murrhardt und Großbottwar. In Murrhardt handelte es sich 1576 um 2 Morgen, 3½ Viertel (= ca. 0,91 ha) Weingärten am Hofberg[50], in Großbottwar 1572 um 1½ Morgen (= ca. 0,47 ha)[51]. Das Kloster bewirtschaftete ferner verschiedene Gärten in Murrhardt, um die Klosterküche besser mit Obst und Gemüse versorgen zu können. Sie lagen teils innerhalb des Klosters, teils innerhalb der Stadtmauern, teils unmittelbar außerhalb derselben und umfaßten 6½ Morgen, 194½ Quadratruten (= ca. 2,20 ha)[52]. Auch in Großbottwar, wo sich Angehörige des Konvents oft aufhielten, legte man Wert auf eine eigene Gemüse- und Obstversorgung. Die etwa 0,87 ha umfassenden Güter lagen alle in der Nähe des Friedhofs beziehungsweise der Liebfrauenkirche, außerhalb der Stadt[53]. Ähnlich waren die Verhältnisse in Westheim, wo dem Kloster aber nur ein Morgen (= ca. 0,32 ha) Gärten gehörte[54]. Von dem Obstgarten im Gelände des Ottendorfer Burgstalls, dessen Größe nicht genau bekannt ist und von dem man auch nicht genau weiß, ob er verliehen war, hatte das Kloster seit 1480 einen Anteil von zwei Drittel[55]. Hinsichtlich der Fläche ungleich größer als die klösterlichen Wein-, Baum- und Krautgärten war der

45 HStAS H 102/54, Bd. 8: 25½ Morgen, 21 Ruten auf der *Prüelwiese,* 14 M., 13 R. *hinter der Schießmauren;* 16½ M., 31 R. *uff der Bürg;* 2 M., 75 R. *uf dem Hoffberg.*

46 Ebd.; 12 M., 2 R. auf der *Prüelwiese;* 27 M., 3 R. auf der *Spittalwiesen;* 4 M., 50 R. auf der *under Prüelwiesen;* 2 M., 4½ R. auf der *under Prüelwiese;* 1 M., 10 ¾ R. *under Prüel, genannt Pfarrwiesen, dem Pfarrer gegeben.*

47 Kleiner 1964, S. 17f.

48 HStAS H 102/54, Bd. 48, Bl. 2f.

49 Müller 1949/50, S. 260.

50 HStAS H 102/54, Bd. 8, Bl. 31a.

51 Kleiner 1964, S. 18.

52 HStAS H 102/54, Bd. 8, Bl. 34 ff.: 54 Ruten Gras- und Baumgarten, *der priorgart genannt,* im Kloster; 1 Morgen, 19½ Ruten Gras- und Baumgarten, *genannt der lange garten, hinden ann dem closter, zwischen ermelts closters mauren unnd dem wasser graben;* 15¾ Ruten Gras- und Baumgarten *hinder deß closters schul behaussung, der siechengart genannt, zwischen deß closters stattgraben… unnd dem closter, auch der stattmauren;* 5¾ Ruten Kraut- und Schorgarten *uf den spittal wisenn;* 5½ Morgen, 33 Ruten Baum- und Grasgarten *zwischen dem kürchgeßlin und des closters grossenn sehe;* 66½ Ruten Baum- und Grasgarten, *genannt der pfarrgart.*

53 Kleiner 1964, S. 18.

54 HStAS H 102/54, Bd. 48.

55 HStAS H 102/54, Bd. 60, Bl. 38b.

vom Kloster bewirtschaftete Wald. Er umfaßte 1576 beträchtliche 6898 Morgen (= ca. 2174,04 ha)[56]. Gemeinsam mit Limpurg bewirtschaftete das Kloster weitere, nicht genau umgrenzte Wälder[57]. Zur Pflege Westheim zählten 1539 insgesamt 764½ Morgen (= ca. 240,94 ha) Wald; ein Waldgebiet von 160 Morgen (= ca. 33,41 ha) wurde dort ebenfalls gemeinsam mit Limpurg bewirtschaftet, gehörte dem Kloster aber zu zwei Drittel[58].

Seen, Weiher, Fisch- und Krebsbäche

Die Fischereihoheit des Klosters beschränkte sich auf das Gebiet in und um Murrhardt. Offenbar betrachtete man die Fischereihoheit weit mehr als ein der Landeshoheit und dem Wildbann verwandtes Recht als die Eigentumsrechte an Gebäuden, Grund und Boden, denn es gelang dem Kloster offensichtlich nicht, außerhalb des Amts Murrhardt die Fischereihoheit zu erwerben oder zu behalten, nicht einmal im Gebiet der Pflegen Großbottwar und Westheim. An Seen besaß das Kloster 1576 den großen See (heutiger Feuersee), drei Fischgruben beim großen See, das Guthansenseelein, den See unterhalb der Walterichskirche, den Stadtgraben, den Wassergraben zwischen dem langen Graben und dem Guthansensee und den damals wüsten und leeren See ob Fornsbach (heutiger Waldsee?)[59]. Außer dem großen See und vielleicht auch dem See ob Fornsbach exisiteren diese Gewässer heute nicht mehr. Die verschiedenen Bäche, die der Murrhardter Fischereihoheit unterlagen, sind bereits oben aufgeführt[60]. Obwohl ein Klosterfischer erwähnt ist, gab das Kloster einzelne, abseits gelegene Seen und Bäche zeitweilig als Lehen aus und bewirtschaftete sie nicht selbst.

56 Ebd., Bd. 8, Bl. 42 ff.: 20 Morgen am Hofberg, die 1576 aber, außer bei Harbach, mehrheitlich in Äcker, Reuten und Weingärten umgewandelt waren; 100 Morgen Eichen, Tannen und Buchen am Linderst; 18 Morgen *im Sibenknüe genannt;* 30 Morgen *genannt der Prommersberg und die Rött* aus Tannen und Buchen; 100 Morgen auf Oberbrüdener Markung, *genannt das Mangelts hölzlin;* 40 Morgen zu Glashofen, *genannt der Cläfftern holz* mit Eichen und Tannen; 2000 Morgen *im Furnspach und Happichsklingen, die Schwarzlach und der Steinbachsklingen* mit Eichen, Tannen und Buchen; 3000 Morgen *uff der Bruch und das Pfaffenloch,* mit Eichen, Tannen und Buchen; 90 Morgen, *der Gieß genannt,* zwischen Hinterwestermurr und Käsbach; 1500 Morgen *genannt der Horberg und Mordtklingen* mit Eichen, Tannen und Buchen zwischen Fornsbach und dem Adelberger Wald; in allen Wäldern befanden sich *vieh holz wiesen.*

57 Ebd., Bl. 46b ff.: den *Weisenbach*-Wald zwischen Oberrot und Hausen; den *Fronbachswalldt; im Furnspach die hewsteig* zwischen Büchelberg und Glashofen; den *Schaanstein*-Wald; den *Langert* und die *Hayligenklingen* auf Fichtenberger Markung; das *Buch* zwischen Morbach und Wolfenbrück.

58 Die ganz in Murrhardter Besitz befindlichen Wälder HStAS H 102/54, Bd. 48: 514 Morgen Wald, der *Prannt;* 87½ Morgen bei dem *Vozenn bronnen;* 87 Morgen *genannt am Bezennberg;* 45 Morgen an der *Aptshalden;* 3 Morgen *genannt das Hailligen holzlin;* 25 Morgen *genannt die Schlicht;* 3 Morgen am *Buchbronnen.* Die »dritteiligen Wälder«: 20 Morgen *in der Plieshalden;* 20 Morgen *am Buchbronnen;* 20 Morgen *im Humelloch;* 8 Morgen *uff Brederberg;* 18 Morgen *uff dem Wolfsberg;* 20 Morgen *am Sewholz zwischen Franckenberg und Honnratsweiller.* Limpurg hatte in den dritteiligen Wäldern die forstliche Obrigkeit.

59 HStAS H 102/54, Bd. 8, Bl. 36 f. Vgl. zur Lokalisierung der Seen auch den Stadtplan von 1766 bei SCHAHL 1983, S. 554.

60 Vgl. oben S. 227 ff.

Mühlen

Es ist nicht sicher, ob das Kloster jemals Mühlen selbst bewirtschaftet hat. Allenfalls die Klostermühle, die 1576 bereits nicht mehr in Betrieb war, käme hier in Betracht.

Verliehene Güter

Allgemeines; rechtliche Stellung der Lehengüter[61]

Obgleich die Eigenwirtschaft des Klosters durchaus einen wirtschaftlichen Faktor von nicht geringer Bedeutung darstellte, waren die vom Kloster verliehenen Güter doch von weit größerer Wichtigkeit. Das Kloster bewirtschaftete den überwiegenden Teil seines Besitzes nicht selbst, sondern gab ihn als Lehen an verschiedene Leute aus. Das war wohl nicht während der gesamten Klostergeschichte so[62]. Im Frühmittelalter und zum Teil auch noch im Hochmittelalter existierte in Murrhardt – ebenso wie andernorts – vermutlich ein Fronhofsystem, in dem klösterliche Hintersassen lebten, die in engster Abhängigkeit vom Kloster standen. Die Untertanen schuldeten dem Kloster zahlreiche Frontage. Faktisch waren sie eine Art von Klosterknechten ohne persönliche und wirtschaftliche Eigenständigkeit. Für das Fronhofsystem war die intensive Mitarbeit der Hintersassen auf klostereigenen Gütern charakteristisch. Die klösterliche Eigenwirtschaft war im Vergleich zu späteren Zeiten also wesentlich mehr ausgebildet. Man nimmt an, daß zwischen dem 11. und 13. Jahrhundert ein entscheidender Strukturwandel einsetzte, in dem sich das Fronhofsystem weitgehend auflöste. Die Eigenwirtschaft wurde reduziert, das klösterliche Land auf Renten- beziehungsweise Zinsbasis an die Untertanen verliehen. Das warf für die Grundherren mehr Profit ab als das archaische Fronhofwesen und brachte zugleich für die Bauern mehr Unabhängigkeit. Von der alten Form der Klosterwirtschaft ist im Falle Murrhardts praktisch nichts bekannt. In der Zeit, als die Murrhardter Quellen einsetzen, war das Rentenlehenswesen längst voll entwickelt und bildete den wichtigeren Teil der Klosterwirtschaft.

Meist waren die Lehensträger des Klosters Bauern oder Murrhardter Bürger, gelegentlich sind auch Bürger anderer Städte erwähnt, etwa Patrizier aus Schwäbisch Hall oder Bürger aus Großbottwar, manchmal auch Adlige vom Lande. Die am meisten gebräuchliche Form des Lehens war das Erblehen; das Kloster war also verpflichtet, die jeweiligen Güter an die Erben des alten Lehensinhabers auszugeben, wenn auch nur gegen die Erbschaftsabgabe von Weglöse und Handlohn. Faktisch bestand demnach in den meisten Fällen eine Erblichkeit der Lehen. Allerdings gilt die erst für das 16. Jahrhundert[63]. Ob vorher andere Lehensformen dominiert hatten, ist nicht zu eruieren. Aus dem späten 15. und frühen 16. Jahrhundert sind neben den Erblehen auch etliche Fälle von Mannlehen bekannt, die aber nur im Zusammenhang mit Haller Patriziern zu belegen sind[64].

61 Vgl. dazu auch, insbesondere soweit es die Stadt Murrhardt betrifft, oben S. 145.

62 Vgl. zum Folgenden: RÖSENER 1985, S. 31–40, 214–228.

63 Vgl. etwa die Aussagen zu den Mühlen und Badstuben im Murrhardter Lagerbuch von 1576, HStAS H 102/54, Bd. 8.

64 Beispielsweise HospAH Urkunden von 1481, VI 16, 1485, VI 11; 1487, III 19; 1496, VII 27; 1501, XI 27 (Signaturen nach den Daten).

Wenn die Lehen an auswärtige Bürger oder Adlige gegeben wurden, fertigte man von seiten des Klosters im 15. und 16. Jahrhundert meist Lehensbriefe aus[65]. Es bleibt zweifelhaft, ob man bei den viel zahlreicheren Bauernlehen ebenso verfuhr. Aus den Lehensbriefen geht hervor, daß die Lehensvergabe auch noch im 15. und 16. Jahrhundert die für das Lehenswesen konstitutiven Elemente beinhaltete: Das Kloster gab das Lehen aus und erhielt als Gegenleistung einen – noch näher zu beschreibenden – Lehenszins, ferner verpflichteten sich die Lehensmannen zur Treue gegenüber dem Kloster. Dies beinhaltete nach dem Rechtsverständnis der damaligen Zeit, nichts gegen das Kloster zu unternehmen und ihm gegebenenfalls mit Rat und Tat beizustehen. Vermutlich wurden in Murrhardt aber keine regelrechten Lehensmannentage abgehalten wie bei den großen Lehensherren, die alle Lehensmannen zu feierlichem Ratgeben einluden.

Die materiellen Gegenleistungen für Lehen bestanden in Abgaben, die in der Regel sowohl in Geld- als auch in Naturalleistungen entrichtet wurden. Gelegentlich kamen Fronleistungen verschiedenster Art hinzu. Man muß hierbei allerdings zwischen regelmäßig ans Kloster zu liefernde Abgaben und unregelmäßigen Leistungen unterscheiden. Auf jedem verliehenen Haus, Grundstück usw. lasteten jährliche Abgaben, die je nach Größe und Wert des Lehens von unterschiedlicher Höhe waren. Zahlungstermin war meist der Martinitag (11. November), es kamen aber auch andere Tage vor wie Lichtmeß (2. Februar), Petri (29. Juni) und Michaelis (29. September) oder Fasnacht, Laetare (3. Sonntag vor Ostern) und Ostern. Vage Vereinbarungen wie Sommer oder Herbst waren ebenfalls möglich[66]. Als Beispiel für einen relativ hohen Lehenszins sei hier die Murrhardter Rümelinsmühle angeführt, die zu Martini 3 lb h zu zahlen hatte, außerdem ein Fasnachtshuhn und zu Ostern 100 Eier. In der Ernte war ein Schnitter, in der Heuet ein Heuer zu stellen[67]. Murrhardter Häuser mit Hofreiten zinsten 1576 zwischen etwa 1 ß, 8 h und 5 ß[68]. In der Größenordnung von Schillingen bewegte sich 1576 meist auch der Lehenszins, der von Grundstücken wie Wiesen, Weiden und Heumahden zu entrichten war[69]. Es fällt auf, daß 1576 in Murrhardt kaum mehr Naturalien und Frondienste verlangt wurden[70]. Demgegenüber schuldeten die Einwohner von Sulzbach, soweit sie Murrhardter Lehen innehatten, dem Kloster schon im 15. Jahrhundert etliche Fronen in Form von Weinfahrten. Diese Fronen existierten noch Ende des 16. Jahrhunderts[71]. Die Sulzbacher mußten pro Weinfahrt je 2½ Esslinger Eimer Wein (ca. 750 l) für das Kloster transportieren. Als Gegenleistung hatte das Kloster die Verköstigung der Fronenden zu übernehmen.

Die Naturalzinsen traten im 16. Jahrhundert gegenüber den Geldzinsen zurück. In Murrhardter Quellen des 15. Jahrhunderts erschienen noch die altertümlich wirkenden Naturalzinsen. Nicht nur die im 16. Jahrhundert gelegentlich vorkommenden Abgaben von Dinkel,

65 Vgl. als Auswahl an Belegen die vorhergehende Anm.

66 HStAS H 102/54, Bd. 8, Inhaltsverzeichnis.

67 Vgl. Fritz 1984-I, S. 106; dort befinden sich auch Daten zu den Lehenszinsen der übrigen Murrhardter Mühlen.

68 Z. B. Matthis Hueber, HStAS H 102/54, Bd. 8, Bl. 154a, mit dem höheren, Claus Wieland, Bl. 147a/b, mit dem niedrigeren Lehenszins.

69 Vgl. die zahlreichen Nennungen im selben Lagerbuch.

70 Eine Ausnahme bilden etwa die 1½ Tagwerk Wiesen des Michel Blind, die 2 ß, ½ Simri Öl und zwei Sommerhühner zinsen; ebd., Bl. 235a/b.

71 Vgl. den Vertrag zwischen Murrhardt und der Pfalz 1476 (s. oben S. 57) und das Sulzbacher Lagerbuch von 1590, Gemeindearchiv Sulzbach.

Hafer, Eiern, Hühnern oder Gänsen waren im 15. Jahrhundert gebräuchlicher, es gab auch die später fast ganz verschwundenen Naturalzinsen in Form von Käse oder Lammsbäuchen, einmal sogar die Lieferung von 50 Karren Mist auf die klösterlichen Äcker[72]. Ein Sonderfall von Lehensleistungen ist bei den Sägemühlen zu verzeichnen. Sie waren gelegentlich dazu verpflichtet, dem Kloster gegen einen festgesetzten, wohl sehr niedrigen Preis Bretter zu sägen[73].

In Einzelfällen wurden Besitzungen gegen eine feste Beteiligung des Klosters am Ertrag verliehen. So schuldete der Hof in Oßweil dem Kloster jährlich ein Drittel aller Erträge[74]. Die andernorts vorkommenden Lehensabgaben wie Vorgeld, Wiesgeld, Gattergeld, Weisat und ähnliches[75] werden in den Murrhardter Quellen fast überhaupt nicht erwähnt[76]. Offenbar haben sie nie eine nennenswerte Rolle gespielt und waren im 16. Jahrhundert – sofern sie früher existierten – in anderen Abgaben aufgegangen. Von den unregelmäßig zu leistenden Abgaben waren Weglöse und Handlohn am geläufigsten[77]. Hauptgeld und Fall hingen dagegen nicht mit den Lehen, sondern mit der Leibeigenschaft zusammen.[78].

Verliehene Gebäude, Höfe, »Lehen«, »Huben«, »Güter«, Felder, Äcker und Wiesen

Das Kloster verlieh in den seltensten Fällen nur die Gebäude. In der Regel gehörte zu einem Haus, vor allem außerhalb der Stadt Murrhardt, ein gewisser Grundbesitz. Die Gebäude und der Grundbesitz lassen sich in den Quellen nicht immer klar trennen. Insbesondere wenn die Ausdrücke »Lehen« und »Güter« auftauchen, ist oft nicht klar, ob es sich um Grundbesitz mit oder ohne Wohngebäude handelt. Daher sollen der Gebäudebesitz einerseits und das Eigentum an Feldern, Äckern und Wiesen andererseits gemeinsam erörtert werden. Der Schwerpunkt des Klosterbesitzes lag zunächst einmal im Gebiet der Stadt Murrhardt und der ringsum liegenden Weiler[79]. Hier waren, soweit erkennbar, alle Gebäude und Höfe Lehen des Klosters. Die Stadt war nie Lehensherr solcher Immobilien, vielmehr trug sie sogar städtische Gebäude wie das Rathaus vom Kloster zu Lehen. Bürgerlichen und bäuerlichen Eigenbesitz an Gebäuden scheint es nicht gegeben zu haben. Bei den Grundstücken war das Kloster in der überwiegenden Zahl aller Fälle Lehensherr, hier gab es allerdings auch städtische Lehensherrschaft.

In Ottendorf – mit Niederndorf und Spöck – war das Kloster ebenfalls der maßgebliche Lehensherr. Es besaß 1539 insgesamt elf Häuser, sieben Scheuern, zwei Höfe, neun »Güter«,

72 Vgl. die Murrhardter Lehen, die 1480 in Talheim verkauft wurden; HStAS A 155, U 819. In Sulzbach waren allerdings Käse- und Ölzinsen noch bis weit ins 16. Jahrhundert üblich; vgl. Lagerbuch von 1544 passim (HStAS H 158, Bd. 6). Zum Mist: HStAS A 328, U 3.

73 Vgl. für die – allerdings erst 1586 erbaute – Schloßhofer Sägmühle: Fritz 1986-II. Die Schloßhofer Sägmühle übernahm aber offenbar auch bei anderen Sägmühlen des Klosters geläufige Regelungen.

74 Erstmals überliefert 1478, immer noch in Kraft 1572; HStAS H 102/54, Bd. 38, dort auch Abschrift der Urkunde von 1478.

75 Vgl. Jooss 1971, S. 112; Fritz 1985-I, S. 40 ff.

76 1436 und 1480 hatte das Kloster von einem Gut in Talheim unter anderem einen Weisatschilling Zins; HStAS A 155, U 819, 821.

77 Vgl. oben S. 145. Extrem stark belastet war der Hof in Klingen, wo 1560 unter Hinweis auf ältere Regelungen beim Verkauf der 3. Pfennig gezahlt werden mußte, also ein Drittel des Wertes! (HStAS A 206, Bü. 3897). Solche Belastungen waren aber die Ausnahme.

78 Vgl. S. 151.

79 Vgl. dazu auch S. 144–160.

neun »Gütlin«, eine Sölde und zwei Huben, jeweils mit Grundbesitz[80]. Die Ottendorfer Lehen des Klosters gehen in frühe Zeiten zurück. Bereits 1397 waren die niederadligen Herren von Ottendorf Träger von Murrhardter Lehen[81]. Die nicht näher bezeichneten Lehen dürften unter anderem mit der Ottendorfer Burg in Zusammenhang stehen. Von der Burg veräußerte das Kloster 1432 Anteile an die Herren von Vohenstein, doch es scheint die Lehenshoheit beibehalten zu haben[82]. Die Herren von Ottendorf waren als Lehensmannen zwischenzeitlich ausgestorben. 1439 und 1440 hatte das Kloster weiterhin Anteile an der Burg[83]. Auch von der Burg unabhängige oder von ihr abgelöste Lehen in Ottendorf standen unter Murrhardter Lehenshoheit, so etwa die drei Güter, die Greth von Ottendorf, verheiratete von Nenningen, 1442 an die Vohensteiner verkaufte[84]. Die Murrhardter Klosterpflege Westheim verfügte 1539 in den Orten Westheim, Tullau, Vohenstein, Rieden, Uttenhofen, Sanzenbach, Frankenberg, Großaltdorf, Eutendorf – das bereits genannte Ottendorf mit Niederndorf und Spöck nicht gezählt – über eine Badstube, 13 Häuser, neun Scheuern, zwei Hofstätten, fünf Güter und zwei Gütlin; ein bedeutendes Gut in Rieden, das unter anderem zur Haltung von Hammel und Eber verpflichtet war, war bereits 1502 ans Haller Spital verkauft worden[85]. Zentren des klösterlichen Lehensbesitzes waren ferner jene Orte, in denen Murrhardt das Patronatrecht besaß. In Großbottwar, wo ein eigener Klosterhof wie in Westheim existierte, verlieh das Kloster insgesamt 13 Lehengüter[86], hatte also die Lehensherrschaft über einen nicht geringen Teil der Stadt. Unklar ist, ob ein Lehenhof in Rielingshausen zum Bottwarer Besitz zählt.

Noch umfangreicher war der Murrhardter Lehensbesitz im löwensteinischen Amt Sulzbach. Hier verfügte das Kloster 1590 über 91 Lehengüter, fünf Erbhöfe und ein Söldnerlehen; 27 Lehengüter – darunter eine Badstube – und das Söldnerlehen lagen im Dorf Sulzbach, der Rest auf den Weilern[87]. Die Sulzbacher Lehen des Klosters lassen sich zum Teil weit vor das 16. Jahrhundert zurückverfolgen. Das Kloster hatte Lehen in Berwinkel und in anderen Weilern, die »auf dem Walde gegen Murrhardt gelegen« waren, an die Herren von Heinriet ausgegeben. Diese Lehen sind identisch mit denen im späteren Amt Sulzbach, wohl auf dem Höhenzug nördlich der Murr, etwa zwischen Sulzbach und Murrhardt. Als die Heinrieter 1330 die Hälfte ihres Besitzes an die Grafen von Löwenstein verkauften, waren auch die genannten Murrhardter Lehen darunter[88]. Bemerkenswert ist, daß das Kloster die Lehen nicht an die neuen Inhaber des Heinrieter Besitzes, die Grafen von Löwenstein, ausgab – soweit das nach den Quellen des 16. Jahrhunderts zu beurteilen ist –, sondern vielmehr direkt an die auf den Lehen sitzenden Bauern.

In Oßweil hatte das Kloster 1572 nur die Lehensherrschaft über einen einzigen Hof inne[89], der allerdings sehr groß war und 1478 nicht weniger als 147½ Morgen (= 46,5 ha) Acker und 5 Tagwerk (= 2,3 ha) Wiesen bewirtschaftete. Der Hof, dessen Haus, Hofreite und Scheuer unmittelbar neben dem Kirchhof lagen, könnte auf jenen alten, ursprünglich vom Kloster

80 HStAS H 102/54, Bd. 48.
81 OAB Gaildorf, S. 202.
82 HStAS H 14, Bd. 390, Bl. 89a/b, 93b/98a.
83 Ebd.; vgl. auch S. 231 ff.
84 Ebd., Bl. 87b.
85 HStAS H 102/54, Bd. 48.
86 Kleiner 1964, S. 19. Zu Rielingshausen: OAB Backnang, S. 260.
87 Lagerbuch von 1590, Gemeindearchiv Sulzbach. S. auch Jäckle 1965.
88 RL 141.
89 HStAS H 102/54, Bd. 38.

eigenbewirtschafteten Fronhof zurückgehen, der bereits Anfang des 9. Jahrhunderts zur Gründungsausstattung des Klosters gehörte[90]. Allerdings muß ihn das Kloster später an Adlige verliehen haben, denn 1440 mußte das Kloster eben diesen Hof von den Herren von Kaltental beziehungsweise den Herter von Herteneck erwerben[91]. Als Lehensträger werden 1440 Haincz Trostel, 1478 Adam Trostel, 1507 dessen Witwe, die Winckhelmeßin, genannt. Alle Lehensträger wurden mit Übernahme des Lehens Leibeigene des Klosters. Im Jahre 1572 besaßen Jerg Aigel und Hans Reinhardt, Schultheiß zu Oßweil, den mittlerweile als Klosterwidum bezeichneten Hof gemeinsam. Schon die Tatsache, daß der Schultheiß Mitinhaber des Hofes war, unterstreicht die Sonderstellung des Widums im Ort. Nur indirekt in den Zusammenhang der Murrhardter Lehen gehört ein Hof in Bissingen, der zum Besitz der Allerheiligenpfründe in Oßweil zählte, welche vom Kloster zu verleihen war. 1487 waren verschiedene Rechte dieses Hofs strittig[92].

In Erdmannhausen fehlen leider alle Lagerbücher, die einen Gesamtüberblick über den dortigen Murrhardter Lehensbesitz geben könnten. Murrhardt verfügte hier aber mit Sicherheit über Lehen. Einen Hof hatte das Kloster bereits anläßlich seiner Gründung um 817 erhalten, im 13. Jahrhundert erfolgten weitere Schenkungen. Auch aus dem 14. Jahrhundert ist Murrhardter Lehensbesitz ausdrücklich erwähnt[93]. – In Oberrot und Fichtenberg war Murrhardt im 16. Jahrhundert dagegen – außer in den Teilorten Hohenhardtsweiler und Glashofen – nicht oder nicht mehr Lehensherr über irgendwelche Güter; hier herrschte die Lehenshoheit Limpurgs vor, in dem zur Pfarrei Oberrot gehörigen Hausen/Rot auch die Komburgs[94].

Der Murrhardter Lehensbesitz in der 1414 abgestoßenen Pfarrei Laufen am Kocher war hingegen nicht unerheblich. Murrhardt war bis zu diesem Jahr Lehensherr über einen Hof, drei Güter und eine Sölde in Laufen, ferner über zwei Güter in Haslach und ein Gut in Krasberg bei Laufen[95]. Der Lehensbesitz war alt, er dürfte auf eine um 817 dem Kloster geschenkte *villula* in Laufen zurückgehen[96]. – Unklar sind die Verhältnisse in Orendelsall, wo das Kloster bis in nachreformatorische Zeit das Patronatrecht besaß. Eine Urkunde von 1558 deutet aber auf gewisse Murrhardter Lehensrechte in Orendelsall hin[97]. Als 1314 das halbe Gericht von Orendelsall durch Murrhardt an Schöntal veräußert wurde, erwähnte man den Lehensbesitz nicht[98].

In Kirchenkirnberg, wo schon im 12. Jahrhundert alle Klostergüter als Lehen an verschiedene Ritter ausgegeben waren, trat die Murrhardter Abtei ihre Besitzungen bereits im Jahr

90 Fritz 1982-III, S. 121.
91 HStAS A 602, U 10 666 (= WR 10 666).
92 HStAS A 499, U 123. Vgl. zur Winckhelmeßin HStAS A 508, Repertorium Bl. 203.
93 Fritz 1982-III, S. 121, 123; im 14. Jahrhundert ist Murrhardt laut HStAS A 328, U 3, Lehensherr in Erdmannhausen.
94 HStAS 102/54, Bd. 4 und 5. Allerdings ist bei einigen wenigen Oberroter Lehen nicht ausdrücklich der Lehensherr genannt. Üblicherweise heißt es immer, es handle sich um limpurgische oder komburgische Lehen. Ob die nicht näher bezeichneten Lehen Murrhardt gehörten, bleibt offen. Vgl. zu Oberrot auch: Fritz 1985-I. Vgl. zu Hohenhardtsweiler und Glashofen OAB Backnang, S. 258.
95 HStAS A 155, U 819.
96 Fritz 1982-III, S. 121.
97 HStAS A 508, Bü. 6, Übergabebrief von Abt Otto Leonhard Hofsess an den Pfarrer in Orendelsall, betreffend einige Grundstücke.
98 RL 116.

1182 an die Adelberger Prämonstratenser ab[99]. Von besonderem Interesse sind die Orte, in denen Murrhardter Lehensbesitz vorhanden war, ohne daß es dort geistliche Rechte des Klosters gegeben hätte. 1064 hatte das Kloster Besitz in Jagsthausen erworben[100]. Er dürfte mit einem Fronhof identisch sein, der in späteren Quellen zu fassen ist. 1314 veräußerte das Kloster den Jagsthausener Fronhof, der mittlerweile längst verliehen war, an das Kloster Schöntal, um Schulden zu tilgen. Zusammen mit dem Fronhof wurde auch Lehensbesitz in den nahegelegenen Orten Pfüzich (Pfitzhof), Forsthof, Rossach, Westernbach, Maßholderbach und »zu dem Baumgarten« an Schöntal übergeben[101]. Der Jagsthausener Fronhof war ein bedeutender Betrieb, der auch in Schöntaler Hand weiterverliehen wurde. Er war so groß, daß 1489 vier Bauern auf ihm saßen, welche die beachtliche Menge von je 2 Malter Korn, Dinkel und Hafer, also zusammen 24 Malter Getreide (= 4468,4 l)[102], zinsten[103].

Nicht viel länger als in Jagsthausen konnte das Kloster über seinen Lehensbesitz in Neckarwestheim verfügen. 1324 trennte es sich vom dortigen Ruprechtshof[104]. Obwohl die Verkaufsurkunde nicht erwähnt, daß es sich um einen Lehenshof handelte, ist dies doch als gewiß anzunehmen. Zu wohl ähnlich früher Zeit wie in Jagsthausen und Neckarwestheim hat das Kloster einen vermutlich verliehenen Hof mit Weinberg in beziehungsweise bei Willsbach verkauft, der erst Mitte des 13. Jahrhunderts durch Schenkung ans Kloster gefallen war[105]. Vergleichbar dürfte auch das Schicksal eines weiteren nicht lokalisierbaren Hofes gewesen sein, den die Herren von Bochingen zusammen mit Weinbergen und Wiesen ebenfalls um die Mitte des 13. Jahrhunderts dem Kloster geschenkt hatten[106]. Der Verkauf dieser Höfe läßt sich zwar nicht nachweisen, kann jedoch als sicher gelten, da die Höfe später nicht mehr zum Besitz des Klosters zählen. Damit hatte sich das Kloster von insgesamt vier Lehenshöfen getrennt, denen eine relativ große Entfernung von Murrhardt gemeinsam war. In Krisenzeiten trennte man sich von solchen entfernten Gütern offensichtlich am ehesten. Allerdings hat das Kloster Murrhardt nicht alle Lehensbesitzungen dieser Art bereits im 14. Jahrhundert abgestoßen. Ein bedeutendes Zentrum klösterlichen Lehensbesitzes befand sich nämlich in Talheim an der Bühler nördlich von Vellberg, das am weitesten östlich gelegene Eigentum des Klosters. Noch 1429 und 1436 erwarb Murrhardt dort neue Lehen im Wert von insgesamt 200 fl[107]. Es muß aber bereits vorher in Talheim umfangreiche Lehen besessen haben, denn als das Kloster 1480 seinen gesamten Lehensbesitz in Talheim an die Herren von Vellberg verkaufte, belief sich der Gesamtpreis auf 1000 fl[108]. 1480 bestand der Lehensbesitz aus eineinhalb Höfen, vier Gütern und zwei Huben. Die Gründe für den Verkauf sind klar: Mit den 1000 fl erwarb das Kloster das münkheimische Drittel an Ottendorf. Demgegenüber liegt der Ursprung der Murrhardter Lehen in Talheim im dunkeln.

99 WUB 2, S. 221 f., Nr. 432; vgl. auch Fritz 1982-III, S. 94, und Ders. 1982-II, passim.
100 Fritz 1982-III, S. 122 f.
101 RL 116.
102 Schöntal verwendete das Krautheimer Meß. Nach diesem faßte 1 Malter Roggen bzw. Dinkel 160,26 l, 1 Malter Hafer 197,96 l. Vgl. Lutz 1938, S. 142, 153.
103 HStAS H 233/101, Bl. 6a–8a.
104 HStAS A 602, U 600 (= WR 600).
105 Fritz 1982-III, S. 124.
106 Ebd.
107 HStAS A 155, U 820, 821.
108 Ebd., U 819.

Verliehene Mühlen

Die Mühlen verdienen wegen ihrer wirtschaftlichen und juristischen Sonderstellung eine von den anderen Lehensgütern gesonderte Betrachtung. Im wesentlichen herrschten bei den Mühlen, die vom Kloster Murrhardt zu Lehen rührten, zwei Typen vor: die Mahlmühlen, die in wirtschaftlicher Hinsicht zweifellos am wichtigsten waren, und die Sägmühlen. Andere Mühlen – Eisenschmiedmühlen, Lohmühlen, Ölmühlen usw. – waren seltener. Seine größte Dichte erreicht der Murrhardter Mühlenbesitz wie auch bei den andern Lehen in der unmittelbaren Umgebung des Klosters. Innerhalb der Klosteranlage befand sich die Klostermühle, der Stadt Murrhardt direkt benachbart lagen die Ober- und Untermühle sowie die Rümelinsmühle. Die Burgermühle entstand erst in nachreformatorischer Zeit, 1584[109]. Diese Mühlen sind bereits oben genannt[110], ebenso die Klingener Mühle, die zwei Mahlmühlen in Ottendorf und die Mahlmühle in Westheim, alle ebenfalls Klosterlehen. Auch die Mühlen im löwensteinischen Amt Sulzbach waren Klosterlehen, nämlich eine Mahlmühle in Sulzbach, eine in Bartenbach[111] und eine in Fornsbach[112]. Ob die Gronbachmühle oberhalb von Sulzbach, die 1590 erstmals genannt wird[113], schon in vorreformatorischer Zeit existiert hat, ist vorerst nicht geklärt. Unter den 1182 verlorenen Murrhardter Besitzungen in Kirchenkirnberg dürfte auch eine Mühle gewesen sein, die Klosterlehen war[114]. Eine weitere Mühle besaß das Kloster bis 1314 in Jagsthausen. Die Werbenmühle bei Laufen am Kocher, die 1414 zusammen mit dem anderen Laufener Besitz verkauft wurde, zählte ebenfalls zu seinem Eigentum. Das Kloster besaß damit bis zur Reformation die Lehenshoheit über etwa 14–15 Mühlen, von denen allerdings drei zwischen dem 12. und 15. Jahrhundert verlorengegangen waren.

In der waldreichen Gegend um Murrhardt gab es neben den Mahlmühlen zahlreiche Sägmühlen: in und unmittelbar bei Murrhardt drei, im Amt weitere vier. Unterhalb von Sulzbach-Bartenbach und am Eschelbach bei Schleißweiler befanden sich ferner zwei Sägmühlen im Amt Sulzbach[115], so daß das Kloster über etwa neun Sägmühlen die Lehensherrschaft ausübte. Zahlreiche Sägmühlen entstanden schließlich in nachreformatorischer Zeit; sie vervielfachten die Sägekapazität[116]. Außerhalb des Waldgebiets von Murrhardt und Sulzbach gab es – offenbar wegen des wesentlich knapperen Waldbestandes – vor 1550 keine klösterliche Sägmühle.

Bei den in und um Murrhardt vorhandenen Sondermühlen, die bereits ausführlich erörtert wurden, handelt es sich um die Lohmühle in der Eisenschmiedmühle oberhalb von Murrhardt-Hausen und um die Schleifmühle am Kehbach[117]. Im Sulzbacher Bereich gab es

109 Vgl. zu den Mühlen insgesamt: Fritz 1984-I; zu einzelnen Mühlen: Ders. 1984-II, 1985-IV, 1986-II.
110 S. 197f.
111 Genannt erstmals 1509, aber sicher wesentlich älter; HStAS H 101, Bd. 38a; vgl. auch Lagerbuch von 1590, Gemeindearchiv Sulzbach.
112 Erstmals genannt 1568/69, aber sicher wesentlich älter (HStAS A 303, Bd. 10100).
113 Lagerbuch von 1590, Gemeindearchiv Sulzbach.
114 Vgl. die Etymologie des Ortsnamens: Kirnberg = Kornberg, Mühlberg; s. dazu Fritz 1982-II.
115 Vgl. zu den Murrhardter Sägmühlen oben S. 198ff. Die Sägmühlen im Amt Sulzbach sind erstmals 1509 genannt (HStAS H 101, Bd. 38a).
116 Vgl. dazu eine in Vorbereitung befindliche Arbeit des Verfassers über Mühlen im Schwäbischen Wald.
117 Vgl. oben S. 200ff.

zwei weitere Lohmühlen: eine bei Siebenknie »im Eschelbach« und eine weitere am Fischbach[118]. Schließlich ist noch die eigentliche Eisenschmiedmühle zu erwähnen, die freilich in dieser Eigenschaft 1536 nicht mehr existierte[119]. Die Zahl der verliehenen Sondermühlen belief sich demnach auf etwa fünf.

Wald und Weinberge

Im Unterschied zu den Gebäuden, Feldern, Äckern und Wiesen, wo die klösterliche Eigenwirtschaft gegenüber den verliehenen Besitzungen nur von zweitrangiger Bedeutung war, spielte verliehener Wald für das Kloster keine nennenswerte Rolle. Das Kloster scheint im allgemeinen keinen Wald verliehen zu haben, es hat vielmehr die in seinem Besitz befindlichen Wälder meist selbst genutzt. Das gilt zunächst für das Murrhardter Amtsgebiet, aber auch für Orte außerhalb des Amts[120]. Rund um Murrhardt gab es gewiß ausgedehnten städtischen Wald[121], der für die Bedürfnisse der Bürger ausreichte. Der städtische Wald scheint Allod der Stadt gewesen zu sein. Insgesamt waren die Waldungen so groß, daß manche Bauern jahrzehntelang einzelne vom Kloster beanspruchte Wälder wie ihre eigenen nutzten. Erst nach 1550 konnte das Kloster seine Ansprüche durchsetzen[122]. Auch in diesbezüglichen Streitfällen fehlen alle Hinweise auf verliehenen Wald, obwohl die Murrhardter Bauern nachweislich Wald besaßen[123]. Über dessen rechtlichen Status finden sich aber keine Aussagen. Der Klosterwald wurde zwar nicht in seiner Gesamtheit verliehen, doch das Kloster veräußerte einzelne Rechte und Nutzungen im Wald, insbesondere das Recht, Schweine im Wald zu eckern[124].

Im Amt Sulzbach beanspruchte das Kloster die Herrschaft über etwa 1200 Morgen (= ca. 400 ha) Wald[125]. Eine formale Verleihung von Wald scheint auch hier nicht vorgekommen zu sein. Das Kloster stellte vielmehr lediglich fest, daß der gesamte Sulzbacher Klosterwald nur den Inhabern der Murrhardter Hof- und Lehensgüter des Ortes gehöre, nicht aber den in Sulzbach ansässigen Taglöhnern und Söldnern. Tatsächlich konnten Taglöhner und Söldner im 16. Jahrhundert jedoch ein Nutzungsrecht durchsetzen, das dem der Lehensinhaber entsprach. Die Sulzbacher Verhältnisse können auch zur Klärung der in Murrhardt herrschenden Zustände beitragen. Offenbar verhielt es sich so, daß man zu den einzelnen Höfen den jeweils umliegenden Klosterwald hinzuzählte. Nur so ist es zu erklären, daß die Bauern zwar über Wald verfügten, aber in den Murrhardter Quellen nichts darüber auftaucht.

Einen erheblichen Teil der am Hang nördlich von Murrhardt liegenden Weinberge nutzte das Kloster selbst. Ein anderer Teil war 1576 verliehen, ein weiterer Teil wurde nicht mehr für

118 Die Lohmühle bei Siebenknie existierte 1509, wird aber 1590 als abgegangen erwähnt. Zur Lohmühle am Fischbach heißt es, dort sei 1590 eine Glashütte an der Stelle gestanden, wo sich früher eine Lohmühle befunden habe. Vgl. die in den vorhergehenden Lagerbüchern genannten Lagerbücher von 1509 und 1590.

119 Vgl. oben S. 200 ff.

120 Im ausführlichen Lagerbuch von 1576 (HStAS H 102/54, Bd. 8) fehlt jeder Hinweis auf verliehenen Wald; entsprechend auch die Lagerbücher des Bestands H 102/54 für die auswärtigen Murrhardter Besitzungen.

121 Vgl. die Waldnutzungsordnungen ebd., Bd. 8, Bl. 66 ff.

122 Vgl. den Rechtsstreit um das Retzenholz 1556–1558; HStAS A 508, Bü. 17.

123 Ebd.

124 Ebd., Bl. 67 ff.

125 Lagerbuch von 1590 (wie Anm. 113), Bl. 31–33. Knapp dazu auch Jäckle 1965.

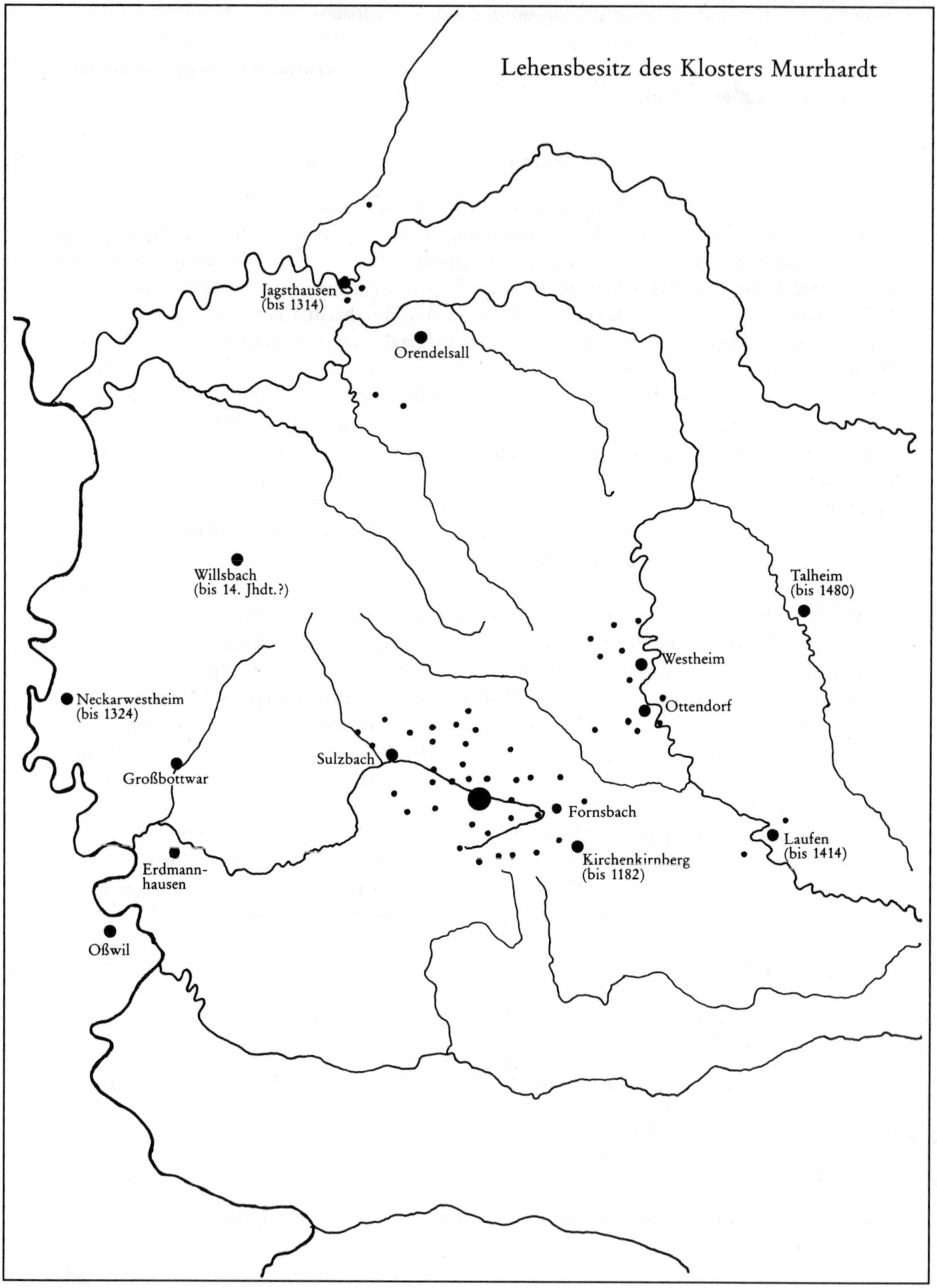
Lehensbesitz des Klosters Murrhardt
Jagsthausen
(bis 1314)
Orendelsall
Willsbach
(bis 14. Jhdt.?)
Talheim
(bis 1480)
Westheim
Ottendorf
Neckarwestheim
(bis 1324)
Sulzbach
Großbottwar
Fornsbach
Laufen
(bis 1414)
Kirchenkirnberg
(bis 1182)
Erdmann-
hausen
Oßwil

den Weinanbau genutzt, sondern war zum Baumgarten umgestaltet worden[126]. In Großbottwar gehörten Weingärten selbstverständlich zur Ausstattung der Klosterlehen. Auch in der Pflege Westheim hatte das Kloster in vielen Orten etliche Weingärten an seine Lehensträger ausgegeben[127]; Weinberge hinter Beilstein und bei Willsbach waren mit Gewißheit ebenfalls verliehen[128].

Glashütten

Glashütten, die sich in klösterlicher Lehenshoheit befanden, hat es zweifellos spätestens seit dem 13. Jahrhundert gegeben. Da die Glashütten aber meist nur wenige Jahre oder Jahrzehnte an einem Ort betrieben wurden, ist in den seltensten Fällen etwas über sie bekannt. Mit Gewißheit waren die 1550 in Mettelbach und Weidenbach gegründeten Hütten klösterliches Lehen, wahrscheinlich auch eine wohl bei Murrhardt gelegene Hütte »in der Kren«[129]. Dagegen war die im 16. Jahrhundert existierende bedeutende Glashütte in Fautspach ein Lehen des Forstamts Reichenberg[130]. Mühlen und Glashütten waren, soweit ersichtlich, die einzigen Gewerbetriebe, über die das Kloster verfügte. Die Murrhardter Ziegelhütte war Lehen der Stadt, nicht des Klosters, ein Bergwerksbetrieb, welcher der Salzgewinnung dienen sollte, kam in vorreformatorischer Zeit über ein frühes Planungs- und Versuchsstadium nicht hinaus[131].

Zehnten

Zehnteinkünfte stellten, wie im einzelnen noch zu belegen ist, den wichtigsten Faktor im klösterlichen Haushalt dar. Sie richteten sich in ihrem Umfang nach der Ernte des jeweiligen Jahres und »minderten oder mehrten« sich demgemäß ständig. Die Murrhardter Zehnteinkünfte konzentrierten sich um die dem Kloster unterstehenden Pfarreien. Eine im wesentlichen erschöpfende Übersicht über die Murrhardter Zehnteinkünfte enthält bereits die 1871 erschienene Backnanger Oberamtsbeschreibung. Hier sollen diese Daten in Tabellenform zusammengestellt und in einzelnen Punkten ergänzt werden[132].

Die wichtigsten Zehntabgaben waren der große Zehnt oder Kornzehnt, der von allem auf dem Halm wachsenden Getreide genommen wurde, und der Weinzehnt, der besonders in den

126 Verliehen waren 3 Morgen (= 0,94 ha) am Hofberg; ein weiteres Viertel verliehenen ehemaligen Weingartens (= 0,07 ha) wurde 1576 nur mehr als Baumgarten genutzt; HStAS H 102/54, Bd. 8, Bl. 183b, 195b.

127 HStAS H 102/54, Bd. 48, Bl. 19–264.

128 Fritz 1982-III, S. 123 f.

129 Vgl. oben S. 203 ff.

130 HStAS H 107/14, Bd. 2.

131 Vgl. oben S. 205.

132 Die Tabelle beruht außer auf der OAB Backnang, S. 257–261, auf den für die einzelnen Orte jeweils ältesten Lagerbücher des Bestandes H 102/54 im HStAS. Zu Oberrot ist außerdem zu vergleichen Fritz 1985-I, zu Raibach, Sanzenbach und Tullau Ulshöfer 1986, Nr. 515, 580, 616, 654, 672, 723, 741, 890 und StAL B 186, U 901, HStAS A 508, U 41, HospAH U 1522, Aug. 25, zu St. Katharina Pietsch U 2732, zu Wunnenstein HStAS A 508, Repertorium Bl. 193, zu Winzerhausen HStAS A 508, Bü. 3W und U 21, zu Schwarzenweiler ebd., Bü. 17, zu Oßweil HStAS A 602, U 12932, zu Orendelsall, Wohlmuthausen, Orbachshof, Zweiflingen HZAN, Linienarchiv Neuenstein, Schublade 21, Nr. 11, zu Erdmannhausen HStAS H 102/72, Bl. 178 ff.

intensiv Weinbau treibenden Klosterpfarreien um die Bottwar und den Neckar eine erhebliche Rolle spielte. Alle andern Zehntabgaben schlugen bei weitem nicht so sehr zu Buche. Der kleine Zehnt, der auf Obst und Gemüse erhoben wurde, war noch von Belang, während der lebendige Zehnt, Heuzehnt, Noval- oder Neubruchzehnt kaum von nennenswerter Bedeutung sind. Über sie fehlt in den Lagerbüchern oft jede Information. Ob die im 16. Jahrhundert bedeutungslosen Zehnten in früheren Jahrhunderten wichtiger waren, läßt sich nicht sagen. In der Regel wurden die Zehnten in nachreformatorischer Zeit in Naturalien bezahlt[133]. Nur der Heuzehnt wurde meist in Geld entrichtet.

Die allgemein geltende Regel, daß der große Zehnt dem Kloster, der kleine der jeweiligen Pfarrei gehörte, trifft im Falle Murrhardts nicht immer zu. Wie die Tabelle zeigt, verfügte das Kloster über den großen Zehnt an manchen Orten nur teilweise und mußte ihn gelegentlich mit der Pfarrei, im Falle von Oßweil auch mit einer auswärtigen geistlichen Institution teilen, nämlich dem Stuttgarter Stift. In Sittenhardt waren auch die niederadligen Herren von Rot bis 1550 am großen Zehnt und den anderen Zehntarten beteiligt. In den bei Hall gelegenen Orten Sanzenbach und Tullau hatte das Kloster spätestens seit dem 15. Jahrhundert Anteile am großen Zehnt – einschließlich der Anteile am kleinen Zehnt und Weinzehnt – an das Haller Spital verliehen. Das hatte den Vorteil, daß das Kloster einen immer gleichbleibenden Lehenszins von den verliehenen Zehntanteilen kassieren konnte. Bei guten Ernten konnte ein verliehener Zehntanteil allerdings Nachteile mit sich bringen. Das Kloster erhielt dann trotz größerer Fruchtmengen nur den festen Lehenszins. Offenbar sah man deshalb davon ab, weitere Zehnten über längere Zeit zu verleihen. Lediglich in einzelnen Bezirken der Pflege Westheim veräußerte man hin und wieder für einzelne Jahre Zehntanteile um einen wechselnden Betrag, sie orientierten sich also am Umfang der Ernte[134].

Der kleine Zehnt, eigentlich für die Versorgung des Pfarrers vorgesehen, wurde an all jenen Orten vom Kloster eingezogen, die in die Sprengel der dem Kloster inkorporierten Pfarreien Murrhardt, Großbottwar und Westheim (jeweils mit allen Filialen und später abgeteilten und selbständigen Pfarrkirchen) gehörten. Der Weinzehnt, soweit an den verschiedenen Orten überhaupt vorhanden, stand dem Kloster zu. Um den lebendigen Zehnt kümmerte sich das Kloster dagegen nicht, da er einerseits nur mäßig ertragreich war und andererseits die Verpflichtung mit sich brachte, für den jeweiligen Ort das Faselvieh (Zuchtbullen und -böcke) zu halten. Dies überließ das Kloster den einzelnen Pfarrern.

Exakte Daten zu den Murrhardter Zehnteinkünften stehen nur für den Bereich der Pflege Westheim und nur für die Jahre 1536–1538 zur Verfügung[135]. Die Nachrichten aus Westheim gestatten es zwar nicht, die Gesamteinkünfte des Klosters zu berechnen – es ist ja nicht bekannt, wieviel die Zehnten aus den anderen Pflegen einbrachten –, aber dennoch sind die Westheimer Informationen von höchstem Interesse. Sie ermöglichen es nämlich, wenigstens im Falle einer Klosterpflege zu berechnen, in welchem Verhältnis die Zehnteinnahmen und die Einnahmen aus Lehenszins zueinander standen. Es zeigt sich, daß die Zehnteinkünfte die für das Kloster bei weitem wichtigsten Einkünfte waren. 1536–1538 beliefen sich die Einnahmen aus Lehenszinsen bei Getriede, Wein und Geld auf etwa 10, 20 und 35 %, die aus Zehnten auf

133 Vgl. Fritz 1985-I. Die dortigen Feststellungen gelten – mit geringfügigen Modifikationen – auch für alle anderen Orte, an denen das Kloster Zehnten bezog.

134 Vgl. die Tabelle unten S. 249ff.

135 HStAS H 102/54, Bd. 48, die ersten Blätter des Lagerbuchs.

etwa 90, 80 und 65 % der ermittelbaren Gesamteinnahmen[136]. Zählt man die unregelmäßig anfallenden Lehensabgaben wie Fall oder Handlohn hinzu, verschiebt sich das Verhältnis geringfügig. Die Lehenszinsen wären dann um einen nicht ermittelbaren Prozentbetrag höher anzusetzen. Weitere Einnahmen wie etwa das Ungeld waren, zumindest in der Pflege Westheim, vernachlässigbar gering.

Die aus den Jahren 1536–1538 überlieferten Westheimer Zahlen zur klösterlichen Wirtschaft dürfen nicht zur Ansicht verleiten, man könne den gesamten klösterlichen Haushalt rekonstruieren. Dieser war wesentlich komplizierter und umfaßte, wie die älteste vollständige Murrhardter Klosterrechnung aus dem Jahre 1568/69 zeigt[137], sehr viel mehr Einnahmeposten als die 1536/38 überlieferten Zehnteinnahmen, Lehenszinsen und Ungeldbeträge. Die genaue Darstellung des nachreformatorischen Klosterhaushaltes muß einer späteren Untersuchung vorbehalten bleiben.

Übersicht über die Zehnten des Klosters

Murrhardt, Stadt und Vorstadt
Gr. Zehnt: Kloster; kl. Zehnt: Kloster; Weinzehnt: Kloster; Heuzehnt: Kloster, in natura, einige Stücke zehntfrei; lebendiger Zehnt: Kloster, 1570 abgeschafft.

Murrhardt, Weiler, einschließlich Grab und Schönbronn
Wie Stadt und Vorstadt, aber kein Weinzehnt.

Morbach, Mannenweiler, Trauzenbach
Gr. Zehnt: Kloster; kein Weinzehnt.

Sulzbach mit Weilern des »unteren Amts«
Gr. Zehnt: Kloster; kl. Zehnt: Pfarrei; Weinzehnt: Kloster; kein Heuzehnt; lebendiger Zehnt: Pfarrei.

Fornsbach mit Weilern des »oberen Amts«
Gr. Zehnt: Kloster; kl. Zehnt: Kloster; Heuzehnt: Kloster in Geld.

Oberrot mit Weilern
Gr. Zehnt: ⅔ Kloster, ⅓ Limpurg; kl. Zehnt: Pfarrei; Weinzehnt: Kloster; Heuzehnt: Pfarrei in Geld; lebendiger Zehnt: Pfarrei.

Marhördt
Gr. Zehnt: Kloster ganz; sonst wie Oberrot.

Ottendorf mit Niederndorf und Spöck
Gr. Zehnt: Kloster; kl. Zehnt: Kloster; Weinzehnt: Kloster; einzelne Güter anders: auf zwei limpurgischen Gütern je Limpurg ⅓, Kloster ⅔, auf zwei hällischen Gütern je Limpurg ⅓, Kloster ⅔, auf sechs hällischen Gütern alle Zehnten Murrhardt ganz.

Hägenau
Gr. Zehnt: Limpurg ⅔, Kloster ⅓, ebenso beim Weinzehnt.

Fichtenberg mit Weilern
Gr. Zehnt: ½ Kloster, ½ Pfarrei; kl. Zehnt: Pfarrei.

Hall St. Katharina
1472 werden die vorher umstrittenen Zehnten (ohne genauere Aussage, welche gemeint

136 Vgl. zu den Details die Tabelle unten S. 249 ff.
137 HStAS A 303, Bd. 10100.

sind) je zur Hälfte zwischen Kloster und Pfarrei aufgeteilt; 1526 fallen sie an die Stadt Hall, jedoch sind noch 1575/82 einzelne Weinzehnten beim Kloster.

Bibersfeld

Gr. und kl. Zehnt: Kloster; 1539 noch kein Weinzehnt, dieser später beim Kloster.

Hagenbach

»Sämtliche Zehnten mit einigen Modifikationen« beim Kloster.

Sittenhardt

Gr. Zehnt: ⅓ Kloster, ⅔ Herren von Rot. Rotscher Anteil 1550 vom Kloster gekauft.

Rieden

Gr. und kl. Zehnt sowie Weinzehnt beim Kloster.

Sanzenbach

Gr. und kl. Zehnt: ⅔ Kloster, ⅓ als Murrhardter Lehen beim Haller Spital; 1539 noch kein Weinzehnt, dieser später beim Kloster; Heuzehnt: Kloster, in Geld.

Komburg

»Gewisse Weinzehnten«.

Raibach

1443 und 1454 ist der gr. Zehnt Murrhardter Lehen in der Hand des Haller Geschlechts der Eberhard, ebenso ⅔ des kl. Zehnt. 1522 verkauft das Kloster sein Drittel am kleinen Zehnt an das Spital in Hall, dem damals die übrigen ⅔ gehören.

Uttenhofen

Gr. und kl. Zehnt sowie Weinzehnt beim Kloster.

Tullau

Gr. und kl. Zehnt sowie Weinzehnt: ⅚ Kloster, ⅙ als Murrhardter Lehen beim Haller Spital.

Westheim

Gr. und kl. Zehnt sowie Weinzehnt beim Kloster.

Erdmannhausen

Es existierte ein »Klosteranteil an Frucht- und Weinzehnt«. 1513 wird erwähnt, daß das Kloster ½ des gr. Zehnts besitze.

Großbottwar

Gr. und kl. Zehnt sowie Weinzehnt beim Kloster, ebenso Heuzehnt. Vgl. auch die Details unten S. 258 Anm. 187.

Hof und Lembach

Wie Großbottwar.

Kleinbottwar

Wie Großbottwar.

Wunnenstein

Bis 1432 ⅓ Weinzehnt, dann restliche ⅔ von Elisabeth von Niefern gekauft.

Winzerhausen

Gr. und kl. Zehnt auf dem Oberbechfeld beim Kloster, der kl. Zehnt jedoch dem Pfarrer von Winzerhausen überlassen. 1530 geht kl. Zehnt im Rechtsstreit endgültig an den Pfarrer.

Oßweil

Gr. Zehnt: Seit 1495 gehört $1/12$ dem Kloster, ¼ (= $3/12$) dem Pfarrer, der Rest (= $8/12$) dem Stift Stuttgart.

Orendelsall, Wohlmuthausen, Orbachshof, Zweiflingen
Nicht näher genannte Zehnten 1563 an Hohenlohe verkauft.
Schwarzenweiler bei Forchtenberg
Gr. und kl. Zehnt bis 1521 zur Hälfte dem Kloster, dann an Hohenlohe verkauft.

Einkünfte der Murrhardter Klosterpflege Westheim 1536–1538

	Dinkel			Hafer (je in Murrhardter Maltern)			
	1536	1537	1538	1536	1537	1538	
Westheim (Kornzehnt)	90	80 4 sri	78 6 sri	45	45	52 4 sri	
Rieden (Kornzehnt)		90			60		Kornzehnt ist 1536 um 60 fl, 1538 um 77 fl verliehen
Sanzenbach (Kornzehnt)	30		22½				Kornzehnt ist 1537 um 30 fl, 1538 um 28 fl verliehen
Bibersfeld (Kornzehnt)	122,5	150	180	122,5	82 4 sri	90	
Hagenbach (Kornzehnt)							Kornzehnt verliehen: 1536 43, 1537 52, 1538 57 fl
Tullau (Kornzehnt zu ⅚, ⅙ Spital)		37,5			37,5		Kornzehnt ist 1536 um 58, 1537 um 57 fl verliehen
Sittenhardt (Kornzehnt zu ⅓, ⅔ Caspar v. Rots Erben)							Kornzehnt ist 1536 um 2½, 1538 um 3½ fl verliehen, 1537 keine Angabe
Uttenhofen (Kornzehnt)	75	137 2 sri	150	46 2 sri	60 60		
Ottendorf u. Niederndorf (vgl. obere Tabelle) Spöck (mit Ottendorf zusammen)	78	90	157 6 sri	45	67 4 sri	45	
Hägnau (Kornzehnt zu ⅓, ⅔ Limpurg)	4 1 sri		6 6 sri	4 1 sri		3 6 sri	Kornzehnt ist 1537 um 6½ fl verliehen

	Wein (in Esslinger Eimern)			Weinzehnt verliehen für Geld (in fl)		
	1536	1537	1538	1536	1537	1538
Westheim (Weinzehnt)	3	4	1			
Rieden (Weinzehnt, Wein wird aber nicht gebaut)						
Sanzenbach (⅔ Weinzehnt, ⅓ Spital, Wein wird aber nicht gebaut)						

	Wein (in Esslinger Eimern)			Weinzehnt verliehen für Geld (in fl)		
	1536	1537	1538	1536	1537	1538
Bibersfeld (kein Weinwuchs)						
Hagenbach (⅚ Weinzehnt, ⅙ Spital, gehört aber in Tullauer Abrechnung)						
Tullau (wie Hagenbach)	6	9	2			
Uttenhofen (Weinzehnt im Goldberg)	0,5	12 Imi	in der Kelter zu Westheim			
Ottendorf u. Niederndorf (vgl. obere Tabelle)	3	4	1			
dortiger Kelterwein	1,5	2	0,5			
Hägnau (Weinzehnt zerstückelt)	1,5	2	7 Imi, 7 Maß			
dortiger Kelterwein	0,5	1	4 Imi			
dortiger Zehntwein	1,5 Imi 6 Maß	2	8 Imi			

	1536	1537	1538
Kleiner Zehnt			
Westheim	2 fl	2 fl	2 fl
Ottendorf	2 fl	2 fl	2 fl
Sanzenbach	10 ß	10 ß	10 ß
Tullau	1 fl	1 fl	1 fl
Heuzehnt			
Sanzenbach	2 lb 5 ß	2 lb 5 ß	2 lb 5 ß
Tullau	5 ß	5 ß	5 ß

Summen:	1536	1537	1538
Dinkel	399,5 Malter, 1 Simri (= 78914 Liter)	547 Malter, 6 Simri (= 108164 Liter)	609,5 Malter, 2 Simri (= 120407 Liter)
Hafer	285 Malter, 3 Simri (= 56352 Liter)	318 Malter, 6 Simri (= 62942 Liter)	284 Malter, 4 Simri (= 56131 Liter)
Wein	17 Eimer, 5 Imi, 6 Maß (= 4099 Liter)	24 Eimer, 12 Imi (= 7274 Liter)	4,5 Eimer, 19 Imi, 7 Maß (= 1684 Liter)
Geld (Pfund in Gulden umgerechnet)	172½ fl	154 fl	174½ fl

Gesamteinkünfte	1536	1537	1538
Dinkel			
aus Zehnten	78914 Liter	108164 Liter	120407 Liter
aus fixen Lehenszinsen	11752 Liter	11752 Liter	11752 Liter
Prozentualer Anteil der Lehenszinsen	12,9 %	9,8 %	8,8 %
Hafer			
aus Zehnten	56352	62942	56131
aus fixen Lehenszinsen	14490	14490	14490
Prozentualer Anteil der Lehenszinsen	20,5 %	18,7 %	20,5 %
Geld			
aus Zehnten	172½ fl	154 fl	174½ fl
aus fixen Lehenszinsen	91 fl	91 fl	91 fl
aus Ungeld	4 fl	6½ fl	?
Proz. Anteil der Lehenszinsen	34,0 %	36,2 %	34,3 %

Patronate und Inkorporationen

Macht und Einfluß des Klosters Murrhardt beruhten nicht nur auf dem Hoheitsgebiet, den Gerichtsrechten sowie den Eigen- und den Lehensbesitzungen, sondern auch auf seiner Verfügungsgewalt über eine Anzahl von Pfarreien. Das Kloster durfte überall dort, wo es das Patronatrecht innehatte, Geistliche seiner Wahl einsetzen. Mit dem Patronatrecht waren allerdings auch Pflichten für das Kloster verbunden. Insbesondere die Baukosten für Kirchen und Pfarrhäuser lag beim Patronatsherrn. Die Besoldung der in den Patronatskirchen tätigen Geistlichen war nicht einheitlich geregelt. Üblicherweise stand ihnen der kleine Zehnt und einige weitere unbedeutende Zehnten aus dem jeweiligen Pfarrbezirk zu, manchmal hatten sie auch Teile des großen Zehnts zu ihrer Verfügung (vgl. die vorstehende Tabelle). Ferner gehörte zu jeder Pfarrei das Widumgut, das aus verschiedenen Feldern, Äckern, Gärten und gelegentlich auch Weinbergen bestand. Dazu kamen noch Stiftungen, die den Kirchen und Altären im Laufe der Zeit gemacht worden waren und den Geistlichen zustanden. Unmittelbar vom Kloster besoldet waren nur diejenigen Geistlichen, deren Pfarreien oder Pfründen dem Kloster inkorporiert waren. In diesem Fall kam das gesamte Einkommen der Pfarrei oder Pfründe dem Kloster zugute, und das Kloster hatte dem Amtsinhaber lediglich eine angemessene Entlohnung zu erstatten. Wesentlich schlechter als die Pfarrer waren die zahlreichen Pfründner, Kapläne und Frühmesser gestellt, die in der Regel nur über das schmale Gehalt verfügten, das der von ihnen versehene Altar aus Stiftungen besaß. Eine Sonderstellung nahmen die als *perpetui vicarii* bezeichneten Amtsverweser ein, die anstelle der Pfarrherrn oft die Geschäfte zu versehen hatten[138]. Ihre Besoldung oblag dem Pfarrherrn.

138 Vgl. z.B. den Peter Leu, unten S. 302ff.

Das Kloster Murrhardt verfügte zunächst über das Patronatrecht der Pfarrei in Murrhardt. Die Pfarrkirche zur heiligen Dreifaltigkeit und zur heiligen Maria, die in nachreformatorischer Zeit den Namen Walterichskirche erhielt und die heute als Friedhofskirche dient, wurde sicher schon seit der Gründung des Klosters von diesem besetzt. Zu einem nicht näher bestimmbaren Zeitpunkt fand eine förmliche Inkorporation der Pfarrei ins Kloster statt[139].

Nur wenige vorreformatorische Pfarrer sind namentlich bekannt. Die Beispiele aus dem 14. Jahrhundert zeigen, daß damals nicht die Mönche die Pfarrei versahen, sondern Weltgeistliche[140], deren Qualifikation gelegentlich – so im Falle des Grafen Gerhard von Löwenstein – ausgesprochen schlecht war. Immerhin hatten die Murrhardter Pfarrer im 14. Jahrhundert einen so hohen sozialen Status inne, daß sie neben Abt und Konvent die dritte siegelführende Institution in Murrhardt waren[141]. Im 15. und 16. Jahrhundert sind nicht mehr Weltgeistlichen, sondern Murrhardter Mönche als Geistliche an der Pfarrkirche der Stadt genannt. Es war in dieser Zeit anscheinend üblich, daß ein Mönch als Pfarrer amtierte, weil dies für das Kloster billiger war, als einen eigenen Weltgeistlichen einzustellen. Außerdem genoß derjenige Mönch, der die Pfarrkirche versah, eine Reihe von Privilegien: Er hielt sich oft außerhalb des Klosters auf, zeitweilig wohnte er sogar außerhalb des Klosters. Das führte bei der Reform des Klosters 1510 zu Beanstandungen, und man befahl dem Pfarrer, seine Wohnung wieder im Kloster zu nehmen[142]. Abt Oswald Binder hat die Seelsorge in der Murrhardter Pfarrkirche schließlich sogar einem Mann übertragen, der gar nicht zum Murrhardter Konvent gehörte, nämlich dem Lorcher Mönch Jakob Spindler[143]. Die seit 1535 amtierenden protestantischen Pfarrer[144] können in diesem Zusammenhang außer Betracht bleiben.

Murrhardt war eine der ältesten Pfarreien der Gegend, sie datiert in das frühe 8. Jahrhundert[145]. Die Nachbarpfarreien im Norden, Osten und Westen durften – vielleicht mit Ausnahme von Oberrot – die ursprünglichen Filialen der Urpfarrei Murrhardt gewesen sein. Allerdings wurden die Nachbarpfarreien zum Teil schon früh aus dem Murrhardter Pfarrverband herausgelöst, Sulzbach und Fichtenberg bereits zur Zeit der Klostergründung um 817. Dennoch war auch die verbleibende Restpfarrei Murrhardt von ihrer Ausdehnung her noch sehr groß, sie reichte weit über das weltliche Amt Murrhardt hinaus[146]. Bis ins späte Mittelalter hinein war die Murrhardter Pfarrei von erheblicher Bedeutung und verfügte über eine reiche Ausstattung. 1257 fungierte der Murrhardter Pfarrer – nicht das Kloster! – als päpstlicher Schiedsrichter bei der Schlichtung eines Streitfalls[147]. 1285/86 war Murrhardt die wohlhabendste Pfarrei des gesamten Dekanats Hall[148]. Leider lassen sich die Einkünfte der Pfarrei nur in Ausnahmefällen genauer bestimmen. So erhielt der Pfarrer von Murrhardt

139 Kost 1951/52, S. 179, und Cichy 1963, S. 63, datieren ohne näheren Hinweis die Inkorporation auf »um 1200«. Dies ist Spekulation; vgl. Fritz 1982-III, S. 51.
140 Vgl. Konventualen Nr. 13 und 24.
141 HStAS A 469, U 138.
142 Vgl. oben S. 75 ff.
143 Vgl. zu ihm unten S. 384.
144 Sie sind in der Einwohnerliste bis 1561 aufgenommen.
145 Vgl. zur ersten Murrhardter Kirche Fritz 1982-III, S. 44.
146 Vgl. die Landkarte zu Amt und Pfarrei Murrhardt auf S. 279.
147 WUB 11, S. 496, Nr. 5620; vgl. auch Fritz 1982-III, S. 101.
148 Vgl. die Liste über den Kreuzzugszehnt von 1285/86 bei Pietsch N 99.

beispielsweise vom Kloster Adelberg – vermutlich nachdem Kirchenkirnberg 1182 aus dem Murrhardter Pfarrsprengel herausgelöst worden war[149] – jährlich 20 Lämmer. 1338 löste Adelberg den alten Lämmerzins durch eine ans Kloster Murrhardt gerichtete einmalige Zahlung von 20 lb h ab. Das Kloster Murrhardt wiederum verpflichtete sich, dem Pfarrer pro Jahr Einkünfte von 2 lb h aus der Obermühle in Murrhardt zuzuweisen[150].

Die herausragende Position der Pfarrei Murrhardt hat im 15./16. Jahrhundert allem Anschein nach nicht mehr fortbestanden. Zwar mußte der Murrhardter Pfarrer weiterhin seine Gottesdienste in der Kirche zu Murrhardt und zusätzlich in der Kapelle zu Fornsbach halten – Fornsbach wurde erst im Jahre 1909 aus dem Murrhardter Pfarrverband gelöst –, die Ausstattung beider Gotteshäuser des Pfarrers war aber vergleichsweise bescheiden. Da in Fornsbach schriftliche Quellen völlig fehlen und die architektonischen Zeugnisse vernichtet sind – 1945 wurde die Kirche zerstört – muß die Ausstattung der Kirche unklar bleiben, aber Fornsbach war sicher nicht mit reichen Pfründen und Altären versehen. In der Murrhardter Pfarrkirche hat, wie die Ausgrabungen von 1963 ergeben haben[151], nie mehr als ein Altar existiert; ebensowenig gab es zusätzliche Pfründen neben der des Pfarrers[152]. Jahrtagsstiftungen erhöhten das jährliche Einkommen des Pfarrers im 16. Jahrhundert um insgesamt 13 lb, 16 ß, 2 h[153]. Von diesem Betrag konnte der Pfarrer jedoch nicht leben.

Der relative Machtverfall der Pfarrei Murrhardt hängt gewiß damit zusammen, daß im 15./16. Jahrhundert Mönche die Pfarrei versahen. Offenkundig wird der Machtverfall der Pfarrei angesichts der Tatsache, daß die Pfarrer als Mönche nun unmittelbar dem Abt unterstanden und kein eigenes Siegel mehr führten. Als anläßlich der Reformation 1536 die Rechts- und Einkommenverhältnisse der Pfarrei Murrhardt festgestellt wurden, wußte man von der früheren Stellung der Pfarrei nichts mehr und faßte zusammen: *Die pfar Murhart ist alweg us dem gotzhaus vom convent oder einem weltlichen priester, doch auch im gotzhaus underhallten, biß anher versehen worden. Wissen von kheiner sondern... inkhomen, so die pfar Murrhartt gehabt, dan das opffer selgereth, und was von derweil pfarliche recht gewesen, des sich alles jherlich uff LXX lb. ongefarlich geloffen, das hat ein prelath daselbst ingenomen und denn pfarher damit underhaltten*[154]. Mit einem Jahreseinkommen von 70 lb h (= ungefähr 47 fl) war die Pfarrei durchschnittlich ausgestattet, doch hat der Pfarrer keineswegs die gesamte Summe erhalten, sondern nur den Betrag, der zu seinem Unterhalt nötig war. Neben dem Pfarrer erhielt der Mesner im Jahr 1535 als zweite Person seinen Unterhalt von der Kirche, und zwar jährliche Einkünfte in der Höhe von 7 Malter Roggen, 12 Malter Hafer, 17 ß Geld und *an leiben IIII* (Was ist damit gemeint? Wohl kaum 4 Laibe Brot!)[155]. Außerdem existierte an der Kirche eine dem heiligen Sebastian geweihte Bruderschaft[156].

149 Dazu Fritz 1982-II.
150 HStAS A 469, U 138.
151 Cichy 1963 und mündliche Auskünfte von Dr. Rolf Schweizer, Murrhardt.
152 Vgl. Kirchliche Einteilung 1879, S. 283, wo ausdrücklich nur die Pfarrei Murrhardt erwähnt ist.
153 HStAS H 102/54, Bd. 8, Bl. 356.
154 HStAS A 508, Bü. 2.
155 Ebd.
156 Vgl. unten S. 290 ff.

Sulzbach

Zu einem sehr frühen Zeitpunkt – noch vor der Klostergründung um 817 – war die Pfarrei Sulzbach aus der Murrhardter Pfarrei herausgelöst worden. Schon anläßlich der Gründung wurde die Pfarrei Sulzbach aber dem Kloster geschenkt[157]. Im späten Mittelalter und in der Reformationszeit gab es in Sulzbach zwei Pfründen: eine für den Pfarrer und eine Frühmeßpfründe[158]. Neben der Pfarrkirche gab es in dem zu Sulzbach gehörigen Weiler Bartenbach eine der heiligen Anna geweihte Kapelle, die von Sulzbach aus zu versehen war[159]. Vor dem 15. Jahrhundert ist nur ein einziges Mal ein Sulzbacher Geistlicher bekannt, ein Weltgeistlicher, kein Murrhardter Mönch[160]. In der ersten Hälfte des 15. Jahrhunderts versahen dagegen zeitweilig sowohl Murrhardter Mönche als auch Weltgeistliche die Pfarrei Sulzbach[161]. Für die zweite Hälfte des 15. Jahrhunderts fehlen wiederum alle Nachrichten. 1506 war ein Angehöriger des Murrhardter Geschlechts der Zügel Pfarrer in Sulzbach. Die verwickelten Pfründenstreitigkeiten um die Pfarrei Sulzbach in den Jahren nach 1520 sind an anderer Stelle ausführlich beschrieben[162].

Großbottwar

In Großbottwar sind die Verhältnisse insofern relativ kompliziert, als das Kloster Murrhardt hier einerseits das Patronatrecht und die Rechte an allen Kirchen besaß, andererseits aber auch über umfangreichen Immobilienbesitz und über ausgedehnte Lehens- und Zehntrechte verfügte. Inwieweit die Murrhardter Verfügungsrechte über die Geistlichen der Pfarrei sowie die finanziellen und materiellen Rechte in Bottwar zusammenhingen, ist im einzelnen kaum mehr zu klären.

Großbottwar gehörte wie Sulzbach in den Sprengel des Bistums Speyer, während Murrhardt und die Masse der Murrhardter Besitzungen im Gebiet des Bistums Würzburg lagen. Die Murrhardter Rechte an der Großbottwarer Pfarrei waren alt, sie dürften bis ins 9. Jahrhundert zurückreichen[163]. Die Quellen nennen mehrere Kirchen[164]: zunächst die eigentliche Pfarrkirche, die noch heute erhaltene, wenn auch im 18. Jahrhundert weitgehend neu erbaute Kirche St. Martin[165]. Schon das Martinspatrozinium weist auf das hohe Alter der Kirche hin; die Bottwarer Vorstadt, in der die Martinskirche liegt, dürfte sich an der Stelle befinden, wo vor der Stadtgründung des 13. Jahrhunderts das alte Dorf Bottwar zu lokalisieren ist, die Martinskirche stand also schon immer inmitten eines wichtigen Siedlungskerns.

157 Fritz 1982-III, S. 50ff.

158 Vgl. das noch heute im Pfarrarchiv Sulzbach/Murr vorhandene Buch von 1591/92 über die Frühmeßpfründe, in dem ausdrücklich auch die Verhältnisse bis 1570 beschrieben werden, ferner das Sulzbacher Lagerbuch von 1544 (HStAS A 158, Bd. 6, nicht paginiert).

159 Hinweis von Dr. Heinz Mayer, Sulzbach, nach dem Sulzbacher Lagerbuch von 1590, Gemeindearchiv Sulzbach.

160 Vgl. unten S. 373.

161 Vgl. die beiden Äbte von Leuzenbronn (unten S. 333ff., Nr. 19, 20) und den Pfarrer Heinrich Schmid (unten S. 378), der Hans von Hochberg mit einem Acker in der unteren Au zu Sulzbach belehnt.

162 Unten S. 305ff.

163 Fritz 1982-III, S. 54ff.

164 Die Angaben in der OAB Marbach, S. 204, sind ungenau.

165 Zu den Bottwarer Kirchen, vor allem zu St. Martin: Otto 1984, der allerdings in erster Linie auf architektonische Aspekte eingeht.

Die zweite Kirche, eine Allerheiligenkapelle, lag innerhalb der eigentlichen Stadt, dürfte aber erst nach deren Gründung im 13. Jahrhundert entstanden sein. Von der Größe her mag die Allerheiligenkapelle die alte Martinskirche übertroffen haben, doch St. Martin blieb immer die Pfarrkirche. Allerheiligen erhielt nur den Status einer Filialkirche. Leider ist von der alten Allerheiligenkapelle heute nichts mehr erhalten. Sie wurde um 1750 abgebrochen, später wieder neu errichtet, um 1830 jedoch in eine Schule umgebaut. Ein ähnliches Schicksal hat auch die Marienkapelle auf dem außerhalb der Stadt gelegenen Friedhof erlitten; sie wurde im Dreißigjährigen Krieg zerstört, ihre Ruinen verschwanden im 18. Jahrhundert. Zur Pfarrei Großbottwar gehörte auch die Lichtenberger Burgkapelle St. Nikolaus. An all diesen Bottwarer Kirchen und Kapellen muß es eine nennenswerte Anzahl von Klerikern und Pfründen gegeben haben. Es stellt sich aber das Problem, daß etliche Pfründen zwar bekannt sind, aber nicht in jedem Einzelfall einer der verschiedenen Kirchen oder Kapellen zugeordnet werden können. Zur Martinskirche gehörte nach aller Wahrscheinlichkeit die Stadtpfarrei. Sie wird am ehesten mit dem dortigen Martinsaltar verbunden gewesen sein[166]. Daneben gab es – wohl ebenfalls an der Martinskirche – zwei Kaplaneien; eine war dem heiligen Johannes, die andere dem heiligen Kreuz und der lieben Frau geweiht[167]. Schließlich hat in der Martinskirche vermutlich noch ein Januariusaltar existiert, zumindest dürfte Januarius aber Mitpatron eines Altars gewesen sein[168]. In der durch schriftliche Quellen erhellten Zeit fehlen jedoch Hinweise auf eine Januariuspfründe. Dagegen wurde 1496 eine Prädikatur, also eine Predigerstelle mit Einkommen, gestiftet[169]. Ob die Prädikatur mit einer 1587 überlieferten Jakobus-Pfründe identisch ist, bleibt unklar.

Die Marienkapelle in Bottwar, die nach einer im 16. Jahrhundert noch vorhandenen Inschrift[170] bereits 906 bestanden haben müßte, tritt in den spätmittelalterlichen Quellen mehrfach hervor. 1354 wurde in der Marienkapelle eine Meßpfründe neu gestiftet[171]. Außer dem Marienaltar soll es in diesem Jahr auch einen Altar zum heiligen Johannes Baptist gegeben haben[172]. Im Laufe des folgenden Jahrhunderts müssen die Meßpfründe und der Baptist-Altar dann jedoch völlig vernachlässigt worden sein, denn 1489 war Graf Eberhard im Bart von Wirtemberg gezwungen, zur Förderung der Kapelle eine zweijährige Kollekte zu genehmigen. Eberhards Urkunde von 1489[173] gibt von allen Quellen am genauesten Auskunft über die Verhältnisse der Kapelle. Es heißt darin, daß *unnser lieben frowen cappel by unnser stat Botwar... mercklichen mangel an buwen, altaren und allerlay gotz gezierden* habe. Die Kapelle muß sich also in jeder Hinsicht in einem schlechten Zustand befunden haben. Besonders aufschlußreich ist Eberhards Schriftstück hinsichtlich der Regelung der Baulast. Obwohl Murrhardt als Patronatherrn der Kapelle anzusehen ist, war das Kloster nicht verpflichtet, das Kirchlein zu erhalten oder für den Gottesdienst zu sorgen. Vielmehr stellte der wirtembergische Landesherr fest, daß »die unsern zu Botwar«, also die Bürger, die Kapelle

166 Vgl. den Gewölbeschlußstein mit Martin in der Martinskirche.

167 OAB Marbach, S. 204. Vgl. auch den Gewölbeschlußstein im Turm der Martinskirche mit Maria und dem Jesuskind. Hoffmann 1932 nennt auch Johannes in der Marienkapelle.

168 Vgl. den Gewölbeschlußstein des Murrhardter Klosterheiligen im Turm der Martinskirche.

169 OAB Marbach, S. 204; vgl. auch HStAS A 328, Pergamenturkunde (Numerierung wurde zur Zeit der Fertigstellung dieser Arbeit im HStAS gerade neu überarbeitet).

170 Dazu Fritz 1982-III, S. 54.

171 HStAS A 328, U 2.

172 Hoffmann 1932, S. 48.

173 StadtA Großbottwar; vgl. auch Württ. Archivinventare 6, S. 21.

in buw und wesen zu behalten hätten. Auch mußten die Bürger *allen aubent ein salve regina und am sampstag ein ampt zu singen… stifften.* Da die Bottwarer die Marienkapelle in eigener Verantwortung führten, beanspruchten sie auch die bei Kollekten in der Kapelle gesammelten Gelder. Bald nach Ablauf der von Graf Eberhard 1489 angeordneten zweijährigen Kollekte erhob aber auch das Kloster Murrhardt Anspruch auf diese Beträge. Der Streit ging einige Jahre hin und her, 1495 wurde dann schiedsgerichtlich entschieden, daß die in der Kapelle gesammelten Spenden im allgemeinen an den Pfleger des Gotteshauses fallen sollten[174]. Ausgenommen war lediglich das Opfer, das unmittelbar dem Altar zugedacht war, an dem der Bottwarer Pfarrer oder andere Geistliche sangen oder lasen. Die übrigen Ansprüche des Pfarrers sollten abgegolten werden, indem der *frawenpfleger* jährlich am Dreikönigstag 3 lb 10 ß an den Pfarrer zahlte.

Wesentlich schlechter als bei der Marienkapelle ist die Quellenlage zur Bottwarer Allerheiligenkapelle. 1370 ist für sie erstmals eine Frühmeß-Pfründe belegt[175], die bis zur Reformationszeit bestanden zu haben scheint[176]. Ein in Bottwar 1525 nachgewiesener Urbans-Altar läßt sich keiner der drei Kirchen zuordnen[177]. – Von der vierten zur Pfarrei Bottwar gehörenden Kirche, der Lichtenberger Schloßkapelle St. Nikolaus und St. Laurentius, ist kaum etwas bekannt. Sie wird nur einmal, 1450, erwähnt[178], ist aber zweifellos viel älter und dürfte mit der Burg im 11. Jahrhundert entstanden sein. Es gibt einige Indizien, die darauf hinweisen, daß der auf Lichtenberg tätige Geistliche in enger Verbindung mit Murrhardt stand[179].

1348 hatte das Kloster Murrhardt sich die Pfarrei Bottwar von Papst Clemens VI. inkorporieren lassen[180]. In der Inkorporationsurkunde wird festgestellt, daß dies geschehe, weil das Kloster in Kriegen gelitten habe und auch ansonsten schwer belastet sei. Insgesamt belaufe sich das Einkommen der Pfarrei auf nicht mehr als 20 Mark Silber im Jahr. Das Kloster sollte beim Tod eines Pfarrers einen neuen als *perpetuus vicarius* einsetzen dürfen, der ausreichend zu versorgen sei. Bischof Gerhard von Speyer bestätigte die Inkorporation 1356 und 1357[181] und schrieb die dem *vicarius* zustehenden Einkünfte genauer fest. So sollte nach den Vorstellungen des Bischofs der Pfarrverweser jährlich 12 Malter Dinkel, 12 Malter Roggen, 12 Malter Hafer und 4 Esslinger Eimer Wein erhalten, außerdem aus genauer genannten Grundstücken, aus Weinbergen und aus Kollekten 1 fl und 38 lb h, ein Wagen Heu, ein Wagen Stroh und einige andere, kleinere Einkünfte. Mit diesem Einkommen wäre der Bottwarer *vicarius* in der Tat gut versorgt gewesen, das Kloster Murrhardt hätte aber wohl nicht mehr viel an der inkorporierten Pfarrei verdient. Es lag jedoch in der Natur der Sache, daß das Kloster aus der inkorporierten Pfarrei einen möglichst hohen Gewinn erwirtschaften wollte, und das war nur möglich, wenn man möglichst geringe Kosten für den

174 HStAS A 602, U 7384. Auch enthalten in der Urkunde des Herzogs Christoph vom 22. 8. 1561, StadtA Großbottwar, Stadtdokumentenbuch; vgl. auch Württ. Archivinventare 6, S. 22.

175 HStAS A 328, vgl. zur Numerierung oben Anm. 169.

176 OAB Marbach, S. 204.

177 Hoffmann 1932, S. 49.

178 HStAS A 328, U 4; dazu auch Hoffmann 1932, S. 49.

179 1450 verleiht der dortige Kaplan Heinrich Ewin von Bottwar Güter in Siebersbach auf Sulzbacher Gebiet. In Sulzbach war das Kloster vielfach begütert, demnach dürfte es unter Umständen sogar Ewins dortiger Oberlehensherr gewesen sein.

180 HStAS A 508, U 40; kopial als Nr. 11 in den Murrhardter Privilegienaufzeichnungen A 508, Bü. 1.

181 Ebd., Nr. 12, 13.

Unterhalt der Pfarrer aufwandte. Es ist anzunehmen, daß der *vicarius* keineswegs immer das ihm nach den Regelungen von 1357 zustehende Einkommen erhalten hat.

Im Zuge der Murrhardter Bestrebungen, im Jahrzehnt nach 1470 Bestätigungen aller Privilegien zu erhalten, ließ Abt Wilhelm Egen von Papst Sixtus IV. ein Indult über die Murrhardter Rechte an den Kirchen in Bottwar und Westheim am Kocher ausstellen[182]. Die Urkunde brachte wenig Neues, schrieb allerdings erstmals fest, daß beide Pfarreien mit Weltgeistlichen oder Ordenspriestern zu besetzen seien. Bei den Regelungen von 1348, 1356 und 1357 hatte die ausdrückliche Erlaubnis noch gefehlt, auch Mönche in der Bottwarer Pfarrei unterzubringen. Für das Kloster mußte dieses 1474 verbriefte Recht von Nutzen sein, da man auf diese Weise den klösterlichen Haushalt noch mehr entlasten konnte als nur durch die Inkorporation. Ob freilich nach 1474 jemals ein Murrhardter Mönch als Bottwarer Pfarrer amtiert hat, ist mehr als fraglich. Die vorhandenen Quellen und alle Einzelindizien sprechen eher dagegen. Ebenso offen ist, ob das Kloster – was ja nicht ausdrücklich verboten war – irgendwann vor 1474 Mönche in der Bottwarer Pfarrei untergebracht hat.

1475 mußte der Speyrer Bischof Matthias Rammung das päpstliche Indult vom Vorjahr bestätigen[183]. Rammung war ein betont reformerischer Bischof. Eingriffe von Klöstern – erst recht von solchen, die außerhalb seines Bistums lagen – in die Besetzung von Pfarreien und in die allgemeine Seelsorge sah er nicht gern, da Pfründenmißbrauch und miserable Qualifikation der Pfründeninhaber an der Tagesordnung waren. Angesichts des von den Murrhardtern erwirkten päpstlichen Gnadenbriefes konnte Matthias Rammung aber gar nicht anders, als die Inkorporation Bottwars nach Murrhardt zu bestätigen. Immerhin verpflichtete der Bischof das Kloster, geeignete Personen – Weltgeistliche oder Mönche – für die Seelsorge zur Verfügung zu stellen, den Gottesdienst nach dem Ritus der Diözese Speyer zu gestalten, dem Bischof beim Amtsantritt eines neuen Pfarrers den Treueid zu leisten und 1 fl in die bischöfliche Kasse zu zahlen. Auch hier ist unklar, in welchem Maße die weitgehend formelhaften Redewendungen in der Urkunde des Speyrer Bischofs sich auf die Qualifikation der Bottwarer Pfarrer und die Art und Weise ihrer Seelsorge faktisch ausweiteten.

Die Papst- und Bischofsurkunden des 14. und 15. Jahrhunderts geben für die Bottwarer Kirchenverhältnisse einen Soll-Zustand wieder, der nur bedingt der Realität entsprach. Wenigstens für das Ende des 15. Jahrhunderts wird aber deutlich, wie das Verhältnis zwischen dem Kloster Murrhardt und den Bürgern Bottwars tatsächlich beschaffen war: 1463 hatten sich die Bottwarer gütlich mit dem Kloster geeinigt[184], als sie einen Weg über den offensichtlich dem Kloster gehörigen Hofacker bauen wollten. Abt Herbord genehmigte dies unter der Bedingung, daß die Bottwarer stets für einen Zaun sorgten, der den Weg vom Acker trennte. 1494 zankten sich die Bottwarer dagegen mit dem Kloster *de reparacione et amplificatione ecclesie parochialis atque cimeterii* (um die Erneuerung und Erweiterung der Pfarrkirche und des Friedhofs)[185]. Der für Bottwar zuständige Propst des Speyrer Archidiakonats St. Guido fällte einen für die Bürger günstigen Entscheid und sprach die Baulast dem Kloster zu – was angesichts der Murrhardter Patronatherrschaft auch nahelag. Prior Philipp Renner, der sein Kloster in der Verhandlung vertrat, versuchte dennoch zu lavieren und die Entscheidung zu verzögern. Eine Lösung der beiderseitigen Differenzen kam erst 1495 zustande, als der

182 Ebd., Nr. 15 vom 13. 5. 1474.
183 Ebd., Nr. 21.
184 Vgl. Quellennachweis bei Abt Herbord, S. 336 ff., Nr. 22 vom 19. 12. 1463.
185 Vgl. Quellennachweis bei Abt Johannes Schradin, S. 342 f., Nr. 24 vom 10. 9. 1494.

Lauffener Vogt Gerhard von Talheim einen Schiedsspruch zwischen dem Kloster und den Bottwarer Bürgern fällte. Offenbar konnte der Lauffener Vogt als Beamter des wirtembergischen Landesherrn sich viel nachdrücklicher Gehorsam verschaffen als das bischöfliche Gericht in Speyer. Man muß den Entscheid von 1495 auch als wirtembergischen Versuch sehen, die Einmischung von nicht zum Herzogtum gehörigen Gerichten – wie dem von Speyer – abzuschaffen. Tatsächlich setzte Gerhard von Talheim gleich im ersten Punkt seiner Entscheidung fest, daß das in Speyer begonnene Gerichtsverfahren einzustellen sei. Die Frage der Baulasten Murrhardts in Bottwar wurde so geregelt, daß das Kloster der Stadt – wohl zur Erweiterung von Kirche und Friedhof – 50 fl Bausteuer geben sollte. Dieses Geld sollte den Bottwarern zur freien Verfügung stehen. Außerdem hatte Murrhardt bei den Baumaßnahmen mit einem Wagen Baudienste zu leisten, wie das auch jedem Bürger oblag. Die Baumaßnahmen sollten nur nach Rat des Abtes und des Amtmanns verliehen und angeschlagen werden. Außerdem sollte der Abt von seiner Weide bei St. Martin 3 oder 4 Schritt Grund für die Erweiterung des Friedhofs abgeben. Sollte der Friedhof oder die Kirche aufgegeben werden, sollte der Abt das Areal wieder zurückerhalten.

Die Regelung von 1495 beinhaltete ferner eine Anzahl genauer Anweisungen zu den Begräbnisriten in Bottwar, die bereits an anderer Stelle erörtert wurden[186]. Außerdem regelte man die Verteilung des Opfergeldes, das im Herbst unter der Kelter und in der Frauenkapelle gesammelt wurde; beides wird in der Übereinkunft umfassend geregelt. Keiner ausdrücklichen Erwähnung wert war dagegen das anscheinend nicht umstrittene Opferverfahren in den anderen Kirchen. Die Regelungen bezüglich der Marienkapelle entsprachen dem Speyrer Urteil von 1494. Im großen und ganzen wird deutlich, daß die von den Bottwarer Bürgern gestellten Heiligenpfleger ein entscheidendes Mitspracherecht bei der Rechnungsführung der Pfarreifinanzen hatten. Die Rechnung sollte lediglich mit Rat und Wissen des Pfarrers geschehen, welcher anstelle des Abtes handelte; der Abt hatte also auf die nur die Bottwarer Kirchen betreffenden Finanzen so gut wie keinen Einfluß mehr. Schließlich regelte der Vertrag von 1495 noch ausführlich die Zehntrechte der Pfarrei[187].

Mit der Übereinkunft von 1495 waren die Rechtsverhältnisse zwischen dem Pfarrer und den Bürgern von Bottwar im wesentlichen geregelt. Dies schloß nicht aus, daß sich in einzelnen, das Kloster und die Stadt betreffenden Gebieten noch Differenzen ergeben konnten. Unstimmigkeiten entstanden vor allem aus der Tatsache, daß Ende des 15. und Anfang des 16. Jahrhunderts die württembergischen Ämter und Städte immer häufiger zu Schatzungen und Steuerzahlungen an das Herzogtum herangezogen wurden. In der Regel wurde die von einer Stadt zu entrichtende Landsteuersumme auf die Einwohner umgelegt. Da

186 Vgl. unten S. 287f.

187 Die Bottwarer müssen keinen kleinen Zehnt reichen von *kyrschen, kryechen, ... steinobs und somerobs*. Vom Winterobst müssen sie aber, *so man das abnimbt*, dem Pfarrer den kleinen Zehnt geben. Der Zehnt soll an den Stamm gelegt werden, und man soll dies dem Keller im Hof melden. Krautzehnt ist *wie von alters* von den Setzlingen zu geben. Rübenzehnt wird auf dem Feld gegeben, der Keller soll mit Ruten abmessen, ausgraben und heimführen. Man muß dem Keller melden, wenn man Rüben graben will. Wenn ein Armer in seinem Gereut Rüben sät, ist er dafür keinen Zehnt schuldig. Bei Umwandlung von Acker in Wiese schuldet man Wiesenzehnt, bei Umwandlung von Acker in Garten schuldet man Gartenzehnt, bei Aufzucht eines Kalbes ist 1 d an den Abt zu zahlen. Der Abt hält den *bock* und den *ran*, deshalb gibt man den Zehnt von einem Lamm oder einer jungen Geiß, und zwar jeweils 10 h. Will der Abt *bock* und *ran* nicht mehr halten, gibt man auch keinen Zehnt mehr. Von jungen Lämmlein gibt man als Zehnt je 1 h. Vgl. zur Quelle oben Anm. 174.

das Kloster Murrhardt auch bedeutender Haus- und Grundbesitzer in Großbottwar war, lag es nahe, daß die Stadt vom Kloster eine Beteiligung an den Steuerlasten forderte. Darüber kam es zu einem Streit, der der Landhofmeister und die Räte des Herzogs 1508 dahingehend entschieden[188], daß das Kloster pauschal im Jahr 25 lb h an die Stadt Bottwar zu entrichten habe; damit seien die Forderungen der Stadt abgegolten. Sollte das Kloster zusätzlichen Besitz in der Stadt erwerben, sei die Summe durch neue Übereinkünfte heraufzusetzen. Außerdem sollte sich das Kloster in der Weise an der Instandhaltung von Wegen und Stegen beteiligen, wie es nach altem Herkommen üblich war. Allzu genau hielt sich das Kloster nicht an die Übereinkunft von 1508. 1561 wurde eine neue Grundsatzregelung der Steuerfrage fällig[189]. Man stellte fest, daß das Kloster seit langem statt der 1508 vereinbarten 25 lb nur 23 lb an die Stadt entrichtet habe. Das wurde nun geändert, außerdem bürdete man dem Kloster für zwischenzeitlich neu erworbenen Besitz – zwei Keller[190] – zusätzliche 2 lb, 10 h (wahlweise auch 1 fl) und weitere 7 ß auf.

Offen ist noch die Frage, wer die Geistlichen in Großbottwar waren, über welche Rechte sie verfügten und welchen Pflichten sie nachzukommen hatten. Die Unterlagen sind für die Zeit vor der Reformation mehr als lückenhaft. Die Inkorporationsurkunden von 1348, 1356 und 1357 sagen über die Geistlichen nichts aus. 1475 wird bestimmt, daß Mönche oder Weltgeistliche Inhaber der Pfarrei sein konnten; diese Regelung wird auch lange vor 1475 gegolten haben. Gleichwohl ist nie ein Murrhardter Mönch als Bottwarer Pfarrer namhaft zu machen. Ob dies ein durch die Überlieferung bedingter Zufall ist oder ob tatsächlich nie Mönche als Pfarrer in Bottwar saßen, läßt sich nicht sagen. Grundsätzlich muß man zwischen den Zeiten vor und nach der Inkorporation unterscheiden. Vor 1348 fielen sämtliche Pfarreinkünfte an den Pfarrer, die Pfarrei war also finanziell vermutlich gut versorgt. Das dürfte für den Grafen Gerhard von Löwenstein der Grund gewesen sein, sich die Pfarrei Bottwar anzueignen, die er von 1318 bis mindestens 1325 innehatte[191]. Die eigentliche Seelsorge ließ der junge, nicht zum Priester geweihte Graf zweifellos von einem *perpetuus vicarius* wahrnehmen. Noch vor der Inkorporation von 1348 ist zweimal, 1333 und 1338, ein Dekan in Bottwar genannt[192], jedenfalls ein Weltgeistlicher. Sein Dekanat rührte nicht von der Bottwarer Kirche her, sondern vom Speyrer Landkapitel Marbach, zu dem Großbottwar gehörte. Jeweils einer der Pfarrer des Dekanatsbezirks fungierte als Dekan. Wenn der Bottwarer Pfarrer von 1333 und 1338 Dekan war, dann ist anzunehmen, daß zumindest zu dieser Zeit die Stadt über einen qualifizierten Geistlichen verfügte.

Nach der Inkorporation gab es in Bottwar nur noch Pfarrverweser. Der erste *perpetuus vicarius* wird 1356 und 1357 genannt[193], danach sind Pfarrverweser oder Pfarrer über eineinhalb Jahrhunderte nicht mehr bekannt. Erst in der Reformationszeit taucht wieder ein Bottwarer Pfarrer auf, der von 1514 bis nach 1530 erwähnte Peter Gschydlin[194]. Dagegen sind mehrere Pfründner und Altaristen neben dem Pfarrer seit dem 14. Jahrhundert aufgeführt. Es

188 Vgl. HStAS A 328; vgl. zur Numerierung oben Anm. 169. Auch im StadtA Großbottwar, Stadtdokumentenbuch; vgl. auch Württ. Archivinventare 6, S. 22.
189 Ebd.
190 Vgl. oben S. 224 ff.
191 Vgl. unten S. 302 ff.
192 Vgl. unten S. 373 den Dekan Heinrich von 1333 und 1338.
193 Vgl. unten S. 374 den Bottwarer Pfarrer Friedrich von 1356/57.
194 Vgl. unten S. 383 und oben S. 82 ff.

handelt sich in verschiedenen Fällen um Bottwarer Bürger, die in ihrer Heimatstadt ein geistliches Amt erworben hatten; es waren offenbar Leute, die aus den wohlhabenderen Kreisen der Stadt hervorgegangen waren[195], einige Pfründner lassen sich hingegen nicht näher identifizieren[196]. In einem Fall hatte ein aus Speyer stammender Kleriker eine Pfründe in Bottwar inne. Sollten diese Nennungen einigermaßen repräsentativ sein, dann ergäbe sich folgendes Bild: Murrhardter Mönche scheinen in Großbottwar nicht Geistliche geworden zu sein. Obgleich das Kloster das Patronatrecht besaß, berücksichtigte es in hohem Maße die Interessen des örtlichen Bürgertums und verlieh Pfründen an die Bürger, es scheint sich also ein gewisses Gewohnheitsrecht mit ererbten Ansprüchen auf verschiedene Pfründen herausgebildet zu haben. Das Kloster konnte in der Praxis wohl nicht nach Gutdünken über seine Bottwarer Pfründen verfügen, wie dies in der Theorie den Anschein haben mochte. Daß freilich auch durchaus einmal ein Mann mit Unterstützung des Klosters gegen die Interessen der Bottwarer Ehrbarkeit Pfarrer werden und bleiben konnte, zeigt das Beispiel Peter Gschydlins, der sich gegen den wütenden Protest der Bottwarer Obrigkeit im Amt hielt. – Es ist anzunehmen, daß der Bottwarer Pfarrer die Oberaufsicht über ein im Spätmittelalter in der Stadt bestehendes Beginenhaus führte[197]. Näheres ist aber unbekannt.

Die Murrhardter Patronatsherrschaft über Großbottwar endete kurz nach dem Tod des letzten katholischen Abtes Thomas Carlin, als dessen protestantischer Nachfolger Otto Leonhard Hofsess 1555 die Kirche, zwei Kaplaneien und zwei Frühmeßpfründen in Bottwar zusammen mit Kirche, Kaplanei und Frühmeßpfründe in Erdmannhausen um 1040 fl an Herzog Christoph verkaufte[198]. Allerdings behielt sich Murrhardt an beiden Orten seine Frucht- und Weinzehnten vor; das Kloster war im Gegenzug weiterhin verpflichtet, die Pfarrbesoldung und die Instandhaltung der Pfarrhäuser zu übernehmen. Insofern endete die Verbindung zwischen Murrhardt und Bottwar im Jahr 1555 keineswegs.

Erdmannhausen

Erdmannhausen war neben Sulzbach und Großbottwar die dritte Murrhardter Pfarrei im Bistum Speyer. Die Quellenlage zu Erdmannhausen ist die schlechteste von allen Orten des Klosters. Bereits im 9. Jahrhundert gehörte die Pfarrei Erdmannhausen zur Gründungsdotation Murrhardts. Im Spätmittelalter gab es an der Erdmannhausener Januariuskirche drei Pfründen, die eigentliche Pfarrpfründe und zwei Frühmessereien[199]. Wegen der lückenhaften Überlieferung ist es nicht einmal möglich, die Frühmeßpfründen mit Bestimmtheit einem Heiligen zuzuordnen. Zu vermuten ist allerdings, daß es sich um eine Frühmesserei an einem Allerheiligenaltar und um eine weitere an einem Marienaltar handelte[200]. Die wenigen Geistlichen, die für Erdmannhausen bekannt sind, lassen darauf schließen, daß hier – wie in Großbottwar – die Murrhardter Mönche in der Regel ebenfalls keine Pfründe erhalten haben. Im 14. Jahrhundert erscheint einmal – außer einem nicht näher zu bestimmenden Simon – ein

195 Vgl. unten S. 374f., 379 Albert Hőpt 1354, Albert Schuster 1363, Pfaff Hartmann 1370, Heinrich Ewin 1450.

196 Vgl. im selben Kapitel Johann Rucker 1493–1496, Jodocus Rosenheyer 1494, Jorg Fischer 1521, Jakob Leuttering 1533, Hans von Speyer 1521.

197 OAB Marbach, S. 204.

198 HStAS A 328, Urkunde vom 24. 8. 1555.

199 OAB Marbach, S. 187.

200 Vgl. S. 287f.

Angehöriger des aus der unmittelbaren Umgebung stammenden Rittergeschlechts der Kännlein als Pfarrer in Erdmannhausen, 1516–1534 war hier der im Zusammenhang mit dem »Armen Konrad« in Großbottwar erwähnte Peter Gschydlin Pfarrer, etwa zur selben Zeit dessen Sohn Frühmesser[201]. Murrhardt verlor seine Patronatsherrschaft über Erdmannhausen 1555 (vgl. dazu oben S. 260).

Oßweil

Oßweil war die einzige Murrhardter Pfarrei im Sprengel des Bistums Konstanz und gehörte zu dessen Landkapitel Grunbach. Wie Erdmannhausen und Sulzbach war Oßweil seit der Klostergründung im 9. Jahrhundert in Murrhardter Besitz. In der Oßweiler Januariuskirche gab es neben dem Hauptaltar drei weitere Altäre: Katharina und – wie in Erdmannhausen – Maria und Allerheiligen. Darüber hinaus existierte außerhalb des Orts eine Kapelle, über die aber nichts Weiteres bekannt ist[202]. Von Oßweiler Pfründen neben der Pfarrpfründe weiß man ebenfalls nichts, wenn auch ihre Existenz angesichts der drei Nebenaltäre nicht unwahrscheinlich ist.

Geistliche sind für Oßweil erst seit der zweiten Hälfte des 15. Jahrhunderts namentlich überliefert: 1473 und 1476 war ein Erhard Dietrich Oßweiler Pfarrer, er stand offenbar in außergewöhnlich engem Kontakt zum Kloster Murrhardt. Er unterstützte weitab von Oßweil zweimal Geschäfte der Murrhardter Mönche – für Geistliche auf Murrhardter Pfarreien sehr ungewöhnlich. Leider ist über Dietrichs Herkunft und den Grund seiner engen Kontakte zum Kloster nichts bekannt. Sicher ist allerdings, daß er Weltgeistlicher war, ebenso wie auch sein 1495 genannter Nachfolger Jodocus Neibütel, der seine Rechte an den Oßweiler Zehnten gegen das Kloster Murrhardt und gegen das Stift Stuttgart wahrte. Die Stuttgarter Rechte am Oßweiler Zehnt und somit an wesentlichen Einkünften der Pfarrei bedürfen noch einer Klärung.

Das Ende der Murrhardter Patronatsherrschaft in Oßweil bedarf noch näherer Untersuchung. Einerseits ist überliefert, daß Herzog Christoph bereits am 14. Januar 1551 »das hiesige, von dem Kloster Murrhard erhandelte Patronat« an Heimeran Nothaft veräußerte, andererseits heißt es, daß das Kloster erst am 24. August 1555 seine Oßweiler »Kollatur der Kirchenpfarre, Allerheiligenkaplanei und Frühmeßpfründe« an Herzog Christoph verkauft habe[203]. Die entsprechenden Originalurkunden, die den Sachverhalt klären könnten, sind bis jetzt nicht auffindbar. Sicher ist auf jeden Fall, daß das Kloster seine Zehnteinkünfte in Oßweil behielt und daß die Frage der Pfarrbesoldung und der Baulast der Pfarrhäuser wie in Großbottwar und Erdmannhausen geregelt wurde.

201 Wie oben Anm. 194.
202 Hoffmann 1932, S. 170.
203 OAB Ludwigsburg, S. 300ff.

Orendelsall, das zum Landkapitel Künzelsau der Diözese Würzburg gehörte, war nach allen vorhandenen Hinweisen bereits seit dem 9. Jahrhundert vom Kloster Murrhardt abhängig[204]. Im Spätmittelalter zählten zur Orendelsaller Mutterkirche Kapellen in Tiefensall, in Zweiflingen und im heute abgegangenen Eselsdorf bei Zweiflingen[205]. Von festen Pfründen außer der eigentlichen Pfarrstelle weiß man weder in der Hauptkirche noch in den Kapellen. Seltsamerweise läßt sich das Patrozinium der Hauptkirche bis heute nicht ermitteln; bekannt ist nur der nicht kanonisierte heilige Orendel. Man wird in Orendelsall aber am ehesten ein ursprüngliches Marienpatrozinium wie in Murrhardt und Großbottwar oder ein Martinspatrozinium wie in der Tiefensaller Kapelle annehmen dürfen. Zweiflingen hatte eine Nikolaus-Kapelle, Eselsdorf eine Kapelle, die Maria, Veit, Sebastian, Margareta und Katharina geweiht war. Von der Tiefensaller Kapelle haben sich für die Jahre 1524–1560 einige Heiligenrechnungen erhalten[206], welche die Struktur einer unselbständigen Kirche erhellen. Demnach verwalteten zwei Heiligenpfleger aus Tiefensall das bescheidene Kirchenvermögen. Für den Gottesdienst waren in Tiefensall verschiedene Pfarrer aus der Umgebung verantwortlich, sie kamen oft aus Öhringen oder Sindringen. Nur einmal – im Jahre 1527 – läßt sich der Orendelsaller Pfarrer in Tiefensall nachweisen, als er fünf Messen las und dafür 5 ß d erhielt. Möglicherweise sind die Pflichtgottesdienste, die der Orendelsaller Geistliche in Tiefensall halten mußte, in der Heiligenrechnung nicht erfaßt.

Für die Orendelsaller Mutterkirche fehlen ähnlich aufschlußreiche Akten. Allerdings ist eine wichtige Quelle von 1491 vorhanden, welche die rechtlichen Verhältnisse der Pfarrei in den vorreformatorischen Jahrzehnten beleuchtet[207]. Damals wurde ein offenbar längerer Streit zwischen dem Pfarrer Peter Stier einerseits und seinen Heiligenpflegern sowie der Gemeinde andererseits beigelegt. Vermittler war Graf Kraft von Hohenlohe, anwesend bei der Verhandlung waren ferner auch der Abt und mindestens ein Vertreter des Konvents von Murrhardt, die beide den Entscheid mitbesiegelten. Stier hatte geklagt, daß ihm die Gemeinde trotz mehrfacher Forderung seinen Anteil – ein Drittel – an dem in der Kirche gesammelten Almosen verweigert habe. Man kam nun überein, daß dem Pfarrer von allen als Almosen gesammelten *hunern, kesen und eyern* zwar ein Drittel zustehen sollte, daß aber alle anderen Almosen, namentlich *geld, wachs, korn, flachs,* allein der Kirche gehörten. Die Almosenregelung nahm man zum Anlaß, auch die übrige Pfarrerbesoldung zu ordnen: Zur Kirche gehörten insgesamt 3½ Tagwerk Wiesen, die um jährlich 15 fl verpachtet waren. Diese Summe erhielt der Pfarrer von den Heiligenpflegern ausbezahlt. Hinzu kam eine jährliche Entlohnung von 5 fl, so daß sich das Gesamteinkommen des Pfarrers auf 20 fl Bargeld belief. Eine weitere Beteiligung an den Naturaleinkünften rundete die Einkünfte des Pfarrers ab: Aus dem Korn, das als Almosen einging, sollte er 2 Malter erhalten, wenn das Almosen über 4 Malter pro Jahr betrug, andernfalls nur 1 Malter. Außerdem stand dem Pfarrer noch eine Kuh *von der kirchen*

204 Fritz 1982-III, S. 54 ff.; vgl. auch unten S. 285 f.

205 Hoffmann 1932, S. 103. Kirchliche Einteilung 1879, S. 283, nennt keine zusätzlichen Pfründen in der Pfarrei Orendelsall.

206 HZAN, Gemeinschaftl. Hausarchiv, Kasten 101, Fach 6, Nr. 3.

207 Ebd., Schublade 28, Orendelsall.

viehe zu[208]. Orendelsall war also keine übermäßig gut dotierte Pfarrei. Man wird zu den genannten Einkünften zwar noch Teile des kleinen Zehnts zählen dürfen, aber jener erbrachte erfahrungsgemäß nur bescheidene Summen. Erstaunlich ist, mit welchem Selbstbewußtsein die Heiligenpfleger und die Gemeinde des Ortes ihrem Pfarrer das Einkommen vorschrieben. Das Kloster Murrhardt als Patronatsherr hielt sich 1491 aus den pfarreiinternen Streitigkeiten heraus und beschränkte sich darauf, die Übereinkunft zu bekräftigen und zu billigen.

Über die Orendelsaller Pfarrer bis zur Reformation liegen kaum Nachrichten vor[209]. Aus dem 14. Jahrhundert gibt es einige isolierte Einzelnennungen, die andeuten, daß Murrhardter Mönche die abseits gelegene und wohl nie allzu reiche Pfarrei gemieden haben. Hier waren Weltgeistliche tätig, die sich auch durch Pfründen in der Umgebung, so etwa in Schwäbisch Hall, bemühten. Erst der Einzug der Reformation in Orendelsall bringt genauere Informationen über die dort tätigen Geistlichen. Über zwei Generationen hinweg war die Pfarrei in der Hand einer Familie: 1491 war der bereits genannte Peter Stier Pfarrer, um 1517 und erneut 1524–1532 Wolfgang Stier, wohl dessen Sohn[210]. Beide waren typische Vertreter ihres Standes: der ältere Stier ein offenkundig mit einer Konkubine lebender Familienvater, der mit seinen Pfarrkindern um sein Gehalt zankte, der jüngere Stier ein gelehrter, studierter Mann, der sich schon früh reformatorischen Gedanken öffnete: 1525 unterzeichnete er die reformatorische Schrift »Syngramma Suevicum«. Von seinen Patronatsherren in Murrhardt, die strikt am alten Glauben festhielten, ließ er sich nichts sagen. Nur der Vollständigkeit halber sei Bonifatius Kramer erwähnt, der 1558 bereits die Pfarrei Orendelsall *viel jar versehen und dem closter Murhart mit allen trewen gedient* hatte. Kramer war spätestens 1548 Pfarrer in Orendelsall, und es ist unklar, ob er – was wahrscheinlicher scheint – ein protestantischer oder ein katholischer beziehungsweise interimistischer Geistlicher war[211]. Die Murrhardter Patronatsherrschaft in Orendelsall endete bald nach der Einführung der Reformation: 1563 veräußerte Herzog Christoph das Patronatrecht an Hohenlohe[212].

Oberrot

Die meisten Pfarreien des Klosters Murrhardt konzentrierten sich im Gebiet des Landkapitels Schwäbisch Hall der Diözese Würzburg. Dort lagen außer der Pfarrei Murrhardt die Pfarreien Oberrot, Fichtenberg, Laufen, Kirchenkirnberg, Ottendorf, Westheim und die von Westheim abgetrennten Pfarreien Bibersfeld und St. Katharina in Hall. Zur Pfarrei Oberrot ist wenig zu sagen[213]. Ungeklärt ist, wann das Kloster Murrhardt die alte, bis ins 8. Jahrhundert zurückreichende Pfarrei erworben hat. 788 war das Patronatrecht Oberrots in den Besitz des Klosters Lorsch gekommen[214]. Im Spätmittelalter war Oberrot jedoch unbestritten eine seit Menschengedenken von Murrhardt zu besetzende Pfarrei. Die weltliche Herrschaft im Ort war hingegen zwischen dem Ortsadel der Herren von Rot und den Schenken von Limpurg geteilt.

208 In der Urkunde folgt der nicht ganz eindeutige Zusatz, daß der Pfarrer die Kuh *als ein stehrlin kuwe nach gewonheit des capittels zu Ingelfingen* halten solle.
209 Vgl. die Orendelsaller Geistlichen S. 375, 382f., 385.
210 Ebd.
211 Urkunde von Abt Otto Leonhard vom 26. 5. 1558, HStAS A 508, Bü. 6.
212 HZAN, Linienarchiv Neuenstein, Schublade 21, Nr. 11.
213 Dazu allgemein: Fritz 1985-I.
214 Hoffmann 1932, S. 107.

Limpurg hatte seit dem Ende des 14. Jahrhunderts die alten Rechte der Roter Ritter nach und nach aufgekauft. Um 1500 besaß Limpurg 11/12 der Gerichtsherrschaft, 1/12 stand noch dem Ritter Caspar von Rot zu[215].

Die Murrhardter Patronatsherrschaft und die weltlichen Machtverhältnisse treten noch heute an dem aus dem Jahr 1513 stammenden Stein über der Seitentür der Kirche zutage, der neben dem Limpurgischen und Rotschen Wappen auch das des Murrhardter Abtes Oswald Binder zeigt[216]. Zur Oberroter Mutterkirche St. Bonifatius – ihre Architektur mit dem schweren, gedrungenen Turm hat sich in altertümlicher Form bis heute erhalten – gehörten, soweit bekannt, weder Kapellen noch Pfründen außer der Pfarrstelle. Die Oberroter Pfarrer sind kaum bekannt[217]. Ihre Namen verweisen in den Bereich der Reichsstadt Hall und des Klosters Murrhardt: Der Anfang des 15. Jahrhunderts genannte Pfarrer Seyfried trägt einen typischen Haller Modenamen, der 1441 erwähnte Pfarrer Johann Walther dürfte mit dem Murrhardter Prior Konrad Walter verwandt gewesen sein.

Fichtenberg

Die rechtliche Lage in Dorf und Pfarrei Fichtenberg glich in vielem der Situation in Oberrot. In Fichtenberg war Limpurg im 15./16. Jahrhundert alleiniger Gerichtsherr, das Patronatrecht lag seit dem 9. Jahrhundert bei Murrhardt[218]. Da Fichtenberg zwischen den drei Orten Ober-, Mittel- und Unterrot, die ursprünglich eine Einheit gebildet haben dürften, liegt, ist es wohl jünger als Oberrot und ursprünglich eventuell eine Oberroter Filiale. Die Trennung Fichtenbergs von Oberrot muß aber schon vor 817 stattgefunden haben, da damals die Pfarrei Fichtenberg dem Kloster Murrhardt geschenkt wurde. Die Fichtenberger Pfarrei war im Spätmittelalter nur mit einem Geistlichen besetzt, Frühmessereien oder Kaplaneien sind nicht überliefert. Neben der Mutterkirche, die dem Würzburger Bistumsheiligen Kilian geweiht war und sich abseits der heutigen, im 19. Jahrhundert erbauten Kirche befand, gab es in Mittelrot eine in romanische Zeit zurückreichende Georgskapelle, in welcher der Fichtenberger Pfarrer noch im 19. Jahrhundert viermal im Jahr Gottesdienst zu halten hatte[219]. Die Georgskapelle beherbergt noch heute einen großartigen, aus dem Jahr 1499 stammenden Flügelaltar. Fichtenberger Geistliche sind, wie in Oberrot, kaum überliefert. Der 1451 bereits verstorbene Syffrid hatte enge Verbindungen nach Hall. 1492 war der oft erwähnte Peter Leu für kurze Zeit Pfarrer in Fichtenberg. Im Bauernkrieg 1525 muß ein dem alten Glauben treuer, namentlich nicht bekannter Pfarrer in Fichtenberg amtiert haben, dem die Bauern Verfälschung des Gotteswortes vorwarfen und dessen Pfarrhaus sie gleich zu Beginn der Unruhen stürmten und verwüsteten[220].

215 Fritz 1985-I.
216 OAB Gaildorf, S. 190; Fritz 1985-I.
217 Vgl. unten S. 377, 379, 382, 385.
218 Fritz 1982-III, S. 50ff.
219 Hoffmann 1932, S. 105, und OAB Gaildorf, S. 233.
220 Fritz 1985-I, S. 58.

Laufen am Kocher

Laufen war bereits 817 Teil der Murrhardter Gründungsdotation[221], allerdings scheint damals noch keine Pfarrei existiert zu haben. Vermutlich hat das Kloster die Laufener Pfarrei zu einem nicht näher bekannten Zeitpunkt nach 817 selbst errichtet und als Stifter der Pfarrei auch deren Patronatsherrschaft innegehabt. Außer der Laufener Peterskirche gab es im Spätmittelalter noch die den Heiligen Maria, Veit, Sebastian, Martin, Leonhard, Katharina und Barbara geweihte Kapelle auf dem Heerberg oberhalb von Laufen[222]. Abgesehen von der Pfarrstelle sind keine weiteren Pfründen bekannt. Solange Murrhardt die Laufener Pfarrei besaß, scheint diese auch ordnungsgemäß besetzt gewesen zu sein, wie im Zusammenhang mit dem 1397 genannten Geistlichen Hans hervorgeht[223]. Nachdem das Kloster 1410/1414 seine Laufener Güter einschließlich des Patronatrechts an Limpurg veräußert hatte, scheint die neue Herrschaft bald die Pfarrei Laufen an die Pfarrei Sulzbach/Kocher angegliedert zu haben[224]. Dies und die in vorreformatorischer Zeit erwähnte Wallfahrt zum wundertätigen Marienbild von Heerberg ist jedoch nicht mehr Gegenstand der vorliegenden Untersuchung. Es ist allerdings nicht auszuschließen, daß die Heersberger Marienwallfahrt bis in die Zeit der Murrhardter Patronatsherrschaft zurückreicht.

Kirchenkirnberg[225]

Kirchenkirnberg, ein von Murrhardt aus gegründeter Ort, fiel bereits im Jahre 1182 durch eine schuldenbedingte Schenkung an das Prämonstratenserstift Adelberg. 1285/86 ist für die Gemeinde die Existenz einer selbständigen Pfarrei nachgewiesen. Die Pfarrkirche St. Ursula befand sich auf einem Hügel außerhalb des heutigen Ortes; ihr Standort ist nicht mit dem der heute vorhandenen, 1845 erstellten Kirche identisch[226]. Ob Kirchenkirnberg als selbständige Pfarrei bereits in der Murrhardter Zeit existiert hat, ist fraglich. Vielmehr scheint der Ort bis 1182 zum Murrhardter Pfarrsprengel gehört zu haben. Für die Herauslösung Kirchenkirnbergs aus dem Murrhardter Pfarrgebiet und als Entschädigung für die damit der Murrhardter Pfarrei verlorengegangenen Kirchenkirnberger Zehnten zahlte Adelberg bis 1338 einen jährlichen Zins von 20 Lämmern an die Murrhardter Pfarrei. Es ist allerdings nicht unwahrscheinlich, daß in Kirchenkirnberg bereits vor 1182 eine unselbständige Kirche oder Kapelle bestanden hat, die dem Pfarrer von Murrhardt untergeordnet war. Nach der Trennung von der Murrhardter Pfarrei erhob wohl Adelberg die Kapelle zur selbständigen Pfarrei. Die Kirchenkirnberger Gangolfskapelle ist vermutlich erst nach dem Übergang des Ortes an Adelberg entstanden und berührt damit nicht mehr das Thema unserer Arbeit. Auch die weitere Geschichte der Ursulakirche ist hier nicht von Interesse, da dies Teil einer Adelberger Klostergeschichte wäre.

221 Fritz 1982-III, S. 50ff.
222 Vgl. unten S. 294ff.
223 Vgl. S. 376ff.
224 OAB Gaildorf, S. 166f.
225 Vgl. zur Problematik allgemein: Fritz 1982-II.
226 Vgl. die Abbildungen bei Bohn 1986.

Westheim war – zusammen mit Großbottwar – die wichtigste auswärtige Pfarrei des Klosters Murrhardt. Zählt man die von Westheim abgeteilten, später selbständigen Pfarreien und die von Westheim abhängigen Kapellen, so übertrifft Westheim die Pfarrei Großbottwar sogar noch an Bedeutung. Eine im Vergleich zu anderen Klosterpfarreien befriedigende Quellenlage ermöglicht es, die kirchlichen Verhältnisse in Westheim und in den von Westheim abhängigen Kirchen zu erhellen.

Die wohl bis ins 7. Jahrhundert zurückreichende Westheimer Kirche, für die sowohl Martin als auch Laurentius als Hauptpatrone genannt werden, war entweder bereits 1054 aus kaiserlichem Besitz oder aber wenig später aus der Hand der staufischen Grafen von Westheim an Murrhardt gekommen[227]. Aus dem Westheimer Pfarrsprengel wurden mit Sicherheit die später selbständigen Pfarreien Bibersfeld und St. Katharina/Hall herausgelöst, wahrscheinlich aber auch Ottendorf, welches jedoch im Spätmittelalter wieder von Westheim übernommen wurde[228]. Dem Ort unterstehende unselbständige Kirchen und Kapellen gab es in Westheim selbst – die Nikolauskapelle –, ferner in Rieden, Sanzenbach, Tullau und Uttenhofen. Als Herr über die große Pfarrei Westheim war der dortige Pfarrer einer der bedeutendsten Geistlichen im Landkapitel Hall. Es verwundert deshalb, daß im »Liber synodalis« von 1453 keine ihm unmittelbar unterstehenden Kleriker genannt werden[229]. Tatsächlich hat es aber in der zweiten Hälfte des 15. Jahrhunderts in Westheim nachweislich zwei Geistliche gegeben, die dem Pfarrer halfen, Gottesdienst in den zahlreichen Kirchen der Pfarrei zu halten[230]. Reguläre Pfründen scheinen diese »Helfer« des Westheimer Pfarrers jedoch nicht gehabt zu haben, sie dürften vielmehr vom Pfarrer besoldet worden sein. Wie das Beispiel des »Helfers« Peter Leu zeigt, war der Lohn wohl sehr knapp.

Westheim, das bereits jahrhundertelang dem Murrhardter Patronatrecht unterstand, wurde dem Kloster 1396 inkorporiert, um mit den Einkünften der Pfarrei den defizitären klösterlichen Haushalt zu sanieren[231]. Die Einkünfte der Pfarrei wurden damals auf 30 Mark Silber pro Jahr geschätzt. Wie lange das Kloster die Westheimer Einkünfte tatsächlich einzog, ist nicht geklärt. Anscheinend verschaffte sich der Westheimer Pfarrer in den folgenden Jahrzehnten wieder mehr Spielraum gegenüber dem Kloster. 1474 ließ sich Abt Wilhelm Egen jedenfalls sowohl die Inkorporation von Großbottwar als auch von Westheim bestätigen und ließ festschreiben, daß die Pfarrstelle in Westheim, deren Einkommen sich nun auf 62 fl rh im Jahr belief, vom Kloster eingezogen werde. Außerdem sollte das Kloster die Wahl haben, entweder einen Weltgeistlichen oder einen Mönch als Pfarrer im Ort einzusetzen[232].

Aus den bisherigen Ausführungen geht hervor, daß die Pfarrei Westheim zwar in enger Abhängigkeit vom Kloster Murrhardt stand, der Pfarrer von Westheim aber gegenüber dem Kloster offenkundig ein erhebliches Eigengewicht hatte. Es bereitete dem Kloster zumindest

227 Dazu unten S. 294 ff. Zur Frühgeschichte der Pfarrei ist auch mein 1988 in der Westheimer Jubiläumsfestschrift erschienener Aufsatz heranzuziehen (Fritz 1988-I).

228 Vgl. zu diesen Pfarreien unten S. 270 f., 271 ff.

229 Kirchliche Einteilung 1879, S. 283.

230 Vgl. unten S. 302 ff.

231 Murrhardter Privilegienaufzeichnungen HStAS A 508, Bü. 1; vgl. auch oben S. 34 f.

232 Ebd.; auch: Engel 1948, S. 223 f., Nr. 1443; Engel scheint eine andere Quelle benutzt zu haben: In den Privilegienaufzeichnungen ist ausdrücklich sowohl von Großbottwar als auch von Westheim die Rede. Engel nennt nur Westheim.

nicht geringe Probleme, die Pfarrei den eigenen finanziellen Interessen unterzuordnen. Daß Westheim zusammen mit Murrhardt und Großbottwar die finanzstärkste Murrhardter Pfarrei war, geht bereits aus der Tatsache hervor, daß Graf Gerhard von Löwenstein in den Jahren um 1320 diese drei Pfarreien übernommen hatte[233]. In den folgenden Jahrzehnten sind die Westheimer Pfarrer relativ oft genannt, doch kann man keine lückenlose Abfolge aller an der Martins- und Laurentiuskirche tätigen Geistlichen erstellen[234]. Zwar sind die Namen der Westheimer Pfarrer nicht in jedem Falle aussagekräftig, aber es wird deutlich, daß nie ein Mönch Pfarrer in Westheim war. Vielmehr tauchen regelmäßig Angehörige des Haller Bürgertums und des Stadtadels auf. Es lag offenkundig nicht in der Macht (oder im Interesse?) des Klosters, in Westheim Murrhardter Mönche oder gar ortsfremde Geistliche unterzubringen. Das Kloster mußte bei der Besetzung der Pfarrei auf eingebürgerte Rechte und Traditionen Rücksicht nehmen. Für ein nicht geringes Eigengewicht Westheims gegenüber Murrhardt spricht auch die Tatsache, daß der Westheimer Pfarrer mehrfach unangenehme Aufgaben gegen seine klösterlichen Herren wahrzunehmen hatte: 1469 sollte er sie vor Gericht laden, 1472 war er Exekutor gegen das Kloster[235]. Hier handelte nicht ein Untergebener gegenüber einem Vorgesetzten, sondern ein Gleicher gegenüber Gleichen. Im Bauernkrieg 1525 ging die Eigenständigkeit des Westheimer Kirchherren sogar zum offenen Aufruhr gegen das Kloster über: Der aus einer reichen Bauernfamilie aus dem Amt Murrhardt stammende Pfarrer stand auf der Seite der Bauern, auch wenn er sich nicht so sehr exponierte wie seine Amtsbrüder Held aus Bühlertann und Kirschenesser aus Frickenhofen[236].

St. Katharina in Hall, Ottendorf und Bibersfeld waren, wie erwähnt, diejenigen Westheimer Kirchen, die sich am weitesten aus der Abhängigkeit von der Mutterkirche lösen konnten. Von den übrigen Kirchen der Pfarrei war zweifellos die Kirche in Rieden am bedeutendsten. Die Riedener Kirche, die noch heute in ihrer gotischen Gestalt vollständig erhalten ist, übertrifft in ihren Dimensionen weit das Maß, das man an einem Ort dieser Größe bei Sakralbauten erwarten kann. Entstanden ist die Riedener Kirche, die juristisch immer nur den Status einer Kapelle hatte, aus einer Wallfahrt, die sich im Anschluß an einen Reliquienfund des Jahres 1371 entwickelte[237]. 1435 muß die Riedener Kirche, die Maria, Sebastian, Katharina und Barbara geweiht war, bereits erstellt gewesen sein; damals existierte offenbar auch schon eine Kaplaneipfründe[238]. Der Papst übertrug das Patronatrecht an Bürgermeister und Rat der Stadt Hall, doch muß eine Murrhardter Oberaufsicht bestanden haben, da Rieden der Pfarrei Westheim unterstand[239]. Der eigentliche Bauvorgang der Riedener Kirche hat zumindest in großen Teilen exakt im Jahre 1435 stattgefunden, denn erst im Frühjahr dieses Jahres hatte die Riedener Gemeinde vom Rat der Stadt Hall die Erlaubnis zum Bau erhalten[240].

Es zeigte sich bald, daß das Kloster Murrhardt faktisch aus den Riedener Belangen so gut wie ausgeschlossen war: 1438 untersuchte eine bischöfliche Komission die Riedener Kirchen-

233 Vgl. unten S. 301 f.
234 Vgl. die Nennungen von Westheimer Geistlichen im letzten Kapitel.
235 Pietsch U 2627, 2727.
236 Kirschenesser, S. 361 f. Vgl. auch S. 384, Nr. 121.
237 Vgl. unten S. 286.
238 Pietsch U 1805.
239 Vgl. auch Pietsch U 1799 von 1435 und 1855 von 1438, wo es heißt, daß Hall das Patronatrecht nur »unbeschadet der Rechte des Pfarrers (von Westheim) und der Pfarrkirche« innehaben dürfe.
240 Pietsch U 1799.

verhältnisse. Verhandlungspartner des Würzburger Bischofs war Hall, nicht Murrhardt[241]. In diesem Jahr muß die Ausstattung der Riedener Kapelle noch ziemlich unvollständig gewesen sein, denn die Besoldung von Priestern sowie die Errichtung von Altären und Pfründen werden erst als Ziele formuliert – vorhanden war offenbar noch recht wenig. Es ging so provisorisch zu, daß der Bischof fürs erste auf die Dauer von drei Jahren die Benutzung eines Tragaltars gestatten mußte. 1466 hatte die Innenausstattung der Riedener Kirche dagegen keinen vorläufigen Charakter mehr. Der Marienaltar war längst mit einem »hölzernen Aufbau« ausgestattet, der nun durch einen steinernen ersetzt wurde[242]. Daß man auch in den folgenden Jahrzehnten großen Wert auf eine wertvolle Innenausstattung der Kapelle legte, zeigen die großartigen Schnitzaltäre, die noch heute erhalten sind[243].

Die Riedener Kirche wurde so reich, daß sie schon vor 1446 einen Hof erwerben konnte[244]; Stiftungen ergänzten das Kirchenvermögen[245]. 1469 verfügte die Kirche allein in Rückershausen bereits über sechs Güter, die der Haller Adlige Endris von Münkheim als Sicherheit nahm, als er der Riedener Kirche eine wichtige Stiftung machte[246]. Der Münkheimer ordnete an, daß mit den von ihm geschenkten 87 fl ein ewiges Licht »vor dem Sakrament« zu Rieden eingerichtet werden solle. Als Grund für die Stiftung wird angegeben, daß man in Rieden bisher keine Messe habe halten können, so »daß bei schnellen Todesfällen viele der letzten Zehrung verlustig gingen«. Der unselbständige Charakter der Riedener Kirche tritt auch 1469 zutage. Wenn man die Schenkung des Endris von Münkheim richtig deutet, dann gab es weder einen ständig in Rieden anwesenden Geistlichen, der jederzeit Messen hätte lesen können, noch bewahrte man darüberhinaus das Allerheiligste in Rieden auf, weil es an einem dafür nötigen ewigen Licht fehlte. Offensichtlich war der 1435 erwähnte Riedener Kaplan nicht ständig am Ort verfügbar. Der Grund hierfür geht aus der Biographie des Peter Leu hervor, der nach 1450 Kaplan in Rieden war: Die Dotierung der Kaplaneistelle war dermaßen schlecht, daß der Kaplan regelrecht hungerte[247]. Allzu offiziell kann der Status der Riedener Pfründe um 1450 im übrigen kaum gewesen sein, denn der »Liber synodalis« von 1453 erwähnt keinen in Rieden tätigen Geistlichen[248]. Dennoch kann kein Zweifel bestehen, daß es in Rieden tatsächlich eine Kaplanei gab. Es ist nicht nur die Kaplanei 1435 genannt und das Wirken von Peter Leu überliefert, sondern es wird für das Jahr 1463 auch der Riedener Kaplan Johann Buttner erwähnt[249].

Erst 1485 traten grundsätzliche Änderungen in der personellen Besetzung des Riedener Gotteshauses ein[250]: Da die jährlichen Einkünfte der Kirche mittlerweile auf über 50 fl angewachsen waren, wurden zwei Pfründen errichtet. Jeder Pfründner mußte alle zwei Tage eine Messe halten, so daß – 50 Jahre nach dem Bau der Kirche – der tägliche Gottesdienst

241 Ebd., U 1852.
242 Ebd., U 2520.
243 Die genaue Untersuchung der Riedener Altäre bleibt eine wichtige Aufgabe. Erst wenn die Altäre exakt erforscht sind, wird es möglich sein, die weitere Geschichte der Kirche mit ausreichender Genauigkeit zu schreiben.
244 Pietsch U 2066.
245 Ebd., U 2146.
246 Ebd., U 2604.
247 Vgl. unten S. 302 ff.
248 Dazu: Kirchliche Einteilung 1879, S. 283.
249 Vgl. S. 381.
250 StAL B 186, U 1563.

sichergestellt war. Erneut wurde das Recht der Stadt Hall unterstrichen, die Riedener Kapelle zu besetzen. Der Einfluß Murrhardts erfuhr 1485 eher noch eine weitere Schwächung, weil man ausdrücklich festsetzte, daß gegen die Haller Personalentscheidungen niemand Einspruch erheben durfte. 1486 wurde die Bezahlung der beiden Riedener Pfründner endgültig geregelt; ein jeder sollte 25 fl im Jahr erhalten[251]. Von der alten Pfründe, die Peter Leu innegehabt hatte, ist 1485/86 nicht mehr die Rede. Sie scheint in den beiden neuen Pfründen aufgegangen zu sein.

Auch zu der Kapelle in Sanzenbach, die ebenfalls zu Westheim gehörte, lassen sich substantielle Aussagen machen. Die Gründungsgeschichte der Kapelle in Sanzenbach kann genau rekonstruiert werden. Die dortige Kapelle wurde »zur Ehre Mariens, Johannes des Täufers, des hl. Georg, der hl. Nopurga und aller Heiligen« entweder 1382 oder 1383 geweiht[252]. Der Haller Stadtadlige Kraft von Heimberg und dessen Verwandtschaft hatten die Kapelle gestiftet und 1383 sowie 1386 mit Einkünften ausgestattet[253]. Von besonderem Interesse ist die Regelung des Patronatrechtes in Sanzenbach, die Unterschiede zu der Vereinbarung in Rieden aufweist. Während man in Rieden lediglich in allgemeiner Formulierung festlegte, daß die Rechte des Westheimer Pfarrers nicht beeinträchtigt werden dürften, vom Murrhardter Kloster als Patronatsherrn aber gar nicht die Rede war, verhielt sich dies in Sanzenbach anders. Hier erhielt die Familie des Heimbergers zwar das Recht, dem Kloster einen bestimmten Geistlichen zur Einsetzung vorzuschlagen, den eigentlichen Akt der Pfründenvergabe behielt sich jedoch von Beginn an, also seit 1383, das Kloster vor[254]. 1386 wurde diese Regelung bestätigt und präzisiert[255]: Die von dem Kaplan für Sanzenbach zu lesende Messe war jeweils vor der Messe in Westheim zu halten, es handelte sich also um eine Frühmesse. Der Sanzenbacher Pfründner erhielt auch lediglich die Einkünfte aus den Stiftungen Krafts von Heimberg. Alle in der Sanzenbacher Kapelle getätigten Seelstiftungen und alle dort anfallenden Opfer mußten dagegen an den Westheimer Pfarrer abgeliefert werden. Außerdem hatte der Pfründner an der Westheimer Mutterkirche einige gottesdienstliche Hilfsleistungen für den Pfarrer zu vollbringen. In dieser rechtlichen Ordnung scheint die Sanzenbacher Kapelle im wesentlichen bis zur Reformation fortbestanden zu haben. Kleinere Änderungen betrafen lediglich die 1415 erfolgte Verlegung des Kirchweihtags[256]. 1453 wird die Existenz der Kapelle im »Liber synodalis« ausdrücklich erwähnt[257]. Murrhardt veräußerte sein Patronatrecht über die Sanzenbacher Kapelle 1526 zusammen mit seinen Rechten an der Haller Katharinenkirche an die Stadt Hall[258].

Wesentlich lückenhafter als bei den Kapellen in Rieden und Sanzenbach ist die Quellenlage zu den Kapellen in Tullau und Uttenhofen. Das hängt nach aller Wahrscheinlichkeit mit der Bedeutung der dortigen Kapellen zusammen, die im Vergleich zu den Gotteshäusern in Rieden und Sanzenbach wesentlich geringer war. In Tullau hat eine Liebfrauenkapelle bereits

251 Ebd., U 1593.
252 Pietsch U 753.
253 Ebd., U 753, 756, 822.
254 Ebd., U 754.
255 Ebd., U 821, 829.
256 Ebd., U 1403.
257 Kirchliche Einteilung 1879, S. 283.
258 HStAS A 508, U 44; die Pfründe wird damals als Kaplanei am St. Naburgen-Altar bezeichnet.

1437 existiert[259]. Eine Pfründe gab es in Tullau anscheinend nicht. Auch die Sigmunds-Kapelle in Uttenhofen, deren Existenz erst für 1519 belegt ist[260], war wohl unbepfründet.

Bibersfeld

Bibersfeld besaß anfangs eine von Westheim abhängige Kapelle, deren Entstehungsgeschichte allerdings nicht ganz klar ist. Spätestens im 13. Jahrhundert dürfte bereits eine Kapelle vorhanden gewesen sein[261]. Die erste Nennung des Bibersfelder Gotteshauses datiert aus dem Jahre 1347, als die Bibersfelder Kirche St. Margareta als Filial von Westheim bezeichnet wird[262]. Noch 1405 scheint außer einem Frühmesser kein Geistlicher in Bibersfeld gewesen zu sein[263]. Man nimmt an, daß bereits im Jahr darauf – 1406 – die Bibersfelder Kirche von Westheim weitgehend gelöst und in eine eigene Pfarrei umgewandelt wurde, auch wenn man eine gewisse Sonderstellung Westheims weiterhin anerkannte[264]. Das Jahr 1406 würde zeitlich gut zur Loslösung der Pfarrei St. Katharina aus dem Westheimer Pfarrsprengel passen, die 1404 stattfand. Als selbständige Pfarrei wird Bibersfeld allerdings erst 1436 und 1453 ausdrücklich genannt[265]. Im Verlauf des 15. Jahrhunderts folgten zusätzliche Erwähnungen der Pfarrei Bibersfeld[266]. 1470 wurde die Bibersfelder Kirche neu erbaut[267]; sie war neben dem Hauptaltar auch mit einem Nebenaltar zur heiligen Katharina ausgestattet, der aber keine eigene Pfründe besaß[268]. Von der 1470 errichteten spätgotischen Pfarrkirche ist heute nichts mehr erhalten, nachdem man sie im 19. Jahrhundert abgerissen und durch einen neugotischen Bau ersetzt hat. Außer der Margaretenkirche gab es in Bibersfeld »auf der Ortsmarkung, gegen Sittenhardt hin, ... ein Bruderhaus mit Capelle«, die der heiligen Agatha geweiht war[269]. Es handelt sich dabei wohl um eine spätmittelalterliche Einsiedelei. Von den Bibersfelder Geistlichen sind im Vergleich zu Westheim oder St. Katharina nur wenige bekannt[270]. Die namentlich überlieferten Kleriker stammten aus demselben sozialen Umkreis wie die Geistlichen aus diesen beiden Kirchen. Im Bauernkrieg 1525 zog der nicht näher bekannte Bibersfelder Pfarrer mit den Aufständischen und predigte ihnen zweimal in Welzheim[271].

259 Hoffmann 1932, S. 110.
260 Ebd.
261 Vgl. den ähnlich gelagerten Fall St. Katharina/Hall. Ob die 1347 und 1358 als »Stifter« im Zusammenhang mit der Kirche genannten Ritter von Neuenstein die Erbauer der Kirche waren oder ob sie lediglich Stiftungen an der bereits bestehenden Kirche machten, ist offen. Vgl. dazu OAB Hall, S. 183.
262 Pietsch U 220.
263 Ebd., U 1234: Es ist nicht anzunehmen, daß in einer doch recht kleinen Kirche wie Bibersfeld sowohl ein Pfarrer als auch ein Frühmesser vorhanden waren. Da aber ein Frühmesser ausdrücklich belegt ist, ist davon auszugehen, daß es einen Pfarrer nicht gab.
264 Die OAB Hall vermerkt auf S. 183, daß 1406 eine *novella parochialis ecclesia* (eine neue Pfarrkirche) eingeweiht wurde. Eine Urkunde dieses Inhalts fehlt bei Pietsch allerdings. Pietsch U 1260 nennt für 1406 nur die Verlegung des Kirchweihtages in Bibersfeld.
265 1436 erscheint erstmals ein Bibersfelder Geistlicher als Pleban, also als unabhängiger Pfarrer (Pietsch U 1818). 1453 ist Bibersfeld als eigene Pfarrei im »Liber synodalis« erwähnt (Kirchliche Einteilung 1879, S. 283).
266 1453: Pietsch U 2229; 1461: ebd., U 2406; 1463: ebd., U 2453.
267 OAB Hall, S. 182.
268 Vgl. unten S. 294–300.
269 OAB Hall, S. 184.
270 Vgl. S. 377, 379, 383.
271 Kirschenesser S. 360.

Bei mehreren Murrhardter Patronatspfarreien steht man vor dem Problem, daß wegen der dürftigen Quellenlage beinahe keine konkreten Aussagen zu den jeweiligen Pfarrverhältnissen gemacht werden können. Bei der Pfarrei St. Katharina in Hall existieren diese Schwierigkeiten nicht: Hier finden sich derartig viele Nachrichten, daß man das reiche Material im Rahmen einer Murrhardter Klostergeschichte nicht voll ausschöpfen kann, ohne die Dimensionen zu verzerren. Wir müssen uns im folgenden darauf beschränken, die grundlegenden Verhältnisse der spätmittelalterlichen Pfarrei zu skizzieren.

Genaue Auskünfte zum Ursprung der Kirche St. Katharina fehlen. Die Chronisten des 16. Jahrhunderts[272] berichten, daß eine Gräfin von Gerspach die Kirche als Nonnenkloster gestiftet habe[273]. Auf jeden Fall ist das Alter der Katharinenkirche recht hoch anzusetzen. Der heute noch vorhandene, anspruchsvoll gestaltete spätromanische Turm zeigt, daß sie bereits im 13. Jahrhundert als stattliches Gebäude existierte. Der Turm könnte zeitgleich mit den spätromanischen Veränderungen am Kloster Murrhardt um 1225/30 entstanden sein, vielleicht sogar als Werk desselben Baumeisters. Es liegt jedenfalls nahe, daß St. Katharina – obgleich es Filial von Westheim war – hinsichtlich seiner baulichen Substanz die Westheimer Mutterkirche bei weitem übertraf. Die Unabhängigkeit St. Katharinas von Westheim muß bereits im 13. Jahrhundert ein gewisses Maß erreicht haben, da schon 1283 ein *plebanus St. Catharinae* erwähnt wird[274]. Dieser Titel setzt eine gewisse Eigenständigkeit voraus. 1343 wurde der bis dahin wohl ausschließlich romanische Bau der Kirche durch einen hochgotischen Chor verändert, der noch heute erhalten ist[275]. Auch hier fällt die zeitliche Parallele zum Bau des Chors in Murrhardt auf, der kurz vor dem Tod des Grafen Nikolaus von Löwenstein 1339 erstellt wurde[276].

Der kirchenrechtliche Status von St. Katharina war kompliziert. St. Katharina war zwar lange Zeit formal nicht von Westheim getrennt, wurde jedoch – wie der Murrhardter Abt Heinrich von Enslingen 1403 bekundete[277] – schon seit der Amtszeit von sechs Pfarrern »wie eine rechtmäßige Kirche« geleitet. Demnach muß St. Katharina bereits Jahrzehnte vorher faktisch von Westheim abgesondert gewesen sein, lediglich die formale Trennung hatte noch nicht stattgefunden. Nach Widman wurde im Jahr 1354 eine eigene Pfarrei in der Katharinenkirche errichtet[278]. Nachdem 1403 der Status der Katharinenkirche von nicht genannten, aber wohl einflußreichen Kreisen angezweifelt worden war – dies hatte dem Kloster Murrhardt »nicht geringen Nachteil« eingebracht[279] –, betrieb Abt Heinrich nun auch die juristische Loslösung der Katharinenkirche von Westheim. Die Trennung wurde 1404 verwirklicht[280].

272 Widman S. 210f., Herolt S. 44; vgl. auch OAB Hall, S. 170.
273 Vgl. dazu unten S. 273f.
274 Pietsch N 97.
275 OAB Hall, S. 124.
276 Vgl. oben S. 23 und Fritz 1986-I, S. 188ff.
277 Pietsch U 1203.
278 Widman S. 210f. Außerdem erwähnt Pietsch U 299, daß 1354 der Würzburger Bischof festlegte, St. Michael und St. Katharina seien »abgesonderte Pfarreien«, und »der Koch« trenne sie.
279 Pietsch U 1203.
280 Ebd., U 1221.

Offenbar bezog sich die 1396 vorgenommene Inkorporation der Westheimer Pfarrer ins Kloster Murrhardt nie auf St. Katharina. Murrhardt hatte hier, insbesondere nach der Trennung von 1404, immer nur das Patronatrecht inne. Die langwierigen Zehntstreitigkeiten, die 1472/73 mit der Teilung der Zehnten zwischen Kloster und Pfarrei endeten[281], zeigen, daß die Pfarrei St. Katharina gegenüber dem Kloster sehr selbstbewußt auftrat.

Zu Beginn des 16. Jahrhunderts wuchs der Druck der Reichsstadt Hall auf das verschuldete Kloster. Die Haller Ratsherren spielten nach allen Indizien schon relativ früh mit dem Gedanken, die Katharinenkirche ebenso aus fremder Patronatherrschaft zu lösen, wie dies 1508 mit der Michaelskirche geschehen war, deren Patronat die Stadt vom Stift Komburg erworben hatte[282]. 1512 schickte der Rat von Hall einen Boten *zum apt genn Murhart, die pfar zu sant Katrein betreffen und der pfarher*[283], ebenso im Winter 1513/14 *des pfarrers zu sant Katherin halben*[284]. Das Kloster zeigte sich indessen wenig geneigt, die Katharinenpfarrei abzutreten, die ja für den Abt stets Anlaß gab, sich in der wirtschaftlich und kulturell attraktiven Reichsstadt Hall aufzuhalten. Erst der Bauernkrieg gab Hall die Druckmittel in die Hand, um St. Katharina endgültig in seine Botmäßigkeit zu bekommen: die Reichstadt hatte dem Kloster 410 fl geliehen, die Murrhardt nicht zurückzahlen konnte. Zum Ausgleich für die Schulden trat das Kloster 1526 die Pfarrei einschließlich der Sanzenbacher Kapelle an Hall ab[285]. Damit endete die jahrhundertelange, enge Verbindung zwischen dem Kloster und der Reichsstadt.

Der Gottesdienst in St. Katharina war bereits einige Jahre vor 1526 nicht mehr regulär gehalten worden: In der Übergabeurkunde von 1526 werden Klagen des damaligen Pfarrherrn Michael Gräter und der Haller Bürger erwähnt, daß das Kloster seinen Aufgaben in St. Katharina hinsichtlich der Pfarrbesoldung nur fahrlässig nachgekommen sei. Außerdem habe das Pfarreinkommen *durch mercklichen abganng des opffers und anderer nuzungen* so sehr nachgelassen, daß der Pfarrer seine *leybsnarung* nicht mehr sicherstellen könne. Sowohl die desolate Lage des Klosters bis etwa 1520 als auch eine bereits durch den Protestantismus bedingte Spendenunwilligkeit mögen zu der schlechten Versorgung des Pfarrers geführt haben. Michael Gräter hat bald nach dem Übergang der Kirche an Hall in St. Katharina konsequent die Reformation eingeführt. Als die Kirche 1526 in hällischen Besitz überging, war sie mit Altären und Pfründen reich ausgestattet. Neben dem Pfarrer werden nicht weniger als drei bepfründete Altäre erwähnt: ein Liebfrauen-, ein Zwölfboten- und ein Erhardsaltar[286]. Auch eine imponierende künstlerische Ausstattung, die teils bis in unsere Tage erhalten ist, zeugt von dem Reichtum, über den die Kirche vor der Reformation verfügte[287].

In Umrissen läßt sich erkennen, wann die Pfründen der Kirche entstanden sind. 1331 wurde eine mit 16 lb dotierte Meßpfründe auf dem Altar der Jungfrau Maria und des Nikolaus

281 Ebd., U 2684, 2725, 2727, 2733, 2734.
282 OAB Hall, S. 169.
283 StadtASHA StR 342.
284 Ebd., StR 349.
285 HStAS A 508, U 44. Vgl. auch die Darstellung bei Herolt S. 110 f., die einige Finten des Abts bei dem Geschäft andeutet.
286 HStAS A 508, U 44.
287 Dazu Deutsch 1985.

gestiftet[288]. Sie scheint neben der Pfarrei lange Zeit die einzige Pfründe gewesen zu sein, denn noch 1354 ist nur vom Pfarrer und – augenscheinlich nur einem – Kaplan die Rede[289]. Die übrigen Pfründen müßten demnach nach 1354, aber vor 1453 entstanden sein, denn in diesem Jahr erscheinen im »Liber synodalis« bereits alle Pfründen, die auch 1526 genannt sind[290].

An der Katharinenkirche existierte mindestens seit 1350 eine Bruderschaft[291], außerdem war ein Nonnenkloster vorhanden[292]. Pfründner, Bruderschaft, Nonnen und Kirche besaßen ein großes Vermögen. Die vielen Grundstücksgeschäfte der Katharinenkirche und ihrer Geistlichen sind in den Haller Quellen dicht belegt. Das Material ist so reichhaltig, daß es Stoff für eine umfangreiche Untersuchung allein zur Besitzgeschichte böte. Die Geistlichen zu St. Katharina sind besser und häufiger nachgewiesen als die Kleriker aller anderen Murrhardter Patronatskirchen zusammen[293]. Es handelt sich durchweg um Leute, die enger mit den andern Haller Klerikern verbunden waren – etwa durch Pfründenhäufung – als mit dem Kloster Murrhardt. Das bereits von anderen Pfarreien bekannte Bild wird durch das Material über St. Katharina bestätigt und verdichtet: Der Klerus der jeweiligen Klosterpfarreien war viel enger mit dem Weltklerus der Umgebung verbunden und von diesem abhängig als vom Kloster. Der Einfluß des Klosters auf seine Pfarreien muß demnach viel mittelbarer gewesen sein, als man dies erwarten konnte. Die Patronatspfarrer waren keine Befehlsempfänger des Klosters, sondern relativ eigenständige Vorsteher weitgehend unabhängiger Institutionen. Bei der Besetzung der Pfarreien hatte das Kloster in der Regel alte, fest etablierte Ansprüche des örtlichen oder regionalen Weltklerus zu berücksichtigen. Es wäre dem Kloster mithin also schwergefallen, wenn nicht unmöglich gewesen, beispielsweise in Hall einen Geistlichen einzusetzen, der aus der Klosterpfarrei Bottwar stammte und umgekehrt.

Das Nonnenkloster bei St. Katharina in Hall

Das Kloster Murrhardt verfügte im Unterschied zu vielen anderen Klöstern nicht über ein auswärts gelegenes Priorat, eine Propstei oder eine sonstige Außenstelle in Form eines benediktinischen Kleinklosters. Gleichwohl besaßen die Murrhardter Mönche doch die Oberhoheit über klosterähnliche Institutionen. Die Murrhardter Herrschaft über die Zelle des Orendel in Orendelsall im 9. Jahrhundert kann hier unberücksichtigt bleiben, weil man darüber nichts Näheres weiß und weil dieser Aspekt den zeitlichen Rahmen der Arbeit überschreitet.

Beachtung verdienen dagegen die Nachrichten über das Nonnenkloster bei St. Katharina in Hall. Die Haller Chronisten Herolt und Widman berichten von diesem Kloster übereinstimmend[294], daß zu St. Katharina überhaupt keine Pfarrkirche gewesen sei, sondern nur ein *frawencloster*, welches eine Gräfin von Gerspach gestiftet habe. Erst später sei dann die Kirche

288 Pietsch U 124a.
289 Ebd., U 299.
290 Vgl. Kirchliche Einteilung 1879, S. 283, und HStAS A 508, U 44.
291 Vgl. unten S. 290 ff.
292 Vgl. unten S. 273 f.
293 Vgl. die zahlreichen Nennungen im letzten Kapitel des hier vorliegenden Werks.
294 Herolt S. 44 f., Widman S. 210 f.

entstanden. Zeitliche Angaben liefern die Chronisten nicht, doch kann man aus der Mitteilung Widmans, 1354 sei die bereits bestehende Katharinenkirche zu einer *aigenen pfarrkirchen uffgerichtet* worden, schließen, daß die Chronisten die Existenz des Frauenklosters weit vor der Mitte des 14. Jahrhunderts angesetzt haben müssen. Auch die von Herolt und Widman genannte Gräfin von Gerspach ist nirgendwo zu belegen. Vielmehr scheinen die Chronisten eine an der Katharinenkirche befindliche Gedenkinschrift einer Katharina von Gersteten aus dem 14. Jahrhundert[295] als Stiftungsinschrift einer nicht existenten Gräfin von Gerspach mißdeutet zu haben.

Mit anderen Worten: Ein Nonnenkloster, das vor der Katharinenkirche existiert hat und von diesen abgelöst wurde, hat es wohl nie gegeben. Dennoch enthalten die Chronistenberichte einen wahren Kern. Denn gleichzeitig mit der Katharinenkirche hat es eine Art Nonnenkloster, über das der Abt von Murrhardt das Visitationsrecht besessen haben soll[296], durchaus gegeben. Die urkundliche Überlieferung sagt über das Klösterchen bei St. Katharina zwar wenig aus, doch sie genügt, um die Existenz der Einrichtung zu belegen. Die Klausnerinnen zu St. Katharina werden erstmals 1361 genannt. Dann taucht die Klause zu St. Katharina noch 1374, 1405 und 1426 auf[297]. Im letztgenannten Jahr wird auch erwähnt, wo sich die Klause befand: unmittelbar hinter der Katharinenkirche, wo auch ein Garten gewesen sein muß. Die Frauenklause scheint zu keinem großen, regulären Orden gehört zu haben, vielleicht hat es sich um ein Beginenhaus gehandelt. Von allzugroßer Bedeutung war die Klause im 14. und 15. Jahrhundert sicherlich nicht, aber immerhin war sie eine zumindest bedingt rechtsfähige Institution, die über Güter und Gülten verfügte[298].

Erläuterungen zu den Karten zu Stadt, Amt und Pfarrei Murrhardt und zum Wildbanngebiet des Klosters im 16. Jahrhundert

Das Kloster Murrhardt hat ein eigenes Territorium nur in Ansätzen ausbilden können. Nachdem dieser Prozeß so weit fortgeschritten war, daß eine flächenhafte Herrschaftsausübung mit allen Hoheitsrechten tatsächlich möglich gewesen wäre, war das Kloster längst fest in der Hand der wirtembergischen Klostervögte, die alle wichtigeren Hoheitsrechte je länger desto mehr für das Kloster ausübten. Wirtembergische Territorialgewalt oder Landeshoheit »von wegen des Klosters Murrhardt« hat sich nur dort ausgebildet, wo das Kloster die Gerichtsrechte innehatte. In den Gebieten, wo das Kloster die Gerichtshoheit besaß, hatte es meist auch die Militärhoheit inne, die allerdings im 16. Jahrhundert längst von Wirtemberg und nur noch »von wegen des Klosters« wahrgenommen wurde. Aus dem 16. Jahrhundert sind bis zum Jahr 1561 sechs Musterungen bekannt: 1523, 1536, 1546, 1553, 1558 und 1560. Mit Ausnahme von 1523, als in Ottendorf keine Musterung stattfand (oder hatte Ottendorf separate Musterungsunterlagen, die nicht erhalten sind?), führte man die Musterung jeweils sowohl im Murrhardter als auch im Ottendorfer Gerichtsbezirk gemeinsam durch. Die

295 Vgl. die jeweiligen Fußnoten ebd.
296 OAB Hall, S. 170.
297 Pietsch U 375 f., Ulshöfer Nr. 199, Pietsch U 1238 und 1621.
298 Güter: Ulshöfer Nr. 199; Gülten: Pietsch U 375 f, 1238.

nachfolgende Tabelle erläutert die Einzelheiten. – Neben der Militärhoheit war insbesondere die Erhebung unregelmäßig anfallender Steuern ein wichtiges Hoheitsrecht. Zu nennen sind die verschiedenen Türkensteuern, deren Listen im Falle Murrhardts von 1542 und 1545 erhalten sind, ferner die Herdstättenzählung von 1525, die ebenfalls wegen einer Steuererhebung durchgeführt wurde. Die Steuerhoheit betraf sowohl Murrhardt als auch Ottendorf – also das Amt Murrhardt –, aber darüber hinaus noch Westheim am Kocher und zahlreiche Weiler außerhalb des eigentlichen Amtes. Die murrhardtisch-wirtembergische Steuerhoheit außerhalb des Amtes erstaunt; weitergehende Urteile können aber erst gefällt werden, wenn anhand anderer wirtembergischer Ämter geprüft ist, ob Steuererhebungen außerhalb eines Amtsbezirks die Regel oder die Ausnahme bildeten.

Das Murrhardter Territorium – Stadt, Weiler und Ottendorf – war klein, und nicht einmal dieses Gebiet war in sich geschlossen. Östlich von Murrhardt befand sich im Murrtal und auf den Höhen ringsum das löwensteinische »obere Amt« mit dem Zentrum Fornsbach. Die Weiler des löwensteinischen »oberen Amts« und die Murrhardter Amtsweiler waren in wirrer Gemengelage ineinander verzahnt. Ein Einsprengsel im Murrhardter Gebiet war zudem der Weiler Hinterbüchelberg, der zum Unteramt Böhringsweiler des wirtembergischen Amts Weinsberg gehörte, aber dem Murrhadter Gericht unterstand. Weitere zu Böhringsweiler gehörende Orte schlossen sich im Norden und Nordosten an das Murrhardter Gebiet an. Mehrere Orte waren geteilt: In Fornsbach gehörte die »Hub« zu Murrhardt, der größere Teil des Ortes dagegen zu Löwenstein. In Wolfenbrück war ein Teil des Ortes Klosterbesitz, ein anderer limpurgisch. Ähnlich verhielt es sich in Glashofen und natürlich auch in Ottendorf. Die Zerrissenheit des Murrhardter Gebiets insbesondere in der Fornsbacher Gegend war das Resultat der löwensteinisch-wirtembergischen Streitigkeiten seit 1388/95 (vgl. dazu oben S. 31 ff.). Zuvor dürfte es hier ein geschlossenes Murrhardter Herrschaftsgebiet gegeben haben, wenn auch noch keine Herrschaftsverdichtung zum Territorium stattgefunden hatte.

Die Pfarrei Murrhardt bewahrte auf kirchlichem Gebiet die Geschlossenheit, die auf dem weltlichen Sektor im 16. Jahrhundert längst verlorengegangen war. Grundsätzlich ist festzustellen, daß die Pfarrei Murrhardt vielerorts über den Bereich des Amtes und der weltlichen Herrschaft hinaus griff (vgl. Tabelle und Karte). Hier gab es nur wenige Ausnahmen. Ottendorf gehörte, weit abgelegen wie es war, nicht in den Murrhardter Pfarrsprengel, sondern zur Pfarrei Westheim, die allerdings eine Murrhardter Patronatspfarrei war. Auch die Weiler Eschenstrut und Frankenweiler, zwei kleine Orte am Westrand des Murrhardter Amtsgebiets, waren nach auswärts eingepfarrt, nach Sulzbach/Murr. Ansonsten deckte der Murrhardter Pfarrsprengel aber die zahlreichen Enklaven, die das Murrhardter Amtsgebiet zerteilten, völlig ab.

Die Zusammengehörigkeit etlicher in herrschaftlicher Hinsicht von Murrhardt getrennter Weiler im Rahmen der Pfarrei Murrhardt schuf faktisch ein enges Verbundenheitsgefühl dieser Weiler mit Murrhardt. Die seit 1559 erhaltenen Kirchenbücher belegen die vielfältige Anwesenheit von Einwohnern aus all diesen in weltlicher Hinsicht nicht zu Murrhardt gehörenden Orten in der Stadt.

Stadt, Amt und Pfarrei Murrhardt im 16. Jahrhundert

Ort	1523	1525	1536	1542	1545	1546	1553	1558	1560	Pfarrei 1559/61
1 Murrhardt	×	×	×	×	×	×	×	×	×	×
2. Eschenstrut	×	×	×	×	×		×	×	×	
3. Eutendorf				×						
4. Fautspach										×
5. Fornsbach	×	×	×	×	×		×	×	×	×
6. Frankenberg				×						
7. Frankenweiler	×	×	×	×	×			×	×	
8. Glashofen										×
9. Grab										×
10. Harbach	×	×	×	×	×		×	×	×	×
11. Hausen/Murr	×	×	×	×	×		×	×	×	×
12. Hinterbüchelberg										×
13. Hinterwestermurr										×
14. Hördt	×	×	×	×	×					×
15. Hörschhof										×
16. Hoffeld	×	×	×	×	×					×
17. Hohenhardtsweiler				×						
18. Käsbach	×	×	×	×	×		×	×	×	×
19. Karnsberg	×	×	×	×	×		×	×	×	×
20. Klingen	×	×	×	×	×		×	×	×	×
21. Lauckenmühle										×
22. Mettelbach		×	×				×	×	×	×
23. Mettelberg										×
24. Michelbächle		×								
25. Mittelrot		×								
26. Morbach										×
27. Murrhärle	×	×	×	×	×		×		×	×
28. Neustetten	×	×	×	×	×		×	×	×	×
29. Ottendorf		×		×	×		×	×	×	
30. Schönbronn										×
31. Schwammberg	×	×	×							×
32. Siegelsberg	×	×	×	×	×		×	×	×	×
33. Steinberg	×	×	×	×	×		×	×	×	×
34. Stöckach	×	×	×	×	×		×			×
35. Trauzenbach	×									×
36. Vorderwestermurr	×	×	×	×	×		×	×	×	×
37. Waltersberg	×	×	×	×	×					×
38. Weidenbach	×	×	×	×	×		×	×	×	×
39. Westheim		×		×	×		×			
40. Wolfenbrück	×	×	×	×	×		×			×

Erläuterungen zur Tabelle und zur Karte:[299]

1. Murrhardt, Stadt und Vorstadt, wohl auch mit Wolkenstein/-hof.
2. Eschenstrut, 1475, 1493 und 1528 zum Amt und Gericht Böhringsweiler gehörig, später offenbar zum Amt Murrhardt gekommen, wohin der Weiler bereits im 16. Jahrhundert militärdienstpflichtig war. 1558 wohl wegen der geringen Einwohnerzahl zufällig kein Eschenstruter im Murrhardter Aufgebot. 1933 von Murrhardt nach Sulzbach/M. umgemeindet.
3. Eutendorf, limpurgischer Ort, 1542 wohl ein Murrhardter Hintersasse dort.
4. Fautspach gehörte zum Amt Backnang, seit 1521 kirchlich zu Murrhardt gehörig (HStAS A 508, U 11).
5. Fornsbach. Die Nennungen beziehen sich meist nur auf die Fornsbacher Hub, die auch weltlich dem Kloster unterstand. Der Hauptteil des Ortes, der eine Kapelle besaß, gehörte weltlich zu Löwenstein, lediglich kirchlich unterstand Fornsbach ganz der Pfarrei Murrhardt. Fornsbach gehörte ins Gericht Sulzbach/Murr.
6. Frankenberg. Wie 3 (Eutendorf).
7. Frankenweiler. Murrhardter Amtsort.
8. Glashofen, limpurgischer Ort, zu Oberrot gehörig. Nur teilweise nach Murrhardt eingepfarrt, teilweise auch nach Oberrot.
9. Grab. 1475, 1493 und 1528 Teil des Amtes Böhringsweiler, jedoch in das Gericht nach Murrhardt gehörig, ebenso in die Pfarrei Murrhardt. 1848 als selbständige Gemeinde gebildet, 1851 als eigene Pfarrei.
10. Harbach. Murrhardter Amtsort.
11. Hausen. Murrhardter Amtsort.
12. Hinterbüchelberg. 1475, 1493 und 1528 ins Amt Böhringsweiler, jedoch in das Gericht und die Pfarrei Murrhardt gehörig. Merkwürdig mutet an, daß der Ort – obwohl seine Bindungen an das Murrhardter Gericht und die Pfarrei enger waren als bei Eschenstrut – militärisch nicht mit Murrhardt verbunden gewesen zu sein scheint.
13. Hinterwestermurr, weltlich zum löwensteinischen Fornsbach, kirchlich zur Pfarrei Murrhardt gehörig.
14. Hördt (heute Hördthof). Murrhardter Amtsort.
15. Hörschhof gehörte ins Amt Backnang; unklar, weshalb 1559/61 Hörschhofer Einwohner in den Akten der Pfarrei Murrhardt erschienen, die diesen Weiler später nicht umfaßte.
16. Hoffeld. Murrhardter Amtsort.
17. Hohenhardtsweiler. Wie 3 (Eutendorf).
18. Käsbach. Murrhardter Amtsort.
19. Karnsberg. Murrhardter Amtsort.
20. Klingen. Murrhardter Amtsort.
21. Lauckenmühle (heute Eisenschmiedmühle). Murrhardtr Amtsort. Bei den Musterungen und Schatzungen des 16. Jahrhunderts erscheinen die Einwohner der Lauckenmühle wohl unter den Hausener Einwohnern.

299 Die Jahreszahlen 1475, 1493 und 1528 und 1523–1560 sind in der Einleitung zur Einwohnerliste nachgewiesen. Vgl. auch allgemein zum Folgenden: Murrhardter Buch 1925, S. 19ff.

22. Mettelbach. Murrhardter Amtsort. Vgl. zur Problematik der Orte Mettelbach und Mettelchristbach, bei denen es sich möglicherweise um getrennte Ansiedlungen handelte, die Überlegungen im Murrhardter Buch 1925, S. 21.
23. Mettelberg. Teil des löwensteinischen Fornsbach, kirchlich zur Pfarrei Murrhardt gehörig.
24. Michelbächle. Wie 3 (Eutendorf).
25. Mittelrot. Limpurgischer Ort, gehörte zur Pfarrei Fichtenberg. Ansonsten wie 3 (Eutendorf).
26. Morbach. 1475, 1493 und 1528 zum Amt und Gericht Böhringsweiler gehörig. Teil der Pfarrei Murrhardt. Seit 1848 Teil der Gemeinde Grab (s. dort).
27. Murrhärle. Murrhardter Amtsort.
28. Neustetten. Gemeint ist Unterneustetten, Murrhardter Amtsort. Oberneustetten gehörte zu Gemeinde und Pfarrei Kirchenkirnberg.
29. Ottendorf. Gericht zu zwei Drittel murrhardtisch, zu einem Drittel limpurgisch. Pfarrei ursprünglich selbständig, im 16. Jahrhundert jedoch von Westheim mit versehen.
30. Schönbronn. 1475, 1493 und 1528 zum Amt Böhringsweiler, jedoch in das Gericht und die Pfarrei Murrhardt gehörig. Vgl. die ähnlichen Verhältnisse in Hinterbüchelberg. Seit 1848 Teil der Gemeinde Grab (s. dort).
31. Schwammberg (heute Schwammhof). Murrhardter Amtsort.
32. Siegelsberg. Murrhardter Amtsort.
33. Steinberg. Murrhardter Amtsort.
34. Stöckach (heute Plapphof). Ende des 15. Jahrhunderts gegründeter Murrhardter Amtsort. Vgl. zur Entstehungsgeschichte in der Einwohnerliste: Stöckenmayer, Plapp.
35. Trauzenbach. Löwensteinischer Ort, zum Amt Sulzbach gehörig, kirchlich Teil der Pfarrei Murrhardt. Seit 1848 Teil der Gemeinde Grab.
36. Vorderwestermurr. Murrhardter Amtsort.
37. Waltersberg. Murrhardter Amtsort.
38. Weidenbach. Murrhardter Amtsort, seit 1809 zur Gemeinde Kirchenkirnberg, seit 1972 zur Gemeinde Kaisersbach gehörig.
39. Westheim. Pfarrdorf unter hällischer Gerichtsherrschaft. Vgl. zur Frage der Murrhardter Hoheit und Steuererhebung die Ausführungen auf S. 275.
40. Wolfenbrück. Hinterer Teil limpurgisch, vorderer Teil murrhardtisch. Entsprechend auch die Aufteilung der Pfarreigrenzen: der hintere Teil zu Oberrot, der vordere zu Murrhardt.

Unklar ist, weshalb einmal auch das weltlich und geistlich zu Sulzbach gehörige Meilenberg (= heute Kieselhof) in den Murrhardter Kirchenbüchern auftaucht.

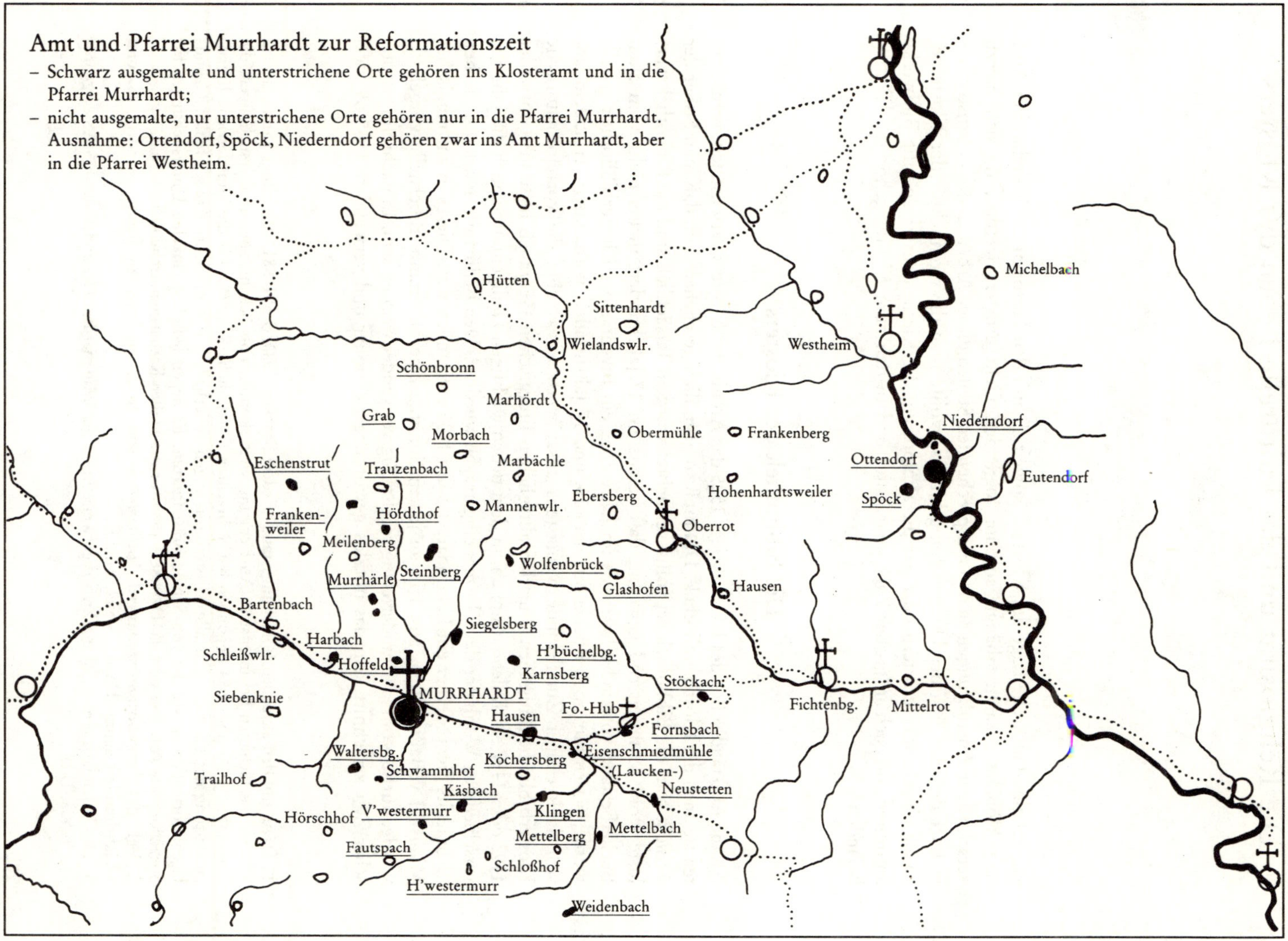

Amt und Pfarrei Murrhardt zur Reformationszeit
– Schwarz ausgemalte und unterstrichene Orte gehören ins Klosteramt und in die Pfarrei Murrhardt;
– nicht ausgemalte, nur unterstrichene Orte gehören nur in die Pfarrei Murrhardt. Ausnahme: Ottendorf, Spöck, Niederndorf gehören zwar ins Amt Murrhardt, aber in die Pfarrei Westheim.
Hütten
Sittenhardt
Wielandswlr.
Westheim
Michelbach
Schönbronn
Marhördt
Grab
Morbach
Obermühle
Frankenberg
Niederndorf
Ottendorf
Eutendorf
Spöck
Eschenstrut
Trauzenbach
Marbächle
Hohenhardtsweiler
Ebersberg
Mannenwlr.
Hördthof
Franken-
weiler
Meilenberg
Oberrot
Wolfenbrück
Glashofen
Murrhärle
Steinberg
Hausen
Bartenbach
Siegelsberg
Harbach
H'büchelbg.
Schleißwlr.
Hoffeld
Karnsberg
Stöckach
MURRHARDT
Fichtenbg.
Mittelrot
Siebenknie
Fo.-Hub
Hausen
Fornsbach
Eisenschmiedmühle
(Laucken-)
Waltersbg.
Köchersberg
Schwammhof
Trailhof
Käsbach
Neustetten
Hörschhof
V'westermurr
Klingen
Mettelbach
Mettelberg
Fautspach
Schloßhof
H'westermurr
Weidenbach

Die Religiosität und das kulturelle Leben des Klosters

Die religiös-kulturelle Lage des Klosters, soweit sie mit den Personen der Murrhardter Äbte und Mönche zusammenhängt, soll im folgenden nicht erörtert werden, da sich hierzu verschiedene Ausführungen an den entsprechenden Stellen dieser Arbeit finden. Ebenso ginge es über den Rahmen der Untersuchung hinaus, wollte man die Architektur der Klostergebäude eingehender erörtern oder gar die Skulpturen, die Kirchenfenster und die Bildwerke aufführen, die sich in großer Zahl im Kloster und in den zum Kloster gehörigen Kirchen befanden[1].

Die Bibliothek des Klosters

Als die Aufständischen des Bauernkriegs 1525 das Archiv des Klosters verwüsteten, vernichteten sie auch die Klosterbibliothek. Das muß so gründlich geschehen sein, daß man bisher der Ansicht war, die Bibliothek sei völlig vernichtet worden. Tatsächlich sind die Bibliotheksverluste wohl so umfassend gewesen, daß bereits im 17. Jahrhundert nichts mehr vom alten Bücherbestand vorhanden war. Als im Jahre 1632 ein Inventar der Klosterbibliothek erstellt wurde, waren nur noch Bücher aus dem 16. und 17. Jahrhundert vorhanden[2]. Trotzdem läßt sich dank einiger Zufallsfunde wenigstens ansatzweise etwas über die vorreformatorische Klosterbibliothek aussagen. Für den alltäglichen liturgischen Gebrauch legte man entweder 1492 oder 1497 ein Kalendarium an, in dem neben wichtigen Heiligenfesten auch die Jahrtage verschiedener Wohltäter des Klosters eingetragen wurden[3]. Den Bedürfnissen des liturgischen Gebrauchs diente ferner ein Lektionar, das um 1100 entstanden war. Dieses in karolingischer Minuskel verfaßte Buch, aus dem an jedem Sonntag eine bestimmte Bibelstelle vorgelesen wurde, dürfte wohl jahrhundertelang regelmäßig verwendet worden sein. In nachreformatorischer Zeit zerschnitt man das nutzlos gewordene Lektionar und verwendete 1568/69 zwei

1 Dazu gibt den aktuellen Forschungsstand wieder: SCHAHL 1983, S. 551–881. Allerdings kann man auf zahlreichen Gebieten bei intensiver Anstrengung weiterkommen als Schahl. Spezialuntersuchungen, die SCHWEIZER 1983 und 1984 begonnen hat, erbrachten erstaunliche Resultate für die künstlerische Innenausstattung des Klosters. Für alle Klosterbesitzungen außerhalb des Rems-Murr-Kreises fehlen Grundlageninformationen wie die von Schahl präsentierten. Es liegen lediglich einzelne Untersuchungen für Spezialobjekte vor, wie sie z. B. DEUTSCH 1985 für die Haller Katharinenkirche geliefert hat.

2 Vgl. das *Inventarium monasterii Murhartensis* von 1632, das etwa 86 Bände aus dem 16. und 17. Jahrhundert nennt (HStAS A 508, Bü. 13).

3 Das Kalendarfragment ist merkwürdigerweise unter den Murrhardter Urkunden des HStAS eingeordnet: A 508, U 18.

Blätter daraus als Einbanddeckel für eine Murrhardter Amtsrechnung[4]. Von zwei weiteren Murrhardter Büchern geistlichen Inhalts finden sich nur noch winzige Bruchstücke, die keine genauere inhaltliche Deutung zulassen. Nach den wenigen Zeilen Schrift, die noch erhalten sind, stammen die beiden Bände aus dem 14. oder 15. Jahrhundert. In nachreformatorischer Zeit hat man sie zerschnitten und mit den einzelnen Pergamentstücken Prozeßakten aus den Jahren 1556 und 1557 geheftet. Diese kleinen Pergamentteile sind die letzten Reste beider Bücher, die nach erhaltenen roten und blauen Initialen anspruchsvoll gestaltet gewesen sein müssen[5].

Während Kalendar und Lektionar sowie die beiden nicht genauer bestimmbaren Bände dem klösterlichen Alltagsgebrauch dienten, ist eine Murrhardter Handschrift, die in zwei Teilen 1434–1439 und 1462 verfaßt worden ist, in mehrfacher Hinsicht außergewöhnlich. Der insgesamt 328 Blätter umfassende Band enthält zunächst eine Reihe von Beiträgen verschiedener mittelalterlicher Geistlicher zu ausgesprochen theologisch-theoretischen Themen: den *Manipulus* des Guido de Monte Rocherii, die *Fabulae* des Gualterus Anglicus, die anonymen *Statuta ecclesiasticarum,* die *Tituli historiarum* des Prudentius mit Kommentar, die anonymen *Canones quomodo sacerdos debet iniungere penitenciam peccatoribus* und die *Aequivoca* des Johannes des Garlandia. Noch auffälliger als diese Aufsätze sind zwei sorgsam eingeheftete hebräische Fragmente aus dem 14. Jahrhundert aus dem Traktat *Baba batra* aus dem Talmud. Die Handschrift aus dem 15. Jahrhundert läßt auf ein erstaunliches geistiges Niveau des Murrhardter Klosters schließen, denn ihr ausgesprochen wissenschaftlicher Inhalt ging über das normalerweise in Klöstern Übliche weit hinaus[6]. Falls die Handschrift nicht nur im Kloster Murrhardt aufbewahrt, sondern hier gar verfaßt worden wäre – was durchaus nicht unwahrscheinlich ist –, dann müßte die klösterliche Schreibstube zumindest in den Jahren von etwa 1430 bis 1460 ein ausgesprochenes kulturelles Zentrum gewesen sein. Der Verlust der übrigen Bibliotheksbestände wäre dann um so schmerzlicher. Übrigens braucht man unter Umständen mit diesen außerordentlichen Werken aus der Mitte des 15. Jahrhunderts nur einen kleinen Personenkreis in Verbindung zu bringen. Vielleicht war es gar nur ein einziger, besonders interessierter Mönch, der theologische Schriften und Kommentare las und abschrieb und der sorgfältig Hebräisches aufbewahrte.

Man beschäftigte sich im Kloster aber keinesfalls nur mit anspruchsvoller theologischer Literatur, sondern las damals auch moderne, leichtere Lektüre aufklärerisch-volkstümlichen Inhalts: Als die Bauern 1525 das Kloster plünderten, wollte einer von ihnen gerade das »Narrenschiff« des Elsässers Sebastian Brant zerreißen, doch der Bauernkanzler und Frickenhofer Pfarrer Wolfgang Kirschenesser griff ein und eignete sich das Buch an[7]. – Mehr als diese sechs Bücher sind aus der Murrhardter Klosterbibliothek nicht bekannt. Aus den wenigen Nachrichten geht immerhin hervor, daß in Murrhardt zeitweilig ein reges Bibliotheksleben geherrscht haben muß.

4 HStAS A 303, Bd. 10 100. Datierung und nähere Bestimmung aufgrund brieflicher Mitteilung von Frau Krekler und Frau Dr. Spilling, Handschriftenabteilung der Württ. Landesbibliothek Stuttgart, vom 29. 4. 1986.

5 HStAS A 508, Bü. 17; vgl. auch die Einleitung zur Einwohnerliste.

6 Es handelt sich um den Band HB I 127 in der Württ. Landesbibliothek; vgl. zu den Details: Autenrieth/Fiala 1968, S. 233 f. – Im Vergleich zu Murrhardt muß beispielsweise im Nachbarkloster Komburg im 15. Jahrhundert ein geradezu schockierendes geistiges Desinteresse geherrscht haben; dazu: Jooss 1971, S. 79 f.

7 Kirschenesser S. 364.

Religiöse Bräuche im Kloster und den Klosterpfarreien

Hirsauer Gewohnheiten und andere Bräuche seit dem Hochmittelalter

Über religiöse Bräuche im Kloster Murrhardt in hochmittelalterlicher Zeit ist wenig bekannt. Man weiß, daß Murrhardt in den letzten Jahrzehnten des 11. Jahrhunderts zu dem Kreis der Reformklöster um St. Blasien und Hirsau gehörte[8]. Die Hirsauer Gewohnheiten wurden auch in Murrhardt befolgt; man zelebrierte namentlich die Gebete im Rahmen der wechselseitigen Gebetsverbrüderungen nach Hirsauer Vorbild. Außer der knappen Mitteilung *Senioribus de Murrath faciendum est sicut Hirsaugiensibus* (die Mönche von Murrhardt sollen es [mit ihren Gebeten] so halten wie die Hirsauer) sind aber keine weiteren Nachrichten überliefert. Daß vor der hirsauisch beeinflußten Epoche in Murrhardt ganz andere Bräuche geherrscht haben, läßt sich indirekt aus der Architektur der Klosterkirche erschließen: Murrhardt hatte ursprünglich runde Apsiden und sogar – was ganz außergewöhnlich ist – einen Lettner mit halbkreisförmigem Grundriß[9]. Zahlreiche lettnerartige Zwischenwände und viele Altäre lassen auf innerkirchliche Prozessionen und häufige Meßfeiern der Priestermönche schließen. Im Kontrast zur späteren hirsauischen Zeit steht in Murrhardt auch die bald nach dem Jahre 1000 unter dem Westchor errichtete Krypta, die erst mit dem Bau der großen Westturmanlage um 1220/30 verändert und vermutlich ihres geistlichen Charakters beraubt wurde. Ein besonderes Merkmal der Klosterkirche war auch in ihre Doppelchorigkeit mit dem Hauptchor im Westen und dem großen Marienchor im Osten[10]. All das hat zweifellos Konsequenzen für die innerkirchlichen, seit etwa dem Jahr 1000 von der Gorzer Reform geprägten Gewohnheiten und Gebräuche gehabt – doch kann man leider über diese allgemeinen Aussagen hinaus keine präziseren Feststellungen treffen. – Eine besondere Rolle im Kloster spielte die 1220/30 entstandene Walterichskapelle neben dem Nordturm am Ostteil der Kirche. Die Architektur der Kapelle mit Sitzplätzen für zwölf Mönche in Wandnischen läßt den Schluß zu, daß hier Sondergottesdienste mit der Zahl der Gründungsmönche gefeiert wurden. Es spricht einiges dafür, daß die Kapelle als Totenkapelle für verstorbene Mönche gedient hat, denn über dem Ausgang der Kapelle in den Mönchsfriedhof thront die Figur Christi als Richter[11].

Verehrung Kaiser Ludwigs des Frommen

Ludwig der Fromme, der Sohn Karls des Großen, genoß in Murrhardt als Klosterstifter von Anfang an besondere Verehrung. Die einzelnen Bestandteile des Ludwigskults im Früh- und Hochmittelalter sind zwar nicht bekannt, doch dürfte das um die Mitte des 15. Jahrhunderts errichtete Grabmal Ludwigs auf ältere Vorbilder zurückgehen. Man gedachte des Murrhardter Klosterstifters vermutlich mit besonderen Gebeten und Fürbitten. Im Spätmittelalter gab es dabei gewisse Ungereimtheiten, da man sich über Todesjahr und -tag des Kaisers nicht mehr

8 Dazu Fritz 1982-III, S. 89f.

9 Mündliche Mitteilung von Dr. Rolf Schweizer und Einsichtsnahme in dessen Grabungsunterlagen von 1973. Eine Publikation der damaligen Grabung steht immer noch aus. Vgl. auch die Übersichtsphotographie von der damaligen Ausgrabung bei Schahl 1983, S. 573.

10 Diese Doppelchörigkeit gilt für alle romanischen und gotischen Bauphasen der Kirche.

11 Mündliche Mitteilung Dr. Rolf Schweizer.

im klaren war. Die Inschrift auf Ludwigs spätmittelalterlichem Grab gibt irrtümlich 816 statt 840 an. Das Grabmal des Kaisers war auf jeden Fall eine Besonderheit. Es deutet einiges darauf hin, daß es sich nicht um ein bloßes Ehrengrab, ein Kenotaph, handelte, sondern daß tatsächlich eine Teilbestattung – vielleicht das Herz des Kaisers – vorlag[12].

Die Walterichswallfahrt in der Pfarrei Murrhardt

Das Osterfest und die vorhergehenden Kartage waren in Murrhardt noch bis in die Jahre vor dem Zweiten Weltkrieg etwas Außergewöhnliches. Vor allem am Karfreitag stand das Städtchen in einer dem ernsten Feiertag ganz unangemessenen Weise geradezu auf dem Kopf: Vom frühen Morgen an füllten Menschen, vor allem Bauern aus der näheren und weiteren Umgebung, die Straßen Murrhardts, alle Geschäfte hatten geöffnet und erfreuten sich bester Umsätze. Die Ursache für den im 20. Jahrhundert bereits weitgehend säkularisierten Ablauf des Festtages war der Walterichskult. Seit Jahrhunderten zogen die Menschen am Karfreitag, aber auch an den folgenden Tagen, zum Grab des Murrhardter Klostergründers. Noch heute wird, wie seit Jahrhunderten, der Ölberg am Chor der Walterichskirche an den Kar- und Ostertagen geöffnet, und eine mittlerweile allerdings stark abnehmende Zahl von Prozessionsteilnehmern bewegt sich hinauf zur Kirche[13]. Die Walterichswallfahrt und die Osterfeierlichkeiten lassen sich mehrere hundert Jahre zurückverfolgen. Es ist anzunehmen, daß die Wallfahrt mindestens bis ins Jahr 1225 zurückreicht, als das Kloster – ein auffälliges Zusammentreffen – fast gleichzeitig eine Papst- und eine Kaiserurkunde erhalten hat, die mit der Seligsprechung Walterichs und dem Bau der Walterichskapelle im Kloster in Zusammenhang stehen dürften. Wahrscheinlich ist die Wallfahrt sogar noch älter. Derart deutet ein um 1180 entstandenes Wallfahrtsportal an der Walterichskirche hin[14]. Für den 1525 und 1550 schreibenden Chronisten Georg Widman war die Walterichswallfahrt eine alte Tradition, die noch zu seiner Lebenszeit geübt wurde[15]. Die Wallfahrt zu Ostern hat die Reformationszeit überdauert, sie wurde noch wesentlich später in typisch katholischer Prunkentfaltung begangen. 1644 berichtete die aus der Murrhardter Gegend stammende Mutter des bayrischen Obristen Wolff, daß man Kreuze um die Feldflur getragen und in einer feierlichen Prozession eine auf einem Esel sitzende Christusstatue hinauf zur Pfarrkirche gezogen habe[16]. Zweifellos war die Zeit um Ostern der Höhepunkt der Walterichswallfahrt. Sie war indessen keineswegs nur auf den Karfreitag und die folgenden Tage beschränkt, sondern konnte – wenn entsprechender Bedarf vorlag – auch als Einzelwallfahrt zu beliebiger Zeit durchgeführt werden. Zum Grab des heiligen Walterich zogen die Pilger nämlich immer dann, wenn man um Heilung von einer Krankheit bat, insbesondere bei Lähmungen und Krankheiten der Beine[17]. Eine zentrale Rolle beim Gebet spielte hierbei der Walterichsgrabstein. Vor ihm beugten die Wallfahrer ihre

12 Decker-Hauff 1978, S. 7.
13 Vgl. Details zur Walterichswallfahrt im 19. Jahrhundert bei Schahl 1976, S. 262 Anm. 57.
14 Fritz 1982-III, S. 98 ff.
15 Widman S. 145.
16 Chronicon Murrhardtense, Bl. 360a/b. Der Druck dieser Quelle bei Weissenberger 1942, S. 84 ff., ist lückenhaft; genauer bei Schahl 1976, S. 253.
17 Vgl. die Schilderung einer solchen individuellen Walterichswallfahrt noch im Jahre 1847 bei Mauser 1986.

Knie im Gebet[18] und suchten den wundertätigen Grabstein unmittelbar zu berühren[19]. Die Geheilten ließen zahlreiche Krücken zurück, die an den Wänden der Kirche aufgehängt wurden[20]. Außer gegen Lähmung und Gehbeschwerden soll die segensreiche Kraft des Walterichsgrabes auch gegen Schwachsinn und Besessenheit geholfen haben. Widman berichtet, auf welche Weise in diesem Fall zu verfahren war: *Zue solcher st. Weltreichs begräbt seindt etwann und bey meinen zeithen die unsinnigen, auch die besessenen menschen an ketten geführt uf solch grab in einn eng häuszlein darauff gemaurth in ketten gebunden gelegt worden, undt so sie eine nacht darauf lagen, seind ihrer ettliche wider zu sinne kommen*[21].

Der Walterichsgrabstein war eine Steinplatte, die ursprünglich als römischer Grabstein gedient hatte und einem Medullius Carantus gewidmet war[22]. Offenbar verwendete man ihn bewußt als Grabstein für den christlichen Abt Walterich wieder, um so den Sieg des Christentums über die heidnisch-antike Kultur zu symbolisieren. Wohl im Spätmittelalter versah man den Grabstein mit einer Walterich bezogenen Inschrift[23]. Es muß auf die Gläubigen besonders geheimnisvoll gewirkt haben, daß der Walterichsgrabstein, der durch das von Widman erwähnte *häuszlein* innerhalb der Kirche bereits optisch stark hervorgehoben war, auch noch, von unsichtbaren Kräften gehoben, zu schweben schien[24]. Dieser Effekt wurde durch einen einfachen Trick erreicht: Der Walterichsgrabstein war an zentraler Stelle unsichtbar auf einem Gelenk, wohl einer Eisenstange, gelagert, auf der er ständig hin- und herschwankte und so den Eindruck erweckte, als schwebe er. Zu Widmans Zeiten oder nicht allzulange vorher wurde der Stein hochgehoben[25] und sein »Wunder« enthüllt[26]. Unter dem ersten protestantischen Abt, Otto Leonhard Hofsess (1552–1574), wurde der Walterichsgrabstein zerschlagen, blieb aber zumindest teilweise noch im Kirchenboden liegen. Aus einzelnen Teilen ließ sich Vogt Jakob Hofsess auf einem Landgut in Murrhardt-Waltersberg einen Steintisch anfertigen[27]. Der wundertätige Stein war aber zu wertvoll, um nur den Privatbedürfnissen von Hofsess zu dienen. Da auch die Trümmer des Steins weiterhin Wallfahrer anzogen, verarbeitete man einige seiner Teile zu einem massiven Opferstock am Hauptportal der Kirche. Beim Einwerfen des Opfergeldes mußten die Gläubigen direkt mit dem Stein in Berührung kommen, da der noch heute erhaltene Geldeinwurf sich am Ende einer etwa armlangen, schlauchförmigen Öffnung dem Innern des Opferstocks befindet. Der im Kircheninnern verbliebene Rest des Walterichsgrabsteins wurde erst 1793 zerstört[28].

18 Chronicon Murrhardtense (wie Anm. 16).
19 Es handelt sich dabei um eine noch heute geübte Praxis.
20 Chronicon Murrhardtense (wie Anm. 16).
21 Widman S. 145.
22 Ebd., S. 144; Schahl 1976, S. 250ff.; Haug/Sixt 1913, S. 583 Nr. 404.
23 Widman S. 144: *Obiit Walthericus abbas in tertia calend(as) decembris nostris temporibus huius monasterii – huius corpus hic iam est sepultum* (Es starb der Abt dieses Klosters Walterich am dritten Tag vor den Kalenden des Dezember unserer Zeit – sein Körper ist hier bereits begraben). Bereits zu Widmans Zeit war die Inschrift stark zerstört, insbesondere war die Jahreszahl nicht mehr zu lesen.
24 Ebd.
25 Vielleicht im Zuge der Baumaßnahmen an der Kirche 1489? Vgl. die Bauinschrift 1489 an den drei Kirchenportalen; dazu Schahl 1976, S. 244.
26 Widman S. 145.
27 Schahl 1976, S. 253, nach dem Chronicon Murrhardtense (wie Anm. 16).
28 Ebd., S. 253ff.

Murrhardter Osterfeierlichkeiten

Zweifellos spielte der Walterichskult in den Tagen um Ostern in Murrhardt eine besonders prägende Rolle. Andererseits besaß das Osterfest als hoher kirchlicher Feiertag erhebliche Bedeutung. Von den nicht mit Walterich in Verbindung stehenden Osterbräuchen ist jedoch wenig bekannt. Immerhin ergeben mehrere im Zusammenhang mit dem Abt Herbord »Gütigott« überlieferte Anekdoten wenigstens einige Mosaiksteine, welche das Bild der Murrhardter Osterfeierlichkeiten umreißen[29]. Eine zentrale Rolle haben dabei Skulpturen des Heiligen Grabes gespielt, die sich in der Murrhardter Klosterkirche und in der Pfarrkirche St. Maria, der späteren Walterichskirche, befanden oder dort zumindest in der Osterzeit aufgestellt waren. Offenbar war es üblich, daß der Murrhardter Abt in der Osternachtsfeier die Figur des Leichnams Christi aus dem Grab hob, um so die Auferstehung Christi symbolisch nachzuvollziehen. Die Osterbräuche wurden jedoch nicht immer mit dem erforderlichen Ernst abgehalten, wie die üblen Erfahrungen des Abtes Gütigott beweisen, den seine mönchischen Mitbrüder arg an der Nase herumführten.

Die Wallfahrt in Orendelsall

Die Murrhardter Pfarrkirche war von allen dem Kloster unterstehenden Pfarreien der wichtigste Wallfahrtsort. Eine weitere Wallfahrt zog nach Orendelsall, der nördlichsten Klosterpfarrei[30]. Die Orendels- und Walterichswallfahrt zeigen erstaunliche Parallelen. Während Walterich gegen Lähmung, Wahnsinn und Besessenheit helfen sollte, stand Orendel im Ruf, er *köndte auch den tauben ohrn hielff* erlangen. Zwar hatte hier offenkundig die Volksetymologie mitgespielt, die den Orendel zum Helfer für taube Ohren gemacht hatte; die Tatsache, daß man auch von Orendel Hilfe bei Krankheiten erflehte, ist allein schon eine auffällige Ähnlichkeit mit dem Walterichskult. Wie in Murrhardt zog man auch in Orendelsall zu dem in der Kirche befindlichen Grab Orendels, das solche Wunder wirkte. Und wie in Murrhardt der »heilige« Walterich eine historische Persönlichkeit zu Beginn des 9. Jahrhunderts gewesen war, hatte auch Orendel in den Jahrzehnten um oder nach 800 eine christliche Zelle geleitet. Orendel, der wahrscheinlich mit Walterich verwandt war, hatte sich diesem unterstellt[31]. Orendelswallfahrten fanden noch zu Lebzeiten Widmans, also noch in der ersten Hälfte des 16. Jahrhunderts, statt.

Das Marienwunder in Großbottwar

In die dem Kloster Murrhardt gehörige Liebfrauenkirche auf dem Friedhof vor den Mauern der Stadt Großbottwar zogen nach unserer Kenntnis zwar keine von weither kommenden Wallfahrer, aber immerhin soll der Gründung der Bottwarer Marienkirche doch ein Wunder vorausgegangen sein. Genauere Nachrichten darüber enthält erst eine Urkunde des Jahres 1489, als die Glanzzeit der Kirche längst vorbei war[32]. Dort heißt es, die Kirche sei *in der ere*

29 Vgl. Äbteliste (S. 336 ff.), Abt. Nr. 22.
30 Dazu als einzige Quelle Widman S. 145 ff.
31 Vgl. Fritz 1982-III, S. 54 ff.
32 Vgl. StadtA Großbottwar, Originalurkunde ohne Signatur; vgl. auch Württ. Archivinventare 6, 1913, S. 21.

unnser lieben frowen geweiht, weil *durch sondere gnadenreiche erzaigung grosser zaichen, die der almechtig durch furbitt siner usserwelten mutter, unnser lieben frowen, zu zytten daselbs erschynen lassen* hat. Leider sind die näheren Umstände des Marienwunders nicht bekannt. Anscheinend hatte man erst auf die Marienerscheinung hin die Kirche gebaut.

Wie in Murrhardt und Orendelsall, wo die Wallfahrten und angeblichen Wunder eng mit Gräbern wichtiger Persönlichkeiten aus der Karolingerzeit zusammenhingen, hat auch in der Bottwarer Marienkirche ein karolingisches Grab eine zentrale Rolle gespielt, vielleicht in Verbindung mit der Kirchengründung und dem Marienwunder. In der Liebfrauenkirche befand sich das Grab einer 906 gestorbenen Dedda, einer offenbar mit Walterich und Orendel verwandten Potentatin[33]. Das Grab der Dedda wurde noch im 16. Jahrhundert verehrt. Es ist demnach offenkundig, daß die drei Gräber aus der Frühzeit des Klosters – Walterich, Orendel und Dedda – im Hoch- beziehungsweise Spätmittelalter zentrale Stätten des Wunderglaubens und der Heiligenverehrung waren und in zwei Fällen sogar Wallfahrten nach sich zogen.

Die Wallfahrt in Rieden

Eindeutig jüngeren Ursprungs als die Wallfahrten und Wunder in Murrhardt, Großbottwar und Orendelsall war die Wallfahrt in Rieden. Dort hat angeblich um das Jahr 1371 ein Bauer auf seinem Acker ein Kreuz aus roter Erde gefunden, das eine Hand breit und eineinhalb Hände hoch war[34]. In der Höhlung des Kreuzes sollen sich Knochen befunden haben, die bald als Reliquien von Heiligen verehrt wurden. Zu diesen Heiligtümern setzte eine Wallfahrt ein, die erhebliche Ausmaße angenommen haben muß, denn vor 1436 konnte aus den anläßlich der Wallfahrt eingegangenen und gesammelten Spendengeldern in Rieden eine für die Größe des Ortes stattliche, der Pfarrei Westheim unterstehende Kirche errichtet werden, die heute noch erhalten ist.

Bestattungsbräuche in Großbottwar

In einer allgemeinen Übereinkunft zwischen dem Kloster Murrhardt und der Stadt Großbottwar im Jahre 1495 wurden die Pflichten des vom Kloster einzusetzenden Bottwarer Pfarrers bei Beerdigungen geregelt[35]. Man erhält durch diese Vereinbarung genaue Kenntnis vom Ablauf der Bestattungsfeierlichkeiten. Wenn jemand starb, der zu dem *wirdigen sacrament ist gangen* – der also bereits zur Kommunion gegangen war –, so mußte der Pfarrer die Leiche im Haus abholen und sie beerdigen, sobald ihm der Todesfall verkündet wurde. Starb dagegen ein Kind, das noch nicht zur Kommunion gegangen war, mußte der Pfarrer die sterblichen Überreste nicht abholen. Er war jedoch verpflichtet, das Kind zu bestatten, wenn man ihm den Todesfall gemeldet hatte. Die genaue Regelung der Begräbnisprozedur legt nahe, daß sie zuvor Anlaß für Streitigkeiten zwischen dem Pfarrer und den Bürgern gewesen war. Es ist zu vermuten, daß der Bottwarer Pfarrer den Pflichten bei Begräbnissen nicht in vollem Umfang nachzukommen versuchte. Insbesondere scheint er die zeitaufwendige Totenprozession vom

33 Fritz 1982-III, S. 23f., 33f., 50, 54, 67, 71, 117, 122ff.

34 Gmelin 1896, S. 675.

35 HStAS A 602, U 7384; auch: StadtA Großbottwar, Stadtdokumentenbuch; das in den Württ. Archivinventaren 6, 1913, S. 22 erwähnte Bottwarer Original ist verschollen. Vgl. zur Übereinkunft von 1495 auch S. 257f.

Trauerhaus zum Friedhof nur ungern veranstaltet zu haben. Offensichtlich wollte hier ein oft unwilliger Pfarrer seinen verstorbenen Gemeindemitgliedern allenfalls noch auf dem Friedhof den letzten Dienst anbieten. Die Regelung von 1495 rückte – wenigstens theoretisch – die Verhältnisse wieder zurecht, auch wenn es dem Geistlichen in bezug auf noch nicht zur Kommunion gegangene Kinder gelang, seinen Arbeitsaufwand gering zu halten.

Spätmittelalterliche Gebetsverbrüderungen und Gebetsgemeinschaften

Gegenseitige Fürbitten im Gebet wurden bereits im Frühmittelalter von den Klöstern gepflegt. Man betete für die Mitbrüder des eigenen Konvents, aber auch für Mönche auswärtiger Klöster. Viele Klöster waren durch Gebetsverbrüderungen besonders eng miteinander verbunden. Im Falle Murrhardts wird die Zugehörigkeit zu den Reformkreisen von Hirsau und St. Blasien im 11./12. Jahrhundert durch den Eintrag in der Blasianer Gebetsverbrüderung deutlich[36]. Die Blütezeit der Gebetsverbrüderungen lag im Früh- und Hochmittelalter, der Brauch kam aber auch im Spätmittelalter nie völlig zum Erliegen. Allerdings wurden die klösterlichen Gebetsgemeinschaften seltener, und das Gebet für die eigenen und auswärtigen Mönche trat oft gegenüber dem Jahrtagsgebet für Stifter und Wohltäter des Klosters zurück.

In Murrhardt sind spätmittelalterliche Belege für das gegenseitige Gebet mit anderen Klöstern rar. Die Murrhardter Benediktiner empfingen zweimal – 1447 und 1476 – einen Mönch des Klosters Admont[37]. Die Admonter sandten regelmäßig Boten aus, deren Aufgabe es war, möglichst viele Klöster zu besuchen. Dort baten sie ihre jeweiligen Gastgeber, aller seit dem letzten Besuch verstorbenen Admonter im Gebet zu gedenken; gleichzeitig notierten sich die Admonter Boten sorgfältig, wer von den Gastgebern in letzter Zeit verstorben war. Auf diese Weise entstanden umfangreiche Totenrodel, die nach der Rückkehr in Admont als Grundlage für das Totengedächtnis dienten. Murrhardt wurde nur zweimal besucht, irgendwelche intensiveren Kontakte mit Admont gab es nicht. Nicht einmal mit den Nachbarklöstern unterhielt Murrhardt im 15. und 16. Jahrhundert engere Gebetsgemeinschaften. Im Backnanger Nekrolog erscheinen praktisch keine Murrhardter Mönche[38]; mit dem im 15. Jahrhundert völlig verweltlichten Kloster Komburg scheint keine Gebetsgemeinschaft mehr möglich gewesen zu sein. Dagegen gestalteten sich die Verbindungen zum Kloster Lorch Anfang des 16. Jahrhunderts sehr rege. Im Lorcher Nekrolog wird ausführlich der 1508 und 1512 gestorbenen Murrhardter Äbte Gaul und Renner gedacht[39]. Da das Kloster Lorch 1510/11 an der Reform des Murrhardter Klosters beteiligt war, ist die Wiederaufnahme des alten Gebetsgedenkens nicht weiter verwunderlich. Die Wirren des Bauernkrieges und der Reformation in den folgenden Jahren setzten auch diesem mittelalterlichen Brauch ein definitives Ende.

36 Vgl. oben S. 282.
37 Bünger 1935, S. 38, 75f.
38 Fritz 1985-II, vgl. Register.
39 Hoffmann 1911, S. 146f.

Wie bereits angedeutet, überlagerte seit dem 12., vor allem aber seit dem 13. Jahrhundert das Jahrtagsgebet für verstorbene Stifter und Wohltäter, welche meist dem Laienstand angehörten, die alten zwischenklösterlichen Gebetsgemeinschaften. Bei den Jahrtagsstiftungen verhielt es sich in der Regel so, daß ein Kloster oder eine Pfarrei als Gegenleistung für eine Schenkung sich verpflichtete, alljährlich zum Todestag des Schenkers seiner im Gebet zu gedenken und von Gott das Seelenheil des Betreffenden zu erbitten. Bei kleinen Schenkungen nannte man in der Regel den Namen des Wohltäters kurz in einem allgemeinen Gebet, bei reichen Schenkungen waren aber auch regelrechte Seelmessen möglich. Besonders große Zuwendungen wurden durch aufwendige Jahrtagsfeiern gleich mehrerer Geistlicher begangen. Üblicherweise handelten der Schenker und die beschenkte geistliche Institution die Modalitäten der Gabe und der Jahrtagsfeier detailliert aus. Häufig wurde ein solches Verfahren sogar urkundlich bekräftigt. Bei bedeutenderen Schenkungen ordneten die Wohltäter meist genau an, wie die jährlich eingehenden Schenkungsgelder an die mit den Jahrtagsgottesdiensten beauftragten Geistlichen zu verteilen waren.

Die ältesten, leider nicht exakt datierbaren Jahrtagsstiftungen und -gedenken Murrhardts stammen aus dem 13. Jahrhundert. In den »Traditiones Murrhardtenses«[40] finden sich mehrere Schenkungen, die ausdrücklich unter dem Hinweis dem Kloster vermacht wurden, daß man des Seelenheils der Schenker im jährlichen Gebet gedenke. Es ist davon auszugehen, daß die Jahrtage auch dann gefeiert wurden, wenn ein expliziter Auftrag in den »Traditiones Murrhardtenses« fehlte. Die vornehmsten Tradenten des 13. Jahrhunderts waren die Gräfin Regenweib von Löwenstein und deren Verwandter (Sohn?) Graf Bertold von Löwenstein, die das Kloster mit Weinbergen und Höfen begabten, damit man für ihr Seelenheil bete. Mehrere nicht so herausragende Personen taten es den Löwensteinern gleich: eine *domina Adelhaidis,* die den Zehnt in Grab ans Kloster Murrhardt schenkte, *ut eius anniversarium dies apud nos... celebratur* (daß ihr Jahrtag bei uns gefeiert werde), ein Werner von Bochingen mit Familie, der dem Kloster einen Hof vermachte, *ut memoria eorum semper sit apud nos* (damit ihr Gedächtnis bei uns immer wachgehalten werde), oder ein Wolfing, der den Zehnt in Hagenbach schenkte, *ut eius memoria habetur* (damit seiner gedacht werde).

Über die Art der Jahrtagsregelungen geben die Quellen des 13. Jahrhunderts keine Auskunft. Einzelheiten werden erst aus den Stiftungen erkenntlich, die zur Feier der Jahrtage der Grafen Albrecht und Nikolaus von Löwenstein 1320 und 1340 vorgenommen wurden[41]. Vom 14. Jahrhundert an beschreiben die Murrhardter Quellen ausführlich die Leistung des Tradenten – also die Zahlung oder das Geschenk – und die Gegenleistung der Mönche – den Seelgottesdienst. Die Leistung des Grafen Albrecht beschränkte sich nicht nur auf den Jahrtag. Von den insgesamt 20 lb h jährlicher Zinsen, die er dem Kloster vermacht hatte, sollten 10 lb zum Bau und Unterhalt eines Siechenhauses für die Mönche und zur Pfründenbesserung kranker Konventualen verwendet werden sowie 2 lb für ein ewiges Licht am Marienaltar. Den eigentlichen Jahrtagsfeiern waren jährlich 4 lb h vorbehalten – Anfang des 14. Jahrhunderts kein geringer Betrag. Der Jahrtag war jeweils am 11. Juni mit Vespern und Vigilien zu begehen. Jedem Mönch waren anläßlich des Jahrtags 30 h

40 Abgedruckt bei Fritz 1982-III, S. 121 ff.
41 RL 120, 168.

auszuhändigen. Die restliche Summe – 4 lb h hätten für 32 Mönche gereicht, der Konvent muß also kleiner gewesen sein – sollte zum Kauf von Fisch oder Fleisch und Brot verwendet werden.

Als Graf Nikolaus von Löwenstein 1320 den beschriebenen Jahrtag für seinen Vater anwies, war es keineswegs mehr selbstverständlich, daß ein Jahrtag ohne weiteres eingehalten wurde. Nikolaus mußte die bereits erwähnten präzisen Anweisungen geben, um einer regulären Jahrtagsfeier sicher zu sein. Aber das Mißtrauen des Löwensteiner Grafen gegen die Murrhardter Mönche muß noch größer gewesen sein. Nikolaus ordnete genau an, auf welche Weise das Geld eingezogen und verteilt werden sollte: Der Murrhardter Abt mußte sich verpflichten, daß weder er noch seine Nachfolger die 20 lb h verpfändete. »Überhaupt sollte er mit dem Geld nichts zu schaffen haben: Der Konvent soll mit Rat des Abtes ein Konventsmitglied bestimmen, welches das Geld einnehmen und es gemäß den ... Bestimmungen [der Urkunde] verteilen soll. Nur für den Fall, daß der Konvent sich binnen sechs Wochen nicht auf einen solchen Mann einigen könne, dürfe der Abt selbst einen solchen bestimmen. Falls derselbe sein Amt nicht richtig versehe, so soll der Abt ihn strafen und ihn büßen lassen. Falls er sich dann immer noch nicht bessere, soll der Abt dem Konvent befehlen, einen neuen einzusetzen. Tue dies der Konvent binnen sechs Wochen nicht, soll es der Abt tun«[42]. Eine ähnliche Jahrtagsregelung orndete Graf Nikolaus auch für sich selbst an[43]. 1340 setzten Abt Heinrich und sein Konvent fest, daß der Jahrtag von Nikolaus jährlich mit 8 lb h zu begehen sei, von denen jedem Konventualen 30 h auszuzahlen seien. Vom überzähligen Geld sollten nun nicht mehr Lebensmittel gekauft werden, vielmehr war der Überschuß auf alle Mönche gleichmäßig zu verteilen. Das individuelle Besitzinteresse der Mönche spielte 1340 also eine wesentlich größere Rolle als noch zwanzig Jahre zuvor. War der Jahrtag des Grafen Nikolaus schon in den Anordnungen an die Mönche dem von 1320 weithin vergleichbar, so trifft das auch für die Leistungen der Mönche zu. Sie hatte die üblichen Vigilien und Seelmessen zu lesen.

Die Jahrtagsregelungen des 14. Jahrhunderts weisen also bereits typisch spätmittelalterliche Merkmale auf[44]: die Sorge der Jahrtagsstifter, ob eine träge und besitzorientiert gewordene Geistlichkeit gewillt war, die Jahrtagsregelungen einzuhalten, die Furcht, daß die Geistlichen zwar die Leistungen einer Stiftung gern genießen, aber nichts für das Seelenheil der dem Gebet der Geistlichen Anvertrauten tun wollten. Man versuchte diesen Nachlässigkeiten mit einer genauen Kodifizierung der Jahrtagsbestimmungen in Urkunden zu begegnen – ein Unterfangen von zweifelhaftem Erfolg. Denn wer wollte kontrollieren, ob die Mönche einige Jahre oder Jahrzehnte nach dem Tod des Grafen Albrecht oder des Grafen Nikolaus noch deren Willen in vollem Umfang respektierten? Tatsächlich hat man um 1500 die löwensteinischen Jahrtage offenbar nicht mehr begangen[45]. Und was für die Jahrtage von Grafen galt, mußte noch mehr für die – leider nicht überlieferten – Jahrtage sozial niedriger gestellter Personen gelten. Über Jahrtage von Personen nichtadligen Standes erfahren wir in Murrhardt erst im 15. Jahrhundert. Nach 1450 tritt eine derartige Stiftung ins Blickfeld, als ein damals verstorbe-

42 Zitiert nach RL 120.
43 Dazu RL 168.
44 Vgl. die ausführlichen Erörterungen von Elsener 1984.
45 HStAS A 508, U 18 – das Murrhardter Kalendarfragment, vgl. oben S. 280. Nennt vom 11. Februar bis zum 21. März den für 15. März fälligen Jahrtag des Grafen Nikolaus von Löwenstein nicht. Vgl. zum Kalendar auch unten die Einträge des Martin Widmeyer und des Johannes von Ladenburg.

ner Hans Bernhart der Murrhardter Pfarrkirche – nicht dem Kloster – eine Jahrtagsstiftung vermachte[46]. Dieser nicht näher bekannte, aber zumindest lokal bedeutende Mann versuchte die regelmäßige Feier seines Jahrtags dadurch sicherzustellen, daß er den gesamten Text seiner Stiftung an der Ostwand des Kirchenschiffs in Stein hauen ließ. Die gesamte Kirchengemeinde sollte kontrollieren, ob die Geistlichen den Jahrtag auch einhielten. Der Umfang von Hans Bernharts Verfügungen war erheblich; es sollten jeweils eine Vigil und fünf Seelmessen begangen werden, für die an den Pfarrer 6 ß, an jeden »Herren« – also wohl an jeden Mönch – 4 ß und an den Mesner 2 ß auszuzahlen waren.

Zahlreiche im Spätmittelalter gefeierte Jahrtage sind sich im Kalendarium des Klosters eingetragen, das 1492 oder 1497 entstanden ist[47]. Von dem Kalendarium ist nur noch ein Fragment erhalten, das die Zeit vom 11. Februar bis zum 21. März umfaßt. Für diesen Zeitraum sind zwei Jahrtage verzeichnet, nämlich am 26. Februar für Martin Widmeyer und seine zwei Frauen und am 20. März für Johannes von Ladenburg und seine Frau. Beide Jahrtage waren von bescheidenerem Umfang als die bisher beschriebenen. Widmeyer zahlte für die Feier des nicht näher erörterten Jahrtags an zwei Priester je 15 Pfennig (= 30 h), dem Mesner 3 Pfennig (= 6 h); Johannes von Ladenburg ließ aus einer Gesamtstiftung von jährlich 5 ß dem Pfarrer und Kaplan je 15 Pfennig, dem Mesner 2 Pfennig zukommen. Die nahezu identischen Beträge legen den Schluß nahe, daß eine Zahlung von etwa 15 Pfennig an die jeweiligen Geistlichen und 2–3 Pfennig für den Mesner eine Art Mindesttarif für nicht allzu aufwendige Jahrtage gewesen sind. Bei Einführung der Reformation betrug die jährliche Gesamtsumme von Jahrtagsgeldern der Pfarrei Murrhardt 13 lb, 16 ß, 2 h[48].

Die Bruderschaften in Murrhardt, Großbottwar und Schwäbisch Hall

Bruderschaften waren bei Pfarrkirchen des Spätmittelalters eine ziemlich häufige Erscheinung. Ein besonders beliebter Patron der Bruderschaften war der heilige Sebastian, der in Murrhardt Schutzherr der Bruderschaft war. Spuren von Sebastiansbruderschaften reichen bis ins 14. Jahrhundert zurück. Meist handelte es sich um religiöse Gemeinschaften, die aus Laien und Geistlichen bestanden, in einzelnen Fällen scheinen sie aber auch eine Art Schützenverein gewesen zu sein. Im Herzogtum Wirtemberg sind Sebastiansbruderschaften bekannt in Alpirsbach, Brackenheim, Sulz, Balingen, Beinstein, Dornstetten, Ebersbach, Nagold, Nekkarrems, Neckartenzlingen, Stuttgart, Tübingen, Urach, Vaihingen, Wangen und Zuffenhausen[49]. In der Löwensteiner Sebastiansbruderschaft war sogar der Murrhardter Abt Oswald Binder Mitglied[50].

Bruderschaften – die freilich nicht alle dem heiligen Sebastian geweiht waren – gab es in den vom Kloster Murrhardt abhängigen Pfarreien Murrhardt, Großbottwar und Schwäbisch Hall-St. Katharina. Über die Murrhardter Bruderschaft wissen wir dank einer Urkunde von

46 Inschrift in der Walterichskirche über der Kanzel; vgl. den Text in der Einwohnerliste, Anhang.

47 HStAS A 508, U 18; als Entstehungsjahre kommen laut Sonntagseinteilung die Jahre 1486, 1492, 1497, 1503, 1508, 1514 und 1520 in Frage: 12. Februar = Sonntag, 19. Februar = Sonntag usw. Am wahrscheinlichsten sind die Jahre 1492 und 1497; vgl. die lebhaften Aktivitäten des Abtes Schradin in diesen Jahren. Zur Datierung: Grotefend 1982, S. 131–134.

48 HStAS H 102/54, Bd. 8, Bl. 356a.

49 Vgl. zum Folgenden: Pflichthofer 1938, S. 6.

50 Lenckner 1961, S. 34.

1520 genau Bescheid[51]. In diesem Jahr bat Abt Oswald den Bischof von Würzburg, die Statuten der – wie ausdrücklich gesagt wird – schon seit langer Zeit bestehenden Sebastiansbruderschaft an der Murrhardter Pfarrkirche zu bestätigen. Zweck der Bruderschaft war, so meldet der Abt dem Bischof, die Gottesdienstfeier für die lebenden und verstorbenen Mitglieder der Pfarrei *(fraternitas... in divinorum celebracione officiorum pro vivorum et mortuorum fidelium... parrochianorum)*. Zu diesem Zweck hatte Abt Binder folgende Statuten festgesetzt: Der Pfarrer oder Brüder aus dem Konvent von Murrhardt sollten jeden Dienstag um 7 Uhr – im Winter erst um 8 Uhr – für die Bruderschaft Gottesdienst feiern, nämlich Vigilien für die Verstorbenen und insgesmt drei Ämter *(officia)*. Das erste sollte für die Verstorbenen gefeiert werden, das zweite zu Ehren der heiligen Jungfrau Maria, das dritte, das in feierlicher Weise zu begehen war, zu Ehren des heiligen Sebastian. Zwischen dem zweiten und dritten *officium* sollte der Pfarrer sich auf die Kanzel begeben und eine Ermahnung und Fürbitte *(insinuationem et supplicationem)* für Lebende und Tote ans Volk richten. Nach dem letzten *officium* sollten sich Pfarrer und Gemeinde unter dem Gesang *Redemptor meus vivit* (mein Erlöser lebt) zur *cripta cimitery* – vermutlich ein im Friedhof befindliches Beinhaus – begeben. Dort sollte das *Salve regina* gesungen und eine Kollekte durchgeführt werden. Anschließend begab man sich wieder in die Kirche. Dieselben Gottesdienste wurden auch für den Sebastianstag (9. Januar) angeordnet.

Die Heiligenpfleger der Pfarrkirche sollten das Geld, das in einem besonderen, der Bruderschaft gehörenden Opferstock *(capsa)* abgelegt war, der Bruderschaft wann immer nötig zur Verfügung stellen, damit jene die jeweiligen Geistlichen bezahlen konnten. Um das erforderliche Geld aufzubringen, hatten alle Ehepaare bei der Hochzeit 7 ß pro Person zu geben. Auch alle übrigen sollten einmal im Leben 7 ß an die Bruderschaft spenden. Besitzlose waren von dem Betrag befreit; und niemand sollte unter dem Vorwand der Armut ausgeschlossen sein, sondern mit frommem Gebet aufgenommen werden. Spätestens 1535/36 muß die Murrhardter Sebastiansbruderschaft und ihr Kult in der Reformation zugrunde gegangen sein. Sie wird aber gewiß schon im 15., wenn nicht bereits im 14. Jahrhundert existiert haben – vielleicht seit den Pestepidemien ab etwa 1350 – und sie hat die spätmittelalterliche Volksfrömmigkeit in Murrhardt sicherlich maßgeblich geprägt.

Über die Bruderschaft in Großbottwar sind weniger Einzelheiten bekannt. Die Quellen nennen die Bottwarer Bruderschaft nur viermal: 1477, 1486, 1525 und 1527[52]. Anders als in Murrhardt war die Bruderschaft in Bottwar nicht dem heiligen Sebastian geweiht, sie wird vielmehr nach zwei Notizen 1486 und 1527 als Bruderschaft an der Liebfrauenkirche genannt; 1525 ist sie dagegen als Jakobsbruderschaft aufgeführt. Da kaum anzunehmen ist, daß es in Bottwar zwei Bruderschaften gegeben hat – dies wäre bei der geringen Größe des Städtchens recht unwahrscheinlich –, dann müßten die Bruderschaft an der Liebfrauenkirche und die Jakobsbruderschaft identisch sein. Die Bottwarer Frauenkirche befand sich auf dem Friedhof außerhalb der Stadt, die Aufgaben der Murrhardter und der Bottwarer Bruderschaft dürften also ähnlich gewesen sein. Wahrscheinlich hielt auch die Bottwarer Bruderschaft regelmäßig Gebete für die Lebenden und insbesondere für die Toten. In Bottwar haben vermutlich ebenfalls Prozessionen wie in Murrhardt von der Kirche zum Friedhof stattgefunden. Während in Murrhardt die Riten der Bruderschaft gut bekannt sind, die Mitglieder dagegen

51 HStAS A 508, U 12.
52 Vgl. die Nennungen in den Württ. Archivinventaren 6, 1913, S. 21 ff.

unbekannt bleiben, verhält es sich in Bottwar genau umgekehrt. Dort kann man die Riten und den Zweck der Bruderschaft nur in Anlehnung an Murrhardt ungefähr ermitteln, hingegen ist bekannt, daß der Bottwarer Bruderschaft zwölf Brüder und sechs Laien angehörten[53]. Die Bruderschaft an Unser Lieben Frauen Kirche war so bedeutend, daß Bottwarer Bürger ihr gelegentlich Grundstücke oder Einkünfte verkauften[54].

Eine dritte Bruderschaft existierte an der Murrhardter Patronatskirche St. Katharina in Schwäbisch Hall. Die Quellen berichten im Unterschied zu Murrhardt und Großbottwar sehr ausführlich über sie. Das Material zur Katharinenkirche und ihrer Bruderschaft ist so reichhaltig, daß allein Pietschs Haller Urkundensammlung, die nur Dokumente bis 1480 wiedergibt, etwa eine dicht bedruckte Registerseite mit Verweisen auf diese Kirche enthält. Da diese Fülle von Nachrichten nicht im einzelnen ausgewertet werden kann, sei hier lediglich das Wesentliche dargestellt[55]. Die Bruderschaft bei St. Katharina existierte bereits 1346[56]. Viel früher kann sie nicht gegründet worden sein, denn 1354 bestätigte Abt Heinrich von Murrhardt die Statuten der damals offenkundig noch nicht alten Bruderschaft[57]. Aus Heinrichs Dokument lassen sich Gründung und innere Verfassung genau ermitteln. Initiatoren der Gründung waren der Dekan Syfrid in Limpurg, der Kämmerer Heinrich von Tüngental und elf weitere Priester. Im einzelnen setzte Abt Heinrich 1354 fest: »Der Bruderschaft sollen ständig 13 Priester angehören. Nach dem Tode eines Mitglieds ist ein neues zu wählen. Die Mitbrüder in Hall haben die Exequien zu begehen. Zum 7. und 30. müssen alle dazu in St. Katharina, der Filialkirche der Pfarrkirche in Westheim, zusammenkommen bei Strafe von 1 ß h. Jeder hat 30 Totenmessen und Vigilien zu lesen und am 30. einen Armen an seinen Tisch zu laden oder, wenn er selbst keinen Tisch hat, einem andern dazu Geld… zu geben. Jeder hat jede Woche mindestens 1 Totenmesse für die † Brüder zu lesen. Jeder hat zur Hilfe der Bruderschaft täglich genannte Gebete zu sprechen. Streitigkeiten untereinander entscheiden die Brüder. Die Kosten für die Zusammenkünfte trägt jeder selbst, außer an den Donnerstagen der Quatember, an denen er sich mit 1 Mahlzeit begnügen muß, jeder zahlt dafür 2½ Pf. oder versorgt eine Gült von 5 ß. …Die bei den 4 ordentlichen Zusammenkünften der Bruderschaft anfallenden Stiftungen (sollen) der Bruderschaft gehören… mit Ausnahme von 1 ß an den Vicepleban…«[58].

Als 13 Geistliche umfassende Gruppe ist die Bruderschaft auch 1347 und 1466 belegt[59]. Laien erscheinen in den Quellen im Zusammenhang mit der Bruderschaft nur einmal, in einer Urkunde von 1438[60], als von einer Bruderschaft, Gilde und Gemeinschaft *(fraternitas, gylde et contubernium)* an der Katharinenkirche die Rede ist. Diesen drei Institutionen, die zwar miteinander verflochten, aber nicht völlig identisch gewesen zu sein scheinen, gehörten auch »Brüder und Schwestern« – wohl Laien – an. Vermutlich war das Verhältnis der Laien zur Bruderschaft ähnlich wie in Murrhardt: Die Laien waren Nutznießer der Bruderschaft, welche jene wiederum mit Gottesdiensten, Jahrtagen und Totengebet zu versorgen hatte. 1438 legte

53 So genannt für das Jahr 1527.
54 Wie Anm. 52, für die Jahre 1486 und 1527.
55 Die meisten Quellen sind enthalten in den Werken von Pietsch und Ulshöfer, ferner bei Wunder/Lenckner 1956. Weitere Informationen enthalten auch die StR des StadtASHA.
56 Pietsch U 213.
57 Ebd., U 300.
58 Zitiert nach ebd.
59 Ebd., U 217 und 2534.
60 Ebd., U 1854.

man zusätzlich noch fest, daß wegen des Mangels an Notaren der Prokurator der Bruderschaft auch Testamente für die Brüder und Schwestern aufsetzen dürfe.

Die Bruderschaft muß in den Jahrzehnten nach etwa 1350 eine wohlhabende und finanzstarke Institution gewesen sein. In der Zeit bis etwa 1390 bestimmen zahlreiche Jahrtagsstiftungen und Güterverkäufe an die Bruderschaft das Bild[61]. Mancher Geistliche wird wohl weniger aus Frömmigkeit und wegen des Totengedenkens für die anvertrauten Gläubigen der Bruderschaft beigetreten sein. Vielmehr war es angesichts des immer größeren Vermögens der Bruderschaft finanziell attraktiv, einer der 13 Brüder an St. Katharina zu werden. Nachdem die Pestepidemien Ende des 14. Jahrhunderts zurückgegangen waren, geriet der Zuwachs an Jahrtagsstiftungen rasch ins Stocken. Offenbar war der Tod für die Menschen nach etwa 1390 keine so alltägliche Erscheinung mehr wie in der Pestzeit zuvor. Die Bereitschaft, sein Geld zum Gedenken für verstorbene Verwandte oder für sein eigenes Seelenheil anzulegen, scheint merklich nachgelassen zu haben: Bis 1480 ist keine weitere Stiftung zum Zwecke eines Jahrtags an die Bruderschaft mehr nachzuweisen[62].

Auf Stiftungen war die Bruderschaft auch nicht mehr angewiesen. Sie war mittlerweile reich. Seit etwa 1400 sehen die Quellen zur Bruderschaft merklich anders aus als bis 1390. Einzelne Priester, die sich stolz als Prokurator oder Mitglied der Bruderschaft bezeichnen, tätigen private Kauf- und Verkaufsgeschäfte[63]. Die Bruderschaft selbst kauft Güter und Einkünfte von zum Teil erheblichem Umfang[64], führt Tauschgeschäfte durch[65], ist in mehrere Prozesse um Güter und Gülten verstrickt[66] oder tritt als Gläubiger auf[67]. Der Reichtum der Bruderschaft ist aus etlichen Nennungen über Obereigentum, Lehensherrschaft und ähnliches zu erschließen[68]. In welchem Maße die Bruderschaft bei St. Katharina ihren eigentlichen Aufgaben nachkam, ist schwer abzuschätzen. Die 13 Brüder werden das Totengedenken und die Armenfürsorge wohl kaum völlig vernachlässigt haben. Die Quellen zeichnen allerdings ein Bild, das eine zunehmend am Materiellen orientierte Bruderschaft zeigt, die mehr und mehr zur Versorgungsinstitution für Geistliche zu werden drohte.

Mitglieder der Bruderschaft waren, wie erwähnt, nur Priester, und zwar ausnahmslos Geistliche aus Schwäbisch Hall und den umliegenden Dörfern und Städtchen[69]. Das Kloster Murrhardt hatte offenbar keinen direkten Einfluß auf die Zusammensetzung der Bruderschaft. Wie lange diese bestanden hat, läßt sich aus Haller Steuerrechnungen und einem Gültbuch der Bruderschaft ablesen. Der Rat der Stadt wies der Bruderschaft regelmäßig Einkünfte aus verschiedenen Salzpfannen an; besonders häufig ist der Schönbergin Sieden genannt. Die letzten Überweisungen aus den Sieden erhielt die Bruderschaft 1517/18 und 1520/21. 1527

61 Ebd., U 213, 217, 307, 376, 486, 506, 507, 529, 617, 618, 619, 650, 651, 657, 668, 687, 808, 843, 846, 853, 930, und ULSHÖFER Nr. 219.

62 Vgl. die weiteren Belege der Bruderschaft bei Pietsch. Die Entwicklung nach 1480 wurde nicht mehr im einzelnen ausgewertet.

63 PIETSCH U 1413, 1455, 1669.

64 Ebd., U 1827, 2305 ff.

65 Ebd., U 2224.

66 Ebd., U 2359, 2370, 2476, 2502.

67 Ebd., U 2329.

68 Ebd., U 1601, 2043, 2067, 2305 ff., ferner auch zahlreiche Nennungen in den StR des StadtASHA bis 1521 über Einkünfte der Bruderschaft aus der Schönbergin Sieden.

69 Vgl. die Aufzählung bei PIETSCH U 2354; vgl. auch im letzten Kapitel die Mitglieder der Bruderschaft.

wurde noch einmal eine Liste der eingehenden Gülten aufgestellt. Die Bruderschaft bezog damals von 51 Personen oder Gütern jährlich 35 fl, 5 ß, 10 h[70].

Patrozinien im Kloster und in den zugehörigen Pfarreien

Die Untersuchung der in einer Kirche verehrten Heiligen vermag, insbesondere wenn andere Quellen fehlen, viel über die Frühgeschichte des betreffenden Gotteshauses und der dazugehörigen Siedlungen auszusagen. Jede Zeit hatte ihre Modeheiligen, so daß aus den Kirchenpatronen oft die Entstehungszeit einer Kirche ermittelt werden kann. Nicht selten hatten auch einzelne Dynastien, Orden, Klöster oder Bistümer ihre besonderen Heiligen, deren Kult sie in ihrem Machtbereich systematisch verbreiteten[71]. Soweit diese Aspekte der Patrozinienforschung in den Bereich des Früh- und Hochmittelalters fallen, sollen sie hier nur ausnahmsweise Gegenstand der Erörterung sein. Eine Patroziniengeschichte des Klosters Murrhardt und seiner Pfarreien für die Zeit vor dem Spätmittelalter würde umfangreiche Darstellungen, ja eine selbständige Untersuchung erfordern. Im folgenden soll erörtert werden, wie sich die Patrozinien im Spätmittelalter, vor allem im 15. und 16. Jahrhundert, in den Kirchen darboten, die dem Kloster Murrhardt unterstanden.

Die Forschung zu den Patrozinien des Klosters und der zahlreichen zum Kloster gehörigen Kirchen ist durch die große Untersuchung Hoffmanns aus dem Jahre 1932 maßgeblich geprägt worden. Es hat sich allerdings gezeigt, daß weitere Recherchen durchaus Ergebnisse bringen können, die über die von Hoffmann erzielten Resultate hinausgehen. Insbesondere bei den in Murrhardt gelegenen Kirchen zeitigten detaillierte Untersuchungen neue Ergebnisse. Es ist anzunehmen, daß Spezialstudien auch für die dem Kloster unterstehenden Kirchen außerhalb Murrhardts noch Unbekanntes zutage fördern könnten – es sei nur auf die überfällige Interpretation der Riedener Schnitzaltäre hingewiesen –, aber solche Forschungen in den Außenkirchen des Klosters konnten im Rahmen dieser Arbeit nicht unternommen werden. Dies muß späteren Studien überlassen bleiben.

Am häufigsten kommt in den Gotteshäusern des Klosters das Marienpatrozinium vor[72]. Die Muttergottes war Hauptpatronin in sechs, Mitpatronin in weiteren vier Kirchen und Kapellen, die Klosterkirche nicht mit einbezogen. In der Klosterkirche wurde Maria an nicht weniger als drei Altären verehrt, davon war einer ein ausgesprochener Hauptaltar. Ein weiterer stand in einer eigenen Marienkapelle, während an einem dritten Altar die Gottesmutter gemeinsam mit Veit und Sebastian angebetet wurde. Das Marienpatrozinium kann sehr alt, aber auch relativ jung sein und auf die intensive Marienverehrung des Spätmittelalters zurückgehen[73]. Ein sehr frühes Marienpatrozinium liegt mit Sicherheit in Murrhardt vor. Hier ist die Muttergottes schon vor dem Jahr 750, bei Gründung der Pfarrkirche, Patronin geworden[74]. Von der Pfarrkirche gelangte das Patrozinium ins Kloster, und zwar wohl unmittelbar bei dessen Gründung. Es ist anzunehmen, daß Maria zumindest als Mitpatronin sehr früh auch in die Kirchen nach Oßweil und Erdmannhausen gekommen ist, und zwar vor

70 Vgl. zu den letzten Überweisungen aus der Schönbergin Sieden StadtASHA, StR 365 und 377. Zur Nennung der Gülten von 1527: HStAS H 201, Bd. 116.

71 Vgl. dazu die grundsätzlichen Ausführungen bei Zimmermann 1958, S. 34 ff.

72 Vgl. die Tabelle im Anschluß an diesen Abschnitt.

73 Dazu Zimmermann 1958, S. 42 ff., Ders. 1959, S. 18 und 89.

74 Fritz 1982-III, S. 37 ff. Vgl. auch Decker-Hauff 1966.

den vom Kloster eingeführten Januarius-Patrozinien. In der Großbottwarer Liebfauenkapelle scheint, wie ein aus dem Jahre 906 stammendes, dort verehrtes Grab zeigt, die Marienverehrung ebenfalls in sehr frühe Zeiten zurückzugehen – auch wenn einige Indizien wie Marienwunder und Wallfahrt eher spätmittelalterlichen Charakter tragen[75]. Sämtliche anderen Marienpatrozinien des Klosters und seiner Kirchen gehören dem Spätmittelalter an, als die Marienverehrung einen neuen Höhepunkt erreichte und überall Marienkapellen zusätzlich zu älteren, anderen Patronen geweihten Pfarrkirchen entstanden. Die Marienverehrung dieser Zeit ist Ausdruck der Volksfrömmigkeit; die Muttergottes galt als Helferin in der Not, an die sich alle Schichten und sozialen Gruppen der Bevölkerung mit großer Hingabe wandten. Typische, im 14./15. Jahrhundert entstandene Marienkirchen oder -kapellen sind zum Beispiel Tullau (vor 1437), Sanzenbach (1386) und Rieden (vor 1435). Maria als Mitpatronin kommt in Gotteshäusern von etwa gleichem Alter vor in Fornsbach (nach der Architktur des 1945 zerstörten Kirchturms wohl noch im 14., wenn nicht schon im 12./13. Jahrhundert entstanden), Eselsdorf, Laufen-Heerberg und in der Haller Katharinenkirche.

Murrhardt war das Kloster des heiligen Januarius. Reliquien dieses nördlich der Alpen selten verehrten Heiligen und Märtyrers aus Neapel waren im Jahre 839 nach Deutschland auf die Reichenau transferiert worden und von dort wenig später nach Murrhardt gelangt[76]. Erstaunlicherweise hat das Kloster seinen neuen Hauptheiligen, dessen Verehrung den älteren Marienkult bald überlagerte, nur in relativ wenigen Pfarreien eingesetzt. Offenbar wurde Januarius als so ungewöhnlich empfunden, daß er die populären älteren Patrozinien kaum verdrängen konnte. Natürlich war dem bischöflichen Märtyrer im Kloster der wichtigste Altar geweiht, der Hochaltar im eigentlichen Hauptchor, dem Westchor. Der Marienaltar befand sich im Ostchor. Auf diese Weise wurde in der außergewöhnlichen doppelchörigen Anlage der Klosterkirche unmißverständlich deutlich gemacht, daß alle übrigen Altäre dem heiligen Januarius und der Muttergottes nachgeordnet waren. Eine um 1440 entstandene, noch heute erhaltene Januariusstatue[77] zeigt, daß auch im Spätmittelalter der namengebende Patron des Klosters wenigstens bei den Murrhardter Mönchen in hohem Maß verehrt wurde. Januarius war darüber hinaus Hauptpatron in Oßweil und Erdmannhausen, und zwar wohl schon seit dem 9. Jahrhundert, als er, wie oben angedeutet, ein Marienpatrozinium verdrängte. Besonders in Erdmannhausen muß der Januariuskult und seine Beliebtheit in der Bevölkerung große Ausmaße angenommen haben, da der Heiligenname zum häufig verwendeten Familiennamen wurde[78]. Weniger erfolgreich war Januarius in Großbottwar. Hier konnte er den alten Kirchenheiligen Martin nie verdrängen. Immerhin scheint Januarius als Nebenpatron eine gewisse Verehrung genossen zu haben, da man des Murrhardter Klosterheiligen wenigstens in einem Gewölbeschlußstein gedachte – angesichts der programmatischen Bedeutung dieser markanten Bauteile gewiß kein Zufall.

Martin als bodenständiges Grundpatrozinium war in mehreren Pfarreien des Klosters vorhanden. Die Martinspatrozinien in Westheim und Großtbottwar, beides alte Siedlungszentren, reichen mindestens bis ins 8. Jahrhundert zurück. Nicht viel jünger ist das Ottendorfer Martinspatrozinium; aus dem Spätmittelalter, als Martin ritterlicher Modeheiliger war, kann der Ottendorfer Martin nämlich nicht stammen. Damals sank die Ottendorfer Pfarrei in

75 Vgl. S. 283–286.

76 Zimmermann 1958, S. 69; Fritz 1982-III, S. 28f.

77 Dazu Schahl 1983, S. 587.

78 Müller 1962.

ihrer Bedeutung nach und nach herab und wurde schließlich vom Westheimer Pfarrer mitversehen. Anlaß für einen zu dieser Zeit erst einsetzenden Martinskult dürfte es in Ottendorf demnach kaum gegeben haben. Dagegen wird man in Orendelsall-Tiefensall und Laufen-Heerberg jüngere Martinspatrozinien annehmen können; es handelt sich hier wahrscheinlich um sogenannte Volkspatrozinien, wie sie im Spätmittelalter gerade für Martin vielfach entstanden sind.

Auffällig oft erscheint in den zum Kloster gehörigen Kirchen das Patrozinium der heiligen Katharina. Katharina wurde seit dem 11. Jahrhundert zunächst vom Rittertum besonders verehrt, seit dem 12./13. Jahrhundert war sie auch Patronin »des Lehrstandes (und) ... aller Volksschichten, insbesondere noch der Orden und des Bürgertums«[79]. Auf wen im einzelnen die Katharinenverehrung in den zahlreichen dem Kloster unterstehenden Kirchen zurückgeht, ist nicht zu ermitteln. Die wichtigste Kirche mit Katharinenpatrozinium war die Pfarrkirche St. Katharina in Schwäbisch Hall. Über ihr Alter gibt es keine genauen Informationen[80], der noch vorhandene spätromanische Turm zeigt aber, daß sie als repräsentatives Bauwerk bereits in der ersten Hälfte des 13. Jahrhunderts bestanden haben muß. Als ausgesprochene Modeheilige hat man Katharina auch in der Murrhardter Klosterkirche, in Fornsbach, Oßweil, Eselsdorf, Bibersfeld und Laufen-Heerberg verehrt, wahrscheinlich erst im Spätmittelalter, jedenfalls nicht allzuviel vorher.

Immerhin viermal kommt in den zum Kloster gehörenden Kirchen der heilige Sebastian vor[81], der nach der Überlieferung durch Pfeile den Märtyrertod erlitten hat und deshalb im Spätmittelalter häufig von den Schützen als Patron verehrt wurde[82]. In diesem Zusammenhang dürfte von größerer Bedeutung sein, daß Sebastian auch als Helfer gegen die Pest um Beistand angefleht wurde. Im Gefolge der Pestepidemien seit etwa 1350 verbreitete sich sein vorher selten gepflegter Kult deshalb rasch. Insbesondere in Murrhardt, und zwar sowohl in der Kloster- als auch in der Pfarrkirche, spielte Sebastian eine nicht unbedeutende Rolle. In der Klosterkirche befand sich in einem Altar eine Sebastiansfigur, der Heilige war also mit ziemlicher Sicherheit Mitpatron. Auch in der Pfarrkirche, wo die oben beschriebene Bruderschaft bestand, ist Sebastian wohl als Mitpatron anzusehen. Die Sebastianspatrozinien in Laufen-Heerberg und in Eselsdorf können als typische Referenz an den Schutzheiligen gegen Seuchen angesehen werden.

Alle übrigen Heiligen kommen in den Kirchen des Klosters seltener vor, oft nur einmal. In der Regel handelt es sich um spätmittelalterliche Volksheilige[83]. Ausnahmen gibt es kaum, so etwa Bonifatius, den in frühmittelalterliche Zeit weisenden Patron der Pfarrkirche Oberrot, oder den heiligen Kilian in Fichtenberg, den Patron des Bistums Würzburg, der ebenfalls aus dem Frühmittelalter datiert. Vielleicht ist auch der Laufener Kirchenheilige Peter in denselben Zusammenhang zu stellen. Nikolaus, insgesamt dreimal vorhanden, ist jedenfalls in der Lichtenberger Burgkapelle ein klassischer Ritterheiliger; Walterich, der nur in Murrhardt verehrt wurde, ein typischer Lokalheiliger, genau wie Orendel von Orendelsall. St. Ulrich[84], der Hauptpatron der Sulzbacher Pfarrkirche, weist auf Verbindungen Sulzbachs zum Bistum

79 Zimmermann 1959, S. 67.
80 Vgl. Herolt, Widman, die OAB Hall, S. 124, 170, und oben S. 271 ff.
81 Zu ihm Zimmermann 1959, S. 82 f.
82 Pflichthofer 1938, S. 6.
83 Zimmermann 1959, passim.
84 Ebd., S. 77.

Augsburg hin, wo er Bistumsheiliger war, ebenso zur Adelberger Ulrichskapelle. Jedenfalls war Ulrich in Sulzbach nicht der ursprüngliche Patron: Der Heilige starb erst 973, die Sulzbacher Kirche existierte aber bereits 817[85]. Ulrich muß also einen älteren Patron verdrängt haben. Die komplizierten Beziehungen, die sich um das Sulzbacher Ulrichspatrozinium, ergeben und in den Umkreis der Grafen von Komburg, der Hessonen und zu den Vorfahren der Herren von Ebersberg zu weisen scheinen[86], müßten gesondert untersucht werden.

Übersicht über die Patrozinien im Kloster Murrhardt und in den zugehörigen Pfarreien

Agatha:
  Westheim-Bibersfeld, Kapelle (Hoffmann 1932, S. 110)

Allerheiligen:
  Erdmannhausen, Pfarrkirche, Altar (ebd., S. 48)
  Großbottwar, Kapelle in der Stadt (ebd., S. 48, und Otto 1984)
  Murrhardt, Klosterkirche, Altar in einem der Seitenschiffe (Schweizer 1973-II)
  Oßweil, Pfarrkirche, Altar (Hoffmann 1932, S. 170)

Alle heiligen Jungfrauen:
  Murrhardt, Klosterkirche, Mitpatron, Altar in einem der Seitenschiffe (Schweizer 1973-II)

Anna:
  Schwäbisch Hall, Pfarrkirche St. Katharina, Altar (Hoffmann 1932, S. 108, insbesondere Deutsch 1985, S. 129f.)
  Sulzbach/Murr-Bartenbach, Kapelle (Sulzbacher Lagerbuch von 1590, Gemeindearchiv Sulzbach)

Barbara:
  Laufen-Heerberg, Kapelle, Mitpatron (Hoffmann 1932, S. 105)
  Murrhardt-Fornsbach, Kapelle, Mitpatron an Altar (ebd., S. 106)

Bonifatius:
  Oberrot, Pfarrkirche, Hauptpatron (ebd., S. 107)

Christophorus:
  Murrhardt, Pfarrkirche, großes Wandbild innen an der Nordwand des Chores, Reste seit 1963 freigelegt
  Westheim-Bibersfeld, Pfarrkirche, Altar (Hoffmann 1932, S. 110)

Dorothea:
  Murrhardt-Fornsbach, Kapelle, Mitpatron an Altar (ebd., S. 106)

Dreieinigkeit:
  s. Trinität

Erhard:
  Schwäbisch Hall, Pfarrkirche St. Katharina, Vikarie 1453, Altar 1359 (Hofmann 1932, S. 110)

Gangolf:
  Kirchenkirnberg, Kapelle, 1350 (ebd., S. 105)

Georg:
  Fichtenberg-Mittelrot, Kapelle (ebd., S. 105)

85 Fritz 1982-III, S. 38, 50f.
86 Vgl. zur Ulrichsproblematik Decker-Hauff 1982.

Westheim-Sanzenbach, Kapelle (ebd., S. 110)

Heilig Grab:

Murrhardt, Klosterkirche, Altar im südlichen Querschiffarm (SCHWEIZER 1973-I)

Murrhardt, Pfarrkirche: Ein heiliges Grab war zumindest in der Osterzeit aufgebaut; vgl. Abt Herbord

Schwäbisch Hall, Pfarrkirche St. Katharina, Hauptmotiv am Hochaltar (DEUTSCH 1985, S. 168f.)

Jakob:

Großbottwar, Bruderschaft 1525 (HOFFMANN 1932, S. 49), Pfründe 1587 (Württembergische Archivinventare 6, 1913, S. 25) wohl an der Liebfrauenkapelle; vgl. auch oben zu den Bruderschaften allgemein

Januarius:

Erdmannhausen, Pfarrkirche, Hauptpatron (HOFFMANN 1932, S. 48)

Großbottwar, vermutlich Altar in der Martinskirche (noch heute dort vorhandener Gewölbeschlußstein)

Murrhardt, Klosterkirche, Hauptpatron, Hochaltar im Westchor (SCHWEIZER 1973-I)

Oßweil, Pfarrkirche, Hauptpatron (HOFFMANN 1932, S. 170)

Jodocus:

Schwäbisch Hall, Pfarrkirche St. Katharina, Altar (ebd., S. 108)

Johannes der Täufer:

Großbottwar, Altar, wohl in der Marienkapelle (ebd., S. 48)

Murrhardt, Altar im nördlichen Querschiffarm (so SCHWEIZER 1973-I). Ob nicht Johannes Evangelist (Gewölbeschlußstein Adler und Statue des Johannes Evangelist, vgl. SCHWEIZER 1983)?

Johannes Evangelist:

Schwäbisch Hall, Pfarrkirche St. Katharina, Altar, Vikarie (HOFFMANN 1932, S. 110, vgl. auch DEUTSCH 1985, S. 130)

Johannes (welcher?):

Westheim-Sanzenbach, Kapelle, Mitpatron (HOFFMANN 1932, S. 110)

Katharina:

Murrhardt, Klosterkirche, Abbildung auf Altarflügel im südlichen Seitenschiff, heute noch vorhanden

Murrhardt-Fornsbach, Kapelle, Mitpatron (HOFFMANN 1932, S. 106)

Orendelsall-Eselsdorf, Kapelle, Mitpatron (ebd., S. 103)

Oßweil, Pfarrkirche, Altar (ebd., S. 170)

Laufen-Heerberg, Kapelle, Mitpatron (ebd., S. 105)

Schwäbisch Hall, Pfarrkirche St. Katharina, Hauptpatron (ebd., S. 108)

Westheim-Bibersfeld, Kirche, Altar (ebd., S. 110)

Kilian:

Fichtenberg, Pfarrkirche, Hauptpatron (ebd., S. 105)

Heilig Kreuz:

Großbottwar, Altar, wohl in der Martinskirche (ebd., S. 48)

Murrhardt, Klosterkirche, Altar in der Vierung (Schweizer 1973-I)

Laurentius:

Großbottwar-Lichtenberg, Burgkapelle, Altar (HStAS A 328, U 4)

Westheim, Pfarrkirche, Kapelle oder Altar (Hoffmann 1932, S. 110), öfters aber auch als Hauptpatron (z. B. StAL B 186 U 1563 oder Pietsch U 1221)

Leonhard:

Laufen-Heerberg, Kapelle, Mitpatron (ebd., S. 105)

Margareta:

Murrhardt-Fornsbach, Kapelle, Mitpatron an Altar (ebd., S. 106)

Orendelsall-Eselsdorf, Kapelle, Mitpatron (ebd., S. 103)

Westheim-Bibersfeld, Kapelle, dann Kriche (Pietsch U 220, 1260, 2453)

Maria:

Erdmannhausen, Pfarrkirche, wohl Mitpatron (Gewölbeschlußstein noch heute vorhanden)

Großbottwar, Kapelle im Friedhof vor der Stadt (Hoffmann 1932, S. 48, und Otto 1984)

Laufen-Heerberg, Kapelle, Mitpatron (Hoffmann 1932, S. 105)

Murrhardt, Klosterkirche, Hauptaltar im Ostchor (RL 120 für das Jahr 1320; s. a. Hoffmann 1932, S. 106, und besonders Schweizer 1973-I)

Murrhardt, Klosterkirche, Marienkapelle (= heutiger Treffraum; ebd.)

Murrhardt, Klosterkirche, Altar in einem Seitenschiff (ebd.)

Murrhardt, Pfarrkirche, Hauptpatron

Murrhardt-Fornsbach, Mitpatron bei Altar (Hoffmann 1932, S. 106; vgl. auch die heute im Backnanger Helferhausmuseum befindliche Marienstatue aus Fornsbach)

Orendelsall-Eselsdorf, Kapelle, Mitpatron (Hoffmann 1932, S. 103)

Oßweil, Pfarrkirche, Altar (ebd., S. 170)

Schwäbisch Hall, Pfarrkirche St. Katharina, Altar, Vikarie, Altar anfangs zusammen mit Nikolaus (ebd., vgl. auch Deutsch 1985, S. 129 f.)

Westheim-Rieden, Kirche (ebd., S. 110)

Westheim-Sanzenbach, Kapelle (ebd.)

Westheim-Tullau, Kapelle (ebd.)

Maria Magdalena:

Murrhardt, Klosterkirche, wohl Mitpatron an Altar (vgl. die heute in den rekonstruierten Flügelaltar eingefügte, aber aus einem anderen Altar stammende Maria-Magdalenen-Figur)

Murrhardt-Fornsbach, Mitpatron an Altar (Hoffmann 1932, S. 106)

Martin:

Großbottwar, Pfarrkirche in der Vorstadt, Hauptpatron (ebd., S. 48, und Otto 1984)

Laufen-Heerberg, Kapelle, Mitpatron (Hoffmann 1932, S. 105)

Orendelsall-Tiefensall, Kapelle (ebd., S. 103)

Ottendorf, Pfarrkirche, Hauptpatron (ebd., S. 107)

Westheim, Pfarrkirche, Hauptpatron (ebd, S. 110)

Mauritius:

Murrhardt-Fornsbach, Kapelle, Hauptpatron (ebd., S. 106)

Naburg:

Westheim-Sanzenbach, Kapelle, Mitpatron (ebd, S. 110)

Nikolaus:

Großbottwar-Lichtenberg, Altar in der Burgkapelle (HStAS A 328, U 4)

Orendelsall-Zweiflingen, Kapelle (Hoffmann 132, S. 103)

Schwäbisch Hall, Pfarrkirche St. Katharina, 1331 Altar zusammen mit Maria, 1453 Vikarie (ebd., S. 108)
Westheim, Kapelle neben der Pfarrkirche, angeblich Nikolaus geweiht (mündliche Überlieferung)

Orendel:
Orendelsall, Pfarrkirche (sicher nicht einziger Patron, da kein kanonisierter Heiliger! Widman S. 145f.)

Ottilia:
Großbottwar, Altar (in welcher Kirche? Hoffmann 1932, S. 49)

Peter:
Laufen, Pfarrkirche, Hauptpatron (ebd., S. 105)

Sebastian:
Laufen-Heerberg, Kapelle, Mitpatron (ebd.)
Murrhardt, Klosterkirche, Altar in einem der Seitenschiffe, Mitpatron (Schweizer 1973-II)
Murrhardt, Pfarrkirche, Bruderschaft
Orendelsall-Eselsdorf, Kapelle, Mitpatron (Hoffmann 1932, S. 103)

Sigismund:
Westheim-Uttenhofen, Kapelle (ebd, S. 110)

Trinität:
Murrhardt, Klosterkirche, Altar im Lettner (Schweizer 1973-I) Murrhardt, Pfarrkirche, Mitpatron (HStAS A 508, U 12)

Ulrich:
Sulzbach/Murr, Pfarrkirche, Hauptpatron (Hoffmann 1932, S. 51)

Urban:
Großbottwar, Altar (in welcher Kirche? Ebd., S. 49)

Ursula:
Kirchenkirnberg, Pfarrkirche, 1285 (ob schon zur Zeit der Murrhardter Herrschaft bis 1182? Ebd., S. 105)

Veit:
Laufen-Heerberg, Kapelle, Mitpatron (Hoffmann 1932, S. 105)
Orendelsall-Eselsdorf, Kapelle, Mitpatron (ebd., S. 103)
Murrhardt, Klosterkirche, Altar in einem der Seitenschiffe, Mitpatron (Schweizer (1973-II)

Walterich:
Murrhardt, Kapelle neben der Klosterkirche (Schweizer 1973-I)
Murrhardt, Pfarrkirche, vgl. die Wallfahrt

Zwölf Boten:
Murrhardt, Klosterkirche, Altar in einem der Seitenschiffe, Mitpatron (Schweizer 1973-II)

Zwölf Märtyrer:
Murrhardt, Klosterkirche, Altar in einem der Seitenschiffe, Mitpatron (ebd.)

Bräuche und Mißbräuche bei der Pfründenvergabe und im Pfarreialltag

Macht und Einfluß des Klosters gründeten maßgeblich auf dem Recht der Murrhardter Mönche, die zahlreichen Pfarrstellen, Kaplaneien, Frühmessen, Altäre usw. an Personen ihrer Wahl zu leihen. Im Spätmittelalter geriet der den Pfründen zugrunde liegende Gedanke – Seelsorge für die anvertrauten Gläubigen – oft ganz in den Hintergrund. Pfründen waren auch – und für viele Pfründeninhaber war dies das ausschlaggebende Moment – sichere Einnahmequellen, aus denen man entweder seinen gesamten Lebensunterhalt bestreiten oder doch zumindest ein Zubrot verdienen konnte. Im folgenden sollen einige Beispiele von mehr oder minder ausgeprägten Mißständen im Pfarreialltag des 14.–16. Jahrhunderts dargestellt werden. Ohne Zweifel gab es in jenen Jahrhunderten Fehlentwicklungen, die wesentliche Ursache für die Reformation Martin Luthers wurden, die aber auch schon in vorreformatorischer Zeit so auffällig waren, daß sie aktenkundig wurden. Bei diesen Mißständen gilt es jedoch zu bedenken, daß all jene Geistlichen, die ihr Amt ordentlich versahen, in den Quellen gar nicht auftauchen. Ganz so negativ, wie die Geistlichkeit des 14.–16. Jahrhunderts aufgrund der folgenden Fälle scheinen mag, wird sie insgesamt nicht gewesen sein.

Graf Gerhard von Löwenstein als Pfarrer von Murrhardt, Großbottwar und Westheim um 1320

Das früheste Beispiel eklatanten Mißbrauchs geistlicher Pfründen bietet der um 1301 geborene Graf Gerhard von Löwenstein[87]. Er bemächtigte sich etwa 1315, also im Alter von ungefähr fünfzehn Jahren, unrechtmäßig, ohne geistliche Weihen und vor Erlangung des kanonischen Alters, der Pfarrei Murrhardt, um 1317 auch der Pfarrei Westheim. Zwar erwarb er etwa 1317 die niederen Weihen, doch qualifizierte ihn dies immer noch bei weitem nicht zur Ausübung des Priesteramts und zur Versehung zweier so bedeutender Pfarreien. 1318 eignete sich Gerhard zusätzlich die Pfarrei Großbottwar an. Beim Erwerb aller drei Pfarreien wurde er tatkräftig von Abt Albrecht von Murrhardt unterstützt, möglicherweise ein Bruder Gerhards.

Zweifellos hat sich Gerhard von Löwenstein nie richtig um seine Pfarreien gekümmert, sondern lediglich ihr Einkommen genossen. Es ist anzunehmen, daß er in allen drei Orten einen Pfarrverweser eingesetzt hat, der, finanziell dürftig ausgestattet, wohl recht und schlecht die Seelsorge betrieb. 1325 trennte sich Gerhard von Löwenstein von den Pfarreien Murrhardt und Westheim und behielt nur noch die Pfarrei Großbottwar, ja er erhielt von Papst Johannes XXII. sogar nachträglichen Dispens für den unrechtmäßigen Erwerb der drei Pfarreien. Der Löwensteiner handelte übrigens keineswegs aus Reue über sein bisheriges Verhalten, sondern er bemühte sich 1325 nur deshalb um Dispens, weil er eine wesentlich einträglichere Pfründe in Aussicht hatte. »Die Rekonstruktion der Ereignisse von 1325 bietet im einzelnen keine Schwierigkeiten: Gerhard selbst oder ein Beauftragter begaben sich, versehen mit einem wohlformulierten Wunschzettel und einem nennenswerten Geldbetrag, zur päpstlichen Kurie nach Avignon und brachten dort ihr Anliegen vor. Die bei ansehnlichen Bestechungsgeldern in der Regel willfährige Kurie bearbeitete die Eingabe auch wunschgemäß. Gerhard mußte versprechen, daß er sich um seine weitere Ausbildung kümmern werde und sich bemühe, binnen eines Jahres die Weihe zum Subdiakon zu erhalten. Das stellte für

87 Fritz 1986-I, S. 192f., mit ausführlicher Darstellung der Biographie des Grafen.

ihn kein großes Opfer dar, denn der Eintritt in ein Domkapitel war üblicherweise ohne beides auf Dauer gar nicht zu erlangen. Vorteilhafter für Gerhard war es, daß er noch auf weitere sieben Jahre vom Erwerb der Priesterweihe befreit sein sollte. Der Abt von Murrhardt, der mit den Löwensteinern auch nach dem Tod des Abtes Albrecht immer noch in engem Kontakt stand, der Propst von Wimpfen und der Magister Konrad Pfefferhard sollten dafür sorgen, daß Gerhard baldigst in sein Speyerer Kanonikat eingeführt würde«[88]. Der Fall des Grafen Gerhard von Löwenstein ist nach heutigen religiösen Maßstäben schamlos, für das 14. Jahrhundert war es aber nichts Außergewöhnliches, daß sich ein Adliger durch Pfründenhäufung ein standesgemäßes Einkommen sicherte, ohne sich um die Seelsorge in seinen Pfarreien zu kümmern.

Der Fall des Pfarrers Peter Leu im 15. Jahrhundert

Von keinem Geistlichen des Klosters Murrhardt und seiner Pfarreien, nicht einmal vom bedeutendsten Abt, sind derartig viele farbige Einzelheiten bekannt wie von Peter Düsenbach, genannt Leu, der in der zweiten Hälfte des 15. Jahrhunderts unter anderem auf den Murrhardter Pfründen und Pfarreien Rieden, Westheim, Ottendorf und Fichtenberg tätig war. Achill Jason Widman, der Sohn des Chronisten Georg Widman, hat seine *Histori Peter Löwen, eines priesters zu Hall,* um 1550 verfaßt, als noch ältere Leute lebten, die Leus schillernde Gestalt aus eigener Erfahrung kannten. Peter Düsenbach, dem man in seiner Jugend seiner Körperkräfte wegen den Beinamen Löwe oder Leu gab, ist wohl um 1415/20 in Hall geboren[89]. Sein Lebensweg ist bemerkenswert: Leu war *in seinen jungen jaren und tagen* Knecht im Hall zu Hall und trug dort Holz zum Anheizen der Salzpfannen. Dann wurde er Rotgerberknecht. In diese Zeit fällt die erste der eulenspiegelhaften und pikanten Geschichten, die man von ihm erzählte: *Wie Peter Lew in einem lohkorb in das fewer fiel.* Auf dem Zug der Reichsstädte gegen die 1444 ins Elsaß eingefallenen Armagnaken trat Leu durch besondere Findigkeit hervor und rückte in den technisch qualifizierten Posten eines Büchsenmeisters auf, ohne daß er eine Ausbildung hierfür gehabt hätte. Der Kriegszug von 1444 hatte Leus Verhältnis zur Arbeit nachhaltig gestört. Er sann darüber nach, was anzustellen sei, *das ohne arbeit ich mich nehren* könnte und kam zu dem Schluß, daß Schulbesuch und Zugehörigkeit zum geistlichen Stand die bequemste Art und Weise sei, sich durchs Leben zu schlagen. Leu besuchte im Alter von immerhin schon dreißig Jahren erstmals die Schule zu Hall, lernte dort das ABC und etwas Latein, überwarf sich aber bald mit dem Lehrer, so daß er seine insgesamt vierjährige Schulzeit in Feuchtwangen beenden mußte. Daraufhin wurde er zum Priester geweiht und erhielt seine erste Stelle an der Filialkirche Rieden, die der Pfarrei Westheim unterstand. Damit begann eine abenteuerliche Laufbahn als Geistlicher.

Leu ließ einmal zwei Bauernmädchen zur Beichte in einen Kachelofen kriechen. Als er wegen der miserablen Dotierung seiner Riedener Stelle nach einiger Zeit fast verhungerte,

88 Zitiert nach ebd.

89 Archiv des Historischen Vereins für Württembergisch Franken im StadtASHA, Codex Sandel von 1553, HV II/8, Bl 80–110; vgl. auch Wunder 1980, S. 103, und Schimmelpfennig von der Oye 1983. – Nach Aussage der Histori Peter Löwen im Codex Sandel ist Leu 1496, *nachdem er vil jar alt worden,* in Schwäbisch Hall gestorben. 1444 hat er als noch recht junger Mann am Zug gegen die im Elsaß eingefallenen Amagnaken teilgenommen. Die Aussage bei Wunder 1980, S. 103, Leu sei 1499 gestorben, muß eine Verwechslung sein.

nahm er die Stelle eines Pfarrhelfers an der Westheimer Kirche an. Er fühlte sich von seinem Pfarrherrn so schlecht verpflegt, daß er diesem listenreich Hühner und Fische stahl und dann noch mit Erfolg die Schuld für den Diebstahl auf die Westheimer Bauern schob. In ganz ungeistlicher Weise verprügelte er mehrere Bauern mit einer Stange und erpreßte als »Wiedergutmachung« für den Diebstahl Geld von ihnen. Leus nächste Tat bestand darin, das Herz der jungen Pfarrköchin zu erobern. Eine delikate Situation ergab sich, als ihn der Pfarrherr einmal um ein Haar zusammen mit der Köchin in der Badewanne ertappte, welche das Pärchen in der Wohnstube des Pfarrhauses aufgebaut hatte. Noch kurioser wurde es, als Leu einen Esel, den ein Bauer auf dem Westheimer Pfarrhof hatte grasen lassen, kurzerhand mit einem Flaschenzug auf die Pfarrlinde hängte.

Leu war verpflichtet, von Westheim aus abwechselnd mit dem zweiten Pfarrhelfer wöchentlich den Gottesdienst in Ottendorf zu halten. Ein zufällig für seinen Helfer auf den Altar gelegter, duftender Kuchen war für Leu Anlaß, seinen Ottendorfer Pfarrkindern die abenteuerliche Geschichte aufzutischen, daß er täglich direkt von Gott sein Himmelsbrot auf den Altar gesandt bekomme. Ein Teil der Ottendorfer durchschaute die billige Nasführerei und äußerte sich wenig freundlich über den Pfarrhelfer. Die Gottesdienste in Ottendorf müssen überhaupt manchmal Absonderliches geboten haben. Ohne Wissen des Mesners ließ sich Leu von der Mesnersfrau einen Braten und mehrere Würste unters Meßgewand binden. Ein beim Gottesdienst in der Kirche anwesender großer Hund lief wegen des Geruchs zum Altar und beschnüffelte aufdringlich den Geistlichen. Der eigentliche Eklat drohte allerdings erst, als der Mesner bei der Erhebung von Hostie und Kelch wie üblich das Meßgewand hinten hochheben wollte. Um zu verhindern, daß des Mesners Blick auf die wohlschmeckenden Geschenke der Mesnersfrau fielen, beförderte Leu den verdutzten Mesner vor versammelter Gemeinde mit einem Fußtritt rücklings zu Boden und redete sich hinterher mit einem plötzlichen Beinkrampf heraus.

Ein andermal überfiel Leu zwischen Uttenhofen und Westheim an einem Bildstock als Gespenst verkleidet den etwas einfältigen Sohn des Westheimer Mesners. Der junge Mann hatte in Hall Lebensmittel und vor allem Wein gekauft, auf den es Leu abgesehen hatte. Tatsächlich dachte der Mesnerssohn, er werde vom Teufel angegriffen, und nahm sofort Reißaus. Die Mesnersfamilie war mehrmals das Opfer von Leus Narreteien. So versetzte er in den zwölf Nächten zwischen Weihnachten und Dreikönig, in denen das Volk ohnhin häufig Geister sah, die Menschen in Furcht und Schrecken: Er ritt, als Gespenst verkleidet und auf einem Schimmel sitzend, mit lautem Stöhnen um das Mesnershaus. Um Rat gefragt, wie der Spuk loszuwerden sei, empfahl er anderntags, man solle dem Gespenst Geld hinlegen – was auch getan wurde. Als einmal eine Magd des Meiers in Westheim, die keinem jungen Mann »seine Bitte abschlagen« konnte, schwanger wurde, machte man den Mesnerssohn zum Kindsvater. Leu stattete den Mesnerssohn mit so absurden Verhaltensanweisungen aus, daß dieser sich bei seiner Reise in die Stadt, wo vor Gericht um die Vaterschaft gestritten wurde, bis auf die Knochen blamierte. Ein letztes Mal wurde der junge Mesner Leus Opfer, als er nächtens seinen Birnbaum mit einem Schweinespieß gegen diebische Bauern verteidigen wollte. Leu hüllte sich in ein Bärenfell und jagte dem Mesnerssohn eine solche Angst ein, daß dieser in panischem Schrecken floh und Leu in aller Ruhe den Baum leerpflücken konnte.

Ungeachtet dieser Eulenspiegeleien in und um Westheim wurde Leu schließlich Pfarrer, und zwar in der Murrhardter Pfarrei Fichtenberg, wo er 1492/93 genannt wird. Dort führte er sich gleich richtig ein und erzählte in der Predigt ein *schlecht krempel.* Die Fichtenberger erhielten eine verblüffende Aufforderung: *Thailt mit mir ewer schaaf und kühe..., kind, gut und weib.* Außerdem sollten sie *mit opffern fleißig* sein. Als ein einfältiges altes Bauernweib fragte, woher die vielen Herbstnebel kämen, hatte Leu gleich den ersten Anlaß, um Opfer einzutreiben. In der Hölle sei ein Loch, aus dem schwefliger Nebel aufsteige, der alle Menschen töten werde. Nur durch großzügige Spenden von Tuch könne das Loch verstopft werden. Die verängstigten Fichtenberger spendeten dann auch kräftig. Leu verstopfte indessen keine Höllenlöcher, sondern verwendete das Tuch in seinem Haushalt. Nach etlichen Jahren in Fichtenberg führte Leu einmal seine klösterlichen Herren in Murrhardt an der Nase herum. Angesichts von Mißernten war das Getreide knapp geworden. Leu hatte zwar noch genügend in der Pfarrscheuer, setzte seinen Murrhardter Gästen aber nur aus Haselzapfenmehl gebackenes Brot vor, das die Murrhardter dankend ablehnten. Sie sorgten sogar dafür, daß der Abt seinem vermeintlich darbenden Fichtenberger Pfarrer einen ganzen Wagen voll Getreide schicken ließ. Wenig später hatte Leu so viel Geld beisammen, daß er die Fichtenberger Pfarrstelle aufgab und sich nach Hall ins Privatleben zurückzog. Dort versah er nur noch aushilfsweise einen Altar, wenn irgendwo ein Pfarrer ausfiel. Als er, schon recht betagt, einmal beim Gottesdienst in Steinbach bei Hall aushelfen sollte, ging sein Meßbuch im Schnee verloren. Aus anderen Meßbüchern konnte Leu nicht lesen, so daß jegliches Messefeiern eingestellt werden mußte, bis im Frühjahr sein Buch unter dem schmelzenden Schnee zum Vorschein kam. Ebenfalls in Steinbach und dann in Erlach und Tullau verblüffte er die Gläubigen durch abrupt abgebrochene Predigten – ihn hatte mitten im Predigen die Lust verlassen. Dabei agierte Leu aber so geschickt, daß die Gemeinde jeweils recht ergriffen war. Die Schalkhaftigkeit soll Leu bis zu seinem Tod 1496 geblieben sein: Er versuchte sich als geschäftstüchtiger Heiler am kranken Bein eines Bauern oder jagte, wieder einmal als Geist verkleidet, zwei Mädchen mit neuen Schuhen durch den Dreck.

Ohne jeden Zweifel hat Achill Jason Widman in seiner Geschichte über Peter Leu das eine oder andere Mal übertrieben, einige Episoden mögen überhaupt der Erzähl- und Fabulierlust des Volkes oder des Autors entsprungen sein. Trotzdem muß an den Streichen Leus einiges an historischer Substanz sein. Wir versuchen das Wesentliche herauszuarbeiten: Geistlicher konnte man ohne weiteres werden, auch wenn man vorher lange Zeit andere und einfache Tätigkeiten ausgeübt hatte, etwa wie Leu als Holzknecht im Haal, Rotgerber und Büchsenmeister im Krieg. Allerdings ging Leu nicht ganz unvorbereitet in sein geistliches Amt. Lesen und Schreiben mußte er lernen und ein wenig Latein – das scheint die Mindestvoraussetzung für einen nicht durch vornehme Abkunft Privilegierten gewesen zu sein, um ein geistliches Amt zu erlangen. Von einer gründlichen theologischen Ausbildung konnte bei Leu – und bei vielen anderen Geistlichen – freilich keine Rede sein. Die vier Jahre Schulzeit werden über die Aneignung elementarer Kenntnisse nicht hinausgegangen sein. Aufschlußreich ist der Ruf, den der geistliche Stand hatte: Wer nichts arbeiten und sich nicht schinden wollte, der tat gut daran, Pfarrer zu werden. Allerdings scheint der Ruf, daß die Geistlichen sich dem bequemen Nichtstun hingeben könnten, ein Klischee gewesen zu sein. Leu hat das am eigenen Leib erfahren. Bei seiner ersten Stelle in Rieden ging es ihm so schlecht, daß er sogar Hunger litt[90].

90 Widman gibt an, die Armut Leus in Rieden sei ein Ergebnis der knappen Besoldung von nur 24 fl im Jahr gewesen. Dazu ist zu sagen, daß 24 fl zwar um 1550 eine etwas niedrige Jahresbesoldung gewesen wären, im 15. Jahrhundert waren 24 fl pro Jahr aber kein kleines Einkommen. Entweder stimmt Widmans Zahl nicht, oder Leu mußte von den 24 fl einiges abgeben, wie dies etwa von dem Sulzbacher Pfarrer Vogt um 1520 überliefert ist; vgl. dazu unten S. 305 ff.

Die einträglichen Pfründen waren im Besitz der älteren, etablierten Geistlichkeit, die bestdotierten Pfründen waren sogar weitgehend im Besitz reicher Bürgers- oder Adelsfamilien. Hungerleiderstellen waren für Nichtadlige nicht selten. Den beiden »Helfern« in Westheim – Leu nahm lange Zeit diese Aufgabe wahr – ging es kaum besser als dem Riedener Geistlichen. Wahrscheinlich war der Westheimer Pfarrer ein wohlsituierter, vielbeschäftigter Mann, der die mühevolle Kleinarbeit am Ort, die Seelsorge, auf seine mit knappem Lohn ausgestatteten »Helfer« abwälzen konnte.

Eines wird bei den weiteren Streichen Leus deutlich: Das zentrale Problem, das ihn in Rieden, Westheim und Ottendorf bewegte, war die Frage, wie er seinen Magen vollbekam und sein Einkommen steigern konnte. Nach den Tagen des unmittelbaren Hungers in Rieden ging es in Westheim vor allem darum, die Qualität des Essens zu verbessern. Insgesamt lag also bei den kleineren Landgeistlichen vieles im argen: schlecht ausgebildet, nur durch Intuition im Umgang mit ihrer Gemeinde mehr oder weniger erfolgreich, waren sie letztlich arme Kerle. Sie waren auch, wie Leus Beispiel in aller Deutlichkeit illustriert, lebensfrohe Gestalten, die sich um kirchliche Moralgebote nicht scherten und mit den im Pfarrhaus tätigen Frauen sexuelle Beziehungen eingingen. Das war zwar bei Geistlichen damals gang und gäbe; die Furcht Leus und seiner Freundin, in der Badewanne entdeckt zu werden, zeigt aber auch, daß die damalige Gesellschaft keineswegs so freizügig war, daß sie alles toleriert hätte.

Kaum eine Quelle zeigt so klar wie die Geschichte von Peter Leu, welche Zustände bei solchen Geistlichen im Gottesdienst herrschen konnten. Kaum eine Quelle zeigt den Verlauf der Gottesdienste und den Umgangston zwischen Pfarrer und Gemeinde so deutlich: Hunde liefen gelegentlich während der Meßfeier in der Kirche herum, in der Predigt herrschte ein sehr vertraulicher Ton zwischen den Geistlichen und ihren meist kleinen Gemeinden. Daß man seinen Mesner während der Messe mit Fußtritten die Altarstufen hinabbeförderte, wurde allerdings auch damals als sehr ungewöhnlich empfunden. Deutlich wird am Beispiel Leus ferner, daß das Volk zwar einerseits in kaum faßbarer Leichtgläubigkeit befangen war (man denke nur an das Loch in der Hölle oder die naive Westheimer Mesnersfamilie), daß es andererseits aber viele Leute gab, welche die Dürftigkeit der Geistlichen durchschauten. Hier lag der Keim für den religiösen und sozialen Umsturz. Leus Biographie mag noch in einem anderen Punkt repräsentativ sein: Wer erst einmal Pfarrer war, hatte die Not überwunden. Und als Leu wohlhabend war, war er nicht so gläubig, daß er sich mehr schinden wollte als unbedingt nötig. Er zog sich in seine Vaterstadt Hall zurück und wurde Freizeitgeistlicher.

Die Verhältnisse der Pfarrei Sulzbach um 1520

Eine Reihe von Quellen aus den Jahren 1523–1525 ermöglicht sehr genaue Einblicke in die Verhältnisse der Pfarrei Sulzbach[91]. Die damaligen Ereignisse sind von geradezu beispielhafter Bedeutung für die vorreformatorischen Zustände in der Seelsorge.

Zwar besaß das Kloster Murrhardt das Patronatrecht der Pfarrei Sulzbach, doch die Murrhardter Mönche klagten 1523, dieses Stellenbesetzungsrecht werde häufig dadurch umgangen, daß irgendein Geistlicher sich durch eine vom Papst erkaufte Bulle die Pfarrei Sulzbach verleihen ließ. Dem Kloster Murrhardt blieb dann nichts anderes übrig, als gute

91 Vgl. zum Folgenden die ausführlichen Unterlagen im Landeskirchlichen Archiv Stuttgart, LKA A 29, Bd. 4517-1, ferner im HStAS A 58, U 19.

Miene zum bösen Spiel zu machen und den auf solche *cortisonische weiss*[92] eingesetzten Kleriker zu akzeptieren. Diese direkt von der Kurie eingesetzten Pfarrer schmälerten nicht nur die Rechte des Klosters, sondern versagten oft auch völlig in der Seelsorge. Es ging ihnen meist nur um die Einkünfte der Pfarrpfründe. Um der Beschneidung der klösterlichen Rechte Einhalt zu gebieten, habe sich das Kloster, so wird 1523 berichtet, vor langer Zeit bemüht[93], von den Päpsten die Inkorporation einiger Pfarreien zu erlangen oder zumindest bestätigt zu bekommen, daß kein Geistlicher mehr auf *cortisonische weiss* in den Besitz einer Patronatspfarrei gelangen könnte. Diese Bemühungen seien auch von Erfolg gekrönt gewesen. Tatsächlich habe man danach die Pfarreien wieder selbst besetzen können, es habe sich jedoch *etlich jar* vor 1523 ereignet, daß *ainer, genant Joß von Touß... sich cortisonisch* die Pfarrei Sulzbach habe aneignen können, weil die Mönche damals nicht auf ihre vom Papst verbürgten Rechte beharrt hätten. Vermutlich hat sich dieser Jos von Taus während der Zeit des klösterlichen Niedergangs im ersten Jahrzehnt des 16. Jahrhunderts der Pfarrei Sulzbach bemächtigt. 1506 war noch ein Albrecht Zigel Sulzbacher Pfarrer. Jos von Taus ist 1517 als Sulzbacher Pfarrer nachgewiesen, als er Mitglied der Löwensteiner Sebastiansbruderschaft wurde[94]. Nach seinem Tod, so fährt der Bericht fort, habe das Kloster auf Befehl Herzog Ulrichs selbst einen Pfarrer in Sulzbach eingesetzt. Jos starb mit großer Wahrscheinlichkeit im Jahr 1519, da einerseits der in eben diesem Jahr vertriebene Herzog Ulrich noch an der Neubesetzung der Pfarrei beteiligt war und da es andererseits 1523 hieß, der neue Sulzbacher Pfarrer sei seit vier Jahren im Amt.

Die Art und Weise, wie das Kloster 1519 die Pfarrei Sulzbach neu besetzte, ist in höchstem Maße aufschlußreich. Man übertrug die Pfarrei dem Backnanger Chorherrn Hermann Bender, der vielleicht ein Verwandter des damals amtierenden Murrhardter Abts Oswald Binder war. Bender kamen zwar die Einkünfte der Pfarrei zugute, doch er konnte oder wollte nicht selbst die seelsorgerischen Aufgaben in Sulzbach wahrnehmen. Für diesen Zweck setzte er als Pfarrverweser beziehungsweise *perpetuus vicarius* den Johannes Vogt ein. Vogt versah bis 1523 die Pfarrei, ohne daß es aktenkundige Ereignisse gegeben hätte.

Am 6. Februar 1523 wandte sich jedoch Graf Ludwig von Löwenstein, der weltliche Herr Sulzbachs, an die Statthalterregierung in Stuttgart: Sein Untertan, der Löwensteiner Bürger Wendel Schnepf[95], der *für sich und seine kind bißher mit großer, schwerer arbeit* den Lebensunterhalt bestritten habe und der ein rechtschaffener, frommer Mann sei, habe vom Papst die Gnade erhalten, die Pfarrei Sulzbach zu versehen. Die Statthalterregierung möge diese päpstliche Anordnung bestätigen. Irgendwelche geistlichen Qualifikationen Schnepfs, etwa ein kirchlicher Weihegrad oder eine theologische Ausbildung, werden nicht erwähnt. Auch schien es die natürlichste Sache der Welt zu sein, daß ein offenkundig nicht im Zölibat lebender Mann – Schnepf hatte ja Kinder – eine Pfarrei übernehmen konnte. Vielleicht sah man es allerdings als ausreichende Vorausetzung an, daß Schnepf weitab von Löwenstein und Sulzbach bereits eine Pfründe hatte: Er war *perpetuus vicarius* an der Speyrer Kirche zum heiligen Germanus und Mauritius[96]. Graf Ludwig wartete nicht die Reaktion der Stuttgarter Regierung ab, sondern ließ seinen Sulzbacher Schultheißen die Einsetzung Schnepfs und die

92 *Cortisonisch* = durch Einwirkung der päpstlichen *curtis* beziehungsweise *curia,* also auf Befehl des Papstes und nicht auf dem normalen Weg der Pfründenvergabe durch den Abt von Murrhardt.

93 Wahrscheinlich sind die entsprechenden Bestrebungen unter Abt Egen gemeint.

94 Lenckner 1961.

95 Schnepf erscheint in den Quellen abwechselnd mit den Vornamen Wendel und Anton.

96 HStAS A 508, U 19.

Amtsenthebung Vogts sogleich verkünden. Die Lage war noch unentschieden, als sich das Kloster Murrhardt kurz vor dem 11. Februar 1523 an die Regierung wandte und, nachdem es die Vorgeschichte ausführlich geschildert hatte, forderte, Johannes Vogt im Amt zu behalten. Notfalls wolle das Kloster einen Prozeß gegen Schnepf anstrengen. Am 11. Februar entsprach die Regierung dem Wunsch des Klosters und forderte den Grafen Ludwig auf, das Kloster »ungehindert« zu lassen, Vogt aber wieder in sein Amt einzusetzen. Der Löwensteiner und Schnepf gaben sich jedoch nicht so schnell geschlagen. Schnepfs Ansprüche wurden schließlich in einem Verfahren, das sich vom Dezember 1523 bis zum November 1525 hinzog[97], der angekündigten gerichtlichen Prüfung unterzogen und schließlich abgelehnt.

Noch aufschlußreicher als der vergebliche Versuch Schnepfs, sich in den Besitz der Pfarrei Sulzbach durch ein päpstliches Privileg am Kloster Murrhardt vorbei zu erstreiten, sind die Händel, die anläßlich der Aktivitäten Schnepfs zwischen dem Sulzbacher Pfarrherrn Hermann Bender und seinem Pfarrverweser Johannes Vogt ausbrachen. Beide waren sich 1523 plötzlich nicht mehr über die Regelung einiger finanzieller Fragen einig. Die am 6. Dezember 1523 von der Regierung verkündete Anordnung über die Pfarrei Sulzbach läßt weitere Einzelheiten erkennen. Es wurde festgesetzt, daß Vogt vom Johannistag (24. Juni) 1524 an vier Jahre lang die Pfarrei Sulzbach versehen sollte, es sei denn, sie werde ihm vom Kloster Murrhardt entzogen. Dafür sollte Vogt dem Pfarrherrn – also Hermann Bender – bis zum 24. Juni 1524 einen Betrag von 38 fl Absentgeld bezahlen, außerdem noch das *ander halbdayll* an das Kloster Murrhardt. Zudem schulde Vogt dem Hermann Bender für das zurückliegende Jahr 1523 das Absentgeld. Bender solle nach Sulzbach kommen, mit Vogt die Jahresabrechnung durchsehen und sich das Geld auszahlen lassen. Allerdings solle die Schuld Vogts gegenüber Bender um 3 fl verringert werden, denn Vogt seien Unkosten in dieser Höhe entstanden, als beide vor dem Speyrer Bischofsgericht gegeneinander prozessiert hätten. Überdies sollten vom Sulzbacher Pfarreinkommen jährlich 5 fl an die Löwensteiner Sebastiansbruderschaft gehen, wie dies Hermann Bender und Graf Ludwig von Löwenstein miteinander abgesprochen hätten. Das Kloster dürfe – so schließt die Anordnung vom 6. Dezember 1523 – nie mehr einen Mönch auf die Pfarrei setzen, sondern nur noch einen Weltgeistlichen.

Es stellt sich die Frage, welcher Betrag dem Pfarrverweser Vogt von den Einkünften der Pfarrei Sulzbach überhaupt noch zum Leben blieb: Wenn er 1524 insgesamt 38 fl an Hermann Bender und 5 fl an die Löwensteiner Sebastiansbruderschaft zu zahlen hatte – wozu noch eine Summe nicht genau bekannter Höhe an das Kloster Murrhardt kam –, dann belaufen sich die jährlichen Abgaben auf etwa 50 fl. Nun mögen die Abgaben Vogts im Jahre 1524 außergewöhnlich hoch gewesen sein; in den übrigen Jahren mußte Vogt an Bender vielleicht etwas weniger zahlen. Dennoch: Zieht man in Erwägung, daß die Pfarrei Murrhardt 1536 ein jährliches Einkommen von nur knapp 50 fl hatte, und nimmt man an, daß die Einkünfte der Pfarrei Sulzbach nicht größer waren als die der Pfarrei Murrhardt, dann wird ersichtlich, daß

97 Abweisung der Ansprüche Schnepfs in der Anordnung der Regierung betreffend die Pfarrei Sulzbach vom 6. 12. 1523, gleichzeitig aber Befehl, Schnepf möge sich wegen seiner Kosten, die ihm am päpstlichen Hof entstanden waren, mit dem Kloster Murrhardt und mit Hermann Bender zu gütlichem Austrag in Verbindung setzen. Bender lehnte dies zunächst ab – er muß finanzielle Einbußen befürchtet haben –, mußte sich aber doch dazu bequemen, nachdem sich Graf Friedrich von Löwenstein, der Sohn des mittlerweile verstorbenen Grafen Ludwig, am 8. 6. 1524 bei der Regierung erneut für ihn verwendet hatte. Erst am 7. 11. 1525 kam es zur endgültigen schiedsrichterlichen Entscheidung, in der Schnepf definitiven Verzicht auf die Pfarrei Sulzbach leistete.

dem Pfarrverweser von Sulzbach beinahe sämtliche Pfarreinkünfte wieder aus der Tasche genommen wurden, daß für ihn nur ein Hungerlohn blieb. Wenn Johannes Vogt trotzdem großen Wert darauf legte, *perpetuus vicarius* in Sulzbach zu sein, dann deshalb, weil ein Hungerlohn besser als gar nichts war. Seinen Lebensunterhalt konnte Vogt allein mit den Einkünften als Pfarrverweser natürlich nicht bestreiten. Er betrieb sein Handwerk oder seine Landwirtschaft aus der Zeit vor der Übernahme der Pfarrverweserstelle zweifellos auch als Sulzbacher *vicarius* weiter. Die Pfarreinkünfte waren ein Zubrot, und immerhin konnte Vogt umsonst das Pfarrhaus bewohnen, was das Pfarrverweseramt trotz geringer Einkünfte einigermaßen attraktiv machte.

Für die Seelsorge mußten Verhältnisse, wie sie in Sulzbach herrschten, natürlich verheerend sein. Vogt hatte – ebenso wie im Jahrhundert zuvor Leu in Ottendorf – wahrscheinlich keine theologische Ausbildung absolviert. Selbst bei bestem Willen konnte er die Pfarrei Sulzbach nicht in befriedigender Weise versorgen: Ihm fehlte nicht nur die theologische Qualifikation, er war darüber hinaus auch gezwungen, seinen Lebensunterhalt durch andere Tätigkeiten zu bestreiten. Unzufriedenheit der Bevölkerung mit ihrem Pfarrverweser und mit dem Vikarier-Unwesen war die natürliche Folge. Auf diesem Boden gediehen der Haß auf die alte Kirche und die Bereitschaft zu Reformation. Vogt blieb übrigens nicht die vorgesehenen vier Jahre bis Mitte 1528 auf der Sulzbacher Pfarrei. Bereits am 3. Januar 1528 war ein Johannes Krel Sulzbacher Pfarrer[98].

Armenfürsorge des Klosters und seiner Pfarreien

Das Spital in Murrhardt

Im Kloster Murrhardt ist bereits 1191 ein *hospitalis magister* nachgewiesen[99]. Über dieses frühe Klosterspital und seinen Spitalmeister ist, abgesehen von seiner Existenz, fast nichts bekannt. Flurnamen wie Spitalwiesen, Spitalgärten und Spitalbrunnen geben einige Hinweise, die es ermöglichen, seinen Standort beziehungsweise seinen Besitz zu lokalisieren; es befand sich vielleicht in der Nähe des unterhalb der Walterichskirche gelegenen Spitalbrunnens. Es ist nicht einmal klar, ob das Klosterspital den Mönchen, der Murrhardter Bevölkerung oder durchziehenden Pilgern zur Verfügung stand. Jedenfalls hat es zu Beginn des 14. Jahrhunderts keine Einrichtung in klösterlichem Besitz mehr gegeben, welche die Versorgung kranker Mönche hätte übernehmen können. 1320 wurde aus der Jahrtagsstiftung des Grafen Albrecht von Löwenstein ein *siechhus* zur Versorgung der alten und kranken Mönche finanziert[100]. Danach verlieren sich die Spuren eines klösterlichen Spitals oder Siechenhauses, wenn man einmal davon absieht, daß das Kloster noch bis ins 16. Jahrhundert ständig arme, alte und kranke Leute aufnahm, über deren Unterkunft aber nichts bekannt ist[101]. Dem Spital oder einem Armenhaus ähnliche Einrichtungen wurden nach Gründung der Stadt Murrhardt offenbar nicht mehr vom Kloster für die Bevölkerung bereitgestellt, sondern von der Stadt[102].

98 AMRHEIN 1906, S. 342 f., vgl. auch unten S. 384 ff.
99 FRITZ 1982-III, S. 123, und DERS. 1983-II.
100 RL 120.
101 Vgl. die verschiedenen kranken und alten Personen im Kloster anno 1561, S. 212 ff.
102 FRITZ 1983-II.

Speisung von Armen

Der karitativen kirchlichen Tätigkeit kam in der Zeit vor der Reformation hohe Bedeutung zu, da die Kirche praktisch die einzige Institution war, die sich um die Versorgung armer, alter oder kranker Menschen kümmerte. Im Falle Murrhardts und der von ihm zu besetzenden Pfarreien blieben allerdings noch viele Fragen offen. Konkrete Beispiele für die Speisung von Armen sind kaum bekannt. Die 13 Mitglieder der Bruderschaft an der Haller Katharinenkirche hatten zweimal monatlich je einen Armen zu speisen[103]. In Großbottwar hatte Graf Eberhard von Wirtemberg 1480 eine Stiftung gemacht, die jährlich 4 lb h anwies, um Brot für »hausarme Leute« zu kaufen[104]. Darüber hinaus ist aus dem Jahr 1561 überliefert, daß das Kloster in früherer Zeit – also wohl vor der Reformation von 1535 – wöchentlich an die Armen in Großbottar das Almosen verteilt habe. Es habe üblicherweise aus Brot bestanden, sei im Herbst aber auch in Form von Most gereicht worden[105] (mit »Most« kann in einem Weinbauort wie Großbottwar nur neuer Wein gemeint sein). 1561 existierte diese Form der Caritas längst nicht mehr; es wurde den Armen weder Wein noch Brot gereicht. Da man aber das mittlerweile reformierte Kloster weiterhin als verantwortlich für die Armenfürsorge ansah, setzte Herzog Christoph 1561 fest, daß das Kloster jährlich 12 Scheffel Dinkel an den Armenkasten liefern solle, woraus für die Armen auf Kosten der Stadt Brot gebacken werden sollte. Mit diesen wenigen Eindrücken ist unsere Kenntnis bezüglich der Armenspeisung bereits erschöpft. Insbesondere läßt sich nicht beantworten, ob es außer diesen drei Institutionen der Armenspeisung noch weitere größere Stiftungen oder ähnliches gab, die sich mit der Versorgung von Armen befaßten (Spitäler seien hier außer Betracht gelassen). In kleinerem Umfang hat es sicherlich weitere Stiftungen für die Armen in den meisten Pfarreien gegeben. Allerdings ist es offenkundig, daß das Geld der meisten Stiftungen nicht den Armen zugute kam, sondern für Jahrtagsgebete verwendet wurde und somit den Geistlichen zufloß. Ebensowenig wie die Zahl der Stiftungen für die Armen bekannt ist, weiß man, ob die vorhandenen Armenstiftungen nur »ein Tropfen auf den heißen Stein« waren oder ob sie die Not in nennenswerter Weise lindern konnten. Die soziologischen Analysen bezüglich des Vermögens der Einwohner von Stadt und Amt Murrhardt 1542/45 zeigen zwar, daß eine zahlenmäßig nicht geringe Unterschicht existierte[106], doch es ist ungeklärt, wie viele Angehörige der Unterschicht so arm waren, daß sie Lebensmittelalmosen brauchten. Die Großbottwarer Stiftung Graf Eberhards gibt insofern einigen Aufschluß, als sie ausschließlich »Hausarmen« zugute kommen sollte, also einheimischen Leuten. Von auswärts kommende, durchziehende Bettler waren vom Genuß der Stiftung ausgeschlossen.

103 Pietsch U 300.
104 Württ. Archivinventare 6, 1913, S. 21.
105 StadtA Großbottwar, Stadtdokumentenbuch.
106 Vgl. oben S. 221 ff.

Das militärische Aufgebot Murrhardts im Rahmen des wirtembergischen Heeres im 15. und 16. Jahrhundert

In welchem Maße und bis wann das Kloster Murrhardt selbständig Militärpolitik betrieben hat, läßt sich schwer sagen. Die letzten halbwegs unabhängigen Aktionen auf diesem Gebiet fanden offenbar im Städtekrieg 1451 gegen Schwäbisch Hall statt[1]. Damals waren zwar gewiß die Überfälle der Murrhardter auf Haller Besitzungen mit Wirtemberg abgesprochen, die Murrhardter Kriegsleute operierten aber noch in eigener Regie, ohne erkennbare Eingliederung in wirtembergische Truppenteile. Dies geht namentlich daraus hervor, daß König Friedrich III. sein Mahnschreiben an die Adresse Murrhardts richtete, nicht an Wirtemberg. Wenige Jahre später, im Pfälzerkrieg, hatte sich das Aufgebot des Klosters völlig ins wirtembergische Heer integriert.

Der Pfälzerkrieg 1459–1462

Bei der großen Mobilmachung im Juni/Juli 1459[2] hatte das Kloster Murrhardt acht Pferde oder zwei Wagen – wie es scheint, jeweils mit Personal – sowie 20 Leute zu Fuß zu stellen. Tatsächlich wurden vom Kloster dann die Pferde verlangt, die sich am 7. Juli in Stuttgart einzufinden hatten, wo Wolf von Neuhausen den Befehl führte. Hier waren die Murrhardter mit sechs ihrer Pferde und zwei weiteren Pferden des Dominikanerinnenklosters Wildberg als Zugabteilung für die *ander buchsen* eingeteilt. Die *ander buchsen* war das zweite Geschütz der wirtembergischen Artillerie[3], die insgesamt aus der *großen steinbuchs, der ander buchsen,* dem Geschütz, das *Gemunderin* hieß, der *grosen steinbuchs, die zu Bylstein lyt,* der *tarresbuchsen, die zu Botwar lyt* und aus vier *karrenbuchsen* (je zwei in Stuttgart und Lichtenberg) bestand – also aus insgesamt neun Geschützen. Wenn man aus den zum Zug der jeweiligen *buchsen* eingeteilten Pferde auf die Größe der Geschütze schließen kann, war die *ander buchsen* wohl das zweitgrößte Geschütz. Die *grose buchsen* wurde von zehn Pferden gezogen, die *Gemunderin* von sechs, die Stein-, Tarres- und Karrenbüchsen von je drei oder vier Pferden. Auch die Zahl der Troß- und Munitionswagen der *ander buchsen* waren beträchtlich: Ein Wagen des Propstes von Backnang sollte *die laden der ander buchsen* aus Bottwar holen, zwei Waiblinger

1 Vgl. oben S. 42ff.
2 HStAS A 602, Nr. 4332b; Setzler 1979, S. 111, gibt noch die ungenaue Datierung 1459/62 für die Mobilmachung und das dazugehörige Reisregister an. Die im Register genannte Datierung *sonntag sant Kilians tag* (8. Juli) als Gestellungstag des Backnanger Kontingents in Großbottwar trifft aber nur für das Jahr 1459 zu, nicht für 1460–1462.
3 Vgl. zum Artillerieaufgebot von 1459 auch Pflichthofer 1939, S. 88, der jedoch nicht die Details zum Troß bringt, die hier aufgeführt sind.

Wagen hatten die als Kanonenkugeln verwendeten Steine zu führen, ein weiterer Wagen aus Waiblingen das Pulver. Im Gesamtaufgebot des Grafen Ulrich von 1459 nimmt sich der Murrhardter Anteil bescheiden aus. Die etwa 170 Edelleute, die dem Grafen mit ihren Knechten zuzogen, können außer Betracht bleiben; wichtiger ist das Aufgebot der Ämter. Die weltlichen Ämter waren dazu verpflichtet, 250 Wagen[4] und 3610 Mann zu Fuß zu stellen. Die größten Kontingente fielen aufs Amt Stuttgart (30 Wagen und 600 Mann) und die Ämter Schorndorf (30 Wagen und 500 Mann) und Kirchheim (22 Wagen und 500 Mann), die kleinsten auf die Ämter Gammertingen (drei Wagen, 40 Mann), Bottwar (acht Wagen, 30 Mann), Beilstein (fünf Wagen, 30 Mann) und Ebingen (drei Wagen, 30 Mann). Tatsächlich forderte man zwar alle *fußlut* an, aber nur 129 Wagen sowie 16 Zugpferde.

Das Kontingent der Klöster war bescheidener[5]. Sie boten lediglich 17 Wagen auf (angefordert zehn) sowie zwölf Pferde und 170 Mann zu Fuß. Damit belief sich der Murrhardter Anteil auf 0,5 % der wirtembergischen Fußtruppen und auf 0,7 % der 1459 zu stellenden Wagen. Es ist allerdings sehr fraglich, ob man dieses Kontingent in Relation zur tatsächlichen Bevölkerungszahl und zur Wirtschaftskraft Murrhardts setzen darf. 1459 scheinen die unter wirtembergischer Vogtei stehenden Klöster sehr moderat zu militärischen Leistungen herangezogen worden zu sein. In der »Reisliste« sind überhaupt nur die Klöster beziehungsweise Stifte Zwiefalten, Lorch, Adelberg, Murrhardt und Backnang veranschlagt (zwischen maximal fünf Wagen und 50 *fußlut* – Zwiefalten – und vier Pferden ohne *fußlut* – Backnang), ohne weitere Pflichten sind Denkendorf, Nellingen, Kirchheim, Weiler, Steinheim, Lauffen und Wildberg genannt. Man hat sich dann zwar bei der tatsächlichen Mobilmachung im einzelnen nicht mehr an die Bestimmungen gehalten – Wildberg mußte ja zusammen mit Murrhardt ein Geschütz ziehen –, aber die in militärischer Hinsicht geringe Belastung der Klöster im Vergleich zu den weltlichen Ämtern ist doch evident. Es wird deutlich, daß die Vogtei 1459 noch nicht völlig identisch war mit der Form der wirtembergischen Herrschaft, wie sie in den weltlichen Ämtern ausgeübt wurde. Noch waren die Prälaten nicht völlig den Interessen der Wirtemberger untergeordnet.

Im weiteren Verlauf des Pfälzerkriegs änderte sich daran nichts. Als Ende Februar 1460 Graf Ulrich des Pfalzgrafen Feind geworden und somit der Krieg ausgebrochen war, ließ der Graf dies in seinen Ämtern verkünden[6]. Das gräfliche Schreiben sollte von den Vögten verkündet werden; mit hoher Wahrscheinlichkeit haben auch die Klöster die Botschaft verlesen lassen. Ulrichs Brief enthielt bemerkenswerte Anweisungen, wie man sich im Krieg verhalten sollte[7]. Die Bevölkerung sollte ihre Habe in Sicherheit bringen – wohl in den Schutz einer Stadt oder eines befestigten Orts – und auf sich selbst achten. Schlösser und Städte sollten Tag und Nacht aufmerksam bewacht und Alarmpläne vorbereitet werden, *das yeglicher wisse, wo er hin lauffen oder was er tun soll, es sy uff der mur, by den toren oder an dem platz*. Außerdem sei dafür zu sorgen, *das die wagen furderlich zu der*

4 Zum Wagenaufgebot von 1459 ebenfalls knapp Pflichthofer 1939, S. 86.

5 Vgl. auch Setzler 1979, S. 111 ff.

6 HStAS A 602, Nr. 4481, Bü. 1, Nr. 47.

7 (Du Vogt sollst) *mit flis ernstlich…* (dich darum kümmern), *das die armenlut uff dem land ir habe flöhen und sich selbs ouch verwarn, und versorg und verwar slos und stett in dinem ampt tags under den toren und sust mit guter hut und des nachts mit sicherer, guter wacht; biß ouch daran, das in der statt ein ordnung gemacht werde, ob ein geschrey wurd…*

wagenburg gerüst werden, wie dies bei früheren Mobilmachungen schon geschehen sei, und die Aufgebote sollten sich auf Anforderung bereit zum Ausmarsch halten.

Es ist wahrscheinlich, wenn auch nicht ausdrücklich zu belegen, daß Murrhardt ebenfalls ein Kontingent stellen mußte. Im Mobilmachungsplan, der für den 23. März 1460 gilt, fehlen sämtliche Klöster[8]. Auch von den weltlichen Ämtern wurden bei weitem nicht alle aufgeboten. Trotzdem kamen 3160 Fußsoldaten zusammen, allerdings nur 33 Wagen. Da anzunehmen ist, daß Graf Ulrich ohne Artillerie und fast ohne Troß nicht in den Krieg zog, werden zusätzliche Wagen und Geschützbespannungen von den anderen Ämtern und den Klöstern gestellt worden sein. Sicher ist, daß am 15. April 1460 die Klöster erst einmal auf andere Weise in die Pflicht genommen wurden. Graf Ulrich schrieb an sie einen dramatischen Brief[9], in dem er die Greueltaten der Böhmen beschrieb, die vor Eichstätt im Dienste des Baiernherzogs Ludwig über Ulrichs Verbündeten Albrecht von Brandenburg gesiegt hatten. Ulrich hatte Albrecht tags zuvor von Schorndorf aus Verstärkung zugesandt[10] und bat seine Klöster in der *hoffnung, got der almechtig werd uns und unser parthy glück, sig und hilff ertzeigen,* die Mönche in ihrem jeweiligen *closter, emssig gotzdienst zu vollbringen mit messe singen und lesen, crucz gengen und andern guten werken, und dar inn got antzuruffen und zu bitten, unser parthy sig und glück seliglich zu verleihen.* Dieser Brief ging an die Klöster, Stifte und Landkapitel in Adelberg, Lorch, Murrhardt, Backnang, Denkendorf, Zwiefalten, Bebenhausen, Hirsau, Blaubeuren, Güterstein, Stuttgart, Göppingen, Cannstatt, Marbach, Kirchheim, Göppingen, Balingen und Nellingen[11]. Am selben Tag ordnete der Graf ferner an, daß verschiedene Ämter und Klöster insgesamt 22 Wagen nach Schorndorf und Stuttgart schicken sollten[12]. Die Feindseligkeiten des Jahres 1460, die im Herbst zum Erliegen gekommen waren[13], flammten im Frühjahr 1461 wieder auf, das *Rayß Register*[14] enthält wieder eine nahezu komplette Aufstellung der von den Ämtern und Klöstern zu stellenden Kontingente. Die Aufgebote lagen höher als in den Vorjahren, die Wehrkraft des Landes wurde also weiter ausgeschöpft. Insgesamt waren diesmal 5642 Mann und 325 Wagen auf den 23. Juni nach Stuttgart beordert, davon 5490 Mann und 299 Wagen aus den weltlichen Ämtern, 152 Mann und 26 Wagen aus den Klöstern[15]. Nur die Klöster Adelberg, Lorch, Zwiefalten, Denkendorf und Murrhardt stellten sowohl Soldaten als auch Wagen (die drei ersten je 40 Mann und vier Wagen, Denkendorf zwölf Mann und zwei Wagen, Murrhardt 20 Mann und drei Wagen), alle übrigen Klöster nur je einen Wagen (Weiler, Steinheim, Kirchheim, Wildberg-Reutin, Oberstenfeld, Backnang, Salmannsweiler, Nellingen und Winnenden). In welchen Truppenteilen des wirtembergischen Heeres die Murrhardter diesmal dienten, ist nicht überliefert. Obgleich das Heeresaufgebot von 1461 größer war als im Jahr 1459, blieb der Anteil der Klöster im

8 HStAS A 602, Nr. 4481, Bü. 1, Nr. 82.
9 Ebd., Nr. 193.
10 Stälin 1856, S. 523.
11 Vgl. dazu auch Setzler 1979, S. 113, der eine im Detail etwas andere, modernisierte Lesung kurzer Textauszüge wiedergibt und annimmt, alle genannten geistlichen Institutionen hätten zu diesem Zeitpunkt bereits militärische Leistungen gegenüber Wirtemberg erbracht. Dies gilt indessen sicher nicht für das Stift Stuttgart und die verschiedenen Landkapitel, die niemals sonst zu Kriegsdiensten herangezogen wurden.
12 HStAS A 602, Nr. 4481, Bü. 1, Nr. 194.
13 Dazu oben S. 42 ff. und Stälin 1856, S. 524 f.
14 HStAS A 602, Nr. 4481, Bü. 5, Nr. 22.
15 Vgl. die unvollständige Tabelle bei Setzler 1979, S. 114.

allgemeinen und der Murrhardts im besonderen auf dem niedrigen Stand von 1459. Der Graf mutete seinen Klöstern immer noch weniger als den weltlichen Ämtern zu. Aus dem Kriegsjahr 1462, in dem Graf Ulrich in die Gefangenschaft des Pfalzgrafen Friedrich den Siegreichen geriet und Wirtemberg eine verheerende Niederlage erlitt, ist eine Aufstellung des wirtembergischen Heeres nicht erhalten. Wahrscheinlich ist sie mit den Kanzleiwagen in pfälzische Hand gefallen und dort zugrunde gegangen.

Die kriegerischen Auseinandersetzungen des späten 15. Jahrhunderts und der bairische Erbfolgekrieg von 1504

Soweit erkennbar, setzen die nächsten wirtembergischen Militärakten im Jahr 1480 ein. In der Fridingischen Fehde schrieb Graf Eberhard d.J. von Wirtemberg zu einem nicht näher bekannten Datum dieses Jahres an seine Klöster Zwiefalten, Lorch, Murrhardt, Adelberg, Denkendorf und Ellwangen[16]. Sie sollten ihre *armenluth und zugehörigen* darauf hinweisen, *das sie sich mit kleidern, schuchen, harnischen, wägen und andern notdurfftigen dingen fursehen und rüsten,* um auf weiteren Befehl die Kontingente *in das veld zu schicken.* Ob und in welchem Umfang es dazu gekommen ist, ist nicht überliefert. Zwei Jahre später, 1482, wurde erneut ein Register der Aufgebote angefertigt, ohne daß ein konkreter kriegerischer Anlaß festzustellen wäre[17]. Diesmal wurden die Kontingente an Männern zu Fuß erstmals nach Waffengattungen differenziert. Weltliche Ämter und die Klöster Lorch, Zwiefalten, Murrhardt, Adelberg und Denkendorf boten folgende Truppen auf: 870 Mann mit Büchsen (836 aus den weltlichen Ämtern, 34 aus den Klöstern), 881 Mann mit Lanzen (843/38), 245 Mann mit Armbrüsten (226/19), 248 Mann mit Hellebarden (229/19), zusammen also 2244 Mann (2134/110). Außerdem wurden 177 Wagen gestellt (169/8). Der Anteil Murrhardts entsprach der Größenordnung von 1459 und 1461. Das Kloster war mit vier Büchsen, fünf Lanzen, drei Armbrüsten, drei Hellebarden – zusammen 15 Mann – und einem Wagen an dem Aufgebot beteiligt; der letzte Eintrag hatte ursprünglich auf zwei Wagen gelautet, war dann aber auf einen heruntergesetzt worden. Immer noch verfuhr Wirtemberg gegenüber seinen Klöstern in militärischen Dingen zurückhaltend.

1489 bot das nunmehr wiedervereinigte Wirtemberg 1819 Lanzen, 774 Büchsen, 371 Armbrüste und 509 Hellebarden auf, also insgesamt 3473 Mann, zu denen noch 299 Edle und deren Knechte, 150 Mann »Hofgesinde« und 41 »einspännige Knechte« traten[18]. Am Aufgebot waren 22 weltliche Ämter und die Klöster Lorch, Zwiefalten, Murrhardt, Adelberg und Denkendorf beteiligt. Die Belastung der weltlichen Ämter war im Durchschnitt gesunken, weil nun wesentlich mehr Ämter die Anforderungen des Militärdienstes unter sich aufteilen konnten. Stuttgart mußte beispielsweise nur 375 Mann stellen (1459: 600 Mann, 1461: 800 Mann). Demgegenüber blieb die Belastung der Klöster 1489 auf dem üblichen Stand, sie boten 122 von den 3473 Mann auf. Das Murrhardter

16 HStAS A 602, Nr. 4460, Bü. 4, Nr. 155. Die von SETZLER 1979, S. 88, erwähnte Sulzer Akte von 1469 scheint nur lokale Daten zu enthalten.

17 HStAS A 602, Nr. 4332d.

18 Ebd., Nr. 4332e.

Kontingent umfaßte acht Lanzen, vier Büchsen und je zwei Armbrüste und Hellebarden, mithin 16 Mann. Wagen sind in dem Register von 1489 nicht enthalten.

Anläßlich der Fehde mit Eitelschelm von Bergen 1490 machte Wirtemberg wieder mobil[19]. Diesmal ist der *rayß – und werbzedel* noch differenzierter. *Fusknecht* wurden von 19 weltlichen Ämtern und nur zwei Klöstern – Zwiefalten und Denkendorf – gestellt. Insgesamt begnügte man sich mit einem relativ bescheidenen Aufgebot von 2283 Fußknechten – die Gefahr durch Eitelschelm von Bergen wurde demnach nicht als allzu dramatisch eingeschätzt. Man bot 1178 Lanzen, 812 Büchsen und 293 Hellebarden auf; die offenbar waffentechnisch allmählich überholten Armbrüste sind nicht mehr aufgeführt[20]. Neben der Nennung der Fußknechte wird noch penibel aufgeführt, welches Gerät jedes Amt zu stellen hatte: *seczschilt, wagen mit sturmleitern, beschlagen nüsch, rüthawen, bickel, pfalhapen und ägste.* Ein Fuhrpark von 147 Wagen mit 74 separaten Pferden ergänzte das Heer. Der Mobilmachungsplan ist insofern von Interesse, als darin genau bestimmt wurde, wie viele Wagen Brot zu holen hätten, wieviel Brot gebacken und bereitgestellt werden mußte[21], wie viele Wagen zur Zufuhr von Wein eingesetzt waren[22] und wie viele den Hafer für die Pferde zu besorgen hatten[23]. Weitere Wagen waren bereitgestellt für die gräfliche Kellerkammer in Stuttgart (zwei Wagen), für die Küche (zwei), für den Zeltmeister (zehn), für den Marstall (fünf) sowie zur freien Disposition (neun). Die verbleibenden Wagen waren der Artillerie[24] zugeteilt, die diesmal aus einem schweren Geschütz mit dem Namen *Swester*, einer *schlangen buchsen* und zwei *muren stainbuchsen* bestand. Die *Swester* wurde von 30 Pferden gezogen, es muß also ein gewaltiges Geschütz gewesen sein, das zusätzlich noch eine Bedienungsmannschaft von 100 Mann, 22 Handwerkern und 30 Wagen Troß mit sich führte. Die drei anderen Geschütze wurden von je drei Pferden gezogen. Der Troß der leichten Geschütze umfaßte insgesamt 34 Wagen. Im Troß der leichten Artillerie war wieder – wie schon 1459 – das kleine Murrhardter Aufgebot zu finden. Die zwei Wagen, die das Kloster zu stellen hatte, sollten ursprünglich Pulver führen. Dieser Eintrag wurde dann jedoch durchgestrichen, und die Murrhardter Wagen wurden ohne näheren Auftrag den drei kleineren Geschützen zugeteilt. Die Murrhardter Wagen sollten mit hohen Leitern ausgestattet sein; es handelte sich vermutlich um die Fuhrwerke der üblichen Leiterwagen. Das ausführliche Verzeichnis von 1490 entstand zwar anläßlich einer unwichtigen militärischen Auseinandersetzung, in seiner Grundkonzeption dürfte es jedoch vielen Mobilmachungen der damaligen Jahrzehnte entsprechen, die weniger genau überliefert sind.

Das nächste Verzeichnis des wirtembergischen Aufgebots datiert von 1492. Damals nahmen die Wirtemberger im Rahmen des Schwäbischen Bundes am Kampf gegen Herzog Albrecht von Baiern teil und zogen nach Landsberg am Lech[25]. Bereits in der Zeit um Ostern (22. April) wurde ein erstes Aufgebot einberufen, in dem Murrhardt nicht vertreten war. Die

19 Ebd., Nr. 4327.

20 Zum Verschwinden der Armbrüste auch Pflichthofer 1939, S. 67.

21 10 000 Brote waren von acht Wagen in Herrenberg abzuholen, weitere 10 000 in Wildberg von neun Wagen, 15 000 in Böblingen von zehn Wagen und 20 000 Brote in Leonberg von zehn Wagen.

22 Zwölf Wagen nach Herrenberg, 13 nach Leonberg.

23 15 Wagen sollten von zu Hause – notfalls auch aus dem gräflichen Kasten zu Nürtingen – Hafer nach Leonberg mitbringen.

24 Dazu knapp Pflichthofer 1938, S. 88.

25 Stälin 1856, S. 633 ff.

Einberufungen vom April 1492 seien hier nicht näher erörtert, weil sie offenbar nur Teil eines umfassenderen Zuges zum Lech um den 20. Mai 1492 waren[26]. 22 weltliche Ämter sowie die Klöster Lorch, Zwiefalten, Adelberg und Denkendorf hatten insgesamt 2074 Fußknechte – diese zum Teil wieder nach Lanzen, Büchsen und Hellebarden gegliedert – und 66 Wagen gestellt. Davon entfielen auf die Klöster 96 Fußknechte und vier Wagen. Die Aufstellung ist allerdings unvollständig, da es ausdrücklich heißt, daß die wirtembergische Artillerie und der Troß noch nicht mitgezählt seien: *Noch sind die wagen nit gerechnet, die by den buchssen, bulver, zelten, kuchin, keller und futter gewesen sint.* Auch die üblichen zwei bis drei Murrhardter Wagen oder die entsprechende Zahl an Pferden wurden vermutlich an den Lech geschickt, wahrscheinlich wieder als Bespannung eines Geschützes. Freilich haben die Murrhardter in all den Jahren als Pulverfahrer oder Geschützschlepper nie mit den Geschützen selbst hantiert. Das Verzeichnis von 1492 führt nämlich ausdrücklich jene 24 Spezialisten auf, die mit *hackenbuchsen und schlangen* schießen konnten. Bürger aus dem abgelegenen Kloster Murrhardt waren darunter nicht zu finden, wohl aber sieben aus dem hochentwickelten Residenzamt Stuttgart und je zwei aus den reichen Ämtern Urach und Schorndorf. Das letzte wirtembergische Aufgebot aus dem 15. Jahrhundert stammt aus dem Jahr 1499[27]. Es ist bei den Fußsoldaten wieder nach Waffengattungen gegliedert und enthält eine Auflistung der zu stellenden Wagen. Erneut fehlen – wie schon 1490 und 1492 – die veralteten Armbrüste. 1499 wurden aufgerufen: 3995 Spieße (3808 aus den weltlichen Ämtern, 187 aus den Klöstern), 957 Hellebarden (912/45) und 2382 Büchsen (2270/112), also zusammen die im Vergleich zu den vorhergehenden Aufgeboten sehr hohe Zahl von 7334 (6990/344) Fußknechten[28]. Da sich aber 32 weltliche Ämter beteiligten[29] und auch die Klöster Bebenhausen, Herrenalb, Hirsau, Alpirsbach, Adelberg, Sankt Georgen, Lorch, Murrhardt, Denkendorf und Zwiefalten Soldaten schickten, war die durchschnittliche Belastung nicht sonderlich groß. Murrhardt stellte wiederum die üblichen 20 Fußknechte (zehn Spieße, drei Hellebarden, sieben Büchsen). Dasselbe Bild bot sich bei den Wagen, deren genaue Anzahl allerdings schwer zu ermitteln ist. Offenbar wurden von 400 (322/78) zunächst angeforderten Wagen tatsächlich nur 291 (276/15) gestellt[30]. Unstrittig ist aber der Anteil Murrhardts; das Kloster stellte einen Wagen.

Für die kriegerischen Auseinandersetzungen im Jahre 1504 wurden von den Klöstern erneut Truppen und Wagen verlangt. Zwei Veranschlagungen der Klöster sind erhalten[31]. Die erste forderte ein Aufgebot von 59 Mann (36 Spieße, 23 Büchsen), die zweite 89 Mann (56 Spieße, 33 Büchsen). Murrhardt hatte nach der ersten Veranschlagung zwei Spieße, nach der zweiten zwei Spieße und eine Büchse zu stellen. Wie viele Klosterleute tatsächlich in den Krieg gezogen sind, ist nicht bekannt. Von den 1504 zu stellenden Wagen gibt es nur eine Liste[32]. Demnach hatten die Klöster am 17. Juni 1504 insgesamt 23 Wagen mit Deichselge-

26 Beides HStAS A 602, Nr. 4332f.

27 Ebd., Nr. 4332g.

28 Die Addition unter dem Register, die zum Teil durch Tintenkleckse unleserlich ist, kommt auf die falsche Zahl 7183.

29 Dabei wurden die Ämter Markgröningen/Bietigheim und Brackenheim/Güglingen jeweils zusammen veranschlagt, so daß es sich genau betrachtet sogar um 34 Ämter handelte.

30 Genau 400 Wagen ergeben sich nach einem mit »Raißwagen« überschriebenen Heft; ein zweites Heft, in dem auch die Fußtruppen enthalten sind, führt nur noch 291 Wagen auf. Die abschließende Addition in diesem Heft kommt auf die nicht zutreffende Zahl von 361 Wagen.

31 Beide HStAS A 28, Bü. 1.

32 HStAS A 602, Nr. 4332h.

schirr und hohen Leitern, die von je vier Pferden gezogen wurden, ferner 46 Pferde für die Geschütze *(ledige pfart... gericht, buchsen zu furn)* nach Stuttgart zu schicken. Zur selben Zeit hatten sich aus einigen weltlichen Ämtern weitere 49 Wagen sowie zwölf »ledige« Pferde in Stuttgart einzufinden. Die Wagen der weltlichen Ämter sollten – anders als die der Klöster – nicht mit Deichselgeschirr und Leitern zum Bau einer Wagenburg ausgerüstet sein, sondern mit Flechtwerk für Schanzzwecke *(wagen mit schwicken... gericht, schirm zu furn).* Das relativ bescheidene Aufgebot von 72 Wagen und 58 »ledigen« Pferden bildete natürlich nicht den kompletten Fuhrpark Wirtembergs für den Krieg von 1504, aber die Quellen sind hier nicht vollständig. Die Liste enthält lediglich noch die Angabe, daß zum 17. und 19. Juni mehrere Ämter weitere 53 Wagen, 20 Spieße, 16 Büchsen und 6 Hellebarden nach Stuttgart zu entsenden hätten. Aufmarschorte waren ferner Herrenberg und Lauffen[33]. Auf Details sei hier nicht näher eingegangen, weil es nicht möglich ist, aus den verwirrend vielen Mobilmachungsanordnungen die Gesamtstärke des wirtembergischen Heeres zuverlässig zu ermitteln. Erwähnenswert ist lediglich noch, daß Murrhardt und die anderen Klöster wie üblich ihre Wagen zur Artillerie abordnen sollten[34].

Ohne Datierung sind zwei Militärverzeichnisse des 15. Jahrhunderts. Das eine dürfte vom Ende der neunziger Jahre oder gar von 1504 stammen[35], das andere wohl ebenfalls aus den neunziger, vielleicht aber auch aus den achtziger Jahren[36]. Die erste Quelle ist ein *verzaichnus der wägen im lande* und enthält zunächst die Aufzählung der Wagenkontingente von 13 Klöstern und anderen geistlichen Institutionen. Nach jeder Wagenzahl ist ein Name aufgeführt, der sich offenbar auf das Geschütz bezieht, dem die Wagen zugeordnet waren[37]. Im einzelnen waren zugeteilt: drei Wagen von Zwiefalten dem Geschütz *Murfelin,* drei von Bebenhausen dem *Bruder,* drei von Herrenalb und eines von Wildberg-Reutin der *Ulmerin,* zwei von Lorch und eines von Steinheim der *Roß* (= Rose), zwei von Adelberg der *Nyrnbergerin,* zwei von Denkendorf und eines vom Spital in Markgröningen der *Muter* (= Mutter) sowie zwei von Hirsau der *Unruo.* Es handelte sich also zum sieben Geschütze, die allesamt Namen trugen und die bei den teilweise ebenfalls mit Namen versehenen neun Artilleriestücken von 1459 noch nicht vorhanden waren. Die sieben Geschütze aus dem *verzaichnus der wägen im lande* bildeten übrigens nicht den gesamten Geschützpark Wirtembergs. Das Verzeichnis führt noch leichtere Geschütze auf: zwei *karrtaunen,* die von sechs Zwiefalter Pferden gezogen wurden; zwei *schlangen, genannt die Schmälylerin(nen),* gezogen von zwölf Bebenhauser Pferden; eine *schlange mit dem yngeschriben boden,* gezogen von vier Herrenalber Pferden; drei *schlangen, genant die Kirchhaimerin(nen),* gezogen von neun Lorcher Pferden; die bereits 1459 bekannte *tarrasbuchsen,* gezogen von zwölf Adelberger Pferden, und schließlich noch drei *Schlangen,* von denen zwei Claus Buchsenmaister gegossen hatte und eine, die *Schlosserin* hieß, gezogen von zwölf Wildberger Pferden. Mit anderen

33 Ebd.
34 Ebd.: *Diß... wagen* (= die der Klöster) *sollen uff die buchsenmeister zu irer geraitschafft warten.*
35 HStAS A 602, Nr. 4331; auf die späten neunziger Jahre des 15. Jahrhunderts weist das Vorhandensein des Amts Maulbronn hin, das in einer datierten Reisliste erstmals 1499 vorkommt – A 602, Nr. 4332g. Das Kloster Maulbronn kam erst 1504 unter wirtembergische Herrschaft.
36 Auf eine Datierung in die neunziger Jahre des 15. Jahrhunderts weist das Vorhandensein der Klöster Bebenhausen und Herrenalb hin.
37 Diese wichtige Zusammenstellung ist bei Pflichthofer 1938, S. 88, nicht erwähnt.

Worten: Im undatierten *verzaichnus der wägen im lande* sind allein sieben schwere Geschütze und nicht weniger als zwölf leichte Geschütze (Kartaunen, Feldschlangen und Büchsen) aufgeführt. Dieser umfangreiche Geschützpark, der auf jeden Fall das Militärpotential des seit 1482 wiedervereinigten, ganzen Wirtembergs voraussetzt, spricht für eine späte Datierung des *verzaichnus*.

Von Interesse mag noch sein, daß auch hier wieder erläutert wird, wie die Wagen bespannt sein sollten: Alle der schweren Artillerie zugeteilten Wagen sollten von je vier Pferden gezogen werden. Insgesamt 29 Wagen waren zum Munitionstransport *(stain und bulfer)* vorgesehen, 23 sollten *buchssen und anders dazu gehörig* fahren, der gesamte Fuhrpark der schweren Artillerie bestand aus 145 Wagen, darunter 50 *geschwickte wägen* (Wagen mit einem Aufbau aus gewundenem Holz oder Weidengeflecht im Unterschied zu Leiterwagen; vgl. mhd. *schwicken* = winden). Das *verzaichnus* schließt mit einer Übersicht über alle von Wirtemberg aufzubietenden Wagen ab. 38 weltliche Ämter boten 332 Wagen auf, 16 geistliche Institutionen 46 Wagen, darunter zwei von Murrhardt. Weit weniger ergiebig ist das zweite Militärverzeichnis[38]. Es enthält nur die Namen von elf Klöstern und die von diesen zu stellenden Mannschaften und Wagen. Wir geben das bislang unveröffentlichte Verzeichnis wieder:

Clöster	*Zwiffaltten*	*II*^{c} *man, VIII wegen*
	Bebenhussen	*II*^{c} *man mer LIII man, VIIII wegen mer I wagen*
	Hernalb	*I*^{c} *man, VI wegen*
	Hirsow	*LXX man, IIII wegen*
	Lorch	*LXX man, VII wegen*
	Adelberg	*LXX man, VII wegen*
	Murhart	[nichts eingetragen]
	Denckendorff	*XX man, ist handin nit gespeyst, III wegen*
	Blabewren	*L man, I wagen*
	Allerspach	*I*^{c} *XIII man, I wagen*
	Sant Jorgen	*XXV man.*

Es fällt auf, daß die Klöster hier wesentlich stärker zu Militärleistungen herangezogen wurden als in allen früheren Anschlägen (vgl. z.B. Zwiefalten 1461: 40 Mann, vier Wagen; 1489: 29 Mann; 1492: 29 Mann, ein Wagen; 1499: 50 Mann, drei Wagen – jetzt 200 Mann und acht Wagen!)[39]. Leider enthält die Liste zu Murrhardt keinen Eintrag.

Überblick bis 1504

Wenn man bezüglich der militärischen Leistungen Murrhardts bis zum bairischen Erbfolgekrieg 1504 eine Zwischenbilanz zieht, ergibt sich folgendes Bild: Noch bis Anfang der fünfziger Jahre des 15. Jahrhunderts war die Eingliederung der Murrhardter Wehrkraft ins wirtembergische Heer sehr locker. Seit spätestens 1459 zog Wirtemberg das Kloster aber zu militärischen Pflichten heran, und ein in aller Regel etwa 20 Fußknechte und ein bis drei

38 Fehlt ebenfalls bei Pflichthofer 1938, S. 88.
39 Vgl. zu Zwiefalten: Setzler 1979, S. 114.

Wagen umfassendes Kontingent focht regelmäßig im wirtembergischen Aufgebot mit. Dabei konnte statt eines Wagens gelegentlich ein Gespann aus vier Zugpferden gestellt werden. Musterungen im Murrhardter Klostergebiet dürfte noch der Abt selbst vorgenommen haben – nicht wirtembergische Beamte[40]. Allzu schwer hat das Kloster an diesen Militärpflichten kaum getragen.

Im Rahmen der gesamtwirtembergischen Entwicklung stellte Murrhardt seit etwa 1490 nur noch Knechte mit Lanzen, Büchsen und Hellebarden, die vorher üblichen Armbrüste waren veraltet und fielen weg. Die Murrhardter Wagen dienten in der Regel im Troß der wirtembergischen Artillerie und führten hier meist Munition – Schießpulver zumeist, wie sich in einigen Fällen nachweisen läßt. Geschützspezialisten im eigentlichen Sinne waren aber nicht im Murrhardter Kontingent. Wenn die Murrhardter keinen Wagen, sondern nur Zugpferde stellten, wurden diese auch als Bespannung für Geschütze eingesetzt; sie zählten dann eher zur schweren wirtembergischen Artillerie.

Über diese für Murrhardt wichtigen Einzelbeobachtungen hinaus, die in das ansonsten eher nüchterne und spröde Bild der Klostergeschichte bis etwa 1500 etwas Farbe bringen, ist für die Militärgeschichte allgemein insbesondere ein Aspekt wichtig: Ganz eindeutig läßt sich für die zweite Hälfte des 15. Jahrhunderts in den Mobilmachungsplänen eine weitgehende Spezialisierung und Differenzierung feststellen. Die von den einzelnen Ämtern gestellten Kontingente wurden offensichtlich immer für dieselben Tätigkeiten eingesetzt – die Murrhardter als Munitionsfahrer oder Bespannung der schweren Artillerie –, das wirtembergische Heer war, obwohl nur im Bedarfsfalle aufgeboten, eine in hohem Maße geübte, gut funktionierende Armee, in der sich die einzelnen Kampfgemeinschaften immer wieder trafen und bestens kannten.

Die Zeit der Musterungen durch Wirtemberg seit 1516

Eine entscheidende Änderung in den Militärpflichten der Klöster trat 1516 ein. Zwar hatten die Klöster seit etwa 1459 regelmäßig Wagen und Mannschaft für das wirtembergische Aufgebot gestellt, doch es war der Stuttgarter Regierung immer gleichgültig gewesen, auf welche Art und Weise die Klöster ihr militärisches Potential mobilisierten. Über die Mobilmachungsbefehle im Kriegsfalle gingen die wirtembergischen Anordnungen an die Klöster kaum einmal hinaus, insbesondere überließ es Wirtemberg den Klöstern, in Friedenszeiten selbst die Wehrfähigen zu mustern. In den weltlichen Ämtern führten dagegen die wirtembergischen Vögte schon seit etwa 1431 regelmäßig Musterungen durch[41]. Im Jahr 1516 waren die Klöster so sehr in die wirtembergische Landeshoheit integriert, daß wirtembergische Amtleute auch in den Klöstern erstmals Musterungen vornahmen. Es liegen für 1516 insgesamt drei summarische Verzeichnisse der »wehrhaften Mannschaft« des Herzogtums vor, die identische Zahlen liefern[42]. Detaillierte Musterungslisten sind für 1516 bei den Klöstern nur noch für Adelberg, Blaubeuren, Lorch und Zwiefalten erhalten[43]. Die summarischen Verzeichnisse von 1516 enthalten nicht die gesamte wehrhafte Bevölkerung Wirtembergs, wie man angesichts der

40 Dazu ebd., S. 115.
41 Pflichthofer 1938, S. 43.
42 HStAS A 28, Bü. 1; wir beziehen uns auf das erste dieser Verzeichnisse.
43 Vgl. Setzler 1979, S. 121.

Überschrift »wehrhafte Mannschaft« annehmen könnte, sondern nur eine Auswahl, wobei die genauen Kriterien, wer aufgenommen wurde, im dunkeln bleiben[44].

Das summarische Verzeichnis von 1516 nennt 9011 Spieße (weltliche Ämter 8401, Klöster 610, davon Murrhardt 30), 1304 Büchsen (1208/96/6) und 702 Hellebarden (644/58/3). Insgesamt ergibt das eine Truppenstärke von 11017 Mann (10253/764/39). Vergleicht man die Zusammensetzung des wirtembergischen Heeres 1516 hinsichtlich seiner Waffengattungen mit dem wirtembergischen Heer vom Ende des 15. Jahrhunderts, so fällt eine wichtige Veränderung auf. Im Aufgebot von 1482 war die Zahl von Schußwaffen und Lanzen beziehungsweise Spießen ungefähr ausgewogen (870 Büchsen, 881 Lanzen, wozu noch 245 Armbrüste und 248 Hellebarden kamen). 1516 waren dagegen weit über sechsmal so viele Spieße vorhanden wie Büchsen. Es bereitet keine Mühe, diese Veränderungen zu erklären: Das Wegfallen der Armbrüste liegt in deren immer deutlicher werdenden Unterlegenheit gegenüber den technisch immer zuverlässigeren Gewehren begründet. Dagegen scheint es auf den ersten Blick verwunderlich, daß die Zahl der Büchsen zwischen 1482 und 1516 prozentual stark abnahm, während die Zahl der Spieße stieg. Dies hängt aber mit dem Erfolg des etliche Meter messenden Langspießes in den Kämpfen Ende des 15. Jahrhunderts zusammen. Insbesondere die Schweizer hatten eine Langspießtaktik entwickelt, die sich auf allen Schlachtfeldern bewährte: Bewegliche Karrees von Soldaten, die nach allen Seiten Langspieße ausstreckten, machten die Wagenburg als Rückhalt gegen ein Ritterheer unnötig. Im Innern der Karrees standen Männer mit kürzeren Waffen, etwa Hellebarden oder Schwertern. Wenn die angreifenden Ritter nun im Gewirr der Langspieße aufgehalten oder zu Fall gebracht wurden, dann griffen die im Innern stehenden Hellebardenträger und kurzen Wehren ein, um den Rittern den Rest zu geben. Entscheidende Waffe war also der Langspieß geworden. Die Bedeutung der Gewehre ging für etliche Jahrzehnte erheblich zurück; sie galten nur noch als Unterstützungswaffe. Erst als die Gewehre im weiteren Verlauf des 16. Jahrhunderts technisch vervollkommnet wurden, kamen sie wieder zunehmend zum Einsatz[45].

Wie desolat das Gefechtsschießen Anfang des 16. Jahrhunderts ausgesehen haben muß, wird aus einer Anweisung des Herzogs Ulrich von 1517 deutlich. Ulrich erteilte einen Befehl zur Verbesserung der Schießausbildung[46]: Wenn es zum Krieg komme, solle jeder Büchsenschütze *ain zilbuchsen… mit ainem schloß und kain ander ouch mit steckzundells* haben…, *so es zum ernst kam, das ain jeder am backen mit angeschlagener buchsen desto gewißlicher schießen mög*. Ulrich wollte die Ausbildung durch geeignete Hauptleute durchführen lassen, daß *das ungewis schießen, so man nit anschlecht, …verhüt pleyp*. Es muß also im Gefecht öfters vorgekommen sein, daß die Büchsenschützen einfach drauflosballerten, während ein genaues Zielen durch Anschlagen an der Wange keineswegs allgemein üblich war. Das erklärt, weshalb die Büchse um 1500 keine kriegsentscheidende Waffe war.

Gleichzeitig mit dem Befehl zu besserer Schießausbildung wurden die Ämter des Herzogtums angewiesen, sich vor *mancherlay billger und landfarer*, die in großer Zahl das Land

44 Wären die Listen 1516 tatsächlich umfassend, dann hätte es nicht die häufigen und frappierenden Übereinstimmungen und runden Zahlen bei den Gemusterten verschiedener Ämter geben dürfen. Wenige Beispiele mögen genügen: Bei den Büchsen und Hellebarden stellten die Ämter sechs Mann oder das Vielfache von sechs (12, 18, 24, 30, 36 usw.); andere Zahlen sind selten. Bei den Klöstern fallen die runden Zahlen der Spieße auf: 10, 15, 30, 35, 50, 65, 90, 100.

45 Pflichthofer 1938, S. 65.

46 HStAS A 28, Bü. 5. Vgl. auch Pflichthofer 1938, S. 60.

durchzögen, in acht zu nehmen, gegebenenfalls mit militärischen Mitteln[47]. Ein Jahr später erging Anweisung, die Zahl der Pferde nach Stuttgart zu melden[48]. Es ist anzunehmen, daß diese Erhebung auch in den Klöstern stattfand, auch wenn die Quellen nur für etliche weltliche Ämter erhalten sind.

1519 mußte die wirtembergische Mannschaft ausrücken, als Herzog Ulrich Reutlingen überfiel und im Gegenzug der Schwäbische Bund das Herzogtum eroberte. In Blaubeuren hatte man am 10. März 1519 einen Mobilmachungsplan erstellt[49], nach dem das wirtembergische Heer von sieben Hauptleuten geführt werden sollte, von denen jeder zwischen etwa 1300 und 1600 Mann führte; insgesamt waren 9678 Mann aufgeboten[50]. Murrhardt hatte zusammen mit den Ämtern Marbach, Markgröningen, Hoheneck, Bottwar, Beilstein, Bietigheim, Besigheim, Winnenden und Lauffen die zweite Heeresabteilung zu bilden, die – insgesamt 1340 Mann stark – dem Hauptmann Ludwig Spät unterstellt war. Das Kloster mußte ein für seine Verhältnisse relativ starkes Aufgebot stellen, nämlich 43 Mann. Über deren Bewaffnung ist allerdings nichts bekannt. Immerhin wurden von Murrhardt 1519 – wenigstens anfangs, für den weiteren Verlauf der Feindseligkeiten fehlen die Angaben – keine Wagen gefordert[51].

Die Übernahme Wirtembergs durch die österreichische Statthalterregierung in den Jahren 1519/20[52] hatte keine grundlegenden Änderungen, wohl aber eine konsequente Weiterentwicklung der von Herzog Ulrich und seinen Vorgängern eingeleiteten Militärpolitik zur Folge. Die allgemeine Wehrpflicht, die vorschrieb, daß jeder Wirtemberger im Kriegsfall mit *wör und harnasch* bereitstehen sollte, wurde in der Landesordnung von 1521 bestätigt[53]. Fast gleichzeitig mit der Landesordnung erließ die Statthalterregierung am 24. August 1521 eine Verordnung zur »Nacheil« an alle Amtleute[54]. Die »Nacheile« war eine Art Polizei- und Militärdienst, bei dem jedem Amt ein Nacheilbezirk zugewiesen wurde. In diesem Gebiet hatte sich eine in der Regel zwischen 50 und 100 Mann starke Truppe aus der Bevölkerung für Ordnungsaufgaben bereitzuhalten[55]. Die Nacheil-Verordnung von 1521 legte zunächst – in Fortführung von Ulrichs Pferdemusterung von 1518 – fest, daß in jedem Amt die verfügbare Zahl der Reit- und Zugpferde festzustellen sei. Sie erfaßte ebenfalls alle *manns personnen…, sy seien inn der ee oder ledig, die zu ritten gut; der gleich, wievil zu fus, die zu der nacheyl dienlich syen*. Da die Statthalterregierung allgemeinen Unmut gegen diese weitreichenden Wehrerfassungsmaßnahmen erwartete – die Bevölkerung fürchtete, im Kriegsfall ihre Pferde ans Heer abliefern zu müssen –, wies man die Amtleute ausdrücklich darauf hin, überall zu verkünden, *das sollich ordnung zu gemeinem land nuz unnd den unnderthonen one sonndern*

47 HStAS A 28, Bü. 5.

48 Ebd., Bü. 6: *Verzaichnus, was fur wagen-, agker- unnd sonst pferd im ganzen furstenthumb Wirtemberg seyen.*

49 Ebd., Bü. 1, Nr. 7: *Verzaichnus der wurttemb*(ergischen) *manschaft, aufgestellt auf dem tag zu Blaubeuren 1519, donnerstag nach Estomichi.*

50 Dazu auch Pflichthofer 1938, S. 71 f.

51 HStAS A 28, Bü. 1, Nr. 7: *Verzaichnus, wie vil Zwifalten und andere prelaten roß geben, … die post Matthiae* (25. Februar) 1519.

52 Bis zum Jahre 1519 liegt mit der 1938 erschienenen Arbeit Pflichthofers eine solide Untersuchung zum wirtembergischen Heerwesen vor. Eine gründliche Aufarbeitung der wirtembergischen Militärgeschichte für die Jahrzehnte nach 1519 fehlt dagegen noch.

53 Trugenberger 1984, S. 164.

54 HStAS A 28, Bü. 6b.

55 Vgl. die jeweiligen Nacheilbezirke in den Mitteilungen der Ämter an die Regierung ebd.

schaden sey: Wenn wirklich Pferde und Reiter eingezogen werden sollten, dann werde eine tägliche Entschädigung von 10x, für »nacheilende« Leute zu Fuß von 6x gezahlt. Für beschädigte oder getötete Pferde sollte zudem *zimlich* bezahlt werden. Abschließend wurde noch angeordnet, daß auch die jeweiligen Wasserläufe in einen für die Reiterei geeigneten Zustand versetzt werden sollten: *Weytter sollenn sich die amptleut yeder seines ampts aygentlich herkondigen seiner bäch und greben, damit sie ordenlich uffgeworffen unnd fur reytery vermacht werden.* Die Ämter führten die Anweisungen der Regierung befehlsgemäß aus und schickten ihre Musterungsergebnisse nach Stuttgart[56]. Zwar ist von keinem Kloster eine Antwort nach Stuttgart erhalten, aus den Grenzen der weltlichen Nacheilbezirke läßt sich aber erschließen, daß auch die Klöster eigene Nacheilbezirke hatten, daß mithin also alle Anordnungen auch für die Klöster gegolten haben[57].

1523 führte die Statthalterregierung wieder eine allgemeine Musterung im Land durch. Die Musterungslisten aus diesem Jahr sind wesentlich vollständiger erhalten als die von 1516; im Falle Murrhardts ist die Liste von 1523 das älteste erhaltene Dokument dieser Art überhaupt[58]. Erfaßt wurden die Männer zwischen 17 und 60 Jahren; Angaben über die Bewaffnung fehlen. Insgesamt wurden 112 Personen aus der Stadt und 77 aus dem Amt gemustert, also zusammen 189[59].

Der Bauernkrieg von 1524/25 zeigte, wie brüchig eine Wehrverfassung sein konnte, die sich auf das unzuverlässige Landesaufgebot stützte. Zwar hatte die Regierung noch 1524 für den Kampf gegen die Bauern am Hochrhein ein wirtembergisches Aufgebot zusammengestellt, aber die Ereignisse von 1524/25 erwiesen, daß es sinnlos war, Bauern gegen Bauern kämpfen zu lassen. Der Sieg über die Aufständischen wurde mit Söldnern des Schwäbischen Bundes erkämpft, die im wesentlichen aus Oberitalien kamen, nachdem Kaiser Karl V. dort im Februar 1525 seinen entscheidenden Sieg über König Franz von Frankreich errungen hatte. – Von Murrhardt hatte man 1524 den üblichen Wagen für die Artillerie gefordert, vielleicht hatte das Kloster auch noch zwei Pferde stellen müssen[60]. In den folgenden Jahren sind zwar durchaus weitere militärische Maßnahmen, die die Bevölkerung betrafen, ergriffen worden, eine allgemeine Musterung hat die Statthalterregierung nach der Erhebung von 1525 aber nicht mehr durchgeführt[61].

Wie unwillig die Wirtemberger ihre Militärpflichten weiterhin leisteten, trat bei der Rückkehr Herzog Ulrichs zutage, zu dem das Volk 1534 begeistert überlief. Ulrich war auch der erste, der 1536 wieder eine allgemeine Musterung vornehmen ließ. Dabei wurden in der

56 Ebd.

57 Vgl. zum Beispiel ebd. den Backnanger Nacheilbezirk, der nur *bis gen Murrhartt* reichen sollte, das Klostergebiet selbst aber offenbar ausssparte.

58 HStAS A 28a, M 65.

59 Setzler 1979, S. 121, nennt für Murrhardt irrtümlich 230 Personen.

60 HStAS A 28, Bü. 8b: *Verzaichnus der wägen 1524 der ämpter, der praelaten und frowencloster;* ebd. auch die undatierte Liste: *Clöster, so allein wagenpferid schicken.*

61 Vgl. etwa das Verzeichnis des Feldgeschützes und der Munition 1527, HStAS A 28, Bü. 9, die Meldung des Bottwarer Untervogts Hans Heinrich Schertlin von 1528 an Erzherzog Ferdinand über einige zuverlässige Bottwarer Personen, die nicht durch die Ereignisse von 1525 kompromittiert seien, ebd., oder das Verzeichnis von 1534 über Äxte, Büchsen, Spieße, Hellebarden und Harnische, ebd., Bü. 12.

Stadt Murrhardt 120, in den Orten des Amtes weitere 86 Personen erfaßt[62]. Eine weitere Musterung war erst nötig, als zehn Jahre später der Schmalkaldische Krieg seine Schatten vorauswarf. Insgesamt meldete Murrhardt 1546 208 wehrhafte Männer nach Stuttgart, 130 aus der Stadt, 78 aus dem Amt[63]. Tatsächlich »gewählt« und in den Krieg geschickt wurden dann aber nur 79 Murrhardter[64]; außerdem zogen noch ein oder zwei Murrhardter Wagen ins Feld[65]. Über das Schicksal der Murrhardter im Schmalkaldischen Krieg ist nichts bekannt.

Wandlungen der Militärtaktik im Lichte der Musterungen von 1536 bis 1553

Die 1536 und 1546 überlieferten Daten ermöglichen detaillierte Aussagen zur Murrhardter Militär- und Sozialgeschichte im besonderen und zur waffentechnischen und militärtaktischen Entwicklung im allgemeinen. Um den Vergleichswert der Daten zu erhöhen, seien die Zahlen des Murrhardter Aufgebots von 1553 zusätzlich berücksichtigt. Die militärischen Aktivitäten Wirtembergs 1553 waren nötig geworden, nachdem seit 1552 der Kampf zwischen Kaiser Karl V. und den protestantischen Fürsten erneut ausgebrochen war. Wirtemberg hielt sich zwar aus dem Konflikt heraus, machte zur Sicherung seiner Interessen aber trotzdem mobil. Die Ereignisse von 1553 sollen hier nicht im einzelnen erörtert werden; unser Augenmerk gilt hauptsächlich den Murrhardter Musterungsdaten dieses Jahres.

1553 stellten die Ämter Waiblingen, Winnenden, Backnang und Murrhardt gemeinam einen wirtembergischen Verband des Landesaufgebots auf[66]. Die vier Ämter boten drei »Wahlen« auf. Jede Wahl wurde von einem Hauptmann geführt, dem ein Leutnant, ein Fähnrich und ein Feldwebel zur Seite standen. Pro Wahl stellte jedes der vier Ämter je einen dieser »Befehlsleute«[67]. Jede Einheit gliederte sich in eine Abteilung Büchsenschützen, eine Abteilung Spießträger mit Rüstung, eine Abteilung Spießträger ohne Rüstung und eine Abteilung »kurze Wehr«, Hellebardenträger also. Vergleicht man nun die Murrhardter Daten von 1536, 1546 und 1553, dann fällt auf, daß die Zahl der Soldaten mit Langspieß – gleichgültig, ob deren Träger gepanzert waren oder nicht – 1536 und 1546 mit über zwei Drittel der Gesamtzahl alle anderen Waffengattungen bei weitem überwog. Der prozentuale Anteil der Langspieße 1536 und 1546 war beinahe gleich. Die seit dem späten 15. Jahrhundert

62 HStAS A 28a, M 78. Allerdings sind die Zahlenangaben problematisch. Mehrfach heißt es in der Musterungsliste, daß zwei oder drei Leute eine Rüstung gemeinsam zu stellen hätten, oder es heißt, daß »die Weidenbauern« gemeinsam eine Rüstung, jeder aber einen Langspieß zu stellen hätten, oder es wird verschiedenen Personen freigestellt, ob sie mit Langspieß, Büchse oder Hellebarde antreten.

63 HStAS A 28, Bü. 18: *Sumarischer begriff des furstenthumbs Wurtemberg, was fur worhaffte personen und zur wer im feld taugenlich, inn gehabter musterung des xxxxvi jars erfunden worden sind – 12853 mann.*

64 HStAS A 28a, M 128.

65 HStAS A 28, Bü. 18: Zwei auf 1546 datierte Listen, in denen jeweils ein Murrhardter Wagen genannt wird.

66 HStAS A 28a, M 137.

67 Befehlsleute der ersten Wahl 1553: Hauptmann Bernhard Volz von Winnenden, Leutnant Wilhelm Maier von Backnang, Fähnrich Asumus Klopfer von Waiblingen, Feldwebel Sebastian Zügel von Murrhardt; zweite Wahl: Hauptmann Joseph Renz von Waiblingen, Leutnant Michel Blind von Murrhardt, Fähnrich Philipp Seibold von Winnenden, Feldwebel Hans Schuh von Aspach, Backnanger Amts; dritte Wahl: Hauptmann Ludwig Kuenle von Waiblingen, Leutnant Ulrich Sueßkind von Winnenden, Fähnrich Mathis Mayer von Backnang und Feldwebel Peter Brotbeck von Murrhardt.

übliche Kampftaktik, in der dem Karree der schwerbewaffneten Langspieße eine zentrale Rolle zukam, galt also auch noch 1536 und 1546. 1553 war die Zahl der Langspieße dagegen stark gesunken, die Zahl der Büchsenschützen aber um ein Mehrfaches gestiegen. Eine relativ geringe Rolle spielten jeweils die anderen Waffen – meist Hellebarden, aber auch kurze Spieße, Stichwaffen oder Äxte. Der Befund ist leicht zu erklären. Offenbar hatten die Ereignisse des Schmalkaldischen Krieges gezeigt, daß die schlachtfeldbeherrschende Rolle des Langspießkarrees nicht mehr gewährleistet war. Die technisch zuverlässiger gewordenen Büchsen drängten 1553 den Langspieß zurück.

Übersicht über die von Murrhardt aufgebotenen Waffen 1536, 1546 und 1553:

1536:	210 Personen, davon	152 Langspieße	72,4 %
		21 Büchsen	10,0 %
		31 Hellebarden	14,8 %
		6 sonstige Waffen	2,8 %
1546:	79 Personen, davon	56 Langspieße	70,9 %
		12 Büchsen	15,2 %
		10 Hellebarden	12,7 %
		1 sonstige Waffe	1,2 %
1553:	137 Personen, davon	71 Langspieße	51,8 %
		50 Büchsen	36,5 %
		13 kurze Wehr	9,5 %
		3 sonstige Waffen	2,2 %

Bewaffnung und Besitz der Waffenträger

Die Aufgebots- und Musterungslisten seit 1536 sind noch in anderer Hinsicht aufschlußreich. Sie ermöglichen die Klärung der Frage, inwieweit ein Zusammenhang zwischen Bewaffnung und Reichtum der jeweiligen Waffenträger bestand. Die Waffen waren von jedem Bürger auf eigene Kosten anzuschaffen. Aus der Liste von 1536 sollen willkürlich einige Personengruppen jeweils gleicher Bewaffnung herausgegriffen und deren Vermögen mit Hilfe der Türkensteuerliste von 1542 betrachtet werden[68].

Für die Langspießträger mit vollständiger Rüstung (Rücken, Goller, Krebs, unter Umständen auch Helm) lassen sich von 25 untersuchten Personen des Jahres 1536 im Jahre 1542 noch 16 nachweisen[69]. Ihr durchschnittliches Vermögen liegt bei 319 fl. Bei den Langspießträgern mit unvollständiger Rüstung (zum Beispiel nur Krebs) tauchen von fünf Personen, die 1536 genannt sind, 1542 noch drei auf. Ihr durchschnittliches Vermögen beträgt 94 fl[70]. Bei den Langspießträgern ohne Rüstung erscheinen von 29 im Jahre 1536 erwähnten Leuten noch 15 sechs Jahre später. Diese besitzen im Durchschnitt 80 fl. Von den wenigen Büchsenschützen verfügten vier, die eine Rüstung besaßen, 1542 über das Durchschnittsvermögen von 512 fl.

68 HStAS A 54, St. 171.
69 Vermögenswerte der 16 Personen in fl: 1200 – 300 – 400 – 150 – 100 – 240 – 220 – 150 – 320 – 170 – 550 – 150 – 450 – 250 – 16.
70 Vermögenswerte der drei Personen in fl: 110 – 12 – 160.

Bei den fünf Büchsenschützen mit Rüstungsteilen oder ohne jede Rüstung fehlen 1542 leider weitere Angaben. Bei den Hellebarden bietet sich ein ähnliches Bild wie bei den Langspießen: Wer sich eine volle Rüstung leisten konnte (1536/42: vier untersuchte Personen), war relativ wohlhabend (Durchschnittsvermögen 540 fl), wer eine Rüstung in Teilen besaß, war weniger reich (von zwei Personen von 1536 nur eine 1542 nachgewiesen, 120 fl), wer keine Rüstung hatte, war arm (von zehn Personen von 1536 sechs Jahre später noch vier nachgewiesen, Durchschnittsvermögen dieser vier ist 33 fl)[71]. Die Stichproben haben demnach – trotz aller Einschränkungen der nur punktuellen Untersuchungsmethode – klar ergeben, daß die jeweils geführte Hauptwaffe nichts über den Reichtum des betreffenden Eigentümers aussagt. Entscheidend ist also nicht, ob man einen Langspieß, eine Hellebarde oder eine Büchse trug, ausschlaggebend ist vielmehr, ob man eine Rüstung besaß. In ihr manifestierten sich Wohlstand und Sozialprestige der Murrhardter Bürger des Jahres 1536. Nur in wenigen Sonderfällen sagte auch die Offensivwaffe etwas über die Vermögensverhältnisse des Besitzers aus: Wer nur mit einem alten Schweizer Degen, einem alten Scharnspieß oder einem Halbspieß antrat, der war natürlich ein armer Schlucker – aber solche Waffen sind ausgesprochen selten.

In anderen wirtembergischen Städten scheint der Zusammenhang zwischen der jeweiligen Offensivwaffe und dem Vermögen des Waffenbesitzers wesentlich einfacher als in Murrhardt herzustellen zu sein[72]. Es bleibt allerdings noch weiteren Arbeiten vorbehalten, das Verhältnis zwischen Bewaffnung und Vermögen auch für die Jahre nach 1536 genauer zu untersuchen, um die hier auf relativ schmaler empirischer Basis gewonnenen Werte zu überprüfen. Die zahlreichen Musterungslisten in der zweiten Hälfte des 16. Jahrhunderts bieten für ein solches Vorhaben eine günstige Grundlage.

71 Vermögenswerte der Spießbürger ohne Rüstung: 80 – 60 – 20 – 17 – 250 – 20 – 250 – 100 – 20 – 80 – 20 – 90 – 40 – 80 – 80. Büchsenschützen mit Rüstung: 900 – 350 – 450 – 350. Hellebardenträger mit Rüstung: 1000 – 360 – 400 – 400. Hellebardenträger ohne Rüstung: 12 – 30 – 50 – 40.

72 Vgl. Trugenberger 1984, S. 167f.

Die Äbte des Klosters Murrhardt

Es sind bei weitem nicht alle Äbte des Klosters Murrhardt bekannt. Insbesondere für die Zeit bis etwa 1300 dürften die wenigsten Äbte namentlich faßbar sein, danach wird die Überlieferung etwas dichter, ohne jedoch – bis ins 15. Jahrhundert hinein – Vollständigkeit und Sicherheit für jeden Einzelfall zu erreichen. Der Übersicht halber werden in den nachfolgenden Aufstellungen alle uns bekanntgewordenen Äbte aufgeführt – also auch die Äbte des Früh- und Hochmittelalters [1].

1. Walterich — Anfang 9. Jahrhundert, † um 830, an einem 29. November

Der Klostergründer. In Murrhardt tätig vielleicht schon Ende des 8. Jahrhunderts (seit 796?), nachdem er 794–796 als Nachfolger seines Verwandten, des ehemaligen Würzburger Bischofs Megingoz, kurzfristig Abt in Neustadt am Main war. Begann 816/17 mit der Gründung des Murrhardter Klosters. Gestorben offenbar vor dessen Vollendung und begraben in der Walterichskirche zu Murrhardt, der damaligen Pfarrkirche.

Familie: Vermutlich nahe verwandt mit den Karolingern, enges Verhältnis insbesondere zu Ludwig dem Frommen. Walterichs Verwandtschaft war begütert und übte Einfluß in zahlreichen Gebieten des Karolingerreichs aus, von Burgund über das Gebiet am Mittelrhein, Main und Neckar bis nach Westbayern.

2. Engelbert — 906

Näheres unbekannt. Paßt vom Namen her in den Sippenkreis um die Waltriche.

3. Adalolf — 1027

Näheres unbekannt. Möglicherweise könnte Adalolf aber jener Abt sein, der in den Jahrzehnten nach dem Jahr 1000 die Murrhardter Klosterkirche von Grund auf neu bauen ließ und dessen Grab, in zentraler Lage mitten in der Kirche gelegen, im Jahr 1973 entdeckt wurde.

4. Wizo — 1064

Unter ihm erhielt das Kloster eine Schenkung von König Heinrich IV., offenbar die klösterlichen Besitzungen in und um Jagsthausen.

5. Heinrich — 1139, 1156

Näheres unbekannt. Zweimal in Komburger beziehungsweise Haller Urkunden erwähnt. Ungefähr in seiner Zeit dürfte die Murrhardter Münze bestanden haben.

1 Vgl. zu den Äbten Nr. 1–10 Fritz 1982-III, S. 146.

6. Herbord 1182

Führte 1182 die Übergabe des verschuldeten Klosterbesitzes Kirchenkirnberg an Adelberg durch und dürfte auch dafür verantwortlich gewesen sein, daß die Klostergründungsurkunde von 817 in den achtziger Jahren des 12. Jahrhunderts in einem betont vogtfeindlichen Sinn überarbeitet beziehungsweise gefälscht wurde.

7. Otto 1225

Näheres unbekannt. Allem Anschein nach Initiator der großen Bautätigkeiten um 1225/1230 (Walterichskapelle, Westturmanlage, Kreuzgang).

8. Arnold 13. Jahrhundert, † an einem 29. März

Hatte Beziehungen zum Salzburger Stift St. Rudbert, in dessen Nekrolog er erwähnt wird. Näheres, insbesondere die genaue Datierung, ist nicht bekannt.

9. Albert/Albrecht wohl 13. Jahrhundert

Urkundliche Erwähnungen: Erscheint im Backnanger Nekrolog[2] und wird dort als *Albertus presbyter, quondam abbas in Murhart* bezeichnet

Da seit Ende des 13. Jahrhunderts die Murrhardter Äbte im wesentlichen bekannt sind, dürfte dieser Abt wohl in eine frühere Zeit fallen. Mit Sicherheit muß er nach 1116, dem Gründungsdatum des Backnanger Stifts, gelebt haben, mit größerer Wahrscheinlichkeit wohl im 13. als im 12. Jahrhundert. Albrecht trat nach Aussage des Nekrologs von seinem Abtsposten zurück und hat wohl engere Beziehungen zum Stift Backnang unterhalten, das seiner eigens gedachte. Alle weiteren näheren Umstände bleiben im dunkeln.

10. Dietrich von Hohenstein achtziger Jahre des 13. Jahrhunderts, † wohl vor 1289, Nov. 18

Urkundliche Erwähnungen mit unmittelbarer Namensnennung fehlen. Der Hohensteiner dürfte aber mit den 1281 und 1286 nicht namentlich genannten Murrhardter Äbten (1281: HUB 1, S. 289, Nr. 424; 1286: WUB 9, S. 53 f., Nr. 3492) identisch sein. Nach Widman läßt sich der Hohensteiner in die achtziger Jahre des 13. Jahrhunderts datieren und war an der Markt- beziehungsweise Stadterhebung Murrhardts entscheidend beteiligt. Außerdem hat der Abt den Ort befestigt. Ebenfalls laut Widman soll der mit einem Wappen versehene und farbig bemalte Grabstein des Hohensteiners im Kreuzgang des Murrhardter Klosters zu sehen gewesen sein[3]. Der mit der – wohl fragmentarischen – Inschrift O(BIIT) D(IETERICUS) DE HOHENSTAIN versehene Grabstein wurde anscheinend bei Bauarbeiten 1870 gefunden, am Südturm der Kirche aufgestellt und ging 1897 verloren[4]. Erhalten ist aber der aus einem riesigen Steinklotz gehauene Sarkophag des Abtes, der sich heute im Carl-Schweizer-Museum in Murrhardt befindet. Nach den Abmessungen des Sarkophags müßte der Hohensteiner ein sehr großer Mann gewesen sein.

Familie: Niederadel, Stammsitz Hohenstein (abg. Gem. Sulzdorf, Kr. Schwäbisch Hall).

2 Fritz 1985-II, S. 29, Nr. 61.
3 Widman, S. 76 f. und 138.
4 Mitteilung von Dr. Rolf Schweizer, Murrhardt.

11. Milo (von Weiler?) 1289–1295 und erneut 1309

Urkundliche Erwähnungen: 1289, Nov. 18 (WUB 9, S. 313, Nr. 3904); 1291, Apr. 9 (ebd., S. 452, Nr. 4113); 1292, nach Feb. 24 und März 1, allerdings nicht namentlich, sondern nur als Abt von Murrhardt (RI VI.2, Nr. 199, 201); 1295, Apr. 12 (WUB 10, S. 332 f., Nr. 4650); 1309, März 13 (Murrhardter Privilegienaufzeichnungen HStASt A 508, Bü. 1, Bl. 3b).

Der Murrhardter Abt mit dem ungewöhnlichen Namen Milo bleibt eine blassere Figur als sein Vorgänger Dietrich von Hohenstein. Über Milos Beziehungen zu Graf Albrecht I. von Löwenstein vor dem Tod König Rudolfs 1291 läßt sich wenig aussagen. Immerhin scheinen sie, wie die Urkunde von 1289 nahelegt, miteinander ausgekommen zu sein, denn der Abt bezeugt einen Güterverkauf des Grafen. 1291 ist Milo im Kontakt mit seinen Amtsbrüdern, den Äbten von Komburg und Neresheim, als diese zusammen mit ihm eine Ellwanger Urkunde beglaubigten. Eine allem Anschein nach eher reservierte Haltung gegenüber dem löwensteinischen Vogt und das Streben nach größerer Unabhängigkeit dürften den Ausschlag für Milos Besuch bei König Adolf in Esslingen und dessen anschließender Durchreise in Murrhardt 1293 gegeben haben. 1295 wird Milo wieder in alltäglicheren Geschäften erwähnt, als unter anderem er und zwei seiner Mönche einen Streit zwischen dem Kloster Lorch und einem Heinrich von Bietigheim schlichteten.

Während der nächsten fünf Jahre muß es zu Streitigkeiten im Murrhardter Konvent gekommen sein, in deren Verlauf Milo resignierte und auf das Amt des Abts verzichtete. Im Jahre 1300 war nicht mehr Milo, sondern ein Heinrich Abt (s. Nr. 12). Die Gründe für Milos Resignation liegen im dunkeln. Es sei aber auf die Möglichkeit hingewiesen, daß Graf Albrecht I. wohl alles unternahm, um den ihm seit 1293 mißliebig gewordenen Milo zu beseitigen, seit sich mit der Thronbesteigung seines Halbbruders Albrecht 1298 die reichspolitische Lage wieder zu seinen Gunsten entwickelt hatte. Vielleicht war der auf Milo folgende Heinrich ein dem Löwensteiner genehmerer Abt. Offenbar lebte Milo als Konventuale weiter im Kloster und verstand es, nachdem sich die Lage im löwensteinischen Grafenhaus und im Reich durch den Tod von Graf Albrecht und König Albrecht erneut völlig geändert hatte, sich bei der neu anstehenden Abtswahl wiederum durchzusetzen. Das muß nach dem 12. Juni 1308 (vgl. Nr. 13) und vor dem 13. März 1309 geschehen sein. Milos erste größere Aktivität paßt in das andeutungsweise erkennbare Bild dieses Mannes: Erneut scheint Milo die Eigenständigkeit des Klosters gegenüber den Löwensteinern angestrebt zu haben und ließ hierfür 1309 die Gründungsprivilegien von König Heinrich VII. bestätigen. Milos Vorgänger Heinrich und Konrad hatten bei König Albrecht einen ähnlichen Versuch offenbar gar nicht erst unternommen. Allzu lange blieb Milo nach 1309 nicht mehr auf dem Abtsstuhl. Es ist unbekannt, ob er ein weiteres Mal zur Resignation gedrängt wurde oder ob er starb.

Familie: Näheres ist nicht bekannt. Auffällig ist allerdings, daß unter den Zeugen von 1295 ein Milo von Weiler auftaucht, der nach der Stellung in der Zeugenreihe ein Angehöriger der Ehrbarkeit oder ein jüngeres Mitglied des niederadligen Geschlechts von Weiler – löwensteinische Ministerialen[5] – sein müßte. Angesichts des seltenen Namens Milo könnte man verwandtschaftliche Beziehungen des Abtes oder gar Zugehörigkeit zu den Weiler in Erwägung ziehen.

5 Fritz 1986-I, S. 149 ff.

12. Heinrich 1300

Urkundliche Erwähnung: 1300, Jan. 4 (RL 86) Abt Heinrich befürwortete vielleicht im Unterschid zu Abt Milo ein größeres Entgegenkommen des Klosters gegenüber Graf Albrecht I. Nähere Aussagen verbieten sich aber angesichts der Dürftigkeit des Materials.

13. Konrad 1308

Urkundliche Erwähnung: OAB Backnang, S. 256, und Bauer 1873, S. 116.

13a. Milo = Abt Nr. 11 1309

14. Albrecht (Graf von Löwenstein?) 1314, † 1320

Urkundliche Erwähnungen: 1314, Juli 10 (RL 115, 116); 1320, Apr. 25 wird Albrecht als kurz zuvor † erwähnt (RL 120).

Abt Albrecht, der wohl auf das zweite Abbatiat von Milo folgte, könnte ein Sohn des Grafen Albrecht von Löwenstein gewesen sein[6]. Sollte diese Annahme zutreffen, dann wäre auf den gegenüber Löwenstein zurückhaltend bis ablehnenden Milo sogar ein Vertreter ebendieses Geschlechtes gefolgt. Die löwensteinische Machtausübung im Kloster hätte in diesen Jahren dann einen Höhepunkt erreicht, was auch durch die kanonisch fragwürdige Pfründenhäufung des Grafen Gerhard von Löwenstein in denselben Jahren nahegelegt wird: Gerhard eignete sich nicht weniger als drei Murrhardter Pfründen an[7]. – Abt Albrechts Aktivitäten bleiben nahezu unbekannt. Überliefert ist nur, daß er 1314 den Klosterbesitz in und um Jagsthausen veräußerte – offenbar in dem Bestreben, die Klosterfinanzen zu sanieren und sich des ungünstigen und abseits gelegenen Außenbesitzes zu entledigen. Albrecht hat sich nach Aussage der Urkunde von 1320 noch kurz vor seinem Tod ausführlich mit der Regelung eines Jahrtags für Graf Albrecht I. befaßt. Auch das mag ein Indiz dafür sein, daß der Abt sehr eng mit dem ersten Löwenstein-Habsburger verbunden und möglicherweise dessen Sohn war.

Familie: (unsicher) Hochadel, illegitime Nachkommen des Königs Rudolf von Habsburg. Vater: Graf Albrecht I. von Löwenstein. Mutter: entweder die urkundlich nachweisbare Luitgard von Bolanden oder die (hypothetische) erste Frau Albrechts I., eine Gräfin von Wirtemberg.

15. Heinrich 1320–1354

Urkundliche Erwähnungen: 1320, Apr. 25 (RL 120); 1324, Feb. 3 (HStASt A 602, U 600); 1329, Okt. 10 (WUB 5, S. 16, Fußnote und WFr 1855, S. 63); 1331, Sept. 20 (Bauer 1871. S. 116); 1338, Aug. 24 (HStASt A 469, U 138); 1340, März 12 (RL 168); 1342, Juni 28 (Nitsch Nr. 174); 1344, Mai 21 (Pietsch U 198); 1345, Dez. 1 (MB 46, S. 225, Nr. 74.3 = HUB 3, Nr. 442–74); 1354, Jan. 2 (Pietsch U 300); 1354, Feb. 11 (Pietsch U 302).

Urkundliche Erwähnungen, in denen nur vom Abt von Murrhardt die Rede ist – also ohne Namensnennung –, die sich aber zweifelsohne auf Abt Heinrich beziehen: 1324, Mai 2 (Pietsch U 108); 1325, März 19 (RL 130); 1330, Jan. 6 (RL 141); 1331, Feb. 23 (Pietsch

6 Ebd., S. 186.
7 Ebd., S. 192 f.

U 124a); 1335, Apr. 24 (Pietsch U 141); 1348, Juli 15 (HStASt A 508, U 40 und abschriftlich A 508, Bü. 1, in der Murrhardter Privilegienaufzeichnung).

Urkundliche Erwähnungen, in denen nur vom Abt von Murrhardt die Rede ist – also ohne Namensnennung –, die sich entweder auf Abt Heinrich oder auf Abt Konrad (vgl. Nr. 16) beziehen könnten: 1363, Jan. 10 (Engel 1948, S. 306, Nr. 2058); 1364, März 22 (RL 210).

Heinrich war – allein schon aufgrund seiner langen Regierungszeit – gewiß einer der bedeutenderen Äbte des 14. Jahrhunderts. Er verfolgte offenbar eine Politik des Ausgleichs mit den Löwensteinern. Vielleicht darf man aus der Tatsache, daß das Kloster 1358 eine Bestätigung seiner Gründungsprivilegien bei Kaiser Karl IV. erwirkte, schließen, daß bereits damals ein neuer Abt in Murrhardt amtierte, nach aller Wahrscheinlichkeit Heinrichs Nachfolger Konrad von Maienfels, zu dessen gesamter Politik ein solcher Schritt wesentlich besser passen würde als zu der Heinrichs.

Abt Heinrich wirkte nach Aussage der Quellen in einem überschaubaren Umfeld und wußte größere Konflikte allem Anschein nach zu vermeiden. Er wurde 1320 vom Konvent seines Klosters als Nachfolger des Abtes Albrecht zum neuen Abt gewählt und von dem anwesenden Dominikaner-Bischof Wolfram von Fleckenstein geweiht. Heinrichs erste Amtshandlung bestand darin, die Jahrtagsstiftung des Grafen Albrecht I. zu regeln. Damit war offensichtlich der Grundstein für ein langes, gutes Auskommen mit den Löwensteinern gelegt: Nach dem Tod des Grafen Nikolaus wurde die von Heinrich erlassene Anordnung über den Jahrtag dieses Löwensteiners im Jahr 1340 ebenso anstandslos eingehalten. Dies und der Neubau des Ostchores der Klosterkirche, in dem sich die löwensteinische Grablege befand, dürften recht deutliche Anzeichen für das gute Verhältnis zwischen Kloster und Vögten in jenen Jahren sein. Im übrigen war Heinrich vor allem in verschiedenen Besitz- und Pfründenangelegenheiten seines Klosters tätig: Ähnlich wie Abt Albrecht verkaufte auch Heinrich abseits gelegenen Klosterbesitz, den Ruprechtshof bei Neckarwestheim im Jahre 1324. Während für die entfernteren Besitzungen also ein sichtliches Desinteresse bestand, war Heinrichs Aktivität in den näher gelegenen Klostergütern recht groß und zielte durchaus auf deren Vermehrung: 1331 und 1344 stimmte er Stiftungen zugunsten der klostereigenen Pfarrei St. Katharina in Schwäbisch Hall zu. 1335 siegelte er für diese Pfarrei. 1338 regelte er in einem Abkommen mit dem Stift Adelberg die Ablösung einer alten Naturalabgabe neu. Anstelle von jährlich mehreren Lämmern, die seit 1182 an Murrhardt zu entrichten waren[8], wurde eine einmalige Abschlagszahlung vereinbart. All diese Maßnahmen waren darauf angelegt, die Machtausübung des Klosters in seinem engeren Herrschaftsbereich zu intensivieren. Dazu zählte auch die 1348 von Abt Heinrich bei Papst Clemens VII. in Avignon erwirkte vollständige Inkorporation der Pfarrei Großbottwar ins Kloster. Wie nachhaltig Heinrich diese Besitzrechte in der Nähe Murrhardts verfocht, geht ferner daraus hervor, daß er 1330 als Siegler und Lehensherr anwesend war, als die Herren von Heinriet von den Grafen von Löwenstein zahlreiche Güter aufkauften.

Außer in eigenen Angelegenheiten war Abt Heinrich nicht allzuoft tätig: 1324 war er einmal Exekutor des Würzburger Bischofs gegen Bedrücker des Komburger Abtes, 1325 sollte er in päpstlichem Auftrag dem Grafen Gerhard von Löwenstein eine Speyerer Domherrenpfründe beschaffen. Aber sogar diese Aktivitäten hingen letztlich mit Aspekten zusammen, die Murrhardt unmittelbar betrafen: Der Löwensteiner gehörte zur Vogtsfamilie, Komburg

8 Fritz 1982-II, S. 130.

war das am nächsten benachbarte Benediktinerkloster. Der Kontakt mit den nächstliegenden Klöstern scheint für Heinrich auch den Mehrteil des innerbenediktinischen Verkehrs ausgemacht zu haben. Heinrich vidimierte, besiegelte oder bezeugte für Komburg (1329, 1331) und für Lorch (1342), in überregionalen Synoden oder anderen monastischen Angelegenheiten ist er nicht nachzuweisen. Sogar die Verbindungen mit dem Würzburger Diözesanbischof scheinen sich auf das unumgänglich Notwendige beschränkt zu haben. Heinrich hat die obligatorischen Anerkennungsschreiben für die neugewählten Bischöfe geschrieben; von 1345 ist eines erhalten. Die nicht allzu engen Kontakte nach Würzburg dürften mit der großen Entfernung zur Bischofsstadt zu erklären sein. Murrhardt lag ja ganz am Rande der Diözese, und 1320 hatte schließlich nicht einmal der Würzburger Bischof selbst die Konsekration Heinrichs durchgeführt, sondern der Dominikaner Wolfram von Fleckenstein.

Wenn aus diesen insgesamt freilich isolierten Informationen überhaupt ein Bild Heinrichs gezeichnet werden soll, dann dieses: Abt Heinrich kannte die Grenzen seiner eigenen Macht. Er konzentrierte sich in Besitzfragen und im Umgang mit den weltlichen Schutzherrn auf das Wesentliche und Erreichbare. In diesem Rahmen war allerdings seine Politik wohl erfolgreich. An geistlichen und monastischen Fragen war er nicht sonderlich interessiert, soweit sie seinen engeren Wirkungsraum überstiegen. Wie es scheint, dürfte Heinrich zwischen 1354 und 1358 gestorben sein. Es ist allerdings nicht völlig auszuschließen, daß er bis 1364 regiert hat.

Familie: unbekannt.

16. Konrad von Maienfels 1365–1371

Urkundliche Erwähnungen: 1365, Aug. 22 (RL 220); 1366, Jan. 30 (HStA St A 508, U 38); 1367, Nov. 26 (RL 225); 1369, Juni 23 (RL 227); 1370, Jan. 7 (HStAS A 328, U 3); 1370 (Äbteliste Gabelkovers, wohl nach einer verlorenen Urkunde, HStASt J 1, Nr. 8a); 1371, Okt. 1 (StAL B 375, Repertorium 1, Bl. 154/155, Originale verbrannt).

Urkundliche Erwähnungen, in denen nur vom Abt von Murrhardt die Rede ist – also ohne Namensnennung –, die sich aber entweder auf Abt Konrad oder Abt Heinrich beziehen: 1363, Jan. 10; 1364, März 22 (vgl. bei Nr. 15).

Urkundliche Erwähnungen, die sich entweder auf Abt Konrad oder die Äbte Heinrich von Enslingen oder Eckhard beziehen: 1381 (s. u.).

Urkundliche Erwähnung als Murrhardter Konventuale: 1346 (Schönhuth 1856, S. 108).

Die urkundlichen Erwähnungen bezeichnen Konrad nie als Herrn von Maienfels. Als solcher wird er aber in einer neueren Äbteliste genannt[9], und zwar allem Anschein nach nicht grundlos, denn Konrad von Maienfels war bereits 1346 nachweislich zusammen mit seinen Brüdern Götz, Bruno und Engelhard im Kloster als Konventuale[10]. Außerdem läßt sich 1363 der Küster von Murrhardt im Gefolge der weltlichen Herren von Maienfels nachweisen, was ohne weiteres plausibel wäre, wenn man Abt Konrad als Maienfelser annimmt[11]. So erscheint es sehr wohl vorstellbar, daß er in den späten fünfziger, den sechziger und wohl auch den siebziger Jahren des 14. Jahrhunderts Abt dieses Klosters war. Möglicherweise standen dem Verfasser der Äbteliste Informationen zur Verfügung, die eine eindeutige Zuordnung zu den Maienfelsern ermöglichten.

9 1370 in Murrhardter Äbteliste von Oswald Gabelkover, HStAS J 1, Nr. 8a.
10 Schönhuth 1856, S. 108.
11 HStAS A 498, U 41.

Offenbar unterschied sich die Politik Konrads stark von der seines Vorgängers Heinrich. Möglicherweise geht bereits die Privilegienbestätigung durch Kaiser Karl IV. 1358 auf eine Initiative Abt Konrads zurück. Die möglichen Hintergründe sind bereits oben beschrieben[12]: Im Gefolge der Pest verschlechterte sich das Verhältnis zwischen Vogt und Kloster, und Abt Konrad legte wieder – zur Abwehr der löwensteinischen Ansprüche – ein wesentlich größeres Gewicht auf die nominell ja noch immer bestehende Reichsunmittelbarkeit des Klosters. Die Besitzwirren von 1365/69, die oben eingehend beschrieben sind[13], brachten den Konflikt zwischen Kloster und Vogt vollends zum Ausbruch, und vermutlich war Abt Konrad maßgeblich an dem Versuch beteiligt, die Verbindungen der Abtei zu Graf Albrecht II. von Löwenstein zu lösen. Der Versuch, sich Wirtembergs als neuen Schutzherrn gegen die Bedrücker des Klosters zu bedienen, scheiterte schon nach zwei Jahren. 1367 mußten Konrad und sein Konvent wieder die löwensteinische Herrschaft anerkennen, sie setzte ihren Widerstand aber offenbar dennoch fort. Der neuerliche Vertrag zwischen Graf Albrecht II. und dem Kloster 1369, in dem die Murrhardter sich auf der ganzen Linie unterwerfen mußten und dem Vogt weitestgehende Rechte einräumten, bedeutete für Abt Konrad ein Fiasko. Seine löwenstein-feindliche Politik war auf der ganzen Linie gescheitert. Unter diesen Umständen ist es beinahe verwunderlich, daß der Abt überhaupt seinen Posten behaupten konnte. Tatsächlich war aber Konrad noch 1371 Abt und konnte dieses Amt möglicherweise über die siebziger Jahre hinaus weiter ausüben. Ob er freilich der Murrhardter Abt war, der 1381 mit dem schwäbischen Städtebund selbständige Politik trieb (vgl. Nr. 17), ist nicht definitiv zu klären, da eine Namensnennung fehlt. In Konrads bisheriges Bild, das von weitgehenden Versuchen, von den Grafen von Löwenstein unabhängig zu sein, geprägt war, würde ein solches Vorgehen allerdings passen.

Sicher ist, daß er höchstens bis 1381 Murrhardter Abt gewesen ist, denn für dieses Jahr ist Abt Heinrich als Nachfolger bezeugt.

Familie: Ursprünglich edelfreie Familie, die aber im Laufe des 14. Jahrhunderts in den Niederadel abgesunken war. Ein Zweig der Herren von Neudeck, eng verwandt mit den Herren von Rot[14]. Stammsitz Maienfels (Gem. Wüstenrot, Kr. Heilbronn).

17. Heinrich (von Enslingen?) 1381

Urkundliche Erwähnung: 1381 (OAB Backnang, S. 256 nach Crusius, S. 240).

Urkundliche Erwähnung, in der nur vom Abt von Murrhardt die Rede ist – also ohne Namensnennung –, die sich aber entweder auf Abt Heinrich oder die Äbte Eckhard oder Konrad von Maienfels bezieht: 1381, Juni 17 (RL 277).

Der 1381 erwähnte Murrhardter Abt Heinrich scheint mit dem von 1391 an belegten Abt Heinrich von Enslingen (vgl. Nr. 18a) identisch zu sein. Heinrich von Enslingen war 1379 Konventuale im Murrhardt benachbarten Benediktinerkloster Komburg[15]. 1380 versuchte er, das Schisma der beiden Gegenpäpste Clemens VII. und Urban VI. ausnutzend, von Clemens VII. die Bestätigung als Abt des Klosters Komburg gegen den bereits amtierenden Abt Erkinger Veldner zu erreichen. Obwohl Heinrich von Enslingen die Obligation für die päpstlichen Servitien leistete, konnte er sich nicht gegen Erkinger durchsetzen.

12 Vgl. oben S. 24f.
13 Oben S. 25ff.
14 Vgl. zu ihnen Bauer 1867 und Ludwig 1984.
15 Jooss 1971, S. 150.

Obwohl konkretere Hinweise fehlen, ist es doch vorstellbar, daß der in Komburg gescheiterte und offenbar äußerst ehrgeizige Enslinger bald nach 1380 die in Murrhardt kompliziert gewordene Situation auszunützen suchte. Nachdem die Macht der Grafen von Löwenstein seit Mitte der siebziger Jahre schwer erschüttert war und möglicherweise sowohl der Tod des Grafen Albrecht II. in der Zeit nach 1380 als auch der Tod des Abtes Konrad von Maienfels in Murrhardt ein Machtvakuum mit zunächst unklaren Verhältnissen hinterlassen hatten, würde es gut in das Bild des Enslingers passen, wenn er der 1381 erwähnte Murrhardter Abt gewesen wäre. Dieser Heinrich amtierte offenbar nur recht kurz in Murrhardt, da bereits 1383 ein Abt Eckhard vorkommt (vgl. Abt Nr. 18). Das Gesamtbild wäre plausibel: Der in Komburg abgewiesene Heinrich von Enslingen wurde kurzfristig – und wohl nicht unumstritten – 1381 Abt in Murrhardt, konnte sich aber auch hier nicht behaupten. Nachdem sein Murrhardter Unternehmen gescheitert war, kehrte er wieder auf die Komburg zurück, wo er 1390 als einfacher Mönch und Priester nachzuweisen ist. Nach dem Tod oder der Resignation Abt Eckhards unternahm der Enslinger dann seinen dritten Anlauf, die Abtswürde zu erlangen: 1391 war er wieder Abt in Murrhardt (vgl. Nr. 18a).

Familie: vgl. Nr. 18a.

18. Eckhard 1383–1389

Urkundliche Erwähnungen: 1383, Mai 15 (Pietsch U 754); 1386, März 9 (Pietsch U 821); 1386, September 7 (Pietsch U 829); 1389, November 16 (RL 299).

Urkundliche Erwähnungen, in denen nur vom Abt von Murrhardt die Rede ist – also ohne Namensnennung –, die sich aber entweder auf Abt Konrad von Maienfels, Abt Heinrich (von Enslingen?) oder auf Abt Eckhard beziehen: 1381, Juni 17 (RL 277).

Die Anfänge von Eckhards Abtszeit liegen im dunkeln. Es ist jedoch anzunehmen, daß sie 1380/81 anzusetzen ist, vorstellbar ist auch, daß Eckhard sich gegen Heinrich von Enslingen durchzusetzen hatte, was spätestens 1383 in vollem Umfang gelungen war. Dabei scheint Eckhard eher der Parteigänger der Löwensteiner gewesen zu sein, dem die wirtembergische Machtübernahme in Murrhardt 1388 mißliebig war und der die Anerkennung dieser neuen Herrschaft bis 1389 hinauszögerte[16]. Ansonsten ist das Quellenmaterial zu Eckhard dürftig; es handelt nur von der Errichtung einer Kapelle in Sanzenbach, das zu der Murrhardter Patronatskirche Westheim gehörte.

Familie: unbekannt.

18a. Heinrich von Enslingen 1391–1406

Erwähnungen: 1391, Feb. 21 (HStAS A 508, Repertorium Bl. 13, Original verloren); 1391, März 23 (ebd., Bl. 14); 1397 (OAB Gaildorf, S. 202); 1403, Jan. 17 (StAL B 186, U 613); 1403, Okt. 16 (Pietsch U 1203); 1404, Juli 20 (ebd., U 1221); stirbt 1406 (Adami, Chronicon Murrhardtense, Bl. 328b).

Erwähnungen, in denen nur vom Abt von Murrhardt die Rede ist – also ohne Namensnennung –, die sich aber auf Heinrich von Enslingen beziehen: 1392, Jan. 26 (Rep. Germ. L 22[28]); 1396, Juli 15 (Murrhardter Privilegienaufzeichnungen HStAS A 508, Bü. 1, Bl. 8b und 5b–6b); 1397, Feb. 7 (ebd., Bl. 7b); 1405, Nov. 21 (Rep. Germ. L 127[129]); 1405 (Pietsch U 1224). (Vgl.

16 Vgl. oben S. 31 ff.

zu Heinrichs mutmaßlichem ersten Abbatiat in Murrhardt im Jahre 1381 Nr. 17, zum Beginn seines zweiten Abbatiats oben S. 331 f.)

Abgesehen von dem lebhaften Bemühen um päpstliche Privilegien, ist Heinrichs Herrschaft unauffällig verlaufen. Nur einige Pfründenangelegenheiten sind überliefert, am erwähnenswertesten ist noch die 1404 durchgeführte Trennung der Haller Katharinenkirche von der Westheimer Kirche. Nach dem Chronicon Murrhardtense, das wohl die im 17. Jahrhundert noch vorhandene Grabinschrift mit auswertete, ist der Enslinger 1406 gestorben: *Henricus de Elslingen* (!) ... *obyt anno 1406, sepultus est in maiori ecclesia ante summam altarem* (Heinrich von Enslingen starb im Jahre 1406 und ist in der Klosterkirche vor dem Hochaltar begraben).

Familie: Niederadel mit Stammsitz Enslingen (Gem. Untermünkheim, Kr. Schwäbisch Hall), im 14. Jahrhundert zum Haller Patriziat gehörig[17].

19. Johannes von Leuzenbronn d. Ä. 1406–1444

Erwähnungen: 1406, Dez. 15, Stuttgart (HStAS A 508, U 2); 1411, Jan. 10 (Engel 1948, S. 99, Nr. 591 = Rep. Germ. 3, Sp. 91); 1414, Apr. 27 (StAL B 113, U 407); 1415, Okt. 16 (Pietsch U 1407); 1417, Feb. 16 (ebd., U 1431); 1422, März 27 (ebd., U 1527); 1422, Okt. 10 (StAL B 375, U 424); 1423, Feb. 4 (Pietsch U 1552); 1423, Sept. 25 (Engel 1948, S. 122 f., Nr. 742); 1423, Dez. 21, Komburg (StAL B 375, U 428); 1423 (StadtASHA 4/477, Bl. 8a) bittet um Gnade für den in Hall eingesperrten Wilhelm von Sachsenheim; 1425, Juni 5 (Ulshöfer Nr. 515); 1429, März 16 (HStAS A 155, U 820); 1430, Sept. 19 und Sept. 20 (Pietsch U 1702, 1704); 1432, Juli 24 (ebd., U 1733); 1434 (Wappenstein Leuzenbronn/Wirtemberg mit Datum in der Murrhardter Klosterkirche); 1435, Nov. 28, Schorndorf (StAL B 114, Bü. 770); 1436, Jan. 16 (Ulshöfer Nr. 580); 1436, Mai 5 (HStAS A 155, U 821); 1438, Nov. 25 (HStAS A 508, U 56); 1438, Nov. 10 (Ulshöfer Nr. 616); 1439, Aug. 28 (HtAS H 14, Bd. 390, Bl. 98b–100a); 1440, Apr. 24 (ebd., Bl. 89a/b und dasselbe Datum Bl. 100a/b); 1442, Dez. 31 (ebd., Bl. 90a/b); 1443, Juli 13 (Ulshöfer Nr. 654); 1444, Apr. 22: stirbt (Adami, Chronicon Murrhardtense, Bl. 334a).

Erwähnungen, in denen nur vom Abt von Murrhardt die Rede ist – also ohne Namensnennung –, die sich aber auf Johannes von Leuzenbronn d. Ä. beziehen: um 1410 (RL 342); 1410, Juli 3 (StAL B 113, U 406); 1416, Aug./Okt. (StadtASHA 4, a1a, StR 4); 1417, Feb. 28 bis März 19, Petershausen (Zeller 1922, S. 51 ff.); 1417, März 4, Konstanz (HStAS A 508, Bü. 1); 1422, Aug. 13 (StAL B 375, U 422); 1423, Feb./Mai (StadtASHA 4, a1a, StR 9); 1424, Jan. 19 (HStAS A 508, Repertorium Bl. 191, Original verloren); 1425, Feb./Mai (StadtASHA 4, a1b, StR 17); 1425 (StAL B 186, Repertorium Nr. 1929/9); 1426, E. Okt./1427, E. Jan. (StadtASHA 4, a1b, StR 19); 1427, E. Apr.: E. Juli (ebd., StR 20); 1427, E. Okt./1428, E. Jan. (ebd., StR 23); 1428, E. Jan./E. Apr. (ebd., StR 24); 1429 E. Jan./E. Apr. (ebd., StR 28); 1429, E. Apr./E. Juli (ebd., StR 29); 1430, E. Jan./E. Apr. – zweimal (ebd., StR 32); 1430, A. Apr./E. Juli – zweimal (ebd., StR 33); 1432 (HStAS A 508, Repertorium Bl. 193); 1432 (HStAS, H 14, Bd. 390, erwähnt in Murrhardter Urkunde von 1440, Apr. 24 – vgl. oben – und Gmünder Urkunde von 1440, Okt. 31, Bl. 93b/98a); 1432, E. Apr./E. Juli (StadtASHA 4, a2, StR 41); 1432, Aug. 7 (Pietsch U 1734); 1433, E. Juli/E. Okt. (StadtASHA 4, a2, StR 42); 1433, E. Okt./1434, E. Jan. – zweimal (ebd., StR 43); 1434, E. Jan./E. Apr. – zweimal (ebd., StR 44); 1434 Juni 5 (Pietsch U 1779); 1434, E. Okt./1435, E. Jan. (StadtASHA 4, a2, StR 47); 1435, E.

17 Jooss 1971, S. 150; vgl. auch die Zusammenstellung mehrerer Verwandter des Abtes ebd., S. 148.

Jan./E. Apr. (ebd., StR 48); 1435, E. Okt./1436, E. Jan. – zweimal (ebd., StR 50); 1436, E. Apr./E. Juli (ebd., StR 52); 1436, Juni 20 (Pietsch U 1818); 1436, Nov. 7 (RL 445); 1436, E. Okt./1437, E. Jan. – Haferverkauf (StadtASHA 4, a2, StR 54); 1437, E. Jan./1437, E. April (ebd., StR 55); 1437, E. Apr./E. Juli – dreimal (ebd., StR 56); 1438, E. Jan./E. Apr. (ebd., StR 59); 1439, E. Apr./E. Juli (ebd., StR 64); 1439, E. Juli/E. Okt., (StR 65); 1439, E. Okt./ 1440, E. Jan. – dreimal (ebd., StR 66); 1440, E. Jan./E. Apr. (ebd., StR 67); 1440, E. Apr./E. Juli (ebd., StR 68); 1440, Juni 13 (HstAS A 602, U 10666 = WR 10666); 1440, E. Juli/E. Okt. – zweimal (StadtASHA 4, a3, StR 69); 1440, E. Okt./1441, E. Jan. (ebd., StR 70); 1440, Okt. 31 (HStAS H 14, Bd. 390, Bl. 93b/98b); 1441, E. Juli/E. Okt. (StadtASHA 4, a3, StR 73); 1441, E. Okt./1442, E. Jan. (ebd., StR 74); 1442, E. Juli/E. Okt. (ebd., StR 77); 1442, E. Okt./1443, E. Jan. (ebd., StR 78); 1443, E. Apr./E. Juli (ebd., StR 80); 14432, E. Okt./1444, E. Jan. – Haferverkauf (ebd., StR 82).

In den bisherigen Publikationen herrscht sowohl über die Reihenfolge als auch über die Namen der Murrhardter Äbte in den Jahrzehnten nach 1406 Unklarheit. Die Backnanger Oberamtsbeschreibung und mehrere darauf fußende Veröffentlichungen[18] gehen für das frühe 15. Jahrhundert von folgender Abtsreihe aus: 1406–1423 Johannes I., 1424–1435 Paul von Leuzenbronn, 1435–1444 Johannes II., 1444–1456 Johannes III. Einen Abt Paul von Leuzenbronn hat es aber nie gegeben, und die beiden ersten Johannes sind ein und dieselbe Person. Es läßt sich genau klären, wie es zur Erfindung des imaginären Paul von Leuzenbronn kam: Widman berichtet in seiner Chronik von *zween äbbten desz geschlechts von Lutzenbronn*[19], die ins 15. Jahrhundert zu datieren sind. Diese Information muß der Verfasser der Oberamtsbeschreibung im Kopf gehabt haben, als ihm eine Murrhardter Urkunde von 1424 in die Hände kam. Die Urkunde beginnt mit den Worten: *Ich Pauls von Rinderbach, burger zu Gemunde …*[20]. Offenbar wurden nur die ersten Worte näher angeschaut, und durch Flüchtigkeit wurde aus dem Gmünder Bürger Paul von Rinderbach, der ein Geschäft mit dem Murrhardter Abt Johannes von Leuzenbronn abschließt, ein Murrhardter Abt Paul von Leuzenbronn. Nachdem dieser Irrtum erkannt war, blieb immer noch das Problem, wann an die Stelle des einen Abtes namens Johannes einer (oder zwei?) weitere dieses Namens getreten sind. Der Sachverhalt läßt sich jedoch eindeutig aufhellen: In mehreren Abtslisten wird klar ein älterer Abt Johannes von Leuzenbronn von einem jüngeren Abt desselben Namens unterschieden[21], und das Chronicon Murrhardtense überliefert unmißverständlich das – wohl von dem im 17. Jahrhundert noch erhaltenen Grabstein stammende – Todesdatum 22. April 1444 für den älteren Leuzenbronner.

Johannes von Leuzenbronn d. Ä. ist mit fast 38 Jahren Amtszeit einer der am längsten regierenden Murrhardter Äbte. Über die Tatsache hinaus, daß er ein *guter hauszhalter* war und durch sein *wollhauszen dasz erarmbt closter Murrhardt widerumb ufgebracht* hat, läßt sich wenig über ihn sagen[22]. Entweder er oder sein gleichnamiger jüngerer Verwandter versahen vor Antritt des Abtsamts als Mönche und Pfarrer die Murrhardter Patronatskirche

18 OAB Backnang, S. 256; von den darauf basierenden Arbeiten seien nur zwei genannt, so die Festschrift 1975, S. 48, und Schahl 1983, S. 563.

19 Widman S. 134.

20 HStAS A 508, Repertorium Bl. 191, Original fehlt.

21 Gabelkover (wie Anm. 9) und Rotes Buch des Klosters Murrhardt, 24a (HStAS A 508, Bü. 13).

22 Widman S. 134.

Sulzbach/Murr[23]. Die zahlreichen urkundlichen Erwähnungen zeigen ihn – den Besuch auf dem Konstanzer Konzil 1417 ausgenommen – sämtlich in wenig aufsehenerregenden Geschäften in Murrhardt oder dessen Umgebung. Das Chronicon Murrhardtense berichtet über sein Grab: *Mortuus est anno a Christo nato 1444 in vigilia sancti Georgy martyris, sepultus in choro atque apud posteros anniversarium diem perpetuum meritus* (Er starb im Jahre 1444 nach Christi Geburt, am Tag vor dem Tag des Märtyrers Georg und ist begraben im Chor und hat sich bei den Nachgeborenen einen ewigen Jahrtag verdient).

Familie: Niederadel, Stammsitz Leuzenbronn bei Rothenburg ob der Tauber.

20. Johannes von Leuzenbronn d.J. 1444–ca. 1452

Erwähnungen: Der jüngere Leuzenbronner wird nur einmal namentlich erwähnt, nämlich in einer Urkunde für das Haller Spital vom 23. Februar 1445 (Ulshöfer Nr. 672). Ansonsten kennt nur eine Reihe von Äbtelisten aus dem 17. Jahrhundert seinen Namen[24]. Eine sichere Quelle für Namen und Existenz dieses Abtes ist auch das Chronicon Murrhardtense, wonach er 1460 gestorben ist[25].

Erwähnungen, in denen nur vom Abt von Murrhardt die Rede ist – also ohne Namensnennung –, die sich aber auf Johannes von Leuzenbronn d.J. beziehen, wobei unsicher ist, ob sich nicht einige Nennungen seit ca. 1450 auch auf Abt Herbord beziehen: 1444, E. Apr./E. Juli (StadtASHA 4, a3, StR 84); 1444, E. Juli/E. Okt. – zweimal (ebd., StR 85); 1444, Sept. 17, Nürnberg (HStAS A 508, U 17 und ebd., Murrhardter Privilegienaufzeichnungen, Bü. 1); 1444, E. Okt./1445, E. Jan (StadtHSHA 4, a3, StR 86); 1445, E. Apr./E. Juli – dreimal (ebd., StR 88); 1445, E. Juli/E. Okt. – zweimal (ebd., StR 89); 1445, E. Okt.–1446, E. Jan. (ebd., StR 90); 1446, E. Apr.–E. Juli (ebd., StR 92); 1446, E. Juli–E. Okt. (ebd., StR 93); 1446, E. Okt.–1447, E. Jan. (ebd., StR 94); 1447, E. Jan.–E. Apr. (ebd., StR 95); 1447, E. Apr.–E. Juli (ebd., StR 96); 1447, E. Juli–E. Okt. – dreimal (ebd., StR 97); 1447, E. Okt.–1448, E. Jan. (ebd., StR 98); 1448, E. Jan.–E. Apr. (ebd., StR 99); 1448, E. Apr.–E. Juli – viermal (ebd., StR 100); 1448, E. Juli–E. Okt. (ebd., StR 101); 1448, E. Okt.–1449, E. Jan. – dreimal (ebd., StR 102); 1449, E. April–E. Juli (ebd., StR 103); 1451, Dez. 1 (HStAS A 602, U 5661 = WR 5661).

Der Amtsantritt des neuen Abtes Johannes von Leuzenbronn d.J. läßt sich in den Schwäbisch Haller Steuerrechnungen nachweisen. Nachdem der ältere Leuzenbronner am 22. April 1444 gestorben war, machte sein jüngerer Namensvetter im unmittelbar darauf anschließenden Quartal seinen Antrittsbesuch in der benachbarten Reichsstadt: Hier ist einer der ganz seltenen Fälle überliefert, in denen der Murrhardter Abt in Hall mit vier Kannen Wein – nicht wie üblich mit zwei – bewirtet wurde. Offenbar ist der jüngere Leuzenbronner repräsentationsbewußt anläßlich seiner ersten Visite mit doppelt so großem Gefolge wie sonst nach Hall gekommen.

In der Folge ist die Quellenlage zu Johannes d.J. nicht gut. Bemerkenswert ist, daß eine Bestätigung der Huldigung von 1389 durch Johannes an Wirtemberg nicht erhalten ist, wohl aber eine Bestätigung der Klosterstiftungsurkunde durch den Kaiser. Das dürfte aber keine politische Bedeutung im Sinne einer Entfremdung des Klosters von Wirtemberg und eines

23 Ebd.
24 Wie oben Anm. 21.
25 UB Würzburg M. ch. q. 85, Bl. 334a.

reichsunmittelbaren Kurses haben – zu eindeutig ist die Stellungnahme von Johannes für Wirtemberg im Städtekrieg. Wahrscheinlich war eine Huldigungsurkunde an Wirtemberg vorhanden, sie dürfte nur verlorengegangen sein. Offenbar war Murrhardt um 1444 so stark in die wirtembergische Grafschaft integriert, daß die Privilegienbestätigung durch den Kaiser keinen Affront gegen die Vögte mehr beinhaltete. Die Umstände, unter denen Johannes von Leuzenbronn d.J. um 1452 sein Abbatiat in Murrhardt beendete, bleiben undurchsichtig. Johannes von Leuzenbronn d.J., der wie sein namensgleicher Vorgänger im Ruf eines fähigen Wirtschafters stand[26], dürfte nach 1453 als einfaches Konventsmitglied weiter in Murrhardt gelebt haben. Das Chronicon Murrhardtense beschreibt knapp den Inhalt der Grabinschrift mit dem Begräbnisort: *Joannes alter eiusdam nationis de Lutzelbrunn abbas... vivendi finem faciens anno 1460, sepultus ante chorum* (Johannes, der zweite Abt des Geschlechts von Leuzenbronn, beendete sein Leben im Jahre 1460 und ist vor dem Chor begraben).

Familie: vgl. Nr. 20.

21. Volkhart 1454

Abt Volkhart ist nur ein einziges Mal als Murrhardter Abt am 25. Januar 1454 erwähnt[27]. Er kann nur relativ kurz amtiert haben, wenn es sich nicht überhaupt um eine Verschreibung für Abt Herbord handelt. Sollte Volkhart eine tatsächlich vorhandene Person gewesen sein, wäre er als Gegenabt zu dem gleichzeitigen Herbord anzusprechen. Vgl. dazu die Äbte Nr. 21 und 23.

Familie: unbekannt.

22. Herbord, genannt Gütigott 1452–1468, † 1473

Erwähnungen: 1452, Mai 14 (Ulshöfer Nr. 723); 1454, Feb. 5 (StAL B 375, Bü. 64); 1454, Juni (Ulshöfer Nr. 741); 1455, Juli 27 (ebd., U 745); 1456, Okt. 31 (HStAS A 508, U 3); 1457, Mai 11 (ebd., Repertorium Bl. 20, Original verloren); 1457, Aug. 21 (HStAS A 602, U 2619 = WR 2619); 1459, Jan. 16 (StAL B 375, U 471); 1459, Sept. 17 (ebd., U 452, erwähnt WUB 5, S. 72 und 94); 1460, Juni 28 (Pietsch U 2385); 1462, März 3 (ebd., U 2396); 1463, Dez. 19 (StadtA Großbottwar, Stadtdokumentenbuch = Württ. Archivinventare H. 6, S. 20); um 1465 (Pietsch U 2504); 1466, Juni 4, Murrhardt (ebd., U 2521); 1466, Nov. 18 (ebd., U 2532); 1467, März 12, Murrhardt (ebd., U 2546); 1468 nach Nov. 2 (Riecker 1864, S. 31), † 1473, Juni 11 (s.u.).

Erwähnungen, in denen nur vom Abt von Murrhardt die Rede ist – also ohne Namensnennung –, die sich aber auf Herbord beziehen: 1452, E. Apr.–E. Juli (StadtASHA 4, a5, StR 116); 1452, E. Okt.–1453, E. Jan. (ebd., StR 118); 1453, E. Jan. (ebd., StR 118); 1453, E. Jan.–E. Apr. (ebd., StR 119); 1453 (HStAS A 508, Repertorium Bl. 194, Original verloren); 1453, E. Apr.–E. Juli (StadtASHA 4, a5, StR 120); 1453, E. Juli–E. Okt. (Ebd., StR 121); 1454, E. Apr.–E. Juli – zweimal (StadtASHA 4, a5, StR 123); 1454, E. Juli/E. Okt. (ebd., StR 124); 1455, E. Jan./E. Apr. (ebd., StR 127); 1455, E. Apr./E. Juli – dreimal (ebd., StR 128); 1455, E. Juli/E. Okt. – zweimal (ebd., StR 129); 1455, E. Okt./1456, E. Jan. (ebd., StR 130); 1456 –

26 Widman S. 134.

27 StAL B 375, Bü 64, Urkunde des Grafen Ulrich von Helfenstein über den Weiler Hausen an der Rot: Ulrich verspricht, die Murrhardter und Komburger Untertanen in Hausen aus der Fehde auszunehmen, die er mit den Schenken von Limpurg führt. Möglicherweise hat der Helfensteiner den Namen des Murrhardter Abtes nicht genau gekannt und so Volkhart statt Herbord eingesetzt.

Bestätigung der Gründungsprivilegien (Murrhardter Privilegienaufzeichnungen, HStAS A 508, Bü. 1); 1456, E. Juli/E. Okt. (StadtASHA 4, a6, StR 133); 1456, E. Okt./1457, E. Jan. (ebd., StR 134); 1457, E. Jan./E. Apr. (ebd., StR 135); 1457, E. Juli/E. Okt. (ebd., StR 137); 1457, E. Okt./1458, E. Jan. (ebd., StR 138); 1458, E. Juli/E. Okt. (ebd., StR 141); 1459, E. Jan./ E. Apr. (ebd., StR 143); 1459, E. Apr./E. Juli (ebd., StR 144); 1459, Okt. 12 (Pietsch U 2365); 1460, E. Jan./E. April (StadtASHAS 4, a6, StR 147); E. Juli/E. Okt. – Kriegsmitteilung, Haferverkauf, Schankmitteilung (ebd., StR 149); 1460, E. Okt./1461, E. Jan. (ebd., StR 150); 1461, E. Jan./E. Apr. (ebd., StR 151); 1461, E. Juli/E. Okt. (ebd., StR 153); 1461, Dez. 16 (Pietsch U 2411); 1462, E. Apr./E. Okt. (StadtASHA 4, a6, StR 156); 1462, E. Juli/E. Okt. (ebd., StR 157); 1462, Okt. 13 (HStAS A 602, U 4604 = WR 4604); 1463, E. Jan./E. Apr. – zweimal (StadtASHA 4, a7, StR 159); 1463, E. Apr./E. Juli – Haferverkauf, Schankmitteilung (ebd., StR 160); 1464, E. Apr./E. Juli (ebd., StR 164); 1465, E. Jan./E. Apr. (ebd., StR 167); 1465, E. Juli/E. Okt. (ebd. StR 169); 1466, E. Juli/E. Okt. – Haller Bote in Murrhardt *von eincz tags wegen* (ebd., StR 173); 1466, Sept. 18 (Pietsch U 2529).

Abt Herbord ist der erste Vorsteher des Murrhardter Klosters, der nach dem Gründungsabt Walterich auch in der chronikalischen Überlieferung breitere Erwähnung gefunden hat[28]. In Widmans 1550 entstandener Chronik wird ihm ein relativ ausführlicher Abschnitt gewidmet; an Widman angelehnt, berichten auch das Rote Buch des Klosters Murrhardt und das Chronicon Murrhardtense von 1642 über diesen Abt. Das Bild, das von Herbord in den Chroniken geboten wird, ist skurril. In den Augen der Nachwelt erschien er als eine Art absonderlicher Spinner, der wegen seiner persönlichen Marotten schließlich sogar zur Resignation und zum Verzicht auf das Abtsamt gezwungen wurde. Was berichten die Chroniken über Abt Herbord? Worauf stützt sich das Urteil seiner Nachwelt?

Zunächst wird von seinem Beinamen erzählt. Er habe als auffällig oft verwendetes *sprichwortt*, also als eine Redeweise, andauernd *botz Gütigott* gesagt. Der Beiname verdrängt in Widmans Chronik oft den eigentlichen Namen Herbord, und der Abt wird mehrfach nur als *abbt Güttigott* bezeichnet. Die bei jeder Gelegenheit gebrauchte Redensart war aber nicht die einzige Eigenheit Herbords. Weiterhin heißt es, er sei an den wirtembergischen Hof nach Stuttgart gegangen und habe dort tagelang mit *etlichen personen* gegessen, scheinbar ohne einen weiteren Zweck zu verfolgen. Dem Stuttgarter Hofpersonal sei das Tun auf die Dauer befremdlich vorgekommen. Man habe geglaubt, Herbord wolle irgendein Anliegen vorbringen, und ihn aufgefordert, das endlich zu tun. Herbord habe aber erst nach wiederholtem Fragen etwas verlauten lassen. Angesichts der dauernden Aufenthalte wirtembergischer Jagdgesellschaften im Murrhardter Kloster habe er geantwortet: *botz güttigott, ich will wehnen, kayszer Ludwig habe zu Murhard ein closter gestifftet, so sihe ich wohl, es ist ein hundtstall, dann meines gnädigen herrn hundtsbuben undt hundte liegen darinnen; meine münchen dörffen nicht singen, die hundte heulen genug. Ich will, so lang die hundte in meinem closter liegen, allhier nach hoff gehen, dann mein gnädiger herr vermag mir baasz zue eszen geben, alsz ich seinen hunden.* Solcherart auf die übermäßige Belastung des Klosters Murrhardt durch die Gastungspflicht aufmerksam gemacht, habe Graf Ulrich der Vielgeliebte die Bedrückungen des Klosters eingesehen und den pfiffigen Abt mit dem Versprechen heimgeschickt, die Zustände zu bessern.

Ähnlich merkwürdig ist Abt Herbord auch ansonsten vorgegangen. Zum Erstaunen der

28 Widman S. 135–138. Rotes Buch (wie Anm. 21), Bl. 28 b–29 b.

Zeitgenossen ließ er die Wege rund um Murrhardt demonstrativ verkommen. Dies habe er vor allem deshalb getan, um den *überfall der gastung*, also den dauernden Besuch ungebetener wirtembergischer Gäste und Gesellschaften im Kloster selbst und in dessen Hof zu Großbottwar, einzuschränken. Da die zerstreuungs- und jagdsüchtigen Wirtemberger das Kloster trotzdem heimsuchten, versuchte Herbord, die Gäste nach jeweils drei Tagen mit Bibelsprüchen loszuwerden: Christus sei nach drei Tagen in der Vorhölle schließlich auch wieder aufgefahren und habe den Ort verlassen.

Nicht einmal bei seinen eigenen Dienern habe Herbord weite Mäntel geduldet – immer in der Furcht, darunter könne irgendwelcher Klosterbesitz fortgeschafft werden. – Herbords Vorgehen gegen Gänse, die auf einem klostereigenen Acker bei Großbottwar ihre Nahrung suchten, sei ganz absonderlich gewesen. Der Abt ließ den Gänsen Wasserkübel auf den Äckern aufstellen und verkünden, er tue dies, damit die armen Vögel, die so gut äßen, nicht verdursteten. Gleichzeitig suchte er aber den Bottwarer Stadtvogt heim und bedankte sich, daß die städtischen Gänse ihn durch ihre Gefräßigkeit den Schnitterlohn auf den klostereigenen Äckern ersparten. Der Vogt ließ daraufhin sofort untersuchen, wem die Gänse gehörten, und ließ die Besitzer eine Entschädigung an den Abt zahlen[29].

Eine weniger glückliche Figur scheint Herbord bei seinen Mönchen gemacht zu haben. Anläßlich der Osterfeierlichkeiten soll sich einmal Folgendes ereignet haben: Herbord wollte in einer Osternacht um zwölf Uhr in feierlicher Weise das Kruzifix aus dem Grab erheben, seine Konventualen hatten dasselbe aber – um Herbord zu ärgern – vorher aus dem Grab weggenommen. Der Abt wiederum ließ nun mitten im Gottesdienst in die nahegelegene Pfarrkirche schicken, um dort ein anderes Christusbild als Ersatz zu holen. Die Prozedur ging auch gut, Herbord erhob den Ersatzchristus aus dem Grab, als er ihn jedoch auf den Altar stellen wollte, befand sich dort bereits der von den Mönchen heimlich hingestellte Originalchristus, der nach dem hämischen Kommentar der Mönche keine menschliche Hilfe für die Auferstehung gebraucht habe[30]. – Die Anekdoten um Abt Herbord sind also zahlreich. Was verbirgt sich hinter ihnen? Inwieweit kann man ihnen trauen?

Tatsache ist, daß Herbord für Widman, der erstmals 1525 und dann nochmals 1550 über Murrhardt geschrieben hat, und sogar noch für den protestantischen Abt Hummel von 1600 eine höchst farbige Persönlichkeit gewesen sein muß. Mündlich überlieferte Geschichten über Herbord haben sich also jahrzehntelang, ja weit über ein Jahrhundert lang in Murrhardt gehalten. Herbord muß demnach tatsächlich eine ungewöhnliche Person gewesen sein, deren Methoden wohl schon bei den Zeitgenossen Kopfschütteln verursachten. Aber bei genauerem Hinsehen erweist sich Abt Herbord als mehr als nur ein absonderlicher Kauz, ja es fragt sich, ob seine unzweifelhaft vorhandenen Eigenarten das wirklich Entscheidende gewesen sind.

Herbord, der um 1452 Abt geworden war und sich 1454 eventuell mit dem Gegenabt Volkhard auseinandersetzen mußte, hatte kein gutes Verhältnis zum Klostervogt, dem Grafen Ulrich dem Vielgeliebten[31]. Die Furcht vor der durch Wirtemberg geförderten Klosterreform von 1455, die um drei Jahre hinausgezögerte Huldigung an den Grafen, die erst Ende 1456 stattfand, und insbesondere Herbords Versuch, die Vogtei 1462/1463 ganz abzuschütteln, deuten klar darauf hin. Auch Herbords Geschichten vom Besuch in Bottwar und Stuttgart,

29 Dies alles nach Widman.
30 Dies nach dem Roten Buch.
31 Vgl. die Einzelheiten oben S. 42–48 und 49–54, v.a. 52f.

der ständige Ärger mit der Gastung passen in dieses Bild. Jedesmal agierte ein Abt, dem es eindeutig nur darauf ankam, den Besitz seines Klosters zu erhalten und gegen Zugriffe jeder Art zu verteidigen. Der Nachwelt blieben Herbords unorthodoxe Methoden in Erinnerung, die Art, wie er dieses Ziel zu erreichen suchte. Die politisch wesentliche Substanz, die hinter dieser Vorgehensweise steckte, wird von den Chroniken nicht überliefert. Wenn ein Abt die Interessen und den Besitz seines Klosters wahren wollte, dann war es klar, daß der Hauptgegner Wirtemberg sein mußte, das – insbesondere mit Militärdienst- und Gastungspflichten – immer nachhaltiger den Machtbereich des Klosters zu schwächen suchte. Herbords Position im Kloster begann unhaltbar zu werden, nachdem mit der Rückkehr Ulrichs des Vielgeliebten aus der pfälzischen Gefangenschaft im April 1463 der Versuch des Abtes gescheitert war, die wirtembergische Vogtei abzuschütteln. Es liegt auf der Hand, daß Herbord sich mit diesen Maßnahmen die Gunst Wirtembergs gründlich verscherzt hatte. Was sich jetzt im Konvent in Murrhardt abspielte, waren nicht nur die ruppigen Neckereien einiger Mönche gegen einen Abt, der angesichts seiner Mißerfolge etwas wunderlich werden mochte und sich nach dem Scheitern seiner Politik der Eigenständigkeit hie und da wohl auch mißverstanden und vereinsamt fühlte. Man darf hier mehr vermuten als nur persönliche und konventsinterne Gründe; in dem Konflikt Herbords mit seinen Mönchen ist mehr verborgen. Offenbar hatte eine pro-wirtembergische Fraktion im Konvent seit 1463 Auftrieb erhalten, der es gelang, den Abt Schritt für Schritt zu entmachten. Daß Herbord durch seinen eigentümlichen Charakter etliche Angriffsflächen bot, erleichterte diesen Vorgang.

In den Quellen tritt sehr deutlich zutage, wann Herbords Niedergang klarere Formen anzunehmen begann. Bis 1467 taucht Herbord noch hin und wieder in verschiedenen Urkunden alltäglichen Inhalts auf. Schon seit 1465/66 gingen die Dinge im Kloster aber nicht mehr den üblichen Gang. Zwischen Ende Juli und Ende Oktober 1465 hielt sich der Abt zum letzten Mal in Schwäbisch Hall auf. Dann unterblieben die normalerweise mehrfach pro Jahr unternommenen Inspektionsreisen des Abtes völlig, das heißt, die geordnete Verwaltung des Klosterbesitzes kam in einzelnen Bereichen zum Erliegen. In die Zeit nach 1465 dürften auch die bösen Scherze fallen, die Herbord beim Gottesdienst durch seine Mitbrüder erdulden mußte. Die letzte Aktion Herbords während seiner Abtszeit trägt Züge, die ganz zu diesem Mann passen. Als Graf Eberhard im Bart von Wirtemberg-Urach am 2. November 1468 von seiner Pilgerfahrt nach Jerusalem in die Heimat zurückkehrte[32], sandten neben verschiedenen weltlichen Herren auch alle Äbte Wirtembergs – einschließlich denen des Stuttgarter Landesteils – Willkommensgeschenke an den Grafen. Üblich waren silberne Becher, die in den verschiedensten Ausführungen bei Eberhard im Bart eingingen[33]. Nur zwei Orte schickten Naturalien. Die wirtembergische Herrschaft Reichenweier im Elsaß sandte einige Wagenladungen Elsässer Wein, was sich gewiß nicht schlecht ausnahm. Abt Herbord ließ ein Faß Fische schicken – ein Geschenk, das zwischen solch noblen Dingen wie Silberbecher oder gutem Wein bestimmt recht befremdend wirkte. Ob Herbords eigenwilliges Willkommensgeschenk den Ausschlag für das Ende seiner Karriere gab, steht dahin. Jedenfalls wurde der Abt in der ersten Jahreshälfte 1469

32 Stälin 1856, S. 554.
33 Vgl. die Zusammenstellung der Geschenke bei Steinhofer 1752, S. 166.

zum Rücktritt gezwungen: der *gutte abbt muste von der abtei*[34]. Daß bei Herbords Absetzung Wirtemberg massiv auf den Konvent einwirkte und sich nicht nur auf seine Parteigänger unter den Mönchen verließ, ist ausdrücklich überliefert: Räte des Grafen tauchten in Murrhardt auf, um die Herrschaft Herbords zu beenden[35]. Offenbar fand geradezu eine Gerichtsverhandlung statt (bei welcher der Ausgang freilich feststand), in der Herbord noch einmal Gelegenheit erhielt, sich zu rechtfertigen. Kauzig wie er war, verteidigte sich Herbord angeblich so: Er sagte zu den Räten, nur solch ein Mann solle neuer Abt werden dürfen, der nachweisen könne, Herbord *hette St. Januarium – ist patron zue Murrhardt – ie um ein heller versetzt*[36]. Das aber, so dürfen wir ergänzen, hat Herbord nie getan. In seiner teilweise skurrilen Knauserigkeit hat er nie Klostergüter versetzen oder verpfänden lassen, sondern hat als Abt, der sogar nach Aussage der Chronisten *wohl hauszete*[37], den Klosterbesitz in der schwierigen Zeit nach dem Städtekrieg und während des Pfälzerkriegs gut zusammengehalten. Was schließlich das Kloster in die roten Zahlen brachte – die Steuerzahlungen an Wirtemberg zur Begleichung von Ulrichs Schulden –, war ja geradezu das Problem gewesen, das Herbord durch seine Politik hatte abwenden wollen. Alles nützte nichts, und unter tätiger Mithilfe der anwesenden wirtembergischen Räte wurde Wilhelm Egen neuer Abt.

Daß Herbord auch in seinen letzten Abtsjahren sehr wohl bei gutem Verstand war, geht aus seiner Tätigkeit als Beauftragter des Papstes Ende 1466/Anfang 1467 hervor. An der Haller Michaelskirche war eine neue Präsenzregelung eingeführt worden. Herbord oblag es, deren Statuten zu prüfen. Diese nach Wortlaut der Urkunden nicht ganz einfache Aufgabe[38] hat der Abt von Murrhardt aus ohne Schwierigkeiten bewältigt. Hier zeigt sich, daß Herbords angeblich wunderlicher Geisteszustand nur ein Vorwand zur Amtsenthebung gewesen war. Tatsächlich hatte es sich um einen rein politischen Schritt gehandelt. Herbord lebte als einfacher Konventuale noch vier Jahre im Kloster und starb am 11. Juni 1473. Begraben wurde er im südlichen Querschiff, wo sein stark abgetretener Grabstein noch heute erhalten ist. Die Grabinschrift lautet: *Anno · d(omi)ni Mccccl xxiii / feria · sexta post · pentecostes · o(biit) · reverendus / p(a)t(e)r et · d(omi)n(u)s · d(omi)n(u)s · herbo/rdus · abbas huius † [monasterii · murhart · cuius anima requiescat] · in pace* (Im Jahre des Herrn 1473, am Freitag nach Pfingsten, starb der ehrwürdige Vater und Herr, Herr Herbord, Abt dieses Klosters Murrhardt. Seine Seele ruhe in Frieden)[39]. Das Chronicon Murrhardtense überliefert sein Todesdatum und seinen Begräbnisort folgendermaßen: *Tandem vivendi finem fecit anno salutis 1473 feria IV post Pentecostem, sepultus in navi ecclesiae, ad latus sinistrum* (Endlich endete sein Leben im Jahre des Heils 1473, am Freitag nach Pfingsten. Er ist begraben im Schiff der Kirche, auf der linken Seite).

Familie: Herbords Familie ist nicht ausdrücklich überliefert, sein Abtswappen zeigt jedoch unterhalb der Abtsfigur in einem eigenen kleinen Wappenschild deutlich einen heraldisch

34 Widman S. 138.
35 Ebd.
36 Ebd.
37 Ebd., S. 136.
38 Nach Pietsch U 2546 hat Herbord »die Mitglieder der Präsenz durch Anschläge an Kirchentüren von St. Michael und St. Katharina zitiert und die vorgelegten... Briefe..., die die Statuten und Verpflichtung und Abgabe der Früchte... bekunden, untersucht. Vor Gericht und nach Beratung mit Rechtskundigen konfirmiert er sie mit apostolischer Vollmacht.«
39 Nach dem Original in der Murrhardter Stadtkirche.

rechts blickenden, wachsenden Stieroberkörper. Ein solches Wappen würde in den Familienkreis der niederadligen Herren von Bönnigheim – Löchgau – Hofen beziehungsweise der Truchsessen von Urach passen, die alle ein ähnliches Wappen führten[40].

23. Wilhelm Egen 1469–1486

Erwähnungen: 1469, Okt. 23 (HStAS A 508, U 41); 1469, Dez. 9 (Ulshöfer Nr. 890); 1470, Okt. 9 (Engel 1948, Nr. 2198); 1471, Nov. 26 (Ulshöfer Nr. 921); 1473, Feb. 11 (Pietsch U 2733, 2734); 1474, März 3 (Engel 1948, Nr. 1443); 1475, Mai 9 (HStAS A 508, U 48); um 1475 (ebd., Bü. 1, Murrhardter Privilegienaufzeichnungen); 1475, Aug. 26 (Ebd., U 42); 1476, Feb. 8 (GLA Karlsruhe, Abt. 67, Bd. 890, Bl. 118–119; auch: HStAS A 508L, Bü. 1); 1477, Feb. 23 (UB Heilbronn 1 = WGQ 5, nach Nr. 490); 1478, Mai 25 (Nitsch U 1791); 1478, Feb. 9 (HStAS H 102/54, Bd. 38, Bl. 47 a ff.; 1480, Apr. 4 (HStAS A 155, U 819); vor 1480, Okt. 15 (Bossert 1888, S. 45 ff.); 1481, Juni 16 (HospAH); 1481, Juli 23 (HStAS A 62, U 193 = WR 193); 1483, März 17 (HStAS H 102/54, Bd. 8, Bl. 376a–383a, erwähnt auch ebd., A 508, Repertorium Bl. 27); 1485, Juni 11 (HospAH); † 1486, April 2 (Widman S. 138, vgl. auch Chronicon Murrhardtense unten).

Erwähnungen, in denen nur vom Abt von Murrhardt die Rede ist – also ohne Namensnennung –, die sich aber auf Egen beziehen: 1469, E. April–E. Juli (StadtASHA StR 184); 1469, E. Juli–E. Okt. (ebd., StR 185); 1469, E. Okt.–1470, E. Jan. (ebd., StR 186); 1469, Dez. 19 (Pietsch U 2627); 1470, E. Jan.–E. April (StadtASHA StR 187); 1470, E. April–E. Juli (ebd., StR 188); 1470, Okt. 9 (Pietsch U 2654); 1470, E. Juli–E. Okt. – zweimal (StadtASHA StR 189); 1471, E. Jan.–E. April. – zweimal (ebd., StR 191); 1471, Mai 7 (Pietsch U 2684); 1471, E. April–E. Juli – zweimal (StadtASHA StR 192); 1471, Okt. 1 (Pietsch U 2696); 1472, E. Januar–E. April (StadtASHA StR 194); 1472, E. Juli–E. Okt. – zweimal (ebd., StR 196); 1472, Aug. 19, Okt. 15 und Nov. 12 (Pietsch U 2723, 2725, 2727); 1472, E. Okt.–1473, E. Jan. (StadtASHA StR 197); 1473, E. Jan.–E. April – zweimal (ebd., StR 198); 1473, E. April–E. Juli (ebd., StR 199); 1473, E. Okt.–1474, E. Jan (ebd., StR 200); 1474, E. Jan.–E. April (ebd., StR 201); 1474, April 4 (WVjh NF 25, 1916, S. 143); 1474, E. Juli–E. Okt. StadtASHA StR 203); 1475, E. Jan.–E. Apr. (ebd., StR 205); 1475, E. April–E. Juli – zweimal (ebd., StR 206); 1476, E. Apr.–E. Juli (ebd., StR 209); 1477, E. Januar–E. April – zweimal (ebd., StR 211); 1477, E. Juli–E. Okt. – dreimal (ebd., StR 213); 1478, E. Apr.–E. Juli – dreimal (ebd., StR 216); 1478, E. Juli–E. Okt. – zweimal (ebd., StR 217); 1478, E. Okt.–1479, E. Jan. (ebd., StR 218); E. Jan.–E. Apr. – zweimal (ebd., StR 223); 1480, E. Juli–E. Okt. (ebd., StR 225); 1481, E. Jan.–E. April (ebd., StR 227); 1481, E. Juli–E. Okt. (ebd., StR 229); 1482, E. Apr.–E. Juli – dreimal (ebd., StR 232); 1483, E. Jan.–E. Apr. (ebd., StR 235); 1483, E. Apr.–E. Juli (ebd., StR 236); 1484, E. Jan.–E. Apr. (Ebd., StR 239); 1484, E. Apr.–E. Juli (ebd., StR 240); 1484, Mai 16 (WVjh NF 26, 1922, S. 131); 1484, E. Juli–E. Okt. (StadtASHA StR 241); 1485, E. Apr.–E. Okt. (ebd., StR 244); 1485, E. Juli–E. Okt. (ebd., StR 245).

Zu Wilhelm Egen ist oben (S. 55–64) bereits alles Wesentliche gesagt. Anzumerken ist lediglich, daß seine bis kurz vor seinem Tod andauernden regelmäßigen Aufenthalte in Schwäbisch Hall für eine solide Gesundheit sprechen. Das Chronicon Murrhardtense vermerkt über seinen Tod und seinen Begräbnisort: *Mortuus anno dominicae incarnationis 1486, quarto nonas Aprilis, in dominica Quasimodogeniti, sepultus in medio ecclesie ad latus*

40 Vgl. Hess 1951.

sinistrum (Er starb im Jahr der Fleischwerdung des Herrn 1486, am vierten Tag vor den Nonen des April, am Sonntag Quasimodogeniti, und ist begraben in der Mitte der Kirche auf der linken Seite). Ein Grabstein ist nicht erhalten. Egens Grab müßte auf der Südseite des Kirchenschiffs oder im südlichen Seitenschiff zu suchen sein, da das Chronicon mit *sinister* die Südseite meint (vgl. Herbord).

Familie: Schwäbisch Haller Patrizierfamilie bis Mitte des 15. Jahrhunderts, dann nach Dinkelsbühl weitergezogen. Wer von den verschiedenen Haller Egen der Vater des Murrhardter Abtes war, läßt sich vorerst nicht ermitteln[41].

24. Johannes Schradin 1486–1501

Erwähnungen: 1487, März 19 (HospAH); 1489, Juni 20 (HStAS A 508, Bü. 2); 1491, Mai 28 (HZAN, Gem. Hausarchiv, Schublade 28, Orendelsall); 1491, Sept. 26 (als Einbanddecke in *Spruch des tribs*... eingeklebt, HStAS A 508, Bü. 3); 1494, Sept. 24 (StadtA Großbottwar, Stadtdokumentenbuch); 1495, Juli 13 (HStAS A 602, U 12932 = WR 12932); 1495, Sept. 17 (HStAS A 602, U 7384 = WR 7384; auch kopial StadtA Großbottwar, Stadtdokumentenbuch); 1496, Juli 27 (HospAH); 1498, März 30 (auf Landtag in Stuttgart; OHr/Kober 1913, S. 23, Nr. 3); 1498, Nov. 5 (HStAS A 508, Bü. 8); 1499 (Wülk 1917, S. 16); 1501, Feb. 11 (HStAS A 508, Bü. 1); † 1501, vor ca. April 22 (ergibt sich aus Amtsantritt seines Nachfolgers, der bald nach diesem Datum das erste Mal in Schwäbisch Hall bewirtet wird, StadtASHA StR 299; vgl. auch Chronicon Murrhardtense unten).

Erwähnungen, in denen nur vom Abt von Murrhardt die Rede ist – also ohne Namensnennung –, die sich aber auf Schradin beziehen: 1486, zwischen April 2 und 20: *Item dem newen hern von Murhart VIII kanten*... (StadtASHA, StR 247); 1486, E. Apr.–E. Juli – dreimal, davon einmal *uff die pruder kirwey* (ebd., StR 248); 1487, E. Juli–E. Okt. (ebd., StR 252); 1487, Nov. 12 (HStAS A 508L, Bü 1); 1487, E. Okt.–1488, E. Jan. (StadtASHA, StR 254); 1488, E. Jan.–E. Apr. – zweimal (ebd., StR 255); 1488, E. Apr.–E. Juli – zweimal; einmal Haferverkauf (ebd., StR 256); 1488, E. Juli–E. Okt. (ebd., StR 257); 1489, E. Jan.–E. Apr. – zweimal von Haller Boten besucht, einmal in Hall zu Gast (ebd., StR 259) 1489, E. Apr.–E. Juli (ebd., StR 260); 1490, E. Apr.–E. Juli (ebd., StR 263); 1490, E. Juli–E. Okt. (ebd., StR 264); 1491, E. Juli–E. Okt. (ebd., StR 269); 1492, E. Jan.–E. Apr. – von Haller Boten besucht (ebd., StR 271); 1492, E. Apr.–E. Juli – Haferverkauf (ebd., StR 272); 1493, E. Apr.–E. Juli (ebd., StR 276); 1494, E. Jan.–E. Apr. – dreimal (ebd., StR 279); 1494, E. Apr.–E. Juli (ebd., StR 280); 1495, E. Apr.–E. Juli (ebd., StR 284); 1496, E. Jan.–E. Apr. (ebd., StR 286); 1496, E. Apr.–E. Juli (ebd., StR 287); 1496, E. Juli–E. Okt. – Bote an Abt (ebd., StR 288); 1497, E. Jan.–E. Apr. – Bote an Abt (ebd., StR 290); 1497, E. Juli–E. Okt. (ebd., StR 292); 1498, Jan. 14 (StAL B 114, Bü. 1749); 1498, E. Apr.–E. Juli – zweimal Haller Boten zum Abt, einmal in Hall zu Gast (StadtASHA, StR 295); 1498, E. Okt.–1499, E. Jan. (ebd., StR 296a); 1499, E. Jan.–E. Apr. (ebd., StR 296b); 1499, E. Apr.–E. Juli – Haller Bote zum Abt wegen Siegelsberg (ebd., StR 296c); 1499, E. Juli–E. Okt. (ebd., StR 296d).

Die Politik von Abt Johannes Schradin ist oben bereits dargestellt (S. 56–64). Wie bei Egen liefern auch bei Schradin die Haller Steuerrechnungen die Basis für einige interessante Beobachtungen: Vielleicht hängen die bemerkenswert häufigen Besuche Schradins in Hall im Jahre 1494 mit der Vorbereitung der Baumaßnahmen (Altäre, Glasbilder) in der Klosterkirche

41 Wunder/Lenckner 1956, S. 198, Nr. 1733–1740.

zusammen. Wie bei Egen ist auffällig, daß auch Schradin die letzten zwei Jahre vor seinem Tode nicht mehr nach Hall reiste. Dabei hat mit Schradins letztem Besuch in Hall im Jahre 1499 ein bis dahin unüblicher äußerer Aufwand begonnen. Schradin reiste von da an offenbar mit größerem Gefolge als zuvor, denn in den Steuerrechnungen heißt es, daß man dem Abt von nun an jedesmal vier Kannen Wein zu reichen habe, nicht mehr die bislang üblichen zwei. Im Quartal von Ende Januar bis Ende April 1501, in dessen Verlauf Schradin starb, hat einmal der Murrhardter Prior – wohl anstelle seines todkranken Abtes – Hall besucht (StR 298). Die Mitteilungen über Schradins Todesdatum sind ungenau: Widman und das Chronicon Murrhardtense nennen nur die Jahreszahl 1501 ohne Tagesangabe[42]. Im Chronicon heißt es darüber hinaus zu seinem Grab: *Obyt anno Christi 1501. Sepultus in navi ecclesiae iuxta Wilhelmum abbatem* (Er starb im Jahre Christi 1501 und ist begraben im Kirchenschiff neben Abt Wilhelm).

Familie: Nicht sicher feststellbar. Auffällig sind aber zwei Namensvettern des Murrhardter Abts: Ein Johannes Schradi aus Heilbronn immatrikulierte sich 1503 an der Universität Heidelberg[43]. Angesichts der gelegentlichen Verbindungen Murrhardts nach Heilbronn zur Zeit des Abts Schradin (Kreditgeschäft vom 24. 9. 1494 mit Heilbronn und ein aus einer Urkunde von 1521 zu erschließendes weiteres Kreditgeschäft des Murrhardter Abtes mit der Reichsstadt[44]) könnte man an eine Zugehörigkeit des Murrhardter Abts zu dieser Heilbronner Familie denken. Nicht minder auffällig ist der bekannte Reutlinger Reformator Johannes Schradin (geb. um 1500, † 1560[45]). Obwohl Reutlingen als Herkunftsort für einen Murrhardter Abt zunächst etwas abwegig erscheint, wird man doch nicht völlig ausschließen können, daß der Reformator Johannes Schradin ein jüngerer Verwandter des Murrhardter Abtes war. Damit könnte Abt Schradin vielleicht auch in die Reutlinger Familie gehören.

25. Lorenz Gaul 1501–1508

Erwähnungen: 1501, Nov. 27 (HospAH); 1502, März 8 (Murrhardter Stadtrecht, StadtA Murrhardt) 1502, Sept. 16 (HStAS A 499, U 410); 1502, Dez. 16 (HospAH); 1503, Apr. 3 (HStAS A 508, U 49); 1503, Mai 4 (HospAH); zwischen 1503, Okt. 28 und 1506, Feb. 5, Viehtriebsstreit (HStAS A 508, Bü. 2); 1507, Mai 29 (HStAS A 508, Bü. 2); 1507, Juni 11 (ebd.); † 1508, Sept. 21 (vgl. unten).

Erwähnungen, in denen nur vom Abt von Murrhardt die Rede ist – also ohne Namensnennung –, die sich aber auf Gaul beziehen: 1501, E. April–E. Juli: *Item minem herren von Murhart VI kanten …, als er das erstmal in siner prelatur herkomen ist* (StadtASHA, StR 299); 1501, E. Okt.–1502, E. Jan. (ebd., StR 301); 1502, E. Apr.–E. Juli – dreimal (ebd., StR 303); 1502, E. Juli–E. Okt. (ebd., StR 304); 1503, E. Jan.–E. Apr. (ebd., StR 306); 1503, E. Apr.–E. Juli (ebd., StR 307); 1505, Aug. 15 (HStAS A 508, Bü. 2, Brief Herzog Ulrichs an Bischof Lorenz); 1508, Apr. 10 (StadtA Großbottwar, Stadtdokumentenbuch; vgl. auch Württ. Archivinventare 6, 1913, S. 22, und nicht numerierte Urkunde HStAS A 328); 1508, Mai 5 (HStAS A 508, Bü. 2, Herzog Ulrich an Bischof Lorenz); 1508, Juni 4 (German. Nationalmu-

42 Bl. 336b.

43 Toepke 1884, S. 441.

44 1494: StadtA Großbottwar, Stadtdokumentenbuch; vgl. auch Württembergische Archivinventare 6, 1913, S. 22; 1521 mit Rückbezug auf Schradin: HStAS A 508, U 43.

45 Maier o. J. (ca. 1900), S. 73. Ich danke auch dem Stadtarchiv Reutlingen und Herrn Dr. Schwarz für Auskünfte zu Schradin.

seum Nürnberg, Hs. 2° 2857, Fasz. VI, Murrhardt); 1508, Juli 5 (HStAS A 508, Bü. 2, Abt, Prior und Konvent von Murrhardt an Bischof Lorenz).

Zur schillernden Person des Abtes Gaul ist alles Wesentliche bereits oben (S. 64–70) gesagt. Aussagen zu seinem Tod: Der noch heute im nördlichen Querschiffsflügel erhaltene Grabstein teilt nur Gauls Todesjahr mit (*Anno · d(omi)ni · Mccccviii / obytt · Reverendus · pater · d(omi)n(u)s · d(omi)n(u)s · laurentivs · / Gavl · Abbas · hvivs · / cenoby · mvrhart · cv(ius) · a(n)i(m)a · req(ui)escat · in · pace · amen* – Im Jahre des Herrn 1508 starb der ehrwürdige Vater, der Herr Herr Laurentius Gaul, Abt dieses Klosters Murrhardt. Seine Seele ruhe in Frieden. Amen). Dagegen enthält das Lorcher Kalendarium seinen Todestag: *XI K(a)l(alenda) Oct(obris) Mathei apostoli. Anno d(omi)ni m° quingentesimo octavo obiit venerabilis pater et dominus laurencius gulant abbas in monasterio sancti Januarii in Murrhart ordinis sancti benedicti herbipolensis diöcesis. Eus anima requiescat in pare. Amem.* (Am 11. Tag vor den Kalenden des Oktober, am Tag des Apostels Matthäus, im Jahre des Herrn 1508 [= 21. September] starb der ehrbare Vater und Herr Laurencius Gulant, Abt im Kloster des heiligen Januarius in Murrhardt, Benediktiner Ordens, Würzburger Diözese. Seine Seele ruhe in Frieden. Amen)[46]. Das Chronicon Murrhardtense teilt mit: *Mortuus est anno dominicae incarnationis 1508. Epitaphium habens in muro interiori ecclesiae, ad latus sinistrum chori.* (Er starb im Jahre der Fleischwerdung des Herrn 1508 und besitzt ein Grabmal an der Innenmauer der Kirche, an der linken Seite des Chors)[47].

Familie: Das Wappen auf Lorenz Gauls Grabstein ist ein Hahn (Gallus), der freilich recht merkwürdig ausgeführt ist und eher einem Kiwi gleicht. Ähnliche Hahnenwappen kommen mehrfach bei Familien namens Gall vor, ohne daß eine Verwandtschaft zu Gaul wahrscheinlich ist[48]. Dagegen bringt das Lorcher Kalendarium konkretere Indizien, in welche Familie der Murrhardter Abt gehört. Gaul wird dort als Laurentius Gulant bezeichnet, und in derselben Quelle kommt auch ein Hermannus Gulant vor, der ausdrücklich als von Gmünd stammend bezeichnet wird. Nach allen Hinweisen dürfte auch Lorenz Gaul in die in der Reichsstadt Gmünd seit 1319 wiederholt belegte Patrizierfamilie Gulant (Gul, Gaul) gehören, von der einzelne Mitglieder seit 1421 auch als Bürger in Geislingen, seit 1501 als Einwohner in Spraitbach vorkommen[49].

46 Hoffmann 1911, S. 147.

47 Bl. 336b.

48 Vgl. die Gall aus Ravensburg oder die Gall aus Hohenstraß/Kanton Thurgau bei Alberti 1889/1916, S. 213. Vgl. auch die Abb. 10 in dieser Arbeit.

49 Nitsch 1965, nennt folgende Angehörige der Familie:
- 16. 10. 1319: Hermann Gulant, Bürger zu Gmünd, und seine Frau Guta übergeben dem Spital in Gmünd genannte Güter (Nr. 12).
- 25. 2. 1339: Frau Guta die Gulandin, Bürgerin zu Gmünd, übergibt genannte Güter dem Spital in Gmünd (Nr. 23).
- 10. 8. 1345: … Guta selig, Hermann Gulandes Wwe. … (Nr. 30).
- 28. 9. 1358: Hermann Gulant †, Guta † (Nr. 44).
- 26. 6. 1383: Peter Guland, Bürger zu Gmünd, verschreibt dem Spital zu Gmünd einen näher bezeichneten Zins (Nr. 113).
- 18. 8. 1385: Genannt sind Güter neben Georg Guls Acker (Nr. 117).
- 12. 8. 1391: Guardian und Konvent der Barfüßer zu Gmünd beurkunden die Jahrtagsstiftung von 1 pf. h. aus dem Hause des Andreas Funk durch Göri Gul und seine Ehefrau Anna Wülfin (Nr. 137).

26. Johannes Vayh 1508–1509, † 1509/10

Erwähnungen: Johannes Vayh muß ein unbedeutender Abt mit einer nur kurzen Amtszeit gewesen sein, denn zeitgenössische, von ihm ausgestellte Urkunden oder an ihn adressierte Dokumente sind nicht erhalten. Auch Widman kennt Vayh nicht, was das Episodenhafte seiner Amtszeit unterstreicht.

Vayh ist mehrfach unzweifelhaft in Quellen des späten 16. und des 17. Jahrhunderts überliefert, so bei Crusius (*Gaulo Ioanes Vaius succeßit, qui obijt 1510.* – Dem Gaul folgte Johannes Vayh nach, der 1510 starb)[50], im Roten Buch (*Joann Vajus…, von welchem nichts denkwürdiges in historijs zu finden)*[51] oder im Chronicon Murrhardtense (*Mortuus est anno 1509.* – Er starb im Jahre 1509)[52]. Seine Abtszeit läßt sich durch das Todesdatum seines Vorgängers Gaul (21. September 1508) und die erste Nennung seines Nachfolgers Renner (19. Mai 1509) auf höchstens knapp acht Monate eingrenzen, wahrscheinlich amtierte er nicht einmal so lange. Zu seinem Todesdatum gibt es außer den beiden widersprechenden Angaben von Crusius und des Chronicon keine weiteren Informationen; sollte Crusius mit dem Jahr 1510 recht haben, hätte Vayh sein Amt niedergelegt. Merkwürdig an diesem schlecht dokumentierten Abt ist auch, daß er allem Anschein nach nicht in der Murrhardter Klosterkirche begraben wurde. Das Chronicon Murrhardtense und das Rote Buch hätten eine Grabstätte, wäre sie vorhanden gewesen, zweifellos näher lokalisiert und beschrieben.

Familie: Nichts bekannt, aber jedenfalls bürgerlich.

27. Philipp Renner 1509–1511, † 1512

Erwähnungen: Als Prior 1494, Sept. 10 (Württ. Archivinventare 6, 1913, S. 22, auch StadtA Großbottwar, Stadtdokumentenbuch); als Abt: 1509, Mai 19 (HStAS H 102/54, Bd. 8, Bl. 79–82); 1509, Juli 9 (Dambacher 1860, S. 368 ff); 1509, Aug. 17 (UB Heilbronn 3, Nr. 2172); 1509, Sept. 10 (HospAH); 1510, Aug. 26 (HStAS H 102/54, Bd. 8, Bl. 92 f.); 1510, Sept. 7 (HStAS A 508, Bü. 2, Abt Philipp an Bischof Lorenz); 1510, Nov. 19 (ebd.); 1510, Dez. 10 (ebd.); 1511, Apr. 11 (ebd., Herzog Ulrich an Bischof Lorenz: Abt Philipp habe bereits resigniert); † 1512, Aug. 29 (s. u.).

Erwähnungen, in denen nur vom Abt von Murrhardt die Rede ist – also ohne Namensnennung –, die sich aber auf Renner beziehen: Als Prior: 1497, E. Okt.–1498, E. Jan. (StadtASHA, StR 293); 1501, E. Jan.–E. Apr. (ebd., StR. 293); 1502, E. Apr.–E. Juli (ebd., StR 303);

5. 8. 1405: Hans Gul, Bürger zu Gmünd, verkauft an das Spital seine beiden Höfe… (Nr. 184).
4. 4. 1388: Heinz Kepf… hat eine Wiese von Hans Gul, Bürger zu Geislingen, … gekauft. (Nr. 126).
23. 7. 1414: Hans Gule, Bürger zu Geislingen, verkauft eine Wiese… um 59 fl. Bürgen: Rudolf Gule u. a., alle in Geislingen (Nr. 222).
27. 11. 1416: Hans und Rudolf Gul, Bürger zu Geislingen, … (Nr. 231).
7. 2. 1421: Desgleichen (Nr. 254).
10. 2. 1421: Desgleichen (Nr. 256).
10. 9. 1427: Desgleichen (Nr. 289).
2. 6. 1440: Hans Gul von Geislingen als Bürge (Nr. 379).
13. 1. 1501: Jörg Gul zu Spraitbach, besitzt dort ein Haus (Nr. 694).
26. 1. 1512: Derselbe (Nr. 747).

50 Crusius S. 519.
51 Rotes Buch, Bl. 30b.
52 Bl. 336b.

ob die Nennung eines Murrhardter Abtes in Hall von 1508, E. Okt.–1509, E. Jan. (ebd., StR 329) sich auf Vayh oder Renner bezieht, ist nicht zu klären.

Zu Renner und seiner Politik, insbesondere zur geplanten, aber gescheiterten Umwandlung des Klosters Murrhardt in ein Stift, siehe oben (S.68–75). Zu seinem Todestag und -ort teilt von den in Frage kommenden Quellen nur das Lorcher Kalendarium etwas mit[53]: *III K(a)l()endas Sept(embris) dominus philippus abbas in murrhartt obiit 1512. Sub eo fuit reformatum monasterium per fratres assumptos de lorch 1510. Ipse resignauerat abbatiam et obiit in Schorndorf.* (Am 3. Tag vor den Kalenden des September [= 29. August] 1512 starb Herr Philipp, Abt in Murrhardt. Unter ihm wurde 1510 das Kloster durch Mönche, die von Lorch aufgenommen wurden, reformiert. Er resignierte das Abtsamt und starb in Schorndorf.) Renners Sterbeort Schorndorf macht auch klar, weshalb weder das Chronicon Murrhardtense noch das Rote Buch etwas über Renners Grabstätte zu berichten wissen. Offenbar hatte der mit der Reformpolitik überworfene Renner Murrhardt nach seiner erzwungenen Resignation im Unfrieden verlassen und war im mehr oder minder freiwilligen Exil in Schorndorf gestorben, wo er wohl auch seine letzte Ruhestätte gefunden hat.

Familie: Die Familie des Abtes Renner gehörte seit dem 15. Jahrhundert zur vornehmsten Schicht der altwirtembergischen Ehrbarkeit. Sie stand über mehrere Jahrhunderte in wirtembergischen Diensten und hat Posten wie die des Vogtes, Schultheißen, Kellers, Stadtschreibers, Amtmanns oder Küchenmeisters besetzt[54]. Bemerkenswert ist die zur Zeit des Abtes Renner in Murrhardt herrschende Vetternwirtschaft: Georg Renner war damals Schultheiß in Murrhardt[55]. Einzelne Angehörige der Familie Renner sind auch in geistlichen Berufen nachzuweisen[56].

28. Oswald Binder 1511–1527

Die drei letzten katholischen Äbte, Oswald Binder, Martin Mörlin und Thomas Carlin, sowie der zum Protestantismus übergetretene Otto Leonhard Hofsess sind dermaßen dicht belegt und ihre Amtsjahre sind so klar, daß wir bei ihnen auf eine vollständige Auflistung der Nennungen verzichten können. Wir geben deshalb nur die erste und letzte Nennung und einige wesentliche Daten aus ihrer Amtszeit wieder.

Hinter Oswald Binder lag bereits eine lange Laufbahn als Mönch in Lorch, als er am 10. Dezember 1510 als Prior nach Murrhardt berufen wurde, um das Kloster zu reformieren[57]. Binder war bereits 1475 Mitglied des Lorcher Konvents gewesen, dürfte also spätestens um 1455/60 geboren sein. 1475 wohnte er der Öffnung der Hohenstaufengräber in Lorch bei[58]. Nachdem die Murrhardter Klosterreform unter Abt Renner und Prior Binder nicht vorankam, erfolgte die Absetzung Renners und wohl um den 15. April 1511 die Wahl Binders zum neuen Murrhardter Abt[59]. Am 2. Juli desselben Jahres suchte Binder in Würzburg um die bischöfliche Bestätigung nach[60]. Wie oben beschrieben, lagen Binders Qualitäten insbeson-

53 Hoffmann 1911, S. 146.
54 Vgl. die Nennung bei Pfeilsticker in den Anmerkungen S. 174 zu Vogt Georg Renner.
55 S. 174.
56 Etwa Thomas Renner, Klosterbeichtvater in Lauffen um 1480; Zeller 1916, S. 161.
57 HStAS A 508, Bü. 2.
58 Rotes Buch, Bl. 32a. Oswalds Anwesenheit bei der Graböffnung bezeugt auch Spindler; vgl. Seiffer 1969, S. 126.
59 HStAS A 508, Bü. 2.
60 Ebd.

dere auf geistlichem Gebiet, während er bei der wirtschaftlichen Sanierung des Klosters Murrhardt erhebliche Schwierigkeiten hatte, so daß ihm der ebenfalls aus Lorch kommende Martin Mörlin als Großkeller beigegeben werden mußte. Im Zuge der Sanierungsmaßnahmen kehrte Binder 1518/19 vorübergehend wieder nach Lorch zurück[61]. Die enge Verbundenheit des mittlerweile alt gewordenen Binder mit seinem Lorcher Stammkloster wird auch aus der Tatsache deutlich, daß am 29. Dezember 1525 die Wahl des neuen Lorcher Abtes Lorenz Autenrieth unter Binders Vorsitz stattfand. Binder war es auch, der Autenrieth in sein Amt einführte[62]. Mittlerweile hatte Binder das Kloster Murrhardt recht und schlecht durch den Bauernkrieg gebracht[63]. Seine betont religiöse Orientierung zeigt sich auch bei seiner Zurückhaltung in politischen Fragen, insbesondere bei seinen kaum feststellbaren Aktivitäten auf den Landtagen der bewegten Zeit seit 1519. Angemessener war ihm die Betätigung in einer religiösen Organisation wie der Löwensteiner Sebastiansbruderschaft[64] oder die Neuorganisation der Murrhardter Sebastiansbruderschaft[65]. Er starb am 19. Dezember 1527[66]. Das Chronicon Murrhardtense meldet über seinen Begräbnisort: *Sepultus in ecclesie navi, ad latus dextrum.* (Er ist begraben im Kirchenschiff, auf der rechten Seite)[67].

Von Oswald Binder hat sich, anders als bei allen Murrhardter Äbten des Mittelalters und der Reformationszeit, ein Bild erhalten. Auf einem um 1515 entstandenen, noch heute in der Klosterkirche vorhandenen Altarstaffelbild, das in der Mitte den wiederauferstandenen Christus mit Maria und Johannes zeigt, befindet sich links die Darstellung eines knienden Benediktinerabtes[68]. Der Abt zeigt ein glattrasiertes Gesicht, eine exakt geschnittene Tonsur und trägt, über die Schulter gelehnt, den Abtsstab. Auf der rechten Bildseite ist Binders Wappen dargestellt, zwei braune, gekreuzte Hämmer in rotem Wappenschild. Dasselbe Wappen findet sich auch am Portal der 1513 unter Oswald Binder errichteten beziehungsweise umgebauten Kirche von Oberrot. Offenbar handelt es sich um ein sprechendes Wappen: Die Hämmer sind die Werkzeuge, die man zum »Binden« von Faßdauben und Faßringen zu Fässern benötigte[69].

Familie: Binder scheint zu einer Familie gehört zu haben, die im späten 15. Jahrhundert mehrfach Klostergeistliche stellte: 1464 und 1467 gab es im Schwäbisch Gmünder Augustinerkloster einen Prior Hans Binder[70]. 1485 starb in Lorch, wo damals ja auch Oswald Mönch war, der Konventuale Sebastian Binder aus Kirchheim an der Lepra[71], aller Wahrscheinlichkeit nach ein Verwandter des späteren Murrhardter Abtes. Der Backnanger Chorherr Hermann Bender war 1523 Pfarrherr der Murrhardter Patronatspfarrei Sulzbach[72], was ebenfalls auf engere, wohl verwandtschaftliche Beziehungen zum Murrhardter Abt hindeutet. Nach

61 Vgl. oben S. 78f.
62 HStAS A 499, U 57.
63 Vgl. oben S. 88ff.
64 Lenckner 1961, S. 34.
65 HStAS A 508, U 12. Vgl. auch S. 290ff.
66 Amrhein 1906, S. 341.
67 Bl. 336b.
68 Vgl. die Abbildung bei Schahl 1983, S. 584. Vgl. auch das Umschlagbild unseres Buches.
69 Frdl. Hinweis Dr. Rudolf Schweizer, Murrhardt.
70 Nitsch 1967, Nrn. 1382, 1434, 1459, 1466f.
71 Hoffmann 1911, S. 142.
72 Vgl. oben S. 305ff.

alledem stammte Oswald Binder aus einer bürgerlichen, der Ehrbarkeit angehörigen Familie, wobei die genaue örtliche Herkunft der Binder noch zu klären bleibt. Bemerkenswert ist, daß die Binder auch nach der Reformation geistliche Berufe ausübten, so etwa der 1519 geborene Christoph Binder, der Sohn des Grötzinger Pfarrers war und später Spezialsuperintendent von Nürtingen wurde[73].

29. Martin Mörlin 1528–1548

Martin Mörlin wurde vermutlich im Jahre 1490 geboren[74]. Er war, wie sein Vorgänger im Abtsamt Oswald Binder, wohl erst Konventuale in Lorch gewesen und zählte vielleicht zu den beiden einfachen Mönchen, die anläßlich der Klosterreform vom Dezember 1510 neben Binder und dem Großkeller Konrad[75] von Lorch nach Murrhardt versetzt worden waren. Sicher ist, daß nach dem Scheitern der wirtschaftlichen Sanierungsversuche von Abt Binder und Großkeller Konrad Martin Mörlin zu einem nicht genau überlieferten Zeitpunkt, der aber anscheinend erst nach dem vorübergehenden Exil des Murrhardter Konvents 1518/19 liegt, zum neuen Großkeller berufen wurde. Belegt ist weiter, daß Mörlin, der als *ein lauffenlich geschickter mensch, der von männiglich geliebt undt werth* bezeichnet wird, damals bereits dem Murrhardter Konvent angehörte[76]. Über Mörlins hervorragende haushalterische Fähigkeiten und seine Wahl zum Abt am 3. Januar 1528 haben wir bereits ausführlich berichtet[77], ebenso über sein bewegtes Schicksal als Abt[78]. Mörlins Tod ist mehrfach bezeugt, und zwar sowohl chronikalisch bei Widman[79] als auch durch seine – heute nicht mehr erhaltene – Grabinschrift[80]. Sie lautet: *Habes, viator, in hac conditorio ossa pijßimi praeclarique viri, Martini, Abbatis Monasterij Murrhardt: qui strenue summa animi fortitudine constantiaque vitam duxit: qui etiam misris succurrere didicit. Iam vero in comunem abijt locum, Christianißime atque catholice. Cuius anima Deo viuat, Vixit annis 58 & anno a Christo nato 1548. die 13. Junij emigrauit.* (Wanderer, du hast vor dir in diesem Grab die Gebeine des allerfrömmsten und berühmten Herrn Martin, des Abts des Klosters Murrhardt. Er hat mit großer Charakterstärke und Standhaftigkeit ein tatkräftiges Leben geführt. Außerdem mußte er viele Mühen auf sich nehmen. Jetzt ist er schon auf christlichste und katholische Weise an einen besseren Ort dahingegangen. Seine Seele lebt. Er lebte 58 Jahre und starb im 1548. Jahr nach Christi Geburt, am 13. Tag des Juni.) Ähnlich berichtet auch das Chronicon Murrhardtense, das die genannte Inschrift ebenfalls wiedergibt: *Martinus abbas diem clausit extremum anno dominicae incarna*

73 Metzger 1925, S. 99.
74 Vgl. unten sein Lebensalter in der Grabinschrift.
75 Vgl. oben S. 75 ff.
76 Dies nach Widman S. 140; die urkundlichen Nennungen Mörlins als Großkeller oder seine Erwähnungen in Schwäbisch Hall sind relativ selten, datieren aber alle erst aus der Zeit seit 1520: 26. 1. 1521, Mörlin, Großkeller, HStAS A 508, U 11; 25. 8. 1523, desgl., StAL B 186, U 2197; 6. 5. 1524, desgl. HStAS A 59, Bü. 1a. In Hall: Juli/Oktober 1520, 2 Kanten (StR 376); Juli/Oktober 1521, 2 Kanten (StR 380); Oktober 1521/Jan. 1522: *Item Hans Wetzel zu Ottendorf, als er des großkellers zu Murrhart antwurt gehort, von Stuttgart bracht* (StR 381). Mit dem Jan./Apr. 1511 genannten und mit vier Kanten in Hall bewirteten Großkeller dürfte Konrad gemeint sein (StR 338).
77 Vgl. oben S. 96 f.
78 Vgl. oben S. 99–118.
79 Widman S. 141.
80 Überliefert bei Crusius S. 670 und im Chronicon Murrhardtense, Bl. 341b.

tionis 1548, die 15 Juny, sepultus in ecclesiae cum… epitaphio (Abt Martin beschloß seine Tage im Jahre der Fleischwerdung des Herrn 1548, am 15. Tag des Juni, er ist mit einem Denkspruch auf dem Grabstein in der Kirche bestattet)[81]. Dem zweifach überlieferten Todesdatum 13. Juni dürfte gegenüber dem Todesdatum 15. Juni der Vorzug zu geben sein.

Familie: Nichts Näheres bekannt, aber jedenfalls bürgerlich.

30. Thomas Carlin 1548–1552

Carlin, etwa 1496 geboren[82], war erst Prior, dann Abt von Murrhardt. Als Prior wird er erstmals anläßlich der Wahl Martin Mörlins zum Abt am 3. Januar 1528 genannt[83]. Nach der Reformation des Klosters durch Herzog Ulrich 1535/36 blieb Carlin zusammen mit Mörlin im Kloster und war bei dessen Tod der einzige überlebende Mönch in Murrhardt. Unter den durch das Interim völlig veränderten Verhältnissen mußte der Herzog etwa im Juni/September 1548 Carlin als neuen Abt einsetzen. Dies und die zielstrebige, aber durch den neuen Umschlag in der Reichspolitik schließlich unglückliche Politik Carlins wurde oben bereits dargestellt[84]. Die Inschrift seines nicht mehr erhaltenen Grabsteins lautete: *Anno 1552. Scias Candide Lector hoc saxum Venerabilis et pij D(omini) Thomae hujus Monasterii abbatis corruptibile Corpus obtegere. Qui erga Deum et hominis Christianissimum gessit animum. Etiam tam monatice religionis, quam aedificiorum restaurator fuit. Vitam terminavit 21 Jul. Vixit annos 56. Regnavit 4. Cuius anima requiescat in pace.* (Im Jahre 1552. Wisse, geneigter Leser, daß dieser Stein den vergänglichen Körper des ehrwürdigen und frommen Herrn Thomas, Abt dieses Klosters, bedeckt. Dieser hat gegen Gott und die Menschen ein höchst christliches Leben geführt. Außerdem war er ein Erneuerer sowohl des Klosterlebens als auch vieler Gebäude. Er beendete sein Leben am 21. Juli, lebte 56 und regierte 4 Jahre. Seine Seele ruhe in Frieden[85]). Über den Begräbnisort heißt es nur ungenau: *Thomas abbas vita functus est anno 1552, die 21 July, sepultus in ecclesia sub lapide, habente inscriptionem sequentem* (Abt Thomas beendete sein Leben im Jahre 1552, am 21. Juli. Er ist in der Kirche unter einem Grabstein begraben, der die folgende Inschrift hat: [Es folgt die obige Inschrift])[86].

Familie: Nichts Näheres bekannt, aber jedenfalls bürgerlich.

31. Otto Leonhard Hofsess 1552–1574

Die Gestalt des Otto Leonhard Hofsess ragt weit in die Geschichte des Murrhardter Protestantismus hinein, nur die Jugendjahre von Hofsess waren katholisch geprägt. Hier soll indes nicht die Zeit von Hofsess als protestantischer Abt oder – nach seiner Absetzung 1574 – als Murrhardter Privatmann näher dargestellt werden. Es sei hierfür auf den kurzen Überblick (oben S. 135) und auf die Abschnitte über seine Abtserhebung (S. 132ff.) verwiesen.

Im folgenden sollen lediglich einige Belege zu den Lebensdaten von Otto Leonhard Hofsess vorgestellt werden. Die Quellen über sein Geburtsjahr sind nicht völlig einheitlich.

81 Bl. 341b.
82 Vgl. unten sein Lebensalter in der Grabinschrift.
83 Vgl. oben S. 123.
84 Vgl. oben S. 123–131.
85 Rotes Buch, Bl. 36b.
86 Chronicon Murrhardtense, Bl. 343b.

Hornmold stellte 1552 fest, daß Hofsess 19 Jahre alt sei[87], was 1533 als Geburtsjahr ergibt. Möglicherweise hat man den jungen Hofsess damals jedoch älter gemacht, als er tatsächlich war – wohl, um seine Erhebung zum Murrhardter Abt nicht noch unerhörter zu machen, als sie es ohnehin schon war. Aus der Grabinschrift von Hofsess (s. u.) läßt sich nämlich 1535 als Geburtsjahr errechnen. Demnach wäre Hofsess mit nur 17 Jahren Abt geworden! Hornmold berichtet über ihn: *Ottonem Leonhardum Hofsesseium ipse cum eo de rebus fidei habito sermone comperi in catechismo non omnino rudem, nec a Wirtembergica nova confessione abhorrentem, nam 4 amplius annos Stutgardiae M. Alexandrum praeceptorem habuit & videtur cupidus theologiae addiscendae* (Otto Leonhard Hofsess selbst erscheint zusammen mit ihm [gemeint ist der von Hornmold zuvor genannte Sebastian Lutz; vgl. Konventuale Nr. 44] in Glaubensangelegenheiten in dem geführten Gespräch bezüglich des Katechismus nicht ganz schlecht abzuschneiden und auch vor der neuen Confessio Wirtembergica nicht zurückzuschrecken. Er hatte nämlich über 4 Jahre lang den Stuttgarter Magister Alexander als Lehrer, und er scheint begierig, sich in der Theologie weiterzubilden). Die Inschrift des noch heute in der Walterichskirche erhaltenen Hofsess-Grabsteins liefert aufschlußreiche Informationen zur zweiten Ehe und zu den Kindern des Abtes: *ECCE AGNVS DEI QVI TOLLIS PECCATA MVNDI // REVERENDI ET CLARISSIMI VIRI DOMINI OTT[ONIS] / LEONHARDI HOFFSASSII COENOBI MVRRHA[RDE(N)SIS] / AB AN(N)O CHRISTI 1552 PER AN(N)OS 22 ABB[ATIS] / DIGNISSIMI RVDE POSTMODVM PER AN(N)O [S 32 D]O/NATI AC DIE 18 7BRIS AN(N)O 1607 PIE [IN CHRISTO] / DEFVNCTI AN(N)O AETATIS SVAE 72 [CVI DOMINVS] / LAETAM RESVRECTIONEM LARGIAT[VR AMEN] / [I]NTEGRITAS RECTVMQVE [TVVM ME CHRISTE GVBERNA]T // Gott allein die Ehr / An(n)o 1607 am tag Bart holomei starb / die Ehrn und Tugentsame Frauw Mag dalena / geborne Schmeckhin von Cantstatt des Erwirdig / Herrn ottonis Leonhard Hoffsessen Alten Abbtz / zu Murrhardt A(n)dere Eheliche Hausfrauw die / bei Ime Lebte 40 Jar 8 wochen 4 tag die ge/bar Ime ein dochter und sohn mit Namen /Margrete und Hans leonhardt u(n)d war Ir gantzes Alter 59 Jahr deren Gott gnedig u(n)d / (Ba(r)mh(erzig) sein u(n)d ein fröliche Auffers(tehung) geben welle A(men) // Christus Ist mein Leben Sterben / Ist mein gewin phil(ipper) I.* (Lateinischer Text: Seht das Lamm Gottes, das die Sünden der Welt trägt. Dies ist der Grabstein des ehrwürdigen und berühmten Mannes, des Herrn Otto Leonhard Hofsess, Abt des Klosters Murrhardt, vom Jahre Christi 1552 durch 22 Jahre hin, dann ausgedienter und mit einer Rente versehener Abt durch 32 Jahre, und am 18. September Anno 1607 fromm in Christus verstorben, im 72. Jahr seines Alters. Gott gebe ihm eine fröhliche Auferstehung. Amen. O Christus, deine Reinheit und dein Recht herrschen über mich.)

Die familiären Daten lassen sich ergänzen durch die Grabinschrift von Hofsess' erster Frau (ebenfalls in der Walterichskirche): TV(N)C ADERAT NOVVS (ANNVS) / VBI CO(N)IVNGITVR ANNA / CONIVNX MIHI CA(N)DIDA FIDA PIA / VISCERA SED DIRO POST TORMI(N)E PRESSA NECATVR / TENDIT ET AD SANCTI COELICA REGNA DEI /
ANNO · DOMINI · MDLXVII / DEN · XIX · TAG · IANVARII · / STARB · DIE · ERBAR · VND · TVGENTSAM · FRAW · AN(N)A / HOFMAENIN · DES · ERWIRDIGEN · HERRN · OTTONIS / LEONHARDI · HOFSAESEN / ABT · ZV MVRRHART · ERSTE · EHLICHE · HAVSFRAW · DIE · BEI · IME GELEBT · VIII · IAR · XIX ·/TAG · VND EIN SVN · MIT · NA/MEN · IACOB · GEZEVGT · DE/REN · GOT · GNEDIG · VND BARMHERZIG · SEIN WELL · / 1567 /

87 Pflaumern 1636, S. 221.

(Lateinischer Text: Damals begann eine neue Zeit, als Anna, die teure, treue, fromme Gattin, mir angetraut wurde, aber später wurde sie durch grausame Qualen in ihren Eingeweiden getötet und strebt nun nach dem Himmelreich des heiligen Gottes). Die Lebensdaten des Abtes bieten sich also folgendermaßen dar: Geboren 1533/1535, † 18. 9. 1607. Erste Heirat um den 1. 1. 1559 mit Anna Hofmännin, diese † 19. 1. 1567; aus dieser Ehe ein Kind, Jakob. Zweite Heirat um den 20. 4. 1567 mit der etwa 1548 geborenen Magdalena Schmeckin aus Cannstatt, diese † 24. 6. 1607; aus dieser Ehe zwei Kinder, Margareta und Hans Leonhard.

Die Konventualen des Klosters Murrhardt

Die Zusammenstellung der Konventualen folgt denselben Prinzipien wie die Liste der Äbte.

1. Orendel 1. Hälfte 9. Jh.

Möglicherweise Verwandter des Gründungsabts Walterich. Unsicher, ob tatsächlich Konventuale in Murrhardt, jedenfalls maßgeblich mit der Entstehung der von Murrhardt abhängigen Zelle beziehungsweise Pfarrei Orendelsall befaßt, dabei unter Walterichs Oberhoheit[1].

2. Adalbert 1191

Erwähnt in den Traditiones Murrhardtenses als *dominus Adelbertus prior hospitalisque magister* (Herr Adalbert, Prior und Hospitalmeister)[2]. Näheres unbekannt.

3. Konrad von Rot um 1235/1240

Erwähnt in den Traditiones Murrhardtenses. Schenkt dem Kloster Murrhardt einen Mansus und Zehnten in Sulzbach[3].

Familie: Im 13. Jahrhundert zum Niederadel herabgesunkener ehemaliger Hochadel, Stammsitz Oberrot, Kreis Schwäbisch Hall[4].

4. Konrad von Kemnat 1295

Genannt am 12. April 1295 zusammen mit Abt Milo (dort Nr. 11) und dem Konventualen Dietrich von Gleichen (Nr. 5) in einer Urkunde des Abtes Gepzo von Lorch als einer der zahlreichen Schiedsleute, die zwischen Gepzo und Heinrich von Besigheim vermittelten. Hatte man ausdrücklicher Aussage der Urkunde den Weihegrad eines Priesters[5].

Familie: Zwar gibt es Adelsgeschlechter, die sich nach verschiedenen Orten namens Kemnat nennen – etwa Kemnat bei Kaufbeuren, Kemnat im Thurgau oder Kemnat in Tirol[6] –, der Murrhardter Mönch ist aber keinem dieser Geschlechter mit Sicherheit zuzuordnen. Möglicherweise handelt es sich hier lediglich um einen Nichtadligen aus Kemnat bei Stuttgart.

1 Vgl. Fritz 1982-III, S. 54 ff.
2 Ebd., S. 123, Nr. 5 der Traditiones Murrhardtenses.
3 Ebd., S. 123, Nr. 8.
4 Vgl. Fritz 1985-I.
5 WUB 10, S. 332 f., Nr. 4650.
6 Vgl. NDB I, S. 178 zu dem Dichter Albrecht von Kemnaten, erste Hälfte des 13. Jahrhunderts. Auch: Stälin 1856, S. 14.

5. Dietrich von Gleichen 1295

Genannt zusammen mit Konrad von Kemnat (Nr. 4) und Abt Milo (dort Nr. 11). War ebenfalls Priester.

Familie: Könnte am ehesten in eine Niederadelsfamilie von der Burg Gleichen bei Pfedelbach gehören[7].

6. Marquard von Plochingen 1341

Das Rote Buch des Klosters Murrhardt[8] erwähnt, daß 1341 ein *freyherr von Blochingen, ein bruder Marquard,* Konventuale in Murrhardt gewesen sei. Weiter heißt es: *Hernacher aber ist er ein probst zu Bamberg und custos, lezlich auch bischoff zu Bamberg worden, würt aber nit glesen, das er abbt zu Murhart geworden.* Diese Aussage muß eine Verwechslung sein. Zwar war 1343/44 kurzfristig ein Marquard Bischof von Bamberg, aber das war ein Herr von Randeck, dessen Biographie sich hinreichend genau verfolgen läßt[9]. Mit dem Murrhardter Konventualen hat der Bamberger Bischof nichts zu tun.

Familie: Niederadel, Stammsitz Plochingen, Kreis Esslingen[10].

7. Bruno von Maienfels 1346

Als »geistlicher Bruder« in Murrhardt genannt. Offenbar leiblicher Bruder von Engelhard, Gottfried und Konrad von Maienfels (Konventualen Nr. 8, 9, Abt Nr. 16; vgl. diese).

8. Gottfried/Götz von Maienfels 1346

»Geistlicher Bruder« in Murrhardt wie Bruno, Engelhard und Konrad von Maienfels (Konventualen Nr. 7, 9, Abt Nr. 16). Nochmals 1348 und 1353 genannt, aber nicht mehr als Murrhardter Konventuale, er müßte also aus dem Kloster ausgetreten sein[11].

9. Engelhard von Maienfels 1346

Erscheint 1346 als »geistlicher Bruder« in Murrhardt, urkundet seit 1348 aber in einer Weise, die zwingend annehmen läßt, er habe das Kloster verlassen. Später verheiratet mit Kathrina Leschin; ist belegt bis 1385[12]. Vgl. Bruno, Gottfried und Konrad von Maienfels (Konventualen Nr. 7, 8, Abt Nr. 16).

10. *Der Côster von Mûrhart* 1363

Am 2. Juni 1363 als Zeuge in einer Urkunde Engelhards des Älteren und Engelhards des Jüngeren von Maienfels genannt, als diese dem Kloster Lichtenstern den Kirchensatz zu Waldbach vermachten[13]. Das Auftreten zusammen mit den Maienfelsern läßt es als vorstellbar erscheinen, daß der Murrhardter Custos von 1363 mit dem Murrhardter Mönch Bruno von Maienfels oder dem späteren Abt von Maienfels identisch sein könnte (vgl. Konventuale Nr. 7, Abt Nr. 16).

7 Vgl. die zahlreichen Nennungen bei Fritz 1986-I.
8 HStAS A 508, Bü 13.
9 Guttenberg 1937, S. 211 f.
10 Alberti 1889/1916, S. 592.
11 Schönhuth 1856, S. 108. Vgl. auch Bauer 1867, S. 504.
12 Ludwig 1984, S. 94
13 HStAS A 498, U 41.

11. Rugker von Murrhardt 1370

Am 7. Januar 1370 in einer Großbottwar betreffenden Urkunde[14] von Abt Konrad von Maienfels (vgl. Abt Nr. 16) als Zeuge erwähnt. Zur Familie ist nichts näheres bekannt, da neben Rugker aber mit genauer Herkunfts- und Geschlechterbezeichnung Johannes von Sontheim erwähnt wird (vgl. Konventuale Nr. 12), während eine solche bei Rugker fehlt, kann man eher davon ausgehen, daß Rugker keinem Adelsgeschlecht angehört hat. Eine Zugehörigkeit Konrads zum Geschlecht der Ritter von Murrhardt ist wenig wahrscheinlich, da dieses seit Ende des 13. Jahrhunderts nirgends mehr nachzuweisen ist[15].

12. Johannes von Sontheim 1370, † 1420

Erwähnt zusammen mit dem Mönch Rugker (vgl. Konventuale Nr. 11): *herr Rugkher vo(n) Murrhardt und herr Hans vo(n) Sunthain, gaistliche liut des klosters ze Murrhart.* Dürfte identisch sein mit dem fünfzig Jahre später verstorbenen Johannes von Sontheim: In der Wand des 1870 abgerissenen Kreuzgangflügels war zu lesen: *anno domini 1420 obiit Johannes de sunthain. pr(es)b(yter) et m(onachus)* (Im Jahre 1420 starb Johannes von Sontheim, Priester und Mönch)[16]. Verwandte sind im 14. und 15. Jahrhundert wiederholt als Mönche im Murrhardter Nachbarkloster Komburg erwähnt[17].

Familie: Niederadel, Stammsitz Obersontheim, Kreis Schwäbisch Hall[18].

13. Johannes Beurer † 1466

Nichts Genaueres bekannt. Grabstein noch heute am Windfang des südlichen Querschiffs der Kirche mit Inschrift *anno dom(in)i · mcccc· / lxvi · feria secunda post palmaru(m) obiit frater joh(ann)es / · bewrer monachus · / et plebanus in murhart hic sepultus · cui(us) a(n)i(m)a requiesca(t) / in pace* (Im Jahre des Herrn 1466, am Montag nach Palmarum, starb Bruder Johannes Beurer, Mönch und Leutpriester in Murrhardt, der hier begraben liegt. Seine Seele ruhe in Frieden). Das Datum entspricht dem 31. März. Beurer war auf jeden Fall Priester. Das wird sowohl durch die Inschrift bestätigt als auch durch einen Meßkelch als Symbol der Priesterweihe, der in den Grabstein eingeritzt ist.

14. Andreas Nothaft 1472, 1476

Andreas Nothaft kommt am 20. November 1472 durch päpstlichen Erlaß in den Genuß eines *beneficium ecclesiasticum sine cura* (Kirchenlehen, das heißt Pfründe, ohne Seelsorgepflicht). Die Seelsorgepflicht wird von einem Weltgeistlichen wahrgenommen. Als Grund für die päpstliche Anordnung wird angegeben, daß der Murrhardter Mönch Andreas Nothaft etwa 50 Jahre alt sei und von einer Krankheit geplagt werde. Er wird außerdem als Getreuer

14 HStAS A 328, U 3.
15 Vgl. Fritz 1982-III, S. 104, und hier S. 209 f.
16 OAB Backnang 1871, S. 225.
17 Jooss 1971, S. 142, 147, 149, 156.
18 Ebd.

(dilectus) des Herzogs Sigismund von Österreich bezeichnet[19]. Muß noch am 21. Oktober 1476 gelebt haben[20].

Familie: Niederadel, Stammsitz Hohenberg, Kreis Ludwigsburg[21].

15. Nikolaus Boßner †1474

Grabstein noch heute an der Westwand des südlichen Querschiffsflügels, ursprünglich im Kreuzgangsbereich in der Nähe des 1870 abgerissenen östlichen Klausurflügels[22]. Inschrift: *anno d(omi)ni · m·cccc· / lxxiiii · obyt frater nicolaus boßner huius † / monasteriy monach(u)s / in die s(anc)ti burchardi cuius anima requiescat in pace* (Im Jahre des Herrn 1474 starb Bruder Nikolaus Boßner, Mönch dieses Klosters, am Tage des heiligen Burkhard. Seine Seele ruhe in Frieden). Der Burkhardstag ist der 14. Oktober. Boßners Tod wird ebenfalls in den Admonter Totenrodeln erwähnt[23], ohne daß dort zusätzliche Informationen zu seiner Person auftauchen.

Familie: Die Boßner (Bossler, Bessler) erscheinen seit dem späten 15. Jahrhundert als Schultheißen, Stadt- und Amtsschreiber und Provisoren in wirtembergischen Diensten, sind also als Familie der Ehrbarkeit anzusprechen[24]. Boßner dürfte mit dem Öhringer Dekan Oswald Batzer nicht verwandt sein, der 1509 den Murrhardter Prior Kern (Konventuale Nr. 27) mit nach Rom begleitete[25]. Frühere Lesungen des Boßner-Grabsteins als Nikolaus Batzner, die eine solche Verwandtschaft andeuteten[26], sind falsch; die Grabinschrift heißt eindeutig Boßner.

16. Walther von Gemmingen vor 1481, wohl in den fünfziger bis siebziger Jahren des 15. Jahrhunderts

War erst Konventuale in Murrhardt und wechselte zu einem nicht näher bekannten Zeitpunkt ins elsässische Kloster Selz über. Später wurde er dessen letzter Abt und führte am 26. Mai 1481 die Umwandlung des Benediktinerklosters Selz in ein weltliches Stift durch. Walther von Gemmingen war dann von 1481 bis 1501 der erste Propst dieses Stifts[27].

Familie: Niederadel, Stammsitz Gemmingen, Kreis Heilbronn. Das Geschlecht lebt noch heute. Die Eltern Walthers waren Eberhard der Taube von Gemmingen und Barbara von Neipperg, deren Ehe um 1430 geschlossen wurde. Aus der Ehe gingen acht Söhne und vier Töchter hervor. Alle Töchter wurden Nonnen in Lichtenstern, von den Söhnen je einer Kanoniker in Wimpfen, einer Präbendar in Wimpfen, einer Mönch in Odenheim, einer Mönch in Hirsau und einer Kanoniker in Mainz. Walther war also der sechste, der in den geistlichen Stand eintrat[28].

19 Engel 1948, S. 219, Nr. 1415.
20 Die Admonter Totenrodeln (Bünger 1935) hätten seinen Tod erwähnt, wenn er vor dem Besuch der Admonter in Murrhardt 1476 gestorben wäre.
21 Zur Familie: Hess 1953. Vgl. auch Fritz 1986-I, S. 146ff.
22 OAB Backnang, S. 219.
23 Bünger 1935, S. 75f.
24 Vgl. die Nennung bei Pfeilsticker § 914, 2194, 2981, 2983.
25 Dazu oben S. 74f.
26 So noch in der OAB Backnang, S. 219.
27 Dambacher 1960, S. 357.
28 Ebd.

17. Konrad Walther 1473–1484

Erstmals genannt am 11. Februar 1473 bei den Verhandlungen anläßlich des Streits zwischen dem Kloster Murrhardt und dem Pfarrer Johannes Fischer von St. Katharina in Hall[29]. Walther war damals bereits Prior. Ein weiteres Mal ist er am 8. April 1476 in Lorch erwähnt, als er bei der Verlegung des Adelberger Nonnenkonvents nach Lauffen mitwirkte[30]. Sein Todesdatum ist auf seinem noch heute in der Klosterkirche am Windfang des nördlichen Querschiffsflügels erhaltenen Grabstein überliefert: *† Anno d(omi)ni M cccc lx / xxiiij · in die · s(an)ctoru(m) · crispini et crispiniani · obyt · p(ate)r · con+/radus · waltherj · prior · / hui(us) · monastery · murhart · cui(us) an(im)a · requiescat · in · pace* (Im Jahre des Herrn 1484, am Tag der Heiligen Crispinus und Crispinianus, starb Pater Konrad Walther, Prior dieses Klosters Murrhardt. Seine Seele ruhe in Frieden). Der Todestag fällt auf den 25. Oktober. Nach dem auf dem Grabstein abgebildeten Kelch mit Hostie muß Konrad Walther den Weihegrad eines Priesters besessen haben.

Familie: Die Familie ist nicht genau zu identifizieren, ist aber in jedem Falle nichtadlig. Walther kommen in Murrhardt selbst vor (vgl. Einwohnerliste), in Schwäbisch Hall[31] und an zahlreichen anderen Orten. Der Murrhardter Prior kann keiner dieser Familien mit Sicherheit zugeordnet werden. Konrad Walther dürfte aber mit dem Oberroter Pfarrer Johann Walther von 1441 verwandt sein[32].

18. Philipp Rösslin 1494, 1509

Frater Philippus Rößlin den Murhart, Herbip(olensis) dyoc(esis) schreibt sich zwischen dem 1. Mai und dem 17. Oktober 1494 in die Matrikel der Universität Basel ein und erwirbt an der dortigen philosophischen Fakultät den Grad eines *baccalaureus artium*[33]. Noch am 9. Juli 1509 im Kloster Murrhardt[34].

Familie: Zuordnung zu einer bestimmten Familie nicht möglich, ist aber sicher nichtadlig. Zu erwägen wäre, ob er in die Murrhardter Familie Röser/Reiser u. ä. gehört (vgl. Einwohnerliste).

19. Diepold Benner 1494

Frater Diepoldus Benner de Murhart, Herbip(olensis) dyoc(esis) schreibt sich zwischen dem 1. Mai und dem 17. Oktober 1494 in die Matrikel der Universität Basel ein[35].

Familie: Sicher nichtadlig. Nicht auszuschließen ist, daß der Name in der Baseler Matrikel verschrieben ist. Ein Hör- oder Schreibfehler von Bender, Berner oder Renner zu Benner ist leicht möglich. Wäre Diepolds Familienname Bender, würde er in das Geschlecht des Abtes Oswald Binder (Abt Nr. 29) passen. Sollte Diepold korrekt Renner heißen, würde er in die Familie von Abt Philipp Renner (Abt Nr. 28) gehören. Wäre Diepold ein Berner, würde dieser Name in die gleichnamige Murrhardter Familie gehören (vgl. Einwohnerliste). Möglich wäre

29 Pietsch U 2734.
30 Zeller 1916, S. 159f.
31 Wunder/Lenckner 1956, S. 637.
32 Vgl. zu Johann Walther unten S. 373.
33 Wackernagel 1951, S. 228.
34 Dambacher 1860, S. 370.
35 Wackernagel 1951, S. 228.

aber auch der überlieferte Name Benner: Ein Peter Benner war 1412/1424 Guardian der Barfüßer in Schwäbisch Hall, ein Johann Benner 1432 Rector Scolarum in Schwäbisch Hall[36].

20. Johannes Baum 1509

Ohne weitere Angaben als Konventuale in der Konventsliste von 1509 erwähnt[37].

Familie: Sicher nichtadlig, Näheres unbekannt.

21. Johannes Steydel 1509

Ohne weitere Angaben als Konventuale in der Konventsliste von 1509 erwähnt[38].

Familie: Sicher nichtadlig, Näheres unbekannt.

22. Sigismund Bunck 1509

Ohne weitere Angaben als Konventuale in der Konventsliste von 1509 erwähnt[39].

Familie: Sicher nichtadlig, Näheres unbekannt.

23. Ludwig Gossolt 1509

Ohne weitere Angaben als Konventuale in der Konventsliste von 1509 erwähnt[40].

Familie: Die Gossolt sind eine seit dem frühen 14. Jahrhundert in Esslingen häufig vertretene Familie, unter anderem kommen sie als Kapläne an Esslinger Kirchen vor[41]. Möglicherweise gehört der Murrhardter Mönch zu den Esslinger Gossolt.

24. Friedrich Zangel 1509

In der Konventsliste von 1509 als Konventuale und Inhaber der Murrhardter Pfarrkirche genannt. Für den Fall der Umwandlung des Klosters in ein weltliches Stift war vorgesehen, daß Zangel die Pfarrei beibehalten sollte[42].

Familie: Sicher nichtadlig, Näheres unbekannt. Der Name ist in zwei Versionen überliefert: Zangel und Zyngell.

25. Johannes Wetzel 1509, 1514

Ohne weitere Angaben als Konventuale in der Konventsliste von 1509 erwähnt. Sein Vater Lienhard Wetzel zahlt für seinen in Murrhardt im Kloster befindlichen Sohn Hans Nachsteuer an die Stadt Hall[43].

Familie: Reiche Haller Salzsiederfamilie. Vater des Murrhardter Mönchs war der seit 1484 erwähnte, 1528/29 gestorbene Lienhard Wetzel, von Beruf ursprünglich Schuster, später Ratsherr, Beetherr, Haller Untervogt in Kirchberg und Siechenpfleger[44].

36 Wunder/Lenckner 1956, S. 116.
37 Dambacher 1860, S. 370.
38 Ebd.
39 Ebd.
40 Ebd.
41 Vgl. das Register im UB Esslingen 1.
42 Dambacher 1860, S. 370 und 372.
43 Wunder/Lenckner 1956, S. 656 ff. Ferner briefliche Mitteilung von Dr. Gerd Wunder an den Vf. vom 1. 6. 1981.
44 Wunder/Lenckner 1956, Nr. 9158, 9183.

26. Johannes Steinmetz 1509, 1511

Ohne weitere Angaben als Konventuale in der Konventsliste von 1509 erwähnt[45]; 1511 als Klosterbruder zu Murrhardt genannt[46].

Familie: Heilbronner Patrizier. Sohn des Goldschmieds und Ratsherrn Hans Steinmetz und dessen Frau, einer Schwester des Heilbronner Ratsherrn Hans Weller. 1511 wird Johannes Steinmetz als Miterbe seines Onkels Hans Weller in dessen Testament bedacht. Der Murrhardter Mönch soll zusammen mit seinem Bruder Baltasar das Eckhaus in der Heilbronner Wagnergasse erben, jedoch nur unter der Bedingung, daß das Kloster Murrhardt sich verpflichtet, jährlich vier Jahrtage für Weller zu halten[47]. Die Heilbronner Steinmetz scheinen bereits Ende des 15. Jahrhunderts Beziehungen zum Kloster Murrhardt gehabt zu haben: Im Anschluß an eine Urkunde von 1481 heißt es in einer leider undatierten, aber frühestens von 1495 stammenden Notiz: »Die Vormünder (des Heilbronner Bürgers) Bernhard Lebkücher, Baltasar Steinmetz und Wendel Lebkücher, beide des Rats, hätten gemeldet, daß eine von Bernhard ererbte jährliche Gült von 5 fl., die die von Murrhardt an Kiliani entrichten sollten, zweimal nicht bezahlt worden sei«[48].

27. Wilhelm Kern 1509, 1512

Der prior, herr Willhelm, bildete zusammen mit dem Öhringer Dekan Oswald Batzer die Murrhardter Delegation, die 1509 in Rom versuchte, die Umwandlung des Klosters Murrhardt in ein weltliches Stift durchzusetzen[49]. Nach dem Scheitern dieses Vorhabens ließ Herzog Ulrich den Murrhardter Prior zwei Jahre lang auf dem Hohenasperg einsperren. Am 18. Dezember 1512 mußte Kern Urfehde schwören und durfte, nachdem er Besserung gelobt hatte, als einfacher Konventuale wieder ins Kloster eintreten[50]. Dort scheint er es indessen nicht mehr allzulange ausgehalten zu haben und muß wieder entwichen sein, da er *doch darin nicht verschieden* ist[51]. Das Amt des Priors, das Kern 1509 innehatte, kann er übrigens nicht lange vorher erhalten haben: bis 1508 war Philipp Renner Prior, erst als dieser Abt wurde, wurde das Amt des Priors wieder verfügbar (vgl. Abt Nr. 28).

Familie: Wappentragende wirtembergische Ehrbarkeit. In der Urfehde von 1512 nennt Wilhelm Kern selbst seine Verwandtschaft, die mit 500 fl für ihn bürgen muß: *Die erbarn und beschaiden Cristoffeln Kern min bruder, diser zyt meßner zu Horhain, Michel Kern von Oßwyl, Hans Kern von Honeck, Hanns Kurtzmul genannt Sülenhanns von Neckerwihingen, Hanns Hacker von Backnang, Hans Fritz von Gainerkain mein schwestermann, Endriß Scholl von Franckenwyler und Heinrich Scholl gebrieder von Backnang.* Michel Kern steuerte noch 1545 als Schultheiß in Oßweil zur Türkenhilfe, andere Angehörige der Familie hatten das Schultheißenamt in Gräfenhausen, Amt Neuenbürg, und Gerlingen, Amt Leonberg, inne[52].

45 Dambacher 1860, S. 370.
46 UB Heilbronn 3, S. 307 f., Nr. 2251.
47 Ebd.
48 UB Heilbronn 2, Nr. 1327.
49 Widman S. 139. Vgl. auch seine Nennung bei Dambacher 1860, S. 370.
50 HStAS A 508, U 10a.
51 Widman, S. 139.
52 Pfeilsticker § 2542. Andere Mitglieder der Familie ebd., § 2549, 2664.

Möglicherweise ist auch der Abt des Klosters St. Georgen, der 1533–1558 genannte Johannes Kern, ein Angehöriger der Familie[53].

28. Konrad 1510, 1511

Der aus Lorch stammende *bruder Conrad* wurde im Zuge der Klosterreform vom Dezember 1510 in Murrhardt als *ober kelerer* beziehungsweise *groß kelner* eingesetzt, um die in Unordnung geratene Klosterwirtschaft zu sanieren[54]. Mit ihm dürfte der Prior Konrad identisch sein, der 1511 erwähnt wird[55].

Familie: Unbekannt.

29. NN 1510

Ein geistlich reformierter Konventuale unbekannten Namens wurde im Zuge der Klosterreform von 1510 zusammen mit Oswald Binder und dem Großkeller beziehungsweise Prior Konrad und einem weiteren Konventualen im Austausch gegen vier zur Besserung nach Lorch geschickte Murrhardter Mönche von dort nach Murrhardt geschickt[56]. Ob identisch mit dem späteren Abt Martin Mörlin (Abt. Nr. 29)?

30. NN 1510

Der zweite reformierte Konventuale, der 1510 aus Lorch kam; vgl. Konventuale Nr. 29.

31. *Der Custor zu Murhartt* 1517

Der namentlich nicht genannte Custos des Murrhardter Konvents hielt sich Ende Januar/Ende April 1517 in schwäbisch Hall auf und wurde dort mit zwei Kannen Wein bewirtet[57].

32. Georius Prior 1519

Ohne weitere Angaben genannt in einer Hall betreffenden Urkunde[58].

33. Nikolaus Heßlich 1523

Erhielt am 30. Mai 1523 in Würzburg die Minores, am 19. September deselben Jahres die Weihe zum Subdiakon[59].

Familie: Wirtembergische Ehrbarkeit, die im 15. und 16. Jahrhundert wiederholt als Vögte oder Stadtschreiber verschiedener wirtembergischer Ämter auftauchen. Vater von Nikolaus Heßlich dürfte am ehesten Berchtold Hässlich/Hesslich sein, der zwischen 1485 und 1513 als Einspänniger am wirtembergischen Hof und als Untervogt in Lauffen am Neckar auftaucht. Berchtold war 1509 in Kontakt mit der unter anderem in Schwäbisch Hall ansässigen Familie Welling (vgl. Konventuale Nr. 35)[60].

53 Ebd., § 3357.
54 Rothenhäusler 1886, S. 121. Auch: OAB Backnang, S. 251.
55 HStAS A 508, U 10.
56 Vgl. die Klosterordnung HStAS A 508, Bü. 2 und den Visitationsbericht vom Dezember 1510 ebd.
57 StadtASHA StR 362.
58 StAL B 186, U 2144.
59 Amrhein 1904, S. 755.
60 Pfeilsticker § 1746.

34. Johannes Schroff 1523–1536

Erhielt zusammen mit Nikolaus Heßlich (Konventuale Nr. 33) in Würzburg am 30. Mai beziehungsweise 19. September 1523 die Minores und die Weihe zum Subdiakon, anders als bei Heßlich erfolgten aber am 21. Mai 1524 und am 17. März 1526 die Weihen zum Diakon und Priester[61]. Bei der Wahl Martin Mörlins zum Abt am 3. Januar 1528 war Schroff einer der sieben Murrhardter Mönche[62]. Schroff gehörte zu denjenigen Konventualen, die Ende Januar 1536 von Vogt Jakob Hofsess gewaltsam aus dem Kloster vertrieben wurden und sich am 13. November desselben Jahres aus dem Exil mit der Bitte um Restitution des Klosters an König Ferdinand wandten[63]. Über Schroffs weiteres Schicksal ist nichts bekannt.

Familie: Wohl ein Angehöriger der Murrhardter ehrbaren Familie Schroff, vielleicht ein Sohn des Bürgermeisters, Gerichts- und Ratsherrn Michel Schroff (vgl. Einwohnerliste).

35. Georg Welling 1526

Am 17. März 1526 in Würzburg Minores[64].

Familie: Haller Bürger von mittlerem bis gehobenem Besitz, versippt mit den Stuttgarter Welling und dem um 1500 in Wien ansässigen kaiserlichen Rat Claus Welling. Die Familie stand in Kontakt zu den Heßlich, die ebenfalls im Murrhardter Kloster vertreten waren (vgl. Konventuale Nr. 32). Georg Welling könnte der Sohn des 1509–1537 genannten Hans Welling sein, der jenhalb Kochens ansässig war, also im Pfarrbezirk der Murrhardt unterstehenden Haller Katharinenkirche[65].

36. Bartholomäus Dettinger 1526–mindestens 1536

Weihen in Würzburg: 17. März 1526 Minores, 31. März 1526 Subdiakon, 22. September 1526 Diakon, 15. Juni 1527 Priester[66]. Gehörte bei der Wahl Mörlins zum Abt am 3. Januar 1528 zum Konvent[67]. Ende Januar 1536 von Vogt Hofsess gewaltsam aus dem Kloster gewiesen, Mitverfasser des Protestbriefes an König Ferdinand am 13. November 1536. Später fand er als Pfarrer in Michelbach an der Bilz eine Pfarrstelle und ist, formal wohl immer noch Murrhardter Konventuale, dort 1547 *an der breune* gestorben.

Familie: Unbekannt, wohl nicht aus der näheren Umgebung Murrhardts.

37. Nikolaus Kaib wohl vor 1526–mindestens 1552

Bekannt sind seine Diakons- und Priesterweihe in Würzburg am 17. März 1526 beziehungsweise 24. September 1530[68]. Kaib hat aber gewiß schon vor 1526 dem Murrhardter Konvent angehört. Bei Mörlins Wahl zum Abt am 3. Januar 1528 anwesend, Ende Januar 1536 von Jakob Hofsess aus Murrhardt vertrieben, Mitunterzeichner des Protestbriefes an König Ferdinand am 13. November 1536[69]. Widersetzte sich 1548 – ebenso wie sein Mitbruder

61 Amrhein 1904, S. 755.
62 Amrhein 1906, S. 341 f.
63 Vgl. oben S. 108 ff.
64 Amrhein 1904, S. 755. Danach Wunder/Lenckner 1956, nach Nr. 9092.
65 Ebd., Nr. 9077–9092.
66 Amrhein 1904, S. 755.
67 Amrhein 1906, S. 341 f. Zum Weiteren auch Widman, S. 292.
68 Amrhein 1904, S. 755.
69 Vgl. oben S. 108 ff.

Haismair (Konventuale Nr. 40) – erfolglos der Nominierung von Thomas Carlin zum Abt durch Herzog Ulrich[70]. Noch 1552 war er Murrhardter Konventuale, hielt sich aber nicht im Kloster auf – das heißt, er war seit 1536 nicht mehr dorthin zurückgekehrt –, sondern versah eine Pfarrei in Würzburg[71].

Familie: Unbekannt. Wohl mit den Backnanger Stadtschreibern, Mesnern und Schulmeistern Lorenz und Bertold Kayb (1. Hälfte 16. Jhdt.) verwandt. Der Name wird in unterschiedlichen Varianten überliefert: Kaib, Kayb, Kaub und Laib. Letzterer ist sicher eine Verschreibung.

38. Georg Fuchs 1526–mindestens 1536

Weihe zum Subdiakon am 22. September 1526, zum Diakon am 24. September 1530 in Würzburg[72]. Anwesend bei der Wahl Mörlins zum Abt am 3. Januar 1528[73]. Noch vor der endgültigen Auflösung des Klosters Anfang 1536 begab er sich im Herbst 1535 nach Wien und schrieb sich als *Georgius Fugs de Murhart fr(ater) ord(inis) s(ancti) Benedicti* am 13. Oktober in die Matrikel der dortigen Universität ein. Begleitet wurde er von anderen Wirtembergern, die – zweifellos aus Anhänglichkeit an den alten Glauben – ihre Heimat verlassen hatten, um in der habsburgischen Metropole ungefährdet von der Reformation ihr Studium aufzunehmen, nämlich Konrad Weller aus Bönnigheim, Lukas Muesold aus Göppingen und Johannes Strick aus Eislingen, der bereits aus seinem Studium in Freiburg einen Magistergrad mit nach Wien brachte[74]. In Wien muß Fuchs in Kontakt mit seinen Murrhardter Mitbrüdern geblieben sein und unterzeichnete am 13. November 1536 das Schreiben an König Ferdinand[75].

Familie: Könnte in die Haller Familie Fuchs gehören. 1452 und 1501 sind Mitglieder dieser Familie als Pfleger der Haller Katharinenkirche überliefert, 1489–1503 wohnten die Fuchs in der Brudergasse bei der Katharinenkirche. Es wäre möglich, daß auf diese Weise der junge Georg Fuchs ins Murrhardter Kloster kam, dem die Katharinenkirche ja gehörte[76].

39. Hieronymus Stark 1528

Einer der insgesamt sieben Murrhardter Konventualen bei der Wahl Martin Mörlins zum Abt am 3. Januar 1528[77].

Familie: Unbekannt.

40. Jakob Haismair 1528/1534–1552

Haismair muß dem Klosterkonvent zwischen 1528 und 1534 beigetreten sein; nach der Rückkehr Herzog Ulrichs 1534 ist die Neuaufnahme von Mönchen ganz unwahrscheinlich. Bei der Wahl Abt Mörlins 1528 gehörte Haismair dem Konvent noch nicht an [78]. Ob Haismair bei der gewaltsamen Austreibung der Mönche durch Vogt Hofsess Ende Januar 1536 noch im Kloster weilte, ist unsicher. Merkwürdigerweise unterzeichnete er das Protestschreiben an

70 Vgl. oben S. 125f.
71 Pflaumern 1636, S. 221f.
72 Amrhein 1904, S. 755.
73 Amrhein 1906, S. 341f.
74 Gall 1959/71, S. 55.
75 Vgl. oben S. 108ff.
76 Vgl. Wunder/Lenckner 1956, S. 250f.
77 Amrhein 1906, S. 341f.
78 Ebd.

König Ferdinand vom 13. November 1536 nicht[79]. Bei der Einsetzung des neuen Abtes Thomas Carlin durch Herzog Ulrich 1548 erhob Haismair, der nicht mehr nach Murrhardt zurückgekehrt war, aber immer noch als Konventuale galt, zusammen mit Nikolaus Kaib (Konventuale Nr. 36) von auswärts Protest. 1552 befand er sich als Pfarrer auf einer nicht näher bekannten Pfarrei in Österreich[80].

Familie: Unbekannt. Der Name, der in Wirtemberg ungewöhnlich ist, deutet mit seiner Doppelform in österreichisches Gebiet, was auch plausibel wäre: Anscheinend hat Österreich in den Jahren um 1530 begonnen, freiwerdende Konventstellen in wirtembergischen Klöstern mit Mönchen aus dem engeren habsburgischen Herrschaftsbereich zu besetzen. Möglicherweise waren im protestantisch beeinflußten Wirtemberg kaum noch junge Leute zu finden, die ins Kloster eintreten wollten. Jedenfalls wären durch die Neuaufnahme von Österreichern die wirtembergischen Klöster allmählich noch enger an Habsburg gebunden worden. Auf die österreichische Herkunft Haismairs deutet auch die Tatsache hin, daß er sich nach den Ereignissen von 1536 wieder dorthin zurückzog, um eine Pfarrei zu übernehmen.

41. Eberhard Stock 1550–ca. 1552

Beim Tod Thomas Carlins am 21. Juli 1552 einer der fünf jungen Konventualen, die unter diesem Abt seit 1548 im Zuge des Wiederaufbaus des Konvents ins Kloster eingetreten waren. Hatte am 23. Februar 1550 Tonsur und Minores, am 1. März 1550 die Subdiakonatsweihe und am 22. März 1550 die Diakonatsweihe in Würzburg erhalten[81]. Unterzeichnete am 25. August 1552 den Brief an den Würzburger Bischof Melchior, in dem diesem Otto Leonhard Hofsess als neuer Abt vorgeschlagen wurde[82]. Bei der Inspektion des Klosters Murrhardt durch protestantische Theologen im selben Jahr verhörte der Reformator Sebastian Hornmold Stock und berichtet über den damals 22 Jahre alten Mönch: *Inquisivi deinde in mores singulorum, reperique Eberhardum Stock natu maximum esse & verae (id est Lutheranae) religioni omnino adversarium, praeter quam quod consanguineum in vicino oppido habeat, qui & ipse toto vitae suae tempore religioni hostis fuit.* (Darauf untersuchte ich die Sitten der einzelnen Mönche und begann mit meinen Ermittlungen bei Eberhard Stock, der der älteste war. Er zeigte sich gegenüber der wahren, das heißt der lutherischen Religion als völlig ablehnend, darüber hinaus hatte er noch in der benachbarten Stadt einen Verwandten, der selbst sein ganzes Leben lang ein Feind der wahren Religion gewesen war)[83]. Stock muß demnach denkbar ungeeignet für den wirtembergischen Plan gewesen sein, aus den jungen Mönchen protestantische Pfarrer zu machen. Sein weiteres Schicksal ist unbekannt, er dürfte aber nicht mehr allzulange im Kloster verblieben sein.

Familie: Im gesamten Amt Murrhardt kommt der Name Stock nur in abgewandelter Form im Zusammenhang mit dem Weiler Stöckach vor (Stöckenmayer u. ä., vgl. Einwohnerliste). Möglicherweise gehört Stock in diesen Familienzusammenhang.

79 Vgl. oben S. 108 ff.
80 Pflaumern 1636, S. 221 f.
81 Amrhein 1904, S. 755.
82 HStAS A 508, U 13; vgl. auch oben S. 134 f.
83 Pflaumern 1636, S. 221 f.

42. Wolfgang Lösch 1548/52–ca. 1552

Einer der fünf jungen Konventualen beim Tode Abt Carlins 1552; vgl. dazu allgemein Eberhard Stock (Konventuale Nr. 41). Lösch war 1552 19 Jahre alt, muß also etwa 1533 geboren sein. Hornmold berichtet über ihn nur kurz. *Wolffgangus Bösch* (sic!) *Murrhartensis rudis est, habetque consanguineos & amicos papistas omnes.* (Wolfgang Lösch ist ein unerfahrener Kerl und hat Verwandte und Freunde, die alle Papisten sind)[84]. Trotz dieses schlechten Zeugnisses machte Lösch in der protestantischen Kirche Wirtembergs Karriere. Nach einer Ausbildung (in Murrhardt?) schrieb er sich am 25. April 1558 in die Matrikel der Universität Tübingen ein, wurde Baccalaureus 1559 und Magister 1560. Als Magister versah er 1561–1563 die Schule in Nagold, wurde 1563 Diakon in Lorch, 1568 Pfarrer in Eglosheim und 1576 Pfarrer in Burgstall. Dort starb er 1597[85].

Familie: In Murrhardt selbst nicht nachzuweisen. Lösch scheint aber in die Großbottwarer Lehrersfamilie Lösch zu gehören: Ein Wolf Lösch war dort 1545 Schulmeister, vielleicht der Vater des Konventualen[86]. Über den Murrhardter Klosterbesitz in Großbottwar ist der Kontakt zum Kloster leicht vorstellbar.

43. Jakob Ganser 1548/52–1572

Einer der fünf jungen Konventualen beim Tode Abt Carlins 1552; vgl. dazu allgemein Eberhard Stock (Konventuale Nr. 41). Ganser war 1552 20 Jahre alt, muß also etwa nach 1532 geboren sein. Hornmold berichtet über ihn: *Jacobus Gauser* (sic!) *in papatu educatus, in catechismo nihil didicit, ab abbate Elchingensi Murhartum missus est, a quo etiam dependet.* (Jakob Ganser ist ganz in der päpstlichen Religion erzogen worden. Er weiß nichts vom Katechismus und wurde vom Abt von Elchingen nach Murrhardt geschickt. Von Elchingen stammt er auch)[87]. Ganser blieb nach 1552 für längere Zeit im Kloster, wo er als Konventuale noch 1561 nachzuweisen ist[88]. Erst 1572 verzichtet er gegen ein jährliches Leibgedinge von 40 fl auf seine Rechte als Murrhardter Konventuale, sein weiteres Schicksasl ist nicht bekannt[89].

Familie: Nicht weiter bekannte Familie aus der Elchinger Gegend, also dem Gebietz östlich von Ulm. Der Name erscheint in den Varianten Ganser, Gaunser und – sicher falsch! – Gauser.

44. Sebastian Lutz 1550–1553

Einer der fünf jungen Konventualen beim Tode von Abt Carlin 1552; vgl. dazu allgemein Eberhard Stock (Konventuale Nr. 41). Lutz war 1552 21 Jahre alt, muß also etwa 1531 geboren sein. Hornmold berichtet über ihn: *In colloquiis multis, ut ordinem suum monasticum & papatum sartum tectum servet, Sebastianus Lucius videtur quidem bono erga ducem esse, sed potari, scortari & res dilapidare assuetus, tum & nimia cum vicinis nobilibus familiaritate innexus.* (Damit er seinen Mönchsstand und seine Abhängigkeit ans Papsttum unbeeinträchtigt bewahre, scheint dazuhin Sebastian Lutz in vielen Gesprächen gegenüber dem Herzog

84 Ebd.
85 Rentschler 1917, S. 151.
86 Ebd.
87 Pflaumern 1636, S. 221 f.
88 *Verzeichnus allen gesinds im closter Murhart.* HStAS A 508, Bü. 2.
89 Verzichtsbrief HStAS A 508, Bü. 4 (Repertorium Bl. 105).

wohlgesonnen gewesen zu sein, aber er hatte sich angewöhnt zu saufen, zu huren und den Besitz zu verschleudern, und er war auch in allzu enge Vertraulichkeit mit dem benachbarten Adel verstrickt)[90].

Am 2. August 1553 hat er eine Stelle in Lauffen am Neckar übernommen – offenbar als Beichtvater im dortigen Nonnenkloster[91] – und verzichtete auf seine Rechte an das Kloster Murrhardt. Er habe *jetzo, dieweil bey den pfarren hin und wider an kirchherrn großer mangel* herrsche, eine solche Kirche (in Lauffen) übernommen. Offenbar war er damals bereits zum Protestantismus übergetreten, denn er hatte Herzog Christoph gebeten, *das im faal, ...* (daß er) *alter oder leibskranckheit halber* zum Pfarrdienst *nit mehr taugenlich* sein sollte, er vom Kloster Murrhardt aus eine Versorgung erhalte. Herzog Christoph, Abt Otto Leonhard und der Konvent hätten ihm für diesen Fall *vom clausters einkhomen... jedes jar vierczig guldin* bewilligt. Dafür verzichte er auf alle weiteren Forderungen an das Kloster[92]. Nach der Auflösung des Nonnenklosters Lauffen übernahm Lutz die Pfarrei Diefenbach, aus der er wegen »Ungeschicklichkeit« entfernt wurde. Am 27. Mai 1558 trat er eine Stelle als Diakon in Nagold an, kam bereits 1559 als Diakon nach Weinsberg, wechselte 1560–1564 als Pfarrer nach Haberschlacht und Riet, war 1564–1565 Diakon in Waiblingen und von 1565 bis 1571 Pfarrer in Schnait[93]. Die auffällig vielen Versetzungen und die oft sehr kurzen Dienstzeiten deuten darauf hin, daß Lutz auch nach der Konversion zum neuen Glauben eine problematische Person blieb, wie ihn ja bereits 1552 Hornmold beurteilt hatte. Lutz war nach allem kein wirklich religiöser Mensch, vielmehr dürfte er die Konversion aus Opportunismus unternommen haben.

Familie: Unbekannt. Lutz siegelt seinen Verzichtsbrief von 1553. Über dem Wappenschild befindet sich auf dem Siegel eine Krone (?), der Schild zeigt ein Hifthorn. Von der Umschrift ist noch lesbar SEBASTIANI.

45. Heinrich von Jestetten — Mitte des 16. Jahrhunderts, vor 1536 (?)

Heinrich von Jestetten soll nach dem Übertritt des Abtes von Neustadt am Main, Johannes Fries, zum Protestantismus im Jahre 1554 »aus dem württembergischen Kloster Murrhardt« zum neuen Neustädter Abt postuliert worden sein[94]. Diese Mitteilung ist problematisch, da Heinrich von Jestetten, der demnach noch in den fünfziger Jahren des 16. Jahrhunderts Murrhardter Mönch gewesen sein müßte, in den relativ zahlreichen Murrhardter Quellen dieser Zeit nirgends auftaucht. Vorstellbar wäre allenfalls, daß Heinrich dem Kloster Murrhardt vor 1536 angehört haben könnte, aber auch dann bleibt unerklärlich, weshalb er bei den Ereignissen von 1548 und 1552 nie im Zusammenhang mit Murrhardt genannt wird.

Familie: Unbekannt.

46.–49. — 1552

Drei namentlich nicht bekannte Novizen, die beim Tod von Abt Carlin im Kloster Murrhardt waren[95].

90 Pflaumern 1636, S. 221 f.
91 Rentschler 1917, S. 126.
92 HStAS A 508, Bü. 2 (Repertorium Bl. 56).
93 Rentschler 1917, S. 126.
94 Germania Benedictina 2, 1970, S. 184.
95 Pflaumern 1636, S. 221 f.

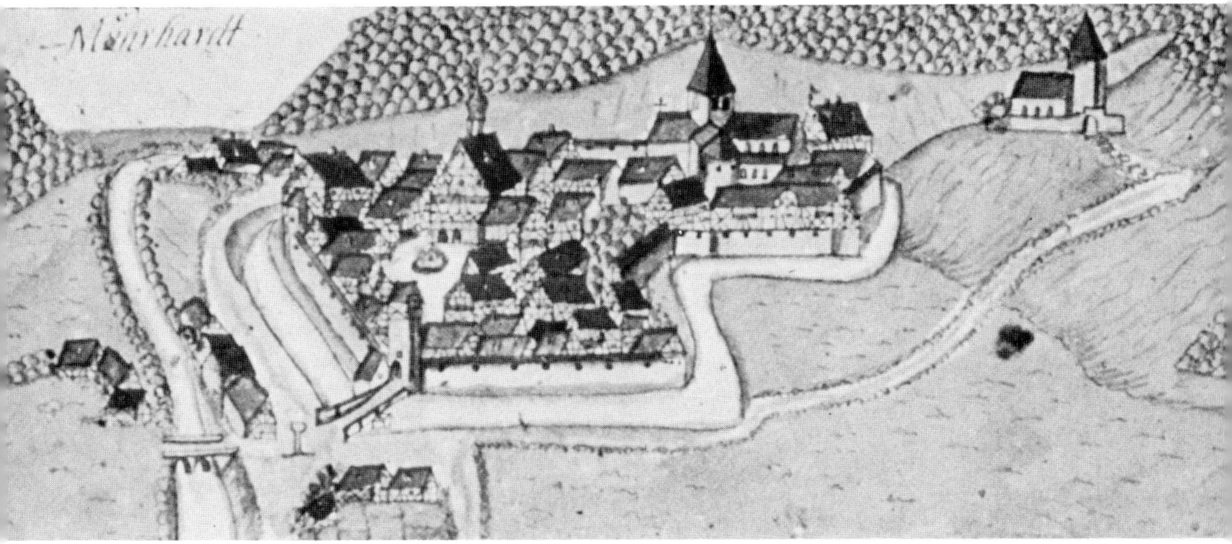

1 Ansicht Murrhardts aus dem Kieserschen Forstlagerbuch um 1689: Der gesamte rechte Teil der ummauerten Stadt- und Klosteranlage wird vom Kloster eingenommen. Der Nordturm der Klosterkirche war damals nur in seinen unteren Stockwerken vorhanden und mit einem Notdach versehen, so daß die Kirche bei oberflächlicher Betrachtung einen nur eintürmigen Eindruck vermittelt. Rechts von der Stadt auf einem Hügel klar erkennbar die (hier allerdings seitenverkehrt gezeichnete) Walterichskirche.

2 Die Zeichnung Murrhardts aus dem Kleinsträttlschen Forstkartenwerk (um 1660) bietet im wesentlichen dasselbe Bild wie das etwas jüngere Bild von Kieser, zeigt in ihrer feineren Strichführung aber einige über Kieser hinausgehende Details.

3 Heutige Gesamtansicht des Klosterbezirks vom Hügel der Walterichskirche herab (also von Westen her) gesehen. Links die Klosterkiche (unverputzte Turmteile 12., Schiff im wesentlichen 15. Jahrhundert, die Turmhauben stammen in ihrer heutigen Form von 1975); das Haus mit Krüppelwalmen rechts die ehemalige Neue Abtei (heute ev. Pfarrhaus), daneben sog. Hexenturm; die noch erhaltenen Gebäude der Klausur (Fürstenbau, Refektorium), halb verdeckt von Bäumen zwischen Kirche und Neuer Abtei.

4 Ansicht des Klosterklausurkomplexes und der Klosterkirche vor 1870: Die Kirchtürme verfügen noch über niedrige, bald nach 1871 beseitigte Pyramidendächer; direkt an die Türme schließt sich der 1871 abgebrochene, dreistöckige Fruchtkasten an (ursprünglich Dormitorium? Erdgeschoß wohl aus dem 13./14. Jahrhundert). Das steinerne Eckgebäude ist der Fürstenbau (12. Jahrhundert), an den sich nach links das Refektorium anschließt (13./14. Jahrhundert). Der niedrigere zweistöckige Anbau links des Refektoriums wurde offenbar erst im 19. Jahrhundert anstelle älterer, größerer Bauteile erstellt. An seiner Stelle plant die evangelische Kirchengemeinde heute einen neuen Anbau.

5 Walterichskapelle in Murrhardt (ca. 1225/30); Aufnahme aus den 20er Jahren unseres Jahrhunderts. Die Aufnahme zeigt noch die romanische Originalskulpturen, die heute wegen Verwitterungsschäden weitgehend durch Kopien ersetzt sind. Die Wasserspeier auf dem Bild stammen allerdings erst aus dem 19. Jahrhundert und waren ursprünglich nicht vorhanden.

6 Heutige Innenansicht der Klosterkirche St. Januarius (heute ev. Stadtkirche). Vorne rechts die Innenwand des romanischen Nordturmes (12. Jahrhundert). Alle übrigen Bauteile stammen aus der Bauphase um 1430/50. Die Blattwerkmalereien im Gewölbe gehören in dieselbe Zeit, während die großflächigen Bilder vorne rechts an der Turmwand und links an der Schiffswand auf Abt Thomas Carlin (1548–1552) zurückgehen dürften. Die schwarzgrauen Rollwerkmalereien am Bogen vor der modernen Orgel stammen aus evangelischer Zeit (1682).

7 Gewölbeschlußstein im östlichen Joch des Längsschiffes: Goldener Löwe mit Blattwerkmalereien, um 1440/50. Vielleicht handelt es sich um eine ungenaue Darstellung des Wappens der ehemaligen Klostervögte, der Grafen von Löwenstein (eigentlich: Schreitender Löwe über Dreiberg, der hier fehlt).

8 Wappenschilde der Grafen von Wirtemberg und des Abtes Johannes von Leuzenbronn (1434) an Konsole im südlichen Querschiff.

9 Deckel des Kenotaphs Kaiser Ludwigs des Frommen (um 1440). Kenotaph nach mehreren Ortswechseln heute im nördlichen Querschiff. Umschrift: + an(n)o d(omi)ni · octingentesimo · decimo/sexto · obyt · illvstrissimus · ro(m)anorv(m) · imperator · se(m)per · avgvstvs · lvdwicvs ·/ filivs · karoli · magni · cognome(n)to ·/ pivs · fv(n)dator · hvivs · monastery · cvivs · anima · reqviescat · inpace · amen. – Das Stauferwappen mit den drei Löwen ist einer irrtümlichen Zuordnung Ludwigs des Frommen zu den Staufern zuzuschreiben.

10 Grabstein von Abt Lorenz Gaul, heute an der Westwand des nördlichen Querschiffs. Zustand des Grabsteins nach der Restaurierung 1979; Farben nach alten Resten rekonstruiert. Umschrift: Anno · d(omi)ni · Mcccccviii/ Obytt · Reverendvs · p(ate)r · et · d(omi)n(u)s · d(omi)n(u)s · laurencivs ·/ Gavl · Abbas · hvivs · cenoby · murhart · cv(ius) · a(n)i(m)a · req(ui)escat · in pace · amen.

11 Grabstein des Priors Konrad Walther, heute innen am Windfang des nördlichen Querschiffsflügels. Umschrift: Anno · d(omi)ni Mccccl x/xxiiii · in die · s/(an)ctoru(m) · Crispini et crispiniani · obiit · p(ate)r · Con+/radvs · waltherj · prior ·/ hvi(us) · monaste(r)y · mvrhart · cvi(us) an(im)a requiescat · in · pace.

12 Standbild des Kirchenpatrons Januarius (1440/50), heute wieder an ursprünglichem Standort an Ostwand des nördlichen Querschiffs. Höhe 147 cm.

13 Reste eines Sakramentshäuschens (1440/50) in der Nordwand des polygonen Ostchors. Über abgeschlagenem Gesprenge noch klar erkennbar links das wirtembergische Wappen und rechts das Stauferwappen, mit dem Murrhardt noch 1440/50 seine Reichsunmittelbarkeit zu untermauern suchte.

14 Reste eines Sakramentshäuschens (um 1450) an der Nordwand des Turmchors der Walterichskirche (frühere Pfarrkirche St. Maria). Sakramentshäuschen bei Ausgrabung 1963 in kleine Stücke zerschlagen aus dem Bauschutt geborgen und wieder zusammengesetzt.

15 Grabstein des Mönchs Nikolaus Boßner, heute an der Westwand des südlichen Querschiffsflügels. Inschrift: anno d(omi)ni · M.cccc. / lxxiiii · obyt frater nicolaus boßner huius +/ monasteriy monach(u)s / in die s(anc)ti burchardi cuius anima requiescat in pace.

Bildnachweis:
1 u. 2: Vorlage und Aufnahme Hauptstaatsarchiv Stuttgart. 3–15 und Umschlagbild: Hans-Dieter Bienert und Hans Quayzin.

Zusammenfassende Betrachtungen zu den Murrhardter Äbten und Konventualen

Die Größe des Konvents

Das katholische Kloster Murrhardt hat vom Beginn des 9. bis zur Mitte des 16. Jahrhunderts, also weit über sieben Jahrhunderte lang, existiert. Die Zahl der Mönche in dieser Zeitspanne ist unbekannt, dürfte aber in die Tausende gehen. Wir kennen von all diesen Mönchen aber nur einen verschwindend geringen Teil, nämlich – Äbte und Konventuale zusammen – etwas mehr als achtzig Personen. Aus dem Früh- und Hochmittelalter sind fast keine Murrhardter Benediktiner namentlich bekannt. Seit dem 13. Jahrhundert häufen sich wenigstens die Nennungen der Äbte, seit dem 14. Jahrhundert liegt eine einigermaßen vollständige Reihenfolge der Äbte vor. Weit schlechter ist es um die Konventsmitglieder bestellt. Sie sind vor dem 16. Jahrhundert nur in Ausnahmefällen bekannt, erst für die Jahre 1509, 1528 und 1552 sind vollständige Konventslisten erhalten.

Wie stark der Murrhardter Konvent im Laufe der Jahrhunderte war, ist kaum überliefert. Die Konventsstärke des 16. Jahrhunderts dürfte wohl nicht repräsentativ für frühere Verhältnisse sein. 1509 gehörten dem Konvent zehn Mönche an, den Abt mitgerechnet, 1528 acht, den Ende 1527 verstorbenen Abt mitgerechnet neun, und 1552 fünf (sowie zwei auswärtige Konventualen und drei Novizen). Im 16. Jahrhundert lag die Zahl der Mönche also jeweils in der Größenordnung von etwa zehn Personen, eher etwas darunter. Von 1536 bis 1548 lebten nur noch vier, am Schluß gar nur zwei Mönche im Kloster[96]. Im 15. Jahrhundert wird die Zahl der Mönche ebenfalls etwa zehn betragen haben. Damit entspricht die Murrhardter Konventsgröße dem andernorts Üblichen[97]. Je mehr man aber ins Hochmittelalter zurückschreitet, desto weniger wird man die Zahl der Mönche exakt bestimmen können: Als für Graf Albrecht von Löwenstein 1320 eine Jahrtagsstiftung festgesetzt wurde, bestimmte man, daß 4 lb h an die Mönche verteilt werden sollten. Jeder Mönch sollte 30 h erhalten, überzähliges Geld sollte zum Kauf von Brot verwendet werden. Wenn man 30 h auf 4 lb h umlegt, ergibt sich eine Zahl von 32 Mönchen – da aber noch Geld übrigblieb, muß der Murrhardter Konvent demnach deutlich weniger als 32 Mönche gezählt haben[98]. Für die Zeit der Hirsauer Reform – in Murrhardt vor allem im 12. Jahrhundert – wird man einen wesentlich größeren Konvent annehmen können. Sich hier auf konkrete Zahlen festzulegen, wäre indes Spekulation. Ein Vielfaches von zehn dürfte freilich nicht unrealistisch sein.

Verhältnis von Abt und Konvent

Trotz der dürftigen Überlieferung lassen sich einige Aussagen zum Konvent und zur inneren Verfassung des Klosters machen. An der Spitze des Klosters stand der Abt, der als Vater, Lehrer und Vorgesetzter den Konvent zu leiten hatte. Dem Konvent kam ursprünglich nur beratende Funktion zu. Der Abt sollte in wichtigen Dingen »den Rat der Brüder anhören,

96 Vgl. oben S. 64–82, 96, 126ff. und 131–137, ferner auch S. 99–107 und 108–118. Außerdem sind jeweils die Einzelartikel zu den Mönchen S. 325–364 heranzuziehen.
97 Eberl 1985, S. 56.
98 RL 120.

dann die Sache bei sich überlegen und das tun, was er für richtig hält«[99]. Die letzte Entscheidung blieb somit beim Abt.

Inwieweit und wie lange das benediktinische Ideal des alleinverantwortlichen Abtes tatsächlich in Murrhardt gegolten hat, läßt sich wegen der bis ins 13. Jahrhundert mehr als dürftigen Quellenlage nur vage abschätzen. Schon früh – und je länger, desto mehr – baute der Konvent seine Position gegenüber dem Abt aus. Die gestärkte Stellung des Konvents geht deutlich aus der Mehrzahl der erhaltenen Klosterurkunden hervor. Es ist im Spätmittelalter die Regel, daß alle wesentlichen Murrhardter Urkunden von Abt und Konvent gemeinsam ausgestellt und besiegelt wurden. Nur bei unwichtigen Geschäften, die zudem auch nicht das ganze Kloster betroffen zu haben scheinen, agierte der Abt ohne Mitwirkung des Konvents – so etwa bei Verkäufen von Getreide aus den jährlichen Naturaleinkünften oder bei der Beglaubigung von Urkunden fremder Herren an Murrhardt[100]. Ende des 12. Jahrhunderts hatte der Abt offenbar noch eine weit stärkere Position inne: Als 1182 das Kloster das Dorf Kirchenkirnberg an das Prämonstratenserstift Adelberg übereignete, stellte allein der Murrhardter Abt die dabei ausgefertigte Urkunde aus und besiegelte sie[101]. Wann der Konvent eine formalrechtlich gleichrangige Stellung errang, ist nicht überliefert. Für das gesamte 13. Jahrhundert ist keine vom Kloster ausgestellte Urkunde erhalten. Allerdings wendet sich eine Urkunde des Papstes Honorius III. von 1225 an Abt und Konvent von Murrhardt[102]. Das scheint auf eine Gleichrangigkeit von Abt und Konvent hinzudeuten, wäre jedoch auch damit erklärbar, daß der Papst pauschal alle Urkunden, die an Klöster adressiert waren, mit dieser Formulierung versah. Einen sicheren Hinweis für die Beziehungen zwischen Abt und Konvent in Murrhardt kann die Papsturkunde also nicht geben. 1289 leitet König Rudolf einen Vergleich zwischen dem Grafen Albrecht I. von Löwenstein und dem Abt und Konvent von Murrhardt in die Wege[103]. Auch das deutet auf eine Gleichrangigkeit von Abt und Konvent hin, ohne freilich ein definitiver Beweis zu sein, da es sich um keine vom Kloster ausgestellte Urkunde handelt. Die erste Klosterurkunde, in der eindeutig Abt und Konvent als juristisch gleichgestellte Institutionen genannt werden, stammt aus dem Jahr 1300[104]. In der Folge ist dieser Befund das Übliche. Man kann davon ausgehen, daß spätestens im Laufe des 13. Jahrhunderts sich der Konvent seine gleichrangige Position neben dem Abt erkämpft hat. Das Kloster wurde von da an nicht mehr nur vom Abt allein geleitet, der Entscheidungen nach Beratung mit dem Konvent fällte, das Kloster war nun der Abt und der Konvent, der Abt alleine konnte für das Kloster keine rechtsverbindlichen Aussagen mehr machen.

Ein besonders markantes Beispiel für das Zusammenwirken von Abt und Konvent bei einem das ganze Kloster betreffenden Güterverkauf ist aus dem Jahre 1521 überliefert. Damals veräußerten Abt, Prior und Konvent des Klosters *mit rathe unserer obern, wolbedachtem muthe, bedechtlichen, mit versamlung unsers gemainen capittels, das wir hierumb zum*

99 Steidle, Kap. 2,3.

100 Vgl. etwa die zahlreichen Getreideverkäufe an Schwäbisch Hall, StadtASHA, StR oder als ein Beispiel für die häufigen Beglaubigungen bzw. Vidimierungen das Vidimus von Abt Lorenz Gaul für drei Lorcher Urkunden vom 1. 10. 1501 (HStAS A 499/500, U 410).

101 WUB 2, S. 221, Nr. 432; vgl. auch Fritz 1982-II.

102 HStAS A 508, Bü. 1; vgl. auch Fritz 1982-III, S. 97 ff.

103 WUB 9, S. 251, Nr. 3813 (= RL 38).

104 WUB 11, S. 350, Nr. 5407 (= RL 86).

drittenmale gahlten haben, Zehntanteile in Schwarzenweiler ob Forchtenberg[105]. In welchem Maße in Murrhardt eine Aufteilung des Klosterbesitzes in Abtsgut und Konventsgut stattgefunden hat, wie dies beispielsweise vom Kloster Komburg bekannt ist[106], läßt sich kaum abschätzen. Die meisten Urkunden nennen Abt und Konvent gemeinsam als Verfügungsberechtigte. Der Abt erscheint allerdings bei Belehnungen allein. Offenbar wurde er auch als einziger als Lehensherr angesehen; gemeinsame Belehnungen von Abt und Konvent sind nicht bekannt. Über die verschiedenen Getreideverkäufe nach Hall oder Schorndorf verfügte der Abt – wie erwähnt – ebenfalls allein. Ob das gesamte Geld in eine Abtskasse oder in eine gemeinsame Klosterkasse floß, ist nicht bekannt. Daß auch der Konvent über eigene Güter verfügte, deutet sich nur einmal vage an. In Oberrot-Glashofen besaß das Kloster ein Gut, das als Konventsgut bezeichnet wurde[107]. – Im 15. und 16. Jahrhundert ist häufig zu beobachten, daß die Klosterurkunden von Abt, Prior und Konvent ausgestellt wurden. Dabei tritt mit dem Prior keine dritte Kraft auf; siegelführend sind jedoch immer nur Abt und Konvent. Der Prior versteht sich offenbar als Leiter des Konvents, gehört also juristisch diesem an.

Wahl, Investitur und Approbation des Abtes

Der Abt wurde von den Mönchen des Klosters gewählt. Dies war in der Benediktinerregel festgelegt[108] und wurde im Prinzip auch in Murrhardt so gehalten. Allerdings höhlten Eingriffe der Klostervögte die Wahlfreiheit des Konvents häufig aus. Während noch für 1320 bei der Wahl des Abtes Heinrich keine Vertreter der Vögte bezeugt sind – nur der Dominikanerbischof Wolfram von Fleckenstein war anwesend –, änderte sich das in der zweiten Hälfte des 14. Jahrhunderts grundlegend[109]: Die Grafen von Löwenstein engten 1367 und 1369 das Recht der freien Abtswahl stark ein. Außerdem hatte seit 1389 jeder neugewählte Abt Wirtemberg Treue zu geloben[110]. Wirtemberg setzte 1469 sogar einen Abt ab – Herbord Gütigott – und sorgte dafür, daß mit Wilhelm Egen ein dem Vogt genehmer Abt gewählt wurde. Spätestens seit Egen fanden alle Abtswahlen unter der Aufsicht wirtembergischer Räte statt. In der klösterlichen Krise von 1510/11 wurde das Wahlrecht des Konvents vollends außer Kraft gesetzt und dem Kloster ein von auswärts stammender Abt zugeordnet[111]. Die Abtswahlen beziehungsweise Abtsernennungen von 1548 und 1552 liefen unter Bedingungen ab, die durch die Reformation so grundlegend verändert waren, daß diese Wahlen in keiner Weise mehr denen in früherer Zeit glichen. Allerdings zeigen auch die Wahlen von 1548 und 1552 eine gewisse Tendenz: Die landesherrliche Verfügungsgewalt über die Wahlen, die seit dem 13. Jahrhundert klar zu belegen ist, aber weit älter sein dürfte, hatte sich endgültig durchgesetzt.

Demgegenüber verlor ein anderer Teilnehmer am Wahlvorgang kontinuierlich an Bedeutung: Jede Abtswahl war dem zuständigen Bischof anzuzeigen, der die Wahl zu approbieren hatte. Nicht ganz eindeutig ist, wessen Recht es war, den neugewählten Abt zu weihen und in

105 HStAS A 508, Bü. 17, kopial, zeitgleich mit dem nicht mehr vorhandenen Original.
106 Jooss 1971, S. 92–101.
107 OAB Gaildorf, S. 193.
108 Steidle, Kap. 64.
109 Für 1320 RL 120, für 1367 RL 225, für 1369 RL 227.
110 RL 229.
111 Vgl. oben S. 75 ff.

sein Amt zu investieren. 1320 hat dies – was ganz außergewöhnlich scheint – ein auswärtiger Bischof getan, der bereits erwähnte Wolfram von Fleckenstein. Dann bleiben für lange Zeit Nachrichten über die Einsetzung der Murrhardter Äbte aus[112]. 1511 wurde Bischof Lorenz von Würzburg bei der Wahl Abt Binders vor vollendete Tatsachen gestellt, er hatte dessen Einsetzung nur noch zu billigen[113]. Es dürften Geistliche aus dem Machtbereich Herzog Ulrichs gewesen sein, welche die eigentliche Investitur vorgenommen hatten – vermutlich Mönche aus Lorch, woher Binder ja stammte. Eindeutig sind die Berichte von der Wahl Abt Mörlins 1528[114]. Die Investitur, die in der anscheinend geläufigen Form der Inthronisation »auf dem Hochaltar« stattfand, wurde von zwei Benediktineräbten – von Hirsau und Lorch –, dem Propst von Backnang, zwei Backnanger Chorherren und von zwei Weltpriestern – dem Pfarrer von Sulzbach und dem Notar Georg Widman – vorgenommen. Die bischöfliche Approbation erfolgte wiederum nur im nachhinein. Abgesehen von Georg Widman, standen alle bei der Investitur anwesenden Geistlichen unter wirtembergischer Herrschaft.

Die Abtswahlen von 1548 und 1552 waren von den gleichzeitigen reformatorischen Ereignissen geprägt. Es ist erstaunlich, daß die Approbation von Abt Carlin durch den Würzburger Bischof Melchior im Jahre 1548 der Investitur vorausging und daß die Investitur schließlich sogar durch den Würzburger Weihbischof Georg Flach vorgenommen wurde[115]. Das widerspricht völlig den früheren Investituren, ist aber mit der in religionspolitischer Hinsicht verzweifelten Lage des Herzogs Ulrich zu dieser Zeit zu erklären, der in der Klosterfrage betonte Zurückhaltung üben mußte. Noch bei der Wahl von Otto Leonhard Hofsess 1552 versuchte Herzog Christoph, die katholische Tradition zu wahren – wenigstens nach außen hin. Auf die Approbation durch den Würzburger Bischof legte man größten Wert, auch wenn diese schließlich nicht erwirkt werden konnte. Eine förmliche Investitur nach katholischem Ritus fand dann nicht mehr statt, weil Hofsess konvertiert war[116].

Soziale Zusammensetzung des Konvents

Obgleich nur wenige Äbte und Konventualen namentlich überliefert sind, ermöglicht das Material doch gewisse Aussagen zur Sozialstruktur des Konvents. Bis zum Ende des 13. Jahrhunderts blieben die wenigen bekannten Murrhardter Mönche blasse Persönlichkeiten, von denen kaum mehr als die Vornamen bekannt sind. Der Klostergründer Walterich war jedenfalls ein Mann, der zum karolingischen Reichsadel gehörte. Demselben Sippenkreis ist auch Abt Engelbert von 906 zuzurechnen[117]. Dann sind jahrhundertlang die Abts- und Mönchsfamilien völlig unbekannt. Als mit dem Abt Dietrich von Hohenstein um 1280 die Familien der Äbte nach und nach erkennbar werden, zeigt sich, daß die Äbte – soweit bekannt – bis hin zu Abt Wilhelm Egen († 1486) stets dem Niederadel aus der näheren oder weiteren Umgebung oder dem Stadtadel benachbarter Reichsstädte angehörten. Eine Ausnahme mag

112 Vgl. im folgenden jeweils die Ausführungen zu den Äbten S. 325ff. – Auch über die Investitur und Approbation von Wilhelm Egen 1469 ist nichts bekannt, obwohl wir über die Absetzung seines Vorgängers Herbord gut informiert sind. Vgl. oben S. 55f.

113 Oben S. 64ff.

114 Oben S. 96f.

115 Oben S. 126.

116 Oben S. 135ff.

117 Vgl. Fritz 1982-III, S. 32ff.

lediglich der 1320 gestorbene Abt Albrecht bilden, der gräflicher Herkunft gewesen sein könnte und damit dem Hochadel angehört hätte. Seit Johann Schradin (1496–1501) entstammten die Äbte dem Bürgertum, und zwar anfangs prominenten Familien aus Reichsstädten (Schradin, Gaul), dann wirtembergischen und außerwirtembergischen Familien der Ehrbarkeit (Renner, Binder), schließlich auch weniger prominenten Familien (Mörlin, Carlin). Mit der Einführung der Reformation erscheint mit Hofsess dann wieder ein Vertreter der Ehrbarkeit. Als Äbte amtierten also seit dem Ende des 15. Jahrhunderts immer mehr Leute aus niederen Ständen; das Abtsamt öffnete sich auch einfacheren Personen. Die Einführung des Protestantismus stellt hier eher einen sozialen Rückschritt dar, denn Angehörige unbekannter Familien wurden nun vorerst nicht mehr Abt.

Die soziale Herkunft der Konventualen entspricht der Abstammung der Äbte. Bis 1420 scheint nur einmal ein Nichtadliger konkret nachzuweisen zu sein – Rugker von Murrhardt. In der zweiten Hälfte des 15. Jahrhunderts kommen dann Niederadlige (Nothaft, Gemmingen) und Nichtadlige (Beurer, Boßner, Walther) nebeneinander vor, wobei die Nichtadligen zumindest teilweise der städtischen Ehrbarkeit entstammten (Boßner). Ende des 15. und erst recht im 16. Jahrhundert erscheinen Mönche aus nichtadligen Kreisen: Ehrbare und nicht ehrbare, wenig bekannte Familien bilden gemeinsam den Konvent. 1528 zeigt der Konvent ein zunehmend sozial nivelliertes Bild; neben einigen Mönchen aus der Ehrbarkeit gewannen allmählich einfache Leute das Übergewicht. Dies lag vermutlich weniger an einer geplanten sozialen Öffnung des Konvents, vielmehr schickte die damals zum Teil dem Protestantismus zugeneigte Ehrbarkeit ihre Söhne kaum mehr ins Kloster. Die Lücken füllten nun Angehörige »namenloser« Familien, für die der Mönchsstatus immer noch einen gewissen sozialen Aufstieg darstellte. Der Murrhardter Konvent mußte um 1530 sogar mit Österreichern aufgefüllt werden. Beim Neuaufbau des Konvents 1548/52 nahm Abt Carlin jeden Mönch, der nach Murrhardt kam, den opportunistischen Hofsess aus der Ehrbarkeit ebenso wie vier Mönche aus ziemlich unbekannten Familien, von denen einer sogar aus dem fernen Elchingen stammte. Die soziale Herkunft war angesichts der drohenden Reformation nun kein Kriterium mehr für den Mönchsstand – jetzt ging es nur noch ums Überleben des Konvents.

An diesen Beobachtungen ist bemerkenswert, daß die andernorts bereits für das 14. oder frühe 15. Jahrhundert nachgewiesene Öffnung der Klöster für Nichtadlige[118] in Murrhardt erst nach 1450 allmählich zu verzeichnen ist. Allerdings war Murrhardt wohl nie in dem Maße ein Adelskloster wie Komburg oder Ellwangen[119]. Anders als diese Klöster hat es sich immerhin den nichtadligen Schichten geöffnet, wenn auch nicht als unmittelbare Reaktion auf die Petershausener Benediktiner-Reformsynode von 1417[120]. In Petershausen bei Konstanz wurde erstmals die seit dem 13. Jahrhundert vorherrschende Verknöcherung der Konvente kritisiert, die nur noch Adlige aufnahmen. Beachtenswert ist auch, welche nichtadligen Gruppen ins Kloster Murrhardt eintraten. Natürlich gab es den Landadel aus der näheren und ferneren Umgebung (Plochingen, Hohenstein, Leuzenbronn, Oberrot, Sontheim, Gemmingen und Nothaft). Erstaunlich ist aber, daß die Reichsstädte immer wieder vornehme junge Leute nach Murrhardt entsandten. Außer vom nahen Hall kamen Murrhardter Mönche auch

118 Schreiner 1964, S. 73–92 für Hirsau, Reichenbach, St. Georgen, Alpirsbach, Kniebis und St. Georgen/Villingen.
119 Jooss 1971 und Zeller 1910.
120 Schreiner 1964, S. 73 ff.

aus Gmünd, Heilbronn und einmal vielleicht sogar aus Reutlingen. Aus Hall, wo das Kloster erheblichen Besitz hatte, stammten auch etliche nichtadlige Mönche.

Konventsämter

Neben dem Abtsamt war das Amt des Priors am bedeutendsten. Der Prior war der Stellvertreter des Abts und das Oberhaupt des Konvents[121]. Seine herausragende Position tritt in der oft verwendeten Formulierung »Abt, Prior und Konvent« im 15./16. Jahrhundert besonders deutlich zutage. Acht Murrhardter Prioren sind bekannt, einer bereits 1191, sieben weitere seit dem Ende des 15. Jahrhunderts. Insgesamt drei Prioren sind später als Äbte nachzuweisen (Renner, Binder und Carlin). In den letzten Jahren des Klosters, 1548–1552, war das Amt wegen Personalmangel und wegen der gerade begonnenen Neustrukturierung des Konvents unbesetzt. Neben dem Prior sind die übrigen Konventsämter kaum überliefert. Nur im Jahre 1191 ist ein Hospitalmeister genannt. Dieses Amt muß einen relativ geringen Arbeitsaufwand mit sich gebracht haben, da es der Prior mitverwaltete. Indirekt läßt sich die Existenz eines Hospital- oder Siechenmeisteramts auch für das Jahr 1320 ermitteln[122]. Der Custos, der alle zum Gottesdienst benötigten Geräte verwaltete, ist zweimal – 1363 und 1517 – belegt[123].

Neben diesen Ämtern gewann spätestens mit der Klosterreform von 1510 das Amt des Großkellers oder Oberkellers entscheidende Bedeutung. Dieses Amt entsprach in gewisser Weise dem in andern Klöstern bekannten Amt des Pflegers[124], nur scheinen die Kompetenzen des Großkellers umfassender gewesen zu sein. Der erste namentlich bekannte Großkeller war ein 1510 aus Lorch stammender Bruder Konrad. Für die Bedeutung des Amts spricht, daß Konrad zugleich Prior war. Martin Mörlin, lange Jahre Großkeller, faßte in diesem Amt, wie es scheint, sämtliche Kompetenzen für die weltliche, das heißt insbesondere die finanzielle Verwaltung des Klosters zusammen. Nachdem Mörlin Abt geworden war, gab es anscheinend keinen Großkeller mehr. – Aussagen über die Existenz eines Obleiers im Murrhardter Konvent existieren nicht. Der Obleier »verwaltete alle Einkünfte, die dem Kloster regelmäßig aus Jahrtagsstiftungen zuflossen, und verteilte diese an die Mönche, welche die mit den Stiftungen verbundenen gottesdienstlichen Verpflichtungen erfüllten«[125]. Festzuhalten ist lediglich, daß es 1320 und 1340 keinen fest angestellten Obleier gegeben hat, denn sonst hätte 1320 der Abt und 1340 der Konvent nicht eigens einen Mönch zur Verteilung der Jahrtagsgelder der Grafen Albrecht und Nikolaus von Löwenstein einsetzen müssen[126].

Im Kloster Murrhardt gab es einen Schulmeister, der erst 1471 und 1473 nachzuweisen ist[127]; namentlich ist der Schulmeister nicht genannt. Vermutlich war er – mindestens zu diesem Zeitpunkt – kein Mönch und damit kein Konventsmitglied, sondern wohl ein Weltgeistlicher[128]. Die Murrhardter Klosterbibliothek hat zwar in den Jahren um 1460 eine

121 Steidle, Kap. 65.
122 RL 120.
123 Vgl. S. 353, 359, Konventualen Nr. 10, 31.
124 Vgl. etwa Jooss 1971, S. 72, zu dem Komburger Pfleger und seinen Kompetenzen.
125 Ebd., S. 73.
126 RL 120, 168.
127 StadtASHA StR 192: *Der lang Schuldes, schulmeister von Murhart, gen Wirczburg, ferzert V gl. Der schulmeister von Murhart und der lang Schuldes ferczert in Gfegingers haws II gl, VIII ß.* StR 198: *Dem schulmeyster von Murhart und dem schulmeyster von Konberg II gl.*
128 Vgl. den ähnlich gelagerten Fall in Komburg; Jooss 1971, S. 79f.

erhebliche Rolle gespielt[129], und auf jeden Fall waren Mönche aktiv als Schreiber tätig, es ist allerdings nicht bekannt, ob es ein besonderes Bibliothekarsamt gab.

Weihegrad

Über den Weihegrad der Murrhardter Mönche läßt sich in den seltensten Fällen etwas sagen. Abt Albrecht besaß im 13. Jahrhundert die Priesterweihe[130]. Auch einer der beiden Leuzenbronner Äbte aus dem 15. Jahrhundert war mit hoher Wahrscheinlichkeit Priester, da er vor seinem Abbatiat Pfarrer in Sulzbach gewesen war. Daß Abt Herbord die Priesterweihe besaß, läßt sich aufgrund seiner chronikalisch geschilderten Aktivitäten vermuten[131]. Für die Äbte nach Herbord ist die Priesterweihe als so gut wie sicher anzunehmen – ausgenommen natürlich Abt Otto Leonhard Hofsess, der nicht einmal über die niedrigste Weihe verfügte.

Von den Konventualen weiß man, daß die Mönche Konrad von Kemnat und Dietrich von Gleichen aus dem Jahr 1295 Priester waren. Die Maienfelser Bruno und Gottfried von 1346 waren dagegen nur »Brüder«, besaßen also anscheinend keine Weihe, sondern hatten den Status von Laienmönchen inne. Johannes von Sontheim (1370–1420) war Priester, ebenso Johannes Beurer († 1466) und Nikolaus Boßner († 1474), auf deren Grabstein ein Kelch mit Hostie abgebildet ist, das Symbol der priesterlichen Gewalt. Von Walter von Gemmingen ist anzunehmen, daß er die Priesterweihe besaß, andernfalls wäre er später kaum Abt in Selz im Elsaß geworden. Vom Konvent des Jahres 1509 hatte wohl zumindest Friedrich Zangel die Priesterweihe. Konkreter werden unsere Kenntnisse zum Weihegrad erst nach 1520. Priester waren Johannes Schroff, Bartholomäus Dettinger, Nikolaus Kaib und Jakob Haismair. Auf dem niedrigsten Weihegrad, den Minores, verblieben Nikolaus Heßlich und Johann Welling, zum Diakon brachten es Georg Fuchs und – noch 1550 – Eberhard Stock. Der niedrige Weihegrad des Subdiakons scheint im 16. Jahrhundert nur einen Übergang gebildet zu haben, dem nach wenigen Wochen oder Monaten die Weihe zum Diakon folgte[132]. Das mag in früheren Jahrhunderten anders gewesen sein, als sich insbesondere Adlige oft nur zum Subdiakon weihen ließen. Personen mit diesem niedrigen Weihegrad konnten sich leicht in den Laienstand rückversetzen lassen; dies kam bei Adligen aus dynastischen Gründen oft vor[133]. In den letzten Jahren des Klosters lebten dort auch mehrere junge Mönche, die noch keine Weihen erhalten hatten. Man darf diese Zeit aber nicht als Maßstab für die vorhergehenden Jahre nehmen. Insgesamt scheint im Spätmittelalter der Weihegrad der Murrhardter Mönche recht hoch gewesen zu sein: Es war nichts Außergewöhnliches, wenn ein Mönch die Priesterweihe besaß, für Äbte war sie wohl sogar die Regel.

129 S. oben S. 280f.
130 S. 326, Abt Nr. 9.
131 Vgl. S. 336ff., Abt Nr. 22, seine gottesdienstlichen Aktivitäten in der Osternacht.
132 Vgl. die Konventualen nach 1520, die nur wenige Monate oder Wochen lang Subdiakon waren.
133 Vgl. etwa den Markgrafen Rudolf IV. von Baden, der lange Zeit in Speyer Domherr war und sich dann wieder in den Laienstand versetzen ließ, oder Graf Georg von Löwenstein (Fritz 1986-I, S. 201ff., und RL 113).

Bildungsstand

Auch hinsichtlich des Bildungsstandes war die Lage in Murrhardt nicht ganz so trostlos wie etwa in Komburg oder Ellwangen[134]. Dort zeigten die adligen Konvente eine tiefe Abneigung gegen das seit 1417 den Benediktinern nahegelegte Universitätsstudium. In Murrhardt studierten zwar nicht so viele Mönche wie in verschiedenen Schwarzwaldklöstern[135], aber im Jahrzehnt vor 1500 und dann nochmals nach 1530 sind doch einige Geistliche mit Universitätsbildung nachzuweisen. Auch das Vorhandensein einer gut ausgestatteten Bibliothek und eines Schulmeisters in der zweiten Hälfte des 15. Jahrhunderts deutet darauf hin, daß das kulturelle Niveau der Murrhardter Mönche über dem Durchschnitt lag. Im Jahrzehnt nach 1500 dürfte freilich mit dem Interesse am Mönchtum auch das Bildungsinteresse des Konvents stark gesunken sein.

134 Zeller 1910, S. 419, Jooss 1971, S. 79f.
135 Schreiner 1964, S. 70f., 81.

Geistliche auf den Klosterpfarreien und -pfründen

Die zahlreichen Geistlichen auf den Klosterpfarreien und -pfründen sind nach denselben Prinzipien wie die Äbte und Konventualen zusammengestellt, jedoch in knapperer Form. Protestantische Geistliche sind nicht enthalten. In Zweifelsfällen in der Übergangszeit zwischen Katholizismus und Protestantismus wurden die in Betracht kommenden Geistlichen jedoch aufgenommen. Die ersten protestantischen Pfarrer und Diakone der Stadt Murrhardt sind in der Murrhardter Einwohnerliste aufgeführt. Während bei den Murrhardter Äbten und Konventualen Vollständigkeit angestrebt und die vorhandenen Archivalien umfassend herangezogen wurden, kann dieser Anspruch bei den wesentlich zahlreicheren Pfarrern und Pfründnern nicht erhoben werden. Eine soziologische und familiengeschichtliche Einordnung der in der Folge genannten Geistlichen erfolgte nur in Ausnahmefällen.

1. Ulrich (Westheim) 1286

Ulricus decanus de Westhein Zeuge nach den Äbten von Komburg und Murrhardt als erster von mehreren *seculares sacerdotes* (WUB 9, S. 53, Nr. 3492).

2. Dietrich (Sulzbach/M.) 1295

Zeugenreihe: ...*domino Ludwico et domino Dietrico perpetuis vicariis in Stainikirchen et in Sulzbach* (WUB 10, S. 332, Nr. 4650). Daß Sulzbach/Murr gemeint ist, ergibt sich aus der Anwesenheit der Murrhardter Konventualen Nr. 4 und 5 und des Burkhard Sturmfeder von Oppenweiler.

3. Beringner (St. Katharina/Hall) 1306

Pfaff Beringners altar zu sant Katharin besitzt damals eine Salzpfanne zu Hall (Pietsch N 179).

4. Graf Gerhard von Löwenstein (Murrhardt, Westheim, Großbottwar) 1315–1325

Vgl. zu ihm oben S. 301 f.

5. Heinrich von Lauffen (St. Katharina/Hall) 1319

Pleban in St. Katharina (Pietsch U 87; nicht auch noch U 172 wie ebd. im Register!).

6. Heinrich (Großbottwar) 1333, 1338

Zweimal genannt als Dekan in Bottwar (1333: RL 152; 1338: HStAS A 469, U 138).

7. Albrecht (Murrhardt) 1338, 1344

1338: *Phaffe Albreht, kirchherre ze Murrehart* (HStAS A 469, U 138), führt spitzovales Mariensiegel; 1344: *phaffe Albreht, phfarrer* (sic!) *ze Murrehart* (PIETSCH U 198).

8. Friedrich Eye (St. Katharina/Hall) 1344

Friedrich Eye, Priester zu Hall, besingt den Frauenaltar in der Haller Katharinenkirche (PIETSCH U 198). Ist 1369 bereits † (ebd., U 496).

9. Hartrat (Westheim) 1344

Herr Hartrat, kirchherre zw Westhein (PIETSCH U 198).

10. Konrad Kunne (Kume) (St. Katharina/Hall) 1344–1378

Wiederholt als Priester zu Hall und Frühmesser zu St. Katharina genannt (PIETSCH U 198, 203, 217, 257, 259, 378). Vgl. auch die Kume in der Einwohnerliste.

11. Heinrich Zörnlin (St. Katharina/Hall) 1345–1378

Kaplan Heinrich Zörnlin, Altarist am Erhardsaltar zu St. Katharina (PIETSCH U 203, 552, 652).

12. Walther (Orendelsall) 1352

Pfarrer zu Orendelsall (PIETSCH U 290). Vgl. auch den gleichnamigen, 1372 verstorbenen Pfarrer von Murrhardt (unten Nr. 23).

13. Goswin von Röttingen (Westheim) 1352, 1363

Pfarrer zu Westheim (PIETSCH U 300, 411).

14. Albert Hőpt (Großbottwar) 1354

Pfründner an neugestifteter Meßpfründe in der Marienkapelle (HStAS A 328, U 2). Vgl. den Hartmann Houpt, Bürger zu Bottwar 1362 (HStAS A 602, U 6506).

15. Friedrich (Großbottwar) 1356, 1357

Perpetuus vicarius in Bottwar (Murrhardter Privilegienaufzeichnungen HStAS A 508, Bü. 1).

16. Albert Schuster (Großbottwar) 1363

Der Kleriker Albert Schuster von Großbottwar erhält von Papst Urban V. die Anwartschaft auf ein der Äbtissin von Oberstenfeld gehöriges Beneficium (WGQ 2, S. 451, Nr. 201).

17. Johans Kenlin (Erdmannhausen) 1363

Kirchherre zu Ertmarhusen; vgl. auch in derselben Urkunde Albrecht Kenlin, Kastvogt zu Erdmannhausen (HStAS A 602, U 6507). Die Kännlein waren ein an der unteren Murr begütertes Rittergeschlecht (FRITZ 1986-I, S. 164). Vgl. auch den folgenden Geistlichen.

18. Simon (Erdmannhausen) 1363

Phaffe Symon, fruemesser zu Ertmarhusen (wie Nr. 17); derselbe wird 1363 nochmals genannt (HStAS A 472, Repertorium Blatt 77).

19. Conrad Graßwer (St. Katharina/Hall) vor 1369

Der erste der 1403 in Aufzählung genannten, nicht genauer datierten Rektoren der Kirche St. Katharina. Es folgen die unten genannten Geistlichen Nr. 20, 21, 35–37 (Pietsch U 1203; die Pfarrliste bei Wunder/Lenckner 1956, S. 73, ist entsprechend zu ergänzen). Müßte, da er vor dem datierbaren Konrad Geben genannt wird, vor ca. 1369 anzusetzen sein (vgl. unten Nr. 21).

20. Walther Hertlin (St. Katharina/Hall) vor 1369

Nachfolger des Conrad Graßwer (Nr. 19), Vorgänger des Konrad Geben (Nr. 21) als Kirchenrektor zu St. Katharina (vgl. auch Pietsch U 1203).

21. Konrad Rudolf, gen. Geben (St. Katharina/Hall) 1369–1400

Wiederholt als Kaplan am Frauenaltar zu St. Katharina genannt (Pietsch U 496, 551, 683, 705, 715, 768, 791, 833, 883, 930, 934, 1119). 1403, damals wohl bereits †, auch als Kirchrektor zu St. Katharina bezeichnet (ebd., U 1203). Vgl. auch Nr. 19, 20, 34, 35, 36.

22. Hartmann (Großbottwar) 1370

Pfaff Hartman, Sohn des † Albrecht Sunnagel, Frühmesser zu Allerheiligen zu Bottwar (HStAS A 328, U 2). Vgl. Sündenagel der Schultheiß von Bottwar 1324 (HStAS A 602, U 600), Sifrid Sundenagel, Schultheiß zu Bottwar 1364 (ebd., U 6506).

23. Walter (Murrhardt) 1372

Walterus, rector huius (d.i. Murrhardt) *ecclesie,* gestorben 1372 (Inschrift am Turm der Murrhardter Walterichskirche). Vgl. auch oben Nr. 12.

24. Johann Meiler (St. Katharina/Hall) 1372

Pfarrer zu St. Katharina (Pietsch U 551, 558). Identisch mit Johannes Marpach? (Vgl. unten Nr. 39)

25. Cunrat Hopfauer (St. Katharina/Hall) 1372, 1373

Kaplan am Frauenaltar zu St. Katharina (Pietsch U 558, 567).

26. Albrecht von Böckingen (Orendelsall) 1381/82

Pfarrer in Orendelsall, erhält 1381 den Ottilienaltar im neuen Spital am Bach in Hall (Pietsch U 722). Angehöriger des Böckinger Niederadelsgeschlechts? (Fritz 1986-I, S. 162 f.).

27. Eberhard von Höfingen, gen. Arre (Westheim) 1381, 1386

Kirchrektor in Westheim (Pietsch U 708, 723, 829).

28. Geori (St. Katharina/Hall) 1386

Kaplan am Frauenaltar zu St. Katharina (Pietsch U 823).

29. Johann Stephani gen. Wikmar von Bönnigheim (wo?) 1391/93

Johann Stephani dictus Wikmar de Bunekem, Speyrer Kleriker, erhält durch päpstliche Provision Pfründen in Mosbach und St. Michael in Hall, ungeachtet der Pfründen, die er bereits von Abt und Konvent von Murrhardt, von Propst und Kirche zu Ansbach und vom Pfarrer zu Heilbronn innehat. Die Pfründe in Hall erhält er nach Rechtsstreit gegen den Komburger Mönch Heinrich Schletz 1396 (Engel 1948, S. 70, Nr. 369; Pietsch U 582). Vermutlich hatte Wikmar eine Murrhardter Pfründe im Bereich der Pfarrei Westheim inne.

30. Konrad von Lautenbach (wo?) 1392

Konrad de Lutenbach, baccalaureus in artibus, Konstanzer Kleriker, erhält durch päpstliche Provision eine Pfründe, deren Kollatur Abt und Konvent von Murrhardt innehatten (Engel 1948, S. 40, Nr. 141).

31. Johann von Hohenlohe (Westheim) bis 1396

Die Pfarrei Westheim wird am 7. 1. 1396 frei *per non promotionem* des † Pfarrers Johann von Hohenlohe (Engel 1948, S. 48, Nr. 194).

32. Georg Sletz (Westheim) 1396–ca. 1398

Pfarrer in Westheim, erhält die Pfarrstelle nach dem Tod des vorigen. Identisch mit dem vielfach in Hall bepfründeten, am 27. 10. 1411 verstorbenen Georg Sletz (Engel 1948, S. 48, Nr. 194; Wunder/Lenckner 1956, Nr. 7515).

33. Hans (Laufen/Kocher) 1397

Pfaff Hans, Pfarrer zu Laufen (OAB Gaildorf, S. 166)

34. Thomas von Dürn (Westheim) 1398, 1404

Erhält nach dem 4. 2. 1398 Anwartschaft auf Vikarie in Westheim. Hatte zuvor Burgkapelle Bielriet inne, die er gegen eine Pfründe an der Kirche in Schwabbach eingetauscht hatte (Engel *1948, S. 81, Nr. 450).* 1404 ständiger Vikar in Westheim (Pietsch U 1221). Später – seit 1415 – Pfarrer von Limpurg und noch 1473 (!) von Tüngental (vgl. die zahlreichen Nennungen bei Pietsch).

35. Peter Herbolt (St. Katharina/Hall) 1400–1417

1400 Pfaff Herbott am Johannesaltar zu St. Katharina (HospAH, Ulshöfer Nr. 340). Derselbe als Peter Herbolt am selben Altar 1417 (Pietsch U 1384).

36. Nicolaus Sposer (St. Katharina/Hall) 1400

Pfleger (d. i. Prokurator) der Bruderschaft zu St. Katharina (Pietsch U 1122).

37. Walther Himmelrich (St. Katharina/Hall) vor 1403

Nachfolger des Konrad Geben (oben Nr. 21) als Kirchrektor zu St. Katharina. Vgl auch Nr. 19–21, 37f. Derselbe als Walther Himmelricher von Öhringen 1395–1397 Pleban zu St. Michael in Hall (Pietsch U 1007, 1030, 1036, 1038).

38. Heinrich Beyger (St. Katharina/Hall) vor 1403

Nachfolger des Walther Himmelrich (Nr. 36).

39. Johannes Marpach (St. Katharina/Hall) vor/bis 1403

Nachfolger des Heinrich Beyger (Nr. 38). Identisch mit Nr. 24? Haller Familie; Simon von Marpach aus Hall ist 1445 Abt des Klosters Schöntal, †1465 (Wunder/Lenckner 1956, S. 439).

40. Petrus Goltstein (wo?) 1404

Von König Ruprecht dem Abt und Konvent von Murrhardt zur Einweisung in eine dem Kloster gehörende Pfründe präsentiert (Reg. Pfgf. a. Rh. Nr. 3409).

41. Konrad Carpentarii (Zimmermann?) (wo?) 1405

Konrad Carpentarii de Hallis erhält durch päpstliche Provision eine Pfründe, deren Kollatur dem Abt und Konvent von Murrhardt und dem Abt und Konvent von Komburg zustehen (Engel 1948, S. 85, Nr. 480).

42. Konrad Limel (Bibersfeld) 1405

Frühmesser zu Bibersfeld (Pietsch U 1234).

43. Johannes Hergeshofen (St. Katharina/Hall) 1405

Prokurator der Bruderschaft zu St. Katharina; schreibt sich 1389 in die Matrikel der Universität Heidelberg ein (Pietsch U 1247; Wunder/Lenckner 1956, S. 317).

44. Johannes von Leuzenbronn (Sulzbach/M.) vor bzw. bis 1406

Pfarrer von Sulzbach (vgl. Abt Nr. 20).

45. Conrat Hennenberg (St. Katharina/Hall) 1408

Prokurator der Bruderschaft zu St. Katharina, 1414–1424 Haller Bürger, 1416–1429 Kaplan zu St. Jos (Pietsch U 1289, Wunder/Lenckner 1956, S. 316).

46. Johann Bopfo (Westheim) 1411

Vgl. seinen Nachfolger Konrad Gottfried. Erscheint 1422 als Notar und Kleriker der Augsburger Diözese (Pietsch U 1527).

47. Konrad Gottfried (Westheim) 1411

Erhält am 10. 1. 1411 Anwartschaft auf Vikarie der Pfarrei Westheim, die freigeworden ist, nachdem Johann Bopfo vor Abt Johann von Murrhardt auf dieselbe verzichtet, der Abt aber beim Würzburger Bischof den Konrad Gottfried als Nachfolger Bopfos vorgeschlagen hat (Engel 1948, S. 99, Nr. 591).

48. Seyfried (Oberrot) 1411

Pfarrer in Oberrot (Pietsch U 1384). Ob identisch mit dem Fichtenberger Pfarrer Syffrid Mewrer (Nr. 65)?

49. Walther Sybot (St. Katharina/Hall) 1414–1429

Prokurator der Bruderschaft zu St. Katharina; Altarist am Leonhardsaltar der Veldnerinkapelle 1403–1430, Pfarrer in Michelbach 1414 (Pietsch U 1413, 1669, Wunder/Lenckner 1956, S. 540).

50. Johann Schilling (St. Katharina/Hall) 1415–1422

Pfarrer zu St. Katharina (PIETSCH U 1408, 1463, 1529ff.; WUNDER/LENCKNER 1956, S. 140). Vgl. auch unten Peter Schilling (Nr. 74).

51. Peter Böler (St. Katharina/Hall) 1415

Altarist zu St. Katharina (PIETSCH U 1408); derselbe hat 1409 ein Sieden, genannt noch 1419 (WUNDER/LENCKNER 1956, Nr. 4845). Haller Familie.

52. Konrad Kotspühel (St. Katharina/Hall) 1415

Altarist zu St. Katharina (PIETSCH U 1408). Haller Familie (WUNDER/LENCKNER 1956).

53. Syfried Eckhart (St. Katharina/Hall) 1415

Altarist am Frauenaltar zu St. Katharina (PIETSCH U 1408). Haller Familie (WUNDER/LENCKNER 1956, Nr. 1704–1715).

54. Heinrich Schmid (Sulzbach/M.) 1417

Pfarrer in Sulzbach (HStAS A 508, Repertorium Bl. 17, Orig. fehlt).

55. Konrad Folmar (wo?) 1421

Konrad Folmar, Würzburger Priester, erhält vom Papst Pfründen, die Abt und Konvent von Komburg und Murrhardt zu vergeben haben (ENGEL 1948, S. 127, Nr. 775)

56. Ulrich Stocker (St. Katharina/Hall) 1427

Wird 1427 Pfarrer zu St. Katharina (WUNDER/LENCKNER 1956, S. 73, 618. Der ebd. genannte angebliche Pfarrer zu St. Katharina Peter Hohenstein war nach den verschiedenen Angaben bei Pietsch eindeutig nur Pfarrer zu St. Michael).

57. Jakob Fischer (St. Katharina/Hall) 1427–1461

Pfarrer zu St. Katharina, Dekan des Landkapitels Hall, bereits 1420 Pfarrer zu Gailenkirchen (zahlreiche Belege bei WUNDER/LENCKNER 1956, S. 73, 232, und bei Pietsch).

58. Johann Segel (St. Katharina/Hall) 1430

Wird 1430 Pfarrer zu St. Katharina (WUNDER/LENCKNER 1956, S. 73, 527).

59. Heinrich Virkorn (St. Katharina/Hall) 1430–1464

Pfaff zu St. Katharina und Mitglied der dortigen Gilde, Dekan zu Künzelsau 1433/38 (WUNDER/LENCKNER 1956, Nr. 2180). Vgl. auch die Vierkorn in der Einwohnerliste.

60. Nikolaus Han (St. Katharina/Hall) 1432–1437

Altarist am Frauenaltar zu St. Katharina (PIETSCH U 1732f., 1836).

61. Conrad Mörlin (St. Katharina/Hall) 1433

Prokurator der Bruderschaft zu St. Katharina, Präsenzmeister (wo?), in Hall genannt 1416–1433 (PIETSCH U 1757, WUNDER/LENCKNER 1956, Nr. 5931). Vgl. auch Abt. Nr. 29.

62. Johann Hohermut (Westheim) 1435

Pfarrer zu Westheim (Pietsch U 1835); hat bereits 1432 den Georgsaltar zu St. Michael inne (Wunder/Lenckner 1956, Nr. 3940).

63. Johann Walther (Oberrot) 1441

Pleban zu Oberrot (Pietsch U 1934); vgl. den Murrhardter Prior Konrad Walter (Konventuale Nr. 17).

64. Jost Schlauch (Ottendorf?) 1443

Pfarrer zu Uttendorf, unklar, ob Ottendorf oder Eutendorf gemeint (HStAS H 14, Bd. 390, Bl. 87f.).

65. Syffrid Mewrer (Fichtenberg) 1445, † spätestens 1451

Pfarrer zu Fichtenberg (Pietsch U 2054, 2059). † 1451 (ebd., U 2160)

66. Konrad Mettelmann (Bibersfeld, St. Katharina/Hall) 1445, † 1477

Erwähnt zwischen 1442 und 1477, studiert in Heidelberg 1430, Pfarrer Bibersfeld 1445/61, Dekan des Landkapitels Hall 1461/71, † vor 18. 11. 1477. Erhält vor 5. 8. 1465 den Johannes-Baptist-Altar zu St. Katharina (Wunder/Lenckner 1956, Nr. 5846; Pietsch U 2229, 2406, 2495). 1462/66 Mitglied der Bruderschaft zu St. Katharina (ebd., U 2434, 2534).

67. Johanns (St. Katharina/Hall) 1446

Pfarrer zu Münkheim und Altarist am Frauenaltar zu St. Katharina (Pietsch U 2086).

68. Peter Düsenbach, gen. Löw ca. 1450–1496
(Rieden, Westheim, Ottendorf, Fichtenberg u. a.)

Vgl. zu ihm oben S. 302ff.

69. Heinrich Ewin (Großbottwar-Lichtenberg) 1450

Heinrich Ewin von Bottwar, Kaplan zu Lichtenberg (HStAS A 328, U 4).

70. Johann Swigker (St. Katharina/Hall) 1452–1453

Prokurator der Bruderschaft zu St. Katharina; Präsenzmeister zu St. Michael 1435/50, Kaplan am St. Wendel-Altar (Pietsch U 2196, 2224; Wunder/Lenckner 1956, Nr. 8076).

71. Christoph (Westheim) bis 1454

Räumt *ex libera resignatione* die Pfarrei Westheim für Wilhelm Thurmann (vgl. folgende Nr.).

72. Wilhelm Thurmann (Westheim) seit 1454

Wird nach dem Verzicht des Christoph (vgl. vorhergehende Nr.) am 18. 12. 1454 als Pfarrer in Westheim investiert (HStAS A 508, U 3).

73. Jacob Emhard (St. Katharina/Hall) 1456–1466

1456–1459 Prokurator der Bruderschaft zu St. Katharina, 1462 und 1466 deren Mitglied (Pietsch U 2307, 2329, 2370, 2434, 2534). 1437 Kaplan am Frauenaltar der Veldnerinkapelle,

1439 Altarist zu St. Michael, 1451 Prokurator der Präsenz zu St. Michael, 1430–1475 dort Pfarrer (ebd., 1839, 2160, 2162; WUNDER/LENCKNER 1956, Nr. 1860).

74. Peter Schilling (St. Katharina/Hall) 1459–1466

1459 Pfarrer zu Haßfelden und Gewalthaber der Bruderschaft zu St. Katharina, 1466 Mitglied derselben (PIETSCH U 2359, 2534; WUNDER/LENCKNER 1956, Nr. 7503). Vgl. auch oben Jakob Fischer (Nr. 57).

75. Johannes Fischer (St. Katharina/Hall) 1461–1493

Pfarrer zu St. Katharina und Dekan des Landkapitels Hall (PIETSCH, zahlreiche Nennungen zwischen 1461 und 1472; WUNDER/LENCKNER 1956, Nr. 2214; auch: StAL B 186, U 1597, 1631a, 1632).

76. Johannes Hirsch (Westheim, St. Katharina/Hall) 1462–1466

Konventuale des Haller Minoritenhauses bereits 1421 (PIETSCH U 1516), Pfarrer zu Westheim 1463 und um 1465 (ebd., U 2453, 2504), Mitglied der Bruderschaft zu St. Katharina 1462 und 1466 (ebd., U 2434, 2534).

77. Konrad Jäger (St. Katharina/Hall) 1462

Prokurator der Bruderschaft zu St. Katharina; unterschreibt bereits 1459 eine das Kloster Murrhardt betreffende Urkunde (PIETSCH U 2434, 2365).

78. Johannes Stephani (St. Katharina/Hall) 1462–1466

Prokurator der Bruderschaft zu St. Katharina 1464, deren Mitglied 1462–1466 (PIETSCH U 2424, 2476, 2534). Als Pfaff Johanns Stephan, Kaplan von St. Jos, genannt von 1444 bis 1478 (WUNDER/LENCKNER 1956, Nr. 8324).

79. Johannes Stumpflin 1462
(= Johannes Helle, gen. Stumpflin)
(St. Katharina/Hall)

Mitglied der Bruderschaft zu St. Katharina; als Kaplan zu St. Ottilia im Spital und als Priester zu Hall genannt seit 1430; † vor 26. 11. 1486 (PIETSCH U 1863 f., 1434, WUNDER/LENCKNER 1956, Nr. 3545).

80. Peter Huß (St. Katharina/Hall) 1462

Mitglied der Bruderschaft zu St. Katharina 1462; Pfarrer zu Unterlimpurg 1454 und 1459, † vor 17. 3. 1473 (PIETSCH U 2250, 2370, 2434, 2740; WUNDER/LENCKNER 1956, Nr. 4133)

81. Johannes Scheublin (St. Katharina/Hall) 1462–1466

Mitglied der Bruderschaft zu St. Katharina; Altarist am Frauenaltar der Veldnerinkapelle; erwähnt 1467–1488 (PIETSCH U 2434, 2534; WUNDER/LENCKNER 1956, Nr. 7357)

82. Peter Schmaltreu (St. Katharina/Hall) 1462

Mitglied der Bruderschaft zu St. Katharina; bereits 1416 Pfarrer in Künzelsau, genannt bis 1478 (PIETSCH U 2434, WUNDER/LENCKNER 1956, Nr. 7558).

83. Johannes Feurer (St. Katharina/Hall) 1462–1466

Mitglied der Bruderschaft zu St. Katharina; Altarist zu St. Michael, außerdem Geistlicher in Heilbronn (Pietsch U 2334, 2534, Wunder/Lenckner 1956, Nr. 2077).

84. Johannes Welling (St. Katharina/Hall) 1462–1466

Mitglied der Bruderschaft zu St. Katharina, Altarist am Ulrichsaltar zu St. Michael; 1455 Kaplan zu Kirchberg, 1471–1473 Pfarrer Unterlimpurg (Pietsch U 2434, 2534, Wunder/Lenckner 1956, Nr. 9083). (Vgl. auch Konventuale Nr. 35).

85. Johann Büttner (Rieden) 1463–1466

Kaplan beziehungsweise Vizekaplan zu Rieden, Mitglied der Bruderschaft zu St. Katharina (Pietsch U 2453, 2534).

86. Georg Kemerer (wo?) 1465

Georg Kemerer, Priester, Würzburger Diözese und Hausgenosse des Kardinaldiakons Franz tit. s. Mariae novae, erhält durch päpstliche Provision zwei *beneficia,* die von Abt und Konvent zu Murrhardt und zu Komburg zu vergeben sind (Engel 1948, S. 188, Nr. 1185). Derselbe 1454 und 1477 Priester und Altarist zu St. Michael/Hall (Pietsch U 2240, 2820).

87. Bertold Fischer (St. Katharina/Hall) bis 1465

Vorgänger des Konrad Mettelmann auf dem Johannes-Baptist-Altar zu St. Katharina (vgl. Nr. 66).

88. Johannes Häuser (St. Katharina/Hall) 1466

Mitglied der Bruderschaft zu St. Katharina; Frühmesser zu Enslingen 1475; als Pfaff Heuser in Hall genannt von 1463 bis 1475; † 1475 (Pietsch U 2534, 2771; Wunder/Lenckner 1956, Nr. 3380).

89. Johannes Gell (St. Katharina/Hall) 1466

Mitglied der Bruderschaft zu St. Katharina; Altarist bei der hl. Lucia im Spital (Pietsch U 2534).

90. Thomas Werner (St. Katharina/Hall) 1466

Mitglied der Bruderschaft zu St. Katharina und Pleban zu Steinbach (ebd., U 2534).

91. Conrad Creußlin (St. Katharina/Hall) 1466

Mitglied der Bruderschaft zu St. Katharina und Pleban in Rupertshofen (ebd., U 2534).

92. Johannes Beurer (Murrhardt) † 1466

Pfarrer zu Murrhardt (vgl. Konventuale Nr. 13).

93. Der Schulmeister von Murrhardt 1471, 1473

Ist 1471 zusammen mit dem langen Schultes in Würzburg, 1473 mit dem Schulmeister von Komburg in Hall (StadtASHA StR 192, 198).

94. Erhard Dietrich (Oßweil) 1473–1476

Pfarrer zu Oßweil (Pietsch, U 2733 f., Zeller 1916, S. 191).

95. Jakob Fürst (Westheim) 1473–1505

1464 noch Schulrektor des Klosters Komburg (vgl. auch oben Nr. 93 den Schulmeister von Murrhardt), 1473 erstmals Pfarrer von Westheim; verzichtet vor 15. 10. 1480 auf diese Pfarrei. Muß später die Pfarrei aber wieder innegehabt haben, da er am 3. 4. 1503 die Pfarrei an Bischof Lorenz von Würzburg übergibt. 1505 Dekan des Landkapitels Hall (Pietsch U 2467; vgl. auch Jooss 1971, S. 80; Pietsch U 2733 f.; Bossert 1888, S. 47; HStAS A 508, U 49; Wunder/Lenckner 1956, S. 252).

96. Johann Keusch (St. Katharina/Hall) 1478

Mehrfach in Hall bepfründet, 1478 als Altarist am Frauenaltar zu St. Katharina, 1492/96 Vikar am Domstift zu Würzburg, genannt bis 1499 (Pietsch U 2854, Wunder/Lenckner 1956, Nr. 4442).

97. Conrat Legler (Rieden) 1486

Kaplan der Marienkapelle zu Rieden (StAL B 186, U 1597).

98. Peter Stier (Orendelsall) 1491

Pfarrer zu Orendelsall (HZAN Gemeinsch. Hausarchiv, Schublade 28, Orendelsall; vgl. auch oben S. 262 f.), wohl Vater des Wolfgang Stier (s. u. Nr. 113).

99. Johann Ruckher (Großbottwar) 1493–1496

Kaplan an der Liebfrauenkapelle zu Bottwar vor der Stadt (HStAS A 328, U 7, 8, 9).

100. Jodocus Rosenheyer (Großbottwar) 1494

Frühmesser in Großbottwar (Württ. Archivinventare 6, 1913, S. 22).

101. Jodocus Neibütel (Oßweil) 1495

Pfarrer zu Oßweil (HStAS A 602, U 12932 – WR 12932).

102. Ulrich Haller (St. Katharina/Hall) 1501–1510

Pfarrer zu St. Katharina (Wunder/Lenckner 1956, S. 73, und StadtASHA, Urkunde St. Michael vom 4. 7. 1510).

103. Jörg Bremger (Oberrot) † 1504

Pfarrer von Oberrot (Grabstein an der Kirche).

104. Albrecht Zigel (Sulzbach) 1506

Pfarrer in Sulzbach. Gehört wohl in die Murrhardter Familie Zügel. Als siegelführend genannt (HospAH U 1506, VII 18).

105. Konrad Meißner (St. Katharina/Hall) 1507–1520

Pfarrer zu St. Katharina, wohl identisch mit dem Gleichnamigen, der sich 1501 in Heidelberg immatrikuliert (Wunder/Lenckner 1956, S. 73, 446).

106. Friedrich Zangel (Murrhardt) 1509

Pfarrer von Murrhardt (vgl. Konventuale Nr. 24).

107. Nicolaus Roth (St. Katharina/Hall) 1513

Pfarrer St. Katharina 1513. Immatrikuliert sich 1493 in Leipzig, 1496 in Heidelberg. Kaplan in Kirchberg/Jagst seit 1515, liest seit 1524 keine Messe mehr, Pfarrer Hoheim 1536, † 1547 (WUNDER/LENCKNER 1956, Nr. 6733, HAUG 1981, Nr. 2158).

108. Peter Gscheidlin (Großbottwar, Erdmannhausen) 1514–1538

Pfarrer zu Großbottwar 1514, 1525, zu Erdmannhausen 1516–1538, zu Oberstenfeld 1525 (vgl. zu ihm oben S. 82 ff.). Nach mündl. Mitteilung von Eberhard Schauer, Winnenden, war Gscheidlins Vater Angehöriger der Winnender Ehrbarkeit.

109. Lienhard Häuser (Sanzenbach, Bibersfeld) 1516–1536

Kaplan zu Sanzenbach; immatrikulierte sich in Tübingen 1495, als Priester genannt 1503–1541, Pfarrer zu Sontheim 1515, zu Bibersfeld 1516–1536, ersticht einen Schneider in Untermünkheim (WUNDER/LENCKNER 1956, Nr. 3382).

110. Johannes Amman (Rieden) 1518

Kaplan zu Rieden, verkauft sein Haus, Hofreite und Gärtlein zu Bibersfeld (HospAH U 1518, VII 14).

111. Jos von Taus (Sulzbach) vor 1517–1519

Pfarrer zu Sulzbach (vgl. zu ihm S. 305 ff.).

112. Leonhard Feyerabend (St. Katharina/Hall) 1517, 1521

Altarist am Frauenaltar zu St. Katharina (PIETSCH U 1836). Immatrikuliert sich 1493 in Heidelberg, vielfach in Hall bepfründet, genannt bis 1556 (WUNDER/LENCKNER 1956, Nr. 2092).

113. Wolfgang Stier (Orendelsall) um 1517–1532

Pfarrer zu Orendelsall, wohl Sohn des Peter Stier (vgl. oben Nr. 98). Geboren um 1490 in Forchtenberg, immatrikuliert sich 1508 in Heidelberg, Baccalaureus artium 1509, Magister artium 1511, 1524 kurzfristig Pfarrer zu St. Sebald/Nürnberg, dann wieder in Orendelsall, seit 1532 Pfarrer in Bondfeld, seit 1542 in Großsachsenheim, früh protestantisch, 1525 beteiligt am Syngramma Suevicum (HAUG 1981, Nr. 2687).

114. Hermann Bender (Sulzbach) 1519–1525

Pfarrer zu Sulzbach, Nachfolger des Jos von Taus (vgl. oben Nr. 111). Vgl. zu Bender oben S. 305 ff.

115. Michael Gräter (St. Katharina/Hall) 1521–1562

Immatrikuliert sich in Heidelberg 1515, in Freiburg 1516, Baccalaureus artium 1517, übernimmt Pfarrei St. Katharina 1521, führt dort nach dem Übergang der Pfarrei von Murrhardt an Hall die Reformation ein (WUNDER/LENCKNER 1956, Nr. 2931, HAUG 1981, Nr. 765).

116. Georg Widman (Murrhardt) 1521–1552

Der als Chronist berühmt gewordene Georg Widman besaß nie die Pfarrei Murrhardt, war aber als Notar und Syndicus spätestens seit 1521 häufig in Murrhardt tätig und hat sämtlichen wichtigen Ereignissen im Kloster – namentlich den Abtswahlen und den komplizierten reformatorischen Akten 1548/52 – an entscheidender Stelle beigewohnt (vgl. die jeweiligen Kapitel). Über Widmans Murrhardter Tätigkeit befindet sich ein Aufsatz des Verfassers in Vorbereitung. Widman wurde 1486 geboren, immatrikulierte sich in Heidelberg 1500 und war seit 1518 Pfarrer in Erlach-Gelbingen, †1560 (vgl. die Details bei Haug 1981, Nr. 2932).

117. Hans von Speyer (Großbottwar) 1521

Pfründner in Großbottwar (HStAS A 508, U 43).

118. Jorg Fischer (Großbottwar) 1521

Pfründner in Großbottwar (HStAS A 508, U 43).

119. Johannes Vogt (Sulzbach) 1523–1525

Perpetuus vicarius zu Sulzbach (vgl. zu ihm S. 305 ff.).

120. Wendel Schnepf (Sulzbach) 1523–1525

Streitet mit Johannes Vogt (vgl. vorhergehende Nr.) um die Pfarrei Sulzbach, außerdem *perpetuus vicarius* zu St. German und Mauritius in Speyer (vgl. S. 305 ff.).

121. Hans Plapp von Fornsbach (Westheim) 1525

Engagiert sich im Bauernkrieg auf Seite der Aufständischen (vgl. oben S. 266 ff.), wird deshalb nach dem Bauernkrieg in Hall eingesperrt. Angehöriger des in Stöckach, Hausen und Fornsbach im Amt Murrhardt ansässigen Bauerngeschlechts Plapp (vgl. auch Einwohnerliste).

122. Jakob Spindler (Murrhardt) 1525–1534

Ursprünglich Konventuale zu Lorch, 1525 dem Murrhardter Abt Oswald Binder zur Versehung der Murrhardter Pfarrei »geliehen«, dort als letzter katholischer Pfarrer vor der Reformation Herzog Ulrichs tätig bis 1534/35. Geboren 13. 3. 1496 in Göppingen, um 1510 Lateinschule in Tübingen, um 1513 Studium in Tübingen bei Melanchthon, Bebel und Weber, seit 1516 in Lorch, 1525 Primiz. Über seinen Wechsel nach Murrhardt heißt es: Es *hat ihn der erwürdige herr Laurentius, apt zu Lorch, dem apt zu Murrhart geliehen, sein pfarr daselbst im städtlin zu versehen, welche er 9 jar mit grosser mühe und arbeit, auch catholischer leer, ernstlich hat versehen.* Danach Rückkehr nach Lorch, anschließend eineinhalb Jahre Pfarrer in Donzdorf, drei Jahre in Waldstetten, sechs Jahre in Steinenkirch, wo er am 28. 6. 1538 investiert wurde. Muß 1543 Steinenkirch verlassen. Seit 1543/44 Pfarrer in Gmünd, wo er maßgeblich daran beteiligt war, die Stadt beim katholischen Glauben zu halten. Aufgabe des Pfarramts 1558, †29. 6. 1565 (Seiffer 1969, S. 8–16).

123. Johannes Krel (Sulzbach) 1528

Pfarrer zu Sulzbach, anwesend bei der Wahl Abt Mörlins im Januar 1528 (Amrhein 1906, S. 342 f.; vgl. auch oben S. 96 f.).

124. Jakob Leuttering (Großbottwar) 1533

Inhaber der Pfründe am Ottilienaltar in unserer Frauen Kapelle an der unteren Vorstadt zu Bottwar (HStAS A 508, Bü. 3).

125. Gscheidlin (Erdmannhausen) um 1535 (?)

Frühmesser zu Erdmannhausen, Sohn des Peter Gescheidlin (vgl. oben Nr. 108; vgl. auch S. 84f.).

126. Andreas Eck (Westheim) nach 1535, bis höchstens 1548

Von Ansbach, immatrikuliert sich in Leipzig 1513, Pfarrer Brodswinden, dann Erlangen-Altstadt 1528, Lichtenau 1532–1535, dann zu nicht genau datiertem Zeitpunkt in Westheim, in Lonnerstadt 1551–1553, in Zirndorf 1554–1555 (Haug 1981, Nr. 461). Wohl bereits ein reformatorischer Geistlicher.

127. Bonifatius Kramer (Orendelsall) vor 1548–mindestens 1558

Belehnungsurkunde von Abt Otto Leonhard Hofsess von 1558, aus der hervorgeht, daß Kramer lange vor 1548 Pfarrer in Orendelsall gewesen sein muß (HStAS A 508, Bü. 6). Wohl bereits ein reformatorischer Geistlicher.

128. Ludwig Deubner (Oberrot) 1548–1550

Von Hall, immatrikuliert sich in Leipzig und Wittenberg 1546, Pfarrer in Oberrot, nach nur zwei Jahren Amtszeit † (Haug 1981, Nr. 382). Wohl bereits reformatorisch.

Anhang

Murrhardter Maße

Vor der Einführung der *Gemeinen Land-Maaß und Eich-Ordnung* in Wirtemberg durch Herzog Christoph am 31. März 1557, die für ganz Wirtemberg einheitliche Maße bestimmte, besaß Murrhardt ein eigenes Maßsystem. Es gab sowohl eigene Längen- und Flächenmaße als auch eigene Hohlmaße. Dabei waren für das Messen von Getreide und von Flüssigkeiten unterschiedliche Maße in Gebrauch. Murrhardter Längen- und Flächenmaße sind bislang nicht bekannt geworden, wohl aber verschiedene Hohlmaße. Wir wenden uns zunächst den Getreide-Hohlmaßen zu, die bislang noch nicht publiziert worden sind.

Die älteste Quelle, die verwertbare Daten liefert, ist das Lagerbuch der Murrhardter Pflege Westheim von 1539 (HStAS A 102/54, Bd. 48). Dort sind auf den Blättern 5b–16a die Getreide- und Weineinkünfte der Pflege aus den Jahren 1536–1538 zusammengestellt. Beim Getreide erfolgt die Abrechnung sowohl in Schwäbisch Haller Scheffeln als auch in Murrhardter Maltern und Murrhardter Simri. Beim Getreidemeß wird nicht unterschieden – wenigstens nicht, soweit erkennbar – zwischen Dinkel- und Hafermeß, sondern es werden bei beiden Getreidearten 3 Murrhardter Malter mit 4 hällischen Scheffeln gleichgesetzt. Ein Haller Scheffel belief sich auf 6 Murrhardter Simri. Folglich umfaßte ein Murrhardter Malter 8 Murrhardter Simri. Die Einteilung des Malters in 8 Simri war auch andernorts üblich. Bei der Umrechnung des Murrhardter Malters und Simris ins metrische System wird man von den im 17. Jahrhundert erhobenen verschiedenen Varianten des Haller Scheffels für »Dinkel, Hafer und andere rauhe Frucht« ausgehen dürfen (Spiegler 1977, S. 45). Sie betrugen alle ziemlich genau 148,106 Liter. Demnach läßt sich ein Murrhardter Malter für Hafer und Dinkel im Jahr 1539 auf 197,4746 Liter berechnen. Das lag erheblich über dem Umfang des 1557 eingeführten wirtembergischen Malters (177,2263 Liter). Wir stellen der Deutlichkeit halber die wirtembergischen Getreidemaße, die in Murrhardt seit 1557 galten, und die Murrhardter Maße, die 1539 überliefert sind, einander gegenüber:

Wirtembergische Getreidemaße seit 1557 (Murrhardter Maße 1539 in Klammer)

Scheffel	Simri	Vierling	Achtel	Ecklein	Viertelein	Liter
1	8	32	64	256	1024	177,2263 (197,4746)
	1	4	8	32	128	22,1532 (24,6843)
		1	2	8	32	5,5382
			1	4	16	2,7691
				1	4	0.6922
					1	0,1730

Ausdrücklich überliefert sind nur Murrhardter Malter und Simri. Die Malter wurden anderswo auch als Scheffel bezeichnet, so daß man die Ausdrücke Malter und Scheffel weitgehend als synonym ansehen kann. Ein zweites Mal sind die Murrhardter Maße etwa im Jahre 1557 genannt, als Vogt Jakob Hofsess die Murrhardter Getreide-Hohlmaße mit dem neuen wirtembergischen Landmeß zu vergleichen hatte (s. die Aufstellung HStAS A 508, Bü. 3W). Die Maße von 1557 weichen von denen von 1539 in verschiedener Hinsicht ab. Diese Differenzen mögen daher rühren, daß man 1557 genauer unterschieden hat. Weil aber kein einziges der 1557 überlieferten Maße genau mit denen von 1539 übereinstimmt, zeigt sich außerdem, daß die im 16. Jahrhundert vorgenommenen Messungen und Vergleiche nicht völlig exakt waren. Ungenauigkeiten im Bereich von einigen Prozenten waren wohl einfach unvermeidbar.

In der von Hofsess durchgeführten Erhebung wird – anders als 1539 – zwischen einem Murrhardter Maß für Roggen, einem für Dinkel und einem für Hafer unterschieden. Es werden jeweils sechs Angaben für jedes dieser Getreidemaße gemacht, und zwar wird ein halbes und ein Murrhardter Imi mit dem Äquivalent in neuem wirtembergischem Landmeß verglichen, ebenso ein halbes und ein Murrhardter Simri und ein halber und ein Murrhardter Scheffel. Die Bezeichnung Malter findet keine Verwendung mehr. Wir geben das Wesentliche wie folgt wieder:

Alt Rockenmeß (Murrhardt)	= *New Landtmeß* 1557	= metrisch
1 Imi	= 1 Achtel, 3⅛ Ecklein	= 4,932 Liter
1 Simri	= 3½ Vierling, ⅜ Ecklein	= 19,642 Liter
1 Scheffel	= 7 Simri, 3 Ecklein	= 157,149 Liter

Alt Habermeß (Murrhardt)	= *New Landtmeß* 1557	= metrisch
1 Imi	vgl. unten	
1 Simri	= 1 Simri, 3¼ Ecklein	= 24,403 Liter
1 Scheffel	= 1 Scheffel, 3 Vierling, 2 Ecklein	= 195,226 Liter

Das alte Dinkelmeß von Murrhardt habe fast exakt dem neuen Landmeß entsprochen, jedoch *unangesehen, daß die resolvirt tafel 1 achtelin unnd 3½ ecklen mer hat*, ein Murrhardter Scheffel war demnach wohl um den genannten Wert kleiner als ein Scheffel neue Landmeß. Ein Murrhardter Scheffel Dinkel müßte also 172,0345 Liter betragen haben. Insgesamt scheint das Murrhardter Meß nicht so differenziert gewesen zu sein wie das neue Landmeß von 1557. Im Murrhardter Meß gab es nur Imi, Simri und Scheffel/Malter. Die Einheit Imi kommt bei den wirtembergischen Getreidemaßen nicht vor, wohl aber bei den wirtembergischen Flüssigkeitsmaßen.

Eine besondere Schwierigkeit bereitet die Überlieferung des Imimaßes beim Murrhardter Hafermeß. Dort wird gesagt, daß ein Murrhardter Imi 1 Vierling 13/16 Vierling wirtembergischer neuer Landmeß entspreche, aber das führt zu dem unmöglichen Maß von 10,038 Liter pro Murrhardter Imi und paßt nicht mit den Hafersimri und -scheffeln zusammen. Denn von der Zahl 10,038 Liter abgesehen, berechnet sich das Murrhardter Scheffel immer als das Achtfache eines Murrhardter Simris, das Murrhardter Simri aber als das Vierfache eines Murrhardter Imis. Die Zahlen stimmen zwar rechnerisch in den letzten Dezimalen nie ganz genau, aber das hängt, wie erwähnt, mit den Meßgewohnheiten des 16. Jahrhunderts zusammen. Nach den überlieferten Zahlen hätte ein Simri Hafermeß aus 2,43 Imi bestanden, und das gibt keinen Sinn. Wir können diese merkwürdige Überlieferung aber vorerst nicht erklären. – Klarer ist, daß das Haferscheffel von 1557 dem Getreidemalter von 1539 entspricht. 1539 wurden 197,4746 Liter für ein Malter überliefert, 1557 195,226 Liter. Das dürfte, die Meßungenauigkeiten eingeschlossen, identisch sein. Warum 1539 nicht ein eigenes Dinkelmeß verwendet wurde, das ja existiert hat, bleibt fraglich.

Offenkundig ist allerdings etwas anderes: Die Murrhardter waren anscheinend selbst nicht einmal in der Lage, ihre Maße korrekt anzuwenden. So entsprach die Umrechnung 1539 in Westheim nicht exakt den in Murrhardt verwendeten Maßen. Es ist anzunehmen, daß in den anderen Murrhardter Pflegen wieder etwas anders gerechnet wurde. Das ist im Grunde leicht zu erklären: Vermutlich wurden irgendwo in Murrhardt die Originalmaße aufbewahrt (vielleicht der Taufstein?). Wie sollten die Leute in Ottendorf, Westheim oder anderswo wissen, wie die in Murrhardt gelagerten Originalmaße genau lauteten? Man konnte in Murrhardt ein Getreidemaß abfüllen und es dann nach auswärts transportieren. Aber bei dem Transport verminderte sich durch das Rütteln der Transportwagen das Volumen – oder es vergrößerte sich, weil das Getreide unterwegs feucht wurde. Maß man also am Ende des Transportes das in Murrhardt gemessene Getreide nochmals ab, dann konnte das Volumen differieren, und die Leute, die etwa in Ottendorf nun glaubten, das genaue Murrhardter Meß zu besitzen, täuschten sich doch. Auch die Tatsache, daß die Murrhardter einmal nur allgemein ein Getreidemaß verwendeten (Westheim 1539), dann aber wieder zwischen Roggen-, Dinkel- und Hafermaßen unterschieden, zeigt, wie wirr und unübersichtlich das Maßsystem war. Erst die Reform von 1557 beendete das Durcheinander, dessen Dimensionen man sich nur ausmalen kann, da ja praktisch jede Gemeinde dieselben Probleme mit ihren eigenen Maßen hatte. Was wird wohl herausgekommen sein, wenn die Murrhardter, die ihre Maße selbst nicht recht im Griff hatten, diese in die Maße einer anderen Gemeinde umrechnen mußten?

Die völlige Konfusion im Maßwesen wirkt bis in heutige Standardwerke nach. Lutz teilt in seinem 1938 erschienenen, grundlegenden Werk über die württembergischen Hohlmaße mit, daß die Murrhardter Getreidehohlmaße denen von Lorch entsprochen hätten, die man auch in dem Murrhardt benachbarten adelbergischen Flecken Kaisersbach und in Lorch verwendet habe. Das erstaunt schon deshalb, weil Murrhardt während der gesamten Klostergeschichte nie in erkennbaren Beziehungen zu Gmünd stand;

man hätte, wenn überhaupt, eine Übernahme der Haller Maße erwartet, denn mit Hall gab es vielfältige Kontakte. Die Daten, die Lutz für Lorch, Gmünd und Murrhardt übermittelt (S. 68), stimmen mit den von uns erhobenen und direkt aus Murrhardter Quellen entnommenen Werten zudem nicht überein. Lutz gibt an, daß ein Murrhardter »Viertel« (diese Einheit kommt in den Murrhardter Quellen überhaupt nicht vor) einem Simri $^{89}/_{94}$ Simri des neuen Landmeß entsprochen habe (= 22,812 Liter). Wir müssen die von Lutz auf S. 68 genannten Angaben, die er – wie er selbst andeutet – nur indirekt ermittelt hat (auf dem Umweg über das Königsbronner Meß), grundsätzlich anzweifeln. Die von uns genannten Werte sind in jedem Falle zuverlässiger.

Bei den Flüssigkeitsmaßen liefern die Quellen keinerlei Angaben. Hier wird man Lutz vertrauen können, zumal er seine Angaben ausführlicher belegt als bei den Getreidehohlmaßen Murrhardts (Lutz 1938, S. 86, 97, 105). Murrhardt orientierte sich an den Flüssigkeitsmaßen von Esslingen und Stuttgart, wobei allerdings das Problem auftritt, daß Esslinger und Stuttgarter Maße nicht ganz deckungsgleich waren. Lutz gibt Werte zwischen 278,1 und 303,4 Liter an, die man in Bottwar, Brackenheim, Weiler bei Güglingen, Ochsenbach bei Güglingen, Anhausen an der Brenz und Murrhardt verwendet hat und von denen alle genannten Orte behaupteten, sie seien mit dem Stuttgarter und Esslinger Eimer identisch. Auch hier wird deutlich, daß man es so genau nicht genommen hat. Vollends verwirrend wird der Sachverhalt, wenn man bedenkt, daß zu unterschiedlichen Jahreszeiten auch unterschiedlich gemessen wurde. »Unter der Kelter« wurde die Trübeich verwendet, nach der Gärung des Weines, die man am 23. November als abgeschlossen ansah, die Helleich oder Lautereich. Zum Ausschank mußte, weil man das Ungeld in natura abzog, nochmals neu gemessen werden, nämlich als Schankeich, wobei diese sich auf $^{10}/_{11}$ der Helleich belaufen haben soll, nach den für Murrhardt überlieferten Verhältnissen müßte aber das Verhältnis Schankeich zu Helleich $^{124}/_{132} = {}^{31}/_{33}$ gewesen sein.

Für Murrhardt sind nur wenige Daten ausdrücklich überliefert. So ergaben 132 Maß Murrhardter Schankeich einen Esslinger Eimer zu 279,6 l. Ein Murrhardter Maß Schankeich betrug demnach 2,118 l. Auf einen Esslinger Eimer gingen dagegen 124 Maß Murrhardter Lautereich, woraus sich ein Murrhardter Lautereichmaß von 2,254 l errechnen läßt. Wenn man die übliche Einteilung der Flüssigkeitsmaße zugrunde legt, lassen sich folgende Murrhardter Maße errechnen:

Trübeich: Nicht überliefert; spielte für Murrhardt wegen des kaum betriebenen Weinbaus auch keine Rolle. Der Wein wurde wohl bereits in Lautereich gemessen angeliefert.

Lautereich:

Fuder	Eimer	Imi	Maß	Schoppen	Viertel
1 (2163,8 l)	6	96	960	3840	15360
	1 (360,6 l)	16	160	640	2560
		1 (22,5 l)	10	40	160
			1 (2,25 l)	4	16
				1 (0,56 l)	4
					1 (0,14 l)

Schankeich:

Fuder	Eimer	Imi	Maß	Schoppen	Viertel
1 (2033,3 l)	6	96	960	3840	15360
	1 (338,9 l)	16	160	640	2560
		1 (21,2 l)	10	40	160
			1 (2,118 l)	4	16
				1 (0.53 l)	4
					1 (0,13 l)

Demnach müßte der Murrhardter Eimer wesentlich größer gewesen sein als der Esslinger Eimer.

Eigene Murrhardter Längen- oder Flächenmaße oder eigene Gewichte sind bislang nicht bekannt geworden.

Maßprobleme im Verkehr mit den Nachbarorten stellten wohl bis ins 16. Jahrhundert hinein ein großes Problem dar: In den hällischen Orten im Nordosten Murrhardts war das hällische Maß üblich, im unmittelbar benachbarten Sulzbach und in Fornsbach galten noch 1544 Heilbronner Getreidemaß (HStAS H 158, Bd. 6).

Abkürzungen

B	Büchse
Bü.	Büschel
BWKG	Blätter für württembergische Kirchengeschichte
bz	Batzen
D	Degen
d	Pfennig
einst + jetzt	Heimatkundliche Blätter der Murrhardter Zeitung
Fh	Fasnachtshuhn
fl	florin = Gulden
G	Goller
GLA	Generallandesarchiv
H	Haus
h	Heller
He	Hellebarde
Hh	Herbsthuhn
HospAH	Hospitalarchiv Hall (im StadtASHA)
HRG	Handbuch zur deutschen Rechtsgeschichte
HStAS	Hauptstaatsarchiv Stuttgart
HZAN	Hohenlohe-Zentralarchiv Neuenstein
K	Krebs
k We	kurze Wehr
LB	Landesbibliothek
lb	librum = Pfund
Ls	Langspieß
m	mit
NF	Neue Folge
o	ohne
OAB	Oberamtsbeschreibung
P	Pickelhaube
Pf	Pfund
R	Rucken
RB	Regesta Boica
Ri	Ringkragen
RL	Regesten zur Geschichte der Grafschaft Löwenstein und der Grafen von Löwenstein-Habsburg; in: Fritz 1986-I, S. 237ff.
RP	Ratsprotokolle
Rü	Rüstung
ß	Schilling
Sch	Scheuer
Schü	Schütze
Sh	Sommerhuhn
Sp	Spießer
sri	Simri
StadtA	Stadtarchiv
StadtASHA	Stadtarchiv Schwäbisch Hall
StAL	Staatsarchiv Ludwigsburg
Tw.	Tagwerk
UB	Urkundenbuch; Universitätsbibliothek
W	Wahl
WFr	Jahrbücher des historischen Vereins für Württembergisch Franken
WGQ	Württembergische Geschichtsquellen

WR	Württembergische Regesten
WUB	Württembergisches Urkundenbuch
WVjh	Württembergische Vierteljahreshefte
x	Kreuzer
ZGO	Zeitschrift für die Geschichte des Oberrheins
ZBLG	Zeitschrift für bayerische Landesgeschichte
ZWLG	Zeitschrift für württembergische Landesgeschichte

Benutzte Archive (ungedruckte Quellen)

StadtA Großbottwar Urkunden, Stadtdokumentenbuch
GLA Karlsruhe Abt. 67, Bd. 889, 890
StAL B 113 (Limpurg)
B 114 (Limpurg)
B 186 (Reichsstadt Hall)
B 375 (Kloster bzw. Stift Komburg)
B 503 (Kloster Schöntal)
B 539 (Hochstift Würzburg)
StadtA Murrhardt Zins- und Gültliste von 1471
Stadtrecht von 1502
Metzlerordnung von 1522, alles ohne Signatur
B 142
B 244
Ev. Pfarrarchiv Murrhardt Tauf- und Heiratsbuch 1559–1561
HZAN Gemeinschaftliches Hausarchiv
Linienarchiv Neuenstein
Archiv des Germanischen Nationalmuseums Nürnberg
Hs. 2°, 2857, Fasz. VI, Murrhardt
StadtASHA 4a: StR (1411–1561)
4, Bd. 205, 206 (Ratsprotokolle 1478–1569)
4, Bd. 477, 478 (Urfehden)
HospAH Urkunden (s. auch Ulshöfer)
Reichsstädtische Urkunden (s. auch Pietsch)
Histor. Verein, HV II/8, Codex Sandel (Achill Jason Widman, Historie des Peter Leu)
Urkunden St. Michael
Landeskirchliches Archiv Stuttgart
A 29 (Ortsakten)
HStAS A 28 (Kriegsakten)
A 28a (Muster-Register)
A 44 (Urfehden)
A 45 (Armer Konrad)
A 54 (Steuerlisten)
A 59 (Forstsachen)
A 87 (Spanische Besatzung)
A 131 (Hochstift Speyer)
A 139 (Kloster Zwiefalten)
A 155 (Adel II)
A 177 (Grafen und Fürsten zu Löwenstein)
A 206 (Oberrat, ältere Ämterakten)
A 303 (Geistliche Ämterrechnungen)

A 327	(Bottwar, weltliche Verwaltung)
A 328	(Bottwar, geistliche Verwaltung)
A 374	(Marbach, geistliche Verwaltung)
A 469	(Kloster Adelberg)
A 498	(Kloster Lichtenstern)
A 499/500	(Kloster Lorch)
A 508	(Kloster Murrhardt)
A 508L	(Klosteramt Murrhardt)
A 602	(Württembergische Regesten)
H 14	(Diplomatare) Bd. 390
H 54	(Bauernkrieg)
H 101	(Weltliche Lagerbücher) Bd. 38a
H 102/54	(Geistliche Lagerbücher, Murrhardt) Bd. 2, 8, 41, 48, 50, 51, 60.
H 102/72	(Geistliche Lagerbücher, Stift Stuttgart) Bd. 24
H 107/14	(Forstlagerbücher, Reichenberg) Bd. 1, 3
H 127	(Lagerbücher von Fürsten und Reichsgrafen) Bd. 102
H 158	(Sulzbacher Lagerbuch) Bd. 6
H 233	(Neuwürttembergische Lagerbücher, Schöntal) Bd. 101
J 1	(Handschriften)
L 5	(Tomi actorum provincialium, Landtagsakten)

Württembergische Landesbibliothek Stuttgart
Handschriftenabteilung: Bd. HB I 127

Gemeindearchiv Sulzbach/Murr
Löwensteiner Lagerbuch über Sulzbach von 1590

Ev. Pfarrarchiv Sulzbach/Murr
Lagerbuch über Frühmeßpfründe von 1591/92

Universitätsbibliothek Würzburg
Chronicon Murrhardtense des Adam Adami von 1642 (M. ch. q. 85)

Gedruckte Quellen und Literatur

ABEL, Wilhelm, ²1955: Die Wüstungen des ausgehenden Mittelalters. Stuttgart.

– 1971: Landwirtschaft 900–1350; Landwirtschaft 1350–1500; Landwirtschaft 1500–1648. In: Handbuch der deutschen Wirtschafts- und Sozialgeschichte. Hg. von Hermann AUBIN und Wolfgang ZORN. Bd. 1. Stuttgart, S. 169–201, 300–334, 386–413.

ALBERTI, Otto v., 1889/1916: Württembergisches Adels- und Wappenbuch. 2 Bde. Stuttgart.

AMMANN, Hektor, 1963: Vom Lebensraum der mittelalterlichen Stadt. In: Berichte zur deutschen Landeskunde 31, 1963, S. 284–316.

AMRHEIN, August, 1904: Verzeichnis der in den Jahren 1520–1803 in Würzburg ordinierten Benediktinermönche. In: Studien und Mitteilungen aus der Geschichte des Benediktiner- und Cistercienserordens 25, 1904, S. 754–793.

– 1906: Beitrag zur Geschichte des ehemaligen Benediktinerklosters Murhart in Württemberg. In: Studien und Mitteilungen aus der Geschichte des Benediktiner- und Cistercienserordens 27, 1906, S. 341–349.

AUTENRIEHT, Johanne, und Virgil Ernst FIALA, 1968: Die Handschriften der württembergischen Landesbibliothek. 2. Reihe, 1 Bd., 1 Teil: Codices Ascetici. Wiesbaden.

BAUER, Hermann, 1867: Die Herren von Neideck und Maienfels. In: WFr 7, 1865/67, S. 499–512.

BENTELE, Günther, 1981: Sebastian Hornmold und seine Zeit (Ausstellungskatalog). Bietigheim.

BLEZINGER, Harro, 1954: Der schwäbische Städtebund in den Jahren 1438–1445. Stuttgart (= Darstellungen aus der württembergischen Geschichte 39).

BLICKLE, Peter, ²1983: Die Revolution von 1525. München, Wien.

BOHN, Eberhard, 1986: Kirchenkirnberg im Jahre 1845. In: einst + jetzt 5, 1986, Nr. 4.

Bossert, Gustav, 1888: Eine Gegenreformation in Westheim/OA Hall. In: BWKG 3, 1888, S. 45–48.
– 1898: Die Herrschaft Heidenheim in der Reformationszeit. In: BWKG NF 2, 1898, S. 1–38 und 85–113.
– 1905: Die württembergischen Kirchendiener bis 1556. In: BWKG NF 9, 1905, S. 1–41.
– 1923/24 und 1925/26: Der Bauernoberst Matern Feuerbacher. In: Württ. Jb. f. Statistik und Landeskunde 1923/24, S. 81–102, und 1925/26, S. 1–35.
Bühler, Beat, 1984: Geschichte der Franziskaner in der Reichsstadt Hall. In: WFr 68, 1984, S. 23–62.
Bünger, Fritz 1935: Admonter Totenrodeln (1442–1496). Münster (= Beiträge zur Geschichte des alten Mönchtums und des Benediktinerordens 19).
Brecht, Martin, und Hermann Ehmer, 1984: Südwestdeutsche Reformationsgeschichte. Stuttgart.
Bull, Karl Otto, 1974: Die Türkensteuerlisten als Geschichtsquelle. In: Beiträge zur Landeskunde Baden-Württembergs 1974, Nr. 2, S. 5–11.
– 1975: Die durchschnittlichen Vermögen in den altwürttembergischen Städten und Dörfern um 1545 nach den Türkensteuerlisten (= Beiwort zur Karte XII,1 des Historischen Atlasses von Baden-Württemberg).
Busch, Konrad v., und Franz Xaver Glasschröder, 1923: Chorregel und jüngeres Seelbuch des alten Speierer Domkapitels. 2 Bde., hier Bd. 1, Speyer (= Veröffentlichungen des Histor. Vereins der Pfalz 1).
Carlé, Walter, 1960: Der Salinenversuch zu Murrhardt. In: ZWLG 19, 1960, S. 314–325.
Cichy, Bodo, 1963: Murrhardt – Sagen, Steine, Geschichten. Murrhardt.
Chronik s. Crusius, Herolt, Widman
Chronik des Konstanzer Konzils s. Ulrich von Richental
Cless, David Friedrich, 1808: Versuch einer kirchlich-politischen Landes- und Kulturgeschichte von Württemberg bis zur Reformation in zween Theilen. 2. Theil. Gmünd.
Crusius, Martin, 1595: Annales Suevici sive chronica. Frankfurt.
Czarnetzki, Alfred, 1982: Menschen des Frühen Mittelalters im Spiegel der Anthropologie und Medizin. Begleitheft zur Ausstellung des Württembergischen Landesmuseums. Stuttgart.
Dambacher 1860: Urkundenlese zur Geschichte fränkischer Klöster. In: ZGO 11, 1860, S. 341–375.
Decker-Hauff, Hansmartin, 1966: Geschichte der Stadt Stuttgart. Bd. 1: Von der Frühzeit bis zur Reformation. Stuttgart.
– 1978: Konrad II. und die Komburg. In: WFr 62, 1978, S. 3–12.
– 1982: Die ältesten Gründer von Adelberg (= Druck der Ansprache zum Tag des Landkreises 1982). Hg. vom Landratsamt Göppingen.
Deutsch, Wolfgang, 1985: Der Hochaltar der Haller Katharinenkirche. In: WFr 69, 1985, S. 127–220.
Dietz, Emil, 1960: Der Murrhardter Pfleghof in Westheim. In: Unsere Heimat (Beilage zur Backnanger Kreiszeitung) 1960, Nr. 1.
Eberl, Immo (Hg.), 1985: Kloster Blaubeuren 1085–1985 (Ausstellungskatalog). Sigmaringen.
Ehmer, Hermann, 1983: Beilstein im 16. Jahrhundert. In: Rohn/Rupp, 1983, S. 77–97.
Elsener, Ferdinand, 1984: Religiöses Leben in vorreformatorischer Zeit. In: Vellberg in Geschichte und Gegenwart, Bd. 1, Darstellungen. Hg. v. Hansmartin Decker-Hauff. Sigmaringen, S. 197–224 (= Forschungen aus Württembergisch Franken 26).
Engel, Wilhelm, 1948: Vatikanische Quellen zur Geschichte des Bistums Würzburg im XIV. und XV. Jahrhundert. Würzburg.
Ennen, Edith, 1985: Frauen im Mittelalter. München.
Ernst, Fritz, 1933: Eberhard im Bart. Stuttgart
Esslinger UB s. Urkundenbuch Esslingen.
Fischer, Joachim F., Peter Amelung und Wolfgang Irtenkauf 1985: Württemberg im Spätmittelalter. Ausstellungskatalog. Stuttgart.
Fritz (Pfarrer), 1929: Die württembergischen Pfarrer im Zeitalter des 30jährigen Krieges. In: BWKG NF 33, 1929, S. 30–85.
Fritz, Gerhard, 1982-I: Backnang und Umgebung im 13. Jahrhundert. Backnang (= Schriftenreihe des Heimat- und Kunstvereins Backnang 1).

- 1982-II: Kirchenkirnberger Geschichte im 12. und 13. Jahrhundert. In: WFr 66, 1982, S. 127–139.
- 1982-III: Kloster Murrhardt im Früh- und Hochmittelalter. Sigmaringen (= Forschungen aus württembergisch Franken 18).
- 1983-I: Murrhardter Bürgeraufstände des 16. Jahrhunderts. In: WFr 67, 1983, S. 55–71.
- 1983-II: Aus der Murrhardter Spitalgeschichte. In: einst + jetzt 2, 1983, Nr. 3/4.
- 1983-III: 500 Jahre Zügel in Murrhardt. In: Ebd. 2, 1983, Nr. 10.
- 1983-IV: Geschichte der Murrhardter Klosterschule. In: Ebd. 2, 1983, Nr. 7.
- 1984-I: Mühlen in Murrhardt. In: WFr 68, 1984, S. 97–112.
- 1984-II: 400 Jahre Burgermühle Murrhardt. In: einst + jetzt 3, 1984, Nr. 4.
- 1985-I: Foschungen zur Geschichte von Oberrot. In: WFr 69, 1985, S. 17–69.
- 1985-II: Der Backnanger Nekrolog. In: ZWLG 44, 1985, S. 11–63.
- 1985-III: Zum Zeitpunkt der Stadterhebung von Murrhardt. In: WFr 69, 1985, S. 281–285.
- 1985-IV: Die Rümelinsmühle. In: einst + jetzt 4, 1985, Nr. 1.
- 1986-I: Die Geschichte der Grafschaft Löwenstein und der Grafen von Löwenstein-Habsburg. Sigmaringen (= Forschungen aus Württembergisch Franken 29).
- 1986-II: 400 Jahre Schloßhofer Sägmühle. In: einst + jetzt 5, 1986, Nr. 7.
- 1988: Westheim im Mittelalter (Beitrag für die geplante Festschrift zum 1200jährigen Jubiläum Westheims).

GALL, Franz (Hg.), 1959/1971: Die Martikel der Universität Wien. 3. Bd. Graz, Köln.

Germania Benedictina, Bd. V: Die Benediktinerklöster in Baden-Württemberg. Hg. v. d. Academia Benedictina in Verb. mit dem Abt-Herwegen-Institut 1975.

GLASSCHRÖDER, Franz Xaver, 1923 s. Busch/Glasschröder 1923.

GMELIN, Julius, 1896: Geschichte der Reichsstadt Hall und ihres Gebiets. Hall.

GREINER, Karl, 1928: Beiträge zur Geschichte der Glasindustrie in Württemberg. In: WVjh NF. 34, 1928, S. 70–99.
- 1957: Die Glashütte zu Fischbach bei Sulzbach a. d. Murr. In: WFr 41, 1957, S. 88–106.
- 1971: Die Glashütten in Württemberg. Wiesbaden.

GRUBE, Walter, 1957: Der Stuttgarter Landtag 1457–1957. Stuttgart.
- 1973: Altwürttembergische Klöster vor und nach der Reformation. In: Blätter für deutsche Landesgeschichte 109, 1973, S. 139–150.
- 1975: Vogteien, Ämter, Landkreise in Baden-Württemberg, Bd. 1: Geschichtliche Grundlagen. Stuttgart.

GROTEFEND, Hermann, [12]1982: Taschenbuch der Zeitrechnung des deutschen Mittelalters und der Neuzeit. Hannover.

GUTTENBERG, Ernst Frhr. v., 1937: Das Bistum Bamberg. Berlin (= Germania Sacra 2. Abt., 1 Bd., 1 Teil).

HÄFELE, Siegfried, 1984: Über 400 Jahre Brennholzflößerei auf der Murr. In: einst + jetzt 3, 1984, Nr. 2 und 3.

Handwörterbuch zur deutschen Rechtsgeschichte. Hg. v. Adalbert ERLER und Ekkehart KAUFMANN. Berlin Bd. 1, 1971; Bd. 2, 1978; Bd. 3, 1984.

HAUG, Ferdinand, und G. SIXT, [2]1913: Die römischen Inschriften und Bildwerke Württembergs. Stuttgart.

HAUG, Otto, 1981: Baden-württembergisches Pfarrerbuch, Bd. 2: Württembergisch Franken, Teil 2: Die Kirchen- und Schuldiener. Stuttgart.

HERDING, Otto, 1952: Leibbuch, Leibrecht, Leibeigenschaft im Herzogtum Wirtemberg. In: ZWLG 11, 1952, S. 157–188.

HERMELINGK, Heinrich (Hg.), 1906: Die Matrikeln der Universität Tübingen. 1 Bd.: 1477–1600. Tübingen.

HEROLT: Johann Herolts Chronica. Hg. v. Dietrich SCHÄFER. In: WGQ 1, S. 35–270.

HESS, Gerhard, 1951: Der letzte Herr von Bönnigheim. In: Hie gut Wirtemberg 2, 1951, Nr. 5.
- 1953: Die rätselhafte Herkunft der Nothaft von Hohenberg. In: Ebd. 4, 1953, Nr. 6.

HOFFMAN: Stadtschreiber Herman Hoffmans Bauernkrieg um Schwäbisch Hall. Hg. v. Dietrich SCHÄFER. In: WGQ 1, S. 271–352.

HOFFMANN, G., 1911: Kalendarium des Klosters Lorch. In: BWKG NF 15, 1911, S. 137–150.

JACOBEIT, Wolfgang, 1961: Schafhaltung und Schäfer in Zentraleuropa bis zum Beginn des 20. Jahrhunderts. Berlin.
JÄCKLE, Ernst, 1965: Murrhardtische Lehensgüter in Sulzbach/Murr um 1590. In: Unsere Heimat (Beilage der Backnanger Kreiszeitung) Nr. 5, 1965.
JOOSS, Rainer, 1971: Kloster Komburg im Mittelalter. Schwäbisch Hall (= Forschungen aus Württembergisch Franken 4).
KIESS, Rudolf, 1958: Die Rolle der Forsten im Aufbau des württembergischen Territoriums. Stuttgart (= Veröffentlichungen der Kommission für geschichtliche Landeskunde in Baden-Württemberg, Reihe B, Bd. 2).
KIESSLING, Rolf K., 1977: Stadt-Land-Beziehungen im Spätmittelalter. In: ZBLG 40, 1977, S. 829–867.
Kirchliche Einteilung 1879: (Ohne Verfasser) Die kirchliche Einteilung von Württembergisch Franken im Jahr 1453. In: WVjh 1879, S. 281–285.
KIRSCHENESSER: Wolfgang Kirschenessers, Pfarheren zu Frickenhofen, Urgicht. Hg. v. Dietrich SCHÄFER. In: WGQ 1, S. 353–367.
KLEIN, Ulrich, 1984: Die Münzen und Medaillen des Hauses Württemberg. In: UHLAND 1984, S. 663–677.
KLEINER, Hildegard, 1964: Die Besitzungen des Klosters Murrhardt in Bottwar. Zulassungsarbeit zur Fachgruppenprüfung für das Lehramt an Mittelschulen. Ludwigsburg 1964 (masch.).
KOST, Emil, 1051/52: Walterichsüberlieferungen in Murrhardt. In: WFr NF 24/25, 1951/52, S. 87–108.
LENCKNER, Georg, 1961: Das Memorienbuch der Sebastiansbruderschaft in Löwenstein. In: WFr 45, 1961, S. 32–51.
LIPFFERT, Klementine, ^{5}1975: Symbol-Fibel. Kassel.
LUDWIG, Walther, 1984: Das Geschlecht der Herren von Neideck bis um 1500. In: WFr 68, 1984, S. 63–96.
LUTZ, Friedrich, 1938: Altwürttembergische Hohlmaße. Stuttgart (= Darstellungen aus der württembergischen Geschichte 31).
M., K., 1927 (nur Initialen!): Feindliche Besatzung in Backnang und Winnenden. In: Blätter des Altertumsvereins für den Murrgau Nr. 33, 1. 12. 1927.
MAIER, Gottfried, o. J. (ca. 1900): Alt-Reutlinger Familien. 1. Bd. Reutlingen.
MASCHKE, Erich, 1977: Die deutschen Städte der Stauferzeit. In: Die Zeit der Staufer (Ausstellungskatalog) Bd. 3. Stuttgart, S. 59–74.
MAURER, Hans-Martin, 1976: Rechtsverhältnisse der hochmittelalterlichen Adelsburg, vornehmlich in Südwestdeutschland. In: Die Burgen im deutschen Sprachraum. Bd. 2. Hg. von Hans PATZE. Sigmaringen 1976, S. 77–190.
– 1984: Von der Landesteilung zur Wiedervereinigung. Der Münsinger Vertrag als ein Markstein württembergischer Geschichte. In: ZWLG 43, 1984, S. 89–132.
MAUSER, Walter, 1986: Leben und Wirken des Murrhardter Schlossermeisters Johann Ferdinand Nägele, 3. Teil: 1847 – Unerwarteter Besuch in der Werkstatt. In: einst + jetzt 5, 1986, Nr. 3.
MAYER, Hermann, 1907: Die Matrikel der Universität Freiburg i. Br. von 1460–1656. 1. Bd. Freiburg.
METZGER (Stadtpfarrer in Neuffen), 1925: Spezialsuperintendent Christoph Binder von Nürtingen. In: BWKG 29, 1925, S. 95–108.
MITTERAUER, Michael, 1964: Wirtschaft und Verfassung in der Zollordnung von Raffelstetten. In: MITTERAUER 1980.
– 1967: Jahrmärkte in Nachfolge antiker Zentralorte. In: MITTERAUER 1980.
– 1980: Markt und Stadt im Mittelalter. Stuttgart (= Monographien zur Geschichte des Mittelalters 21).
MÜLLER, Karl Otto, 1923: Das Gericht zu Ottendorf. In: Zs. der Savigny-Stiftung f. Rechtsgeschichte, Germanist. Abteilung 1923, S. 168–196.
MÜLLER, Ulrich, 1970: Die politischen Beziehungen zwischen der Kurpfalz und der Grafschaft Wirtemberg im 15. Jahrhundert. Stuttgart (= Bibliothek der südwestdeutschen Geschichte, Reihe B, Bd. 1) (auch: Diss. Tübingen).
MÜLLER, Willi, 1949/50: Weikershausen. In: ZWLG 9, 1949/50, S. 258–262.
– 1962: Die Jenner von Erdmannhausen. In: Hie gut Wirtemberg 13, 1962, Nr. 1.
Das Murrhardter Buch 1925, zugleich Geschäfts- und Adreßbuch für Murrhardt und Umgebung, hg. v. Stadtschultheiß Karl BLUM. Murrhardt.

NITSCH, Alfons, 1965: Das Spitalarchiv zum Heiligen Geist in Schwäbisch Gmünd. Karlsruhe (= Inventare der nichtstaatlichen Archive in Baden-Württemberg 9).
– 1967: Urkunden und Akten der ehemaligen Reichsstadt Gmünd 777–1500. 2. Teil. Schwäbisch Gmünd (= Inventare der nichtstaatlichen Archive in Baden-Württemberg 12).
NORDHOFF-BEHNE, Hildegard, 1971: Gerichtsbarkeit und Strafrechtspflege in der Reichsstadt Schwäbisch Hall seit dem 15. Jahrhundert. Schwäbisch Hall (= Forschungen aus Württembergisch Franken 3).
OAB, hg. v.d. königl. statist.-topograph. Bureau in Stuttgart: Backnang 1871, Gaildorf 1852, Hall 1847, Ludwigsburg 1859, Marbach 1866, Maulbronn 1870, Neckarsulm 1881, Öhringen 1865, Weinsberg 1861.
OHR, Wilhelm, und Erich KOBER (Hg.), 1913: Württembergische Landtagsakten 1498–1515. Stuttgart (= Württembergische Landtagsakten I,1).
OTTO, Markus, 1984: Die Martinskirche in Großbottwar. In: Hie gut Wirtemberg 35, 1984, Nr. 4.
PFLAUMERN, Johann Heinrich v., 1636: Prodromus vindiciarum ecclesiasticarum Wirtembergicarum. O.O.
PFEILSTICKER, Walter, 1957–1974: Neues württembergisches Dienerbuch. 3 Bde. Stuttgart.
PFLICHTHOFER, Erwin, 1938: Das württembergische Heerwesen am Ausgang des Mittelalters. Diss. Tübingen.
PIETSCH, Friedrich: Die Urkunden des Archivs der Reichsstadt Schwäbisch Hall. 2 Bde. Stuttgart 1967–1972 (= Veröffentlichungen der staatlichen Archivverwaltung Baden-Württemberg 21, 22).
– 1954: Die Artikel der Limpurger Bauern. In: ZWLG 13, 1954, S. 120–149.
PRESS, Volker, 1984: Herzog Ulrich. In: UHLAND 1984, S. 110–135.
Regesta Boica: Regesta sive rerum Boicarum autographa, hg. v. Karl VAN LANG u.a. München 1713 ff.
RENTSCHLER, Julius, 1917: Die Reformation im Bezirk Nagold. In: BWKG NF 21, 1917, S. 1–162.
RICHENTAL, Ulrich von: Das Concilium so zu Constanz gehalten worden ist (Chronik des Constanzer Concils 1414–1418, Text der Aulendorfer Handschrift, unveränd. Nachdruck der von Michael BUCK besorgten Ausgabe). Meersburg 1936.
RÖSENER, Werner, 1985: Bauern im Mittelalter. München.
ROHN, Otto, und Dietmar RUPP, 1983: Beilstein in Geschichte und Gegenwart. Beilstein.
ROTHENHÄUSLER, Konrad, 1886: Die Abteien und Stifte des Herzogthums Württemberg im Zeitalter der Reformation. Stuttgart.
SATTLER, Christian Friedrich: Geschichte des Herzogthums Würtemberg. Unter der Regierung der Graven, 4 Tle. Tübingen ²1773–1777. Unter der Regierung der Herzogen, 4 Tle. Ulm, Tübingen 1769–1771.
SCHAHL, Adolf, 1976: Die neuere Geschichte der kirchlichen Baudenkmale von Murrhardt in archivalischer Sicht. In: WFr 60, 1976, S. 214–263.
– 1983: Die Kunstdenkmäler des Rems-Murr-Kreises. 2 Tle. München, Berlin (= Die Kunstdenkmäler in Baden-Württemberg).
SCHÄFER, A., 1922: Akten zur Observanzbewegung des 15. Jahrhunderts in Württemberg. In: BWKG NF 26, 1922, S. 61–75 und 129–159.
SCHANZ, Wolfgang, 1963: Das Tübinger Stadtrecht von 1493. Tübingen (= Veröffentlichungen des Stadtarchivs Tübingen 1).
SCHIMMELFENNIG V.D. OYE, Werner, 1983: Aus der Historie des Peter Leu (1415–1490). In: Festschrift zur 500-Jahr-Feier der Martinskirche Ottendorf. Hg. v.d. Ev. Kirchengemeinde Ottendorf, S. 30.
SCHMIDT, Frieder, 1984: Die Hammerschmiede Gröningen als technisches Denkmal. Stuttgart.
SCHNEIDER, Eugen (Hg.): Ausgewählte Urkunden zur württembergischen Geschichte. Stuttgart (= WGQ 11).
SCHOEN, Theodor, 1890: Die Sturmfeder von Oppenweiler. In: Blätter des Altertums-Vereins für das Murrthal und Umgebung, Nrn. 22, 23.
SCHÖNHUTH, Ottmar, 1856: Das Gemeinbüchlein des Weilers Hachtel von Jahr 1501. In: WFr 4, 1856, S. 105–108
SCHMOLLER (Stadtpfarrer), 1899: Der Kirchenrat als Oberschulbehörde in den Jahren 1556–1558. In: BWKG NF 3, 1899, S. 97–122.
SCHREINER, Klaus, 1964: Sozial- und standesgeschichtliche Untersuchungen zu den Benediktinerkonven-

ten im östlichen Schwarzwald. Stuttgart (= Veröffentlichungen der Kommission für geschichtliche Landeskunde Baden-Württembergs 31).
– 1973: Altwürttembergische Klöster im Spannungsfeld landesherrlicher Territorialpolitik. In: Blätter für deutsche Landesgeschichte 109, 1973, S. 196–245.
Schubert, Ernst, 1983: Arme Leute, Bettler und Gauner im Franken des 18. Jahrhunderts. Neustadt/Aisch (= Veröffentlichungen der Gesellschaft für fränkische Geschichte, Reihe 9, Darstellungen aus der fränkischen Geschichte 26) Neustadt/Aisch.
Schweizer, Rolf, 1965: Murrhardt vor 200 Jahren. In: Murrhardter Zeitung, 14. 8. 1965.
– 1973-I: An Altären reiche Klosterkirche. In: Ebd., 16. 5. 1973.
– 1973-II: Spätgotischer Flügelaltar in der Klosterkirche. In: Ebd., 30. 5. 1973.
– 1983 und 1984: Künstlerische Innenausstattung der ehemaligen Murrhardter Klosterkirche. T. 1 und 2. In: einst + jetzt 2, 1983, Nr. 12 und 3, 1984, Nr. 1.
Schweizer, Rolf, und Gerhard Fritz, 1985: Der große Brand. Stadtgeschichtliche Bedeutung des Murrhardter Stadtbrandes von 1765. In: Ebd. 4, 1985, Nr. 8.
Seiffer, Wolfgang, 1969: Jakob Spindler, Stadtpfarrer zu Gmünd und die Geschichtsforschung über Kloster Lorch und die Staufer im 16. Jahrhundert. Diss. Tübingen.
Seigel, Rudolf, 1983: Die Stadtgerichte in der Grafschaft und im Herzogtum Württemberg. In: Protokoll der 61. Sitzung des Arbeitskreises f. Landes- und Ortsgeschichte im Verband des württembergischen Altertumsvereins v. 26. 2. 1983, S. 2–9.
Setzler, Wilfried, 1979: Kloster Zwiefalten. Sigmaringen.
Stälin, Christoph Friedrich v., 1856 und 1873: Wirtembergische Geschichte. 3. Theil: Schwaben und Südfranken am Schluß des Mittelalters 1269–1496. 4. Theil: Schwaben und Südfranken vornehmlich im 16. Jahrhundert. Stuttgart.
Steidle, Basilius, ^{3}1978: Die Benediktus-Regel. Beuron.
Steinhofer, Johann Ulrich, 1752: Neue wirtembergische Chronik. 3. Theil. Stuttgart.
Steinle, Peter, 1963: Die wirtschaftliche Entwicklung von Stadt und Kloster Murrhardt/Württ. Volkswirtschaftliche Diplomarbeit (masch.) Universität Saarbrücken (es existieren mehrere Exemplare mit abweichender Seitenzählung, deshalb wird nach Kapiteln zitiert).
Sydow, Jürgen, 1983: Die Klein- und Mittelstadt in der südwestdeutschen Geschichte. In: Hans-Peter Becht (Hg.): Pforzheim im Mittelalter. Studien zur Geschichte einer landesherrlichen Stadt (= Pforzheimer Geschichtsblätter 6).
– 1984: Die Zisterzienserabtei Bebenhausen. Berlin, New York (= Germania Sacra NR 16: Die Bistümer der Kirchenprovinz Mainz. Das Bistum Konstanz, Bd. 2).
Toepke, Gustav (Hg.), 1884: Die Matrikel der Universität Heidelberg. 1. T.: Von 1386–1553. Heidelberg.
Trithemius, Johannes, 1601: Opera historica. Bd. 2. Frankfurt.
– 1690: Annales Hirsaugienses. Bd. 2. St. Gallen.
Trugenberger, Volker, 1984: Zwischen Schloß und Vorstadt. Sozialgeschichte der Stadt Leonberg im 16. Jahrhundert. Vaihingen/Enz.
Uhland, Robert (Hg.), 1984: 900 Jahre Haus Württemberg. Stuttgart.
Ulshöfer, Kuno, 1978: Ein Kalenderfragment des Johanniterhauses in Hall? In: WFr 62, 1978, S. 20–29.
– (Hg.), 1987: Die Urkunden des Hospitals zum Heiligen Geist in der Reichsstadt Hall bis 1480. Sigmaringen (= Forschungen aus Württembergisch Franken 24).
Urkundenbuch Esslingen s. Württembergische Geschichtsquellen.
Urkundenbuch Heilbronn s. Württembergische Geschichtsquellen.
Urkundenbuch Württemberg s. Wirtembergisches Urkundenbuch.
Vogt, Wilhelm, 1880: Die Correspondenz des schwäbischen Bundeshauptmanns Ulrich Artzt von Augsburg aus den Jahren 1524 und 1525. Augsburg (= Separat-Abdruck aus der Zeitschrift des Historischen Vereins für Schwaben und Neuburg 6, 3).
Wackernagel, Hans Georg (Hg.), 1951: Die Matrikel der Universität Basel. Basel.
Weissenberger, Paulus, 1942: Ein Glasgemäldezyklus des 15. Jahrhunderts aus der Abtei Murrhardt. In: ZWLG 6, 1942, S. 78–85.
Widman, Achill Jason: s. im Verzeichnis der ungedruckten Quellen, StadtA SHA, Codex Sandel.

WIDMAN: Georg Widmans Chronica. Hg. v. Christian KOLB. Stuttgart 1904 (= WGQ 6).
WÜLK, Hans W., 1917: Staat und Kirche in Württemberg nach dem Tode Graf Eberhards im Bart. In: WVjh NF 26, 1917, S. 1–41.
Wirtembergisches Urkundenbuch. 11 Bde. Verschiedene Hg. Stuttgart 1849–1913. Neudruck Aalen 1972.
Württembergische Geschichtsquellen. 25 Bde. Verschiedene Hg. Stuttgart 1894–1956.
Württembergische Regesten von 1301 bis 1500. Hg. v. Württ. HStA Stuttgart. Stuttgart 1916–1940.
Württembergische Archivinventare. Hg. v. d. Kommission f. Landesgeschichte. 6. Heft. Stuttgart 1913.
WUNDER, Gerd, 1958: Beiträge zum Städtekrieg 1439–1450. In: WFr 42, 1958, S. 59–83.
– 1971: Die Bevölkerung von Waiblingen, Göppingen und Schorndorf im Jahre 1545. In: Waiblingen in Vergangenheit und Gegenwart 3, 1971, S. 94–118.
– 1980: Die Bürger von Hall. Sozialgeschichte einer Reichsstadt 1216–1806. Sigmaringen (= Forschungen aus Württembergisch Franken 16).
– und Georg LENCKNER, 1956: Die Bürgerschaft der Reichsstadt Hall von 1395 bis 1600. Stuttgart, Köln (= WGQ 25).
ZELLER, Joseph, 1910: Die Umwandlung des Benediktinerklosters Ellwangen in ein weltliches Chorherrenstift (1460) und die kirchliche Verfassung des Stifts. Stuttgart (= WGQ 10).
– 1916: Das Prämonstratenserstift Adelberg, das letzte schwäbische Doppelkloster. In: WVjh NF 25, 1916, S. 107–163.
– 1922: Das Provinzialkapitel im Stifte Petershausen im Jahr 1417. In: Studien und Mitteilungen aus der Geschichte des Benediktiner- und Cistercienserordens 41, 1922, S. 1–73.
ZIMMERMANN, Gerd, 1958 und 1959: Patrozinienwahl und Frömmigkeitswandel im Mittelalter. In: Würzburger Diözesan-Geschichtsblätter 20, 1958, S. 24–126, und 21, 1959, S. 5–124.
ZIMMERMANN, Wilhelm, 1856: Der große deutsche Bauernkrieg. Berlin ^{4}1977 (= Teilreprint der Ausgabe 1856).

Register

Nennungen »Murrhardt allgemein« und »Murrhardt Kloster« wurden wegen ihres Vorkommens auf fast allen Seiten nicht erfaßt. Nicht erfaßt sind auch die auf den Karten und im Abbildungsteil vorkommenden Orte und Personen.

M

Aus der Reihe

Forschungen aus Württembergisch Franken

Gerhard Fritz

Kloster Murrhardt im Früh- und Hochmittelalter

Eine Abtei und der Adel an Murr und Kocher

178 Seiten mit 7 genealogischen Tafeln und 6 Kartenzeichnungen
17 × 24 cm. Leinen

»Der Wert der vorliegenden Untersuchung liegt nicht nur darin, daß sie erstmals die spärliche Überlieferung über die Anfänge von Murrhardt als der ›mindestens zweitältesten Abtei Württembergs‹ zusammenfaßt und durch die von dem Stuttgarter Historiker Johann Jacob Gabelkover († 1635) verfaßten ›Traditiones‹ ergänzt, sondern auch, daß sie durch umsichtiges und kritisches Vorgehen zu neuen Ergebnissen über die Entwicklung des Klosters, seine Beziehungen zum deutschen Königtum wie zum Bistum Würzburg und über die Geschichte des beteiligten Adels kommt. Diese Feststellung im Vorwort der Herausgeber deckt sich mit der Preisverleihung für besondere wissenschaftliche Leistungen durch die ›Vereinigung von Freunden der Universität Stuttgart‹.« Edgar Krausen in: *Historisches Jahrbuch*

Gerhard Fritz

Die Geschichte der Grafschaft Löwenstein und der Grafen von Löwenstein-Habsburg vom späten 13. bis zur Mitte des 15. Jahrhunderts

396 Seiten mit 7 Karten und 12 Abbildungen, darunter 1 farbige. 17 × 24 cm. Leinen

»Es ist dies ein Beitrag zur Landesgeschichte aus einer sicherlich ungewohnten Perspektive, die allerdings ein hohes Maß an historischer Realität in sich birgt. Das Beispiel der Grafschaft Löwenstein und der Löwenstein-Habsburger ist daher exemplarisch zu sehen für das Schicksal vieler kleinerer Territorien und vieler Geschlechter im territorialstaatlich-machtpolitischen Ringen des Spätmittelalters. Der Autor hat die Chance, dies darzustellen, erkannt, genutzt und in bereichernder Weise umzusetzen verstanden.« Uwe Kraus in: *Schwäbische Heimat*

Jan Thorbecke Verlag · Sigmaringen

Vellberg in Geschichte und Gegenwart

Band I: Darstellungen

Herausgegeben von Hansmartin Decker-Hauff und der Stadt Vellberg

XVI, 658 Seiten mit 176 Abbildungen, darunter 37 farbige und 2 mehrfarbige Karten, sowie 2 Karten in separater Kartentasche. 17×24 cm. Leinen

Michael Sylvester Koziol

Rüstung, Krieg und Sklaverei

Der Fliegerhorst Schwäbisch Hall-Hessental und das Konzentrationslager
Eine Dokumentation

2., überarbeitete und erweiterte Auflage. 246 Seiten und 24 Seiten mit 83 Abbildungen, darunter 3 farbige. 17×24 cm. Leinen

Hans Hagdorn / Theo Simon

Geologie und Landschaft des Hohenloher Landes

2., überarbeitete und erweiterte Auflage. 186 Seiten mit 125 Abbildungen, darunter 18 farbige, 3 Kartenbeilagen. 17×24 cm. Leinen

Rainer Jooß

Kloster Komburg im Mittelalter

Studien zur Verfassungs-, Besitz- und Sozialgeschichte einer fränkischen Benediktinerabtei

2., überarbeitete und erweiterte Auflage. 192 Seiten mit 33 Abbildungen, darunter 1 farbige, und vier farbigen Ausschlagkarten. 17×24 cm. Leinen

Pfedelbach 1037–1987

Aus Geschichte und Gegenwart

Herausgegeben von der Gemeinde Pfedelbach

Bearbeitet von Gerhard Taddey, Fritz Kempt, Erich Fritz, Hans Bräuer und anderen

358 Seiten mit 286 Abbildungen, darunter 9 farbige, und 1 Ausschlagkarte
17×24 cm. Leinen

Jan Thorbecke Verlag · Sigmaringen